Rajasthan

PITTORESQUE

Nul mieux que le Rajasthan n'incarne le tiraillement de la société indienne contemporaine. Ici, développement et immobilisme se côtoient, opulence et pauvreté s'entrechoquent, adaptation et tradition se fréquentent. Vous croiserez des hommes en turban et des voitures de sport, trouverez du wifi dans le désert et serez invité chez un *thakur* désargenté, rencontrerez de jeunes garçons sachant à peine lire mais ayant appris le français au contact des étrangers... La population vous renverra en permanence à ses paradoxes insondables, au mystère de ses codes sociétaux et religieux. Le Rajasthan conserve ses traditions culturelles, cultuelles et sociales très marquées tout en empruntant allègrement la voie de la modernisation. Vous serez ébahis à la vue de la richesse insolente dont faisaient étalage les maharajas dans leurs palais et forteresses. Vous serez frappé de la joyeuse ferveur religieuse qui s'exprime à l'occasion de festivals colorés et bruyants. Vous serez habité par les campagnes fantomatiques du Shekhawati ou le silence du désert de Thar. Vous serez magnétisé par le regard du tigre croisé au cours d'un safari ou la multitude d'oiseaux dans les marécages de Keoladeo.

De palais enchanteurs en fortins austères, de havelis somptueux en huttes de boue séchée, de nuit à la belle étoile en campement de luxe, les occasions de dormir dans des lieux extraordinaires sont nombreuses et à des tarifs tout à fait raisonnables. Un voyage au Rajasthan, c'est la garantie d'un dépaysement absolu, de rencontres fortes, de découvertes merveilleuses et de photos hautement instagrammables.

Retrouvez cette offre en page 100

SOMMAIRE

6 INSPIRER

Des idées de séjour, des bons plans, des infos pratiques, des photos hautes en couleur pour alimenter votre projet de voyage au Rajasthan.

41 DÉCOUVRIR

Nos dossiers approfondis vous permettront d'appréhender toutes les facettes du Rajasthan, une région traversée par une culture complexe et authentique.

107 DELHI

Delhi, la mégalopole aux 12 millions d'habitants, a été élue 8 fois capitale au cours de son histoire. Si elle affiche le visage le plus moderne de l'Inde, elle compte également de nombreux vestiges et monuments essentiels.

167 AGRA ET SA RÉGION

La ville du Taj Mahal accueille les touristes du monde entier venus admirer l'un des plus beaux hommages d'un mari à sa femme. Mais la région est aussi le lieu de naissance de Krishna ou du tombeau éternel de l'empereur Akbar.

189 JAIPUR ET SA RÉGION

Une visite de Jaipur, la capitale du Rajasthan, et de ses environs livre un bel aperçu de la richesse culturelle et patrimoniale de l'État : forteresses, temples, parcs nationaux, villes sacrées...

Temple de Ranakpur. © AAGGRAPHICS - ISTOCKPHOTO.COM

253 SHEKHAWATI

Musée à ciel ouvert, le nord-est du Rajasthan regorge de somptueuses havelis ornées de fresques lavées par le temps. Le Shekhawati témoigne du formidable essor commercial du XIXe siècle.

273 MARWAR

Jodhpur « la ville bleue », Jaisalmer « la cité d'or », Bikaner « la capitale des dromadaires »... le grand ouest du Rajasthan s'ouvre sur le désert de Thar et une ruralité préservée.

317 MEWAR

Les forteresses de Khumbhalgarh et de Chittorgarh, Udaipur la romantique, mais aussi Bundi, les temples jaïns de Ranakpur et de Mont Abu, font du Mewar une destination historique par excellence.

353 ORGANISER SON SÉJOUR

Toutes les informations utiles à votre séjour se trouvent ici : agences spécialistes du Rajasthan, que glisser dans sa valise, quel budget prévoir et de bons conseils pour un voyage serein.

Taj MAhal. © SCOTT BIALES DITCHTHEMAP - SHUTTERSTOCK.COM

Mur coloré du fort de Jodhpur représentant une procession royale. © JEREMY RICHARDS - ISTOCKPHOTO.COM

PAKISTAN
RAJASTHAN
INDE
PAKISTAN
Jaitsar
Rawla Mandi
CHOLISTAN WILDLIFE SANCTUARY
Poogal
Dandkalan
BIKANER ★★★
GAJNER NATURE RESERVE ★★
Tanot
Kolasar
KOLAYAT ★
DESHN
Nok
Ramgarh
NAGAUR ★★
Phalodi
BADABAGH ★★
SODĀKOR ★
LODURVA ★★
RAMDEVRA ★
JAISALMER ★★★
LAKE AMAR SAGAR ★★
POKARAN ★
DUNES DE SAM ★★
KULDHARA ★★
OSYAN ★★
Bhopalgarh
KHURI ★★
Fatehgarh
MANDORE
JODHPUR ★★★
Sheo
Kharra
CHANDELAO ★
Sundra
LUNI ★
Luni
ROHET ★
Balotra
Pali
BARMER
Bagoda
RANAKPUR ★★★
PAKISTAN
NATHDWARA
Sirohi
HALDIGHATI
Sanchore
KAILASHPURI
MONT ABU ★★
Abu Road
GUJARAT
100 KM

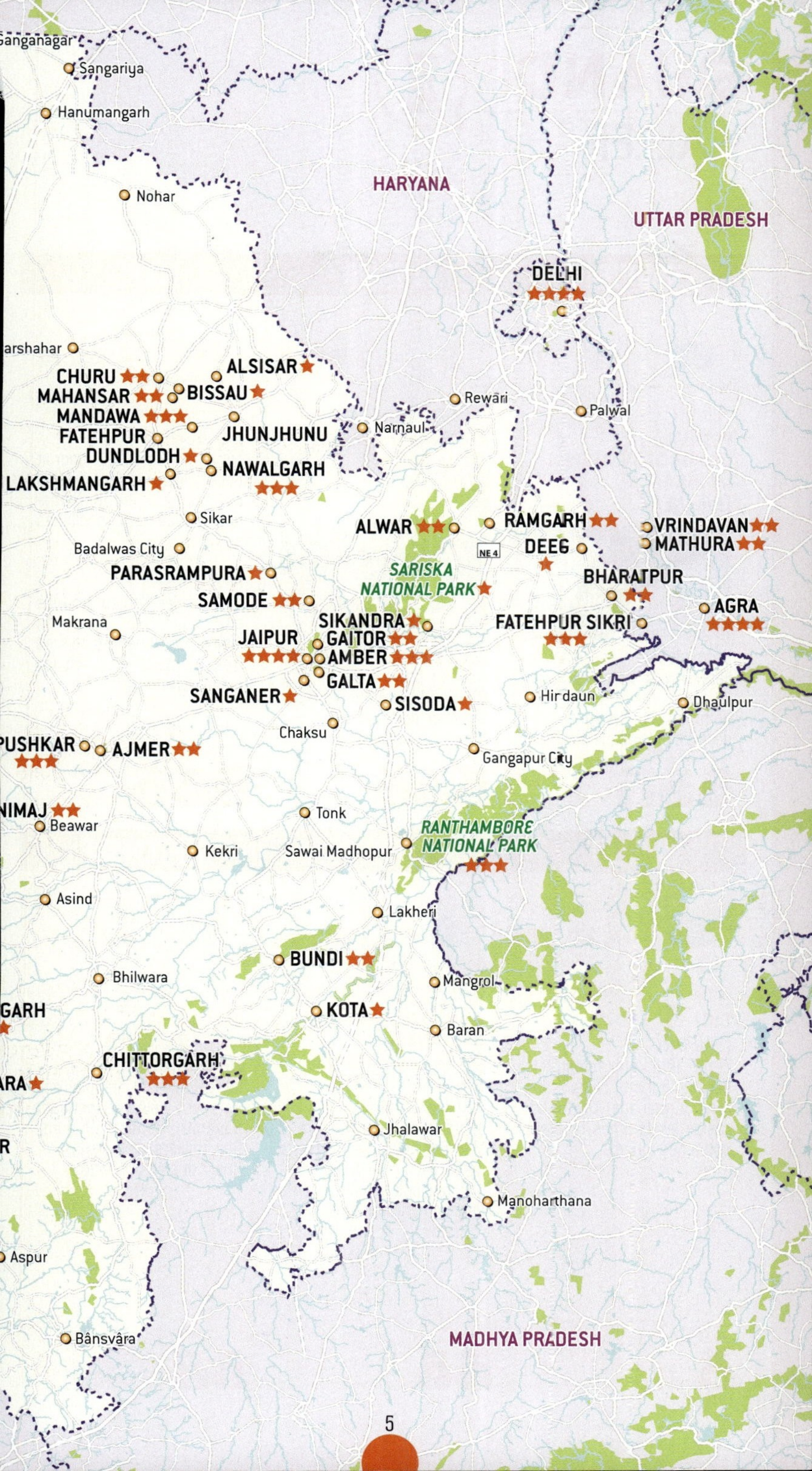
Ganganagar
Sangariya
Hanumangarh
Nohar
HARYANA
UTTAR PRADESH
DELHI
Sardarshahar
CHURU
ALSISAR
MAHANSAR
BISSAU
MANDAWA
FATEHPUR
JHUNJHUNU
DUNDLODH
NAWALGARH
LAKSHMANGARH
Rewari
Palwal
Narnaul
Sikar
ALWAR
RAMGARH
VRINDAVAN
MATHURA
DEEG
NE 4
Badalwas City
PARASRAMPURA
SARISKA NATIONAL PARK
BHARATPUR
SAMODE
AGRA
SIKANDRA
FATEHPUR SIKRI
Makrana
JAIPUR
GAITOR
AMBER
GALTA
SANGANER
SISODA
Hirdaun
Dhaulpur
Chaksu
PUSHKAR
AJMER
Gangapur City
NIMAJ
Beawar
Tonk
RANTHAMBORE NATIONAL PARK
Kekri
Sawai Madhopur
Asind
Lakheri
BUNDI
Bhilwara
Mangrol
KOTA
Baran
CHITTORGARH
Jhalawar
Manoharthana
Aspur
Bânsvâra
MADHYA PRADESH

QUAND Y ALLER

JANVIER

7° / 21°

FESTIVAL DES DROMADAIRES DE BIKANER
(BIKANER)

© STORM IS ME - SHUTTERSTOCK.COM

Dromadaires et chameliers investissent Bikaner le temps d'un festival où hommes et bêtes sont parés de leurs plus beaux atours.

$ $ $

FÉVRIER

10° / 24°

FESTIVAL DU DESERT DE JAISALMER
(JAISALMER)

© THE MABERHOOD - SHUTTERSTOCK.COM

Ce festival organisé par l'Office de Tourisme du Rajasthan attire toujours plus de monde. Ne manquez pas l'élection de Mr Desert.

$ $ $

MARS

15° / 30°

EID-UL-FITR
Ajmer est le meilleur endroit pour célébrer la fête de l'Eïd qui marque la fin du Ramadan et goûter aux spécialités de l'iftar.

HOLI
La Fête des Couleurs où les participants se jettent au visage des poudres teintes n'est jamais plus vivace qu'au Rajasthan.

$ $ $

JUILLET

27° / 35°

TEEJ
(JAIPUR)
Cette fête qui honore la déesse Parvati célèbre les liens du mariage. A cette occasion les femmes revêtent une tenue rouge.

$

AOÛT

26° / 34°

ANNIVERSAIRE DE GANESH - GANESH CHATURTHI
(RANTHAMBORE NATIONAL PARK)
Si vous ne pouvez être à Mumbai pour l'anniversaire de Ganesh, suivez la procession des pèlerins à travers le Parc de Ranthambore.

$ $

SEPTEMBRE

25° / 34°

PELERINAGE DE KARNI MATA
(DESHNOK)
La déesse du temple des Rats est célébrée pendant Navaratri, pendant 9 nuits. Des milliers de pèlerins affluent dès 4h du matin.

$ $

Avec son climat semi-désertique, il peut faire très chaud au Rajasthan. la saison d'été qui s'étend d'avril à juin est donc à bannir si vous voulez éviter des températures qui peuvent atteindre 50° ! La meilleure saison pour se rendre au Rajasthan est donc l'hiver, entre octobre et mars. Les mois les plus agréables sont novembre et février. En décembre et janvier, il peut faire froid, surtout la nuit, et quelques averses sont à prévoir. En octobre et mars, le mercure peut être élevé.

AVRIL

21° / 36°

MAI

27° / 41°

FESTIVAL D'ETE DE MOUNT ABU
(MONT ABU)
Prenez de la hauteur pour échapper à la chaleur écrasante en assistant aux spectacles folkloriques du festival de Mont Abu.

JUIN

29° / 40°

OCTOBRE

19° / 33°

FESTIVAL DU MARWAR
(JODHPUR)
Le fort de Mehrangarh à Jodhpur vibre au rythme des chants et contes folkloriques qui évoquent la légende des héros rajpoutes.

NOVEMBRE

12° / 29°

DIWALI
La Fête des Lumières est la plus émouvante du calendrier hindou. Les maisons sont éclairées de lumignons pour le nouvel an.

FOIRE DE PUSHKAR
(PUSHKAR)
La plus célèbre foire aux dromadaires du Rajasthan se tient dans la ville sacrée de Pushkar et rassemble 200 000 personnes.

DÉCEMBRE

8° / 23°

LES BONNES RAISONS D'Y ALLER

© BYELIKOVA OKSANA - SHUTTERSTOCK.COM

L'ARCHITECTURE

De Delhi ou d'Agra au Rajasthan, le fabuleux héritage architectural est présent partout.

LES FORTS

Imposantes forteresses ou palais vertigineux, on ne compte plus les forts au Rajasthan.

© SEAN3810 - ISTOCKPHOTO.COM

© BARTOSZ HADYNIAK - ISTOCKPHOTO.COM

LES COULEURS

Turbans, saris, bijoux, les habitants du Rajasthan revêtent toujours des tenues colorées.

LE DÉSERT

Passer une nuit sous les étoiles du désert de Thar et s'extraire enfin du bruit...

L'ARTISANAT

Bijoux, tissus, tapis, objets décoratifs, l'artisanat du Rajasthan est foisonnant.

LE DÉPAYSEMENT

Autre culture, autres mœurs, un séjour au Rajasthan ne vous laissera pas indifférent.

LES TEMPLES JAINS

Ranakpur et Mont Abu comptent parmi les plus beaux temples de marbre blanc du Rajasthan.

LES BONNES RAISONS D'Y ALLER

LE TAJ MAHAL

Cette merveille du monde moderne mérite à lui seul le voyage.

© XAVIER ARNAU - ISTOCKPHOTO.COM

© PHOTOFF - SHUTTERSTOCK.COM

LES NOMBREUSES FESTIVITÉS

Les différentes fêtes sont hautes en couleur et vous feront découvrir les traditions du Rajasthan.

© KAILASH KUMAR - ISTOCKPHOTO.COM

LA CUISINE

Ker sangari, dal batti churma, laal mas, gatta ki sabji... autant de délices à essayer.

LES 12 MOTS-CLÉS

#BAORI

Au Rajasthan, l'accès à l'eau s'est toujours révélé une gageure. De vaste réservoirs étaient creusés dans ou aux abords des villages, reliés à une source ou destinés à récolter les eaux pluviales. Les baoris sont d'immenses puits pourvus d'escaliers. Ils avaient également une fonction sociale et religieuse. Celui de Jodhpur en est un bel exemple.

© RICHIE CHAN - STOCK.ADOBE.COM

#CHAÏ

La boisson nationale concentre les parfums d'épices (gingembre, cardamome, poivre...), la suavité du sucre, l'amertume du thé, la rondeur du lait. Chez l'habitant, dans les échoppes et les magasins, en bordure de routes, dans les trains..., vous ne pourrez y échapper. Au Rajasthan, il est souvent préparé avec du lait de bufflonne, le meilleur.

© GLOBE GUIDE MEDIA INC - SHUTTERSTOCK.COM

#CHHATRI

Cet ornement est typique de l'architecture du Rajasthan. Il s'agit d'un clocheton à 4 piliers (ou plus) surmonté d'un dôme en forme de parapluie. Il vient coiffer le sommet des palais, des forts et des temples érigés durant la période moghole ou après. Le chhatri peut être un édifice à lui seul, notamment dans le cas des cénotaphes royaux.

#DROMADAIRE

Le camélidé est le meilleur ami du paysan du Rajasthan. Cet animal robuste est capable de porter ou tracter de lourdes charges, tout en supportant la chaleur Il était largement utilisé pour tirer les charrettes chargées des récoltes ou se déplacer dans le désert. Il fait l'objet de festivals et foires, notamment à Pushkar, Bikaner ou Jaisalmer.

#HAVELI

Le terme désigne une maison agencée autour d'une ou plusieurs cours. Elles appartenaient à de riches marchands ou des nobles. Le Rajasthan est ponctué de ces demeures richement ornementées, parfois laissées à l'abandon. Bikaner et le Shekhawati sont les meilleurs endroits pour en apprécier le faste et s'émerveiller devant la finesse des fresques.

© GORAZD BERTALANIC

#JALI

Ces écrans ciselés dans la pierre font partie des ornements architecturaux importés par les conquérants musulmans venus d'Iran et d'Afghanistan. Ils avaient pour vertu de laisser passer l'air et de filtrer la lumière ardente, projetant leurs motifs sur les sols. Ils permettaient aux femmes tenues à l'écart du monde d'observer sans être vues.

#JAUHAR

Ce terme illustre les heures les plus sombres des batailles entre Rajpoutes et Moghols. Lorsqu'une forteresse tombait entre les mains ennemies, les femmes des militaires rajpoutes se suicidaient. Le jauhar le plus célèbre de l'histoire aurait conduit 13 000 femmes à se jeter dans les flammes de la place centrale du fort de Chittor en 1535.

LES 12 MOTS-CLÉS

#JHAROKHA

Typique de l'architecture médiévale du Rajasthan, cette fenêtre en saillie permettait aux femmes de voir sans être vues, abritées derrière un volet ou un rideau. Ils permettaient aussi aux archers de se placer en embuscade. De l'intérieur, ils forment une alcôve agrémentée d'un lit. Jaisalmer est célèbre pour ses jharokhas finement ouvragés.

#MAHARAJA

Le terme désigne un prince rajpoute, littéralement « un grand roi ». Son épouse est gratifiée du titre de *maharani*. Le titre suprême est celui de *maharana*, qui signifie « roi des rois ». Seul le souverain d'Udaipur arbore ce titre. Le Rajasthan compte 18 rois qui, s'ils n'ont plus de pouvoir légitime, perpétuent la transmission du titre.

#RAM RAM

Si « *namaste* » est la formule la plus usitée pour saluer quelqu'un, « *ram ram* » est celle employée au Rajasthan. Littéralement, il s'agit d'invoquer Râma, le septième avatar de Vishnou. Si vous croisez un adorateur de Krishna, vous pourrez alors le saluer d'un « *hare hare* ». La formule la plus polie pour saluer quelqu'un est celle du « *namaskar* ».

#SATI

Première épouse de Shiva, elle se donna la mort en s'immolant par le feu sur un bûcher. Elle se réincarna sous la forme de Parvati. Le terme désigne aussi la coutume hindoue qui veut qu'une veuve s'immole sur le bûcher funéraire de son époux. La coutume bannie en 1829 par les Britanniques a perduré jusqu'en 1987 et le sati de Roop Kanwar.

#TIKA

Le tika désigne un point vermillon appliqué dans les temples sur le front des fidèles. Si le front d'un homme est barré de 3 traits horizontaux, cela indique qu'il est shivaïte, et si les bandes sont verticales, il est vishnouite. Il ne faut pas confondre le *tika* avec le *bindi* décoratif dont s'ornent les femmes, qui sont de petits autocollants.

© WESTOCK PRODUCTIONS - SHUTTERSTOCK.COM

VOUS ÊTES D'ICI, SI...

- **Vous mangez avec la main, et la droite** de préférence. La gauche est dévolue aux actes considérés impurs tels que la toilette intime.
- **Vous ôtez vos chaussures** avant de pénétrer dans une maison, un temple, une mosquée et même une boutique. Prévoyez des chaussures faciles à ôter et remettre.
- **Vous portez des vêtements amples**. Les femmes considérées respectables couvrent leurs épaules et leurs jambes jusqu'aux chevilles. Les hommes évitent le short.
- **Vous acceptez la curiosité** à votre égard. Ne vous étonnez pas d'être dévisagé dans les lieux publics ou si l'on vient vous poser des questions sur vos origines, votre statut social, votre religion. Les Indiens sont curieux.
- **Vous ne posez pas les lèvres** sur un objet destiné à plusieurs personnes (verre, bouteille, tasse...).
- **Vous ne remerciez pas systématiquement** lorsqu'on vous aide ou sert. L'inverse est considéré comme vexant.
- **Vous ne vous livrez pas** à des gestes affectueux avec votre moitié en public. Embrassades et gestes tendres font partie de l'acte sexuel.

INTERVIEW

MON RAJASTHAN

AVEC ASTRID LATAPIE, AUTEURE DU GUIDE

© DR

On dit souvent que l'Inde « on aime ou on déteste ». C'est vrai ?

Pour ma part, j'ai commencé par détester. J'y étais pour 2 mois lors de mon premier séjour. Après 2 semaines, j'avais envie de rentrer. Je me suis accrochée, puis je n'ai plus pu m'en passer. J'y suis allée plus de 20 fois en 10 ans.

Et c'est le Rajasthan que vous préférez ?

L'Inde c'est un peu comme un diamant taillé. Il comporte de multiples facettes. Le Rajasthan en est une. Il est rare que je me rende en Inde sans passer par le Rajasthan. L'héritage culturel est infini. Partout, il y a des forts, des villages où le temps semble s'être arrêté.

© DON MAMMOSER - SHUTTERSTOCK.COM

Qu'est-ce qui vous plait tant ?

Le Rajasthan est une région complexe à appréhender. Les traditions y sont encore très vivaces, les règles nombreuses. Je me sens un peu l'âme d'une anthropologue lorsque je m'y rends. J'ai la chance d'avoir rencontré une famille formidable, qui m'a adoptée. Je leur rends visite à chaque passage, parfois pour de longs séjours. Je m'étonne à chaque fois de nouvelles règles qui régissent la vie en famille et en société. C'est passionnant.

© MAXIME DRAY

Quel est votre endroit préféré au Rajasthan ?

C'est comme si vous me demandiez de choisir entre mes enfants. C'est impossible. Je les aime tous. J'aime autant le bouillonnement des bazars de Jaipur, que de partir en quête du léopard au lever du soleil à Jawai Bandh. Je ne me lasse pas de l'incroyable beauté du temple de Ranakpur ou de l'étalage de richesses dans les palais de maharajas.

DISTANCES

TEMPS DE TRAJET

	DELHI	AGRA	JAIPUR	UDAIPUR	JODHPUR
DELHI		243 KM 🚗 4h30 🚌 2h45	279 KM 🚗 5h30 🚌 3h30	664 KM 🚗 11h45 🚌 12h	604 KM 🚗 11h45 🚌 10h
AGRA	243 KM 🚗 4h30 🚌 2h45		239 KM 🚗 4h30 🚌 4h	653 KM 🚗 11h 🚌 12h15	591 KM 🚗 10h15 🚌 11h
JAIPUR	279 KM 🚗 5h30 🚌 3h30	239 KM 🚗 4h30 🚌 4h		396 KM 🚗 6h30 🚌 7h30	334 KM 🚗 5h45 🚌 5h
UDAIPUR	664 KM 🚗 11h45 🚌 12h	653 KM 🚗 11h 🚌 12h15	396 KM 🚗 6h30 🚌 7h30		250 KM 🚗 5h 🚌 4h30
JODHPUR	604 KM 🚗 11h45 🚌 10h	591 KM 🚗 10h15 🚌 11h	334 KM 🚗 5h45 🚌 5h	250 KM 🚗 5h 🚌 4h30	
JAISALMER	772 KM 🚗 14h30 🚌 17h	824 KM 🚗 15h30 🚌 17h30	560 KM 🚗 11h 🚌 12h	510 KM 🚗 9h30 🚌 12h45	263 KM 🚗 5h 🚌 7h
SAWAI MADHOPUR	359 KM 🚗 8h 🚌 4h30	290 KM 🚗 5h30 🚌 5h30	176 KM 🚗 3h 🚌 2h	394 KM 🚗 6h45 🚌 7h	427 KM 🚗 8h 🚌 7h30
AJMER	403 KM 🚗 7h45 🚌 7h15	392 KM 🚗 6h30 🚌 6h30	135 KM 🚗 2h30 🚌 1h45	264 KM 🚗 4h45 🚌 4h45	205 KM 🚗 3h30 🚌 3h45
MANDAWA	256 KM 🚗 5h30	414 KM 🚗 7h	168 KM 🚗 3h30	517 KM 🚗 9h30	332 KM 🚗 6h
KOTA	539 KM 🚗 10h30 🚌 4h45	462 KM 🚗 8h 🚌 6h	251 KM 🚗 4h30 🚌 3h30	283 KM 🚗 4h45 🚌 5h30	387 KM 🚗 7h45 🚌 7h30
BIKANER	442 KM 🚗 8h30 🚌 6h45	580 KM 🚗 9h30 🚌 11h	335 KM 🚗 5h45 🚌 7h30	499 KM 🚗 9h30 🚌 13h	252 KM 🚗 4h30 🚌 6h30
MONT ABU	762 KM 🚗 14h 🚌 15h	751 KM 🚗 13h 🚌 16h15	494 KM 🚗 8h30 🚌 9h30	163 KM 🚗 3h	261 KM 🚗 4h30 🚌 8h30

Avec une surface qui équivaut aux deux-tiers de la France, des routes pas toujours en bon état, une circulation semée d'embûches, et une vitesse moyenne de déplacement de 50 km/h, que ce soit en train, en bus ou en voiture, mieux vaut prévoir de courtes étapes au Rajasthan. L'idéal est de prévoir un parcours avec des étapes de 250 km maximum par jour, ce qui vous laissera le temps de visiter, de vous arrêter pour un chaï ou prendre des photos colorées.

JAISALMER	SAWAI MADHOPUR	AJMER	MANDAWA	KOTA	BIKANER	MONT ABU
772 KM 14h30 17h	359 KM 8h 4h30	403 KM 7h45 7h15	256 KM 5h30	539 KM 10h30 4h45	442 KM 8h30 6h45	762 KM 14h 15h
824 KM 15h30 17h30	290 KM 5h30 5h30	392 KM 6h30 6h30	414 KM 7h	462 KM 8h 6h	580 KM 9h30 11h	751 KM 13h 16h15
560 KM 11h 12h	176 KM 3h 2h	135 KM 2h30 1h45	168 KM 3h30	251 KM 4h30 3h30	335 KM 5h45 7h30	494 KM 8h30 9h30
510 KM 9h30 12h45	394 KM 6h45 7h	284 KM 4h45 4h45	517 KM 9h30	283 KM 4h45 5h30	499 KM 9h30 13h	163 KM 3h
263 KM 5h 7h	427 KM 8h 7h30	205 KM 3h30 3h45	332 KM 6h	387 KM 7h45 7h30	252 KM 4h30 6h30	261 KM 4h30 8h30
	687 KM 13h 13h	465 KM 8h30 11h30	521 KM 8h30	638 KM 12h30 15h	330 KM 5h15 4h30	429 KM 8h30 18h
687 KM 13h 13h		247 KM 4h45 4h15	341 KM 6h	124 KM 3h 1h30	522 KM 8h30 9h	549 KM 9h30 14h
465 KM 8h30 11h30	247 KM 4h45 4h15		242 KM 5h	208 KM 4h30 6h	266 KM 5h45 6h	366 KM 6h30 7h45
521 KM 8h30	341 KM 6h	242 KM 5h		433 KM 7h30	193 KM 3h	591 KM 10h30
638 KM 12h30 15h	124 KM 3h 1h30	208 KM 4h30 6h	433 KM 7h30		597 KM 10h 11h	439 KM 7h30 12h30
330 KM 5h15 4h30	522 KM 8h30 9h	266 KM 5h45 6h	193 KM 3h	597 KM 10h 11h		509 KM 9h 13h45
429 KM 8h30 18h	549 KM 9h30 14h	366 KM 6h30 7h45	591 KM 10h30	439 KM 7h30 12h30	509 KM 9h 13h45	

IDÉES DE SÉJOUR

La richesse architecturale et culturelle du Rajasthan permet d'envisager un voyage au long cours. Pour en avoir un aperçu complet, il faut prévoir 3 semaines de circuit. En 2 semaines, vous aurez un aperçu varié, alternant les visites des villes et quelques excursions dans le Rajasthan rural, sans oublier le désert de Thar. Les plus pressés s'assureront une visite des essentiels de l'État en une dizaine de jours. Enfin, le Triangle d'Or que constituent Delhi, Agra et Jaipur peut se faire le temps d'un long week-end. Le meilleur moyen d'entreprendre un circuit est de le faire avec une voiture avec chauffeur. Cela permet de couper les longues bordées, de s'arrêter pour faire des photos ou prendre un chaï et de s'éloigner par moment des sentiers battus. Les petits budgets opteront pour le train, de nuit pour faire quelques économies supplémentaires. Tous les grands sites du Rajasthan sont desservis par des gares.

LE TRIANGLE D'OR

Ce circuit s'adresse aux voyageurs pressés et permet d'avoir un aperçu des trésors du nord de l'Inde que sont Delhi, Agra et Jaipur ★★★ (p.193). Quelques jours suffisent pour se laisser époustoufler par l'architecture grandiose de la Jama Masjid de Delhi, le Taj Mahal et le Fort Rouge d'Agra ou encore l'immense Forteresse d'Amber ★★★ (p.227) et le Palais des Vents de Jaipur.

› Jour 1 - Delhi

En fonction de l'heure d'arrivée de votre vol, vous pourrez appréhender en douceur la découverte de la capitale indienne.

Commencez par une visite du somptueux tombeau d'Humayun et poursuivez par l'atmosphère étonnante qui règne au temple sikh Gurudwara Bangla Sahib. Vous pourrez passer la soirée à Connaugt Place en vous familiarisant avec l'artisanat du pays sur Janpath ou en buvant un verre.

› Jour 2 - De Delhi à Agra

Rendez-vous tôt le matin à la mosquée Jama Masjid, puis perdez-vous dans les ruelles encombrées d'Old Delhi. Arpentez Chandni Chowk, l'artère principale, et poursuivez jusqu'au marché aux épices, le plus grand d'Asie. Déjeunez chez Karim, le roi des kebabs, dans Old Delhi, ou à côté de la gare de Nizamuddin, puis attrapez un train pour Agra.

› Jour 3 - Agra

Levez-vous aux aurores pour saisir la douceur des premiers rayons du soleil embrassant le marbre immaculé du Taj Mahal. C'est aussi l'heure où il y a moins de monde. Poursuivez ce moment d'émerveillement par la visite du Fort Rouge d'Agra, l'un des plus somptueux du pays. Après un déjeuner revigorant, prenez le train en direction de Jaipur.

› Jour 4 - Jaipur

Partez à l'assaut du fort d'Amber à dos d'éléphant. Prévoyez au moins 2 heures pour faire le tour de ce fort gigantesque. Poursuivez par une visite du vieux village d'Amer, de son puits en escalier et de ses temples. De retour à Jaipur, arrêtez-vous devant le Palais des Vents, puis visitez le City Palace (p.322) et l'observatoire du Jantar Mantar. Retour à Delhi en train, voiture ou avion en soirée.

L'ESSENTIEL DU RAJASTHAN

Une semaine peut suffire pour s'offrir un bel aperçu du Rajasthan, de ses vieilles forteresses, de sa culture authentique, de ses villes chargées d'histoire et de ses villages paisibles. Mais avec si peu de temps, il faut prévoir d'entreprendre le circuit en voiture avec chauffeur afin d'éviter de longues heures perdues dans les bus et les trains.

› Jour 1 - Arrivée à Jaipur

Avec si peu de temps sur place, préférez prendre un vol de correspondance pour Jaipur ★★★ (p.193) sans passer par Delhi. Si vous arrivez tard, vous pouvez aussi regarder les horaires des trains ; ils sont nombreux entre les deux villes. En milieu de nuit, vous pouvez aussi prendre un taxi à la sortie de l'aéroport et faire les 5 heures de route qui vous séparent du Rajasthan.

› Jour 2 - Jaipur

Partez pour le fort d'Amber ★★★ (p.227) au petit matin, pour éviter la foule et la chaleur. Au retour, faites un arrêt à Gaitor ★★ (p.231) pour admirer les cénotaphes et poursuivez jusqu'au Palais des Vents. Déjeunez au Tattoo Café pour la vue. Poursuivez votre visite par le City Palace et le Jantar Mantar. S'il vous reste des forces, allez flâner dans les bazars de la ville rose.

© NIKADA - ISTOCKPHOTO

City Palace museum, Jaipur.

› Jour 3 - Sawai Madhopur

Prenez la route pour Sawai Madhopur et le **Parc national de Ranthambore** (p.238). Vous traverserez des zones rurales parfaites pour se livrer à la photographie, notamment en décembre lorsque les champs virent à l'or des fleurs de moutarde. Tentez votre chance dans le parc l'après-midi pour rencontrer le roi de la jungle, le tigre. Nuit à l'hôtel ou en camp de grand luxe.

› Jour 4 - Bundi

Retentez votre chance dans le parc de Ranthambore, qui n'est jamais plus beau qu'aux petites heures du matin. Prenez ensuite la route pour **Bundi** ★★ (p.346) où vous arriverez en milieu d'après-midi. Laissez-vous séduire par le charme de cette petite ville aux maisons bleues, au fort décati, au bazar animé et authentique, aux impressionnants baoris.

› Jour 5 - Udaipur

Partez tôt pour pouvoir vous arrêter à la forteresse de **Chittorgarh** ★★★ (p.350), l'une des plus vastes du Rajasthan. C'est là qu'a eu lieu le plus important *jauhar* en 1568, menant 13 000 femmes de militaires au suicide collectif. Poursuivez votre route jusqu'à **Udaipur** ★★★ (p.321) et perdez-vous dans le dédale des coursives du City Palace. Empruntez une barque pour admirer le soleil se coucher sur le lac Pichola.

› Jour 6 - Environs de Jodhpur

Partez tôt le matin, car la route est longue. En chemin, vous pourrez vous laissez surprendre par les somptueux temples jaïns de **Ranakpur** ★★★ (p.337), véritables dentelles de marbre blanc. Poursuivez vers **Jodhpur** ★★★ (p.301) et passez la nuit chez l'habitant au fabuleux Chhotaram Prajapat Homestay dans une hutte traditionnelle, ou dans un fortin à **Luni** ★ (p.313) ou **Rohet** ★ (p.314), si vous ne pouvez vous passer de luxe.

› Jour 7 - Jodhpur

Prenez la route pour arriver à l'ouverture du fort de Mehrangarh. Vous aurez les salles et collections pour vous seul... ou presque. En quittant la forteresse, arrêtez-vous au **Jaswant Thada** (p.303), le cénotaphe royal. Puis laissez-vous happer par la ville bleue et ses ruelles moyenâgeuses, son marché animé, ses bazars achalandés. En milieu d'après-midi, effectuez les 5 heures de route pour **Jaisalmer** ★★★★ (p.287).

› Jour 8 - Jaisalmer

Admirez la vue sur la Citadelle d'or depuis la terrasse de votre hôtel en prenant le petit déjeuner. Partez ensuite à l'assaut de ce le-ci en franchissant ses trois portes et flânez dans ses ruelles étroites. En redescendant dans la ville basse, cherchez les havelis de Nathmal, Patwon et et Salim Singh. Prenez un vol pour Delhi.

LE GRAND TOUR DU RAJASTHAN

Si vous souhaitez avoir un aperçu très complet du Rajasthan, alterner les visites patrimoniales dans les villes avec les plongées dans le monde rural, il faut prévoir 3 semaines de voyage. Ce circuit de 19 jours peut s'effectuer en empruntant les trains et les bus, mais l'idéal est bien sûr d'avoir une voiture avec chauffeur afin d'économiser ses forces.

Peintures à Haveli.

› Jour 1 - Delhi

Les plus courageux iront se plonger dans l'atmosphère bouillonnante d'Old Delhi dès le premier jour, l'un des lieux les plus animés de toute l'Inde. Au programme, la Jama Masjid, le Fort Rouge, Chandni Chowk et ses bazars et un repas chez Karim's, l'institution du quartier musulman. Au menu, brochettes de viande et kebabs.

› Jour 2 - Delhi

Profitez de la matinée pour vous rendre au tombeau d'Humayun qui préfigure le Taj Mahal. Dans l'après-midi, rendez-vous au National Museum, un musée majeur qui vous apportera de nombreuses clés pour la suite de votre voyage. Allez dîner ou prendre un verre du côté de Connaught Place, le lieu le plus animé de la ville le soir.

› Jour 3 - Jaipur

Départ dans la matinée pour **Jaipur** ★★★ (p.193), bâtie en 1727. La « ville rose », son Palais des Vents, son **City Palace** (p.322), son observatoire astronomique Jantar Mantar et ses bazars animés occuperont votre première journée. En soirée, offrez-vous un lassi au Lassiwala et une séance au cinéma Raj Mandir, un petit joyau de l'Art déco.

› Jour 4 - Jaipur

En début de matinée, grimpez au sommet du fort d'**Amber** ★★★ (p.227) à dos d'éléphant. Après la visite de cette forteresse aux dimensions impressionnantes, plongez-vous dans l'atmosphère authentique du vieux village d'Amer : temples, baori et musée du textile Anokhi pour découvrir la technique du blockprint. L'après-midi, petit tour par **Gaitor** ★★ (p.231) et ses cénotaphes et les temples de **Galta** ★★ (p.232).

› Jour 5 - Shekhawati

Direction le nord-est de Jaipur pour le Shekhawati, véritable galerie d'art à ciel ouvert. La première journée de visite sera consacrée au centre de la région et des villages de **Mandawa** ★★★ (p.258), **Jhunjhunu** ★★ (p.265), **Nawalgarh** ★★★ (p.269). Installation en début de soirée à votre hôtel, qui sera lui aussi une ancienne haveli, fraîchement restaurée ou dans son jus.

› Jour 6 - Shekhawati

Le nord du Shekhawati compte aussi de belles surprises à ne manquer sous aucun prétexte. Démarrez votre journée par la visite de **Churu** ★★ (p.262), une petite ville qui cache quelques havelis intéressantes. Poursuivez par la découverte de **Bissau** ★ (p.263) et son fort décati, les cénotaphes de **Ramgarh** ★★ (p.261) et le somptueux **Sone ki Dukan** (p.264) de **Mahansar** ★★ (p.264), le « clou » de ces deux jours.

› Jour 7 - Bikaner

Départ pour « Camel City », aux portes du désert de Thar. Débutez votre visite par un tour dans la vieille ville avec ses havelis imposants et majestueux et son étonnant temple jaïn aux fresques colorées. Consacrez l'après-midi à la visite du fort de Junagarh, son musée et pourquoi pas à un atelier de miniaturistes.

› Jour 8 - Bikaner

Faites une incursion dans le désert en allant saluer les dromadaires de l'Institut de Recherche sur les Camélidés, aux portes de **Bikaner** ★★★ (p.278). Vous aurez l'occasion de goûter le lait de chamelle, à déguster avec modération, car peu digeste pour les estomacs peu habitués. Prenez ensuite la route pour **Deshnok** ★ (p.285) et le **temple de Karni Mata** (p.285), aussi surnommé le « temple des rats ».

INTERVIEW

EKAYANA TRAVEL

MARIE-CHANEL GILLIER, DIRECTRICE DE L'AGENCE

Bonjour, pouvez-vous vous présenter en quelques lignes ?

Namasté ! Je suis une Française qui a beaucoup voyagé avant de me poser en Inde. J'ai découvert l'Inde il y a 20 ans, lors d'un voyage de recherches sur les énergies renouvelables. Depuis, je me suis installée dans le pays, que je fais découvrir aux voyageurs avec passion grâce à mon enracinement local.

D'où vient le nom Ekayana ?

En sanskrit, "Ek" signifie un et "Yana" se traduit par chemin ou voyage. Un voyage unique…

Comment vous démarquez-vous des autres agences ?

Nous repérons ou créons des expériences de voyage singulières, personnalisées selon les envies des voyageurs et organisées par des experts locaux. Nous restons à l'écoute des voyageurs pendant le voyage. Nous entretenons aussi des relations personnelles avec les partenaires de terrain que nous apprécions, ce qui crée des opportunités de rencontres marquantes. Ekayana défend une approche du voyage à la fois artisanale et haut de gamme.

Quel serait le voyage idéal que vous aimeriez proposer à nos lecteurs ?

Ce serait un voyage à un rythme modéré, avec un programme de visites de monuments classiques agrémenté de quelques activités choisies selon le profil des voyageurs, des hébergements intimistes avec un accueil convivial. Mais ces ingrédients ne suffisent pas à rendre le voyage idéal : il faut aussi que le voyage ait un impact positif sur la communauté locale, qu'il valorise des monuments, des savoir-faire artisanaux ou qu'il propose des activités avec des femmes pour contribuer à leur indépendance économique.

Quels sont vos endroits préférés au Rajasthan ?

Les collines Aravallis offrent de belles opportunités de randonnées à pied et à vélo. Ces collines abritent de nombreuses espèces d'oiseaux, de paons et de léopards. Récemment, j'ai aussi eu un coup de cœur pour l'hôtel Kaner Retreat dans le désert du Thar, un éco-lodge convivial et sobre qui propose des expériences culinaires exceptionnelles.

EKAYANA TRAVEL

S-493, 1st Floor, Greater Kailash 1
DELHI ✆ +91 98 71 10 61 09
www.ekayana-travel.com

© EKAYANA

© @EKAYANA

© @EKAYANA

› Jour 9 - Jaisalmer

Après une longue traversée du désert, la citadelle de Jaisalmer ★★★★ (p.287) se dresse sous vos yeux, tel un mirage. Prenez le temps de flâner entre ses vieux murs pour admirer les temples jaïns, les façades richement sculptées des havelis, l'ancien palais royal. En fin de journée, posez-vous sur la terrasse du Desert Boy's Guest House, la plus belle de la vieille ville.

› Jour 10 - Désert de Thar

Optez pour une journée de safari en jeep et dromadaire dans les dunes du désert du Thar. Les plus aventureux effectueront une randonnée à dos de camélidé pendant plusieurs heures et dormiront sous les étoiles après un bon dîner cuisiné au feu de bois. Ceux qui préfèrent le confort opteront pour un campement aux Dunes de Sam ★★ (p.299), avec spectacle folklorique à la nuit tombée.

› Jour 11 - Jaisalmer et Jodhpur

Vous retournez à votre hôtel à Jaisalmer et prenez une douche pour vous défaire des derniers grains de sable. Ne manquez pas de visiter les somptueux havelis de la ville basse avant de prendre la route (ou le train) pour Jodhpur ★★★ (p.301). Arrivé dans « la ville bleue », faites un tour dans la vieille ville et sur la place de l'Horloge. Retour à l'hôtel.

› Jour 12 - Jodhpur

Présentez-vous dès l'ouverture au Fort de Mehrangarh, l'un des plus beaux du Rajasthan, avec un espace muséal particulièrement réussi. A la sortie, admirez la vue sur la ville bleue et arrêtez-vous au Jaswant Thada (p.303), le cénotaphe royal. Prenez ensuite la clé des champs pour rendre visite aux Bishnoï et aux tisserands de durry dans les environs de Jodhpur.

› Jour 13 - Udaipur

Partez très tôt le matin pour effectuer la longue traversée entre Jodhpur et Udaipur ★★★ (p.321). En chemin, vous passerez par Ranakpur ★★★ (p.337), un ensemble de temples jaïns de marbre blanc de toute beauté. Arrivée en fin d'après-midi à Udaipur, la plus romantique des villes du Rajasthan. Prenez possession de votre hôtel avec vue sur le lac Pichola et promenez-vous dans la ville pour en saisir son atmosphère.

› Jour 14 - Udaipur

Dès son ouverture, filez au City Palace. Vous éviterez la foule dans ses coursives étroites. Prenez ensuite la route en direction du fort de Kumbhalgarh. On prétend que ses kilomètres de murailles sont visibles depuis la lune. Au retour, arrêtez-vous à Nathdwara ★★ (p.336) pour profiter de son atmosphère médiévale et rendre hommage à Krishna. Delwara ★ (p.334) et Eklingji valent également le détour.

› Jour 15 - Chittorgarh et Kota

Direction l'est du Rajasthan et la forteresse de Chittorgarh ★★★ (p.350). Il s'agit de l'une des plus vastes de l'Etat et elle renferme temples, réservoirs, palais en ruine et la Tour de la Victoire, d'où les femmes sautaient pour se livrer à un suicide collectif les jours de défaite. Prenez ensuite la direction de Kota ★ (p.345), son City Palace, son musée et son bazar pour dégoter un sari.

› Jour 16 - Bundi

Si vous n'avez pas passé la nuit à Bundi ★★ (p.346), effectuez les 40 km qui la sépare de Kota (p.345). Vous apprécierez l'atmosphère préservée de cette petite ville aux maisons chaulées d'un bleu laiteux. Son vieux palais décati qui a conservé de magnifiques fresques, son bazar authentique et ses petits métiers, ses nombreux baoris vous occuperont toute la journée.

› Jour 17 - Sawai Madhopur

De bon matin, vous prenez la route pour Sawai Madhopur et le Parc national de Ranthambore (p.238). Après vous être installé à votre hôtel ou avoir pris possession d'un temple de maharaja dans un campement de luxe, vous partez en safari pour essayer de débusquer le roi de la jungle : le tigre. Le parc de Ranthambore est celui qui présente la plus grande concentration de félins en Inde.

› Jour 18 - Agra

En route pour Agra, ne manquez pas de vous arrêter à Fatehpur Sikri, l'ancienne capitale de l'empereur moghol Akbar. Puis poursuivez jusqu'au Taj Mahal que Rabindranath Tagore décrivait s'élevant « au bord du fleuve telle une larme solitaire posée sur la joue du temps ». Terminez votre journée par une visite du Fort Rouge, ses beaux jardins moghols et ses salons de marbre incrusté.

› Jour 19 - Delhi

Pour cette dernière journée, vous retournez dans la capitale indienne. Si vous avez envie de poursuivre les visites, pourquoi ne pas visiter l'une des anciennes villes : Mehrauli et le Qutb Minar, Tughlaqabad ou le Purana Qila d'Humayun. Vous pouvez aussi en profiter pour vous offrir une dernière séance shopping à Khan Market, le quartier des créateurs, ou Connaught Place.

Dans la cité de Jodhpur.

IDÉES DE SÉJOUR

LE RAJASTHAN EN TRAIN

Quel meilleur moyen de transport que le train pour apprécier l'Inde, ses paysages, son patrimoine architectural et ses populations ? Ce circuit de 12 jours vous conduit de gare en gare à la découverte de l'essentiel du Rajasthan. Parce que les trains indiens font partie du patrimoine, qu'il y a toujours de la vie et qu'ils sont confortables, c'est un moyen authentique de se frotter à la culture de la région.

› Jour 1 - Delhi

Le jour de votre arrivée, filez à la gare centrale de Delhi, la New Delhi Railway Station. Vous pourrez y réserver vos billets sur le quota « touristes étrangers » en vous rendant dans le bureau dédié. Pour cela, vous devez vous munir de votre passeport et des numéros, noms et horaires de trains que vous souhaitez emprunter. Vous pouvez aussi passer par une agence locale.

› Jour 2 - Delhi

Profitez de cette journée pour vous offrir une visite expresse de la capitale avec ses plus beaux monuments : tombeau d'Humayun, le Qutb Minar, la mosquée Jama Masjid. Poursuivez par une plongée dans l'ambiance survoltée et foutraque de Old Delhi en parcourant les bazars de Chandni Chowk. C'est ici que vous ressentirez le plus fortement l'ambiance de l'Inde.

› Jour 3 - Agra

Empruntez le train pour Agra depuis la gare Hazrat Nizamuddin ; ils sont nombreux. Vous pourrez laisser vos bagages à la consigne de la gare d'Agra Cantt si vous reprenez le train de nuit. Rendez-vous au Taj Mahal, inscrit au patrimoine mondial de l'Unesco, tout comme le Fort Rouge, ancienne résidence de Shah Jahan et de son fils Aurangzeb

› Jour 4 - Jaipur

Arrivé à **Jaipur** ★★★ (p.193), déposez vos bagages à votre hôtel. Partez ensuite pour **Amber** ★★★ (p.227) en auto-rickshaw, à quelques kilomètres au nord de la ville rose. Vous vous extasierez devant la majesté de sa forteresse et la beauté de ses portes ouvragées. Vous pourrez ensuite partir en quête du **baori** (p.347) en escalier dans le vieux village. Le soir, assistez au spectacle du dernier hit de Bollywood au cinéma Raj Mandir.

› Jour 5 - Jodhpur

Un train vous fera passer de la « ville rose » à la « cité bleue », **Jodhpur** ★★★ (p.301). Dans l'après-midi, offrez-vous un tour dans la vieille ville et ses havelis chaulés d'un bleu laiteux, dans ses bazars chargés de textiles colorés et d'épices parfumées, sur le marché central de Sadar Bazar et la tour de l'Horloge. Pliez-vous au rituel du selfie au Toorji ka Jhalra, un beau puits en escalier.

› Jour 6 - Jodhpur

La matinée sera consacrée à la visite du fort de Mehrangarh et du cénotaphe royal de **Jaswant Thada** (p.303). Vous pouvez ensuite prendre un train local (ou un bus) pour rendre visite à la famille Prajapat dans le village de **Salawas** (p.312). Ils vous feront découvrir leur artisanat du durry et rencontrer les Bishnoïs, une tribu écologiste. Vous pourrez dormir sur place dans une hutte traditionnelle.

› Jour 7 - Mont Abu

Après une matinée avec la famille Prajapat, vous prenez le train pour Abu Road. Un taxi vous mènera à la station d'altitude, la seule du Rajasthan. Ce sera l'occasion de sortir votre petite laine et de profiter d'un peu de fraîcheur. Après une promenade dans les rues animées de la petite ville, vous choisirez un bon restaurant pour le dîner.

› Jour 8 - Udaipur

Dans la matinée, prenez un taxi pour aller visiter les temples de Dilwara, de superbes dentelles de marbre, lieux de pèlerinage de la communauté jaïne. Vous devrez ensuite emprunter un bus en direction d'**Udaipur** ★★★ (p.321), car il n'y a pas de train entre les deux villes. Vous arriverez en fin d'après-midi et pourrez profiter d'une virée shopping dans la vieille ville.

› Jour 9 - Udaipur

La journée sera consacrée à la visite d'Udaipur, la « ville blanche », aussi surnommée « la petite Venise de l'Inde ». Installée en bordure du lac Pichola, elle affiche un caractère romantique. Vous aurez le temps de visiter le **City Palace** (p.322) de fond en comble, la **Crystal Gallery** (p.323) ou le Musée de l'automobile. Prenez aussi le temps de flâner sur les ghats. Le soir, prenez un train de nuit pour Sawai Madhopur.

› Jour 10 - Parc national de Ranthambore

La nuit aura été courte, mais vous vous lèverez avant le jour pour partir en safari dans le **Parc national de Ranthambore** (p.238). C'est ici que vous aurez les meilleures chances d'apercevoir le plus gros félin au monde : le tigre. C'est aux heures les plus fraîches de la journée que les chances de le débusquer sont les plus élevées. Prenez un train dans l'après-midi pour **Bharatpur** ★★ (p.249).

› Jour 11 - Keoladeo Ghana National Park

De nouveau, vous vous lèverez aux petites heures du matin. Cette fois-ci, ce sera pour profiter d'une bulle de quiétude dans le Parc national de Keoladeo, le plus beau parc ornithologique du pays. Des paysages de marécages, des milliers d'oiseaux et une absence de circulation motorisée font de cette balade un moment suspendu. Dans l'après-midi, visite de l'ancienne citadelle.

› Jour 12 - Delhi

Pour cette dernière journée, vous prenez le train de Bharatpur à Delhi. En fonction de l'horaire de votre vol retour, vous profitez de la capitale pour une dernière séance shopping ou un bon restaurant. Si vous prenez votre vol directement, optez pour un train arrivant à la gare de Delhi NDLS. Le métro pour l'aéroport est direct.

PRATIQUE

SE REPÉRER / SE DÉPLACER

DE L'AÉROPORT AU CENTRE-VILLE

Delhi

• **Taxi.** Depuis l'aéroport Indira Gandhi International Airport, des taxis vous attendent à la sortie de chaque terminal. Il faut se présenter au guichet « Pre-paid taxi » et indiquer votre destination à l'employé. Vous payez la course au guichet, puis remettez le bon de course au chauffeur. Il faut compter entre 700 Rs et 900 Rs pour une course jusqu'au centre de la ville.

• **Bus.** Des bus relient le Terminal 3 de l'Indira Gandhi International Airport aux gares routières « Inter State Bus Terminal » de la capitale : Kashmiri Gate ISBT au nord de Delhi, Anand Vihar ISBT dans le quartier de la Yamuna et Sarai Kale Khan ISBT au sud-est de Delhi. Le départ s'effectue toutes les 30 min environ. Comptez 90 Rs de l'aéroport à Connaught Place. En raison des embouteillages légendaires à Delhi, le bus n'est pas le moyen de transport le plus pratique.

• **Métro.** Une ligne de métro automatisée (Airport Express Line) relie l'aéroport à la gare centrale de New Delhi NDLS en 30 minutes. Le métro circule toutes les 10 minutes environ entre 5h15 et 23h30. Coût du billet : 60 Rs. C'est assurément le moyen le plus pratique et le plus rapide pour rejoindre le centre-ville. L'arrêt est situé devant le Terminal 3, le terminal des vols internationaux.

Jaipur. L'aéroport de Sanganer est situé à 13 kilomètres du centre-ville. Un guichet de taxis prépayés (*pre-paid taxis*) est situé devant le terminal des arrivées. Comptez 500 Rs et 30 minutes pour rallier le centre-ville.

ARRIVÉE EN TRAIN

Delhi. La ville de Delhi compte de nombreuses gares ferroviaires. Les trains à destination d'Agra partent de Hazrat Nizamuddin, à l'est de la ville et à proximité du tombeau d'Humayun. Les trains pour Jaipur partent pour la plupart de la gare de Delhi Junction (DLI) située au nord de Old Delhi. Quelques trains partent de la gare centrale de New Delhi (NDLS) au nord de Connaught Place.

Jaipur. La gare de Jaipur Junction est située au centre de la ville. Métro, taxis et auto-rickshaws se trouvent devant la gare.

Ceux qui aiment prendront le train.
Pour le reste du pays : le réseau ferroviaire indien est le deuxième plus grand au monde et dessert pratiquement toutes les régions du pays. Bien moins cher que l'avion, le train est le meilleur moyen de se déplacer à moindre frais, mais il n'est pas très rapide. Il faut compter 50 km/h en moyenne, si le train ne s'arrête pas dans toutes les gares (*Passenger train*) ou en rase campagne sans raison apparente. Le réseau ferré n'est pas à double voie partout et il faut souvent attendre pour laisser passer un train en sens inverse. Indian Railways fait beaucoup de progrès en termes de régularité et les trains affichant plusieurs heures de retard sont de plus en plus rares. Voyager en train de nuit permet d'économiser une nuit d'hôtel et de gagner un jour de voyage, si votre temps est compté. Le fonctionnement du réseau, les différentes catégories de trains ou de classes de confort peuvent sembler confus au premier abord.

• **Les catégories de train.** Il existe plusieurs catégories de trains qui proposent différentes classes de confort et de priorité sur les voies. Chaque train compte un wagon appelé « *general car* » pour les passagers voyageant sans réservation. Si c'est le meilleur moyen de rencontrer les locaux et de vivre l'aventure, ils sont toujours bondés et non climatisés.

Les trains *express* se divisent en deux sous-catégories. Les trains avec couchettes (*berth*) et ceux avec sièges (*chair*). Ils comptent plusieurs classes de confort. Nombre d'entre eux couvrent de très longues distances et sont équipés de couchettes, même si vous ne l'empruntez que quelques heures en journée. Les *train passenger* sont des trains locaux qui s'arrêtent dans toutes les gares. Ils mettent des heures pour parcourir de petites distances et ne sont pas prioritaires. Ils s'arrêtent donc souvent et longtemps en gare ou en rase campagne. Il n'est pas possible de réserver de billet et ils sont souvent bondés.

Les trains *shatabdi* sont des trains qui ne circulent qu'à l'intérieur d'un État et marquent peu d'arrêts. Pas de couchettes dans ces trains, mais des fauteuils. Il y a plusieurs classes de confort. Les trains *rajdhani* relient Delhi aux capitales des autres États. Ils marquent peu d'arrêts et sont prioritaires sur les voies. Ce sont des trains-couchettes climatisés et les classes vont de la 3AC à la 1AC. Les repas sont compris dans le prix du billet.

• **Les différentes classes de confort.** Il existe 5 classes différentes. Tous les trains ne proposent pas ces 5 niveaux de confort. Cela dépend de la distance parcourue et si ce sont des trains-couchettes ou des trains équipés de sièges.

Pour les trains couchettes, les différentes classes sont : 1AC - 1re classe climatisée avec compartiments fermés de 2 ou 4 couchettes ; 2 AC - 2nde classe climatisée avec compartiments ouverts de 4 couchettes et 2 dans la coursive ; 3 AC - 2nde classe climatisée avec compartiments ouverts de 6 couchettes et 2 dans la coursive ; *sleeper* - 2nde classe non climatisée avec compartiments ouverts de 6 couchettes et 2 dans la coursive ; *General car* ou *chair car* - wagon en queue du train avec des banquettes en bois pour les passagers voyageant sans réservation.
Pour les trains avec sièges, il existe 3 catégories différentes. CC (*chair car*) - ce sont des wagons climatisés avec sièges inclinables ; 2S (*second seating*) - ce sont des wagons avec sièges ou banquettes non climatisés ; *General car* ou *chair car* - wagon en queue du train avec des banquettes en bois pour les passagers voyageant sans réservation.
Si vous goûtez peu aux plaisirs de la promiscuité, vous opterez pour la 1AC ou la 2AC. En *sleeper*, les banquettes sont un peu dures et il vaut mieux prévoir une couverture en hiver (décembre à février).

• **Services à bord.** Si vous voyagez en train de nuit, oreiller et couverture vous sont fournis en 3AC, les draps sont fournis en plus en 2AC et vous aurez droit à une couette en 1AC. Dans ces trois classes, les wagons sont climatisés en été et chauffés en hiver. Le passage entre les wagons des différentes classes est verrouillé la nuit. S'il n'y a pas de service de restauration à bord, des vendeurs à la sauvette passent régulièrement en proposant snacks et chaï. Vous pouvez aussi aller vous ravitailler en gare lors d'un long arrêt.

• **Tarifs.** En Inde, le train est un moyen de se déplacer à prix vraiment attractif. Les tarifs sont proportionnés à la distance parcourue et à la classe choisie. Plus votre trajet est long, plus le rapport prix/km sera réduit. En train express, comptez environ 315 Rs pour 500 kilomètres en classe *sleeper*, 815 Rs en 3AC, 1 135 Rs en 2AC et 1 885 Rs en 1AC.

Réserver un billet de train.
Vous pouvez réserver votre billet de train aux guichets de réservation des gares (souvent dans la cour), le faire vous-même sur Internet ou passer par une agence locale. Les réservations sont ouvertes 3 mois avant le départ du train. Les places dans les trains de nuit ou pour de longues distances peuvent partir très vite, notamment en haute saison, pendant les vacances scolaires indiennes (avril à juin) ou en période de festivals (Diwali, Eïd...). Mieux vaut s'y prendre à l'avance.

• **Si vous vous rendez au guichet,** vous devrez compléter un formulaire renseignant votre identité, votre âge, le nom et le numéro du train, la gare de départ et celle d'arrivée, et le confort souhaité. Inutile de faire la queue si vous n'avez pas complété le formulaire au préalable. Vous pouvez le demander au guichet. Le site www.erail.in vous permettra d'obtenir toutes les informations nécessaires. Entrez votre point de départ et la destination, choisissez la date et le site vous affichera les trains en circulation. Vous obtiendrez également le tarif (passez la souris sur la classe désirée) et le nombre de places restantes (cliquez sur la classe désirée). Les gares des très grandes villes ont parfois un guichet de réservation pour les touristes étrangers, qui bénéficient d'un quota spécial, mais il est limité. Pour bénéficier d'une place sur ce quota, vous devrez présenter votre passeport.

• **Vous pouvez réserver par Internet** en vous rendant sur le site de l'Indian Railways www.irctc.co.in. La procédure est complexe, car il faut s'inscrire au préalable en fournissant une adresse email et un numéro de téléphone portable. Notez bien votre identifiant et le mot de passe associé. La validation de la demande se fait manuellement et peut prendre au moins 48 heures. Tant que votre compte n'est pas validé, vous ne pouvez pas effectuer de réservation. Comme pour une réservation au guichet, ayez avec vous toutes les informations concernant le train à emprunter. Si vous souhaitez réserver plusieurs billets, vous devrez répéter l'opération, car il n'est pas possible d'effectuer plusieurs réservations et de régler en une seule fois. Cela peut provoquer des problèmes de paiement, car votre banque est susceptible de bloquer la transaction en cas de multiplication des opérations. Dans la mesure du possible, mieux vaut se limiter à une réservation par jour. Vous recevrez la confirmation et votre billet par email. Vous recevrez également un SMS de confirmation le jour du départ du train.

2160 kgCO_2e / personne
Aller-retour Paris-Delhi

→ Le calcul de cette consommation CO_2 est fait à partir de Paris. L'idée est ici de montrer concrètement l'empreinte carbone de ce trajet, même s'il n'existe pas d'autre alternative que l'avion pour se rendre dans cette destination de manière directe.

• **Si vous passez par une agence locale,** vous ne vous occuperez de rien, mais vous paierez un petit supplément pour le service.

• **Waiting List.** Indian Railways pratique le surbooking. De nombreuses annulations interviennent à quelques jours du départ. Il vous est donc possible de réserver un billet en vous plaçant sur la liste d'attente (*waiting list*). Vous ne prenez que peu de risques jusqu'à la 25e place, sauf sur le train de nuit Jodhpur-Jaisalmer où il n'y a qu'un wagon ouvert à la réservation. Vous pouvez vérifier le statut de votre réservation en consultant le site www.indianrail.gov.in. Choisissez l'option « PNR Status » et entrez la référence de votre réservation. Vous êtes sûr d'obtenir une place à partir du moment où vous passez sous le statut RAC (*Reservation Against Cancellation*). La liste définitive du statut de réservation est arrêtée deux heures avant le départ du train de la gare initiale. Elle est affichée en gare. Si vous êtes en RAC, contactez le contrôleur qui vous assignera une place. Si vous avez une place confirmée, rejoignez le wagon et le numéro de place attribués. Si vous n'avez pas obtenu de place, vous pourrez vous faire rembourser, mais uniquement avant le départ du train. Pour cela, vous devez vous rendre dans une gare.

• **Billet tatkal.** Si vous n'avez pas pu réserver un billet de train à temps ou que la liste d'attente s'avère trop longue, rien n'est perdu. Vous pouvez vous procurer un billet *tatkal*, la veille du départ du train. Pensez à bien vérifier la date et l'heure de départ du train de sa gare initiale. Indian Railways conserve un quota de places mises en vente au dernier moment. Les prix sont évidemment bien plus élevés que pour un billet normal. Vous devez vous présenter au guichet *tatkal* d'une gare à 10h (mieux vaut venir un peu avant en cas d'affluence).

• **IndianRail Pass.** Il existe un pass pour les voyageurs étrangers qui permet de prendre le train à volonté sur une période donnée. Le tarif varie en fonction de la durée (24 heures à 3 mois) et de la classe choisie. Mais le prix est élevé et pas du tout avantageux. Mieux vaut réserver normalement.

TRANSPORTS EN COMMUN

Delhi

• **Métro.** Le réseau métropolitain de Delhi poursuit son développement. Il compte désormais 12 lignes qui quadrillent la ville et ses banlieues, et 286 stations. Le prix des trajets varie en fonction de la distance parcourue. Vous pouvez acheter des *token* aux machines présentes dans les salles des pas-perdus des stations ou vous procurer une carte de transport à recharger. La carte coûte 50 Rs et est valide pour 10 ans. Il existe également un pass touristique, la Tourist Card, valable pour 1 jour ou 3 jours. Le tarif à la journée est de 200 Rs et de 500 Rs pour 3 jours. En restituant votre carte, vous serez remboursé de 50 Rs. La carte peut être achetée au guichet des salles des pas-perdus dans les stations.

• **Bus.** Le réseau des bus est très dense, mais sauf à très bien connaître la ville de Delhi, difficile à appréhender. D'autre part, c'est la garantie de se retrouver coincé dans les embouteillages, souvent dans des véhicules bondés. Si vous souhaitez emprunter le bus, le billet s'achète à bord auprès de l'opérateur qui se tient à côté de la porte.

Jaipur

• **Métro.** La ville de Jaipur est en train de se doter d'un réseau métropolitain. Après des années de travaux, ceux-ci sont enfin terminés dans la vieille ville. Il n'y a qu'une seule ligne pour le moment que vous pourrez notamment emprunter entre la gare ferroviaire et Badi Chaupar dans la ville rose. Le tarif varie en fonction du nombre de stations : comptez 6 Rs pour 2 stations, 12 Rs pour 3 à 5 stations, 18 Rs pour 6 à 8 stations et 22 Rs pour 9 à 11 stations.

• **Bus.** Souvent bondés, bus et minibus sillonnent inlassablement les artères et les environs de Jaipur. Ce n'est pas le moyen de transport le plus commode, sauf pour se rendre à Amber depuis Badi Chaupar (Hawa Mahal). Vous pourrez prendre le bus n° 29 ou n° 113. Comptez 15 Rs pour le trajet.

VÉLO, TROTTINETTE & CO

Se déplacer à vélo dans les grandes villes indiennes relève d'une volonté suicidaire. Il existe néanmoins quelques compagnies qui proposent des itinéraires touristiques à Delhi ou à Jaipur. En général, les circuits démarrent très tôt le matin afin d'éviter la circulation intense et la chaleur.

AVEC UN CHAUFFEUR

Delhi

• **Taxi.** Il existe quelques compagnies de taxis en ville, dont vous trouverez les coordonnées dans nos pages. Vérifiez bien que le chauffeur met le compteur au départ de la course, afin d'éviter tout problème ultérieur.

• **VTC.** Les compagnies Uber et Ola sont présentes à Delhi. Vous pouvez télécharger les applications sur Google Play Store ou Apple Store. En revanche, vous aurez besoin d'une carte SIM locale dans votre téléphone mobile.

• **Auto-rickshaw.** Le rickshaw est le moyen le plus pratique pour parcourir le dernier kilomètre. Ils attendent patiemment à la sortie des stations de métro ou vous pourrez les héler en ville. Ils refusent pour la plupart de mettre leur compteur et vous aurez à négocier le prix de la course. Comptez entre 30 Rs et 100 Rs pour de petits trajets.

Jaipur

• **Taxi et VTC.** Il existe quelques compagnies de taxi à Jaipur, dont vous trouverez les coordonnées dans nos pages. Uber et Ola sont présents en ville. Vous pouvez télécharger les applications sur Google Play Store ou Apple Store. En revanche, vous aurez besoin d'une carte SIM locale dans votre téléphone mobile.

• **Auto-rickshaws.** Vous pourrez héler un auto-rickshaw un peu partout en ville. Les chauffeurs ont tendance à indiquer des tarifs de course prohibitifs aux touristes. Demandez auparavant à votre hôtel le prix estimé de la course et préparez-vous à négocier fermement.

Voiture avec chauffeur. La voiture avec chauffeur est le meilleur moyen d'envisager un circuit au Rajasthan. S'il est facile de se déplacer dans l'État avec le train ou le bus (et moins onéreux), la voiture permet de sortir quelque peu des sentiers battus et de s'arrêter selon vos envies. La vitesse de déplacement moyenne est identique à celle des trains, donc vous ne perdrez pas de temps. Il faut compter au moins 3 000 Rs par jour pour une petite voiture (type Indigo) climatisée.

EN VOITURE

Il est fortement déconseillé de louer une voiture en Inde. La circulation est pour le moins excentrique, et en plus des autres véhicules, vous devrez faire attention aux nombreux deux-roues, aux piétons, aux animaux en travers des routes, et aux véhicules circulant à contresens. D'autre part, il n'y a que peu de loueurs de voiture, car ce service n'est pas encore rentré dans les mœurs.

ACCESSIBILITÉ

L'Inde de manière générale n'est pas une destination recommandée pour les personnes présentant un handicap physique ou avec des enfants en bas âge. Les trottoirs sont mal nivelés (lorsqu'il y en a), les gares ou stations de métro ne sont que rarement équipées d'ascenseurs, les hôtels n'ont que rarement des chambres adaptées aux PMR etc.

LES ATTRAPE-TOURISTES

À votre arrivée à l'aeroport ou dans une gare, vous serez inévitablement assailli par un rabatteur qui vous proposera un taxi, un rickshaw, un hôtel et qui essaiera de vous détourner des services officiels ou sécurisés. Ignorez-les.

LES PHRASES CLÉS

Bonjour, comment puis-je me rendre à. .
Hello, how can I get to…

Est-ce loin à pied ? Y a-t-il le métro ou un bus... pour y aller ?
Is it far on foot? Is there a tube or a bus I can take to get there?

Pouvez-vous me montrer cet endroit sur la carte s'il vous plait ?
Can you show me this place on the map please?

Où puis-je acheter les tickets de transport ? Est-ce que je peux payer en carte de crédit ?
Where can I buy transport tickets? Can I pay by credit card?

Où est la sortie ? A gauche, à droite ou tout droit ?
Where is the exit? Left, right or straight on?

Je suis perdu et je suis en retard, s'il vous plait, aidez-moi ! Merci beaucoup !
I'm lost and I'm running late, please help me! Thank you very much!

HORAIRES

Les commerces sont ouverts 7j/7, de 10h à 20h pour les boutiques, de 8h à 22h pour les petits commerces de proximité. Les banques et administrations sont ouvertes du lundi au vendredi, de 10h à 14h. Les bureaux de réservation dans les gares sont ouverts du lundi au samedi de 8h à 20h et le dimanche de 8h à 14h. Il arrive que dans les petites gares, une coupure ait lieu à 10h le matin pour le chaï et sur l'heure du déjeuner.

A RÉSERVER

Aucune visite de monuments ne nécessite de réserver son billet à l'avance. En revanche, l'Archaeological Survey of India (ASI) en charge des monuments nationaux a mis en place un système d'achat de billets en ligne, qui permet d'éviter de faire la queue à l'entrée de certains monuments nationaux. Vous pouvez consulter le site https://asi.payumoney.com et y acheter votre billet pour la plupart des monuments. Le service est facturé 50 Rs.

BUDGET / BONS PLANS

- **Les prix des entrées** dans les monuments ne cessent d'augmenter et impactent désormais le budget des voyageurs peu fortunés. Il faut compter 600 Rs pour toute entrée dans un monument national. L'entrée au Taj Mahal, véritable manne financière pour le gouvernement de l'Uttar Pradesh, coûte désormais 1 100 Rs auxquels il faut ajouter 200 Rs pour accéder au mausolée.
- **Il existe un billet composite** intéressant à Jaipur qui permet de visiter 7 sites. Valable 48 heures, vous pouvez vous le procurer à l'entrée de n'importe lequel des 7 sites : fort d'Amber, Jantar Mantar, Albert Hall Museum, Nahargarh Fort, Hawa Mahal, jardins de Sisodiya Rani, jardins de Vidhiyadhar. Le billet coûte 1 250 Rs. Mais attention, le City Palace n'en fait pas partie.

LES ÉVÉNEMENTS

Le calendrier hindou est ponctué de fêtes et festivals hauts en couleur qui pour certains méritent à eux seuls le voyage. Diwali en novembre et Holi en mars en font partie. La foire aux chameaux de Pushkar, qui se tient juste après le festival de Diwali, attire des milliers de touristes et photographes professionnels.

VISITES GUIDÉES

Vous trouverez des guides accrédités à l'entrée des sites et monuments nationaux gérés par l'ASI. Si vous souhaitez un guide francophone, le mieux est de réserver ses services par le biais de l'office de tourisme local. Vous trouverez également les coordonnées de guides francophones dans nos pages, susceptibles de vous faire visiter leur ville ou le Rajasthan. Les monuments privés tels que les palais de maharajas proposent pour la plupart des audioguides disponibles en français.

La foire aux chameaux de Pushkar.

FUMEURS

Il est interdit de fumer aux abords des écoles et des bâtiments publics, dans et dans les lieux publics clos (hôtels, restaurants, cinémas...). Dans le cadre de sa lutte contre la pollution, la ville de Delhi a carrément interdit de fumer sur les marchés et aux abords de certains lieux publics tels que hôtels, cinémas, etc. Si vous êtes fumeur, autant dire qu'à Delhi vous devrez vous cacher pour en griller une.

LES ATTRAPE-TOURISTES

Si vous souhaitez effectuer la visite guidée d'un monument, vérifiez qu'il est bien accrédité. Certains sites refusent l'accès aux guides non accrédités et vous aurez alors payé pour rien.

Pour les circuits ou excursions à la journée, passez toujours par une agence ayant pignon sur rue. Les personnes vous approchant dans la rue risquent fort de ne pas se présenter au rendez-vous ou leur véhicule pourrait fort ressembler à un tombeau roulant.

De nombreuses agences se font passer pour des offices de tourisme officiels et arborent le logo « Incredible India! » sur leur devanture. Là aussi, méfiance. D'une manière générale, rares sont les offices de tourisme à dispenser des informations intéressantes (malheureusement), donc autant les éviter.

C'EST TRÈS LOCAL

Munissez-vous de chaussures faciles à enlever et à remettre, car vous aurez à les enlever pour toute visite de temple ou de mosquée. Mesdames, ayez toujours sur vous un foulard pour vous couvrir la tête ou les épaules lors des visites de sites religieux. De manière générale, une tenue couvrante sera toujours appréciée. Messieurs, le port du short ou du bermuda est prohibé dans les mosquées. Il faut se couvrir la tête d'un foulard pour pénétrer dans un gurdwara, un temple sikh.

LES PHRASES CLÉS

Bonjour, puis-je avoir deux entrées adultes et un enfant s'il vous plaît ?
Hello, can I have two adults and two children tickets please?

Le tarif enfant est jusqu'à quel âge ? Et pour les seniors, est-ce qu'il y a une réduction ?
What age counts as a child? Is there an OAP discount?

Est-ce qu'il y a des visites guidées en français ou un audioguide ?
Is a guided tour in French or an audioguide available?

Combien de temps faut-il pour faire la visite ?
How long does the visit take?

J'ai du mal à monter les escaliers, avez-vous un ascenseur ?
I struggle with stairs, do you have a lift please?

Excusez-moi, pouvez-vous me dire où sont les toilettes ? Merci beaucoup.
Excuse me, can you tell me where the toilets are please? Thank you very much.

PRATIQUE

SE RÉGALER

HORAIRES

Les restaurants sont ouverts 7j/7, le plus souvent en service continu de 8h à 22h pour les petits restaurants. Les tables plus élégantes sont ouvertes midi et soir, entre 12h et 15h et 18h30 et 23h, voire plus.

BUDGET / BONS PLANS

Un repas dans un *dhaba*, un petit restaurant de bord de route, ne vous coûtera guère plus d'une centaine de roupies. Pour un restaurant plus traditionnel, il faut compter entre 300 Rs et 500 Rs, en fonction de votre appétit. Dans les meilleurs restaurants, le prix peut atteindre (mais rarement dépasser) 1 700 Rs par personne.

Beaucoup de restaurants sont végétariens au Rajasthan, et dans certaines villes comme Pushkar, il est carrément impossible de trouver de la viande ou de l'alcool.

Beaucoup de restaurants ne possèdent pas de licence de revente d'alcool. Par conséquent, il est rare de pouvoir accompagner son repas d'un verre de vin (très cher et mauvais) ou d'une bière, à l'exception des restaurants pour touristes ou aux tables des grands hôtels.

EN SUPPLÉMENT

Le pourboire, sans être obligatoire, est fortement apprécié. Comptez en général 10 % de votre addition. Le service est souvent inclus dans les grands restaurants. Si tel est le cas, la mention figurera sur votre addition.

C'EST TRÈS LOCAL

Si la cuisine indienne est épicée, elle est rarement très pimentée. Les restaurateurs, habitués des touristes occidentaux, adaptent leurs dosages à nos palais délicats. Toutefois, si vous n'appréciez guère le piment, pensez à préciser « *not spicy* » ou « *medium spicy* » lorsque vous passez votre commande.

Chez l'habitant et dans les gargotes, il est de coutume de manger avec la main droite. Vos hôtes apprécieront vos efforts et se sentiront honorés si vous vous pliez à la règle.

La cuisine indienne traditionnelle se compose de deux ou trois préparations que l'on sert dans une grande assiette et que l'on mélange en écrasant avec les doigts. Les Indiens vous expliqueront que les saveurs n'en sont que plus exaltées.

© HADYNYAH

Vendeur dans les rues de Jaïpur.

A ÉVITER

Si vous êtes invités à manger chez l'habitant, pensez à vous déchausser à l'entrée de la maison, qui est aussi sacrée qu'un temple. Vous serez peut-être invité à vous asseoir par terre, en tailleur, et à manger avec les mains. Utilisez toujours votre main droite, la gauche étant destinée aux actes impurs.

Si vous avez l'estomac fragile, évitez les glaçons et les glaces ou les kulfis. D'autre part, ne buvez que de l'eau en bouteille scellée ou filtrée avec un système RO.

ENFANTS

Les enfants sont les bienvenus partout en Inde et occupent une place tellement centrale qu'ils peuvent paraître mal élevés avec notre grille de lecture occidentale. Vous pourrez les emmener partout avec vous, sauf dans les bars où ils n'ont pas leur place.

FUMEURS

Officiellement, il est interdit de fumer dans les lieux publics, dont les restaurants. Si la règle tend à être de plus en plus respectée, vous pourrez probablement vous en griller une à l'issue de votre repas, pour peu que la salle soit aérée ou que vous soyez en terrasse.

LES ATTRAPE-TOURISTES

Il n'y a pas d'arnaques connues concernant la restauration en Inde. Le seul risque à trop vouloir fréquenter des restaurants climatisés prévus pour les touristes est de payer très cher une nourriture très mauvaise.

LES PHRASES CLÉS

Bonjour, je voudrais réserver une table pour deux personnes pour ce midi ou ce soir.
Hello, I'd like to book a table for two for today at lunchtime or in the evening.

Avez-vous un menu en français ou en anglais ?
Do you have a menu in French or English?

Je suis végétarien, y a t-il des plats sans viande ?
I'm vegetarian, are there any dishes that don't contain meat?

Je n'ai vraiment plus faim mais avez-vous une carte des desserts ?
I'm full now but can I see the dessert menu just in case?

Puis-je avoir l'addition s'il vous plait ? Je peux payer par carte ou en espèces ?
Can I have the bill please? Can I pay by card, or do you need cash?

C'était très bon, nous reviendrons. Merci et à bientôt.
It was delicious, we will be back. Thank you, see you soon.

FAIRE UNE PAUSE

HORAIRES

À l'exception de Delhi, d'Agra et de Jaipur, la vie nocturne est limitée à la portion congrue. Dans ces villes, vous trouverez des bars branchés, où la musique est souvent poussée à fond. Ils ouvrent vers 16h et ferment vers minuit, voire plus. À Delhi, il existe un bar ouvert 24h/24 et 7j/7, le Kitty Su.

Dans les villes moyennes, vous pourrez trouver des endroits où boire une bière, souvent de petits restaurants pour touristes occidentaux.

Dans les villages, la vie nocturne est inexistante et on se couche tôt.

BUDGET / BONS PLANS

L'alcool est cher en Inde et de mauvaise qualité. Tous les alcools forts sont distillés dans le pays : vodka, whisky, gin, rhum. On peut également trouver du vin produit dans la région de Nashik au Maharashtra ou dans les environs de Bangalore. Il est très cher et de piètre qualité. La bière est elle aussi brassée en Inde.

Les alcools d'importation ne sont disponibles que dans les palaces et certains bars branchés.

A PARTIR DE QUEL ÂGE

La majorité est requise pour boire de l'alcool en Inde, soit 18 ans. Les femmes consommant de l'alcool sont très mal perçues, surtout dans les campagnes.

C'EST TRÈS LOCAL

Si les Indiens boivent peu d'alcool (en public), il est en revanche une tradition à laquelle vous ne sauriez couper : le chaï. Ce thé au lait très sucré et agrémenté d'épices accompagne les Indiens à toute heure de la journée. Il existe même une pause quasi officielle à 10h du matin dans les administrations. Les meilleurs chaï se dégustent dans des gobelets en argile à usage unique et sont bouillis dans des casseroles en cuivre.

Pause chaï.

ENFANTS

Les enfants ne sont pas les bienvenus dans les lieux où l'on consomme de l'alcool. En revanche, vous pourrez les emmener partout ailleurs, notamment dans les petits cafés.

FUMEURS

Il est officiellement interdit de fumer dans les espaces publics. Certains bars ou discothèques ne disposant pas de terrasse ont une pièce réservée aux fumeurs équipée de puissants extracteurs de fumée, comme dans les aéroports.

LES ATTRAPE-TOURISTES

Il n'existe pas d'attrape-touriste notoire concernant la fréquentation des cafés ou des bars. En revanche, n'acceptez jamais d'alcool fabriqué de façon illégale. Certains alcools frelatés rendent aveugle (littéralement)

LES PHRASES CLÉS

Bonjour, quelle est la spécialité de la maison ? Nous voulons découvrir.
Hello, what's the speciality here? We want to try it.

Avez-vous de la place en terrasse ?
Do you have any room on the terrace?

Quel est votre nom ? Je m'appelle… Ravi de vous rencontrer !
What's your name? I'm... So pleased to meet you!

A votre santé ! Zut, j'ai renversé mon verre… pouvez-vous m'aider ?
Cheers! Oh no, I've knocked over my drink...can you help me?

C'était très bon. Nous allons reprendre la même chose s'il vous plait.
It was delicious. We'll have the same again please.

PRATIQUE

(SE) FAIRE PLAISIR

HORAIRES

Les magasins ouvrent en général de 10h à 20h et sont ouverts 7 jours sur 7. Les petits commerces peuvent avoir des plages horaires plus larges.

BUDGET / BONS PLANS

À l'exception des magasins de chaîne (Fabindia, marques internationales) et des commerces vendant des produits de luxe, vous devrez régler vos achats en espèces.

SOLDES

Il n'existe pas de période de soldes officielles en Inde. Traditionnellement, les magasins déstockent en fin d'année, après le festival de Diwali. Les petits commerces ne pratiquent jamais de soldes.

C'EST TRÈS LOCAL

À l'exception des magasins de chaînes, vous pourrez négocier les prix. C'est même la règle. Pour bien marchander, fixez-vous un prix maximum à ne pas dépasser et ne montrez qu'un intérêt limité pour l'article que vous convoitez. Mettez en avant tous les arguments objectifs ou subjectifs de nature à justifier une baisse de prix (la couleur qui ne vous plaît pas, un défaut de fabrication, de mauvaises finitions...). Le matin tôt est le meilleur moment pour faire de bonnes affaires, car les commerçants pensent que leur première vente va leur porter chance pour le reste de la journée.

LES ATTRAPE-TOURISTES

De nombreux commerçants abusent de la naïveté des touristes en tentant de leur refourguer du faux au prix du vrai, de neuf au prix de l'ancien. On ne compte pas les faux pashminas et faux cachemires proposés à prix d'or. Les foulards sont certes doux au toucher, mais ils ne sont pas en pashmina. Le pashmina n'est d'ailleurs pas une laine douce et c'est la raison pour laquelle il est mélangé à de la soie. Méfiez-vous également des fausses antiquités, qui sont vieillies en laissant des objets neufs à l'air libre et en les sablant. Pour les objets artisanaux, rien ne vaut de se fournir directement chez l'artisan. À Jaipur, capitale des pierres précieuses en Inde, les fausses pierres ou de moindre valeur sont monnaie courante. Certains bijoutiers n'hésitent pas à produire de faux certificats d'origine. Sauf à être vous-même un expert, n'hésitez pas à faire estimer les pierres par un laboratoire indépendant avant de les acheter.
Les arnaques dans le commerce des souvenirs et objets artisanaux sont monnaie courante et les Indiens ne voient pas le mal à être de mauvaise foi. Ils considèrent que si vous achetez leur baratin, vous êtes le responsable.

LES PHRASES CLÉS

Bonjour, c'est superbe, mais combien ça coûte ?
Hello, that's stunning, but how much is it?

Vous auriez ma taille ? Où se trouvent les cabines d'essayage ?
Do you have it in my size? Where are the changing rooms?

Est ce que je pourrai vous le rapporter et l'échanger si ça ne va pas ?
Can I exchange it if it doesn't fit?

J'ai trop dépensé aujourd'hui, pouvez-vous me faire une réduction sympa ?
I've spent too much today already, any chance of a discount?

Je prendrai celui-ci. Pouvez-vous me faire un paquet cadeau ?
I'll take this one. Can you gift-wrap it for me?

Vous prenez la carte de crédit ? Où puis-je trouver un distributeur de billets ?
Do you take credit cards? Where can I find a cash point?

BUDGET / BONS PLANS

Il n'existe pas vraiment d'activités gratuites ou de bons plans pour visiter le Rajasthan. Mais sachant qu'il se passe toujours quelque chose au coin de la rue, rien ne vaut de se poser au bord d'une route ou d'une place avec un appareil photo et de se laisser happer par la lumière et les couleurs.

C'EST TRÈS LOCAL

Les Indiens des villes marchent pour se maintenir en forme. Vous les verrez tôt le matin ou après le dîner faire des allers-retours dans la rue en bas de chez eux.

VOS PAPIERS SVP

On vous demandera votre permis de conduire si vous comptez louer une moto pour un circuit, ou votre passeport, qui servira de garantie si vous louez un scooter ou une moto pour un jour ou deux. Officiellement, le permis de conduire international est désormais exigé. Certains loueurs le demandent, d'autres non. Sachez qu'il faut au moins 3 mois pour obtenir un permis de conduire international en France.

A RÉSERVER

Si vous souhaitez effectuer un safari dans le parc national de Ranthambore, vous avez intérêt à réserver très en amont, surtout si vous vous y rendez en haute saison (d'octobre à mars). Dans ce cas, passez par votre hôtel.

LES ÉVÉNEMENTS

Outre les fêtes religieuses, de nombreux festivals folkloriques sont organisés par l'Office de tourisme du Rajasthan, notamment à Bikaner, Jaisalmer ou Mount Abu.

LES ATTRAPE-TOURISTES

Vous serez peut-être arrêté dans la rue par un rabatteur qui vous proposera un soin ayurvédique, notamment à Udaipur. Il vous mènera directement au centre de soins. Il s'agit souvent d'une toute petite boutique pas très propre. Inspectez-la bien avant de réserver un soin.

LES PHRASES CLÉS

Bonjour, comment puis-je me rendre à… ? Est-ce loin ?
Hello, how can I get to...? -Is it far?

J'aimerais aller courir. Il y a un coin sympa pour cela dans la ville ?
I'd like to go for a run. Is there somewhere good to run around the town?

J'adore cuisiner. Savez-vous où je peux trouver des cours de cuisine ?
I love cooking. Do you know where I can take a cooking class?

Vous pourriez m'indiquer une salle de sport pas très loin ?
Can you tell me where the nearest public gym is?

Quel est le sport national ?
What is the national sport?

Pensez-vous que nous pourrions voir cela ou même participer ?
Do you think we could watch it somewhere, or maybe try it?

SORTIR

HORAIRES

Archaeological Survey of India (ASI), l'organisme en charge de l'exploitation et de l'entretien des monuments nationaux, organise des Sons & Lumières sur certains monuments. C'est notamment le cas au Fort Rouge de Delhi ou à celui d'Agra. Les spectacles ont lieu en début de soirée (vers 19h30) et il y a toujours une séance en anglais.

BUDGET / BONS PLANS

Les billets des Sons & Lumières des monuments placés sous l'égide de ASI coûtent 500 Rs environ. Les boîtes de nuit sont rares et vous n'en trouverez qu'à Delhi. Les droits d'entrée sont élevés, de l'ordre de 5 000 Rs pour un couple.

A RÉSERVER

Il n'y a pas de spectacles qui nécessitent une réservation anticipée. En revanche, pour les Sons & Lumières, le nombre de places est limité et il vaut mieux se présenter au moins 30 minutes avant le début du spectacle.

TRANSPORTS NOCTURNES

Il n'est pas recommandé de prendre les transports en commun la nuit en Inde, surtout si vous êtes seul. Préférez prendre un taxi ou un Uber, dont les tarifs sont modiques par rapport à l'Europe.

A PARTIR DE QUEL ÂGE

La consommation d'alcool et l'entrée dans les boîtes de nuit ne sont pas autorisées pour les mineurs. L'âge de la majorité est fixé à 18 ans en Inde.

C'EST TRÈS LOCAL

Si vous comptez vous offrir une virée en boîte de nuit, une tenue correcte est exigée à l'entrée. Les clubs sont rares et considérés comme des endroits select pour la jeunesse dorée.

FUMEURS

Il est interdit de fumer dans les lieux publics en Inde, en théorie. Dans la pratique, l'interdiction varie beaucoup entre les villes et les campagnes. À Delhi, l'interdiction de fumer en extérieur comme en intérieur (à l'exception de son domicile) est appliquée et les policiers distribuent les amendes à tour de bras. Certains bars ou boîtes de nuit sont équipés de salles fumeur équipées d'extracteur de fumée.

LES ATTRAPE-TOURISTES

Si vous vous rendez à un spectacle, achetez toujours votre billet au guichet à l'entrée du site, et pas à un revendeur à la sauvette.

LES PHRASES CLÉS

Bonsoir, comment puis-je me rendre à…
Good evening, how can I get to…

Est ce que cet endroit est tranquille ? Il n'y a pas de problème de sécurité ?
Is it a calm place? Are there any safety issues?

J'aimerais voir un spectacle typique ! Qu'est-ce qu'il y a en ce moment ?
I'd love to see a traditional show! What's on at the moment?

Je ne comprends pas… pouvez-vous répéter s'il vous plait ? Merci.
I don't understand, can you repeat please? Thank you.

Est-ce que je peux vous offrir un verre ? Quel est le meilleur cocktail de la maison ?
Can I buy you a drink? What's the best house cocktail?

J'ai la gueule de bois, auriez-vous quelque chose pour que j'aille mieux ?
I'm hungover, do you have anything that might help?

SE LOGER

BUDGET / BONS PLANS

Les grands centres touristiques proposent un choix d'hôtels très vaste, il y en a vraiment pour toutes les bourses et pour tous les goûts. Les prix indiqués le sont pour une chambre double, en haute saison. Mais ils sont à prendre avec précaution. Les hôteliers ne cessent de se rattraper depuis la sortie du Covid en 2022 et ils comptent désormais principalement sur leur marché domestique plutôt que sur les touristes étrangers. D'autre part, l'Inde n'échappe pas à l'inflation. Ainsi, les prix ne cessent de fluctuer.

La crise Covid-19 qui a vu le pays se fermer aux touristes pendant 2 ans a laissé des marques. Les prix ont explosé avec la reprise en 2023, avec des tarifs prenant presque systématiquement 50 % quand ce n'est pas 300 % ! Le développement du tourisme domestique a permis à l'industrie hôtelière indienne de se maintenir à flot en attendant des jours meilleurs. En conséquence, les hôteliers ne se reposent plus sur la clientèle internationale et il devient quasiment impossible de négocier les prix, sauf dans des établissements très bon marché souvent peu recommandables.

D'une manière générale, la propreté des hôtels bon marché s'est améliorée, surtout dans les établissements accueillant majoritairement des touristes étrangers.

L'abondance d'établissements hôteliers garantit une saine concurrence qui maintient les prix. Cependant, l'instauration d'une taxe fédérale en complément de la taxe locale en 2017 fait flamber les prix pour le consommateur final, notamment dans les établissements de luxe. La taxe est de 28 % pour les chambres au tarif supérieur à 7 500 Rs, de 18 % pour les chambres au prix compris entre 2 500 Rs et 7 500 Rs et de 12 % pour les chambres vendues entre 1 000 Rs et 2 500 Rs la nuit. La plupart des établissements affichent des prix hors taxes, afin de demeurer attractifs.

Au Rajasthan, comptez entre 750 Rs et 2 000 Rs pour un hôtel bon marché. Vous aurez une chambre propre, une salle de bains privative et du linge de toilette. Pour un hôtel de charme, comptez entre 2 500 Rs et 7 000 Rs la nuit. Dans les hôtels de luxe et les palaces, comptez entre 7 000 Rs et 20 000 Rs pour une chambre double. Ces hôtels sont souvent installés dans d'anciens palais de maharajas magnifiquement restaurés ou des havelis somptueuses.

À Delhi, l'hôtellerie est très chère. Vous ne trouverez pas de chambre digne de ce nom à moins de 2 000 Rs. Une chambre confortable dans un hôtel correct ou dans un B&B ne coûtera pas moins de 5 000 Rs la nuit.

Certaines petites villes manquent singulièrement d'infrastructures hôtelières et touristiques, comme c'est le cas à Mathura ou à Vrindavan, de grands centres de pèlerinage où les Indiens viennent pour la journée ou dorment dans des dharamsalas, des auberges pour pèlerins.

Hôtel à Jodhpur.

À RÉSERVER

Il est indispensable de réserver à l'avance en haute saison, entre octobre et février, notamment dans les hébergements de charme au rapport qualité-prix intéressant dans les villes. Ceci étant dit, vous trouverez toujours une chambre pour vous loger, même à la dernière minute, mais peut-être pas dans l'hôtel que vous convoitez.

C'EST TRÈS LOCAL

Beaucoup d'Indiens n'hésitent pas à partager une chambre double avec le reste de la famille. Ils s'y entassent souvent à 4 ou 5, afin de limiter les dépenses. Cette pratique est cependant rarement tolérée par les hôteliers lorsqu'il s'agit des touristes étrangers.

Lors de votre arrivée à l'hôtel, vous aurez à remplir un registre en renseignant votre nom, votre adresse, la durée de votre séjour, et votre numéro de passeport. L'hôtelier est tenu de faire une copie de votre passeport et de compléter un formulaire en ligne, le C-Form.

POUR LES GOURMANDS

Les Indiens ne mangent jamais sucré au petit déjeuner, mais salé. Les spécialités de l'Inde du Sud, tels que les uttapams ou les dosas, font partie des petits déjeuners privilégiés des Indiens. Dans les hôtels pour touristes, vous aurez toujours le choix au buffet entre des plats indiens et du pain, du beurre, de la confiture ou des œufs.

FUMEURS

Il est interdit de fumer dans les établissements accessibles au public. À Delhi, il est même interdit de fumer en extérieur, ce qui n'est pas le cas au Rajasthan.

LES ATTRAPE-TOURISTES

- **Les chauffeurs d'auto-rickshaws** qui vous attendent à la sortie des gares tenteront peut-être de vous faire croire que l'hôtel où vous souhaitez vous rendre est fermé, qu'il est complet, qu'il a brûlé... pour vous emmener ailleurs. C'est bien sûr faux. L'hôtel où ils comptent vous amener leur verse une commission. Dites que vous avez une réservation pour couper court.
- **Dans certaines villes** où l'offre hôtelière est insuffisante ou en période de festival lorsque tous les hôtels sont complets dans la ville, il peut arriver que votre hôtel n'ait pas « reçu » votre réservation. En réalité, l'hôtel aura donné votre chambre à plus offrant ou il souhaite augmenter le prix de la nuitée, parfois de manière inconsidérée. Lors de votre réservation, exigez une confirmation écrite mentionnant les dates, le tarif et les inclusions. La veille de votre arrivée, reconfirmez votre venue en précisant votre heure d'arrivée.

LES PHRASES CLÉS

Bonjour, avez-vous de la disponibilité pour une chambre double pour ce soir ou demain soir ?
Hello, do you have a double room available tonight or tomorrow?

Avez-vous un code wifi… les enfants ne tiendront pas sans !
Do you have a Wi-FI code... otherwise my kids will go nuts!

C'est bruyant, est ce que je peux changer de chambre ?
It's noisy, can I move to a different room?

Jusqu'à quelle heure est-ce que nous pouvons aller à la salle de sport et à la piscine ?
What time do the swimming pool and gym close?

Est-ce que je peux laisser mon bagage et revenir plus tard le récupérer ?
Can I leave my luggage and come back later to pick it up?

Est-ce que vous pouvez nous appeler un taxi ? Merci beaucoup.
Can you call us a taxi? Thank you very much.

VIE QUOTIDIENNE

ALLO ?

L'indicatif de l'Inde est +91. Pour appeler depuis la France, composez l'indicatif international et le numéro de téléphone, sans le 0. Pour appeler la France depuis l'Inde, composez le +33, suivi du numéro sans le 0.

Une carte SIM locale s'avérera très utile durant votre voyage. Vous pouvez vous la procurer à votre arrivée à l'aéroport, mais elle est vendue plus cher que dans les officines spécialisées. Le principal opérateur accessible aux étrangers est Airtel. Pour obtenir une carte SIM, vous devrez fournir une photo d'identité, une copie de la première page de votre passeport et une copie de votre visa.

Désormais, presque tous les Indiens sont équipés d'un téléphone mobile. Par conséquent, les cabines téléphoniques ont presque disparu. Pour les repérer, cherchez les pancartes jaunes indiquant STD / ISD / PCO en grosses lettres noires devant les magasins. Vous profiterez d'un prix bas pour vos appels à l'international notamment.

ACCESSIBILITÉ

L'Inde est un pays peu adapté aux personnes à mobilité réduite ou avec des enfants en bas âge, d'autant plus si vous comptez emprunter les transports en commun. Les gares sont rarement équipées d'ascenseurs et il faut grimper de hauts escaliers pour enjamber les voies ferrées. C'est aussi le cas pour traverser les grandes artères dans certaines villes. Les trottoirs sont inégaux et encombrés lorsqu'ils existent. Les routes, souvent en mauvais état, fatiguent même les passagers.

SANTÉ

Il convient d'être vigilant sur quelques points afin de ne pas subir des désagréments de santé au cours de votre voyage. Même si les conditions d'hygiène se sont considérablement améliorées et que les cas de dysenterie sont de plus en plus rares, il convient de respecter une hygiène scrupuleuse. Lavez-vous systématiquement les mains avant et après les repas et ne buvez que de l'eau en bouteille. Si vous avez l'estomac sensible, rincez-vous la bouche avec de l'eau en bouteille lorsque vous vous lavez les dents. Évitez de manger des fruits et légumes crus non pelés. Redoublez de vigilance en été, et malgré la tentation, résistez aux glaces, lassis et glaçons, car la chaîne du froid n'existe pas en Inde. Évitez les œufs, les laitages et les aliments non bouillis. En cas de maladie, consultez immédiatement un pharmacien, puis un médecin si les symptômes ne se dissipent pas. En cas de problème grave, de diarrhée importante ou de forte fièvre, rendez-vous immédiatement chez un médecin ou au service d'urgence d'un hôpital (clinique privée de préférence). Les actes de santé mineurs sont peu chers en Inde, même dans le secteur privé.

Conseil aux voyageurs. Afin de connaître les principales maladies en cours de circulation au Rajasthan, rapprochez-vous de votre médecin traitant avant votre départ. Vous pouvez aussi vous rapprocher de la Société de médecine des voyages du Centre médical de l'Institut Pasteur au 01 45 68 80 88 (www.pasteur.fr) ou consulter le site du ministère des Affaires étrangères à la rubrique « Conseils aux Voyageurs » (www.diplomatie.gouv.fr).

Hôpitaux, cliniques, pharmacies. Si le système de santé public n'est pas très robuste, le secteur privé hospitalier est lui très performant. En cas de nécessité, privilégiez un hôpital privé dans la mesure du possible. Si vous êtes dans un endroit isolé, vous n'aurez peut-être accès qu'à un simple dispensaire. En cas de problème mineur, vous devrez régler les frais (visite médicale, actes de soin), mais les prix sont raisonnables. Si vous souffrez d'une affection sérieuse, rapprochez-vous de votre assistance médicale avant d'entreprendre des démarches et des frais. Votre assurance vous renverra vers un hôpital avec lequel elle a des accords notamment.

URGENCES SUR PLACE

Les numéros d'urgence sont valables dans tout le pays et peuvent être contactés gratuitement depuis n'importe quel téléphone.

- **Ambulance** : 102.
- **Pompiers** : 101.

SÉCURITÉ

L'Inde est un pays relativement sûr… mais pauvre. Ainsi, évitez de sortir de grosses liasses de billets devant les gens. Si vous voyagez avec des sommes importantes sur vous, répartissez-les dans différents endroits, afin de ne pas susciter la tentation. Comme n'importe où dans le monde, faites toujours attention à votre portefeuille et à votre matériel photographique. Si vous empruntez des trains de nuit, dormez avec votre argent et votre passeport sous votre tête.

En ville, à la nuit tombée, préférez vous déplacer en taxi qu'en transports publics, surtout si vous êtes une femme.
En cas de problème, le numéro de la police est le 100. Vous pouvez le composer gratuitement depuis n'importe quel téléphone. Il existe également un numéro d'urgence dédié aux touristes, où vous pourrez demander un interlocuteur parlant français. Pour ce faire, composez le 1363 ou le 1-800-11-1363.

LGBTQ

L'homosexualité demeure un sujet tabou en Inde et elle est très mal perçue. Cependant, un sondage mené en 2018 a révélé que près d'un tiers des hommes mariés s'avouaient homosexuels ! Si vous êtes homosexuel, n'affichez pas ouvertement vos préférences et vos opinions. Si vous voyagez avec votre partenaire, ne manifestez aucun geste tendre en public (un conseil qui vaut pour les hétérosexuels également). En revanche, vous n'aurez aucun problème à faire chambre commune, car l'amitié entre deux personnes du même sexe est tout à fait acceptée. Soyez discrets, c'est tout.
Si la catégorie « transgenre » est reconnue dans les documents officiels indiens, c'est avant tout pour assurer une reconnaissance envers les *hijras*. Ces personnes intersexes, transgenres ou eunuques remplissent une fonction sociale et vous en croiserez probablement lors de votre séjour. En revanche, elles sont très mal considérées par la population.

AMBASSADE ET CONSULATS

L'ambassade de France et le consulat sont situés à Delhi, au 2/50E Shantipath, Chanyakapuri. Tél. : +91 11 4319 6100. Elle est ouverte du lundi au vendredi de 8h30 à 18h.
Il n'y a pas de représentation consulaire française au Rajasthan. En cas de problème, rapprochez-vous du consulat à Delhi.

POSTE

Les services postaux indiens ne sont pas toujours très efficaces. Si vous souhaitez envoyer un colis, il est préférable de passer par une entreprise spécialisée dans la livraison des colis type FedEx ou DHL.
Le prix du timbre pour une carte postale ou une lettre de 20 g est de 25 Rs.

MÉDIAS LOCAUX

Il existe une presse anglophone fournie en Inde, nationale et régionale. Les deux journaux principaux sont le *Hindustan Times* (www.hindustantimes.com) et *The Times of India* (www.timesofindia.indiatimes.com). Il s'agit de quotidiens généralistes qui proposent une édition augmentée le week-end.

LES PHRASES CLÉS

Bonjour, mon téléphone ne fonctionne pas, pouvez-vous m'aider s'il vous plait ?
Hello, my phone isn't working, can you help me please?

Je ne me sens pas bien, pouvez-vous m'amener à l'hôpital le plus proche ?
I don't feel well, can you take me to the nearest hospital?

Est-ce que vous avez un médecin qui parle français ?
Do you have a doctor who speaks French?

Je viens de me faire voler mes papiers, où est le poste de Police le plus proche ?
My passport has just been stolen, where is the nearest police station?

Est-ce un quartier dangereux ou je peux y aller sans crainte ?
Is this area dangerous or can I walk around without worrying?

Avez-vous des timbres pour une carte postale à envoyer en France ? C'est combien ?
Do you have any stamps for a postcard to France? How much is that?

DÉCOUVRIR

Traversé par une histoire dense, le Rajasthan témoigne avec vivacité de son passé féodal à travers ses forteresses et fortins partout présents. Les maharajas n'ont rendu leurs pouvoirs qu'en 1971, et cinquante ans plus tard, leur puissance, leur richesse et leur gloire sont toujours bien présentes. Si la région a pris le train de la modernité, les traditions complexes demeurent et dessinent un visage pittoresque profondément ancré. Patrimoine architectural, cultes religieux, spécialités gastronomiques, us et coutumes, populations tribales, folklore musical, mode vestimentaire, organisation de la société sont autant de facettes qui esquissent une mosaïque unique en Inde. La religion hindoue occupe une place importante dans le quotidien des habitants et les vaches, considérées comme sacrées, sont partout présentes. Elles font l'objet d'offrandes quotidiennes et sont bichonnées dans des fermes spéciales appelées « *gosalas* ».

LA VACHE SACRÉE

Des artères des métropoles aux bordures d'autoroutes en passant par les rues des villages, les vaches sont partout, ce qui ne manque pas d'étonner le voyageur. Les plus anciens textes hindous élèvent le bovin au rang de Mère-Nourricière des dieux et des hommes. Les Hindous sont sommés de bien les traiter, de ne pas les tuer et de les vénérer pour la richesse et la bienveillance qu'elles procurent. Tout ce qui est issu de la vache est sacré, tant son lait, que son urine ou ses excréments, et tout est utilisé dans les rites religieux et la vie quotidienne. L'avènement du mouvement nationaliste BJP a transformé la vache en *zoon politikon*, arme de nuisance à l'encontre des communautés autorisées à manger sa viande. En 2017, il a tenté de faire fermer les abattoirs, engrangeant de vives protestations. Cela est néanmoins le cas en Uttar Pradesh, qui doit désormais faire face à une invasion de vieilles carnes dont personne ne veut plus.

La vache dans les textes sacrés hindous

Dans l'hindouisme, la vache est vénérée et représente la sacralité de toutes les créatures. Elle est désignée sous le nom de Gao Mata, la Vache-Mère, du fait qu'elle donne son lait à tous. La vache est mentionnée dans les plus anciens textes religieux, dont les Vedas, rédigés entre le IIe millénaire av. J.-C. et le VIe siècle av. J.-C. Elle apparaît à plusieurs reprises dans le Rig Veda, une collection d'hymnes sacrés, où elle est souvent présentée comme un symbole de richesse.

- **Le Rig Veda** VI.28, titré « Vaches », lui consacre un hymne et insiste sur la façon de les traiter : « Qu'elles ne soient jamais perdues, qu'aucun voleur ne les blesse jamais ; qu'aucun adversaire malveillant n'essaye de les harceler. Que le Maître des Vaches vive de nombreuses années avec celles-ci, les Vaches dont la grâce lui permet de faire des offrandes et de servir les Dieux. [...] Que ces vaches, bétail du pieux adorateur, puissent errer sur un vaste pâturage où ne se trouve aucun danger. Pour moi les Bovins ressemblent à Bhaga, ils ressemblent à Indra, ils ressemblent à une part du Soma versé [...]. Ô Bovins, [...] faites prospérer ma maison, avec vos voix propices. Votre puissance est glorifiée dans nos assemblées. Broutez les bons pâturages et ayez à votre portée une eau pure et douce en de beaux lieux d'abreuvement. Ne soyez jamais aux mains du voleur ou du pécheur, et puisse la flèche de Rudra vous éviter toujours. »
- **Dans l'Atharva Veda**, les divinités hindoues occupent les différentes parties du corps de la vache. Son lait nourricier est source de vie tant pour les dieux que les hommes. Elle représente l'incarnation du monde universel. « C'est la Vache qui est l'immortalité, et c'est la Vache qu'on révère en tant qu'elle est la mort ; la Vache, c'est tout ce qui est, Dieux et Hommes,

DÉCOUVRIR

© ARTHUR - STOCK.ADOBE.COM

Vache dans les rues de Jaipur.

Asuras, Mânes et Prophètes. L'homme instruit de ce mystère connaîtrait le mystère de la Vache : alors seulement le Sacrifice, pourvu de tous ses pieds, se laisse traire sans regimber en faveur de celui qui l'offre.]...] C'est la Vache qui fait vivre les Dieux, la Vache qui fait vivre les hommes. La Vache, c'est tout ce qui est, tout ce que contemple le Soleil. » Atharva Veda, X.10.

Le Harivamsha remontant au Ier siècle est le plus ancien poème mentionnant la jeunesse de Krishna, le huitième avatar de Vishnou, le petit dieu facétieux gardien de vaches. Il y est décrit comme l'enfant qui protège les vaches, le *Bala Gopala*. Il est également souvent appelé Govinda, ce qui signifie « celui qui apporte satisfaction aux vaches ». Il est entouré de 108 *gopis*, un terme sanskrit qui signifie « bouvière », qu'il attire et fait danser au son de sa flûte. Cette scène est très souvent reprise dans l'art pictural hindou et notamment dans les somptueuses fresques de la haveli du Sone Ki Dukan de Mahansar.

Le traité des Lois de Manu remontant au IIe siècle établit un parallèle entre brahmane et vache. Les deux sont symboles de l'*ahimsa*, « le respect de la vie ». La protection d'un brahmane, d'une vache, d'une femme ou d'un enfant au prix de sa vie permet d'atteindre le *moksh*a, la libération de l'âme. « La mort, sans l'espérance d'une récompense, pour les brahmanes et les vaches, ou dans la défense de femmes et d'enfants, garantit la béatitude à ceux ne faisant pas partie de la communauté rya. L'Ahimsâ, la véracité, l'abstention de s'approprier les biens des autres, la pureté et le contrôle des sens, Manu a ainsi déclaré que tout cela peut être considéré comme le résumé du Dharma [...]. » Manava-Dharma-Shastra X.62, 63.

Le traité de droit hindou fixe aussi des peines strictes à l'encontre de toute personne qui tuerait un bovin. « Celui qui a commis le crime du meurtre d'une vache boit pendant le premier mois une décoction de grains d'orge ; ayant rasé tous ses cheveux et se couvrant lui-même avec la peau de la vache tuée, il doit vivre dans une étable. Pendant les deux mois suivants, il mange une petite quantité de nourriture, sans aucun sel, repas se limitant à quatre, et doit se baigner dans l'urine de vaches, gardant ses sens sous contrôle. Pendant la journée, il doit suivre les vaches et, étant debout, droit, il inhale la poussière levée par leurs sabots ; la nuit, après leur service et leur adoration, il doit rester dans la position appelée *virasana*. En se contrôlant, sans colère, il doit être debout quand elles le sont, il doit les suivre quand elles marchent et s'asseoir quand elles se couchent. Quand une vache est malade, ou menacée par des voleurs, des tigres, et ainsi de suite, ou ayant chuté, ou bloquée dans un marais, il doit la délivrer par tous les moyens possibles ; dans la chaleur, dans la pluie, ou dans le froid, ou quand le vent souffle violemment, il ne doit pas chercher à s'abriter, sans protéger en premier les vaches selon son aptitude. On ne doit rien dire, si une vache mange quoi que ce soit dans sa propre maison ou dans une autre, ou dans un champ ou sur le sol battu, ou si un veau boit son lait. Le tueur d'une vache qui sert ainsi le bétail, sa culpabilité s'en va, après trois mois, pour le fait d'avoir tué une vache. Mais après qu'il a entièrement exécuté la pénitence, il doit donner aux brahmanes connaisseurs des veda, dix vaches et un taureau, ou s'il ne possede pas tant de biens, il doit leur offrir tout ce qu'il a. » Manava-Dharma-Shastra XI.

LA VACHE SACRÉE

La place de la vache chez les hindous

On peut penser que les Aryens arrivés en Inde vers 1 500 av. J.-C. étant des pasteurs, ils ont naturellement accordé une place à part et primordiale aux vaches dans leurs textes sacrés. Le lait y nourrit non seulement les hommes, mais aussi les dieux. Par conséquent, tout ce qui provient de la vache est sacré. Le lait, le lait caillé et le beurre clarifié (ghee) permettent de se nourrir et sont également considérés comme des éléments de purification dans les rituels religieux. Les statues dans les temples sont régulièrement lavées dans des bains de lait. Le beurre clarifié sert de combustible au feu sacré des lampes à huile lors des *pujas*. C'est aussi un élément important de l'alimentation et son utilisation fait partie des piliers de la cuisine ayurvédique. Le ghee est estimé pour ses vertus nutritives, régénérantes, antioxydantes. Son prix élevé en fait un aliment de luxe. Le lait caillé est donné en offrande comme nourriture pour les dieux. Urine et excréments sont également récupérés. La première est considérée comme un fortifiant et un médicament. Les bienfaits thérapeutiques de l'urine de vache n'ont jamais été démontrés sur un plan scientifique. Néanmoins, la croyance demeure tenace. Les hindouistes les plus fervents déclarent boire de l'urine de vache pour se maintenir en bonne santé. Aux débuts de l'épidémie de Covid-19, des dévots se sont rassemblés à Delhi pour boire de l'urine de vache dans des tasses en argile, persuadés qu'ils seraient protégés du coronavirus. La médecine ayurvédique prescrit la consommation d'urine de vache en cas de lèpre, d'ulcère, de fièvre, de désordres rénaux ou hépatiques, d'asthme, de psoriasis et même de certains cancers. Les bouses de vaches sont récoltées par les ménagères et mises à sécher. Elles serviront de combustible pour alimenter le feu de la cuisine. Lorsqu'elles sont mélangées à de la boue, elles jouent un rôle antiseptique et repoussent les insectes. Cette pâte est utilisée dans les enduits traditionnels des maisons en pisé et des sols.

Les vedas invitent à laisser les vaches paître librement, ce qui explique que les bovins déambulent absolument partout dans le pays. On les croise autant le long des routes de campagne que dans les embouteillages interminables de Delhi ou de Mumbai, étalées en travers des rues ou traversant d'un pas nonchalant les autoroutes. Personne ne semble se préoccuper de leur présence et, contrairement aux apparences, elles ont un propriétaire. L'Inde, qui n'est pas à un paradoxe près, laisse donc ses animaux les plus sacrés brouter les détritus qui jonchent les bords des routes et des rues. La tradition veut que le premier *roti* (galette de pain) de la journée soit donné à une vache. Elles le savent bien et guettent leur pitance devant les maisons tôt le matin. De la même manière, il n'est pas rare de voir des fermiers vendre du fourrage sur le bord de routes. Les automobilistes s'arrêtent, effectuent un don, et un peu du fourrage est donné à une vache passant par là. L'argent est en général récolté pour les *gosala*, les fermes recueillant les vieilles vaches, et la bonne action attirera les auspices favorables des dieux sur le donateur.

La vache, animal politique

En 2017, le parti nationaliste hindou BJP au pouvoir tente de faire fermer tous les abattoirs pour vaches du pays. La décision est prise comme une volonté de nuire à la communauté musulmane, consommatrice de bœuf. Le gouvernement indien se heurte à une levée de bouclier des habitants des États du sud (Kerala, Karnataka, Tamil Nadu) où certains hindous consomment de la viande de vache, tout comme les musulmans et les chrétiens. Une résistance s'organise et le gouvernement abandonne son projet. Néanmoins, l'État d'Uttar Pradesh, qui a placé à sa tête un brahmane nationaliste, a fait fermer tous les abattoirs illégaux et interdit l'abattage des vaches. Des ratonnades ont été organisées par des hindous extrémistes à l'encontre d'acteurs supposés de la filière bovine, faisant 48 morts pour l'essentiel musulmans. Mais ce qu'ils n'avaient pas prévu, c'est que la prolifération de vaches entraînerait la colère des habitants. Avant, les vieilles carcasses ne donnant plus de lait étaient menées à l'abattoir.

Désormais, elles envahissent les rues des petites villes et ruminent dans les champs. Les paysans se voient contraints de les nourrir et de les soigner en pure perte, et préfèrent souvent les abandonner discrètement. À leur tour, les agriculteurs se voient obligés de protéger leurs champs en dressant des barbelés ou en allumant des feux la nuit. La police s'est retrouvée obligée de procéder à des interpellations, d'autant plus que le gouvernement de l'Uttar Pradesh leur a imposé d'adopter au moins une vache par commissariat, « pour montrer l'exemple ». Devant cette prolifération de bovins, le gouvernement régional a instauré une taxe en 2019 permettant de lever des fonds pour construire des abris aux vaches abandonnées et de les entretenir. Il a aussi envisagé la collecte d'urine pour la transformer en produits médicinaux. N'ayant pas vraiment réussi à convaincre les potentiels consommateurs, qui malgré toutes les vertus supposées de l'urine de vache, sont peu nombreux à franchir le pas, même chez les croyants les plus fervents, le projet a été abandonné.

GÉOGRAPHIE

Le Rajasthan est le plus grand État de l'Union indienne. Il couvre une surface de 342 239 km², soit 10,4 % du territoire indien ou la taille de l'Allemagne. Il est intégré au nord de l'Inde, par opposition à l'Inde centrale ou à l'Inde du sud. Il est délimité au nord-ouest par le Pakistan, au nord-est par l'État du Pendjab et celui de l'Haryana, à l'est par l'État d'Uttar Pradesh, au sud-est par le Madhya Pradesh et au sud-ouest par le Gujarat. Ses frontières reposent sur une délimitation historique fondée par les Rajpoutes et leurs fiefs, reprise par la suite par les Britanniques. Le Rajputana, ou la « terre des Rajpoutes » rassemblait 21 états princiers et le district britannique d'Ajmer. Le Rajasthan est traversé du sud-ouest au nord-est par la chaîne des Aravalli qui forme une barrière naturelle. À l'ouest, la zone de plaine semi-désertique du Thar, à l'est une zone de collines et de petites montagnes.

Le Rajasthan, terre des princes

Le terme de Rajasthan apparaît pour la première fois dans une publication datée de 1829 : « Annales des Antiquités du Rajasthan ou des États rajpoutes de l'ouest et du centre de l'Inde. » Contraction des mots sanskrit *raja* qui signifie « roi » et persan *sthan* qui fait référence à la terre, Rajasthan signifie littéralement « terre des rois ». Il est intéressant de noter que l'étymologie du mot renvoie directement aux grandes influences historiques qui ont traversé la région. Des fouilles archéologiques ont révélé que la région avait été habitée par les civilisations védiques et aryennes, soit au moins 3 000 ans avant notre ère. Au XIIe siècle, les chefs de guerre musulmans arrivèrent par le nord du Rajasthan et s'emparèrent rapidement de Nagaur, Ajmer et Ranthambore. La période médiévale est traversée par de nombreux conflits, des jeux d'alliances entre les États princiers, pour contrer l'influence et les attaques mogholes. De puissants royaumes se dessinent avec le Marwar, divisé entre les Rathore de Bikaner et ceux de Jodhpur, Jaisalmer et le clan des Bathi, le Mewar et la maison des Sisodia, et Jaipur et le clan des Kacchwahas. Les plus petits États comme ceux d'Alwar, du Shekhawati, de Bundi se sont placés sous le parapluie protecteur des grands royaumes ou ont pris le parti des Moghols. Les Britanniques ont définitivement pacifié la région et passé des accords d'entente cordiale avec les souverains. Ils conservaient leurs pouvoirs et attributs, tout en acceptant en échange une supervision du gouverneur britannique en poste. Ainsi, la nomination d'un nouveau maharaja à la tête d'un État était soumise à l'approbation des Anglais, tout comme les comptes. Les Britanniques fixent les frontières d'un vaste territoire qu'ils baptisent Rajputana. Elles correspondent peu ou prou aux frontières

© ELENA ODAREEVA

Les Aravalli.

actuelles du Rajasthan, et comprennent en plus un petit bout du nord du Gujarat, de l'est du Pakistan et de l'ouest du Madhya Pradesh. En 1947, lorsque sonne l'heure de l'indépendance indienne, les princes du Rajasthan ont le choix entre se rallier à l'Union ou conserver leur autonomie. Les 19 États princiers et les deux chefferies signent leur intégration à la fédération de l'Inde. Les frontières du Rajasthan sont définitivement figées et limitées par le Pakistan à l'ouest, le Gujarat au sud, le Madhya Pradesh au sud-est, l'Uttar Pradesh au nord-est, l'Haryana et le Pendjab au nord. Le Rajasthan ainsi délimité devient le plus grand État du pays et forme un vaste territoire de 342 239 km².

La ligne des Aravalli

Le Rajasthan est divisé en deux grandes régions géologiques, séparées par la chaîne montagneuse des Aravalli. La ligne de crête traverse l'État du sud-ouest au nord-est, du Mont Abu à Khetri, une localité du Shekhawati, créant un plissement de 560 kilomètres de long. Le massif s'étale sur une largeur variant entre 10 kilomètres et 100 kilomètres et présente une altitude moyenne de 600 mètres. Le plus haut sommet, le Pic Guru Shikhar, s'élève à 1 722 mètres au-dessus du niveau de la mer. C'est à l'ombre de celui-ci que s'est développée la petite station d'altitude de Mont Abu, la seule du Rajasthan. D'ailleurs, nombreux sont les Indiens du Rajasthan et du Gujarat à venir y chercher un peu de fraîcheur en été. Environ 60 % du Rajasthan se trouve à l'ouest des Aravalli. Le territoire y est semi-désertique, constitué de sols sablonneux peu propices à l'agriculture et d'une végétation rabougrie et clairsemée. La chaîne des Aravalli est beaucoup plus fertile et bénéficie d'une pluviométrie plus importante. Les montagnes sont tapissées de forêts caduques composées pour l'essentiel de tek et d'arbres de la famille des acacias. Les reliefs, même s'ils sont peu élevés, sont eux aussi peu exploités sur le plan agricole, en raison des sols pierreux de quartzite. Le sud des Aravalli, au sud d'Udaipur, reçoit la pluviométrie la plus importante. C'est là que les forêts sont les plus denses. Elles se clairsèment progressivement en remontant vers le nord-est.

Cours d'eau

Les principales rivières du Rajasthan s'écoulent toutes au sud de l'État. Le nord et l'ouest en sont dépourvus. La Luni se forme à l'ouest d'Ajmer et le Marwar et le sud du désert de Thar pour terminer sa course dans la plaine du Rann du Kutch au Gujarat. Elle est alimentée par le drainage des eaux pluviales qui s'écoulent des pentes occidentales des Aravalli. La rivière Banas prend sa source au nord d'Udaipur, et remonte vers le nord-est du Mewar et les villes de Bhilwara et de Tonk avant de se jeter dans la rivière Chambal à l'est du Parc national de Ranthambore. La rivière Chambal est la plus longue du Rajasthan. Elle prend sa source dans les collines de Janapav au Madhya Pradesh et remonte vers le nord en direction de Kota qu'elle traverse, avant de piquer à l'est et de devenir une frontière naturelle entre le Rajasthan et le Madhya Pradesh. La rivière Parvati est un autre de ses tributaires. Elle se forme au Madhya Pradesh, entre Indore et Bhopal, et remonte vers le nord pour dessiner, elle aussi, la frontière entre le Rajasthan et le Madhya Pradesh. Le cours de ces rivières et leur débit ont été largement modifiés par des barrages de retenue d'eau. Banas et Chambal se jettent dans la Yamuna, l'affluent principal du Gange.

© ELENA ODAREEVA - SHUTTERSTOCK.COM

La rivière Chambal.

Pour combler l'absence de rivière au nord du Rajasthan et permettre à l'agriculture de se développer, une idée germe dans l'esprit de l'ingénieur Kanwar Sain dans les années 1940. Il émet l'idée de construire un canal alimenté par les eaux de l'Himalaya qui permettrait d'irriguer le nord et l'ouest du Rajasthan. En 1960, un accord est signé avec le Pakistan permettant d'utiliser et de détourner l'eau de 3 rivières qui passent par le Pendjab. Les travaux peuvent débuter. Des contraintes administratives et financières ralentissent le projet et ce n'est qu'en 1983 que la première portion reliant le barrage d'Harike au Pendjab à Hanumangarh au Rajasthan est achevée. Les 650 kilomètres de canaux (un canal principal et des canaux d'embranchement) menant jusqu'à Jaisalmer, en passant par Bikaner, sont intégralement mis en eau en 2005. Initialement baptisé Canal du Rajasthan, il est renommé Canal Indira Gandhi, en hommage à l'ex-Première ministre assassinée en 1984.

NATURE

Le concept de conservation de l'environnement est très ancien en Inde. Religion et culture prônent le respect de toute forme de vie. Depuis la nuit des temps, la faune et la flore ont bénéficié d'une protection particulière. Beaucoup de dieux du panthéon hindou sont associés à des animaux : Brahma avec le cerf, Vishnou avec le lion et le cobra, Shiva avec le taureau et Ganesh... Les premières lois de conservation apparaissent au IIIe siècle av. J.-C. quand l'empereur Ashoka édite un décret interdisant l'abattage de certaines espèces et limitant le défrichage des forêts. Malheureusement, cette tradition s'est perdue. La chasse intensive pratiquée par les Britanniques et les maharajas, l'usage intensif des pesticides dans l'agriculture et l'accroissement de la population ont eu des effets désastreux sur l'environnement. Le Rajasthan n'échappe pas à la règle, déjà fragilisé par un écosystème soumis à un climat essentiellement désertique.

Le respect de toute forme de vie

Pour les Hindous, la vie est sacrée. Toute forme de vie doit être respectée, tant humaine, qu'animale ou végétale. Cela repose sur la croyance que Brahma, le Dieu créateur dans la trinité hindoue, est présent dans la moindre particule de l'univers. Tout élément qui nous entoure, vivant ou non, est là pour une raison que le Dieu créateur a choisie. Ce concept figure dans les Upanishads, ces textes philosophiques rédigés entre 800 et 500 avant notre ère et qui constituent la base théorique de l'hindouisme. L'Upanishad Svetasvatara parle ainsi de Brahma : « son être est la source de tous les êtres, la graine de toute chose [...]. Il est le Dieu caché en tout être, jusque dans le pli de leur âme. Il vit en toute chose et observe toute chose. » À cette croyance, s'ajoute une conscience aiguë que tout est relié dans l'univers, que les êtres ont besoin les uns des autres et forment une chaîne. Ôtez un maillon et c'est la chaîne qui se rompt. Le jaïnisme, une religion très présente au Rajasthan, va encore plus loin. Il prône la non-violence et le respect absolu de toute forme de vie, ceci afin de mener les hommes sur le chemin de l'illumination. Les Jaïns croient que toute chose est dotée d'une âme, aussi bien les êtres vivants que l'air que l'on respire ou l'eau que l'on boit. Par conséquent, ils s'astreignent à un régime végétarien très strict. Ils ne mangent que des fruits et légumes poussant au-dessus du sol, car ainsi ils ne tuent pas la plante. Les Bishnoïs, une communauté vishnouite, vivent principalement entre Jodhpur et Bikaner. Ils suivent les 29 préceptes édictés par le gourou Jambeshwar Bhagavan au XVe siècle, qui place l'écologie au centre des actions quotidiennes. Ses concepts sont déclinés dans le « Shabda-Vani », un texte de 120 versets indiquant la route spirituelle à suivre. Parmi ceux-ci, on peut lire « si tu exprimes ta force en molestant des animaux, la fin de ta vie sera douloureuse » ou « si un arbre peut être sauvé, même au prix de la tête de quelqu'un, cela en vaut la peine ». Jambeshwar Bhagavan place la préservation de la nature au-dessus de la vie humaine. Cette injonction a pris une tournure qui a marqué l'histoire du Rajasthan. En 1730, le maharaja de Jodhpur envoie des soldats couper des arbres dans les environs pour entreprendre la rénovation de son palais. Les hommes se présentent dans des villages bishnoïs, qui les supplient de ne pas couper les arbres, car cela est contraire à leurs principes de vie. Le maharaja confirme son ordre et les soldats entament leur défrichage. Amrita Devi s'interpose en entourant un arbre de ses bras, suivie par d'autres femmes et filles du village, puis par les hommes. Les soldats, respectueux de l'ordre royal, entaillent

Chevêche brame, Keoladeo Ghana.

DÉCOUVRIR

© SOURABH BHARTI - ISTOCKPHOTO.COM

Tigre du Bengale dans le parc national de Ranthambore.

arbres et Bishnoïs sans distinction. 363 personnes sont tuées. Apprenant cela, le maharaja, impressionné par le courage des Bishnoïs, ordonne que les zones où ils vivent deviennent des sanctuaires et qu'aucun arbre ou animal ne soit prélevé ni même blessé sur leur territoire. Plus récemment, les Bishnoïs firent condamner la star bollywoodienne Salman Khan à 5 ans de prison pour avoir participé à une partie de chasse illégale en 1998, où il abattit deux antilopes.

Le tigre, la vedette du Rajasthan

La star incontournable de la faune dans la région est le tigre du bengale, qui attire les touristes en masse dans le Parc national de Ranthambore. Le plus gros félin au monde proliférait en Inde jusqu'à l'avènement de l'empire moghol. Au XVIe siècle, l'empereur Akbar introduit la notion de trophée de chasse, qu'il pratiquait sur le dos d'un éléphant. Le gibier occupe une belle place à la table impériale, où est servie une quarantaine de plats de viande pour un même repas. L'empereur Jahangir fait consigner ses exploits de chasse. Durant ses 12 premières années de règne, il abat 86 tigres et lions. Mais ce sont les Britanniques qui vont introduire la chasse au tigre à grande échelle. Après la bataille de Plassey en 1757 qui les place aux commandes de l'Inde, ils offrent une récompense pour tout tigre tué. L'idée est de débarrasser les campagnes des animaux sauvages dangereux et donc inutiles à l'exploitation économique du pays. Avides de parties de chasse qu'ils considèrent comme un loisir élitiste, les Anglais modifient les pratiques de la chasse au tigre. Désormais, ils se placent sur le dos d'un éléphant ou une plateforme installée dans un arbre et font intervenir des rabatteurs chargés de localiser et de débusquer les tigres pour les ramener vers eux. On ne compte pas les photos prises de personnalités britanniques de haut rang et leur tableau de chasse, souvent conséquent. Chaque vice-roi des Indes se donnait pour mission de battre le record du précédent. Les maharajas ne sont pas en reste et se vantent de leurs exploits. Si le maharana d'Udaipur a abattu 500 têtes, le nawab de Tonk se flatte d'en compter 600. Le maharaja de Kota était connu pour avoir customisé sa Rolls Royce Phantom avec des projecteurs pour la chasse nocturne et une mitraillette. On estime qu'entre 1875 et 1925, ce sont 80 000 tigres qui sont abattus. En 1947, à l'heure de l'Indépendance, il n'en restait que 40 000. En 1972, un premier recensement national ne dénombre plus que 1 872 félins. Indira Gandhi, alors Première ministre, fait promulguer une loi de protection de la vie sauvage et instaure 29 sanctuaires dans le pays. Le « *Project Tiger* » est lancé afin de sauver les tigres de l'extinction. Le programme permet de faire remonter la population à 3 000 têtes dans les années 1990. Mais la destruction de l'habitat hors des réserves et le braconnage à grande échelle met à nouveau l'espèce en grand danger. La Réserve de Sariska ne compte plus aucun tigre en 2004. Après la réintroduction de l'espèce, on en compte 27 en 2022, tandis que Ranthambore se félicite d'en dénombrer 80 la même année. Longtemps sujet à controverse, le comptage des tigres s'effectue désormais à l'aide de caméras-pièges. Les caméras sont placées à des endroits stratégiques et se déclenchent en cas de mouvement devant la cellule. Chaque tigre arborant une robe différente, avec des rayures distinctes, les images sont étudiées avec minutie, ce qui permet d'éviter de compter un même animal deux fois.

Akaro.

La faune du Rajasthan

Outre le tigre, la faune du Rajasthan est diverse, notamment dans les montagnes des Aravalli et le Parc national de Ranthambore. Dans ce dernier, vous pourrez notamment observer le cerf axis en nombre (*cheetal* ou *spotted deer*), le cerf sambar, le bison indien avec ses « chaussettes » blanches (*gaur*), l'ours lippu (*sloth bear*), la hyène rayée (*striped hyena*), le renard (fox), le sanglier (*wild boar*), le chacal (*jackal*), le chien sauvage (*dholé* ou *wild dog*). Parmi les mammifères plus petits, vous pourrez croiser des mangoustes, appréciées pour tuer les serpents, ou l'écureuil géant (*flying fox*). La région sud du Rajasthan, notamment entre Udaipur et Pali, abrite une population d'environ 600 léopards. Ils peuvent régulièrement être observés à proximité du lac de Jawai. Les singes sévissent en nombre un peu partout, notamment dans les réserves naturelles ou aux abords de forteresses isolées. Au Rajasthan, il existe deux espèces aisément reconnaissables : le macaque rhésus avec son derrière rouge et l'entelle à longue queue (*langur*) et à la teinte argentée. Les régions semi-désertiques et désertiques sont surtout peuplées de gazelles de Benettii (*chinkara*), d'antilopes cervicapres (*blackbuck*) aux longues cornes torsadées pour les mâles et de nilgaurs (*nilgai*), une antilope mi-cheval, mi-vache. Ces espèces sont faciles à voir dans les environs de Jodhpur et de Bikaner.

Le Rajasthan est également un refuge pour de nombreux oiseaux migrateurs en hiver. Le meilleur endroit pour les observer est la zone marécageuse de Keoladeo Ghana, une extraordinaire réserve ornithologique à la réputation mondiale. Cette ancienne réserve de chasse du maharaja de Bharatpur a été érigée au rang de Parc national en 1982. On peut y observer plus de 370 espèces avicoles différentes, dont de nombreuses variétés de hérons et de canards, des tantales (*painted stork*), des ibis, des cormorans par centaines. On peut également apercevoir le calao d'Inde et son drôle de bec, avec un peu de chance. Les rapaces sont aussi présents avec les balbuzards, les faucons pèlerins, et plusieurs variétés d'aigles. Au nombre des passereaux et petits oiseaux, les bulbus font un raffut d'enfer, les timalies affichent de belles couleurs, les cailles se cachent dans les hautes herbes... Les plus chanceux verront la rare grue de Sibérie qui survole l'Himalaya à l'automne pour rejoindre le climat plus clément du Rajasthan.

La flore du Rajasthan

L'ouest et le nord-ouest du Rajasthan possèdent une végétation très pauvre en raison de leur climat désertique et de l'absence de cours d'eau. Elle est essentiellement composée de plantes xérophytes, dont l'*arwal* (*Cassia auriculata*), le *babul* (*Acacia arabica*), l'*akaro* (*Calotropis procera*), le *tumbo* (*Citrullus colocynthis*). Quelques rares oasis fournissent un peu de fruits (oranges, bananes, mangues), mais la plupart des buissons ne présentent guère d'autre utilité qu'un peu d'ombrage et du bois pour le feu. Les cosses du *khejri* (*Prosopis cineraria*) sont utilisées dans la cuisine locale (*ker sangari*) et les tribus du désert connaissent les vertus des plantes médicinales, qui sont au nombre d'une centaine. Les montagnes des Aravalli, qui traversent l'État en suivant un axe sud-ouest nord-est, abritent de vastes forêts où pousse le teck, autrefois largement utilisé dans la fabrication de mobilier et de bois de construction pour les havelis et les palais rajpoutes. Environ 70 variétés d'arbres différentes ont été recensées dans le Parc national de Ranthambore, au nombre desquelles le *peepal*, le banian (*Ficus indica*), le *dhak* ou le *khajur*. Les environs en altitude de Mont Abu permettent d'observer une flore inexistante ailleurs au Rajasthan, comme les rosiers sauvages, les orchidées ou les fougères.

CLIMAT

Le Rajasthan est soumis à un climat semi-désertique caractérisé par des températures élevées et de faibles précipitations. Il n'y a que trois saisons : l'hiver, l'été et la mousson. Les périodes d'intersaison très courtes sont les plus agréables pour voyager. En hiver, les températures ne dépassent pas les 20° en journée et descendent à 5° la nuit. En été, une chaleur accablante s'abat sur la région, avec des températures dépassant régulièrement les 40° et ne descendant pas en-dessous de 30° la nuit. Des records de chaleur sont battus tous les ans en raison du réchauffement climatique. La petite ville de Churu au Shekhawati détient le record absolu de chaleur en Inde avec 50.8°. Delhi connaît un climat légèrement différent, avec des hivers plus froids - il peut geler la nuit-, et surtout des épisodes de brouillard qui perturbent la circulation routière et aérienne. La mousson s'étire de juin à août, avec des précipitations abondantes.

Un climat semi-désertique

La majorité du Rajasthan est soumise à un climat semi-désertique. Il se caractérise par de faibles précipitations et des températures élevées. L'été s'étale de mars à juin et les températures deviennent étouffantes, dépassant les 40° en journée, avec des nuits passant rarement sous les 30°. S'ensuivent deux mois de mousson, en juillet et août, où il peut pleuvoir plusieurs jours d'affilée. Les routes sont inondées et les déplacements deviennent difficiles. La moyenne des précipitations à cette période est supérieure à 200 mm. A Jaisalmer, les précipitations sont rares. L'été s'éternise, et la plupart des hôtels ferment entre avril et septembre. L'hiver est court dans cette partie du pays. Les températures fraîchissent nettement à partir du mois de décembre, et janvier et février sont les mois les plus froids. Le thermomètre oscille entre 18° en journée et 5° la nuit. Les années froides, il peut geler à Mont Abu, mais cela demeure une exception. La partie orientale des Aravalli voit plus de précipitations et connaît des températures légèrement plus clémentes, surtout en été. Le thermomètre plafonne à 40°, avec également une faible amplitude jour/nuit. La mousson d'été est plus importante et régulière. La région connaît également une petite mousson hivernale, avec de grosses averses en février. A Jaipur, la capitale du Rajasthan, la température moyenne annuelle est de 31.9° en journée et de 18.8° la nuit.

Le climat de Delhi

Le climat de la capitale indienne est légèrement différent de celui du Rajasthan. La tendance est la même, avec des hivers frais, un été brûlant et une saison de mousson de juin à août. En hiver, entre décembre et février, la ville est régulièrement enveloppée dans un épais brouillard. Les vols sont régulièrement retardés ou annulés. Les températures sont plus froides qu'au Rajasthan et il peut geler la nuit. A compter du mois de mars, les températures remontent rapidement pour friser les 45° à partir d'avril. L'arrivée de la mousson nettoie l'air de sa poussière et fait descendre légèrement le thermomètre, mais l'humidité s'abat alors sur la ville. A compter du mois d'octobre, les températures redeviennent agréables. Mais c'est aussi la période où les agriculteurs de l'Haryana et du Pendjab pratiquent le brûlis, et la ville de Delhi est alors nimbée dans un nuage de pollution extrêmement irritant.

Un climat qui s'affole

Chaque année, le Rajasthan bat de nouveaux records de température. Le réchauffement climatique a eu des effets dévastateurs en 2022, avec une vague de chaleur sans précédent dans ses températures et sa durée. Le phénomène a débuté le 11 mars et n'était toujours pas terminé au mois de mai. Delhi a enregistré une température record de 49.2° le 15 mai 2022, tandis qu'une grande partie du Rajasthan a passé deux mois avec plus de 45° en journée. Le record absolu de chaleur est toujours détenu par la petite ville de Churu au Shekhawati avec une température de 50.8° atteinte en juin 2019.

© RATUAY - ISTOCKPHOTO.COM

Les précipitations sont rares à Jaisalmer.

ENVIRONNEMENT

Au Rajasthan, les contrastes sont frappants. D'un côté, cet État indien bénéficie d'une tradition ancestrale de respect de la nature, vénérée pour l'abondance qu'elle fournit à ses habitants. D'ailleurs, le Rajasthan n'est-il pas la terre des Bishnoïs, qu'on appelle « le premier peuple écologiste » ? De l'autre côté, l'Inde, pour faire face à sa soudaine indépendance accompagnée de l'explosion de sa population, a trouvé des solutions sur le court terme, quitte à détruire ses propres ressources. Ironiquement appelée « Révolution verte », cette période, durant laquelle on a rasé à foison pour dégager des champs cultivables injectés de pesticides, n'a en fait rien de vert. L'urbanisation intensive qui a eu lieu de manière quasi anarchique sur la même période, est quant à elle responsable des montagnes de déchets et de la pollution de l'air étouffante.

Les années noires de la révolution verte

Réussir à nourrir sa population en pleine explosion alors qu'elle se libérait de deux siècles de colonialisme britannique en 1947 a sans doute été l'un des plus grands défis auxquels a fait face l'Inde. Sa stratégie : organiser une agriculture intensive, arrosée de pesticides, introduits seulement un an après l'indépendance. Si bien que les trois quarts des puits d'eau potable du Rajasthan sont aujourd'hui contaminés à des taux dépassant les recommandations de l'OMS. Cette période, qui a atteint son apogée dans les années 1960, a été appelée la « Révolution verte ». Dans le Rajasthan, où l'on trouve des zones arides, elle a fait encore plus de dégâts qu'ailleurs puisqu'elle a pompé une eau qui était déjà rare. En plus de cela, le Rajasthan fait face à un phénomène important de désertification. On estime que 60 % de ses sols se craquellent et sont détruits.

La « Révolution verte » a également eu un impact social considérable. Entre glissements de terrain dus à une agriculture inadaptée, pollution importante et son lot d'intoxications, raréfaction de l'eau et diminution des surfaces de cultivation : la situation des fermiers est de plus en plus précaire. Le Rajasthan n'a ainsi pas échappé à la vague de suicides d'agriculteurs qui touche l'Inde depuis les années 1990, et que le gouvernement n'arrive pas à maîtriser.

Ces dernières années ont vu l'émergence d'une agriculture biologique, encore minoritaire, mais terriblement déterminée. La *Green World Foundation*, à Chomu, aux abords de Jaipur, marie écotourisme et agriculture. Dans cette ferme biologique, on peut dormir dans une maison de pisé inspirée des maisons traditionnelles du Rajasthan. Bien plus qu'un lieu de vacances, la ferme a déjà reçu 8 000 fermiers auxquels elle a enseigné les préceptes de l'agriculture biologique. Une autre révolution verte serait-elle en train de s'organiser ?

Le premier peuple écologiste

Depuis le XVe siècle, une communauté d'écologistes peuple le Rajasthan. Il s'agit des Bishnoïs, un groupe composé aujourd'hui de 700 000 personnes, qui suit les préceptes érigés par son maître spirituel, Jambeshwar Bhagavan.

© K86 - SHUTTERSTOCK.COM

Chinkara dans le parc national du désert.

© GUDKOV ANDREY - SHUTTERSTOCK.COM

Tigre du Bengale, Parc national de Ranthambore.

C'est le respect de la vie, sous toutes ses formes, qui dirige la communauté. L'un des fondements du courant est de ne tuer aucun animal, et de n'abattre aucun arbre vert. Les Bishnoïs sont donc végétariens, comme de nombreux autres Indiens. Autre mesure : partager 10 % des récoltes avec la vie sauvage.

La communauté est marquée par le massacre de 1730, lorsque les adeptes ont protégé de leur vie des arbres que le maharaja avait envoyé ses soldats couper. Au total, 363 personnes périrent. Le souverain, impressionné par le dévouement des Bishnoïs à la nature, ordonna la protection de leur territoire. Encore aujourd'hui, ils sont prêts à sacrifier leur vie pour sauver un être vivant, comme en 2000, lorsque l'un d'eux s'est interposé entre une gazelle et des braconniers, pour finir enterré aux côtés de sa protégée.

Le Rajasthan assoiffé

Les épisodes de sécheresse sont de plus en plus fréquents, et de plus en plus intenses. En 2024, la ville de Churu a de nouveau enregistré un pic de chaleur supérieur à 50 °C. Cette région au climat semi-désertique reçoit 90 % de ses précipitations en quelques jours, et doit tenir avec quelques gouttes le reste de l'année. Traditionnellement, les habitants ont conçu des bassins où stocker cette eau pour le reste de l'année, une technique appelée *water harvesting*. Mais les moyens ancestraux ne suffisent plus, alors que le climat est de plus en plus incertain. Le manque d'infrastructures, la pollution de l'eau, et la surexploitation des nappes phréatiques, principalement par l'agriculture, qui pompe 80 % de l'eau, mènent le pays tout entier à la soif. À la sécheresse de 2019, a succédé celle de 2022, exceptionnellement précoce. Elle a poussé l'Inde à arrêter les exportations de blé, pour assurer la sécurité alimentaire de sa population, menaçant celle du monde. Ces crises devraient devenir de plus en plus fréquentes, alors que l'on estime que 40 % de la population indienne n'aura pas suffisamment accès à l'eau d'ici 2050. Un rapport du gouvernement indien prédit que 21 grandes villes indiennes, parmi lesquelles New Delhi, auront épuisé leurs ressources d'ici 2030.

Des déchets plus hauts que le Taj Mahal

Partout, les déchets s'accumulent jusqu'à former des montagnes. Celle de la décharge de Ghazipur, à New Delhi, a même franchi les 75 mètres : plus haute que le Taj Mahal. Paradis des rats, c'est devenu un enfer pour les riverains, qui sont exposés à de nombreuses maladies, en plus des odeurs et des fumées toxiques qui émanent des poches de gaz formées.

Les déchets représentent ainsi la troisième cause d'émissions de gaz à effet de serre du pays, les voitures arrivant en tête. Cela fait de Delhi la région la plus polluée au monde, selon l'OMS. En plus de contaminer l'air, ces nombreuses décharges, qui gangrènent le pays, salissent les nappes d'eau potable, mais aussi les rivières, comme la Yamuna, rivière sacrée qui traverse New Delhi, et fournit de l'eau à 57 millions de personnes.

Une lutte, encore fragile, face à l'ampleur du problème, s'organise pourtant. Le Premier ministre Narendra Modi a notamment lancé une campagne « Mission Inde propre » en 2014, bien qu'elle soit vivement critiquée pour son budget jugé insuffisant et certaines infrastructures inadaptées. Au programme : nettoyage des rues, gestion des déchets solides et implantation du recyclage. Ainsi, 80 000 quartiers ont désormais accès au recyclage. Depuis juillet 2022, plusieurs plastiques à usage unique sont également bannis, tels que les gobelets, les pailles et les emballages plastiques de cigarettes.

Quand l'air se fait irrespirable

En 2023, sur les 10 villes du monde les plus polluées, 9 se trouvaient en Inde. L'industrie indienne est à elle seule responsable de plus de la moitié de cette pollution. Les véhicules, quant à eux, représentent plus d'un quart des émissions. Le dernier quart est dû à différents facteurs, tels que la pratique incessante des brûlis agricoles, ou les feux urbains, comme celui de la fameuse décharge de Ghazipur, qui s'est embrasée en 2020, épaississant un peu plus le lourd nuage de pollution qui pèse sur New Delhi. La capitale indienne, avec l'air le plus pollué au monde en 2023, selon l'organisation suisse IQAir, fait régulièrement fermer ses écoles lors de pics de pollution. Les poids lourds sont régulièrement interdits de pénétrer la capitale, chantiers et centrales thermiques sont interrompus. La population peut être appelée à se confiner et l'utilisation de la climatisation est interdite.

Tentant de prendre le problème en main, l'Inde a lancé en 2019 le programme *National Clean Air Programme*, avec pour projet de réduire de 20 % à 30 % certaines émissions de polluants d'ici à 2024. Au vu des résultats décevants, le programme a été repoussé à fin 2026. D'autres mesures locales ont été implantées, telles que la circulation alternée, à Delhi, ou des normes de pollution par les véhicules plus strictes. L'utilisation de plus en plus importante des énergies renouvelables devrait également permettre d'endiguer le problème. Elles représentent déjà un quart du mix énergétique indien, faisant de l'Inde un des leaders mondiaux, avec notamment une utilisation du solaire, de l'hydrique, de l'éolien et du géothermique. Cette part est vouée à augmenter, car le gouvernement indien a annoncé en 2015 un programme ambitieux pour développer l'énergie renouvelable, en particulier solaire. Le Rajasthan, avec ses 300 à 330 jours d'ensoleillement par an, est un bon élève en la matière.

Le pays aux cent parcs nationaux

L'Inde compte plus d'une centaine de parcs nationaux, dont cinq se trouvent au Rajasthan. Le plus vieux d'entre eux est le parc national du Désert, créé en 1980. Il couvre plus de 3 000 km^2 du désert de Thar. Dans cet écosystème fragile, de nombreuses espèces d'oiseaux trouvent refuge, notamment l'Outarde à tête noire (*Ardeotis nigriceps*), un oiseau endémique de l'Inde qui figure sur la liste de 2012 des 100 espèces les plus menacées au monde.

Le parc national de Ranthambore (p.238) couvre une surface de 400 km^2 de forêt caduque. Dans ce qui était anciennement le terrain de chasse des maharajas de Jaipur, la biodiversité s'épanouit désormais, à tel point que le parc est réputé pour être l'un des meilleurs endroits pour observer la vie sauvage en Inde. Les tigres du Bengale n'y sont plus chassés, mais font au contraire l'objet d'aménagements, dans le cadre du « *Project Tiger* », qui a permis de faire passer la population nationale de félins de 1 200 dans les années 1970 à 3 600 en 2022. Les tigres sont également protégés dans le parc national de Sariska, qui, lui aussi, était autrefois une réserve de chasse. C'est même la première réserve au monde où la réintroduction de tigres a été un succès !

Dans le parc national de Keoladeo Ghana (p.251), ce sont les oiseaux qui sont rois, à tel point qu'il est considéré comme l'un des plus importants sites ornithologiques mondiaux. On en dénombre 370 espèces, notamment la rarissime, et particulièrement menacée, grue de Sibérie.

Martin pêcheur dans le parc national de Keoladeo Ghana.

HISTOIRE

L'arrivée des Aryens vers 1500 av. J.-C. fait émerger une civilisation nouvelle en introduisant le Veda, le livre sacré à la base de l'hindouisme. Au Rajasthan, des royaumes se mettent en place dès 500 av. J.-C, vassaux de dynasties superpuissantes comme les Maurya ou les Gupta. L'effondrement des Gupta vers 550 laisse la place aux Rajpoutes, des clans belliqueux qui fondent plusieurs royaumes sur les terres du Rajputana. Ils n'auront de cesse de vouloir les agrandir au gré de batailles épiques. L'avènement de l'empereur Akbar au XVIe siècle marque profondément le destin du Rajasthan. Fin diplomate, chef de guerre stratège, il soumet à sa suzeraineté l'intégralité des royaumes et États princiers du Rajasthan. Aux Moghols succèdent les Britanniques, qui enrichissent les maharajas de façon insolente. En 1947, les royaumes du Rajasthan intègrent l'Union indienne. Il faut attendre 1970 pour que les rajas perdent titres et privilèges.

De l'âge de pierre aux Harappas

-500 000 À -40 000

Des bifaces, outils de pierre sculptés sur leurs deux faces afin d'aiguiser la pointe, ont été retrouvés à Nagaur dans le Marwar. La culture acheuléenne cède la place au paléolithique moyen. Les outils de pierre se multiplient et s'affinent. On en retrouve autour de Luni, Pushkar et Didwana.

-40 000 À -3 500

Durant le paléolithique supérieur, les colonies se multiplient. La société s'organise en petites communautés semi-nomades d'une centaine de personnes. Les principaux sites se trouvent à Chittorgarh et Kota dans l'actuel Mewar, et autour des vallées fluviales. Des coquilles d'oie ont été retrouvées permettant d'attester de l'adaptation du volatile au climat de la région.

- 3 500 À -1 500

Les vestiges d'une cité pré-harappa ont été découverts en 1952 à Kalibangan. Les fouilles ont permis de faire ressurgir les restes d'une citadelle fortifiée et d'une ville basse en briques de terre crue ainsi qu'un champ labouré. Les poteries trouvées sur le site sont différentes de celles de la civilisation Harappa. A partir de -1 500, la civilisation Harappa décline.

La période védique

-1 500 À -1 000

Les Aryens, un peuple venu d'Iran, arrivent par le nord-ouest de l'Inde. Ils colonisent progressivement le Cachemire et le Pendjab. Ils introduisent une nouvelle religion inscrite dans leur livre sacré, le Veda. En quête de nouveaux pâturages pour leurs troupeaux, ils descendent progressivement vers la plaine indo-gangétique.

-1 000 À -600

Durant cette période, les Aryens colonisent tout le nord de l'Inde. De petits royaumes de type monarchie héréditaire se mettent en place. La démocratie s'exerce au sein d'un conseil des sages (*sabha*) et d'une assemblée populaire (*samiti*). Les femmes disposent des mêmes droits que les hommes. Les loisirs tels que la course de char ou les jeux de dés font leur apparition. La mise au point d'outils en fer permettent de développer l'agriculture.

-600 À -500

La fin de la période védique voit naître l'apparition du système de castes. Le varna divise la société en 4 catégories. Les brahmanes rassemblent les prêtres et les professions intellectuelles (professeurs, hommes de loi...). Les Kshatriyas sont ceux chargés d'administrer et de défendre la population (rois, nobles et guerriers). Les Vaishyas rassemblent les commerçants, les négociants, les agriculteurs et les bergers. La caste des Shudras est composée de serfs. Les femmes perdent leurs droits politiques et les mariages d'enfants apparaissent. Des reliques datant de cette période ont été trouvées autour de Jaipur, Jodhpur, Bharatpur ou encore Jhunjhunu.

Les premiers royaumes

-500 À -321

La fin de la période védique se caractérise par de profonds changements politiques. Les royaumes appelés Mahajanpada se renforcent et s'agrandissent. Le Rajasthan est occupé par trois grands royaumes distincts : le Matsya (Jaipur, Alwar et Bharatpur), le Saurasena (Dholpur, Karauli, Bharatpur jusqu'à la Yamuna), le Kuru (au nord d'Alwar). L'invasion d'Alexandre le Grand, même s'il n'est pas arrivé jusqu'au Rajasthan, provoque de nombreux changements. Les réfugiés venus du Pendjab voisin modifient les rapports de puissance et oligarchies et républiques tribales se font et se défont au gré des guerres.

-321 À -260

Une puissante dynastie se met en place, les Maurya. Ils vont progressivement placer tout le sous-continent indien sous leur contrôle, à l'exception de la pointe sud. Le bouddhisme devient la religion tutélaire et des temples sont construits un peu partout. Le temple de Bijak ki-Parahi à Bairat au Rajasthan remonte au IIIe siècle av. J.-C. Il s'agit du plus ancien bâtiment bouddhique connu en Inde à ce jour. Il ne reste que la base de la stupa circulaire et son mur d'enceinte.

-260 À 351

La longévité de la dynastie Maurya assure le développement de l'Inde et du Rajasthan. L'empire repose sur des jeux d'alliance et de soumission avec des royaumes régionaux ou locaux. La stabilité du royaume est mise à mal par une nouvelle dynastie émergente, les Gupta. En 351, Samudra Gupta défait le roi Rudrasimha II qui régnait sur le sud du Rajasthan.

351 À 503

L'intégralité du Rajasthan est conquise par les Gupta à la fin du IVe siècle. De nombreuses sculptures correspondant à cette période ont été retrouvées à travers tout le Rajasthan (Jaipur, Osiyan, Mandore, Dungarpur, Alwar, Udaipur...) et témoignent d'une occupation totale de la région. Le temple de Dara Mukandra dans les environs de Kota ou celui de Shiva à Charchoma datent de cette période. L'invasion du roi hun Torman scelle le sort de la dynastie Gupta et celui-ci occupe une zone allant de l'ouest de l'Himalaya au Rajasthan.

550 À 1560

L'effondrement de la dynastie Gupta fait naître de nouveaux royaumes administrés par des souverains rajpoutes. Les petits États reconnaissent la suzeraineté des États puissants que sont le Marwar, le Mewar, Jaisalmer. Les frontières de ces puissances évoluent au fil des batailles menées et des arrangements passés avec les chefs de clans rajpoutes. L'arrivée des Moghols va mettre un terme aux querelles intestines et les empereurs musulmans vont devenir l'ennemi commun.

Des Moghols aux Britanniques

1561 À 1605

En 1561, l'empereur moghol Akbar a conquis tout le nord de l'Inde. Il se tourne alors vers le Rajasthan, sur son flanc ouest. Il rallie un à un les Etats princiers à son empire, soit par les voies diplomatiques, soit par la guerre et en 1576, l'intégralité du Rajputana est rallié à la bannière moghole. En 1569, il fait construire sa nouvelle capitale à Fatehpur Sikri, pour marquer l'avancée de son emprise sur le Rajasthan. Il introduit le système d'administration mansabdari, basé sur une hiérarchie « à points ». Plus le titulaire a de points, plus son rang est élevé dans l'administration. Les différents souverains rajpoutes sont gratifiés d'un rang élevé et continuent à gérer leurs Etats.

1605 À 1727

La puissance moghole se maintient jusqu'à la mort de l'empereur Aurangzeb en 1707. Désireux de conquérir le sud de l'Inde, Aurangzeb se heurte aux Marathes et sa puissance s'affaiblit. De nouveaux conflits éclatent au Rajasthan donnant naissance à de nouveaux royaumes ou régénérant d'anciens royaumes. C'est le cas du royaume de Sikar (1687), de Bharatpur (1707) ou de Jaipur (1727).

1734 À 1803

Le délitement de l'empire moghol entraîne une remontée des Marathes vers le nord. Ils s'emparent tout d'abord du Gujarat, puis de la province de Malwa, avant de jeter leur dévolu sur le Rajasthan. Le 17 juillet 1734, les chefs rajpoutes signent un accord d'alliance à Hurda afin de repousser l'invasion marathe. Des différends de succession au sein de certains royaumes font surgir des alliances d'opportunité avec les Marathes.

1803 À 1833

La Compagnie britannique des Indes Orientales étend sa domination au sein de l'Inde. Les rois rajpoutes voient cette progression vers le nord comme une occasion bénie de se débarrasser des Marathes une bonne fois pour toute. Durant cette période, tous les rois rajpoutes signent des traités commerciaux et de protection avec la compagnie. Ils cèdent aux Britanniques l'administration de leurs affaires extérieures et les autorisent à mettre le nez dans leurs affaires internes.

La colonisation britannique

1857 À 1877

En 1857, une mutinerie éclate à Meerut (Uttar Pradesh) à la suite d'une mauvaise rumeur : les cartouches, qui s'ouvraient avec les dents, seraient graissées avec du suif de porc ou de vache, impropres à la consommation pour les musulmans ou les hindous. Les bataillons de Meerut s'en prennent aux soldats de la Compagnie britannique et rapidement, tout le nord de l'Inde s'embrase. Les maharajas rajpoutes réussissent à soutenir le soulèvement populaire qui se dessine sur leur territoire. En 1877, la reine Victoria prend le contrôle direct du pouvoir et ajoute une nouvelle colonie à son empire, qu'elle baptisera Raj.

1877 À 1885

Les traités signés avec les Britanniques enrichissent considérablement les maharajas. Du coup, ces derniers concèdent volontiers leurs pouvoirs à la Couronne et ils affichent une loyauté indéfectible à son égard. En revanche, les fermiers s'appauvrissent et doivent payer deux tributs : un au raja, l'autre aux Britanniques. Des mouvements de révolte spontanée commencent à éclore et une conscience politique apparaît. En 1885, le parti du Congrès est fondé par des intellectuels indiens éduqués dans les meilleures universités anglaises et ayant découvert les courants de la démocratie.

1885 À 1931

Gandhi s'inscrit au parti du Congrès en 1915. Il entreprend une résistance pacifique et mène des actions d'éclat au Bihar et au Gujarat. Parallèlement, des conseils politiques fleurissent à travers les États princiers, et particulièrement au Rajasthan, donnant naissance au mouvement du Praja Mandal. Ce mouvement revendique la fin de la féodalité et du colonialisme et l'attribution de droits fondamentaux à l'ensemble du peuple. Le premier Praja Mandal est constitué à Jaipur en 1931.

1931 À 1947

À l'issue de la Seconde Guerre mondiale, les Britanniques choisissent le Parti travailliste pour diriger le pays. Jawaharlal Nehru, leader du Parti du Congrès, en profite pour entamer des négociations pour l'Indépendance de l'Inde. Un fossé se creuse entre les Hindous unionistes et les Musulmans séparatistes. En 1947, Lord Mountbatten est nommé Vice-roi des Indes, avec pour mission d'accélérer l'accès à l'indépendance. Celle-ci est proclamée le 15 août 1947, créant les États indépendants d'Inde et du Pakistan.

1947 À 1970

De l'Indépendance à nos jours

Les 19 régnants du Rajasthan rejoignent un à un l'Union indienne. En échange, ils conservent leurs titres, leurs terres, leurs revenus et leurs palais. Cependant, les rois dirigent leurs royaumes sans grandes ambitions, n'entreprenant aucune réforme. Il faut attendre 1970 pour qu'Indira Gandhi mette fin au système féodal. Les maharajas sont priés de rendre leurs titres et leurs privilèges. S'ils veulent participer à la vie politique, ils devront se faire élire. Nombre d'entre eux migrent alors vers Delhi.

1970 À 2024

Indira Gandhi amorce une « Révolution verte », une grande campagne d'irrigation, de sélection de céréales à haut rendement et d'introduction de fertilisants et de pesticides. Un canal de 445 km est creusé dans le désert de Thar afin d'acheminer l'eau depuis les contreforts de l'Himalaya. Les petits fermiers de cette région désertique du Rajasthan peuvent désormais cultiver leurs terres sans dépendre de la mousson. Mais l'appauvrissement des sols après 40 ans d'exploitation intensive les place à nouveau au bord de la faillite. Parallèlement, les maharajas transforment le Rajasthan en destination touristique de charme. Ils convertissent leurs palais en hôtels luxueux. Ils cèdent des terrains à la compagnie ferroviaire indienne pour ouvrir de nouvelles lignes et de nouvelles routes sont tracées, afin d'attirer les touristes étrangers toujours plus nombreux. Narendra Modi, un nationaliste avéré, emporte les élections avec son parti le BJP trois fois de suite à partir de 2014. Il accélère la transformation de l'Inde tout en accentuant la pression sur les minorités religieuses.

Statue d'Indira Gandhi.

LES RAJPOUTES

LES ROIS FONDATEURS DU RAJASTHAN

À partir du VIe siècle, le Rajasthan est aux mains des Rajpoutes. Si leur origine est incertaine, ils s'appuient sur la religion pour justifier leur autorité et font remonter leur généalogie à Rama ou Krishna. Ils sont organisés en clans belliqueux et repoussent les ennemis musulmans au nom de leur religion. Ils instaurent un système féodal et les limites de leurs royaumes et de leur influence évoluent au gré des alliances politiques, des mariages arrangés et des batailles qu'ils se livrent entre eux. Ils gravent leur légende au feu du sacrifice et de la bravoure. Leur code d'honneur impose aux hommes de se battre jusqu'à la mort et aux femmes de se suicider pour ne pas tomber entre les mains ennemies. Le chef rajpoute régit son clan comme il l'entend, a toute autorité administrative et judiciaire et collecte les taxes. Il soumet son autorité à celle d'un roi qu'il s'est choisi ou qui l'a dominé.

Les Gurjars-Pratiharas. De 550 à 1018, le Rajasthan est soumis à l'autorité des Gurjars-Pratihara. Leur empire s'étend jusqu'au Bengale occidental actuel. Le roi nomme les hauts officiers chargés d'administrer les 8 districts du royaume. S'ensuivent différentes strates administratives descendant jusqu'à la gestion des villages par des fonctionnaires. Le siège du pouvoir est installé à Ujjain (Madhya Pradesh) puis à Kannauj (Uttar Pradesh). En 1036, Mahmoud de Ghazni s'empare de la capitale qui sera reprise plus tard par les Rathore.

Les Guhil de Mewar. La dynastie est fondée à Nagda par Guhil en 565. Ses successeurs bâtiront la forteresse de Chittorgarh dont ils feront leur capitale. En 1303, Ratan Singh rend les armes suite au long siège entrepris par Alaudin Khilji. Son épouse Padmini et toutes les femmes du fort commettent un jauhar, un suicide collectif, afin de ne pas tomber dans les mains ennemies. Chittor est donnée à Maldeo, le souverain de l'Etat voisin de Jalore.

Les Chauhan de Shakambari. La dynastie apparaît à Nagaur au VIe siècle sous l'impulsion de Vasudev. La capitale est déplacée à Ajmer en 1120. Les rois repoussent successivement les attaques des Turcs et des Moghols et vont même jusqu'à prendre Delhi en 1180. Défait par le Moghol Ghuri en 1191, Govinda reconnaît la suzeraineté musulmane. Détrôné par son frère, il s'en va régir Ranthambore pour le compte de Ghuri.

Les Sisodia de Mewar. Hamir Singh épouse la fille de Maldeo de Jalore et fait tomber son beau-père dans la foulée. En 1326, il récupère le trône de Mewar et fonde une lignée encore en place aujourd'hui à Udaipur. Les différents souverains repoussent les tentatives de conquête du fort de Chittorgarh par les Moghols et, au gré des batailles, élargissent leur territoire. En 1567, Chittor tombe entre les mains de l'empereur Akbar, au terme d'un siège de 4 mois. Udai Singh II fonde alors la ville d'Udaipur qui devient et restera la capitale du Mewar. Les Moghols n'auront de cesse de tenter de s'emparer du Mewar et ce n'est qu'en 1615 qu'un accord de paix est trouvé entre les deux parties.

Les Rathore de Jodhpur. La dynastie est fondée en 1226 par Rao Siyaji, un prince de Kannauj venu en pèlerinage dans la région. Ses successeurs s'attacheront à chasser les Gurjars et ne prendront le contrôle du Marwar qu'en 1427. Ils se heurtent ensuite aux velléités d'expansion des Sisodia et Mandore, la capitale fait l'objet de nombreuses batailles. En 1459, le roi Rao Jodha cherche un lieu moins exposé pour bâtir une nouvelle capitale et fonde la ville de Jodhpur. Les Rathore doivent également lutter contre les attaques mogholes. En 1562, après la perte de Merta et d'Ajmer, Rao Maldeo se soumet à l'autorité d'Akbar. L'empereur moghol nomme directement le roi de l'Etat, qu'il choisit parmi les descendants du roi défunt.

Les Rathore de Bikaner. Le royaume est fondé en 1488 par Rao Bika, le fils de Rao Jodha. Les Rathore de Bikaner luttent contre leurs cousins du Marwar dans un premier temps, puis contre les Moghols. En 1570, ils cèdent à la puissance d'Akbar et se soumettent à son autorité. Le titre de maharaja est conféré par l'empereur Aurangzeb au roi Anup Singh au XVIIe siècle.

Les Bhatti de Jaisalmer. Au XIIe siècle, la capitale est installée à Lodurva. Après sa mise à sac par le chef de guerre afghan Shihabuddin, Rawa Jaisal, chef du clan Bhatti, fonde la cité de Jaisalmer. Pendant 4 siècles, les Bhatti entretiennent des relations pacifiques avec les dirigeants moghols. Jaisalmer devient alors une étape caravanière importante sur la route de la Perse et du Moyen-Orient. En 1570, l'empereur Akbar épouse une fille du Rawa Harrai et soumet Jaisalmer à son influence.

petit futé
Alexa, lance Petit Futé !
Des idées week-end
et vacances
pour partir en France
et dans le monde !
petit futé
Essayez, «Alexa, je veux partir en juillet ?»
avec les
podcasts
tourisme
SUD
RADIO
Amazon, Alexa, Echo, et toutes marques associées
sont des marques d'Amazon.com, Inc. ou de ses sociétés affiliées.
© PATRYK KOSMIDER - STOCK.ADOBE.COM

TOP 10

PERSONNAGES HISTORIQUES

Longtemps soumis à des rivalités et conquêtes guerrières, le Rajasthan s'est forgé un destin à l'ombre des héros des champs de bataille et des chefs de guerre aux dents longues. L'âge d'or du Rajasthan débute avec la fondation des royaumes rajpoutes et atteindra son apogée sous l'empire britannique.

© KAMAL SATYA - SHUTTERSTOCK.COM

AKBAR

Ce grand empereur moghol est le premier à rallier par la force tous les rois du Rajasthan.

BABUR

Le fondateur de la dynastie moghole s'empare de Chittorgarh en 1527, après avoir fait tomber Delhi.

© MARZOLINO - SHUTTERSTOCK.COM

HAR LAL SINGH

Cet activiste est une figure de proue du mouvement des agriculteurs levé contre les Britanniques.

PADMINI

Reine du Mewar à la beauté légendaire, elle s'est suicidée lors de la prise de Chittor en 1303.

PRATAP SINGH

L'un des héros les plus populaires du Rajasthan a tenu tête à Akbar dans de nombreuses batailles.

© NEW CREATIVE IDEAS - SHUTTERSTOCK.COM

UDAI SINGH II

Udai Singh II se retire de Chittorgarh en 1559 pour fonder une nouvelle capitale à Udaipur.

BAPPA RAWAL

Considéré comme le plus grand héros rajpoute, il fonde la dynastie Mewar en 734 à Chittorgarh.

© EPHOTOCORP - ISTOCKPHOTO.COM

RAO JODHA

Il délaisse Mandore pour fonder sa nouvelle capitale à Jodhpur sur un vaste éperon rocheux en 1459.

KESARI SINGH BARHATH

Révolutionnaire et indépendantiste, il est une figure du mouvement de libération de l'Inde.

JAI SINGH II

Il déplace la capitale de son royaume d'Amer pour fonder la ville moderne de Jaipur en 1727.

LES ENJEUX ACTUELS

Plus grand État de l'Inde, le Rajasthan contribue à hauteur de 5,07 % au PIB du pays. Son économie repose essentiellement sur le secteur des services (45 % du PIB de l'État) et notamment une industrie touristique florissante. Ce sont près de 180 millions de visiteurs qui ont sillonné le Rajasthan en 2023, contribuant à hauteur de 12 % à la balance économique régionale. Historiquement, l'agriculture assure des revenus à près de 62 % de la population et contribue à 24 % du PIB. Le secteur est en crise depuis de nombreuses années, les fermiers étant soumis à des moussons aléatoires et devant faire face à un endettement insoutenable. L'industrie est essentiellement tournée vers le textile, qui assure une grande part des exportations, et l'exploitation minière, avec de nombreuses ressources contenues dans les sols. Malgré une croissance insolente de plus de 11 % en 2023, les revenus moyens plafonnent à 156 000 Rs par an et par habitant.

Les ressources du Rajasthan

Le Rajasthan a toujours été une région agricole. L'agriculture fait vivre près des deux tiers de la population et représente 24 % du PIB de l'État. Les céréales, les graines oléagineuses, les légumineuses et le coton font partie des semences privilégiées. Le produit des récoltes est très dépendant de la mousson estivale, qui s'étale de juin à septembre, et la production peut considérablement varier d'une année sur l'autre. Ainsi, avec une mauvaise mousson enregistrée en 2023, la production de coton a diminué de 30 % par rapport à l'année précédente.

L'industrie représente 25 % de l'économie du Rajasthan. Elle repose essentiellement sur l'exploitation de ressources minières. Plus grand État de l'Inde, le Rajasthan est aussi le mieux pourvu en ressources naturelles. 82 types de minéraux ont été identifiés et 57 sont exploités. Plomb, zinc et sélénite proviennent exclusivement de la région. Le Rajasthan est aussi l'un des plus gros producteurs nationaux d'argent, de calcite et de gypse. 20 % du pétrole brut indien provient d'un gisement exploité dans le désert du Thar, dans les environs de Barmer. Conscient de la nécessité de varier les sources d'énergie, le gouvernement local a considérablement investi dans l'éolien ces dernières années. Il a mis en place des partenariats public-privé pour développer un immense parc éolien dans les environs de Jaisalmer, en faisant

Fabrication textile artisanale.

Le tourisme est essentiel à l'économie du Rajasthan.

le deuxième plus grand parc éolien du pays. Cimenteries et extraction d'argiles et d'ocre occupent également une place importante dans l'industrie du Rajasthan. L'industrie textile et artisanale sont les fers de lance des produits d'exportation. Le secteur industriel est surtout porté par de petites structures familiales et quelques grandes entreprises publiques.
Le secteur des services participe à hauteur de 45 % au PIB du Rajasthan. Il est soutenu par un secteur bancaire et financier dense, des plus grandes banques nationales à des organismes de micro-crédit dédiés à des projets de développement rural. Mais au Rajasthan, le secteur des services est surtout porté par le tourisme. Le gouvernement local porte un intérêt tout particulier à ce secteur très porteur en termes d'emploi.

La place du tourisme

Le tourisme en Inde a longtemps été réservé à un cercle fermé, celui des élites britanniques et de la haute société indienne. Ce n'est qu'à partir des années 1960 que le pays s'ouvre véritablement au monde, porté par les mouvements orientalistes et hippies. Dans les années 80, un tournant s'opère avec la mise en place de partenariats public-privé pour diversifier l'offre. Les États s'organisent en créant des offices de tourisme régionaux. Le Rajasthan intègre le mouvement en développant une offre hôtelière dense et en renforçant ses transports. Les maharajas qui ont perdu leurs privilèges à l'aube des années 70 transforment leurs palais et forteresses en résidences hôtelières. Ils concèdent des terrains pour la construction de routes ou de lignes ferroviaires. Le tourisme est devenu essentiel à l'économie du Rajasthan, en faisant un moteur de croissance. L'État est le cinquième plus visité en Inde par les touristes étrangers et il a accueilli 1 700 000 visiteurs en 2023. Très sensibles aux vieilles pierres et aux traditions culturelles, les Français font partie des tout premiers contingents de touristes à se rendre au Rajasthan. Le tourisme au Rajasthan pèse plus de 12 % dans la balance économique de l'État. Le gouvernement local multiplie les partenariats et les initiatives pour proposer de nouvelles activités comme les croisières sur la rivière Chambal, le buggy dans le désert de Thar ou l'illumination de monuments historiques dans les villes. L'État mène aussi des plans d'action très concrets pour le développement de l'écotourisme et de l'agrotourisme afin de permettre aux régions délaissées de profiter de la manne. Le tourisme est perçu comme un atout considérable pour améliorer la connectivité entre les villes, entretenir le patrimoine culturel et faire perdurer les traditions. C'est également une ressource économique qui permet aux citoyens de bénéficier directement de la modernisation. Une étude a démontré qu'une roupie dépensée par un touriste change en moyenne 13 fois de main et que chaque chambre d'hôtel génère en moyenne 3 emplois directs et 8 emplois indirects. Si le tourisme étranger revêt une importance particulière permettant d'engranger des devises, le Rajasthan mène également des campagnes de séduction massives à l'égard des touristes domestiques. Ce sont ainsi plus de 180 millions d'Indiens qui ont visité le Rajasthan en 2023 !

Les enjeux actuels

Beaucoup des enjeux socio-économiques du Rajasthan recoupent ceux de l'Inde, à commencer par le surendettement des fermiers. Faibles revenus, récoltes incertaines, difficulté à obtenir des emprunts, taux d'intérêts élevés sont autant de facteurs qui pèsent sur le secteur. Au Rajasthan, plus de 60 % de la population dépend d'une activité agricole, mais seule 20 % de la surface cultivée est irriguée. L'accès à l'eau dans cette région semi-désertique constitue un défi majeur, d'autant que le dérèglement climatique influe sur les moussons, de moins en moins abondantes ou, au contraire, dévastatrices. Dans ces conditions, une meilleure gestion des nappes phréatiques et des programmes d'irrigation s'avèrent indispensables. Le gouvernement du Rajasthan investit des centaines de millions de roupies dans des projets de micro-irrigation et de récolte des eaux de pluie, afin de limiter la dépendance à la mousson. La pénibilité des conditions de travail influe sur le taux d'alphabétisation des habitants. Vivant souvent dans des villages isolés, loin des écoles, les enfants peinent à accéder à l'éducation. Même lorsqu'ils y ont accès, certains parents préfèrent les envoyer garder les troupeaux ou chercher de l'eau au puits, tous les bras étant nécessaires pour faire vivre la famille. Le Rajasthan obtient ainsi l'un des plus mauvais taux d'alphabétisation du pays avec seulement 69 % de personnes sachant lire et écrire en 2023. L'absence d'éducation diminue les chances de ces enfants d'accéder un jour à une profession permettant d'améliorer les conditions de vie de la famille.

Après des années de croissance exponentielle, le nombre d'arrivées de visiteurs étrangers stagne depuis 2007. Le Rajasthan a réagi en se tournant vers le tourisme domestique. Le nombre des visiteurs indiens a été multiplié par 10 en moins de 15 ans, pour se situer autour de 180 millions de visiteurs annuels. Cette stratégie a permis de limiter les effets dévastateurs du Covid, alors que l'Inde a fermé ses portes aux visiteurs étrangers pendant près de 2 ans. Depuis les années 2000, l'Inde et le Rajasthan ont investi conjointement et massivement dans la construction de nouvelles autoroutes, dans l'ouverture d'aéroports et de liaisons aériennes, permettant de faire venir toujours plus de touristes et de maintenir un taux de fréquentation élevé. L'ouverture de l'aéroport militaire de Jaisalmer aux vols domestiques en 2017 en est un exemple saisissant. Désormais, il devient parfois difficile de trouver une chambre dans la citadelle, les tarifs explosent et les rues sont investies par les touristes.

L'inefficacité bureaucratique et la corruption endémique constituent un frein sérieux au développement économique du Rajasthan. Les résultats éclatants du BJP en 2014 ont montré que les Indiens aspiraient à un réel changement dans le mode de gouvernance. Narendra Modi avait ponctué sa première campagne de nombreux slogans anti-corruption. Une fois en place, son action la plus éclatante a été de retirer subitement les coupures de 500 Rs et de 1 000 Rs. L'idée était de lutter contre l'économie souterraine et la fraude en remplaçant ces billets par de nouvelles coupures. Beaucoup d'Indiens se sont retrouvés du jour au lendemain avec un matelas d'économies impossible à écouler. En réalité, cette opération a fait grand mal à l'économie, encore peu structurée. Des années plus tard, le trauma demeure.En revanche, le gouvernement s'est abstenu d'agir sur les mauvaises pratiques de l'administration (absentéisme, horaires variables, démotivation, copinage, dessous de table…). Le gouvernement Modi s'attache plus au volet nationaliste de son programme qu'à lutter contre la corruption. Il accentue la pression sur les minorités religieuses. Parallèlement, il transforme en profondeur le visage de l'Inde avec nombre de grands chantiers publics, comme l'ouverture de nouveaux aéroports, la construction de nombreuses autoroutes ou le développement d'une ligne de train à grande vitesse.

L'hygiène est également un enjeu de préoccupation majeure qui ne peut que donner une meilleure image du pays, au-delà des effets directs sur la santé des Indiens. Modi a lancé une grande campagne de propreté, « *Swachh Bharat* », renouvelée tous les ans. De grandes affiches sont collées aux quatre coins du pays, incitant les Indiens à nettoyer au-delà de leur pas-de-porte et à ne pas jeter leurs déchets n'importe où. Si la campagne semble quelque peu porter ses fruits sur les mentalités, elle ne s'accompagne pas d'un vaste programme de gestion des déchets. Ramassage, recyclage, traitement et stockage nécessitent des investissements importants qui ne sont toujours pas prévus. En conséquence, nombre d'Indiens brûlent leurs déchets devant leur maison ou dans leur arrière-cour, ajoutant à la pollution ambiante. L'opération « Inde propre » s'accompagne d'un ambitieux programme de construction de toilettes publiques. En 2014, seulement 23 % de la population vivant en zone rurale avait accès à des sanitaires. Les gens avaient pour habitude de déféquer dans les champs ou aux abords des rivières, en plein air, facilitant la transmission de maladies et souillant eaux et sols. En 2019, le gouvernement indien a annoncé à grand bruit que le pays était débarrassé du problème de la défécation en plein air. En 2022, 95% des Indiens avaient accès à des toilettes, mais il semble que 10 % de la population continue de se soulager en plein air. Si 110 millions de toilettes ont été construites, aucune campagne de changement des pratiques n'a été menée auprès des populations.

ARCHITECTURE

Surnommé le « pays des rois », le Rajasthan abrite des trésors architecturaux. L'architecture moghole, adoptée pour impressionner les pays voisins, a donné naissance à des merveilles comme le fort d'Amber (p.228) ou le tombeau de Humayun, syncrétisme du style perse et du style hindou. Le Taj Mahal reste le chef-d'œuvre le plus parfait de l'art musulman en Inde. L'architecture du Rajasthan est également remarquable pour ses forts et ses palais finement taillés. Construits entre le Xe et le XVIIIe siècle sous l'autorité de rois rajput, les temples, les sanctuaires, les havelis, les cénotaphes, les *jali* (treillis) ou les puits à degrés témoignent du riche héritage marwari. À la fin du XIXe siècle, l'architecture anglo-indienne combine des éléments indo-islamiques à l'époque néogothique victorienne. Tous ces vestiges à la beauté durable nous rappellent que l'Inde est un berceau où fusionnent des civilisations, des religions et des architectures.

L'antiquité indienne

Nous connaissons la civilisation de l'Indus (éteinte vers 1700 avant notre ère) grâce aux découvertes archéologiques effectuées sur les sites de Mohenjodaro et Harappa (Pakistan), de Lothal (Gujarat) et de Ganganagar (nord du Rajasthan). Poteries, bijoux, sceaux et statuettes laissent entrevoir l'existence d'une civilisation élaborée. En revanche, nous ne possédons aucun monument témoignant d'un art aryen. Cette absence ouvre la porte à toutes les spéculations sur ces fameux envahisseurs qui seraient arrivés dans le nord-ouest de la péninsule à partir du XVIIe siècle avant notre ère. La religion védique se limitant à des sacrifices, les Aryens n'édifiaient sans doute que de simples autels, peut-être abrités par des temples en bois ou en terre. Avec l'essor du bouddhisme, apparaissent des constructions en pierre, des stupa et colonnes érigés par l'empereur Ashoka pour publier ses édits (IIIe siècle av. J.-C.). Ainsi, le grand stūpa de Sanchi, à 50 km de Bhopal, est le plus ancien sanctuaire bouddhique en pierre de l'Inde. Bâti il y a 3 millénaires, il est toujours debout et témoigne de l'origine de l'architecture bouddhique. Cependant, les premières statues du Bouddha ne voient le jour qu'au début de notre ère, en Afghanistan près de Kandahar (école « gréco-bouddhique » du Gandhara) et à Mathura dans l'actuel État indien de l'Uttar Pradesh, sous la dynastie Kushan (Ier-IIIe siècle). Les artistes afghans, lointains descendants des sculpteurs arrivés avec Alexandre le Grand, ont alors conservé une finesse d'exécution qui influencera l'art hindou ultérieur, au Rajasthan particulièrement.

L'âge moghol

L'installation du sultanat de Delhi, à la fin du XIIe siècle, s'accompagne d'une destruction systématique des temples hindous remplacés par des mosquées. Pour les bâtir, les sultans emploient des artisans locaux, ce qui explique une certaine continuité, particulièrement dans les ornementations très riches des premiers édifices. Les versets coraniques gravés dans la pierre remplacent désormais les images des dieux. À Delhi, au début de 1200, Qutb-ut-Din-Aibak, le général qui a établi le sultanat, ordonne la construction du complexe du Qutub Minar comme le symbole du pouvoir de la nouvelle dynastie. Ce minaret est bâti en grès rouge qui provient de la destruction des temples jains et hindou. Richement décoré de motifs géométriques et d'inscriptions coraniques, c'est la plus haute tour de pierre en Inde. Le minaret s'élève à 73 mètres et sert de marqueur aux nouvelles populations musulmanes. Au nord-est du Minar, la mosquée Quwwat-ul-Islam construite par Qutub-ud-Din Aibak en 1198 apr. J.-C. est à voir. C'est la plus ancienne mosquée du pays. Petit à petit, l'influence iranienne se fait de plus en plus sentir, surtout après l'arrivée des Moghols au XVIe siècle. La puissante dynastie fait venir de nombreux artistes d'Iran. Elle est remarquable par la splendeur de ses tombeaux. Malgré l'interdiction coranique de représenter des êtres vivants, les empereurs Humayum et surtout Akbar, l'amoureux des lettres et des arts, favorisent l'essor des miniatures, elles aussi inspirées de l'Iran. L'école moghole reprend surtout des scènes de cour évoquant un style de vie très lointain de la rigueur islamique. Sous le règne de Shah Jahan seront construits le Lal Qila (Fort Rouge), flamboyante citadelle qui doit son nom à ses imposants murs d'enceinte en grès rouge et la Jama Masjid (la grande mosquée de Delhi). La plus grande mosquée d'Inde recouverte de grès rouge et de marbre, comme le Fort Rouge (classé depuis 2007 au patrimoine mondial de l'Unesco), révèlent la splendeur de la dynastie des Moghols. Mais ce qui va marquer l'apogée de l'architecture moghole, c'est la construction du Taj Mahal d'Agra.

Le Taj Mahal, chef-d'œuvre de l'art moghol. Classé parmi les 7 merveilles du monde ainsi qu'au patrimoine mondial de l'Unesco, monument emblématique du pays, mondialement connu, le Taj Mahal se trouve près d'Agra, dans l'État de l'Uttar Pradesh, à 200 km au sud de New Delhi. Les travaux de cet immense édifice funéraire, merveille de l'architecture moghol, ont débuté vers 1630 sous les ordres de l'empereur moghol Shah Jahan, pour honorer la mémoire de son épouse préférée Mumtaz Mahal. Il aura fallu 20 ans et 20 000 artisans pour accomplir la construction du plus grand chef-d'œuvre de l'art moghol à la croisée des architectures islamique, iranienne, ottomane et indienne. Si le mausolée achevé en 1648 reste l'élément le plus célèbre, le Taj Mahal est un ensemble d'édifices, de jardins, de plans d'eau et de fontaines qui se divisent en 3 parties orientées selon l'axe sud-nord à la symétrie parfaitement organisée, qui permettent au visiteur une progression naturelle et spirituelle. Tout d'abord, la première partie au sud est la cour intérieure. Nommée Jilaukhana, c'est un élément architectural moghol qui représente un espace transitionnel. C'est l'antichambre de la purification entre le monde extérieur, incarné par la ville et la deuxième section composée par des jardins qui symbolisent le paradis, la vie spirituelle. Entourés de pelouses, 4 pavillons se trouvent aux angles dont les mausolées des deux premières épouses de Shah Jahan et deux autres bâtiments dont l'office de tourisme. Au nord, l'imposante Darwaza-i-rauza, merveille de l'architecture moghole, est la grande porte d'accès au jardin et matérialise ce passage au paradis. 11 dômes encadrés de deux mâts surmontent cet iwan (porte que l'on retrouve dans l'architecture perse) à la marqueterie magnifiquement travaillée. La construction est entourée de deux tours octogonales qui lui donnent un aspect militaire. La deuxième partie est constituée par les jardins du Taj Mahal qu'on appelle Chahar bagh. Dans ces jardins perses à la forte influence musulmane, tout est parfait comme au paradis : les pelouses, la symétrie et la disposition des différents éléments. Dans les 4 plans d'eau, le Taj Mahal se reflète. Enfin, la 3e et dernière partie au nord est la plus sacrée. Sur cette grande plateforme en marbre de 10 000 m^{2} appelée Chameli Farsh, à 7 mètres de hauteur, se trouvent, à droite, la mosquée et à gauche, Jawab, le pavillon des invités. Placé sur une autre terrasse, parfaitement carrée, le célèbre mausolée finement ciselé en marbre blanc et incrusté de pierres précieuses ressemble à un palais tant il est somptueux. Surmonté d'un immense dôme central en forme de bulbe et malgré ses proportions impressionnantes, il est harmonieux et d'une grande légèreté grâce à la finesse de ses façades creusées par les iwan, ces porches géants en forme d'ogive. Un rempart rectangulaire, haut et protecteur ceint l'ensemble. La partie nord de l'enceinte, face au fleuve est incrustée de décorations très fines elles aussi en marbre blanc.

La période rajput

Très vite, les souverains rajputs se laissent influencer par l'architecture moghole. Les austères forteresses font place à des réalisations beaucoup plus sophistiquées, avec salles de réception publiques (*diwan-i-am*) ou privées (*diwan-i-khas*) et quartiers réservés aux femmes (*zenana*).

Stūpa de Sanchi.

© NIKADA - ISTOCKPHOTO

Fort d'Amber.

L'une des caractéristiques de l'architecture rajput, cette fois empruntée par les Moghols, est l'usage des pavillons à toits incurvés (*chhatri*), que l'on retrouve aussi bien dans les palais que dans les cénotaphes, les monuments funéraires. La bourgeoisie locale se lance aussi dans la construction de magnifiques demeures familiales (*haveli*), rivalisant parfois de splendeur avec les palais royaux. Dotées de nombreuses fenêtres et de cloisons ajourées comme les *moucharabiehs*, ces opulentes demeures bénéficient d'une ventilation naturelle. Les plus belles façades disparaissent derrière les *jharokhās* (loggias), elles-mêmes ornées de fines *jalis* (écrans de pierre ajourés servant de fenêtres). Même les puits sont enrichis de *chhatri* et parfois d'escaliers savamment disposés (on parle alors de *baori*). À partir du XVIIe siècle, les riches marchands du Shekhawati (sur la route de la soie) font édifier de nouvelles havelis. Des résidences remarquables pour leurs fresques murales évoquant aussi bien la vie de Krishna ou le *Rāmāyana*, que les progrès techniques introduits par l'Occident (automobiles, phonographes, machines à coudre).

Le Palais des vents, splendeur de l'architecture rajput. Reconnaissable entre mille, sa silhouette est la plus célèbre de Jaipur, la capitale du Rajasthan. En 1799, le maharaja Sawai Pratap Singh, petit-fils du fondateur de la cité, ordonna la construction de cet édifice en se basant sur les plans de l'architecte Lal Chand Ustad. Hawa Mahal (le Palais des vents) (p.205) est dédié au dieu hindou Krishna, d'ailleurs son architecture est basée sur le modèle de la couronne du Seigneur Krishna. Assorti aux couleurs des bâtiments roses de Jaipur surnommée la « Pink City », le grès rouge et rose confère un charme fou à sa façade dont les nuances changent avec le soleil. Le Palais des vents doit son nom à ses nombreuses ouvertures qui permettent à l'air de circuler en utilisant l'effet venturi. Les fontaines de la cour intérieure lui apportent également beaucoup de fraîcheur. Il fut la résidence d'été des maharajas. Ce palais pyramidal de 15 mètres de hauteur est orné de 61 oriels (fenêtres en relief) délicatement sculptées. Ressemblant à une ruche avec ses 953 petites fenêtres en nid d'abeilles, chaque fenêtre appelée *jharokhā* est équipée d'un treillis permettant aux femmes du harem de regarder à l'extérieur sans être vues puisqu'elles observent strictement les règles du *purdah* (rideau), à savoir se couvrir le visage.

Les forts des collines du Rajasthan. L'Unesco a inscrit 6 forts au patrimoine mondial en 2013. Parfaite illustration des centres fortifiés des États princiers du Raj entre le VIIIe et le XVIIIe siècle, ils reflètent également leur rôle en tant que centre de culture de cour et de mécénat des arts. Ces 6 forts sont des manifestations architecturales de la valeur, de la bravoure, du féodalisme et des traditions culturelles rajputes. À l'origine, ces forts étaient construits à des endroits stratégiques pour protéger des garnisons, mais ils abritaient aussi des palais et des centres urbains.

- Le fort d'Amber : situé à 11 km de Jaipur, sa construction en grès rose et marbre blanc a été commencée en 1592, sous Raja Man Singh Ier, pour connaître sa forme définitive en 1727. Placé stratégiquement sur la route entre Delhi et Ajmer, le fort fut la capitale de nombreuses dynasties.

- Le fort de Jaisalmer : édifié en 1156 par le Raja Rawal Jaisal, il est l'un des plus anciens forts du Rajasthan. Ses remparts, hauts de 76 m, courent sur plus de 5 km et 99 bastions ont été aménagés pour défendre la forteresse et surveiller les allées et venues dans le désert de Thar.
- Le fort de Chittorgarh : l'un des plus imposants de toute l'Inde, il pouvait accueillir une armée de 50 000 hommes. Des 130 temples de jadis, il n'en reste que très peu. Le Stambha Vijay (tour de la Victoire) se dresse encore fièrement du haut de ses 37 mètres et symbolise la ville de Chittor.
- Le fort de Kumbhalgarh : ses 36 km de muraille en font la troisième plus grande enceinte fortifiée au monde après la Grande Muraille de Chine et Gorgan en Iran. Édifié de 1443 à 1458 au sommet de plusieurs collines, le fort offre une vue magnifique sur la chaîne des Aravalli.
- Le fort de Ranthambore : à l'intérieur du Parc national de Ranthambore, davantage apprécié par les visiteurs étrangers pour ses tigres que pour son fort. Il attire néanmoins de nombreux pèlerins indiens, notamment au moment de Ganesh Chaturthi (début septembre) car le fort abrite le seul temple dédié au dieu éléphant au Rajasthan.
- Le fort de Gagron : le moins connu et le moins visité de tous, il n'en demeure pas moins intéressant. Sa construction a duré 700 ans, entre le VIIe et le XIVe siècle. Érigé à la confluence de deux rivières, il est protégé par des douves naturelles sur trois de ses flancs.

L'influence britannique

L'arrivée des Anglais dans le Rajasthan, au début du XIXe siècle, suscite de nouvelles aspirations dans les classes aisées et, bien sûr, chez les maharajas. Profitant de la Pax Britannica, ces derniers peuvent oublier leurs soucis militaires pour se concentrer sur les plans de nouveaux palais. On parle alors d'une architecture indo-sarracénique (ou anglo-indienne), mêlant avec audace les styles victoriens et gothiques venus d'Europe aux influences rajput et mogholes : arcs polylobés, chhatri (structures indiennes en forme de pavillon ou de dômes) mais aussi fenêtres gothiques et tours à horloge semblant s'échapper du fog londonien. L'architecte anglais Sir Samuel Swinton Jacob (1841-1917) est à l'origine de nombreuses réalisations au service des souverains parmi lesquels le superbe St John's College à Agra paré de grès rose avec ses chhatri élancés qui couronnent le toit ou encore le luxueux Rambagh Palace. Connu sous le nom de « joyau de Jaipur », le Rambagh Palace est l'ancienne résidence du maharaja de Jaipur. Le premier bâtiment construit en 1835 fut converti en 1887 en un pavillon de chasse sous le règne du maharaja Sawai Madho Singh. Puis au début du XXe siècle, il est agrandi pour constituer un véritable palais à l'architecture impériale extrêmement raffinée. La famille royale le transforme en hôtel de luxe en 1957. Près du Hawa Mahal, l'Albert Hall, conçu par Samuel Swinton Jacob sous le règne du maharaja Ram Singh, est un excellent exemple de l'architecture indo-sarrasine. Ouvert comme musée en 1887, **Albert Hall Museum** (p.209) reste le plus ancien musée de Jaipur. On peut même y voir une momie égyptienne. Situé à Bikaner, le **Palais de Lalgarh** (p.280) construit entre 1902 et 1926 pour Ganga Singh, le maharaja de Bikaner, est splendide. Bâti avec du grès rouge, ses pierres proviennent du grand désert du Thar et ses nuances évoluent au fil de la journée. Pendant la période des Indes britanniques, les fonctionnaires de la Compagnie des Indes orientales ont séjourné dans ce palais, mélangeant l'art moghol, une structure rajput et des modèles européens. Une partie du palais appartient toujours à la famille princière du maharaja Ganga Singh tandis que l'autre a été convertie en hôtel de luxe en 1972. Ses treillis, ses colonnades et ses filigranes s'inspirent de l'architecture italienne traditionnelle. L'intérieur, les halls luxueux et les salons royaux sont richement décorés de bois, de céramiques, de marbre et de majestueux piliers de grès. Enfin, le **Mayo College** (p.243) d'Ajmer a pour modèle les internats britanniques, en particulier le prestigieux collège d'Eton, l'une des plus prestigieuses *public schools* britanniques. Le major Mant, architecte militaire est en charge des travaux et travaille le même marbre que celui qui fut utilisé pour construire le Taj Mahal. Les travaux s'achèvent en 1885 après avoir duré 8 ans. Dès

© POPOVA TETIANA - SHUTTERSTOCK.COM

Le Palais des vents à Jaipur.

© SAIKO3P - SHUTTERSTOCK.COM

Le Fort Rouge à Delhi.

1875, l'établissement au chic victorien accueille les fils de maharajas qui sont répartis dans différentes maisons selon leur âge. L'édifice principal est de style indo-sarrasin, il incorpore des éléments architecturaux hindous, islamiques et européens symbolisant ainsi l'harmonie entre les différentes communautés.

Delhi

À partir de 1927, l'administration coloniale confie aux architectes britanniques Edwin Lutyens et Herbert Baker la tâche de dessiner les plans de la nouvelle capitale, New Delhi, au sud de la vieille ville. Symbole du rayonnement de l'Empire britannique, les architectes mélangent les influences britanniques et indigènes. Les nouveaux bâtiments officiels sont bâtis en grès beige et rose. Les jardins sont d'inspiration moghole. New Delhi est inaugurée le 13 février 1931. Elle est bâtie selon un plan radial autour d'une rotonde centrale, Connaught Place, et est entourée de parcs. Le palais du vice-roi (actuel Rashtrapati Bhawan, ou palais du président de la République) reprend, avec un peu plus de classicisme et de majesté, l'inspiration anglo-indienne. On peut voir certains éléments de l'architecture de l'ancienne ère bouddhiste sur les chapiteaux des colonnes et l'écran autour du tambour sous le dôme principal. La période est également marquée par la popularité de l'Art déco, un style que l'on retrouve aussi bien sur les grandes avenues de New Delhi que dans des pavillons de chasse perdus dans la campagne rajput. La dernière grande réalisation de l'ère coloniale, le superbe palais de l'Umaid Bhawan, en grès jaune de Chittar, est niché au cœur d'un vaste jardin de 10 hectares à Jodhpur. Visible partout dans la ville grâce à son impressionnante coupole, le palais Umaid Bhawan symbolise le triomphe de l'Art déco, sous la signature de l'architecte H. V. Lanchester. C'est le maharaja Umaid Singh qui posa la première pierre en 1929 de ce palais qui comporte 347 pièces dont une aile est toujours habitée par la famille royale.

Les grands architectes de Delhi

- **Shah Jahan** (1592-1666). L'empereur moghol a laissé une empreinte manifeste sur la ville puisqu'on lui doit le quartier de Old Delhi. Il fit également construire le Fort rouge et la grande mosquée Jama Masjid, deux des monuments les plus importants et emblématiques de Delhi.
- **Edwin Lutyens** (1869-1944). Cet architecte britannique réalisa la ville de New Delhi en 1931. Il a également conçu l'India Gate pour rendre hommage aux soldats indiens disparus pendant la Première Guerre mondiale.
- **Baldeodas Birla** (1863-1956). Issu d'une des familles les plus influentes d'Inde, l'entrepreneur indien a dessiné le Laxmi Narayan Mandir, entre 1933 et 1939.
- **Joseph Allen Stein** (1912-2001). Cet architecte américain fut, à partir de 1955, le chef du département d'architecture au Bengal Engineering College de Calcutta. Il a contribué à l'essor architectural de Delhi durant la seconde moitié du XXe siècle. On lui doit notamment l'India Habitat Center et l'India International Center.
- **Fariborz Sahba** (né en 1948). Architecte iranien de confession bahá'íe, il a réalisé le Lotus Temple en 1986. Ce temple bahaïste aussi appelé Bahá'í House of Worship est un lieu ouvert à toutes les religions.

BEAUX-ARTS

Parcourir le Rajashtan, c'est se laisser charmer par la magie de ses palais. Les édifices grandioses de l'Inde du Nord susurrent les secrets des maharajas. Ici, l'architecture est magnifiée par la sculpture. Chef-d'œuvre moghol, le Taj Mahal demeure le plus grand symbole de l'amour éternel. Dans la capitale indienne, l'art contemporain donne rendez-vous aux passionnés du monde entier. Ces dernières décennies, à New Delhi, galeries d'art et expositions se sont multipliées à toute vitesse. L'élan est porté par des vedettes de l'art contemporain, comme Subodh Gupta. Plusieurs manifestations sont inscrites au calendrier culturel. La Delhi Art Week ou DAW regroupe pas moins de 37 galeries, 2 musées et 4 institutions culturelles. Dans ces régions, le street-art réveille des pratiques ancestrales et participe au renouveau des quartiers. Ainsi s'agrandit le terrain de jeu des artistes actuels. Quand l'harmonie est de toutes les fêtes…

Particularités de l'art indien

A l'opposé de l'art occidental scandé par les innovations, l'art indien se caractérise par sa permanence. Certains traits distinctifs, communs à tous les genres, perdurent sur deux millénaires. En Inde, l'art à vocation religieuse domine, même s'il existe un art profane. Cependant, la religion et la vie courante demeurent profondément imbriquées.

La figure humaine est volontiers idéalisée. Généralement représentée à l'âge adulte, elle n'expose ni signe de vieillissement ni maladie. Le corps humain est magnifié. Le nu est à peine voilé d'un léger vêtement. La femme affiche fièrement sa sensualité, avec raffinement et douceur.

Les sculpteurs et peintres indiens puisent allégrement dans le panthéon aux 33 millions de dieux. Toutefois, la grande trinité - Brahma, Vishnu et Shiva - est largement favorisée. Chacun possède plusieurs apparences et attributs, choisis en fonction du récit à relater. A cela s'ajoutent les croyances locales, qui enrichissent encore l'éventail des incarnations. Les avatars s'inspirent du règne animal, et des qualités de chaque espèce. Ainsi, les artistes indiens sont particulièrement doués pour représenter les animaux.

© TRAVELER1116 - ISTOCKPHOTO.COM

Peinture dans le palais de Bundi.

Les Six Shadangas

Des traités définissent les canons de la représentation dès le Ier siècle. Selon ces 6 Shadanga, tout artiste se doit d'insuffler à sa création la beauté de la forme, de l'harmonie des proportions, de l'émotion, de l'esthétique, du réalisme, et de l'équilibre des couleurs. Pour autant, les normes n'ont jamais entravé le dynamisme et l'originalité de l'art indien. Il en va de même pour les fresques sur lesquelles se déroulent des scènes religieuses. Dans tous les domaines artistiques, l'art indien fait preuve d'un sens de l'équilibre magistral, et d'un goût exceptionnel pour le détail.

La sculpture indienne

La sculpture occupe une place de choix dans la culture indienne. Dès la Préhistoire, de modestes icônes sont façonnées en terre cuite ou en stuc. Quelques siècles avant notre ère, les premières créations de grande taille sont sculptées dans la pierre, puis en bronze à partir des Ve et VIe siècles. De longs reliefs narratifs se déroulent sur les murs. Ce moyen d'expression reste florissant en Inde jusqu'à la fin du VIIIe siècle.

Mais la sculpture reste indissociable de l'architecture. Parmi les temples inoubliables du Rajasthan, le Chaumukha ou « Temple aux Quatre visages » a été édifié en marbre blanc au cœur de la jungle, dans le district de Jodhpur. Les 1 444 piliers qui soutiennent ce lieu de culte dédié à Adinatha sont tous uniques. Au plafond ou sur les colonnes, animaux et symboles sacrés sont finement détaillés. Dans ce lieu

© PAUL COWELL - SHUTTERSTOCK.COM

Le tombeau de Humayun.

majeur du jaïnisme, daté du XVe siècle, chaque centimètre est gravé ou sculpté.

Plus intimiste, le sanctuaire de Menal abrite un magnifique temple à Shiva, du XIIe siècle. Shiva, le dieu destructeur, est représenté dans quantité de situations, parmi des déesses et des nymphes. De nombreuses sculptures illustrent les positions du Kâmasûtra. A des fins éducatives, bien entendu.

Peinture rajput

Sur les terres agricoles du Rajasthan se sont succédé de nombreux empires et dynasties. La peinture s'est développée dans cet État plus que dans d'autres parties de l'Inde.

Sous la dynastie des grands Moghols (1528-1858), à dominante islamique, les ateliers de peinture se multiplient. Chaque œuvre est le produit d'une collaboration. Les créations sont anonymes.

Plusieurs écoles de peinture s'imposent entre le XVIe et le XIXe siècle. Les premières sont les écoles de Mewar puis de Bundi, en référence au lieu de production. Dominé par l'enluminure, cet art de cour s'inspire peu à peu des miniatures persanes et de la gravure européenne. La peinture rajput illustre l'hindouisme (Rama et Krishna) ou, dans une moindre mesure, les sentiments tels que l'amour. Les personnages, vus de profil, sont dotés d'un œil énorme et d'un nez effilé. Le fond de couleur vive est agrémenté d'éléments naturels.

Sous le règne de Shah Jahân (1628-1658), deux genres sont prisés : le portrait officiel et le paysage nocturne. Dans un style dénué d'émotion, le souverain est montré dans une attitude figée, pleine de fierté. Une palette riche est toutefois utilisée pour représenter son autorité de toutes les manières possibles, notamment debout sur un globe. Les peintres, inspirés par l'iconographie occidentale, introduisent des angelots qui déroulent des odes à sa gloire sur des banderoles. Dans les manuscrits, des éléments naturalistes inspirés des courants européens font leur apparition.

Comme on peut le constater dans la collection du Musée National de Delhi, l'art de la peinture déclinera avec ses successeurs.

Le Taj Mahal

Symbole de l'Inde à travers le monde, le Taj Mahal a été construit entre 1631 et 1653 à Agra. Ce fleuron de l'architecture indo-islamique célèbre l'amour que l'empereur moghol Shah Jahan vouait à Mumtaz Mahal. Le majestueux édifice n'est autre que le mausolée de la troisième épouse du Maharaja. Mumtaz était en vérité son premier amour, que son père lui interdit d'épouser en raison de son rang. Il lui imposa deux épouses, avec lesquelles il ne consomma pas son mariage. Au décès de son père, l'empereur put enfin s'unir à sa bien-aimée. Mumtaz lui donna quatorze enfants, avant de décéder le 17 juin 1631. Dévasté par sa mort, Shah Jahan exigea de ses architectes qu'ils bâtissent un édifice digne du paradis. Un symbole de son amour éternel.

De nos jours, le lever et le coucher du soleil auréolent de romantisme le monument en marbre blanc. Ses façades incrustées de marqueteries de pierre jouent avec la luminosité.

Shah Jahân est à l'origine d'un vaste programme de constructions. Sous son règne, le décor prend une ampleur inédite. Chaque surface est incrustée de pierres ou finement sculptée dans le stuc. Le marbre s'impose dans les parties les plus importantes. Le premier exemple de tombe-jardin, édifié avant le Taj Mahal, se visite à Delhi. Joyau de l'époque moghole, le tombeau de Humayun est daté de 1560. L'intérieur, de plan octogonal, présente des incrustations de pierre et de marbre sur grès rouge.

© HIMANSHUGAUTAM - SHUTTERSTOCK.CLOM

Mandana.

Tradition du Mandana

La peinture murale que l'on découvre aujourd'hui s'inscrit dans la continuité d'une ancienne pratique, le Mandana ou « décoration ». Cette pratique exclusivement féminine comprend la décoration murale, « Bhitti Chitra », et la peinture des sols, « Bhumi Chitra ». Des motifs géométriques stylisés recouvrent les maisons pour les décorer, les protéger, ou à l'occasion de célébrations rituelles. Les façades des maisons sont en revanche parées de peintures figuratives. Des scènes plus libres associent des figures animales ou humaines, et des motifs végétaux. Ne pas confondre avec la peinture spirituelle et méditative du Mandala. Ces images concentriques, représentatives de l'univers, sont reprises par les trois grandes religions indiennes que sont le bouddhisme, l'hindouisme et le jaïnisme. De nos jours, elles continuent de servir de support à la méditation ou à la détente.

Art contemporain

La fin du XXe siècle est marquée par un bouleversement du monde de l'art. Plusieurs facteurs ont concouru à l'explosion de l'art contemporain en Inde, notamment l'essor économique du pays. Plus de cinquante galeries d'art ont vu le jour en moins de dix ans, à Delhi et Mumbai. Des talents émergents ont commencé à susciter l'attention du marché international. Certains sont apparus dans les grandes manifestations mondiales ou ont reçu des commandes d'envergure. L'un des premiers, le sculpteur minimaliste Anish Kapoor, né en 1954, est présent dans les plus grandes collections et foires artistiques du monde. Ses installations, qui empruntent à la culture orientale et occidentale, ne passent jamais inaperçues.

Ces artistes font appel à une équipe d'assistants pour confectionner leurs œuvres. C'est pourquoi ils se sont installés dans des entrepôts en périphérie des métropoles. A Delhi, ils ont choisi la ville périphérique de Gurgaon pour ouvrir leurs ateliers. On y rencontre entre autres Subodh Gupta, la superstar de l'art contemporain. Né en 1964, Gupta est issu d'un milieu modeste. Formé à la peinture, il expérimente ensuite la photographie, la sculpture puis l'installation. Désormais, il vit et travaille à Delhi. Ses gigantesques installations nécessitent toute une équipe d'artisans, notamment des métallurgistes. A ses débuts, Subodh Gupta élaborait ses installations à partir de vaisselle traditionnelle indienne. Par la suite, la dimension de ses objets du quotidien a été multipliée par cinq ou dix : service à thé, bouton de porte, etc. Autant de rappels de ses origines.

De nombreux festivals animent la ville de Delhi. Certains sont placés sous la houlette de la Nazar Foundation. L'association, fondée par les photographes Prashant Panjiar et Dinesh Khanna, a pour but de promouvoir la photographie indienne. Parmi ses collaborateurs, Kanu Gandhi a partagé des images de son grand-oncle, le Mahatma Gandhi, lors d'une exposition au Photoink. Acclamé pour son travail documentaire à vocation sociale, Panjiar participe à l'organisation de festivals, expositions et prix de la photographie à travers le monde.

Dans le sillage du street-art

En Inde, l'art de rue est une façon de vivre. On peint des stars de Bollywood sur les rickshaws, des publicités sur les murs, et des dieux sur les devantures pour rappeler l'interdiction d'uriner dans l'espace public. Jusque dans les villages les plus reculés, peindre au grand air relève d'une tradition. Le premier quartier de New Delhi à s'ouvrir aux street-artistes est Khirki Village. C'est là qu'un très remarqué visage de Bouddha affublé d'un masque anti-pollution a jadis été peint à côté d'une décharge... malheureusement recouvert de peinture blanche entre-temps. Mais cela n'a pas entaché le dynamisme des locaux. Khirki abrite quantité de jeunes galeries ainsi que le Khoj, un centre d'art contemporain qui propose des résidences et des événements innovants.

Dans la capitale, la fresque la plus haute (45 mètres) mais aussi la plus iconique recouvre une façade de l'Hôtel de Police. Le fameux portrait de Gandhi, tout sourire, est l'œuvre d'Anpu Varkey et de l'artiste allemand Hendrick ECB Beikirch. Il s'agit de la première commande officielle d'art public. Sa réalisation s'est déroulée en janvier 2014, dans le cadre du Festival St+Art Delhi. L'association St+Art India promeut l'art public dans les principales métropoles indiennes. Son objectif ? Réunir artistes locaux et internationaux. A long terme, elle espère générer des hubs créatifs. Et ça marche ! Dans le quartier de Shahpur Jat, au sud de Delhi, surnommé le quartier des designeurs, le succès du festival fut tel que ses rues se sont entièrement métamorphosées. Cafés branchés, ateliers, maisons de couture ont éclos. Les années suivantes, ce fut au tour de Lodhi Colony, Moolchand ou Khan Market de contribuer au développement artistique de Delhi. Pour notre plus grand bonheur !

MUSIQUES ET SCÈNES

S'il est un objet de fascination pour les voyageurs depuis des siècles, c'est bien parce que le Rajasthan est un trésor exceptionnel de culture et d'histoire. Un monde à part, plein de majesté, où la grandeur de la civilisation indienne se raconte en danse et en musique. Un tourbillon de mélodies et de grâce où les castes de musiciens, principalement les Langas et les Manganyars, accompagnent les joies et les peines du peuple de leur poésie épique et de leurs rythmes exaltés. Comment ne pas être envoûté par les chants haut perchés du maand, les tourbillons de couleur du Dandiya, les épopées du Kathak ou la sensualité du Kalbelia ? Des traditions au cœur desquelles sont conservés intacts des ragas millénaires, posant ces musiciens comme gardiens d'un temple immatériel, dont les clés se transmettent oralement génération après génération. On dit souvent que le cœur de la musique indienne bat au Rajasthan. Et il suffit d'un passage sur place pour le confirmer.

Les musiques et danses traditionnelles

L'Inde est un pays d'une richesse culturelle unique. Et la quantité dantesque de musiques et danses traditionnelles originaires du Rajasthan ne fait pas mentir cette dernière assertion. Le Rajasthan est d'ailleurs réputé comme un des Etats indiens les plus fournis en musiciens traditionnels car c'est ici que l'on trouve des castes de musiciens nomades, célèbres dans tout le pays, comme les Manganyars ou les Langas. Ces derniers, les Langas, résident vers Jodhpur. À l'origine hindous, ils embrassèrent jadis l'islam de leurs protecteurs. Ils jouent une musique qui mêle mélodies classiques et rythmes populaires avec du sarangi, une vielle, le dholak, une percussion et le satârâ, une flûte. Quant aux premiers, les Manghanyiars, ils vivent autour de Jaisalmer et de Barmer et sont des musiciens professionnels musulmans. Ils jouent des instruments légèrement différents, préférant le kamânche (une vielle à pique), la murali (une flûte nécessitant d'employer la technique de souffle continu) et les kartals (sorte de castagnettes).

Manganiyars comme Langas ne jouent que des ragas associés à des moments spécifiques de la journée ou à des saisons précises et possèdent aussi un répertoire de ragas réservé à toutes les occasions telles que les mariages, les naissances, etc. Les ragas sont un ensemble de règles de construction mélodique et s'apparentent au concept occidental de modes musicaux, typiques de la musique indienne.

Une autre caste rajpute importante est celle des Bhopa (et leurs épouses les Bhopi), des prêtres-chanteurs, chantres de la vie quotidienne rurale et de ses héros, comme Pabuji, divinité protectrice des humains et des troupeaux. Généralement, ils s'accompagnent au rawanata, vielle à archet formée d'une caisse de résonance en bronze ou en noix de coco, d'un manche en bambou et de dix-sept cordes.

Une forme de chant populaire vraiment typique du Rajasthan est le maand. Pas tout à fait raga à part entière, c'est un style sophistiqué de chant que l'on retrouve dans la musique folklorique de la région, narrant la grandeur des héros et rois rajputs du passé. Certains interprètent de maand ont acquis une notoriété nationale comme Allah Jilai Bai, chanteuse célèbre dans les années 1960 et 1970. Sa carrière débute alors qu'elle n'a que 10 ans puis elle a progressivement gagné en popularité dans tout le pays. En 1982, le gouvernement indien lui a même décerné le « Padma Shri », une haute distinction honorifique.

© SHAIKHMERAJ - SHUTTERSTOCK.COM

Danse kathak.

Musiciens traditionnels.

Côté danses, le Rajasthan est sans surprise un vrai trésor. L'une des plus célèbres est la kalbelia, l'une des formes chorégraphiques les plus sensuelles du Rajasthan. Exécutée aussi bien par les hommes que les femmes de la communauté du même nom, cette danse est un pilier de son identité et continue de célébrer ses moments heureux. Les Kalbelias étaient autrefois des charmeurs de serpents, chose discernable dans le tourbillonnement de la chorégraphie reproduisant le mouvement du reptile sur un rythme s'accélérant crescendo. Les musiciens accompagnent les danses avec du pungi, un instrument à vent en bois traditionnellement joué pour capturer des serpents, le daf, un grand tambour, le khanjari - un tambourin, le morchang une guimbarde et le dholak un autre long tambour. Ces chants - tirés de récits folkloriques et mythologiques - et danses sont transmis oralement de génération en génération car il n'existe aucun texte ni manuels de formation. En 2010, ils ont été inscrits sur la liste du patrimoine immatériel de l'UNESCO. Quiconque se rend au Rajasthan durant le Holi, la fête des couleurs dédiée à Krishna, a de grandes chances de voir danser la kalbelia.

Autre pratique célèbre du Rajasthan : le kathak. Originellement uniquement masculine, cette danse narrative est aujourd'hui interprétée également par les femmes. Pilier des danses classiques du pays, le kathak a historiquement une importance sociale puisqu'elle contait autrefois la mythologie indienne - et permettait aussi de transmettre les textes sacrés à un public illettré. Originaire du nord, le kathak a subi l'influence artistique musulmane des Moghols. C'est une danse très rythmée qui requiert de vraies qualités athlétiques pour conserver une certaine grâce malgré la vitesse d'exécution. Reconnaissable à ses pirouettes entrecoupées de moments d'immobilité, le kathak a vu quelques personnalités se distinguer dans sa pratique, comme Birju Maharaj ou Maya Rao, devenus deux de ses plus célèbres danseurs. Il a également été porté sur le devant de la scène par le chorégraphe anglais Akram Khan, qui l'a fusionné avec la danse contemporaine occidentale.

Toujours parmi les pratiques chorégraphiques célèbres, le ghoomar est une danse généralement associée à la communauté Bhil mais aujourd'hui adoptée par l'ensemble du Rajasthan. Danse gracieuse et lente, elle voit des femmes voilées au niveau du visage tournoyer, habillées de robes fluides, accompagnant leur chorégraphie de gestes de mains particulièrement expressifs. Le ghoomar est souvent exécuté lors d'occasions spéciales, comme les mariages ou les événements religieux et peut parfois durer très longtemps. Il existe un sous-genre appelé « gair ghoomar » traditionnellement exécuté par les hommes, voyant les danseurs former des cercles et tourner sur eux-mêmes en entrechoquant des bâtons au rythme de la musique.

Comprenant aussi des bâtons, le dandiya ou dandiya raas est une danse mixte très colorée et populaire. Elle voit hommes et femmes danser par paires, en général en formant deux lignes, les partenaires se faisant face. Les lignes se meuvent dans le sens des aiguilles d'une montre, chaque danseur s'avançant au fil du rythme pour frapper les bâtons de son partenaire.

Quelques autres belles danses à mentionner : le chakri, associé à la communauté kanjar et exclusivement féminine et très tourbillonnante ; la mayur, provenant du sud du Rajasthan, dansée traditionnellement pour célébrer la mousson et rendre hommage à Shiva ; le bhavai, danse appelant autant d'habileté que d'agilité, exécutée par une femme portant 6 à 7 pots en cuivre ou en terre sur la tête tout en exécutant une chorégraphie ou en plaçant ses pieds sur de la vaisselle, du verre brisé ou le bord d'une épée, ou encore le kachhi ghodi, danse masculine figurant les histoires de bandits de la région de Shekhawati et voyant ses protagonistes exécuter la danse en montant des chevaux factices.

Pour aller à la rencontre des traditions rajputes certains événements sont particulièrement indiqués comme la fameuse Foire de Pushkar. Très populaire, la foire aux chameaux de Pushkar s'est peu à peu transformée en grand cirque touristique. Une occasion unique d'assister à de nombreux spectacles traditionnels : danses, musique, marionnettes, fête foraine et cirque… Dans un autre esprit, le Matasya Festival d'Alwar est l'un des rendez-vous les plus importants du Rajasthan, destiné à célébrer la culture populaire et rendre hommage aux ancêtres avec au programme chants et musiques traditionnelles. Enfin, le Desert Festival de Jaisalmer, organisé par l'office de tourisme du Rajasthan pour célébrer la pleine lune, est également l'occasion de nombreux spectacles de danses et de musiques traditionnelles.

La musique classique

Loin de l'acception occidentale du terme, la musique classique indienne est un genre très codifié, scindé en deux traditions majeures : la musique classique indienne du Nord appelée « musique hindoustanie » et celle du Sud, la musique carnatique. Ces deux familles n'ont longtemps fait qu'une, chose palpable dans le socle commun qu'elles partagent. Cela dit, quelques différences majeures les distinguent, la musique hindoustanie encourageant l'improvisation et explorant tous les aspects d'un raga tandis que sa fausse jumelle carnatique appelle plutôt des formes courtes et basées plus strictement sur la composition. Aussi, les influences des deux familles divergent. Au Sud, côté carnatique, elles sont très liées aux thèmes religieux hindous tandis qu'au Nord, la musique est plus marquée par l'influence profane des cours mogholes et des artistes venus d'Iran. Abdul Rashid Khan, dit « Rasan Piya » fut le grand représentant de la musique hindoustanie, Aruna Sairam et Amritha Murali sont celles de la musique carnatique.

L'orchestre comprend généralement un soliste (joueur de sitar, sarod, sarangi, violon, satara, flûte traversière en bambou ou simplement un vocaliste), un joueur de tabla (percussion du nord de l'Inde composée de deux tambours de tailles différentes et frappés avec les doigts ou la main) et un accompagnateur au tampura (instrument à cordes pincées servant de basse continue). L'une des spécificités de la musique classique indienne est qu'elle ne s'écrit pas mais se transmet de maître (pandit) à élève.

La musique populaire

Le Rajasthan a vu naître une constellation d'artistes populaires dans tout le pays. Parmi eux, Swaroop Khan est l'un des plus appréciés. Parfumant la tradition manganiya de pop occidentale, ce chanteur s'est fait connaître après avoir concouru dans une des premières saisons d'Indian Idol. Depuis, il a enchaîné quelques succès dans l'industrie bollywoodienne. A Bollywood toujours, Ila Arun est à la fois chanteuse folklorique rajasthanie renommée et actrice indienne. Elle est connue pour sa voix solide et grave. Pour former un trio bollywoodien, citons également le célèbre Mame Khan, chanteur folklorique présent dans de nombreux films comme *Luck by Chance* (Zoya Akhtar, 2009) ou *Sonchiriya* (Abhishek Chaubey, 2019).

Autre sensation, Ashok Manda Bishnoi, connu sous son nom de scène Rapperiya Baalam, est un chanteur du Rajasthan connu pour ses morceaux de rap joyeux et bienveillants comme sa chanson *Mharo Rajasthan* qui l'a rendu populaire dans tout le pays. Enfin, citons le duo Sartaj et Sarwar, deux jeunes garçons qui ont commencé leur carrière en chantant dans une émission de téléréalité et qui ont doucement mais sûrement acquis une reconnaissance nationale.

Danseuse de Kalbelia.

LITTÉRATURE

Au Rajasthan et sur le territoire de Delhi, comme ailleurs dans le monde, la littérature écrite s'est nourrie des contes et légendes transmis par la tradition orale, au point que l'on ne sait plus parfois si la réalité fut telle que rapportée, ou telle que l'on se prête à l'imaginer. C'est ainsi qu'à Agra, le Taj Mahal, symbole universel de l'amour éternel, fut érigé sur l'ordre de Shah Jahan à qui Mumtaz Mahal, son épouse, demanda sur son lit de couches devenu son lit de mort, de prouver au monde entier combien il l'aimait. Il se dit que l'empereur mongol avait pour volonté de se faire construire pour lui-même un mausolée identique, en marbre noir, mais que le temps lui manqua puisqu'il succomba au chagrin. Depuis le XVIIe siècle, l'ample bâtiment continue d'inspirer les écrivains indiens, tels Timeri Murari dont Taj se découvre en français aux éditions Picquier. Pour autant, depuis l'indépendance, la littérature a dû affronter la réalité.

Littérature primitive et littérature moderne

Si l'on s'accorde à reconnaître que la littérature écrite émerge au Rajasthan vers l'an 1000 de notre ère, rares sont les œuvres à avoir survécu. Ainsi, la plus ancienne copie du poème épique *Prithviraj Raso* remonte au XVIe alors que le poète de cour auquel il est attribué, Chand Bardai, aurait vécu dans la seconde partie du XIIe siècle. Il est donc probable que d'autres auteurs l'aient modifié au gré de leur fantaisie, et il reste difficile de discerner les parties originales de cette description d'une bataille par ailleurs non corroborée d'un point de vue historique. Toujours est-il que ce texte fut rédigé en langue braj, l'une des premières à prendre une tournure littéraire, avant même l'hindi, bien qu'elle fût surtout utilisée par des poètes mystiques qui consacraient leurs œuvres à Krishna (comme le fera la célèbre poétesse Mirabaï, décédée au mitan du XVIe siècle) en lui dédiant des chants d'amour appelés *bhajan*. La religion est donc l'une des sources d'inspiration initiales, tout autant que l'est le folklore populaire dont est issue l'histoire d'amour entre Dhola et Maru, dont il existe une version propre au Rajasthan.

La période médiévale voit quant à elle apparaître des chroniques guerrières à l'instar du *Kanhadade Prebandha* (XVe siècle) de Padmanābha, reconnu comme l'un des plus beaux poèmes en dingal, cette langue qui était l'apanage des Charans. Cette caste, composée de bardes – mais aussi d'agriculteurs ou de commerçants, car leur art ne subvenait pas toujours à leurs besoins, même si les postes de *kaviraja* (poète et historien d'État) leurs étaient généralement réservés – est considérée comme à l'origine de la majeure partie de la littérature médiévale, qui se déclinait donc en *khyat*, prose historique, mais aussi en une foultitude de genres poétiques répondant à des métriques précises. Le premier écrivain râjasthâni dit « moderne », Suryamal Misran (1815-1868), est né de cette lignée. Lettré érudit et polyglotte ayant accédé au statut de poète national, son texte le plus remarquable, *Vansha Bhaskar*, est souvent comparé à la perfection qu'incarne l'un des deux joyaux de la littérature indienne ancienne, le *Mahābhārata*. Hélas! la grande histoire eut des répercussions sur son travail de fiction, car le royaume de Bundi auquel il était lié tomba sous le joug du protectorat britannique, alors que lui-même s'investit dans le mouvement pour l'indépendance. Les 12 tomes qu'il avait initialement prévus pour son épopée se réduisirent donc à 8, ce qui n'entrava pas son rayonnement considérable. Murari Dan, son fils adoptif, s'attellera ensuite à parachever son œuvre.

De l'indépendance à aujourd'hui

L'heure de l'indépendance allait pourtant finir par sonner en 1947, encouragée par les poètes nationalistes (« yug Charan ») à l'exemple de Kanhaiyalal Sethia (1919-2008) qui signa notamment le poème *Dharti Dhoran Ri* dont les vers devinrent les paroles de l'hymne du Rajasthan. Cette nouvelle période de l'histoire fut documentée par Gayatri Devi, troisième épouse du maharaja Sawai Man Singh II, qui rédigea ses mémoires (*Une princesse se souvient*, éditions Robert Laffont) et dont la vie aventureuse n'en finit pas d'inspirer les écrivains (*La Maharani de Jaipur* d'Isaure de Saint-Pierre, éditions M. de Maule), elle coïncida également avec une vraie reconnaissance de la littérature comme le démontre la Sahitya Akademi fondée par Nehru en 1954. Cette instance décerne en outre des prix littéraires, dont l'un fut attribué en 1979 à Rama Mehta (1923-1978) qui avait marqué les mémoires avec son roman *Inside the Haveli* (traduit par Kallash éditeur : *À l'ombre du haveli*) où elle offrait de magnifiques portraits des femmes du Rajasthan. Un autre éminent lauréat fut Narayan Singh Bhati (1930-1994) qui fut célébré tout autant pour sa poésie (*Barsan Ra Degoda Dungar Langhiyan*, 1981) que pour ses actions de préservation des textes anciens.

TOP 10

LECTURE

Le sous-continent indien porte en lui l'ensorcellement qu'il semble exercer sur le reste du monde. La littérature qui met en scène des régions aussi emblématiques que Delhi ou le Rajasthan confirme cette attraction, entre enchantement et effroi. Il est certain, en tous les cas, qu'elle ne laissera personne indemne. Petite sélection pour tous les lecteurs.

L'ÂGE DE KALI

Après 10 ans à arpenter le Nord de l'Inde, du Bihar au Rajasthan, l'auteur livre ce qu'il a vu et compris d'un sous-continent fascinant.
William Dalrymple, *éditions Libretto.*

LE PAVILLON DES SECRETS

Inde, 1935. Fille de missionnaires anglais, Amelia s'installe au Rajasthan où elle cherche un travail… et trouve un mari. Mais la guerre va bientôt bouleverser sa vie.
Ann Bennett, *éditions City.*

LE CŒUR BATTANT DU RAJASTHAN : RAHIS BHARI & DHOAD

© ÉDITIONS SUTTON

Consciente que la musique traditionnelle a failli disparaître au XXe siècle, l'auteure a décidé d'y consacrer un bel ouvrage.
Martine Le Coz, *éditions Sutton.*

LE SONGE DU TAJ MAHAL

© ÉDITIONS FAYARD

En cette année 1605, le jeune orfèvre Augustin Hiriart est en fuite et se retrouve bientôt auprès d'un monarque qui, dit-on, il aurait conseillé pour édifier un chef-d'œuvre.
Christian Petit, *éditions Fayard.*

CUISINE INDIENNE : 100 RECETTES RICHES EN ÉPICES ET EN SAVEURS

© ÉDITIONS HACHETTE PRATIQUE

L'imagination et la gourmandise sont les seules limites grâce à cet ouvrage qui initie aux recettes traditionnelles.
Éditions Hachette pratique.

ADHIRA, FILLE DE LA PLUIE

© ÉDITIONS TALLANDIER

Née en 1554 dans le désert, Adhira va vivre l'horreur du viol dont elle devra se faire pardonner en dansant pour l'empereur.
Anjali Mitter Duva, *éditions Tallandier.*

LE RAJASTHAN

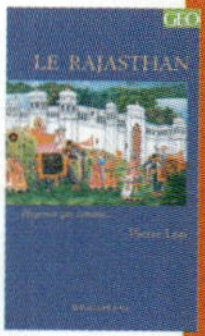

© ÉDITIONS MAGELLAN & CIE

Grand voyageur devant l'éternel et non moins humaniste, Pierre Loti vit ses certitudes remises en question par son périple du début du XXe siècle.
Pierre Loti, *éditions Magellan & Cie.*

KINRA GIRLS : LE TIGRE ET LA PRINCESSE

© ÉDITIONS PLAY BAC

En vacances au Palais de la Lune au Rajasthan, les Kinra girls vont devoir reprendre du service plus tôt que prévu : un tigre maléfique rôde. Dès 9 ans.
Moka, *éditions Play Bac.*

SEULE FILLE DE MON VILLAGE

© ÉDITIONS FLAMMARION

Sugan passera des années avant de comprendre qu'être la seule représentante de son sexe n'était pas dû au hasard, mais aux infanticides.
Sugan Kanwar, *éditions Flammarion.*

VORACES

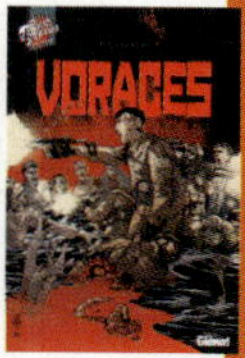

© ÉDITIONS GLÉNAT

Dans un futur proche, des zombies ont envahi New Delhi. Un seul espoir pour leur échapper : traverser le terrible désert du Thar.
Christophe Bec et Stefano Landini, *éditions Glénat.*

Nous pourrions aussi citer comme récipiendaires du Sahitya Akademi Award Abdul Vaheed et Bhanwar Singh Samaur : le premier le reçut pour son roman *Gharano* qui prônait la bonne entente entre les religions, le second pour *Sanskriti ri Sanatana Deeth* qui couronnait une carrière longue de 50 ans. Enfin, le dramaturge Arjun Deo Charan, né en 1954, fait l'objet de toutes les attentions de la part de la fameuse académie puisque sa renommée l'a propulsé tout en haut d'un podium incontesté, grâce à ses pièces (*Meh Reja The Parja*) mais aussi grâce aux autres registres dans lesquels il aime se plonger : la poésie (*Ghar Tau Ek Nam Hai Bhrosai Rau*) et le roman (*Dharam Judh*, *Uchhalo*).

C'est pour une non moins prestigieuse récompense que sera pressenti Vijaydan Detha (surnommé Bijji) en 2011 puisque son nom sera cité pour le Nobel de littérature. Celui qui avait vu le jour en 1926 et s'est éteint en 2013 dans sa ville natale de Borunda, avait en effet acquis une réputation internationale. Auteur prolixe, il conjuguait les influences, de l'auteur indien Saratchandra Chatterjee aux écrivains russes, qui le guidèrent pour accoucher de pas moins de 800 nouvelles et autres poèmes ! Vijaydan Detha fait partie des auteurs rājasthānis dont la voix porte au-delà des frontières, un privilège qu'il partage avec Alka Joshi qui, si elle vit aux États-Unis, a conquis le public avec une trilogie prenant son pays de naissance comme décor et qui est actuellement en cours de traduction dans notre langue aux éditions Hauteville : *La Tatoueuse de Jaipur* (2021) et *Le Secret de Jaipur* (2022).

Pour autant, la nouvelle génération est plus volontiers associée à la capitale indienne. C'est ainsi à New Delhi qu'est venu au monde en 1915 le précurseur, Khushwant Singh, qui, dans *Train to Pakistan* (1956) racontait la terrible dissension entre les musulmans et les hindous au moment de l'indépendance ; ce récit fut porté à l'écran quarante ans plus tard. Parmi les auteurs contemporains, il faut compter avec Gita Mehta (née en 1943), Vikram Chandra (né en 1961) et Kiran Desai (née en 1971) dont les œuvres sont représentatives de ce vers quoi tend la littérature indienne d'aujourd'hui : croquer un pays qui accède à la modernité sans pour autant renier ses traditions. Ainsi, la première offre une saisissante description de l'Inde où elle retourne chaque année dans *Le Serpent et l'échelle* (Albin Michel), tandis que Vikram Chandra, qui vit aussi à l'étranger, a décidé de jouer la carte du roman policier dans *Le Seigneur de Bombay* (Pocket) alors qu'il avait exploré le genre historique dans *Les Tigres d'Allah* (Le Livre de Poche). Enfin, la benjamine s'attaque à la question de l'identité féminine et indienne dans *La Perte en héritage*, publié par les éditions montréalaises Fides.

A L'ÉCRAN

À côté d'un Bollywood, le Rajasthan fait pâle figure en termes d'industrie cinématographique. Mais pas d'inquiétude, votre œil cinéphile pourra dénicher sur son territoire et dans les régions adjacentes de beaux décors de cinéma, et quelques pépites de septième art qui ne demandent qu'à être découvertes. Et Delhi, au-delà d'être une ville fascinante, est également le lieu de naissance de plusieurs vedettes du cinéma bollywoodien. Amusez-vous donc à marcher dans les pas de Shah Rukh Khan, ou de ceux de 007 lorsque vous vous rendrez au Taj Mahal. Et si vous êtes autant amateur d'architecture que de cinéma, ne manquez pas de faire un détour par le Raj Mandir Cinéma, une magnifique salle Art déco encore en activité à Jaipur. Et baignez dans le luxe dans les cinémas de la chaîne PVR, entre deux visites à Delhi. Profitez-en pour découvrir une pépite, vous êtes dans l'un des pays les plus prolifiques au monde, en termes de cinéma.

Delhi, vivier de stars

Si la ville n'est pas la plus souvent représentée sur les écrans de Bollywood et consorts, plusieurs grandes stars du cinéma indien sont nées à Delhi ou dans ses environs. Shah Rukh Khan (1965-), ou King Khan comme certains le surnomment, est sûrement la plus grande de ces célébrités. Et vous n'aurez aucun mal à visionner l'un de ses films cultes comme *Baazigar* (1993), *Devdas* (2002), ou le sobrement intitulé *Mon nom est Khan* (2010). Parmi les autres noms nés à Delhi, citons l'actrice Bipasha Basu, vue dans des films d'action des années 2000 comme *Race*, ou bien la grandiose chanteuse Sunidhi Chauhan, l'une des voix les plus adulées de Bollywood.

Rollywood n'a jamais existé

Alors que de nombreuses régions de l'Inde sont aujourd'hui d'énormes pôles industriels du septième art, le Rajasthan ne produit que quelques films par an. Pourtant, l'histoire du Rajasthan au cinéma débute dès 1942 avec *Nazrana*, première production en langue marwari, et plusieurs films réussissent à devenir des succès nationaux, à l'instar de *Bai Chali Sasariye* (1988), une comédie musicale qui remplit les salles cette année-là. L'investissement étatique assez faible et la piètre promotion dont bénéficient les films semblent avoir été les facteurs principaux de cette absence de réussite du cinéma régional. Depuis 2008, un nouvel élan souffle cependant sur cette industrie, grâce à des aides plus importantes, et une défiscalisation de certains investissements dédiés au cinéma. Des mécanismes qui ont déjà fait leurs preuves dans de nombreux pays, et qui attirent les tournages et les producteurs nationaux et internationaux.

Le Taj Mahal, merveille du monde et décor hollywoodien

À l'instar de certains autres grands monuments du patrimoine mondial, le Taj Mahal a régulièrement été utilisé comme décor et/ou défouloir par Hollywood. Ce sont donc scènes épiques et cataclysmes divers qui ont frappé ce tombeau magnifique, récemment réduit en cubes dans l'une des scènes mémorables de *Pixels* de Chris Columbus (2016). Parmi ces instants de cinéma, citons par exemple la grande scène de prière du film *Armageddon*, de Michael Bay (1995), où l'on voit également apparaître le Lal Qila (Fort Rouge) de Delhi, et la ville d'Agra. Une décennie plus tôt, c'est dans *Octopussy* (1983) qu'apparaissait le monument, lors d'un bref voyage en hélicoptère de James Bond, alors joué par Roger Moore. Plus récemment, c'est Morgan Freeman et Jack Nicholson qui ont fait un détour par le complexe funéraire mythique dans *Sans plus attendre* (2007). L'occasion d'ajouter cette merveille du monde au palmarès de leurs personnages Carter et Ed, deux hommes chacun atteint d'un cancer en phase terminale et qui feront tout pour profiter de leurs derniers instants, et retrouver du sens au travers de leur *bucket list*, titre anglais du film. N'hésitez pas à l'ajouter également à votre liste, ou à le capturer dans l'un de vos films de vacances, car ce lieu est hautement cinématographique.

© MLENNY - ISTOCKPHOTO.COM

Le Taj Mahal, très souvent utilisé comme décor pour le cinéma.

DÉCOUVRIR

POPULATION

Avec ses 82,4 millions d'habitants, le Rajasthan représente 5,89 % de la population indienne. La grande majorité vit en zone rurale et Jaipur, la capitale, compte 4 millions d'habitants. Comme dans tous les États du nord de l'Inde, le système de castes continue de prospérer et de régenter les rapports sociaux. Une des premières questions que se posent deux personnes qui se rencontrent pour la première fois est celle du nom de famille, afin de situer la personne dans le *jati* et le *varna*. Le niveau de pureté est un élément primordial lors du choix d'un époux ou d'une épouse dans les mariages arrangés, toujours largement majoritaires dans cette partie du pays. Haut en couleurs, le Rajasthan est aussi réputé pour ses tribus répertoriées. Elles sont au nombre de 12. Les Bhil et les Meena sont les deux tribus les plus importantes en termes de population. Chaque tribu possède ses propres coutumes et costumes, ses traditions et son folklore.

Données principales

La population du Rajasthan est estimée à 82,4 millions d'habitants, le recensement décennal n'ayant pu avoir lieu en 2021 pour cause d'épidémie de Covid. Cela représente 5,89 % de la population indienne et le Rajasthan est le septième État le plus peuplé. 75 % de la population vit en zone rurale et le district le plus peuplé est celui de Jaipur, avec 4 millions de personnes vivant dans la capitale de l'État. Le Rajasthan connaît un accroissement de sa population de l'ordre de 2,5 % par an. Près de 15 % de la population appartient à une tribu répertoriée, ce qui fait du Rajasthan le 6e État en termes de populations tribales – l'État ayant le plus de tribus étant le Madhya Pradesh. Près de 85 % des habitants du Rajasthan sont hindous, quand les musulmans représentent environ 10 % de la population, les sikhs 1,3 % et les jaïns 1 %. La langue véhiculaire est l'hindi, mais de nombreux dialectes sont parlés dans les différentes régions. Ainsi, le dhundari est parlé à Jaipur, le marwari à Bikaner, Jaisalmer et Jodhpur, le mewari autour d'Udaipur et le harauti à Kota. Aucun de ces dialectes ne dispose d'alphabet distinct.

Femme du Rajasthan.

Le système de castes

Vers 1 500 av. J.-C., un peuple venu des plateaux de l'Iran s'installe au nord de l'Inde et met en place un nouvel ordre religieux et social. C'est le début de l'ère védique, qui va consacrer les textes fondateurs de l'hindouisme et mettre en place un système de castes. La société est organisée en 4 grandes catégories figées dans les varna, qui signifie « rang » ou « couleur » en sanskrit. Les Brahmanes assurent les fonctions religieuses et on y rattache les professions intellectuelles ; les Kshatriyas sont chargés de faire la guerre et d'assurer la sécurité des territoires ; les Vaishyas sont des propriétaires terriens ou des commerçants ; les Shudras rassemblent les petits agriculteurs et les éleveurs. Les intouchables, aussi appelés *dalit* ou *harijan*, forment des groupes ne s'intégrant pas à cette stratification. Ils sont considérés comme impurs par les membres des castes. Les *jati*, qui signifie « naissance » ou « espèce », correspondent à des activités professionnelles (tisserands, potiers, cordonniers...) ou parfois à des groupes ethniques. Ils forment des sous-castes. Les patronymes du Rajasthan renvoient à l'appartenance au varna ou au jati. Ainsi, le nom de Chauhan évoque la caste des Kshatriyas ou celui de Prajapat au métier de tisserand de durry. Le terme de caste fait son apparition avec les Portugais qui colonisent Goa à partir du XVIe siècle. Ils identifient l'organisation de la société rattachée à une pureté rituelle, qu'ils nomment *casta*, ce qui signifie « race » ou « espèce ». Au XIXe siècle, les Britanniques s'appuient sur le système de caste pour gouverner le peuple et votent des lois s'appliquant aux Indiens en fonction de leur religion ou de leur identification à une caste. Le Criminal Tribes Act voté en 1871 répertorie les

© HADYNYAH - ISTOCKPHOTO.COM

Vendeur à Jaipur.

membres de certaines castes pour en faire des criminels héréditaires. Les castes soupçonnées de se rebeller contre l'autorité coloniale ou dont les ancêtres avaient combattu les Moghols ou les Britanniques sont recensées et limitées dans leurs déplacements. L'application de cette loi a eu pour conséquence la mise à l'écart de nombreuses communautés considérées comme criminelles de naissance. Il en fut ainsi pour les Jat au Rajasthan, les Gurjar dans l'Himalaya ou les Maravar au sud de l'Inde. La Constitution indienne promulguée en 1950 interdit toute discrimination fondée sur le système de castes, mais celui-ci perdure dans les mentalités. Soixante-dix ans de démocratie n'ont pas réussi à abolir ces rites sociaux millénaires. Les classes moyennes des villes semblent cependant attacher moins d'importance à la pureté et se replient sur une stratification d'ordre socio-économique lors des mariages arrangés. Le niveau de pureté, s'il induit un grand respect et une place élevée dans la société, n'est pas lié au rang économique. Ainsi, de nombreux brahmanes vivent très pauvrement, leurs obligations rituelles leur interdisant tout commerce avec les autres groupes. Quelques intouchables ont au contraire fait fortune en se livrant à des activités jugées impures par les autres, comme le travail du cuir.

Tout en bas de l'échelle sociale se trouvent les populations tribales appelées *adivasi*. Ces aborigènes de l'Inde sont considérés comme les plus anciens habitants et étaient présents avant les Aryens ou les Dravidiens. Touchés par de fortes discriminations et un taux d'analphabétisation très élevé, ils peinent à préserver leurs modes de vie ancestraux.Pour favoriser l'épanouissement socio-économique des intouchables et des tribus, le gouvernement indien leur réserve des places dans les administrations et les écoles, entérinant ainsi la survie du système de castes.

Les tribus du Rajasthan

Les articles 341 et 342 de la Constitution définissent la notion de « *Scheduled tribes* » et les répertorient. Une tribu ne peut être répertoriée qu'en répondant à une liste de critères tels que des caractéristiques primitives, une culture distincte, le refus de se mélanger à d'autres groupes, un isolement géographique et social... Douze tribus ont ainsi été répertoriées au Rajasthan, dont certaines sont subdivisées en plus petits groupes.

Les Meena. Cette tribu sédentaire de l'est du Rajasthan vit surtout de l'agriculture. Ils se proclament descendants directs de Matsya, l'avatar-poisson de Vishnou, car *meen* signifie « poisson » en sanskrit. Elle occupait le site d'Amber avant que les Kachhwaha ne s'en emparent. Les quelque 4 millions d'individus qui composent cette communauté sont considérés comme les aborigènes de la « terre des princes ». Ils sont aujourd'hui surtout très présents au Shekhawati.

Les Bhil. La plus grande tribu du Rajasthan est sédentarisée dans le sud de l'État. Ses membres étaient réputés pour leur adresse au tir à l'arc et ils furent les fidèles alliés des souverains du Mewar, les rana de Chittorgarh, pour contrer les attaques mogholes. Les Bhil ont conservé des rites animistes. Un grand rassemblement se tient tous les ans à Baneshwar en janvier ou février, l'occasion de pratiquer le *ghoomar*, la danse traditionnelle.

Les Damor. Cette tribu du sud du Rajasthan fait remonter ses origines aux Rajpoutes. Ils vivent essentiellement de l'agriculture et du travail manuel. Ils ont leur propre langue, le vagri, un dérivé de l'indo-aryen. Les Damor pratiquent la polygamie et versent une dot à la famille de la mariée lors des noces.

DÉCOUVRIR

© HADYNYAH - ISTOCKPHOTO.COM

Les Kathodi. Cette tribu considérée en voie d'extinction est installée dans le district d'Udaipur. Originaire du Maharashtra, elle possède son propre panthéon de dieux, tels que Dungar dev, Bagh dev, Bhari mata ou Kansari mata. Le nom de la tribu est dérivé de leur profession qui consistait à récolter le *katha* (feuilles et pousses) sur les khers, un arbuste de la famille des acacias commun au Rajasthan. Les femmes ne portent pas de bijoux, mais elles se tatouent le corps pour l'embellir.

Les Kanjar. L'origine du nom de la tribu vient du mot « *kananchar* » qui désigne celui qui erre dans la jungle. Sa population est éparpillée entre Kota, Bundi, Sawai Madhopur, Alwar et Ajmer. La tribu possède une mauvaise réputation et figurait sur la liste du Criminal Tribes Act établie par les Britanniques en 1871. Considérés comme des criminels et des voleurs, on prétend que s'ils n'ont pas de porte à leur maison, mais une fenêtre à l'arrière, c'est pour mieux pouvoir s'en échapper. Les Kanjar sont réputés pour leurs danses et chants traditionnels.

Les Sansi. Les membres de cette tribu résident essentiellement autour de Bharatpur et d'Ajmer. Ils gagnent leur vie en fabriquant de petits objets artisanaux et en pratiquant le braconnage. À l'âge adulte, ils prêtent serment auprès de leur dieu Bhakar Bawaji, ce qui les interdit de mentir par la suite. Les veufs et veuves ne peuvent se remarier.

Les Banjara. Cette tribu vit du commerce itinérant dans la région du Mewar. On trouve cependant des Banjara en Andhra Pradesh, dans l'est de l'Inde. Leur statut de colporteur leur vaut le respect des habitants des villages isolés, qui grâce à eux peuvent se ravitailler en tissus ou en sel. La tribu jouait également un rôle médiatique dans les régions désertiques en répandant les nouvelles.

Les Gadias Lohar. Ces forgerons itinérants parcourent encore les routes du Rajasthan avec leurs chariots à grandes roues en bois. Au XIe siècle, ils menaient une existence similaire. Certains se seraient ensuite fixés dans le Mewar, où étaient les armuriers attitrés des souverains Sisodya. En 1568, ils auraient fait le vœu de ne plus avoir de maison tant que la forteresse de Chittorgarh ne serait pas libérée du joug moghol. Dans les années 50, Nehru leur aurait proposé de se sédentariser après les avoir symboliquement emmenés dans l'enceinte du fort.

Les Bawaria. Cette communauté de chasseurs a perdu toute source d'activité suite à l'interdiction de la chasse promulguée dans une loi de protection de la vie sauvage en 1972. Depuis, cette communauté erre de villes en villages, traînant une réputation de voleurs et de criminels, braconnant des perdrix ou des serpents qu'ils échangent contre quelques roupies.

La sédentarisation de cette tribu est rendue d'autant plus difficile qu'elle ne possède pas de terres et que les ruraux établis refusent toute coexistence avec elle. Dans plusieurs villages du Rajasthan où les Bawaria ont tenté de se fixer, des cabanes ont été incendiées, l'approvisionnement en eau leur a été refusé, les troupeaux de chèvres ont été décimés et pour finir, la communauté a été chassée. Bien que plusieurs plaintes aient été déposées auprès des autorités locales, rares ont été les décisions prises en faveur des Bawaria.

Les Rabari. Cette communauté d'éleveurs nomades mène ses troupeaux de dromadaires et de chèvres à travers le désert de Thar, entre le Rajasthan et le Gujarat. Leurs femmes sont reconnaissables à leurs vêtements colorés et à leurs bijoux massifs en argent.

Marre de passer des heures sur internet pour trouver des bons plans ?
mypetitfute
M'A FAIT GAGNER UN TEMPS FOU AVEC SES RECOMMANDATIONS D'ITINÉRAIRES ET SES BONS PLANS TESTÉS PAR DES RÉDACTEURS LOCAUX.
VOTRE GUIDE NUMÉRIQUE SUR MESURE EN MOINS DE 5 MINUTES POUR 2,99 €
mypetitfute.fr
© VIKTOR GL - ISTOCKPHOTO.COM

SOCIÉTÉ

Système de castes, statut social, famille, religion, genre dictent mille et une règles auxquelles se plient les Indiens quotidiennement. Le Rajasthan est considéré comme une terre où coutumes et traditions sont très vivaces, et à l'exception des grandes villes, on y vit comme il y a plusieurs centaines d'années. Les familles vivent sous le même toit, les femmes étant dévolues aux travaux ménagers et les hommes chargés d'assurer la subsistance matérielle. Le mariage est l'événement constitutif de l'entrée dans la vie sociale, et il est célébré dans le bruit et le faste, endettant de nombreuses familles pour des décennies. Traditionnellement, la famille constitue un socle de sécurité affective et matérielle qui pare aux carences de protection sociale à l'échelle nationale ou régionale. Au Rajasthan, le mariage d'enfants fait toujours grand bruit et dans les campagnes, les mentalités peinent à changer.

Structure sociale

La société indienne est régie par un grand nombre de règles complexes et au Rajasthan la société fonctionne de manière très traditionnelle. Si dans les grandes villes, les lignes semblent bouger quelque peu, tel n'est pas le cas dans les campagnes. Le système de castes, la religion, la famille, le sexe, le statut génèrent autant de règles et de coutumes auxquelles se plient les Indiens.

Le *varna* hiérarchise et organise la société dans ses grandes lignes. Les membres d'une caste y appartiennent par naissance. On attend d'eux qu'ils se marient à l'intérieur du groupe et qu'ils suivent les règles concernant de nombreux aspects de la vie (interdits alimentaires, rituels de purification, etc.). Certains membres de castes inférieures ou intermédiaires ont tendance à adopter les interdits des castes supérieures, espérant ainsi y être assimilés. Ce processus s'intitule la « sanscritisation ». Le *jati* détermine le métier, qu'au moins le fils aîné est censé perpétuer.

© GUENTERGUNI - ISTOCKPHOTO.COM

Famille au Rajasthan.

La religion rythme le quotidien avec de nombreux rites et règles à suivre pour s'assurer une meilleure vie future. Cependant les différences entre les religions sont significatives et le poids de la religion diffère selon que l'on appartient à la grande majorité hindoue, à la minorité musulmane ou aux communautés jaïnes, sikhes, chrétiennes, parsis ou bouddhistes.

La famille constitue un point d'ancrage, mais aussi un cadre rigide dans lequel chacun a une place assignée. Le sexe détermine certaines obligations et comportements. Hommes et femmes ont des rôles bien définis à l'intérieur du cercle familial et en société. Traditionnellement, la femme gère la maisonnée, tandis que l'homme est dévolu à la vie extérieure. Cela n'empêche pas certaines femmes de travailler. Elles sont notamment chargées de porter les bassines de sable ou les tas de briques sur leurs têtes sur les chantiers de construction.

Le statut implique des responsabilités auxquelles nul n'est censé se soustraire. L'accès à la richesse et à la puissance varie considérablement et les différences de statuts socio-économiques sont évidentes. Le pauvre et le riche vivent côte à côte, et il n'est pas rare de voir un homme prospère passer devant des habitants décharnés sans guère y prêter attention. Dans beaucoup de villages, les solides maisons de béton côtoient de fragiles cabanes de pisé. Même quand elles ne sont pas aussi criantes, ces distinctions de classe marquent pratiquement chaque agglomération.

La famille

L'importance des liens familiaux ne manque en principe pas d'étonner les Occidentaux voyageant au Rajasthan, et la liberté individuelle qui nous est si chère passe pour une curieuse

© VIKRAMRAGHUVANSHI - ISTOCKPHOTO.COM

fantaisie. Toutes les grandes décisions, y compris le choix d'une profession, d'un conjoint ou du prénom d'un nouveau-né, sont prises par les parents. L'existence est divisée en 4 âges aux limites assez précises : l'enfance et le temps des études ; le mariage et les enfants ; la retraite ; le renoncement. La vie de la majorité de la population est réglée comme du papier à musique.

Dans les zones rurales du Rajasthan, les Indiens ont gardé le principe de la *joint family*. Plusieurs générations vivent sous le même toit. Le père garde sous son autorité ses fils, leur épouse et leurs enfants. Lorsque les familles s'agrandissent, on ajoute un étage à la maison ou on divise le terrain pour construire une nouvelle habitation. Chaque fils travaillant est tenu de remettre ses revenus au père, qui gère le budget de la famille. Nul ne cherche à se soustraire à cet environnement laissant peu de place à l'intimité, et finalement sécurisant.

Dans les grandes villes, les jeunes générations s'écartent de ce modèle, surtout dans les milieux éduqués où le contrôle permanent exercé par les parents ou les beaux-parents est perçu comme un frein au progrès. Néanmoins, les enfants demeurent tenus de prendre soin de leurs parents vieillissants. Traditionnellement, cette responsabilité incombe au fils aîné. Vous serez toutefois surpris par le conservatisme de la jeunesse indienne, qui n'imagine que rarement se soustraire à l'autorité familiale.

Le mariage

C'est l'événement majeur de la vie de tout Indien, celui qui marque l'entrée dans la société. Le mariage arrangé est la règle. Les parents vont chercher une épouse à leur fils dans leur caste et de préférence dans la communauté. L'apparence physique, les diplômes, le rang social, l'aisance financière, les horoscopes des futurs époux, tout est étudié. Les mariages d'amour sont encore très rares, et on fait appel aux parents pour trouver un partenaire de vie, même lorsqu'on est parti vivre à l'étranger. La dot, pourtant illégale, figure au centre des négociations entre les parents. La jeune fille fournit son trousseau, souvent un lit et une armoire pour la chambre, des ustensiles pour la cuisine (robot ménager, casseroles, boîte à épices...), une machine à coudre, des cadeaux et de l'argent pour la famille qui s'apprête à l'accueillir. Le jeune homme offre à son épouse des parures de bijoux et des vêtements.

La jeune épouse quitte ses parents pour aller vivre dans sa belle-famille, un changement qui s'avère souvent douloureux. La jeune femme tombe sous la coupe de sa belle-mère qui va lui apprendre les règles de la maisonnée, et sous celle de son mari qui va lui dicter comment se tenir. Les « accidents de sari » ne sont pas rares dans les cuisines indiennes : l'épouse est brûlée vive après une dispute avec sa belle-mère ou en cas de non-paiement de la dot.

Traditionnellement, les mariages ont lieu en novembre et décembre ou au mois d'avril. Le mariage hindou est une fête haute en couleur qui s'étire sur une dizaine de jours. Les premiers jours sont ponctués de cérémonies rituelles, de *pujas*, qui rassemblent les membres de la famille proche. Tous les matins, un brahmane procède à la cérémonie du *haldi*, où les jambes et les bras des époux sont enduits d'une pâte de curcuma. L'avant-dernier jour, le marié et les membres masculins de sa famille se rendent dans la famille de la jeune femme. Les femmes restées à la maison organisent une fausse cérémonie de mariage.

DÉCOUVRIR

Aucun homme n'est autorisé à participer à cet événement. Une femme se déguise en homme, une autre joue le rôle de la mariée et la cérémonie de mariage est pastichée dans les rires. La célébration du mariage proprement dite a lieu dans la famille de la mariée. Les époux tournent 7 fois autour du feu sacré et échangent des guirlandes de fleurs. Une grande fête accompagnée d'un repas pantagruélique est donnée. Le lendemain, les mariés retournent dans la famille de l'époux. De nouvelles cérémonies rituelles marquent l'arrivée du couple dans la maison. La famille du marié donne alors une grande fête accompagnée d'un repas pour présenter le couple aux amis, voisins, connaissances. Plus il y a d'invités, mieux c'est et 600 invités est considérés comme un petit mariage en Inde. Les familles s'endettent considérablement pour ces mariages toujours plus fastueux que les moyens auxquels les familles peuvent prétendre.

Le mariage d'enfants

La pratique coutumière du mariage d'enfants est encore très vivace au Rajasthan, malgré son interdiction prononcée en 1929 par le *Child Marriage Restraint Act*. L'âge légal pour se marier est fixé à 18 ans pour une femme et 21 ans pour un garçon. S'il est difficile d'obtenir des statistiques fiables, une Étude Nationale sur la Santé et la Famille de 2021 rapporte que 24,5% des femmes du Rajasthan entre 20 et 24 ans interrogées déclarent avoir été mariées avant 18 ans. Cette pratique puise sa source dans la fête de l'Akha Teej qui se tient au mois de mai. À l'occasion de la Fête des moissons, de jeunes filles sont données en mariage à de jeunes garçons. Ces mariages sont l'occasion de procéder à des arrangements financiers, des regroupements de terres ou à des convergences d'intérêt entre les deux familles. La jeune fille de la famille reçoit alors une compensation financière et en nature de la part de la famille du garçon. La jeune fille ne rejoindra sa belle-famille qu'au moment de sa puberté.

De nombreux citoyens des villes et associations s'insurgent contre cette pratique d'un autre temps. Ainsi, l'Akha Teej de 2016 a vu naître une opération originale. Ravi Jindal, président d'une association de fournisseurs de chapiteaux et barnums, a exigé le certificat de naissance des deux époux avant de leur louer du matériel. Plus de 45 000 vendeurs et loueurs de tentes festives ont rallié cette cause. Cette initiative a été reprise par les imprimeurs de cartons d'invitation qui demandent désormais une pièce d'identité. Si l'initiative peut sembler triviale, Ravi Jindal assure avoir épargné un mariage précoce à 4 000 ou 5 000 enfants.

La place de la femme

Malgré des tenues colorées et des bijoux éclatants, les femmes n'ont pas le beau rôle au Rajasthan. Dès son plus jeune âge, la petite fille bénéficie de moins d'attention que son frère. Dans les campagnes et lorsque les revenus des familles sont faibles, l'éducation se limite aux premières années d'école. Les parents se soucient surtout de lui assurer une dot (*dahej*) qui nécessite parfois plusieurs années d'économie. Un proverbe local résume sans nuance la venue d'une fille dans la famille : « élever une fille, c'est labourer le champ du voisin ». Pour beaucoup de familles, l'éducation d'une fille se cantonne à faire d'elle une bonne épouse : apprendre à cuisiner, à coudre, à tenir une maison, à s'occuper de son mari et des autres membres de la maisonnée. Vivant au service de son époux et de sa belle-famille, la jeune femme a pour principale mission de faire des enfants (des fils de

Cérémonie du haldi lors d'un mariage traditionnel.

préférence), de les élever et de tenir la maison. Elle doit se soumettre à des règles strictes. Elle n'est pas autorisée à adresser la parole à son beau-père ou à ses beaux-frères plus âgés que son mari, elle doit se voiler le visage en leur présence. Elle n'a pas le droit d'interpeller son mari par son prénom en public. Dans les milieux ruraux pauvres, elle est tenue d'aller chercher l'eau au puits et le bois dans la campagne. Dans les milieux aisés, elle vit recluse dans une partie de la maison, selon la règle de la *purdah*, sans pouvoir adresser la parole aux visiteurs. Elle est alors assistée d'une armée de serviteurs qu'elle est chargée de régenter. Mais cette règle, fort heureusement, est en désuétude.

Dans les villes, les règles strictes qui cantonnent la femme à la maison se diluent par nécessité ou souci de modernité. Les femmes de milieux des classes moyennes ou aisées suivent des études et travaillent. Les revenus générés permettent d'assurer un meilleur avenir aux enfants et de vivre plus confortablement dans des agglomérations où les prix n'ont de cesse de grimper.

Malgré son interdiction par les Britanniques en 1829, la tradition du *sati* (sacrifice de la veuve dans le bûcher de son époux) a perduré jusqu'en 1987, date du dernier cas recensé. La jeune Roop Kumar, âgée de 18 ans, a sauté dans le bûcher de son mari dans un petit village du Rajasthan. 35 ans plus tard, la jeune fille est idolâtrée par une partie de la population de son village qui l'a élevée au rang de *devi*, en lui vouant un culte.

Éducation

L'Inde a rattrapé son retard en matière d'alphabétisation avec un taux de 84,7 % pour les hommes et 70,3 % pour les femmes en 2021. Le Rajasthan est à la peine en la matière. Si le taux d'alphabétisation est proche de la moyenne nationale pour les hommes avec 80,08 %, il est catastrophique pour les femmes. Seules 57,6 % des femmes du Rajasthan savent lire et écrire. Il s'agit du plus gros écart constaté entre hommes et femmes à travers toute l'Inde. Il confirme sans équivoque l'attention accordée à la place des femmes dans cet État. Plusieurs raisons expliquent ces mauvais résultats. La scolarisation est quasi-absente dans les zones désertiques et auprès des populations tribales. Dans certains districts, elle n'atteint même pas 10 %. Dans le reste des campagnes, chaque village dispose en principe de son école publique, au moins pour les plus petits. Le Rajasthan compte 105 379 écoles élémentaires. La scolarisation est gratuite, mais l'uniforme obligatoire, les fournitures et les livres sont à la charge des familles. Beaucoup de familles ne peuvent pas se permettre de telles dépenses et n'envoient qu'un seul enfant par famille.

L'éducation est devenue un sujet majeur en Inde, presque une industrie. Les familles qui le peuvent se saignent aux quatre veines pour assurer une éducation supérieure à leurs enfants. Les publicités pour les écoles privées, du primaire au niveau universitaire, fleurissent sur tous les murs des villes, s'affichent en 4x3 et témoignent d'une concurrence intense. Paradoxalement, le Rajasthan est l État qui compte le plus grand nombre d'universités. Plus d'un million de jeunes suivent des études supérieures et il y avait 5,26 % d'inscrits en plus en 2021 par rapport à l'année précédente.

Protection sociale

L'Inde et le Rajasthan ne sont pas les champions de la protection sociale. Avec l'une des plus grandes populations au monde, un système de travail souvent souterrain, il est difficile d'assurer une bonne protection à chaque concitoyen. Le gouvernement s'attelle surtout à réviser et renforcer la protection sociale pour les travailleurs du secteur organisé. Ainsi, les fonctionnaires et employés des grandes entreprises du secteur privé profitent d'une couverture de santé, d'une retraite et parfois d'une assurance chômage. En 2015, Narendra Modi a mis en place un programme destiné aux travailleurs pauvres. Moyennant une cotisation symbolique d'une quinzaine de roupies annuelles, le travailleur peut bénéficier d'un capital s'élevant à 200 000 Rs en cas d'accident du travail. En revanche, les frais médicaux ou d'hospitalisation ne sont pas couverts et nombre d'Indiens renoncent à se faire soigner. De la même manière, le régime des retraites ne bénéficie qu'aux salariés du secteur privé et aux fonctionnaires. Cependant, le *New Pension Scheme* introduit en 2004 et élargi en 2009 permet une participation volontaire à tous les travailleurs âgés de 18 à 60 ans. Le capital n'est pas bloqué et peut être retiré à tout moment, même si le but est d'assurer le versement d'une pension à partir de 60 ans.

L'assurance chômage est limitée aux employés du secteur privé et aux fonctionnaires. Pour en bénéficier, il faut avoir été licencié pour tout autre motif que la faute du salarié, justifier d'au moins 2 ans d'ancienneté et n'avoir jamais bénéficié de la prestation. Les indemnités s'élèvent à 50 % du salaire et sont versées pendant 3 mois. Il existe une assurance spéciale pour les licenciés économiques au salaire inférieur à 21 000 Rs par mois. Ils bénéficient d'une indemnisation équivalant à 50% du salaire pendant 2 ans maximum, mais aussi d'une protection santé pour eux et leur famille ainsi que des droits à une formation professionnelle. En réponse à la crise du Covid-19, le Rajasthan a mis en place un système d'emploi pour les travailleurs journaliers des villes. L'État garantit 100 jours de travail par an pour un salaire moyen de 259 Rs par jour ce qui assure un revenu minimum aux foyers les plus pauvres.

RELIGIONS

Au Rajasthan, 88 % de la population est hindoue. La ferveur religieuse occupe une place importante dans le quotidien des habitants. Les hindous peuvent choisir librement dans leur panthéon divin un ou plusieurs dieux à vénérer. Ceci explique qu'il y ait autant de temples dans les villages, d'autant que le panthéon n'est pas figé et que peuvent s'y ajouter des divinités locales. La pratique est empreinte de rites que l'on peut effectuer chez soi ou au temple et consiste essentiellement en des offrandes et des prières. Le pèlerinage est l'un des moments forts du fidèle hindouiste et le Rajasthan compte quelques lieux d'importance. L'islam est la deuxième religion la plus pratiquée au Rajasthan, avec 9 % de croyants. Les tensions entre les deux communautés sont de plus en plus tendues, alimentées par un discours nationaliste politique de plus en plus virulent. Le Sikhisme et le jaïnisme comptent à peine 1 % de fidèles dans la région.

L'hindouisme

Pour les hindous, le but de notre passage sur terre est de « réaliser la divinité de l'âme ». Cette visée mystique laisse entrevoir une grande diversité d'enseignements et de doctrines. Les principes sous-jacents de l'hindouisme ne sont pas facilement descriptibles, car il n'y a pas de philosophie unique. C'est peut-être la seule religion dont les principes théoriques et les pratiques sont aussi variés. Elle ne peut pas être imputée à un fondateur, elle n'a pas non plus un livre saint pouvant servir de guide spirituel de base. Veda, Upanishad et Bhagavad Gita forment un ensemble de textes sacrés hétéroclites. Pour les hindous, le chemin religieux essentiel est la dévotion (*bhakti*) adressée à une ou plusieurs divinités choisies. Bien que l'adhésion à une secte révérant plusieurs divinités soit largement répandue, la dévotion à un seul dieu de son choix est largement acceptée. La plupart des fidèles sont donc polythéistes, adorant tout ou partie du vaste panthéon des divinités. En pratique, un adorateur a tendance à adresser ses prières à un dieu, ou plusieurs, dans un rapport personnel très étroit.

Le Veda (« vision » ou « connaissance » en sanskrit) est une « connaissance révélée ». Ce savoir s'est transmis oralement de brahmane à brahmane depuis la période védique (1 500 av. J.-C.). Cette connaissance, rassemblée en un ensemble de textes, aurait été révélée par l'audition (*shruti*) aux sages indiens nommés *rishi*. Les hindous pensent que le Veda est éternel et singulier.

Brahma, le dieu créateur

Brahma, le dieu créateur du trimurti, la trinité hindoue, symbolise l'aspect de la Réalité Suprême qui porte en avant la création. Il est considéré comme le Créateur de l'univers. Son épouse est Sarasvati, la déesse des études et de la connaissance. Elle fournit à Brahma la connaissance nécessaire au processus de création.

Brahma est habituellement représenté comme une divinité barbue, à quatre visages et quatre mains. Sur les images populaires, il est représenté assis sur un lotus. Il tient un chapelet dans la main droite supérieure, un livre dans la main gauche supérieure, un *kamandalu* (pot d'eau) dans la main gauche inférieure et accorde sa grâce de la main droite inférieure. Ses visages représentent la connaissance sacrée des quatre vedas. Ils symbolisent donc le fait que Brahma est la source de toute la connaissance nécessaire à la création de l'univers. Ses quatre bras représentent les quatre directions ainsi que l'omniprésence et l'omnipotence du dieu. Les mains représentent les quatre aspects de la personnalité humaine : esprit, intellect, ego et moi empirique ou conscience conditionnée. Le chapelet symbolise le cycle du temps par lequel le monde va de la création à la conservation, de la conservation à la dissolution et de la dissolution à une nouvelle création. Bien qu'essentiel au panthéon hindou, il n'est que peu vénéré au Rajasthan. Il ne compte qu'un seul temple, à Pushkar, qui attire néanmoins de très nombreux pèlerins.

Vishnou, le dieu conservateur

Vishnou est le dieu le plus vénéré de l'hindouisme. Il est chargé de conserver l'univers créé par Brahma. On ne connaît pas exactement l'origine de l'adoration des conquérants aryens et dravidiens pour Vishnou. Dans les Vedas et la littérature sacrée des Aryens, Vishnou est classé parmi les dieux mineurs. Dans une certaine littérature puranique, Vishnu est dit éternel, c'est un esprit unique associé aux eaux primitives omniprésentes à la création de l'Univers. Dans l'hindouisme, la représentation de Vishnou

Couple priant, Jaïpur.

en tant que sauveur du monde est tardive. Selon une croyance, les puissances du Bien et du Mal (dieux et démons) sont en lutte pour la domination du monde. Quand l'équilibre de ces puissances est détruit, Vishnou ou son avatar descend sur terre pour rétablir l'égalité. On dit que 9 descentes ont déjà eu lieu, la dixième devant se produire dans le futur. La venue de Rama et de Krishna correspondent aux 7e et 8e descentes. Vishnou est souvent représenté en homme bleu avec quatre bras. Il tient dans chacune de ses mains une roue (*chakra*), une conque (*shanka*), un lotus (*padma*) et une massue (*gada*). Le disque symbolise la puissance de l'esprit et compte 6 rayons, comme les 6 pétales de la fleur de lotus. La conque représente l'Océan primordial, la création. Le lotus correspond au déploiement de la création, mais aussi à la pureté et à la vérité. La massue détient le pouvoir de la connaissance, dont dérivent tous les autres, aussi bien mentaux que physiques. Elle est aussi l'arme menaçante qui met le croyant sur le chemin de la spiritualité au détriment de l'attrait matériel. Vishnou possède mille noms et leur énonciation en boucle correspond à un acte de dévotion.

Shiva, le dieu destructeur

Shiva est un dieu dual, qui représente autant la destruction que la régénération. En tant que destructeur, il est représenté en ascète nu portant un collier de crânes et entouré d'un train de démons et de serpents. En tant que puissance reproductrice, il est adoré sous la forme d'un lingam, un monolithe de pierre de forme phallique. En tant que régénérateur, il prend alors les traits d'un bel homme bleu aux longs cheveux remontés en chignon sur le haut du front, armé d'un trident. Il est accompagné d'un *nandi*, un taureau. Contrastant avec la représentation de Vishnou, Shiva symbolise aussi la renonciation. Il apparaît alors comme un ascète pratiquant la méditation, seul dans l'Himalaya, assis sur une peau de tigre, vêtu d'un simple pagne et couvert de cendres sacrées. De sa longue chevelure s'écoule la source du Gange, la rivière sacrée des hindous.

Souvent, Shiva apparaît comme un être asocial qui brûla Kama, le dieu d'amour, d'un seul regard. Mais cette image en cache une autre. Bien qu'il semble difficile à atteindre, Shiva est une divinité aimante qui sauve l'âme des fidèles qui lui sont dévoués. Son épouse est Parvati, avec laquelle il a eu deux fils : Kartikeya, le dieu de la Guerre et Ganesh, le dieu à tête d'éléphant représentant la sagesse, l'intelligence, la prudence.

Les déesses hindoues

La religion hindoue ne met pas les femmes à l'écart et de nombreuses déesses figurent au panthéon et sont vénérées ardemment. Il en va ainsi pour Lakshmi, l'épouse de Vishnou. Elle est particulièrement célébrée lors de la fête de Diwali qui marque l'entrée dans la nouvelle année du calendrier hindou. Elle symbolise le succès et la richesse.

Parvati, l'épouse de Shiva, est considérée comme la Divine Mère. Elle présente deux facettes principales : la bienveillance qui apporte son aide et une personnalité puissante et dangereuse qui doit être apaisée. Elle est particulièrement vénérée en Inde et figure aux côtés de Shiva dans les temples et processions.

Durga est l'un des épithètes de Parvati et est considérée comme le *shakti* (« l'énergie ») de l'Absolu impersonnel. Elle est adorée seule, à l'inverse de Parvati, toujours accompagnée de son époux. Elle est représentée en guerrière équipée d'épées et de boucliers, chevauchant un tigre. Elle est chargée de pourchasser les démons lorsque les dieux en sont incapables.

Kali, toujours représentée en noir, est l'équivalent féminin de Shiva. Elle symbolise la destruction et la création. Elle offre souvent une image terrifiante, une langue sanglante lui sortant de la bouche, des guirlandes de crânes humains autour de son cou, une tête coupée à la main et des armes brandies ruisselantes de sang. Il s'agit d'une métaphore de la capacité destructrice du divin, de la souffrance du monde et du retour de toutes choses à la déesse au moment de la mort.

Les divinités locales

L'hindouisme n'est pas figé et son panthéon est extensible. Il est fréquent de voir au bord des routes de campagnes de petits autels, des arbres transformés en autels sacrés dédiés à des divinités locales qui protègent les habitants des catastrophes naturelles ou des mauvaises énergies. Les fidèles donnent souvent à ces protecteurs le visage d'un guerrier ou celui d'un combattant martyr du village. Si certaines divinités locales ont leur propre temple, d'autres sont rattachées à un temple principal, ou un autel spécifique leur est dédié. Parmi les divinités propres au Rajasthan, on peut citer Baba Ramdev, un grand défenseur des opprimés ayant vécu à la fin du XIVe siècle. Karni Mata est vénérée au temple des rats à Deshnok, près de Bikaner, et est considérée comme une incarnation de la déesse Durga. Pabuji, surtout vénéré dans les zones rurales, est invoqué pour protéger le bétail. Tejaji est prié pour guérir les morsures de serpent tandis que Shital Mata a le pouvoir de guérir la variole.

Les rituels de l'hindouisme

La *puja* (« respect ») consiste en un ensemble d'offrandes rituelles (fleurs, nourriture, argent...) et de prières adressées aux dieux. Elle est pratiquée au lever du soleil et à la tombée du jour dans les temples et les autels des maisons. Des pujas peuvent aussi être célébrées lors d'occasions particulières, très nombreuses en Inde. Chez les hindous orthodoxes, l'aube et le crépuscule sont salués avec la récitation du Gayatri Mantra, la prière au soleil, tirée du Rig Veda. L'adoration personnelle des dieux devant l'autel familial implique toujours l'éclairage d'une lampe, l'offrande de nourriture et l'aspersion de fumée d'encens devant les images saintes, tandis que des prières sont marmonnées. En soirée, notamment dans les zones rurales, il arrive que les femmes se rassemblent pour de longues sessions d'hymnes chantés. Traditionnellement, le premier chapati (galette de pain) cuit le matin est donné à une vache ou un autre animal de la rue. Il arrive aussi qu'une poignée de grains soit mise de côté pour donner aux personnes indigentes ou aux oiseaux. Ces petits sacrifices et dons servent à accumuler les mérites pour la famille.

Le temple

Les hindous se rendent au temple pour prier. La forme de base du sanctuaire hindou est une cellule carrée, orientée vers les points cardinaux, comprenant une image ou une statue de la divinité au centre, et surmontée d'un plafond plat. Le sanctuaire est souvent chapeauté d'un *sikhara*, une tour oblongue, représentant le mont Meru. Chaque temple symbolise le centre de l'univers, d'où le dieu surveille son domaine et aide ses fidèles. L'adoration n'est pas le fait d'une congrégation, mais d'individus ou de groupes de fidèles qui se rendent au temple pour y avoir une vision (*darshan*) de la divinité, y prier, y faire une offrande. Parce que la divinité existe en totalité dans le lieu saint, toute offrande qui a approché sa représentation apporte la grâce du divin au monde des humains lorsqu'elle revient parmi eux. Seules les personnes appartenant à la caste des brahmanes et qui ont été formées sont capables de

Offrandes pour la cérémonie de la puja.

manipuler la puissance de la divinité, et la plupart des sanctuaires sont gérés par des prêtres qui prennent les offrandes, les présentent directement à l'image et les rendent en partie aux fidèles pour les ramener à la maison.

Le pèlerinage

Le Rajasthan possède de nombreux lieux saints associés aux exploits des dieux, aux eaux d'une rivière sacrée ou à la présence passée d'hommes saints. Les *Puranas*, ou textes de la « connaissance antique », décrivent d'innombrables lieux sacrés et les avantages que l'on gagne à s'y rendre en dévot. Pour beaucoup d'Indiens, le pèlerinage est la forme privilégiée du tourisme, que l'on pratique en famille. Pour la plupart des fidèles, le pèlerinage implique des vœux préliminaires et le jeûne, un voyage à pied ponctué de chants et d'hymnes religieux. À l'arrivée sur le site, les pèlerins prennent contact avec un prêtre, qui, moyennant honoraires, va planifier le programme des activités rituelles. Certains pèlerinages attirent des dizaines de milliers de fidèles et il faut parfois patienter des heures dans la queue pour apercevoir l'idole, alors que le reste de l'année le temple est déserté. Les temples les plus sacrés possèdent un réservoir d'eau sacrée où les pèlerins s'immergent intégralement avant de se rendre au temple. Les abords des temples en période de pèlerinage ou ceux très visités toute l'année accueillent des étals débordant d'offrandes et de colifichets religieux.

Les autres religions du Rajasthan

L'islam. Outre le pillage et la confiscation du pouvoir, les premiers envahisseurs musulmans avaient pour mission la propagation de la religion. La fondation du sultanat de Delhi à la fin du XIIe siècle suscita quelques conversions dans les classes aisées soucieuses de conserver de bonnes relations avec l'occupant. Cependant, la plupart des convertis à l'islam cherchaient à échapper à leur situation sociale. Si l'islam joua un rôle prédominant à Delhi jusqu'au déclin de l'empire moghol, il eut beaucoup moins d'influence au Rajasthan, gouverné par des souverains hindous. Aujourd'hui, 9 % de la population du Rajasthan est de confession musulmane. A l'heure de la résurgence d'un nationalisme hindou émaillant des discours politiques enflammés, les musulmans du Rajasthan tentent de se faire discrets. L'islam au dogme unique se référant à la révélation coranique ne fait pas bon ménage avec l'hindouisme en perpétuelle recherche, basé sur l'expérience personnelle et ouvert à toutes les mystiques.

Le sikhisme. Cette religion déviée de l'hindouisme fut fondée par Gourou Nanak au XIXe siècle au Pendjab. Elle affirme l'unicité de Dieu et la nécessité de tisser des liens pacifiques entre les religions. Elle proscrit le système de

Divinité de Ganesh.

castes, le mariage des enfants et le sacrifice des veuves au bûcher de leur mari. Les sikhs se réfèrent au Granth Sahib, une compilation d'écrits de Gourou Nanak et des gourous qui lui ont succédé jusqu'au début du XVIIIe siècle. La communauté sikhe représente 1,7 % de personnes au Rajasthan. On reconnaît aisément les hommes arborant un turban serré sur une chevelure qui n'est jamais coupée et une barbe fournie. Les femmes, elles, ne portent pas de sari, mais le *salwar kameez*, une tunique lâche surmontant un pantalon resserré aux chevilles. Les sikhs portent tous le même patronyme de Singh, qui signifie « lion », mais tous les Singh ne sont pas sikhs.

Le jaïnisme. Le fondateur, Mahavir, est le dernier des 24 pieux personnages appelés *tirthankars* ou « passeurs de gué ». Il était le contemporain de Bouddha, c'est-à-dire au VIe siècle avant notre ère. L'exemple des tirthankars aide les fidèles à se dégager des illusions attachant l'âme au monde. Outre cette dévotion, les jaïns s'efforcent de ne nuire à aucune forme de vie. On les voit parfois allant la bouche recouverte d'un mouchoir afin de ne pas avaler d'insectes. Ils observent un régime strictement végétarien et des interdictions liées à la pureté rituelle (ne pas porter de cuir, ne pas pénétrer dans un temple en période de menstruation pour les femmes...). Les religieux de la secte digambara sont les plus rigoristes et vivent intégralement nus pour marquer leur détachement total du monde matérialiste. A l'origine, le jaïnisme visait à échapper au ritualisme brahmanique et ne reconnaissait pas de clergé. Les brahmanes surent pourtant récupérer le culte et officient dans les temples jaïns. Si le Rajasthan ne compte qu'à peine 1 % de fidèles, ses temples sont absolument somptueux. Ceux de Ranakpur, de Dilwara et de Mont Abu attirent de nombreux visiteurs étrangers au culte.

QUE RAPPORTER ?

Le Rajasthan est une terre à l'artisanat très vivace et très diversifié. Les Moghols ont beaucoup influencé cet artisanat, tant dans les motifs que les techniques. Aujourd'hui encore, Bikaner est réputée pour son école de peinture miniature, Ajmer et Bharatpur sont d'importants centres de production d'articles en papier mâché, Jaipur pratique encore la tradition de la céramique bleu cobalt venue d'Asie Centrale. L'État est aussi un grand centre industriel de production textile. La mise en couleur de ces cotonnades se fait en perpétuant des techniques anciennes. Chaque ville compte son bazar spécialisé dans la vente de saris, de *chunars* et de coupons de tissu. Les amateurs de bijoux trouveront le bonheur à Jaipur, un centre international de négoce de pierres précieuses et semi-précieuses. Mais vous trouverez aussi des chaussures en cuir traditionnelles, les *jooti*, des poteries, des épices et des produits de beauté en parcourant l'État.

DÉCOUVRIR

Les tissus

L'industrie textile représente plus du cinquième de la production industrielle du Rajasthan qui compte 69 filatures. Vous pourrez vous procurer du tissu à la coupe, des imprimés ou des saris colorés et brodés. L'État est réputé pour ses cotonnades, la matière première venant pour l'essentiel du Pendjab voisin. Vous trouverez de nombreuses boutiques dans les grands centres touristiques (Jaipur, Udaipur, Jodhpur, Jaisalmer, Agra) vendant du prêt-à-porter à bas prix. Ce n'est pas toujours bien coupé, et le vendeur tentera de vous faire passer une matière synthétique pour de la soie, du 100 % coton pour une matière mélangée, etc... Attention donc. Les meilleurs endroits pour faire vos emplettes sont les bazars spécialisés dans les saris et les coupons pour *ghagra kanchli*, la tenue traditionnelle des femmes du Rajasthan. Vous trouverez également des *chunars*, le voile porté par les femmes, qui peuvent être customisés selon votre inspiration. Préférez faire vos courses dans les petites villes, où les marchands seront moins tentés de gonfler leurs prix. Dans tous les cas, il convient de marchander.

Spécialités textiles du Rajasthan

Le Rajasthan compte de nombreuses spécialités différentes. Sanganer et Bagru sont réputés à travers tout le pays pour leurs imprimés. Ils sont traditionnellement réalisés à la main avec des blocs en bois. L'imprimé sanganeri présente une grande variété de motifs floraux, dans des couleurs vives, réalisé sur du coton ou de la soie. Il est utilisé pour décorer les maisons : linge de table, housses de coussin, jetés de lit... L'imprimé de Bagru se décline en deux techniques différentes aux motifs graphiques. Le *chanderi* est réalisé avec deux couleurs, le rouge et le noir. Le *dabu* est à base d'indigo. Les tissus sont utilisés par de nombreuses marques de prêt-à-porter tendance en Inde (FabIndia, Anokhi...). Le *bandhani* est une spécialité du sud du Rajasthan. Cette pratique du *tie-and-dye* faite de multiples points forme des motifs géométriques complexes. Le *bandhani* est imprimé sur du coton qui servira à la confection de saris et de *chunars*. La région de Barmer est également connue pour ses imprimés particuliers, souvent dans des couleurs et des tons profonds, avec de grosses fleurs ou de larges motifs.

Jaipur est réputée pour la fabrication de *quilts*. Les couvertures molletonnées sont en coton peigné, avec un grand nombre de fils, ce qui garantit douceur et solidité. Leur prix élevé est justifié.

Jaisalmer est un centre connu pour ses patchworks. La plupart sont réalisés dans des ateliers installés à Barmer, au sud du désert de Thar. Vous pourrez aussi trouver des pièces rares, réalisées à partir d'anciens saris en brocard. Mieux vaut s'y connaître un minimum pour ne pas se faire arnaquer et acheter du neuf au prix du vieux.

Le durry

Cet artisanat de la région de Jodhpur est en danger. Si autrefois nombre de familles vivaient de ce tissage de tapis, désormais, elles ne sont plus qu'une poignée à le perpétuer. Les tapis sont réalisés sur des métiers manuels et consistent à entrelacer les fils de coton, de fibre de coco ou de laine de chameau. Les motifs peuvent être plus ou moins élaborés, ce qui détermine le prix, ainsi que la taille et la qualité de la fibre utilisée. Chaque famille possède ses propres motifs, qu'elle se transmet de génération en génération. Les tapis de coton sont souvent dans des couleurs vives, tandis que ceux en fibre de coco sont dans des couleurs plus profondes. Les tapis en laine de chameau sont gris, noir ou beige et pèsent très lourd. La particularité du *durry* est qu'il est réversible : les motifs sont identiques sur les deux faces. Vous pourrez vous en procurer de très beaux chez Pukhraj Durry Udyog, une petite coopérative installée à Salawas, près de Jodhpur.

Vendeuse de tissus dans les rues de Jodhpur.

© FERRANTRAITE - ISTOCKPHOTO.COM

Marionnette en papier mâché.

Les bijoux

La fantaisie des bijoux indiens a largement dépassé les frontières du pays et il n'est pas rare de trouver des breloques en argent chez de petits bijoutiers en Europe. Vous retrouverez les mêmes bagues, bracelets, bracelets de chevilles, bagues d'orteil ou même ceintures dans les boutiques pour touristes. Chez les bijoutiers traditionnels, à dénicher dans les bazars spécialisés, vous verrez surtout des artisans travaillant l'or. Les Indiens aiment le clinquant et n'hésitent pas à placer leur capital en bijoux. Lors d'un mariage, il est toujours de tradition que la famille du marié offre une ou plusieurs parures neuves à la jeune mariée. Cela constitue une dépense lourde pour beaucoup de familles. Si vous aimez l'or jaune, vous n'aurez aucun mal à trouver un bijoutier qui pourra créer une oeuvre originale rien que pour vous. Les Indiennes arborent également de nombreux bracelets colorés à leurs avant-bras. Les couleurs et les strass comptent tout autant que le tintement des bracelets entre eux. Ces deux effets embellissent les femmes aux yeux des hommes. Traditionnellement, les ***bangles*** étaient faits en verre. Désormais, ils sont plutôt fabriqués à partir d'une pâte de carbonate de sodium et de silice. Celle-ci est chauffée et tordue pour former un bracelet. Si autrefois chaque village avait son artisan de ***bangles***, ce n'est plus le cas aujourd'hui. Vous pourrez néanmoins en dégoter dans de petites villes comme Chauth Ka Barwara. De nombreux créateurs de bijoux se rendent à Jaipur, un centre international de négoce de pierres précieuses et semi-précieuses. Mieux vaut s'y connaître un minimum, car la ville possède aussi la réputation de faire circuler un grand nombre de fausses pierres. Les bijoutiers sont très nombreux à Jaipur, de la haute-joaillerie au petit artisan installé dans le bazar.

Les jooti

Les *jootis* sont des chaussures en cuir, souvent brodées de couleurs vives, existant aussi bien pour les femmes que pour les hommes. Les véritables *jootis* sont cousues à la main. Pour les femmes, les chaussures ont la forme de ballerines plates et sont rebrodées de motifs fleuris, embellies de petites perles. On en trouve également en soie avec semelle en cuir. Pour les hommes, les chaussures ressemblent à des babouches à la pointe recourbée. Au Rajasthan, dans les campagnes, les hommes portent toujours ces solides souliers. Le cuir est parfois brodé d'un motif. Les *jootis* en soie ou brocard sont réservés à la tenue de mariage. Comme pour les ***bangles***, il faut aller dans les petites villes pour voir encore des artisans à l'œuvre.

Artisanat du bois

Le travail du bois sous sa forme artisanale est en voie de disparition. Il reste quelques ateliers à Jaipur ou Bikaner. Bikaner était notamment réputée pour ses portes richement travaillées, présentant parfois des incrustations en ivoire ou en bronze. On peut bien entendu admirer le travail extraordinaire de ces artisans du passé en flânant dans la vieille ville de Bikaner. Pour dénicher de belles portes, il faut parcourir les antiquaires de Jaipur ou de Jodhpur, mais les prix sont très élevés. Les bibelots que vous trouverez dans les boutiques à touristes ne viennent pas du Rajasthan, quoiqu'en dise le vendeur.

Le papier mâché

La pratique du papier mâché au Rajasthan est apparue avec l'arrivée des moghols au XVIe siècle. L'État compte encore quelques artisans qui perpétuent cette technique et réalisent des objets très variés. Les objets sont réalisés à partir de vieux papiers et d'argile. Ils sont ensuite peints de couleurs vives et de motifs géométriques ou floraux. Certains sont vernis pour leur apporter de la brillance, ou patinés pour leur donner l'apparence de l'ancien. Ajmer et Bharatpur sont des centres importants de production. Jaipur est connue pour ses figurines animales et ses jouets pour enfants.

Le marbre

Agra, la ville du Taj Mahal, a conservé son artisanat de travail du marbre. Les artisans sont installés dans la vieille ville, juste derrière le mausolée. Vous pourrez y trouver de nombreuses répliques miniatures du Taj Mahal, mais aussi d'autres objets de décoration, parfois incrustés de pierres colorées. Le prix est assez élevé et il faut négocier fermement.

La peinture miniature

La peinture miniature est un art hérité de la tradition moghole. Le Rajasthan compte de nombreuses écoles, dont les nuances subtiles ne s'adressent qu'à un œil averti. En revanche, la finesse et la délicatesse des traits, les couleurs vives n'échapperont à personne. Les artisans produisent des œuvres originales, qui prennent beaucoup de temps et de patience à réaliser, et qui s'inspirent des motifs traditionnels de l'art moghol : fleurs, animaux, personnages en tenue du XVIe siècle... Bikaner, Bundi ou Jaipur perpétuent ce savoir-faire et vous trouverez sans peine des artisans à observer en train de pratiquer leur art. Les petits formats, destinés aux touristes, sont souvent réalisés sur des papiers anciens (vieilles cartes postales, archives administratives...).

Poterie et céramique

Voilà un artisanat toujours bien vivant au Rajasthan. Presque chaque village compte son potier, quand il n'y en a pas plusieurs. La plupart d'entre eux réalisent des « matkas », ces grosses calebasses en argile destinées à conserver l'eau. La matka traditionnelle est réalisée avec deux argiles différentes et le processus complet prend une semaine, du façonnage, au polissage, au séchage, à la cuisson. Les potiers élaborent bien d'autres objets, comme les gourdes, les cendriers, les boîtes à épices, les photophores ajourés. Le prix est excessivement modique. Jaipur est particulièrement connue pour sa céramique bleu cobalt. Quelques rares artistes perpétuent encore cette tradition venue d'Asie Centrale avec les premiers envahisseurs moghols. A la différence de la poterie traditionnelle, les tarifs sont élevés et certaines céramiques viennent d'Asie Centrale pour le coup.

Les épices

Les épices sont abondamment utilisées en cuisine. Par conséquent, vous n'aurez aucun mal à en trouver, notamment en flânant sur les marchés. La cuisine du Rajasthan repose sur un triptyque incontournable : piment, curcuma et cumin, trois plantes qui poussent dans la région. Piments et curcuma sont mis à sécher, puis réduits en poudre. Pour le cumin, vous pouvez vous le procurer en graine ou en poudre. Chez les marchands d'épices, vous trouverez également du poivre, de la badiane, de la cannelle, de la nigelle, du fenugrec qui viennent du sud du pays. Une épice de qualité doit présenter une belle couleur vive.

Produits de beauté

Les amateurs piqueront quelques secrets de beauté aux femmes indiennes. Elles se font des masques hydratants et purifiants avec du *multani mitti*, une argile jaune à concasser et mélanger à du lait ou de l'eau de rose. Elles hydratent leur corps avec de l'huile de coco, que vous trouverez chez n'importe quel épicier. Pour les pieds secs et crevassés, vous pouvez vous enduire les pieds de glycérine au moment du coucher. A se procurer chez le pharmacien. Enfin, la marque Himalaya propose toute une gamme de produits élaborés à partir de recettes ayurvédiques : dentifrice, shampoing, crèmes...

© JIMMY KAMBALLUR - SHUTTERSTOCK.COM

Étal de bangles colorés.

SPORTS ET LOISIRS

Dans l'État du Rajasthan, comme partout dans le pays, le cricket est plus qu'un sport, c'est une véritable passion ! Une passion partagée par tous les habitants, quels que soient l'âge et le milieu social. Comme le hockey ou le polo, eux aussi extrêmement populaires, il a été introduit par les Britanniques. Ces sports sont venus aujourd'hui se substituer aux pratiques ancestrales, comme l'équitation ou le tir à l'arc. À noter aussi, les nombreux adeptes de badminton et évidemment la pratique très développée du yoga. Sinon, côté activités, des parcours de golf apparaissent un peu partout au Rajasthan. Les sports aériens, tels que le parapente, le vol à voile, la montgolfière se développent peu à peu également et permettent de profiter des paysages de la région. Comme les balades en chameau ou en dromadaire qui offrent aux touristes un moyen unique et original de découvrir le désert du Thar essentiellement.

Le cricket, le grand sport populaire

Pour les mauvaises langues européennes, il serait si ennuyeux que les Britanniques n'auraient jamais réussi à l'exporter ailleurs que dans leurs colonies ! L'Inde a joué son premier match officiel contre l'Angleterre en 1932. Après sa deuxième victoire en Coupe du monde (en 2011), créée en 1975, elle occupe le deuxième rang en nombre de victoires derrière l'Australie (5). La prochaine édition du Mondial est d'ailleurs prévue en Inde en 2023.

Dans le pays, le cricket suscite encore plus d'enthousiasme que le football dans l'Hexagone, c'est une véritable passion ! À Delhi par exemple, les jardins et les moindres espaces entre les maisons deviennent des terrains de jeu. La fièvre monte dès qu'un match professionnel se joue au stade Firoz Shah Kotla. Les files d'attente sont interminables pour acheter un ticket et le marché noir explose. Enfin, depuis les années 1980, ce sport a aussi contribué à l'apaisement des relations entre l'Inde et le Pakistan, une autre équipe nationale très renommée. Certains politologues parlent même de « diplomatie du cricket ».

Le hockey, un sport national

Le hockey sur gazon a vu le jour en Asie : ce serait la Perse qui l'aurait inventé en 2000 av. J.-C. Il a été introduit en Inde par les Britanniques. Le premier club de hockey a été formé à Calcutta en 1885, suivi par Bombay et le Pendjab. L'Inde a joué pour la première fois aux Jeux olympiques d'Amsterdam, en 1928. Sport national, le hockey a rapporté à l'Inde une belle série de médailles olympiques (dont 8 médailles d'or). C'est entre 1928 et 1956 que le pays bat tous les records en gagnant 6 médailles d'or consécutives, marquant 178 buts et n'en concédant seulement 7. La dernière Coupe du monde de hockey sur gazon s'est déroulée à Bhubaneswar en décembre 2018 et l'Inde a été éliminée en quart de finale par les Néerlandais. La prochaine édition aura lieu en 2026 aux Pays-Bas et en Belgique.

Un pays de badminton

Le badminton est l'héritier direct du poona, un jeu de raquette indien auquel s'adonnaient les officiers de l'empire britannique dans les années 1860. Il se pratique en salle, sur un court, long de 13,40 m et large de 5,18 m, avec des raquettes légères et un volant. Si les compétitions sont largement dominées par le voisin chinois, ce sport olympique a rapporté trois médailles, une en argent et deux en bronze, à la délégation indienne. L'Inde organisera la 30e édition des Championnats du monde en 2026.

Le kabaddi, un sport millénaire

C'est un sport d'équipe populaire en Inde, mais aussi au Pakistan, au Bangladesh et en Asie du Sud-Est, au Japon et en Iran. Vieux de plus de 4 000 ans, le kabaddi est un sport d'équipe populaire dans l'Inde rurale. Il a de plus en plus la cote à Delhi ! Dans les parcs, lors des piqueniques en famille, vous verrez s'organiser rapidement les parties. Son nom est souvent scandé pendant les matchs. Il vient d'un mot hindi signifiant « retenir son souffle », action importante de ce sport lui-même. C'est une sorte de « balle au prisonnier » entre deux équipes composées de sept hommes qui s'affrontent sur un terrain. L'une d'elles envoie en territoire ennemi un chasseur qui doit toucher son adversaire en répétant continuellement le mot kabaddi sans reprendre sa respiration. Une fois l'adversaire touché, le chasseur tente de retourner dans son camp toujours sans reprendre sa respiration, tandis que l'équipe adverse tente de l'en empêcher en le maîtrisant jusqu'à ce qu'il perde

© POLTU SHYAMAL - ISTOCKPHOTO.COM

Le cricket est un sport très populaire en Inde.

haleine. Si le chasseur échoue, il est éliminé. S'il revient victorieux, c'est l'adversaire touché qui sort du terrain. Au tour suivant, on inverse les rôles.

A la découverte du yoga

Le pays est imprégné de deux philosophies différentes, regroupant chacune des courants de pratiques très variés. Il y a les philosophies stika qui reconnaissent l'autorité des Veda telles que l'hindouisme, et celles qui les rejettent. Le but de l'enseignement du yoga est d'obtenir la libération des conditionnements engendrant la souffrance. L'adepte du yoga est appelé yogi. Il existe deux pratiques distinctes du yoga, le Hatha-Yoga et la Bhakti Yoga.

Le Hatha-Yoga consiste en la pratique d'exercices particuliers, dont le but est de renforcer la maîtrise du corps et de l'esprit jusqu'à la libération d'une conscience supérieure. Le yogi atteint la libération et prend alors conscience de sa véritable nature. Le yoga que l'on connaît en Occident est une forme dérivée et souvent épurée de sa substance spirituelle.

Le Bhakti Yoga consiste en l'adoration et le culte dévotionnel d'un dieu personnel. La Bhakti (littéralement dévotion) fait partie de la plupart des traditions religieuses. Son fondateur, Basava, rejette la suprématie des brahmanes et le système des castes. La pratique de la Bhakti est immédiatement accessible à tous. Si elle n'élimine pas la plus mauvaise part du système des castes, au moins elle offre aux gens un répit provisoire.

De nombreuses activités

▶ **Équitation et polo.** Au Rajasthan, on utilise le cheval, autrefois moyen de locomotion des locaux, lors des grandes occasions comme les mariages et, évidemment, pour pratiquer le polo, la randonnée à cheval, les courses équestres... A Delhi, on peut trouver de nombreux clubs d'équitation et la métropole indienne est devenue le leader national du sport des élites : le polo.

▶ **Golf.** On trouve de nombreux greens à Delhi. Le Delhi Golf Club, avec ses 27 trous (18 + 9) parmi les arbres vénérables et les monuments, est l'un des plus réputés. Il accueille plus de tournois du Professional Golfers' Association que tout autre terrain en Inde.

▶ **Safari en chameau.** Le dromadaire (une bosse) et le chameau (deux bosses) sont encore très utilisés au Rajasthan. Vous en croiserez régulièrement sur les petites routes de l'État tirant de lourdes charrettes chargées de pierres ou de fourrage. Le dromadaire participe également à la promotion touristique de la région et de nombreux safaris sont menés dans le désert du Thar. De quelques heures à la célèbre Sam Dune de Jaisalmer à une excursion de plusieurs jours autour de la cité d'or, de Jodhpur ou de Bikaner, les occasions de crapahuter dans le désert sont nombreuses. Il faut impérativement tenter une expérience de deux jours avec nuit à la belle étoile sur une dune de sable. Vous aurez mal à l'entrejambe au retour, mais les photos et souvenirs seront inoubliables.

GASTRONOMIE

Situé au nord-ouest de l'Inde, en plein cœur du désert du Thar, le Rajasthan jouxte les villes d'Agra – ancienne capitale moghole – et de New Delhi, actuelle capitale du pays, dont le centre ancien, appelé Shahjahanabad ou Vieux Delhi, fut également capitale de l'Empire moghol. Connu pour ses villes et ses palais d'un grand raffinement, le Rajasthan possède en contraste une cuisine assez simple mais richement épicée, principalement à base de légumes et de céréales. En effet, près de 75 % de la population du Rajasthan est végétarienne, un record en Inde. Cette cuisine modeste fait écho à un climat aride, l'un des plus secs du pays. Par opposition, la cuisine moghole d'Agra et de New Delhi est riche, faisant un usage généreux de viande et de laitages, à l'image de l'opulence qui régnait à la cour impériale. Les pâtisseries garnies de fruits secs et imbibées de sirop sont dévorées avec beaucoup de thé, la boisson nationale.

Produits caractéristiques

Le climat largement aride du Rajasthan limite l'agriculture. Cet État représente en effet moins de 1 % de la production nationale de riz, même s'il est le 5e producteur de blé du pays. Le millet, céréale peu gourmande en eau, y est largement cultivé. Lentilles, haricots, tomate, aubergine, courge, oignon et autres légumes complètent le tableau. On notera également quelques plantes du désert comme le *ghaf*, ou *sangri*, un arbre dont les longues gousses sont appréciées comme légumes, ou encore le *ker*, un cousin du câpre, dont on consomme les baies. Situées à la lisière de la plaine du Gange, Agra et New Delhi possèdent traditionnellement une plus grande diversité de produits, qui font aussi écho à leur rôle passé et présent de capitale, ainsi qu'à un climat plus humide et propice aux cultures les plus variées.

« Inde » et « épices » semblent souvent être des synonymes, tant leur usage est omniprésent dans la cuisine du pays. Poivre, curcuma, cardamome, cumin, cannelle, safran, laurier, coriandre et bien sûr piment sont partout. L'*ajowan*, cousin du cumin, l'*asa-fœtida* ou *hing*, connue pour son odeur âcre, et le fenugrec, aux graines amères, sont également des aromates populaires. Les cuisines du Rajasthan et de Delhi sont loin d'être les plus pimentées du pays, mais certains plats peuvent être redoutables. Demandez des plats « *not spicy* » au restaurant pour éviter quelques désagréments. *Ghee* et *dahi* sont deux fondamentaux de la cuisine du nord de l'Inde.

Le ghee, ou beurre clarifié, résiste très bien aux températures de cuisson élevées et remplace souvent l'huile. Selon l'hindouisme, il conserve davantage la pureté des aliments que l'huile ou l'eau. Utilisé dans la majorité des plats, le *dahi*, ou yaourt, pallie, lui, l'âpreté de certaines épices. Servi nature, ce yaourt peut être mélangé aux fruits ou aux légumes du plat qu'il accompagne. Il sert aussi de base à certaines boissons fraîches ou autres accompagnements. Le *paneer* est un fromage semblable à la mozzarella mais qui ne fond pas à la cuisson.

Les pains tiennent une place essentielle dans la cuisine indienne, particulièrement dans le nord du pays où on notera par exemple le *khooba roti*, un pain plat typique du Rajasthan reconnaissable à ses empreintes caractéristiques. Autre pain local, la *bajre ki roti* est une galette de farine de millet. On citera aussi d'autres pains comme le *naan*, bien sûr, qui trouve ses origines en Perse. À base de blé et de levain, les *naans* sont cuits sur les parois brûlantes d'un *tandoor*, un four en terre cuite enterré rempli de braises. La *chapati* est une galette sans levain souvent au blé complet populaire dans tout le pays. Très savoureux, la *missi roti* est un pain plat parfumé aux graines d'*ajowa*, de fenugrec et de poudre d'*asa-fœtida*. Très apprécié, le *bhatura* est un pain frit soufflé qui forme une poche grâce à la vapeur à l'intérieur. Enfin, la *bakarkhani roti* – typique de la cuisine moghole – est un pain plat croquant aux graines de nigelle.

Entre le Rajasthan et la région de Delhi, la consommation de viande est assez différente. En effet, elle est considérée comme impure par les brahmanes. Par dévotion, d'autres castes hindoues ont pris l'habitude de ne pas en consommer, même s'ils n'y sont pas obligés. Les yogis déconseillent aussi les régimes carnés « rajastiques », c'est-à-dire qui peuvent donnent à la pensée un caractère agressif ou déséquilibré, au contraire des aliments « satviques » (fruits, légumes, laitages, etc.), qui apporteraient la sérénité et l'harmonie. Les res-

© KAILASH KUMAR - ISTOCKPHOTO.COM

Bikaneri bhujia.

taurants purement végétariens qui servent une cuisine *rajasthani* portent le nom de « *marwari bhojnalaya* ».

On notera par ailleurs que la vache est sacrée en Inde, et, évidemment, une écrasante majorité d'hindous ne songeraient même pas à en consommer sous quelque forme que ce soit. Avec quelque 89 % d'hindous dans le Rajasthan, sa consommation y est donc rarissime, sans compter le fait que la population est également majoritairement végétarienne. La consommation de bœuf est plus courante chez les musulmans, mais l'abattage d'une vache cause toujours de graves discordes entre les communautés. Certains restaurants musulmans affichent donc l'écriteau « *No beef* » sur leur devanture pour ne pas choquer les hindous. La consommation de poulet ou de mouton est beaucoup plus courante et ne donne lieu à aucun conflit.

Les maharajas, grands chasseurs, ne se privaient cependant pas de manger du gibier. On notera également que beaucoup de recettes à base de viande datent des invasions musulmanes et ont été introduites notamment par les Moghols. Cette dynastie d'origine turco-mongole venait en effet d'Asie centrale où l'alimentation comprend une proportion significative de viande et de laitages. Bien que fortement imprégnés de la culture persane, les Moghols conservèrent leurs traditions culinaires – tout en les sophistiquant –, et, en Inde du Nord, beaucoup de plats à base de viandes, notamment grillées, trouvent leurs racines chez la communauté musulmane.

Sur les marchés et dans les petits restaurants où l'hygiène est parfois aléatoire, évitez les crudités, souvent lavées avec une eau douteuse, et les fruits non pelés. Bannissez aussi les jus de fruits coupés à l'eau (demandez sans glaçons et sans eau), et les glaces vendues dans la rue. Se laver les mains régulièrement est d'autant plus important qu'en Inde, on mange traditionnellement avec la main droite, la gauche étant considérée comme impure. Mais on retrouvera des cuillères dans la plupart des restaurants. Pour ceux qui seraient un peu sensibles à la puissance de la cuisine indienne, on trouvera sans problème des plats plus occidentaux – d'une qualité variable – dans les centres commerciaux des grandes villes et autres sites touristiques.

Les classiques de la cuisine du Rajasthan

Les locaux sont friands de *chaat*, des en-cas salés souvent frits, comme les *kachori*, des beignets feuilletés généralement garnis de lentilles. Au Rajasthan, on mange des *pyaaz kachori* (originaire de Jodhpur) farcis d'un mélange d'oignons épicés avec fenouil, cumin, curcuma et piment. Habituellement, les *kachoris* sont servis avec de la coriandre et de la menthe ainsi qu'un chutney de dattes et de tamarin. Le chutney *lasun ki* est une compotée très aillée avec piment et noix de coco râpée, très populaire. Le *mirchi vada* est un piment farci d'une purée de chou-fleur ou de pomme de terre, enrobé de pâte à beignet et frit. Les *bikaneri bhujia* sont des crackers épicés en forme de nouilles à la farine de haricots et de lentilles. Très apprécié en été, le curry de pastèque se compose de gros cubes de ce fruit juteux dans une sauce épicée au jus de pastèque.

Le *dahi baray* ou *dahi vada* se compose de *vada* (beignets épicés à la farine de lentilles) nappés d'une sauce au yaourt plus ou moins relevée. Assez proche, le *gatte ki sabzi* est un curry de boulettes de farine de pois chiches (cuites à la vapeur et légèrement frites) avec une sauce piquante avec tomates, babeurre et épices. Le *dal baati* se compose d'une part d'un *dal* (curry de lentilles épicé) et de *baati*, des petits pains durs sans levain imbibés de ghee. Ce plat est accompagné de *churma*, réalisé avec des *baati* réduits en miettes. Le *papad ki sabzi* est un curry à base de *papads* (fines galettes de lentilles) brisées grossièrement dans une sauce au yaourt agrémentée de farine de pois chiches, de piment, de curcuma et de coriandre. Enfin, le *kadhi* est préparé avec la même sauce yaourt-pois chiches mais il est garni de *pakora* (beignets de légumes).

Dans cet état majoritairement végétarien, le plat de viande le plus célèbre est le *laal maans*. Traditionnellement préparé avec du sanglier ou du cerf, de nos jours il se compose de mouton, cuit dans une riche sauce aux piments rouges, à l'ail, aux oignons et au lait fermenté. Plus doux, le *safed maas* est un ragoût de mouton délicatement épicé avec yaourt, lait et purée de noix de cajou et d'amande. Le *ker sangri* est un plat de gousses de *sangri* – *ghaf* – et de baies de *ker*, connues pour leur saveur piquante et poivrée. Cette recette est particulièrement symbolique de la cuisine du Rajasthan car on raconte que des villageois, pendant un sévère épisode de sécheresse, purent survivre à la famine grâce à ces deux plantes, qui étaient les seules à avoir survécu au manque de pluie. Le *raab* est une soupe épaisse à base de farine de millet (*bajra*) légèrement sucrée, avec poivre, cumin et graines d'*ajowan*.

La gastronomie moghole de Delhi

Portant également le nom de « cuisine *mughlaï* », les spécialités de Delhi – et d'Agra, toute proche – comptent de nombreux plats indiens internationalement connus. Les en-cas salés, ou *chaat*, se composent de *samosa* et de *pakora*. Le *papi* est une petite galette frite garnie de pois chiches, pommes de terre, yaourt et chutney de tamarin. Le *puri* est également une galette, frite et soufflée, servie avec des légumes. Moins gras, l'*idli* est un petit pain vapeur à la farine de riz. Cette spécialité de l'Inde du Sud, servie au petit déjeuner avec du chutney, est devenue un classique dans tout le pays. Le terme « *thali* » désigne une assiette complète avec du riz au centre, entouré de petites portions de curry, viande, légumes, sauces, etc.

Grand classique de Delhi, le *murgh makhani* ou poulet au beurre est un plat de poulet cuit dans une sauce riche et épicée à base de tomate, oignon, beurre, crème et yaourt. Arrivée avec les invasions mongoles en Asie du Sud et en Perse, la *kofta* désigne une boulette de viande épicée. En Inde, elle a été adaptée en version végétarienne (base de pomme de terre, pois chiches et/ou chou-fleur). On retrouvera ainsi la délicieuse *malaï kofta* à la pomme de terre, servie dans une sauce au yaourt épicée. Autre élément turco-mongol, le kebab est très commun en Inde. Rien à voir avec notre *döner* kebab, ici c'est une brochette de viande hachée et grillée, appelée aussi *shikh kebab*. On en retrouve des versions végétariennes au *paneer* (fromage). On notera d'ailleurs le *shahi paneer*, un curry de *paneer* avec tomates, oignons, purée de noix de cajou, beurre clarifié et crème. Le terme « *shah* » (empereur) nous rappelle qu'il était servi à la cour moghole.

Venu du Cachemire, le *korma* est emblématique de la cuisine *mughlaï*. Généralement à base de poulet ou d'agneau, parfois de légumes, ce ragoût se compose d'une sauce très crémeuse à base de purée d'amande ou de noix de cajou, de yaourt et d'épices variées. Si le four *tandoor* serait originaire du Penjab, au nord du Rajasthan, le poulet tandoori est devenu depuis longtemps un plat très apprécié dans la région. On le laisse mariner une nuit dans une préparation à base de yaourt et d'épices, puis il est passé au four. Le poulet *tikka* possède une marinade et une cuisson similaires, mais la viande est coupée en cubes. À noter : le poulet *tikka masala* (en sauce) que l'on retrouve en Occident est probablement une invention anglaise, et en Inde vous en retrouverez principalement dans les restaurants pour touristes. C'est également le cas de nos chutneys, sorte de confitures épicées en Europe, qui, en Inde, sont bien généralement préparées avec des ingrédients frais, quoique parfois cuits aussi, sans excès de sucre. Enfin, le *raïta*, yaourt avec concombre, menthe, tomate, etc., servi très frais, est idéal pour apaiser son palais après un plat très pimenté.

Poulet au beurre.

© KAILASH KUMAR - ISTOCKPHOTO.COM

Ghevar.

Desserts et boissons

Parmi les douceurs les plus populaires du Rajasthan, on citera le *ghevar*, un biscuit frit et croustillant, imbibé de sirop et de lait concentré sucré, puis décoré d'amandes hachées, originaire de Jaipur. Les *balushahi* sont de petits beignets moelleux au sirop. Les *churma ladoo* sont de petites boules de miettes de biscuits liées avec du caramel et roulées dans des graines de pavot. Le *mawa kachori* est un *kachori* sucré, c'est-à-dire un beignet friable, ici garni de noix et de pistaches. Les *chhena malpua* sont des pancakes au fromage frais ou au *paneer* imbibés de sirop à la cardamome. Très nourrissant, le *doodhiya kheech* est un porridge de blé au lait, parfumé au safran et la cardamome, parsemé d'amande et de noix. Les *dilkushar* sont des *mithaï* – des bouchées fondantes à mi-chemin entre un gâteau et du nougat – à base de farine de pois chiches, de caillé de lait, d'amande, de cardamome, et sont garnis de pistaches. Très proche, l*e alwar ka mawa* est légèrement plus spongieux.

Mais on retrouvera également d'autres classiques de la pâtisserie indienne, notamment à Delhi. On citera les *gulab jamun*, des beignets au caillé de lait imbibé d'un sirop à l'eau de rose et au safran, ou encore les *barfi*, des *mithaï* au lait concentré sucré. Les *kaju ki barfi*, en forme de losange, sont à base de noix de cajou et généralement décorés de *varq* (feuille d'argent). Les *modak* sont des bouchées vapeur en forme de bulbe ou de poire, fourrées de noix de coco, de *jaggery* (sucre de palme), de muscade et de safran. Le *kheer* est un riz au lait parfumé avec cardamome, raisins secs, safran, noix de cajou et pistaches. L*e aam shrikhand* est un pudding à base de yaourt parfumé à la mangue, alors que le *gajar ka halwa* est une compotée de carotte râpée avec lait concentré et noix. D'origine moghole, le *shahi tukda* est un riche pain perdu infusé au safran. Enfin, le *kulfi* est un dessert glacé au lait concentré, parfumé de safran, cardamome, pistache et amandes.

Les jus de fruits frais sont délicieux et s'achètent à chaque coin de rue dans des *fresh juice shops*. Assurez-vous que votre jus ne soit pas coupé avec de l'eau courante. Le *lassi* est un yaourt battu jusqu'à devenir mousseux. Il peut être agrémenté d'une pointe de sel ou de fruits, comme la mangue ou la banane. Le thé – noir – ou *chaï* est LA boisson nationale en Inde. Mélangé à du lait et du sucre, puis agrémenté d'épices (gingembre, cardamome, cannelle et poivre), il devient alors un *masala chaï*. Vous le trouverez absolument partout : dans la rue, à la carte du moindre restaurant ou *dhaba*, dans les gares, dans le train, etc. Le thé est cultivé en Assam, à Darjeeling (Bengale-Occidental) et dans le Kerala. Les Indiens ne sont pas de grands consommateurs de café et il est souvent assez médiocre, même si de plus en plus de locaux, souvent jeunes, apprécient des cafés plus goûteux que l'on retrouve dans de grandes chaînes occidentales.

Côté alcool, la bière est la boisson alcoolisée la plus consommée dans le pays, notamment la Kingfisher, la plus célèbre bière indienne. On trouvera également du vin, produit dans l'état du Maharashtra, d'une qualité variable. Certaines familles royales du Rajasthan faisaient produire leurs propres liqueurs, et si beaucoup de recettes se sont perdues avec le temps, la marque Royal Heritage Liqueur a tenté de faire revivre cette tradition ancienne. Leur liqueur signature, le Chandra Haas, est un mélange concocté pour la première fois en 1863 avec près de 80 herbes, dont le safran, la rose, le bois de santal blanc, la noix de muscade et l'anis. On notera que dans certaines villes sacrées du Rajasthan comme Pushkar et Nathdwara, la consommation d'alcool est prohibée.

AGENDA

Les festivités sont nombreuses au Rajasthan, tant liées au calendrier religieux qu'à la célébration des cultures. Les plus grandes fêtes du calendrier hindou sont bien entendues célébrées avec faste dans cette partie du pays, où la ferveur religieuse est très présente. D'autres fêtes, particulières au Rajasthan, célèbrent des sages et saints locaux, attirant les pèlerins en nombre. Participer à une célébration dans un temple fait partie des incontournables d'un circuit dans la région. Les femmes revêtent leurs plus beaux saris, les idoles sont parées de vêtements somptueux, de guirlandes et de bijoux, et tout le monde se presse au temple pour remettre des offrandes. Le Rajasthan est aussi un État à la culture très vivace et de nombreux festivals la célébrant sont organisés pendant les mois d'hiver : foires au bétail, spectacles de chants et de musiques traditionnels, parades de dromadaires ou d'éléphants... La fête est partout.

FESTIVAL DES DROMADAIRES DE BIKANER

BIKANER

11 et 12 janvier.

La foule se presse pour assister au festival coloré des dromadaires de Bikaner. Les festivités débutent au pied du fort de Junagarh, avec une parade de dromadaires parés de couleurs vives : rênes à pompons, tapis de selle brodés. Les yeux des dromadaires sont maquillés pour l'occasion avec du khôl ou du charbon. Tout un tas de concours sont organisés à cette occasion : courses, traite des chamelles, dressage, voltige, tonte. Des spectacles de danse folklorique se tiennent en marge.

FESTIVAL DE BANESHWAR

Fin janvier ou début février.

Ce festival se tient à Dungarpur, une petite ville du sud du Rajasthan, située entre Udaipur et la frontière avec le Gujarat. De nombreux hindous de la tribu des Bhils se rassemblent pendant 5 jours pour célébrer Shiva. Baneshwar est d'ailleurs le nom donné au shiva linga du temple de Dungarpur. En dialecte vagdi, il signifie « le maître du delta ». Les célébrations prennent place à la confluence des rivières Mahi et Som. Une foule bigarrée venue de la région, mais aussi du Gujarat et du Madhya Pradesh, se livre à des bains rituels et vénère ses idoles.

MAKAR SANKRANTI - FESTIVAL DES CERFS-VOLANTS

JAIPUR

Le 14 ou 15 janvier.

À la mi-janvier, les Hindous célèbrent la remontée du soleil depuis l'équateur jusqu'au tropique du Cancer. Les journées rallongent, les froides journées d'hiver s'effacent. À cette occasion, les enfants grimpent sur les toits des maisons et font voler des cerfs-volants. Ils se livrent à des batailles épiques dans le ciel, qui consistent à se placer sur la trajectoire du cerf-volant de l'adversaire et à tenter de couper son fil. Le festival est particulièrement célébré à Jaipur.

FOIRE DE NAGAUR - NAGAUR MELA

NAGAUR

Fin janvier/début février.

La foire aux bestiaux de Nagaur est l'une des plus importantes de l'Inde. Elle rassemble vaches, chevaux, chèvres, moutons et dromadaires. Au total, ce sont plus d'une centaine de milliers de têtes de bétail qui sont rassemblées. Sans compter les propriétaires. La ville vit sous un nuage de poussière pendant 3 jours, où l'on discute ferme sur les prix. Bien moins touristique que la foire aux dromadaires de Pushkar, celle de Nagaur n'en est pas moins colorée.

FESTIVAL DU DESERT DE JAISALMER

JAISALMER

www.desertfestivaljaisalmer.com

En février (dates à consulter sur le site).

Ce festival est organisé par l'Office de tourisme du Rajasthan pour célébrer la culture et le folklore du désert de Thar. Ce qui était une fête locale à l'origine est devenue une grande foire très touristique. De nombreux évènements prennent place au sud de la ville, dans une ambiance électrique. Spectacles de danse folklorique, de musique traditionnelle, courses de chameaux, expositions artisanales font partie du programme. Mais le climax est atteint avec l'élection de *Mister Desert*.

FESTIVAL DES ELEPHANTS

JAIPUR

A la mi-mars.

Si les éléphants ont occupé une place importante dans l'histoire du Rajasthan, il n'y en a plus guère dans l'État. Autrefois, les rois en possédaient des armées entières et les mastodontes servaient aussi bien de montures sur le champ de bataille que de bélier pour forcer l'entrée des forteresses. La ville de Jaipur rend hommage à ses éléphants, qui servent encore à grimper au sommet du fort d'Amber. Les pachydermes sont caparaçonnés et peints pour l'occasion et après une procession colorée dans les rues de la ville, ils se livrent à des matchs de polo.

FESTIVAL DU SHEKHAWATI

NAWALGARH

Les 10 et 11 février.

Le Festival du Shekhawati est organisé conjointement par l'Office de tourisme du Rajasthan et la Fondation M.R Morarka - GDC pour la recherche rurale. Il est organisé dans plusieurs communes des districts de Jhunjhunu, Churu et Sikar. Il vise à célébrer aussi bien le riche héritage culturel et le musée à ciel ouvert que forment les havelis ornées de fresques que la vitalité rurale de ce bout du Rajasthan. Des compétitions sportives sont organisées ainsi que des spectacles culturels et folkloriques, des safaris en dromadaire ou en jeeps et des visites de fermes.

GANGAUR

Du 14 au 31 mars 2025 et du 4 au 21 mars 2026.

Gangaur est un festival unique, dont le Rajasthan a le secret. Il puise son origine dans le calendrier religieux. Gangaur est le nom local donné à Parvati, l'épouse de Shiva. Pendant 16 jours, les femmes célèbrent le bonheur conjugal. Les femmes célibataires prient la déesse de lui accorder un bon époux, tandis que les femmes mariées la remercient de leur félicité conjugale. Les femmes se parent de tenues rouges (la couleur du mariage), arborent leurs plus beaux bijoux et s'enduisent pieds et mains de henné. Elles défilent avec une effigie de Parvati.

HOLI

14 mars 2025 et 4 mars 2026.

La Fête des Couleurs marque le début du printemps. Partout dans la rue, petits et grands sont armés de pistolets à eau remplis de poudres colorées et s'adonnent à des batailles. Dans la joie, tout le monde s'asperge de teinture rose, bleue, verte, orange... A cette occasion, les bhang lassis sont autorisés – rappelons que cette boisson à base de yaourt et de marijuana n'est vendue habituellement que dans les bhang shops gouvernementaux. La tradition veut que l'on s'habille en blanc, pour finir en fin de journée teint d'une couleur improbable.

FESTIVAL DU MEWAR

UDAIPUR

Du 27 au 29 mars 2025.

Le festival du Mewar coïncide avec Gangaur et célèbre l'arrivée du printemps. Il se déroule à Udaipur, la capitale de cet ancien État royal. Les effigies de Gangaur et Isar, Parvati et Shiva, sont habillées de vêtements colorés et brodés de fil d'or. Les jeunes filles défilent en procession dans la ville, les idoles placées sur leur tête, et se rendent au lac Pichola. Les statuettes sont ensuite emmenées en bateau à travers le lac. Des spectacles culturels de chants et de danses traditionnels animent les soirées et se tiennent sur les ghats de la ville.

PELERINAGE DE KARNI MATA

DESHNOK

Deux fois par an, en mars ou avril et en septembre ou octobre.

Deux fois par an, pendant 9 nuits, on célèbre la déesse du temple des Rats. Les fidèles hindous affluent par milliers de tous les coins du Rajasthan pour rendre hommage à celle qui consacra sa vie aux communautés opprimées. A cette occasion, l'idole représentant la déesse est ornée de guirlandes de fleurs fraîches, d'une couronne en or, de vêtements de fête et de bijoux délicats. Les portes du temples s'ouvrent à 4h du matin et le brahmane débute la cérémonie rituelle. Les pèlerins défilent avec des offrandes et se font bénir par le brahmane.

TEEJ

JAIPUR

Le 27 juillet 2025 et le 15 août 2026.

Si le festival de Teej est célébré dans le nord de l'Inde, c'est au Rajasthan qu'il est le plus vibrant. Cette fête honore Parvati. Après le décès de Sati, la première épouse de Shiva, ce dernier est inconsolable. Sati se réincarne alors 108 fois pour tenter de sortir son époux de sa torpeur, jusqu'à prendre les traits de Parvati. La première nuit, les femmes prient et jeûnent. Le lendemain matin, elles se parent d'une tenue rouge et de leurs plus beaux bijoux. On accroche des balançoires aux branches des arbres, où les femmes s'assoient à tour de rôle.

EID-UL-FITR

Date flottante. 30 mars 2025 et 19 mars 2026.

La fête de l'Eïd marque la fin du Ramadan, le mois sacré des musulmans. Elle est célébrée à travers toute l'Inde avec faste. Les musulmans décorent le devant de leurs maisons de guirlandes et de drapeaux verts, la couleur de l'islam. S'agissant de la dernière rupture de jeûne, les familles se retrouvent ensemble pour un festin de roi. Les femmes ont cuisiné la journée durant pour préparer des plats traditionnels comme le bhuna gosht, un plat de mouton mijoté avec des épices et servi avec du yaourt, du lait de coco, des amandes et du safran.

ANNIVERSAIRE DE GANESH - GANESH CHATURTHI

RANTHAMBORE NATIONAL PARK

27 août 2025 et 14 septembre 2026.

L'anniversaire du dieu à tête d'éléphant est l'occasion de grandes célébrations colorées à travers toute l'Inde et particulièrement à Bombay. Au Rajasthan, où il n'y a que peu de temples dédiés à Ganesh, la fête bat son plein tout de même. C'est dans le Parc national de Ranthambore que la procession est la plus impressionnante. Les fidèles traversent l'entrée du parc à pied et se rendent au temple installé dans l'ancien fort en ruines. L'idole de Ganesh est immergée dans le lac.

FESTIVAL D'ETE DE MOUNT ABU

MONT ABU

A la mi-mai.

Alors qu'une chaleur écrasante s'abat sur le Rajasthan et que le rythme des festivals religieux ralentit, la station d'altitude de Mont Abu en profite pour faire son festival. Pendant trois jours, l'air résonne de chants traditionnels et les meilleurs danseurs du Rajasthan se produisent dans des spectacles enchanteurs. Différentes courses animent les deux dernières journées : course de barque sur le lac Nakki, course de chevaux, course avec une matka remplie d'eau sur la tête, etc.

FESTIVAL DU MARWAR

JODHPUR

En octobre, sur 2 jours.

Ce festival célèbre les héros du Rajasthan de façon traditionnelle. Spectacles de danse folklorique et de musique traditionnelle, chanson de geste et contes animent les soirées et se tiennent dans le cadre somptueux du fort de Mehrangarh. Les actes de bravoure des grands héros rajpoutes ainsi que le mode de vie fastueux des anciens rois du Rajasthan sont racontés de façon épique. La ville entière s'anime et des processions, des défilés de dromadaires, des expositions artisanales et des stands de cuisine traditionnelle participent à l'évènement.

FESTIVAL DE DUSSEHRA

KOTA

12 octobre 2024 et 2 octobre 2025.

Dussehra est fêté à travers l'Inde entière pour célébrer la victoire de Râma sur Râvana, mais les célébrations de Kota sont les plus célèbres. La ville vibre au rythme de la fête pendant 25 jours, du début de Navratri jusqu'à la veille de Diwali. Le jour de Dussehra, ce sont 50 000 à 100 000 personnes qui se rassemblent pour participer à des processions en tenue multicolores et brûler 75 effigies de démons. Le festival est aussi l'occasion d'une grande foire, où 1 500 camelots viennent vendre artisanat traditionnel et articles en plastique venus de Chine.

DIWALI

Du 29 octobre au 3 novembre 2024 et du 18 au 23 octobre 2025.

Diwali, ou Deepavali, est la « Fête des lumières ». C'est la fête la plus importante du calendrier hindou qui marque le début de la nouvelle année. Les festivités durent 5 jours : elles commencent 2 jours avant la date (*Dhanteras*) et se terminent 2 jours après (*Bhai Dooj*). La nuit, on allume des bougies devant toutes les maisons pour célébrer le retour de Rama dans son royaume Ayodhya, après sa victoire sur le démon Ravana. Beaucoup de pétards claquent dans le but de chasser démons et mauvais esprits. On célèbre également Lakshmi, déesse invoquée pour la fortune.

FOIRE DE PUSHKAR

PUSHKAR

Du 4 au 12 novembre 2024 et du 30 octobre au 5 novembre 2025.

Très populaire, la foire aux chameaux de Pushkar s'est peu à peu transformée en grand cirque touristique. Chameliers venus de tout le Rajasthan et pèlerins de tout le pays se mêlent et s'emmêlent sous les objectifs de photographes et équipes de tournage et de touristes de passage. Plus de 200 000 personnes débarquent à Pushkar à cette période. Le rassemblement donne lieu à de nombreux spectacles traditionnels : danses, musique, marionnettes, fête foraine et cirque… Des stands proposent tout ce que la région compte d'objets artisanaux.

FOIRE DE KOLAYAT

KOLAYAT

Fin novembre, sur 2 jours.

Cette foire attire surtout les habitants du district de Bikaner pour rendre hommage au sage Kapil qui se serait arrêté ici pour méditer en faveur du bien-être de l'humanité. La fête se tient au moment de la pleine lune du mois de Kartik, fin novembre ou début décembre. Le soir, les participants allument des bougies qu'ils mettent à flotter sur le lac, créant une scène magique. La foire de Kolayat est aussi un rassemblement d'éleveurs de bétail, qui viennent vendre buffles, dromadaires, chevaux, moutons et chèvres. Des prix sont remis aux meilleurs éleveurs.

Diwali.

MATSYA FESTIVAL

ALWAR

Dernière semaine de novembre.

Ce festival culturel se tenant pendant 2 jours à la fin du mois de novembre est l'un des plus populaires du Rajasthan. Les participants assistent à des spectacles de danses et de musiques traditionnelles dans la cour du palais d'Alwar. Tous les ans, les plus grands concertistes de flûte indienne sont invités à se produire. Le festival est aussi réputé pour ses activités « aventure » qui se tiennent en journée : montgolfière, parapente, zorbing (on se place dans une bulle en plastique pour dévaler les pentes). D'autres jeux plus traditionnels sont aussi proposés.

DELHI

Delhi la capitale et le Territoire de Delhi se confondent. Si la ville est divisée en deux entités (nord et sud), elle compte donc deux maires. Mais en tant que territoire de l'Union indienne, elle dépend également directement du gouvernement indien qui gère les grands portefeuilles régaliens en direct. Contrairement aux autres États fédéraux, Delhi ne possède donc pas d'assemblée législative ou de ministres. En tant que capitale de l'Inde, elle accueille toutes les institutions politiques et les représentations étrangères. Celles-ci sont installées dans les larges allées de New Delhi, la capitale voulue et dessinée par les Britanniques. Le territoire de Delhi est une agrégation de quartiers, subdivisés en « *colonies* ». Vous serez étonnés de constater que dans New Delhi, les habitations ne sont que peu visibles depuis les larges avenues, comme si personne n'y habitait. Elles sont en réalité dissimulées derrière des murs et accès privés.

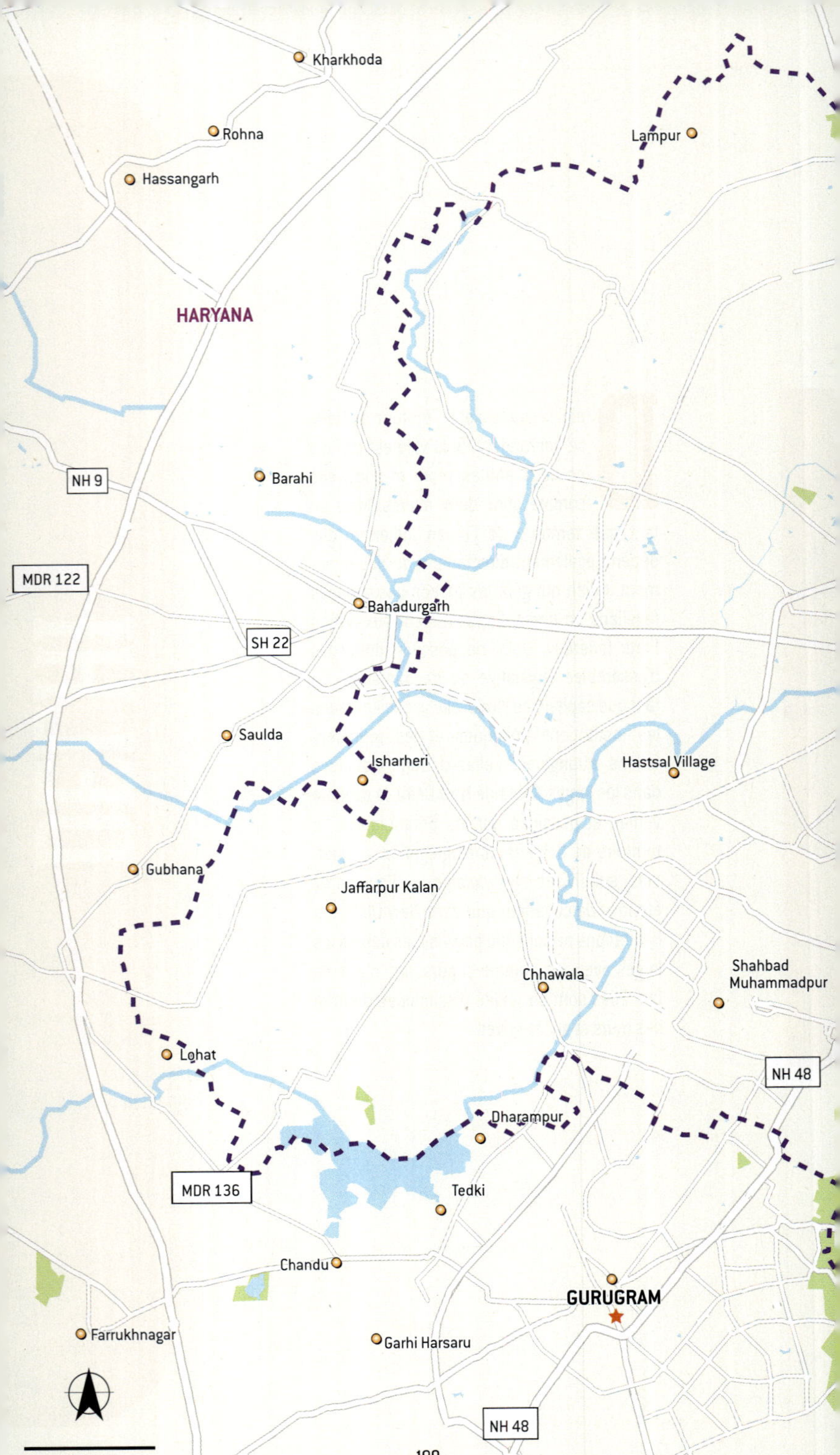
Kharkhoda
Rohna
Hassangarh
Lampur
HARYANA
NH 9
Barahi
MDR 122
Bahadurgarh
SH 22
Saulda
Isharheri
Hastsal Village
Gubhana
Jaffarpur Kalan
Chhawala
Shahbad Muhammadpur
Lohat
NH 48
Dharampur
MDR 136
Tedki
Chandu
GURUGRAM
Farrukhnagar
Garhi Harsaru
NH 48
5 KM

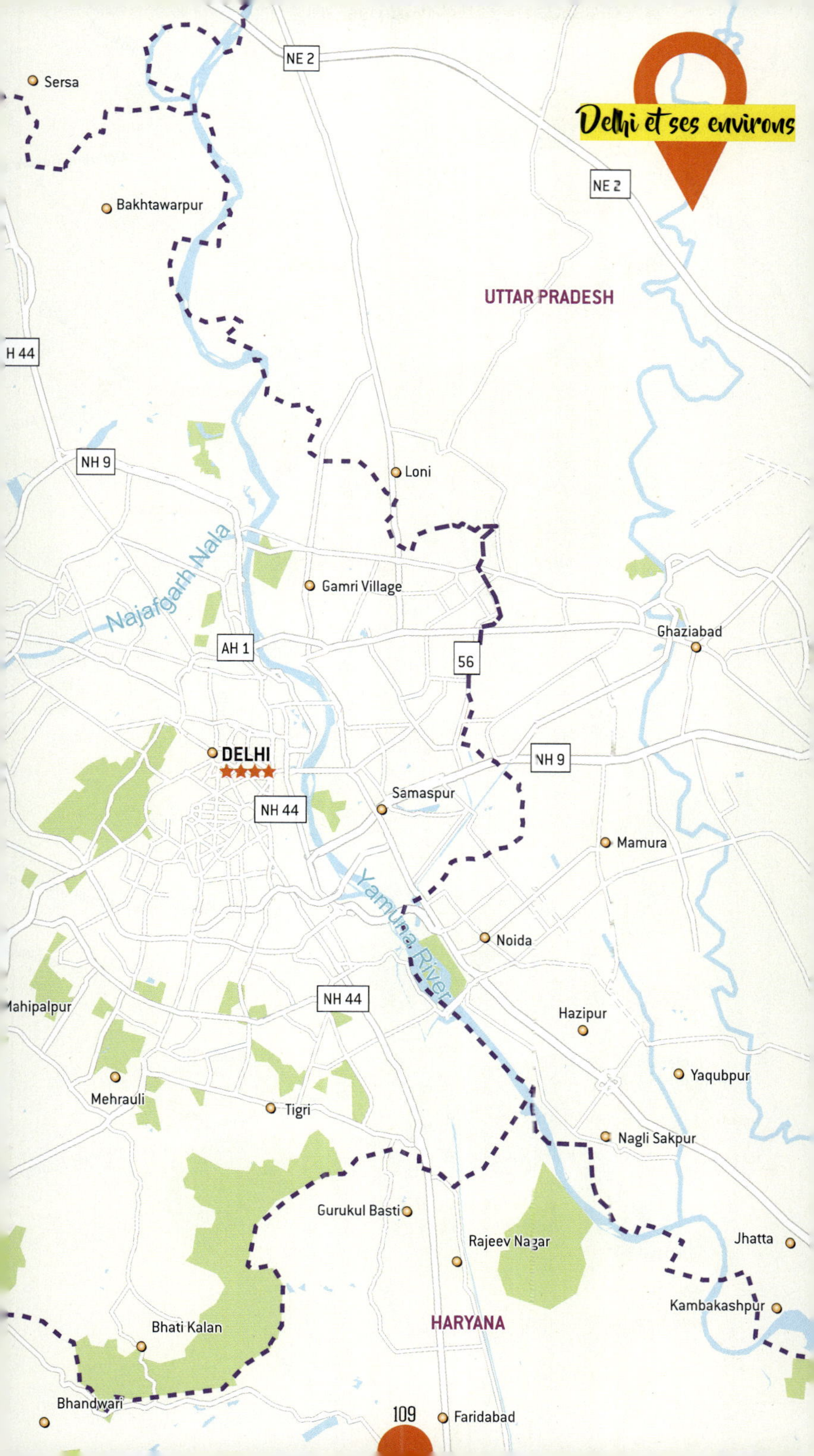
Delhi et ses environs
NE 2
Sersa
Bakhtawarpur
UTTAR PRADESH
H 44
NH 9
Loni
Najafgarh Nala
Gamri Village
AH 1
Ghaziabad
56
DELHI
NH 9
Samaspur
NH 44
Mamura
Yamuna River
Noida
Mahipalpur
NH 44
Hazipur
Yaqubpur
Mehrauli
Tigri
Nagli Sakpur
Gurukul Basti
Rajeev Nagar
Jhatta
Kambakashpur
Bhati Kalan
HARYANA
Bhandwari
Faridabad

INA MARKET
Barapullah Elevated Road
DILLI HAAT
Shaheed Sudhir Tyagi Marg
Africa Avenue
Mahatma Gandhi Marg
POLO LOUNGE
AIIMS Flyover
Mahatma Gandhi M
NIT
SURVEY OF INDIA
MAP SALES OFFICE
Swami Vivekananda Marg
Church Road
Africa Avenue
D Block Road
Venkateshwara Marg
X road
August Kranti Marg
KOFUKU
THIKANA DELHI B&B
Deer Park
Siri Fort Road
OGAAN
KULFIANO
BIG FAT SANDWICH
SIRI FORT COM
KUNZUM
TRAVEL CAFÉ
HAUZ KHAS
Narendra Kumar Pandey Marg
SUMMER
HOUSE CAFE
PRAKASH KUTIR B&B
IIT Flyover
HAVELI HAUZ KHAS
Outer Ring Road
IIT Flyover
Khelgaon Flyover
Ho Chi Minh
15
Shaheed Jeet Singh Marg
CAFE TURQUOISE COTTAGE
Basant Kaur Marg
Sanjay Van
Basant Kaur Marg
Aurobindo Marg
Hauz Rani Road
Pandit Trilok Cha
Qila Rai Pithora Park
Birla Vidya Nike
Anuvrat Marg
COMPLEXE DU
QUTAB MINAR
Idgah Road
Saket Road
Mandir Marg
Mehrauli
Archeological Park
Mehrauli Badarpur Road
TREE OF LIFE
MAIN BAZAR
RUINES DE MEHRAULI
Westend Marg
Gali Number
Mehrauli Badarpur
TEA INDIA
Anuvrat Marg
JARDIN DES CINQ SENS
NH 148A
IGNOU Road
KAIRALI AYURVEDIC HEALTH RESORT
Forest Lane

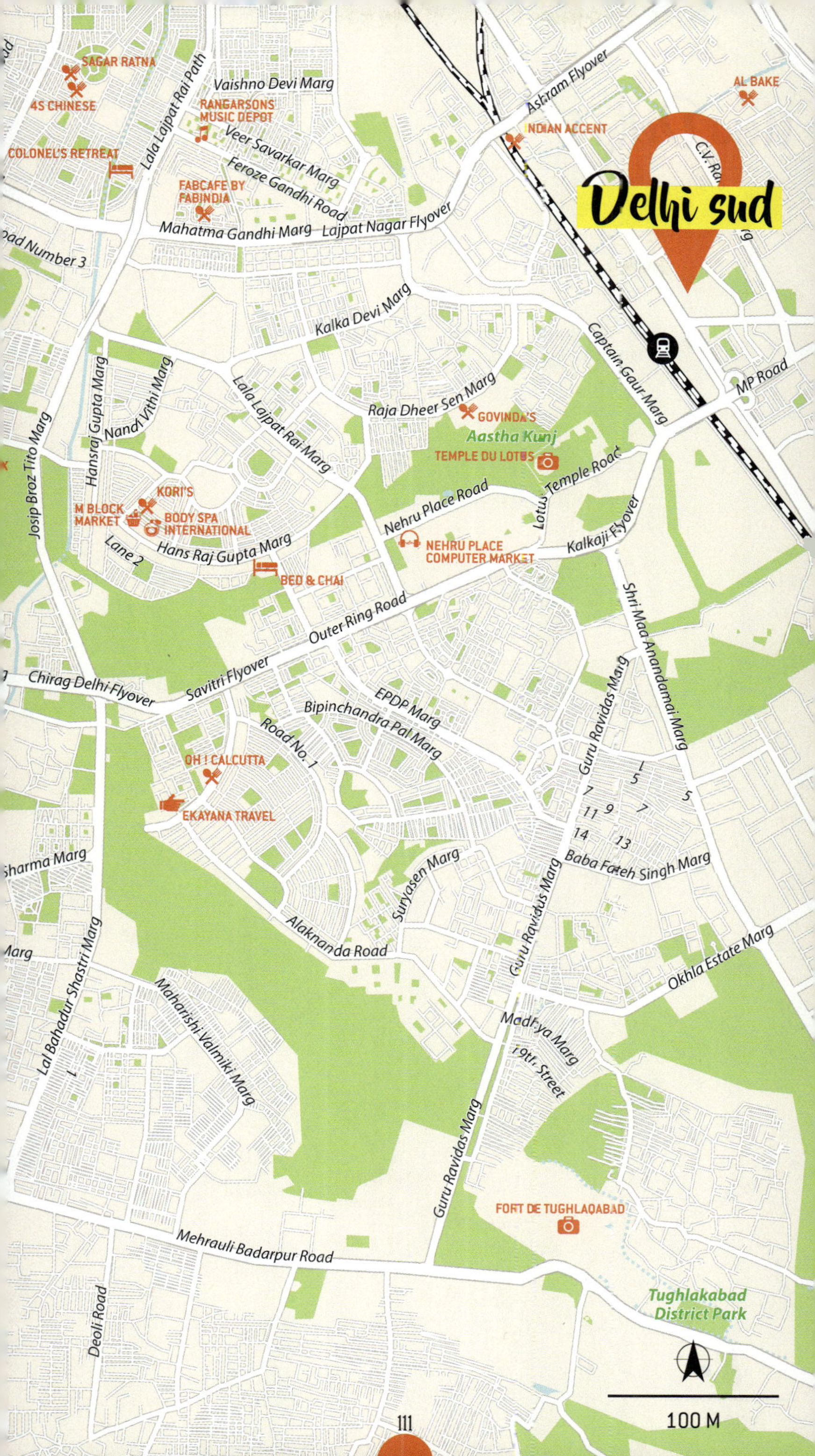

Delhi sud
SAGAR RATNA
4S CHINESE
COLONEL'S RETREAT
Lala Lajpat Rai Path
Vaishno Devi Marg
RANGARSONS MUSIC DEPOT
Veer Savarkar Marg
Feroze Gandhi Road
FABCAFE BY FABINDIA
Mahatma Gandhi Marg
Lajpat Nagar Flyover
Ashram Flyover
INDIAN ACCENT
AL BAKE
C.V. Ra
Road Number 3
Kalka Devi Marg
Captain Gaur Marg
MP Road
Raja Dheer Sen Marg
GOVINDA'S
Aastha Kunj
TEMPLE DU LOTUS
Lala Lajpat Rai Marg
Hansraj Gupta Marg
Nand Vithi Marg
Josip Broz Tito Marg
KORI'S
M BLOCK MARKET
BODY SPA INTERNATIONAL
Lane 2
Hans Raj Gupta Marg
BED & CHAI
Nehru Place Road
NEHRU PLACE COMPUTER MARKET
Lotus Temple Road
Kalkaji Flyover
Shri Maa Anandamai Marg
Outer Ring Road
Savitri Flyover
Chirag Delhi Flyover
EPDP Marg
Bipinchandra Pal Marg
Road No. 1
Guru Ravidas Marg
OH ! CALCUTTA
EKAYANA TRAVEL
Baba Fateh Singh Marg
Sharma Marg
Suryasen Marg
Alaknanda Road
Guru Ravidas Marg
Okhla Estate Marg
Marg
Lal Bahadur Shastri Marg
Maharishi Valmiki Marg
Madhya Marg
19th Street
Guru Ravidas Marg
FORT DE TUGHLAQABAD
Mehrauli Badarpur Road
Tughlakabad District Park
Deoli Road
100 M

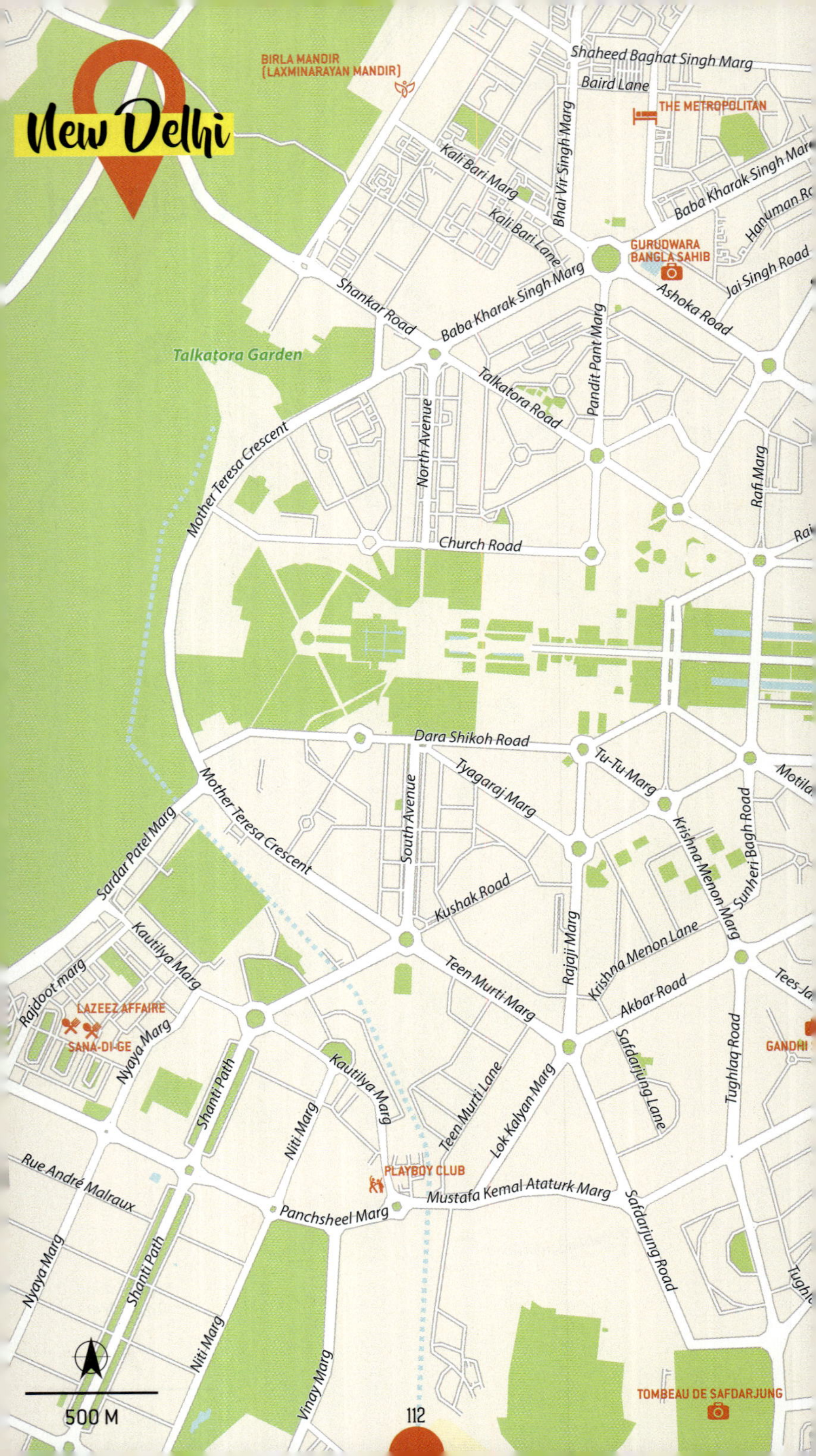

New Delhi
BIRLA MANDIR (LAXMINARAYAN MANDIR)
Shaheed Baghat Singh Marg
Baird Lane
THE METROPOLITAN
Kali Bari Marg
Bhai Vir Singh Marg
Kali Bari Lane
Baba Kharak Singh Marg
Hanuman Ro
GURUDWARA BANGLA SAHIB
Jai Singh Road
Ashoka Road
Shankar Road
Baba Kharak Singh Marg
Talkatora Garden
Talkatora Road
Pandit Pant Marg
North Avenue
Mother Teresa Crescent
Rafi Marg
Church Road
Dara Shikoh Road
Tyagaraj Marg
Tu-Tu Marg
Motila
Mother Teresa Crescent
South Avenue
Krishna Menon Marg
Sunheri Bagh Road
Sardar Patel Marg
Kushak Road
Rajaji Marg
Krishna Menon Lane
Kautilya Marg
Teen Murti Marg
Akbar Road
Tees Ja
Rajdoot marg
LAZEEZ AFFAIRE
SANA-DI-GE
Nyaya Marg
Safdarjung Lane
Tughlaq Road
GANDHI
Shanti Path
Kautilya Marg
Niti Marg
Teen Murti Lane
Lok Kalyan Marg
PLAYBOY CLUB
Rue André Malraux
Mustafa Kemal Ataturk Marg
Panchsheel Marg
Safdarjung Road
Nyaya Marg
Shanti Path
Tughla
Niti Marg
Vinay Marg
500 M
TOMBEAU DE SAFDARJUNG

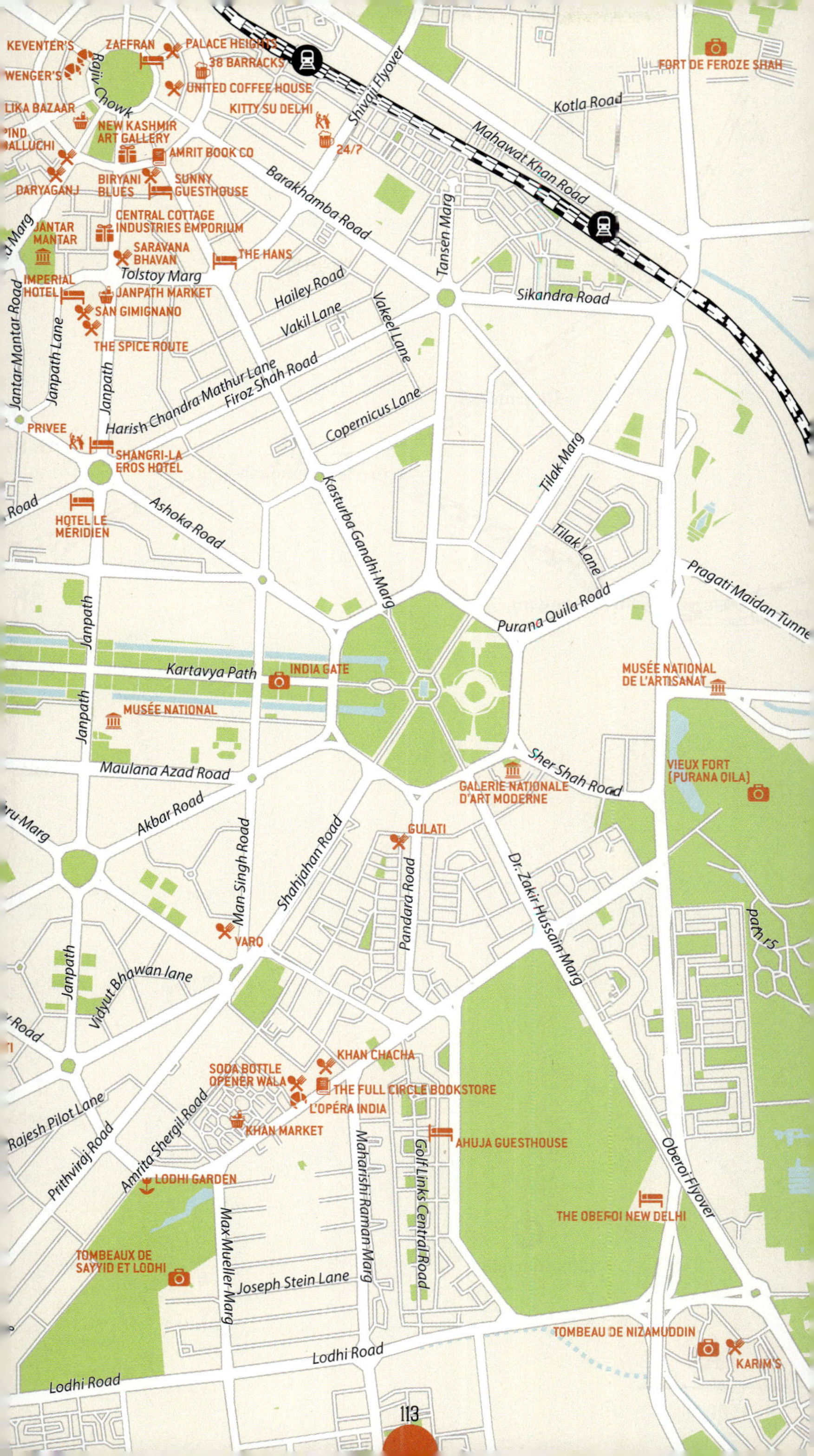
KEVENTER'S
ZAFFRAN
PALACE HEIGHTS
WENGER'S
38 BARRACKS
Rajiv Chowk
UNITED COFFEE HOUSE
LIKA BAZAAR
KITTY SU DELHI
NEW KASHMIR ART GALLERY
PIND BALLUCHI
24/7
AMRIT BOOK CO
DARYAGANJ
BIRYANI BLUES
SUNNY GUESTHOUSE
CENTRAL COTTAGE INDUSTRIES EMPORIUM
JANTAR MANTAR
SARAVANA BHAVAN
THE HANS
IMPERIAL HOTEL
JANPATH MARKET
SAN GIMIGNANO
THE SPICE ROUTE
PRIVEE
SHANGRI-LA EROS HOTEL
HOTEL LE MERIDIEN
FORT DE FEROZE SHAH
Kotla Road
Shivaji Flyover
Mahawat Khan Road
Barakhamba Road
Tansen Marg
Sikandra Road
Tolstoy Marg
Hailey Road
Vakil Lane
Vakeel Lane
Jantar Mantar Road
Janpath Lane
Janpath
Harish Chandra Mathur Lane
Firoz Shah Road
Copernicus Lane
Tilak Marg
Tilak Lane
Kasturba Gandhi Marg
Ashoka Road
Pragati Maidan Tunne
Purana Quila Road
Kartavya Path
INDIA GATE
MUSÉE NATIONAL DE L'ARTISANAT
MUSÉE NATIONAL
Maulana Azad Road
Sher Shah Road
VIEUX FORT (PURANA QILA)
GALERIE NATIONALE D'ART MODERNE
Akbar Road
GULATI
Man Singh Road
Shahjahan Road
Pandara Road
Dr. Zakir Hussain Marg
VARO
Vidyut Bhawan lane
KHAN CHACHA
SODA BOTTLE OPENER WALA
THE FULL CIRCLE BOOKSTORE
L'OPÉRA INDIA
KHAN MARKET
Rajesh Pilot Lane
Prithviraj Road
Amrita Shergil Road
Maharishi Raman Marg
Golf Links Central Road
AHUJA GUESTHOUSE
Oberoi Flyover
LODHI GARDEN
Max Mueller Marg
THE OBEROI NEW DELHI
TOMBEAUX DE SAYYID ET LODHI
Joseph Stein Lane
TOMBEAU DE NIZAMUDDIN
KARIM'S
Lodhi Road

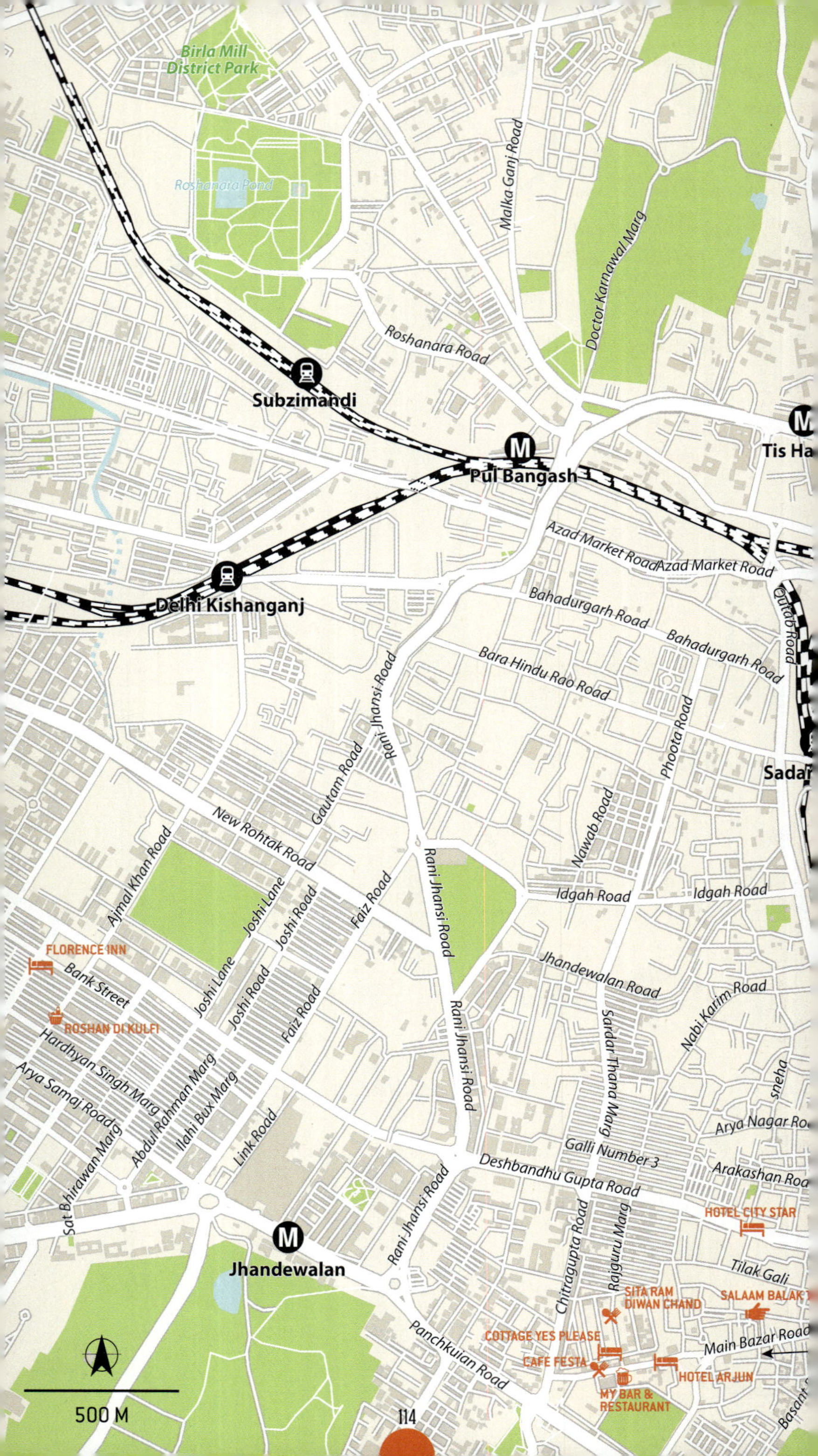

Birla Mill District Park
Roshanara Pond
Malka Ganj Road
Doctor Karnawal Marg
Roshanara Road
Subzimandi
Pul Bangash
Tis Ha
Azad Market Road
Azad Market Road
Delhi Kishanganj
Bahadurgarh Road
Bahadurgarh Road
Qutab Road
Bara Hindu Rao Road
Rani Jhansi Road
Phoota Road
Sadar
Gautam Road
New Rohtak Road
Nawab Road
Ajmal Khan Road
Joshi Lane
Joshi Road
Faiz Road
Rani Jhansi Road
Idgah Road
Idgah Road
FLORENCE INN
Bank Street
Joshi Lane
Joshi Road
Faiz Road
Jhandewalan Road
Nabi Karim Road
Rani Jhansi Road
ROSHAN DI KULFI
Hardhyan Singh Marg
Sardar Thana Marg
Arya Samaj Road
Abdul Rahman Marg
Ilahi Bux Marg
Link Road
Arya Nagar Ro
Galli Number 3
Deshbandhu Gupta Road
Arakashan Roa
Sat Bhirawan Marg
Rani Jhansi Road
Chitragupta Road
Rajguru Marg
HOTEL CITY STAR
Jhandewalan
Tilak Gali
SITA RAM DIWAN CHAND
SALAAM BALAK
COTTAGE YES PLEASE
Main Bazar Road
CAFE FESTA
HOTEL ARJUN
Panchkuian Road
MY BAR & RESTAURANT
500 M

Old Delhi
Civil Lines
THE EMBASSY
SHAM NATH VILLA
MAIDENS HOTEL
THE CAVALRY BAR
LADAKH BUDDHA VIHARA
SHREE DELHI GUJARATI SAMAJ CANTEEN
AH 2
Mahatma Gandhi Marg
Yamuna
Kashmere Gate
Nicholson Road
Mori Gate Road
ÉGLISE SAINT JAMES
Lothiyan Road
Delhi Junction
Naya Bazar Road
Church Mission Road
More Sarai Road
H.C. Sen Marg
GURDWARA SIS GANJ SAHIB
Lal Quila
Hayat Bakhsh
LAL QILA (FORT ROUGE)
SON ET LUMIÈRE DU FORT ROUGE
KHARI BAOLI
Katra Neel
CHANDNI CHOWK
HALDIRAM'S
OLD FAMOUS JALEBI WALA
NEW GRAMOPHONE HOUSE
FATEHPURI MASJID
Katra Bariyan
BABURAM PARANTHE WALE
Kinari Bazar
JEWELLERS
DARIBA KALAN
Ballimaran
Nai Sarak
Chel Puri
Gali Ahar
JAMA MASJID (GRANDE MOSQUEE)
SHRI DIGAMBAR JAIN LAL MANDIR
Meena Bazaar
Nishadraj Marg
Chawri Bazar
CHAWRI BAZAR
KARIM'S
Jama Masjid
Chawri Bazaar
HOTEL BOMBAY ORIENT
Darhni Rai Street
Sabzi Mandi Road
Chitli Qabar Bazar
Babu Ram Solanki Marg
Asaf Ali Road
Gali Arya Samaj
Wali Baig St
MARCHÉ DES INSTRUMENTS DE MUSIQUE
VIVEK HOTEL
FABHOTELS - THE WHITE KLOVE
COTTAGE GANGA INN
SAM'S CAFE
HOTEL HARI PIORKO
PAHAR GANJ ET LA GARE DE NEW DELHI
New Delhi
Jawaharlal Nehru Marg
Tagore Road

Au coeur du quartier Old Delhi.

DELHI

Delhi est une ville bouillonnante, dépaysante, qui vous plonge instantanément dans les paradoxes de l'Inde. S'y côtoient la richesse et la misère, le vacarme et la tranquillité, jardins charmants et quartiers oppressants. Elle contient tous les visages de l'Inde et de nombreux vestiges historiques qui témoignent d'un passé foisonnant traversé de conquêtes, de victoires et de défaites. Delhi a été choisie pas moins de 7 fois au cours de son histoire pour accueillir la capitale d'un empire. Des rajpoutes tomara qui l'élurent pour la première fois au VIIIe siècle aux Britanniques qui s'y installèrent en 1931, la ville de Delhi a vu passer tous les grands témoins de l'histoire indienne. Chaque période se découvre dans un quartier différent, qui en a conservé des stigmates. Les plus beaux monuments se trouvent aux abords du Purana Qila (le vieux fort) et du Fort Rouge à Old Delhi. La capitale est aussi un endroit privilégié pour le shopping.

SE REPÉRER SE DÉPLACER

La capitale de l'Inde est une mégalopole de 32 millions d'habitants. Ses embouteillages sont légendaires, son taux de pollution aussi. Si la ville est très bien pourvue en dessertes aéroportuaires (vols internationaux et domestiques), elle l'est aussi en moyens de transports en commun. Le plus rapide pour se déplacer est de prendre le métro, qui permet d'éviter les bouchons. La ville investit énormément de moyens pour développer son réseau et une nouvelle ligne ou un prolongement d'une ligne existante survient presque tous les ans. C'est aussi un moyen peu onéreux de se déplacer. Vous pouvez ensuite parcourir le dernier kilomètre jusqu'à votre destination finale en rickshaw, en prenant soin de négocier la course au préalable. Le réseau de bus est lui aussi très dense, mais il n'est pas facile de l'emprunter lorsque l'on ne connaît ni la ville, ni la langue. Et les temps de trajet sont très incertains.

AIR ASIA

Indira Gandhi International Airport
✆ +91 1860 500 8000
www.airasia.com

Cette compagnie *low cost* basée en Malaisie dessert l'Inde depuis 2014 tant sur des lignes intérieures que des trajets moyens-courriers. Air Asia propose des vols au départ de New Delhi à destination de Goa, Bagdogra, Bangalore, Kolkata, Guwahati, Imphal, Kochi, Jaipur, Ranchi, Srinagar ou encore Visakhapatnam. La compagnie permet également de rayonner un peu partout en Asie, le plus souvent avec escale à Kuala Lumpur. Les tarifs très attractifs et les appareils pour la plupart récents constituent autant d'avantages pour gagner du temps dans le confort.

INDIGO

Mehrauli Gurgaon Road
✆ +91 124 435 2500
www.indigo.com

Indigo fait partie des compagnies pionnières du low coast indien. Elle est célèbre pour son logo bleu et blanc, sa communication dynamique et ses jeux de mots facétieux. La compagnie a débuté en desservant les grandes villes indiennes, puis a étoffé son offre avec des moyens courriers vers la péninsule arabique et d'autres hubs régionaux comme la Thaïlande. Une valeur sûre pour vos déplacements dans le pays. Son développement lui assure également un rayonnement international avec une desserte de certaines capitales européennes et métropoles chinoises.

INDIRA GANDHI DOMESTIC AIRPORT

Le terminal des vols intérieurs est situé à 8 km de l'aéroport international. Une navette gratuite assure le transfert. Temps de trajet : 20-30 minutes. ✆ +91 11 256 751 26
www.newdelhiairport.in

L'Indira Gandhi Domestic Airport comprend deux terminaux : 1 et 2. Vérifiez bien sur votre billet le terminal de départ, car ils sont reliés entre eux par une navette. Les vols sont également très souvent soumis à des changements d'horaire. Il est donc conseillé de se renseigner avant le départ et de réserver son billet au moins une semaine à l'avance. La plupart des compagnies low cost n'impriment plus les étiquettes bagage. C'est à vous de le faire sous peine de supplément à payer.

INDIRA GANDHI INTERNATIONAL AIRPORT

Terminal 3
✆ + 91 12 43 37 60 00
www.newdelhiairport.in

IGIA n'en finit plus de se relooker et désormais, ce sont autant les zones de départ et d'arrivée qui ont été intégralement redesignées. L'aéroport propose des services très complets aux voyageurs (boutiques, espaces fumeurs, soins médicaux, ATM...). Le terminal est immense et il faut compter parfois 20 min pour rallier la porte d'embarquement depuis la zone de duty free. Vous devrez également présenter votre billet et votre passeport pour pénétrer dans le terminal.

SPICEJET

Indira Gandhi Domestic Airport

✆ 1 800 180 33 33

www.spicejet.com

Spice Jet est l'une des compagnies low cost les plus réputées et les mieux développées sur le territoire indien. Elle assure des vols réguliers depuis le Terminal 1 de l'aéroport Indira Gandhi de Delhi à destination de toutes les villes majeures et moyennes de l'Inde. Les tarifs sont compétitifs et vous pouvez réserver en ligne au moment de l'achat du billet des services complémentaires : excédent bagage, repas à bord, réservation du numéro de siège... Spicejet opère sur 54 destinations en Inde et 15 destinations internationales.

INTERNATIONAL TOURIST BUREAU

New Delhi Railway Station

✆ +91 11 233 468 04

www.irctc.co.in

Ouvert du lundi au samedi de 8h à 20h et le dimanche de 8h à 14h.

La gare de New Delhi Railway Station dispose d'un bureau de réservation pour les voyageurs étrangers. Il se trouve au premier étage d'un long couloir sombre, dans le bâtiment arrière de la gare. C'est ici que vous pourrez réserver un billet sur le *foreign quota,* des places conservées pour les voyageurs étrangers, ce qui permet d'obtenir un billet au dernier moment. Il est cependant plus prudent de réserver au moins un jour à l'avance et il est indispensable de présenter son passeport.

DELHI TRANSPORT CORPORATION

✆ +91 11 2386 5181

www.dtc.nic.in

Régie des transports de Delhi.

La DTC est la compagnie des bus métropolitains à Delhi. Elle compte un nombre incalculable de lignes et il s'agit de la plus grande compagnie de bus locaux au monde. Les touristes préfèrent prendre le métro, l'auto-rickshaw ou un taxi, plus simples d'utilisation. Néanmoins, c'est aussi la DTC qui assure la liaison entre les terminaux 1 et 3 de l'aéroport de Delhi, avec un service 24h/24. La compagnie a également mis en place un service de bus réservés aux femmes sur quelques lignes.

INTER STATE BUS TERMINAL [ISBT]

I.S.B.T. Kashmere Gate

✆ +91 11 23 86 88 36

http://dtc.nic.in

La principale gare routière de Delhi est souvent pleine à craquer, arrivez en avance. Il existe d'autres ISBT dans la ville.

▶ **Pour le Rajasthan,** beaucoup de bus partent de I.S.B.T. Sarai Kale Khan Bus Terminal, sur Mahatma Gandhi Road, derrière la gare de Nizamuddin (Tél + 91 11 24 35 80 92).

▶ **Réservations possibles à la Bikaner House** dans New Delhi, au sud d'India Gate. L'immeuble abrite aussi l'office du tourisme du Rajasthan. Nombreux bus Deluxe, Silver Line ou Pink Line (climatisés).

ECO RENT A CAR

Bhisham Pitamah Marg

✆ +91 11 40 79 40 79

www.ecorentacar.com

Cette agence très sérieuse propose aussi bien les transferts entre la ville et l'aéroport que la location d'un véhicule pour un ou plusieurs jours. Ses offres sont variées, mais malheureusement les prix ne sont pas les plus compétitifs du marché. L'agence peut vous fournir une voiture avec chauffeur pour un périple à travers toutes les régions de l'Inde. À vous de déterminer la durée du séjour et votre itinéraire. Elle loue également des voitures sans chauffeur. Mais nous ne vous recommandons pas ce type de prestation, car la conduite est dangereuse dans le pays.

HOTLINE D'AIDE AUX TOURISTES

✆ 1 800 11 1363

Disponible 24h/24, 7j/7, en français.

Cette ligne dédiée est une volonté du gouvernement de Narendra Modi pour faciliter la vie des visiteurs étrangers en Inde. Un menu d'accès permet de choisir la langue, dont le français. Vous pouvez la joindre à toute heure et tous les jours de l'année, afin d'obtenir des informations pratiques. Vous pouvez également la contacter en cas de problème au cours de votre voyage. Votre interlocuteur fera le nécessaire pour avertir les autorités compétentes et vous orienter dans vos démarches.

METROPOLE TOURIST SERVICE

224 Defence Colony Flyover Market
✆ +91 11 243 103 13
www.metrovista.co.in

Un bon plan pour tous ceux qui souhaitent se déplacer librement et rapidement en choisissant eux-mêmes leurs hébergements. Depuis 1976, cette agence familiale, gérée de père en fils, loue des véhicules avec chauffeur pour des circuits au Rajasthan, à Agra ou Varanasi. Ashwani Bazaz saura satisfaire vos attentes (voiture climatisée, Jeep, break...). Pour information, ce dernier est aussi propriétaire d'une agréable guesthouse, Tree of Life, située dans un quartier calme de la ville.

SURRINDRA TOURIST TPT SERVICE

115 Yusuf Sarai Gautam
✆ +91 11 460 573 53
www.rentacardelhi.in

Depuis 1980, cette société reconnue par le ministère du Tourisme est appréciée pour son sérieux, ses compétences et sa souplesse. C'est donc en toute confiance que vous pourrez choisir la voiture adaptée à vos besoins (avec chauffeur, climatisation, etc.). Toutes les capacités et tous les modèles sont disponibles. Elle est classée 4e agence de location de véhicules en Inde, et vous bénéficierez des meilleurs tarifs. Accueil à l'aéroport, transferts…, n'hésitez pas à les contacter.

EASY CAB

✆ +91 95 7153 0639
www.easycab.co.in

Easy Cab est un service de taxi longue distance au départ de Delhi, Gurgaon ou Noida. Vous pouvez faire appel à leurs services pour des courses à sens unique sans supplément de prix. C'est notamment très pratique pour se rendre directement à Jaipur (par exemple) si les horaires de vol ne correspondent pas et si vous n'avez pas envie de prendre le train. Il suffit de les appeler pour déterminer avec eux vos besoins, de la petite citadine, à la voiture familiale au minibus. Ils peuvent aussi effectuer le transfert depuis l'aéroport jusqu'à votre hôtel.

MÉTRO DE DELHI

www.delhimetrorail.com

Circule de 6h à 23h. Trajet à l'unité entre 10 Rs et 60 Rs. Tourist card : 200 Rs pour 1 jour et 500 Rs pour 3 jours.

- **Ouvert de 6h à 23h**, il compte 9 lignes pour un réseau de plus de 200 km.
- **Les tickets** sont des codes QR imprimés sur papier, valables pour un trajet, ou une carte magnétique Tourist Card aux nombres de trajets illimités. Il existe également une carte rechargeable si vous restez longtemps à Delhi ou effectuez peu de trajets. À l'entrée de chaque station, préparez-vous à être fouillé.
- **La fouille est systématique** à l'entrée du métro et vous devez déposer votre sac qui sera passé aux rayons X. Hommes et femmes doivent faire la queue séparément pour la fouille corporelle.

OLA CABS

https://book.olacabs.com/

Ola Cabs est l'équivalent indien de Uber. Le système est identique. Vous téléchargez l'application Ola sur votre téléphone à l'aide de Play Store (Android) ou de l'Apple Store (Apple) et vous vous laissez guider. L'application est disponible en anglais. Il est impératif d'avoir une carte SIM locale afin de pouvoir renseigner un numéro de téléphone au moment de votre inscription et de pouvoir communiquer avec les chauffeurs si besoin. Vous pouvez effectuer les courses en rickshaw, en moto ou en voiture. Vous pouvez partager certaines courses si vous le souhaitez.

UBER

Le célèbre service de VTC est disponible dans plusieurs villes indiennes. Pour pouvoir s'en servir, vous devez télécharger l'application sur votre téléphone et donc disposer d'une carte SIM indienne. Il n'est pas rare de devoir appeler le chauffeur, ou qu'il vous appelle, afin de trouver le point de rencontre. Le service fonctionne bien et revient beaucoup moins cher que n'importe quel service de taxi privé. Vous aurez le choix entre plusieurs catégories de véhicules pour un même trajet, faisant légèrement varier le prix de la course.

À VOIR / À FAIRE

Au cours de son histoire, Delhi a été par 7 fois la capitale de différents empires. La ville comprend de nombreux vestiges témoins de ces différentes époques, dont certains sont classés au Patrimoine mondial de l'Unesco comme le Qutb Minar ou le tombeau d'Humayun. Delhi, c'est aussi un bouillonnement incessant et un nombre incalculable d'ambiances différentes en fonction du quartier dans lequel on se trouve. De l'agitation presque insoutenable de Old Delhi, aux larges allées régulières et grands parcs de New Delhi, de l'ambiance bobo et animée de Khan Market ou Hauz Khas, en passant par la très touristique zone de Pahar Ganj ou le quartier tibétain de Majnu Ka Tila, il y en a pour tous les goûts et tous les centres d'intérêt. En tant que capitale de l'Union indienne, Delhi compte également les plus beaux musées du pays, avec de nombreuses œuvres témoignant d'une civilisation complexe, riche et foisonnante.

ARCHAEOLOGICAL SURVEY OF INDIA

24 Tilak Margh

asi.nic.in

Ouvert du lundi au vendredi, de 9h30 à 13h et de 14h à 18h.

Cet organisme dépend du ministère de la Culture et administre et protège les monuments historiques et sites archéologiques de l'Inde depuis 1861. Le service chapeaute les 24 « cercles » ou sous-divisions administratives en charge des fouilles et recherches archéologiques. Vous trouverez ici de la documentation relative aux principaux centres d'intérêt du pays. À noter que l'ASI a mis en place un système de vente de billets en ligne pour les sites les plus importants, dont le Taj Mahal.

DELHI TOURISM & TRANSPORTATION CORPORATION (DTTDC)

Coffee Home 1

✆ +91 11 233 653 58

www.delhitourism.nic.in

Ouvert de 10h à 17h du lundi au samedi.

Le Delhi Tourism & Transportation Development Corporation (DTTDC) est l'office de tourisme du Territoire de Delhi. Il délivre des informations diverses sur la ville (hébergements, restaurants, visites…), fait également office de bureau de change et d'agence de réservation de billets d'avion et de tours en bus. Vous y trouverez par conséquent toutes les informations indispensables à la réussite de votre séjour et éviterez de tomber dans de fausses agences.

BREAKAWAY INDIA

LTH, 213B, Sushant Lok Phase I, Gurugram, Haryana - **GURGAON**

✆ +919810379737

https://break-away.in/

Ouvert de 9h à 20 h, du lundi au samedi.

© @BREAKAWAY INDIA

Fondée par une voyageuse passionnée, Breakaway est bien plus qu'une agence de voyages. Cette entreprise spécialisée dans les arts, l'artisanat et le textile vous propose des itinéraires minutieusement planifiés ou personnalisés avec des activités en plein air, l'immersion dans les communautés locales, la promotion de pratiques durables et la découverte de la diversité culturelle indienne. Avec Breakaway, partez à la découverte de l'Inde authentique. Laissez-vous tenter par leurs expériences exclusives « Beyond The Brochure » et vivez l'évasion autrement.

EKAYANA TRAVEL

S-493, 1st Floor, Greater Kailash 1
✆ +91 98 71 10 61 09
www.ekayana-travel.com

Agence francophone, ouverte de 10h à 19h du lundi au vendredi.

Agence spécialisée dans le voyage sur mesure dans toute l'Inde. Dirigée par Marie-Chanel Gillier, une Française installée en Inde depuis 2004, Ekayana Travel propose des expériences authentiques et personnalisées selon vos centres d'intérêt et vos envies : histoire, artisanat, cuisine, sport, safari, trek, yoga, entre autres possibilités. L'agence collabore avec un réseau d'hôtels de caractère, de maisons d'hôtes conviviales et de partenaires locaux passionnés et responsables. Marie-Chanel et son équipe assurent un suivi efficace pendant le voyage.

OFFICE DE TOURISME DU RAJASTHAN

Shahjahan Road
✆ +91 11 233 895 25
http://tourism.rajasthan.gov.in

Ouvert du lundi au samedi, de 10h à 17h.

L'Office de tourisme du Rajasthan est installé à la Bikaner House, une demeure coloniale nichée au cœur de New Delhi. Il fournit de nombreuses cartes et brochures, les horaires d'ouverture des monuments, des renseignements sur les hébergements (mais surtout ceux gérés par l'État). On peut aussi y réserver son billet pour les trains de luxe *Palace on Wheels* et *Heritage on Wheels* ou un bus en direction du Rajasthan. N'hésitez pas à marquer l'arrêt si vous vous rendez à India Gate.

ACTIVE INDIA HOLIDAYS

803 Kirti Shikhar
✆ + 91 11 256 139 68
www.activeindiaholidays.com

Agence francophone.

Active India Holidays est une agence de référence et l'une des pionnières de l'écotourisme en Inde. Dès la fin des années 1970, les frères Tickoo furent parmi les premiers à proposer aux voyageurs francophones de découvrir l'Himalaya ou les États du nord-est. L'agence place l'humain au centre des préoccupations et favorise les échanges directs avec la population locale. L'agence s'investit à ce titre dans de nombreux programmes de formation des populations locales, de sensibilisation aux problématiques de faible impact et de tourisme durable.

BONJOUR INDIA TRAVEL

Bonjour India Travel, Second Floor, A, 49, Middle Cir, Connaught Place, New Delhi, Delhi 110001, Inde ✆ +91 8130523262
www.bonjourindiatravel.com

Ouvert du lundi au samedi de 9h à 21h.

Madan est un jeune homme dynamique qui a étudié le français pendant 5 ans et qui souhaite faire partager sa passion pour son pays à une clientèle francophone exigeante. Si vous souhaitez découvrir l'Inde, ses modes de vie, ses paysages captivants et sa diversité culturelle au cœur de la campagne indienne, vous êtes à la bonne porte. L'agence vous guide dans l'organisation de votre voyage en vous proposant des circuits individuels sur mesure et s'occupe de tous vos déplacements et vos hébergements. Avec Madan, votre voyage devient une aventure mémorable.

INCENT TOURS

29 Panchsheel Community Centre
✆ + 91 11 408 500 00
www.incent-tours.com

Réceptif sur le sous-continent indien, Incent Tours organise des voyages en Inde, Sri Lanka, Népal, Bhoutan et Tibet depuis plus de trois décennies. Agence généraliste, familiale et francophone, ils font du sur-mesure et possèdent notamment un bureau à Delhi. Que vous optiez pour un séjour tout luxe, que vous privilégiez un tourisme responsable et collaboratif, que vous ayez envie de parcourir une partie de votre séjour à moto ou vous déplacer en scooter... tout est envisageable avec Incent Tour. N'hésitez pas à consulter leur site qui propose de beaux circuits.

INSIGHT INDIA VOYAGE

306 Krishna Tower – II
✆ +91 11 4709 2122
www.insightindiavoyage.com

Ouvert du lundi au samedi de 10h à 18h.

Combien de fois avez vous pensé : « J'adorerais visiter l'Inde un de ces jours, mais... » Laissez-vous guider par Rahul Baloni, jeune homme sérieux et dynamique, qui sera ravi d'organiser votre voyage et vous faire découvrir les beautés de l'Inde. Cette agence basée à Delhi est agréée par le ministère du Tourisme indien et affiliée à de nombreux organismes de tourisme nationaux et internationaux. Elle vous propose des circuits variés et vous promet des souvenirs impérissables le temps d'un séjour de découverte passionnant, confortable et sans aucun souci.

SHANTI TRAVEL

C66 Okhla Phase I
✆ +91 11 460 778 00
www.shantitravel.com

Cette agence très professionnelle dirigée par Jérémy, un Français passionné par l'Inde, existe depuis 2005. L'équipe, composée d'Indiens et de Français propose des circuits sur mesure entièrement individualisés. Un expert voyage prend contact avec vous par téléphone ou WhatsApp pour déterminer vos envies et construit votre itinéraire en conséquence, dans le respect de votre budget. Inde du Sud, du Centre, du Nord ou Himalaya, ils vous emmènent partout. L'agence possède également une marque dédiée pour le trek, Shanti Trek, avec des départs en petits groupes.

DELHI BY BIKE

13 Jaipur Estate
✆ + 91 78 38 32 94 41
www.delhibybike.com
Compter 1 600 Rs pour 3 heures de visite.

Cette compagnie propose 3 circuits différents dans la ville. Un centré sur Old Delhi et ses principales attractions dont une halte dans la rue des *parantha* ; un autre qui part de Old Delhi pour vous mener à Tibetan Colony ; et enfin un troisième qui explore les principaux sites de la ville nouvelle. Chaque cycliste reçoit un vélo tout terrain en parfait état et un casque. Les groupes sont accompagnés par deux guides. Si pédaler dans Delhi, même à une heure matinale, vous angoisse trop, la compagnie propose aussi une visite pédestre de Old Delhi.

SHIVALIK HOLIDAYS (NEW DELHI)

0-14 MIG DDA Flats Prasad Nagar, near Rajendra PlaceNew Delhi
✆ + 91 93 50 03 58 79
www.indevoyagerajasthan.com
Ouvert toute l'année. Français et anglais parlés.

© @SHIVALIK HOLIDAYS NEW DELHI

Spécialiste du Rajasthan, Arvind Singh est un ancien guide francophone. Avec son équipe expérimentée, il crée des circuits à prix corrects. Ses suggestions mêlent visites culturelles et voyage d'aventure. Vous partirez à la rencontre des habitants du Rajasthan, dans les villes et les campagnes, en compagnie de votre chauffeur. Shivalik propose également les services de guides accompagnateurs francophones qui vous aideront à percer les mystères de la riche culture locale.

DELHI HERITAGE WALKS

✆ + 91 92 1253 4868
www.delhiheritagewalks.com
Visite programmée ou sur mesure entre 500 Rs et 3 000 Rs par personne.

Visiter le patrimoine culturel de Delhi avec des guides passionnés par son histoire et des natifs de la ville, voici le principe de cette association qui propose des visites thématiques de qualité. Old Delhi, Lodi Garden, Kashmiri Gate, Mehrauli, Hauz Khas, chaque semaine, les visites et leurs horaires sont proposés sur leur site Internet. Il suffit de s'inscrire, de se retrouver au point de rendez-vous et d'écouter les commentaires du guide pendant les deux heures de la promenade. Si vous souhaitez effectuer une visite à la carte, c'est également possible.

SALAAM BALAK TRUST

Gali Chandiwali
✆ +91 11 235 341 64
www.salaambaalaktrust.com
Compter 250 Rs pour une visite de 2 heures.

Salaam Baalak Trust organise une visite guidée de deux heures autour de la gare de New Delhi, à la rencontre des enfants des rues et de leur histoire. Les guides sont d'anciens enfants arrivés à Delhi, très jeunes. Le tour commence par la gare, ses territoires, son fonctionnement, la vie et la survie des enfants. La visite continue dans les différents centres de l'association. Ces visites organisées répondent à une attente de la part des touristes. Pour certains, il s'agit d'être sensibilisé à la misère sociale, pour d'autres il n'est question que de voyeurisme.

DELHI

LES QUARTIERS DE DELHI

La ville de Delhi s'étend sur les rives de la rivière Yamuna sur une quarantaine de kilomètres du nord au sud et sur une trentaine de kilomètres d'est en ouest. La partie très urbanisée de la ville est encerclée par le Ring Road, le périphérique. Ce que l'on appelle communément le « centre » se trouve en fait au nord de la ville, et inclut Old Delhi et Connaught Place. Le sud de la capitale est plutôt occupé par des quartiers résidentiels.

Old Delhi et le Nord

Ce découpage regroupe les quartiers de Delhi Nord (Civil Lines et Majnu Ka Tila), d'Old Delhi, de Karol Bagh et Pahar Ganj.

Notre zone Delhi Nord est délimitée à l'ouest par la ligne ferroviaire, à l'est par la Yamuna et au sud par Kashmere Gate, le terminal de bus ISBT, Dewan Manak Marg et Vir Banda Bairag Marg. Pendant longtemps mal desservis, ils ne suscitaient pas plus l'intérêt des touristes que celui des structures d'accueil. Les universités aidant, Delhi Nord est désormais ponctué de stations de métro.

- **Civil Lines** commence à proximité de Kashmere Gate, cette ancienne porte nord qui menait à la cité fortifiée de l'empereur moghol Shah Jahan. Situé de l'autre côté des remparts, Civil Lines fut le premier bastion où s'établirent les Britanniques après avoir déplacé leur capitale de Calcutta à Delhi en 1911. Ils y concentrèrent résidences et bâtiments administratifs. C'est à Civil Lines que les Britanniques envisagèrent la création de leur capitale avant que le sud de la ville moghole ne soit finalement retenu.

Civil Lines est une enclave habitée par des familles de la classe moyenne et aisée. Certaines ont d'ailleurs ouvert de charmantes guesthouses au sein de jolies maisons. Si le quartier ne regorge pas de structures touristiques pour le moment, il y a fort à parier que ses avenues arborées séduiront d'ici peu les promoteurs ou restaurateurs. La Delhi University se trouvant à proximité, il règne à Civil Lines un vent de post-adolescence très agréable. Les étudiants sont très prévenants et vous aident même à négocier le prix d'une course en rickshaw ! Vous serez également sollicité par de jeunes écoliers curieux de comprendre votre mode de vie et vous constaterez avec un certain plaisir que le harcèlement des rabatteurs n'est pas dans les habitudes du quartier. Les quelques restaurants de qualité sont au sud du quartier, sur Alipur Road (métro Civil Lines) ou encore dans l'hôtel Madens Oberoi qui compte deux bons restaurants et un bar cosy. Mis à part ces adresses, on trouve surtout des gargotes. Côté visites, il s'agit surtout des vestiges anglais : église Saint James, Mutiny Memorial et surtout Coronation Memorial où le roi George V d'Angleterre se proclama empereur des Indes en 1911. Pour accéder à ces lieux, descendez au métro Civil Lines et prenez ensuite un rickshaw si les 20 minutes de marche à pied vous rebutent.

- **Majnu Ka Tila,** le quartier des réfugiés tibétains, joue les contrastes à côté de Civil Lines ! Également connu sous le nom de Tibetan Colony, Majnu Ka Tila est une toute petite enclave située à 4 km de Kashmere Gate, sur la rive ouest de la Yamuna. Pour la rejoindre, deux options : prendre un rickshaw à partir de Civil Lines (10 minutes, 30 Rp) ou descendre à la station Vidhan Sabha et emprunter un rickshaw (5 minutes de trajet, 20 Rp). De la route, on repère Majnu Ka Tila grâce à ses drapeaux flottant sur les toits des immeubles colorés. Encore peu fréquenté par les touristes, c'est pourtant un voyage en pays de quiétude que l'on recommande. Majnu Ka Tila fut créé en 1965, soit quelques années après l'invasion du Tibet par la Chine. Depuis ses origines, le quartier s'est développé et Tibetan Colony se répartit désormais de part et d'autre d'une quatre voies que l'on traverse grâce à une grande passerelle. Au total, 6 000 personnes vivent ici dans un petit monde en vase clos qui se parcourt uniquement à pied. Si l'ancien camp n'a plus guère d'intérêt aujourd'hui, le nouveau quartier constitue, lui, le cœur battant de la culture tibétaine. Une fois passé son grand portail d'entrée, vous oublierez foule, klaxons, cacophonie humaine et poussière pour déambuler parmi des habitants paisibles et des moines souriants. Partout, des portraits du dalaï-lama, des drapeaux « Free Tibet » (Tibet libre) et des *darchok*, ces petits drapeaux de prières multicolores. La placette du village, ornée de deux monastères en activité, est tout simplement adorable. Les ruelles attenantes sont ponctuées de petits restaurants où l'on déguste à moindre coût des spécialités locales (*momos, thukpa*, fromage de yak !). On trouve également des boutiques d'artisanat tibétain, des agences de voyage, des cybercafés. À la sortie du quartier, vous pourrez savourer encore un peu de ce Tibet au Ladakh Buddha Vihara ou vous réadapter en douceur dans le temple sikh de Majnu Ka Tila.

Old Delhi est Shahjahanabad pour les intellectuels, la Delhi du XVIIe siècle. Pour les intimes, elle se nomme Purani Dilli (vieille ville). Et pour les non-initiés ? C'est un capharnaüm !

Old Delhi est une véritable ville dans la ville. Nulle part ailleurs dans la capitale, vous ne trouverez cette atmosphère intense aux allures orientales. Old Delhi grouille de vie de l'aube au crépuscule. Son avenue principale Chandni Chowk illustre à merveille le concept de l'embouteillage à l'indienne. S'y côtoient pieds humains, sabots de vache ou de cheval, roues de charrette, de rickshaws, de motos, de taxis… À droite comme à gauche, des ruelles sombres serpentent dans le quartier et déboussolent presque le meilleur des guides. Ses bazars pittoresques sont une aventure sensorielle à ne pas rater. On respire un mélange de fleurs et d'encens et on est assailli par le parfum de la cardamome à Khari Baoli, le plus grand marché aux épices d'Asie.

Le quartier compte de célèbres monuments comme la mosquée Jama Masjid, la plus grande du pays et le Fort rouge, majestueuse citadelle de grès rouge à laquelle on consacre au moins une heure. Également le temple jaïn Digambara et son hôpital pour oiseaux, le gurudwara Sisganj (temple sikh) et la mosquée Fatehpuri. Mais pour éviter de finir chèvre à Old Delhi, la pause s'impose ! On reprend des forces dans les stands de rue ou dans une pâtisserie traditionnelle ou encore en dégustant un kebab fondant chez Karim's. Si vous manquez d'air, filez au parc de la Yamuna où vous verrez le Raj Ghat, mémorial de Gandhi.

Au sud du Fort rouge, vous trouverez le quartier de Darya Ganj, QG des maisons d'édition. Pour dénicher un bon bouquin à petit prix, ne manquez pas le Sunday Book Market du dimanche matin.

Les quartiers de Karol Bagh et Pahar Ganj, situés à l'ouest de Old Delhi, sont regroupés en raison de leur continuité géographique et de leur ambiance populaire. Certes, les bâtiments comme les rues auraient besoin d'un nouveau revêtement mais leur grand atout réside en fait dans l'atmosphère sans chichis. On apprécie de se balader à pied au cœur de chacun, on discute avec les habitants en buvant un *chai* au coin d'une rue et l'on rejoint vite un restaurant ou un magasin. Chacun bénéficie d'une station de métro à proximité, une course en rickshaw est, elle, relativement rapide et peu coûteuse.

- **Karol Bagh** est une vieille enclave commerçante, réputée pour ses marchés. Sur Ajmal Khan Road commence Karol Bagh Market, assidûment fréquenté par les habitants. La raison ? Vêtements, bijoux, livres, fruits secs, on y trouve absolument de tout. Entre deux emplettes, il faut entrer chez Khosan di Kulfi pour déguster un *kulfi*, cette crème glacée agrémentée de vermicelles fluorescents. Les meilleurs de Delhi !
- **Dans la continuité de Karol Bagh** commence Patel Nagar. Si le trafic routier rythme la grande artère de Patel Road, les hôtels y sont de bonne qualité et étrangement paisibles. Il suffit de s'engager dans une ruelle perpendiculaire de sa partie ouest pour découvrir pléthore de petits commerces aux prix modestes. À l'est, c'est un peu plus chic avec de petits parcs, des boutiques de saris ou de téléphonie et de bons restaurants de cuisine indienne.
- **Le quartier de Pahar Ganj** se situe au sud de Karol Bagh et juste en face de la gare de New Delhi. On ne le choisit pas pour son charme urbain mais bien pour son côté pratique et bon marché. Il est communément appelé Main Bazar, patronyme de sa rue principale. C'est le quartier touristique par excellence et le spot des voyageurs à petit budget. Main Bazar est bordé par des hôtels et des restaurants peu coûteux. On y trouve aussi des magasins, des cybercafés, des agences de voyages. Dans ce concentré poussiéreux et cacophonique, l'ambiance est loin d'être désagréable. Chaque matin, les vaches font le tour du quartier et arrivent à se nourrir avec les restes et les ordures laissés la veille par les habitants. Promenez-vous dans le Vegetable Market et dans les ruelles attenantes qui fleurent encore bon l'Inde traditionnelle.

Quartier de Pahar Ga

DELHI

Old Delhi.

New Delhi et ses environs

La New Delhi dessinée par Lutyens s'est étendue depuis son inauguration en 1931. Il s'agit désormais d'un vaste quartier allant de Raj Path, la voie royale, à la ceinture périphérique de Ring Road. Ponctué d'enclaves résidentielles bien desservies par le métro, le quartier de New Delhi (et ses environs) conjugue monuments, musées, hôtels de charme, parcs et centres culturels. On trouve également de bons restaurants et des marchés où il fait bon déambuler comme Khan Market ou Dili Haat. En bref, New Delhi est le quartier le plus agréable de la capitale. À son extrémité occidentale, Raj Path concentre le Parlement, les ministères et le palais présidentiel. À l'autre bout se dresse India Gate dont les pelouses ravissent les habitants en fin de semaine. La balade bucolique est également possible à Nehru Park et surtout au Lodi Garden où s'élèvent les tombeaux des sultans Lodi et Sayyid dans un sublime cadre paysager. Le quartier diplomatique de Chanakyapuri se trouve au sud-ouest de Raj Path. Le quartier de Defense Co- ony, appelé ainsi car les familles des militaires résidaient autrefois, abrite la classe moyenne périeure et de bons restaurants. À l'est, Sunder gar constitue un quartier chic où l'on trouve hôtels agréables. Ne manquez pas le Purana puis le tombeau de Humayun, l'un des beaux monuments de Delhi. En continuant e sur Mathura Road, le contraste sera à mble au quartier de Nizamuddin, nommé l'honneur d'un saint soufi. Il faut y venir soir lorsque les chants soufis rendent hère totalement magique.

ght Place, attenante à Old Delhi, marque la ville créée par les Anglais au début . Cette immense rotonde a été rebapti- wk par le gouvernement indien, mais les habitants continuent à la nommer Connaught Place ou CP. Banques, magasins et restaurants chics y sont regroupés, de même que les lieux de visite qui ne manquent pas à proximité de CP. Bangla Sahib Gurudwara permet d'en savoir davantage sur la religion sikh, le temple d'Hanuman et le Lakshmi Birla Mandir invitent à la *puja* hindou tandis que le Jantar Mantar, construit au XVIIIe siècle par Jai Singh II, étonne par ses formes futuristes.

j.

Delhi sud

Les quartiers du sud de Delhi s'étendent après le Ring Road, il n'est pas aisé de les parcourir à pied. Même si le métro relie la plupart des enclaves résidentielles, on fait souvent appel à un rickshaw pour la distance restante. À l'image de New Delhi, cette partie de la ville propose de belles guesthouses tenues par des expatriés ou des personnes issues de la classe aisée. Nos préférées se situent à Safdarjung Enclave, Hauz Khas Village et New Friend Colony. Côté restauration et shopping, vous aurez le choix des *markets*. Le plus sympathique est peut-être le M. Market dans le quartier de Greater Kailash. Vous pourrez y tester la savoureuse cuisine du Moti Mahal Deluxe et perdre ensuite vos calories sur le dance-floor du Shalom ou de l'Urban Pind. Le jardin des Cinq Sens et Deer Park seront de véritables poumons si la chaleur sévit durant votre séjour. Le second vous mènera tout droit aux ruines d'Hauz Khas actuellement en cours de restauration sous l'égide de l'Archeological Survey of India. Derrière, le village du même nom est le quartier bobo de la capitale ! Truffé de galeries d'art, de créateurs indiens et de cafés sympathiques, il fait très bon y flâner quelques heures. Delhi Sud affiche aussi ses contrastes : le complexe du Qutab Minar datant du XIIe siècle, le Lotus Temple du XXe siècle et les centres commerciaux vitrés (à Saket) sortis de terre au XXIe !

COMPLEXE DU QUTAB MINAR ★★★

Seth Sarai, Mehrauli

Ouvert de l'aube au crépuscule. Entrée : 600 Rs.

Qutab Minar signifie pilier ou axe en arabe. Il désigne la tour construite pour célébrer l'avènement de l'islam en Inde. Mais le site comprend d'autres monuments, d'époque postérieure pour certains, endommagés au fil des siècles. Qutab ud-Din Aibak, le premier Sultan de Delhi, érige la mosquée Quwwat ul-Islam et le Qutab Minar pour célébrer la victoire de l'islam sur l'hindouisme. La défaite du roi hindou Prithviraj III lors de la bataille de Taraïn en 1192 signe l'avènement de l'islam dans le nord de l'Inde et préfigure son expansion. Par la suite, Itlutmish, Ala ud-Din Khilji et Feroze Sha Tughlug mettront également leurs pierres aux édifices en réutilisant bien souvent les ruines de temples hindous mis à terre. Ce mélange de styles, combinant influences ottomanes, perses et hindouistes, marque les débuts architecturaux du style islamique indien.

Pour accéder au site, il faut traverser la route en face de la billetterie et remonter l'allée. La visite constitue une balade agréable, entre verdure et vieilles pierres. Mais c'est aussi l'un des monuments les plus visités de la capitale et vous pouvez vous attendre à croiser beaucoup de monde, principalement des Indiens, car le site est malheureusement ignoré des circuits des Occidentaux. Essayez de venir en semaine si cela concorde avec votre emploi du temps. Le Qutab Minar mérite vraiment une visite.

▶ **Alai Darwaza** construit en 1311 par Ala ud-Din Khilji, ce portail en grès rouge et marbre blanc affiche des arcs finement sculptés, caractéristiques de l'architecture musulmane. Il se trouve à l'entrée du site sur la gauche, après avoir traversé une grande pelouse et en direction du Qutab Minar.

▶ **Qutab Minar** est sans conteste le point d'orgue de la visite. Haute de 72,50 mètres, cette tour a été construite en plusieurs fois et par plusieurs sultans. La raison de son érection est controversée. La plupart des historiens pensent qu'il s'agit d'une tour visant à célébrer la victoire du règne musulman sur le règne hindou en Inde. D'autres pensent qu'il s'agit d'un minaret servant au muezzin pour l'appel à la prière. Erigée en 1193 par Qutab-ud-Din Aibak, sa construction intervient un an après la victoire du sultan sur le roi hindou Prithviraj III à la bataille de Taraïn. Il n'a le temps que de faire construire la base en grès rouge. Son successeur, Iltutmush ajoute trois étages de grès rouge. Ce n'est qu'en 1368 que Firoz Shah Tughlak fait ajouter deux derniers étages en marbre blanc et grès rouge. Ce sont des artisans hindous, maîtres dans le travail de la pierre et de l'ornementation, qui calligraphièrent les versets coraniques en ciselant sa surface. Le Qutab Minar fut endommagé en 1368 par la foudre et par un tremblement de terre en 1803. Depuis, ce vestige historique a bénéficié de plusieurs rénovations d'ampleur. Il s'agit toujours du plus haut minaret d'Inde et le troisième plus haut au monde

▶ **La mosquée Quwwat ul-Islam,** dont le nom signifie « la lumière de l'islam », est la première mosquée construite à Delhi. Elle se trouve sur la droite du Qutab Minar et d'Alai Darwaza en avançant vers le fond du site. Sa construction commença en 1193 sous l'impulsion de Qutab ud-Din Aibak et fut achevée en 1137. Les matériaux ayant servis à sa construction proviennent de la destruction de 27 temples hindous. En y regardant de plus près, vous vous apercevrez que des ornements typiquement hindous figurent sur les piliers ou les murs de l'édifice. Des ajouts furent apportés par Iltutmush en 1230 et Alla ud-Dij Khilji en 1315. On peut y observer les traces de ces transformations, notamment un élargissement sous la forme d'une arche.

▶ ***L'iron pillar*** trône au milieu de l'esplanade de la mosquée et constitue l'une des plus curieuses antiquités de l'Inde. Il mesure 7,20 m et est constitué à 97 % d'acier, un exploit quand on sait qu'il date du IVe siècle ! Le travail est minutieux puisque le pilier résulte de l'assemblage de plusieurs centaines de petits fils de fer travaillés et soudés ensemble. Il servait probablement de porte-étendard pour le culte vishnouite. Vous pourrez d'ailleurs y remarquer des inscriptions en sanskrit. Il est le plus grand objet en fer composite connu pour une période aussi ancienne.

▶ **Le tombeau du sultan Ala ud-Din Khilji** date de 1311. Il se trouve tout à fait au bout à gauche du complexe. Il jouxte une petite *madrasa*, coutume de l'époque pour marquer la piété et la générosité des proches du défunt. Cette école coranique de grès rouge comporte une profusion d'inscriptions géométriques et d'arabesques dans la pure tradition sarrasine, avec néanmoins des motifs d'inspirations hindou.

▶ **Le tombeau d'Iltutmush** se trouve à droite de la mosquée, au bout de l'esplanade. Il le fit bâtir de son vivant en 1235. Ce sultan mamelouk fut le premier à gouverner depuis Delhi et il est considéré comme le fondateur du Sultanat de Delhi. La coupole s'est effondrée, mais les arcs en saillie, les colonnes et les accès présentent des sculptures d'une grande finesse. Le grès rouge est marqué de motifs floraux et de calligraphie arabe, tout comme la tombe de marbre blanc qui trône au centre de l'édifice.

▶ **Alai Minar** est l'ébauche d'un projet pharaonique inachevé. Ala ud-Din Khilji, l'un des souverains les plus puissants de la période du Sultanat de Delhi, envisageait de faire construire une tour deux fois plus haute que celle du Qutab Minar. Il n'aura vu que la construction de sa base. Le socle, impressionnant, se trouve sur votre gauche en regagnant la sortie depuis le tombeau d'Iltutmush.

Complexe du Qutab Minar.

FORT DE TUGHLAQABAD ★★

106/9 Merhauli Badarpur Road

Ouvert tous les jours, de l'aube au crépuscule. Entrée : 200 Rs.

Cette ancienne cité fondée par la dynastie Tughlaq au début du XIVe siècle détenait à l'origine des murs de 27 mètres de hauteur par endroits. Il s'agit de la troisième capitale construite à Delhi, après Mehrauli et Siri. Aujourd'hui, la forteresse se résume à quelques ruines qui laissent encore entrevoir sa splendeur passée. Vous pourrez notamment apprécier l'épaisse muraille et ses bastions défensifs érigés sur deux étages. L'enceinte était percée de 52 portes dont seulement 13 subsistent encore. La ville était organisée en trois secteurs : le secteur résidentiel, la citadelle et sa tour d'observation connue sous le nom de Bijai-Mandal et les quartiers royaux. Un long tunnel reliant la tour de la citadelle à la résidence du sultan peut encore être emprunté en partie. Tughlaqabad est aujourd'hui largement envahie par une végétation dense qui empêche d'en explorer la plupart des recoins. Faites également attention, le fort est peuplé par les singes. S'il est amusant de les observer, faites-le de loin. Leur comportement peut parfois se révéler hargneux et leurs facéties particulièrement pénibles. Certains singes se sont spécialisés dans le vol à la tire, alors rangez soigneusement lunettes, casquette ou autre.

La légende prétend que le fort est maudit. Le sultan Ghiyas ud-Din aurait publié un édit obligeant tous les travailleurs de Delhi à venir construire son fort. Le saint soufi Nizamuddin Auliya en charge de la construction du baori (puits) aurait mis les travaux à l'arrêt. Furieux qu'on ose s'opposer à sa volonté, le sultan tança vertement le religieux. En retour, Nizamuddin Auliya prononça la malédiction que le fort demeure inhabité ou qu'il tombe entre les mains des Gujjars. De fait, à la mort du sultan en 1325, le fort fut pris par les Gujjars et abandonné en 1327. De l'autre côté de la route se trouve le tombeau emmuré du sultan Ghiyas ud-Din Tughlaq, le fondateur de la dynastie, qui évoque davantage une forteresse qu'un monument funéraire… et n'est pas sans rappeler les mœurs plutôt rudes de l'époque. Il était relié à la cité fortifiée par un passage, qui est désormais coupé par l'autoroute qui relie Merauli à Badarpur. On pénètre dans l'enceinte du tombeau par une haute porte percée dans la muraille. Le tombeau pyramidal est coiffée d'un dôme. Il abrite trois tombes, celle du sultan, de sa femme et de son fils qui lui a succédé en tuant purement et simplement son père. Juste à côté se trouve un immense réservoir (*kund*) creusé par la main de l'homme et qui était destiné à alimenter la ville en eau.

HAUZ KHAS ★

Hauz Khas Fort Road

Il ne reste pas grand-chose de Siri, la cité fondée au début du XIVe siècle par le sultan Ala ud-Din. Seul le réservoir (*hauz*) subsiste. Les tombeaux et la madrasa installés dans le parc remontent à la dynastie Tughlaq (entre le XIVe et le début du XVe siècle). Il y a trente ans, Hauz Khas était encore un village où l'on croisait poules, vaches et habitants faisant la sieste sur des *charpoys*. Aujourd'hui, c'est une zone résidentielle bourgeoise, fréquentée par la jeunesse dorée de Delhi et surtout *the place to be* en matière de shopping et de sorties.

JARDIN DES CINQ SENS ★

Westend Marg

✆ +91 11 2953 6401

Ouvert tous les jours de 9h à 19h, jusqu'à 18h d'octobre à mars. Entrée : 40 Rs.

Sans conteste le lieu le plus romantique de Delhi ! Au détour d'une allée, au bord d'une fontaine ou derrière de jolies ruines, vous apercevrez de jeunes amoureux enlacés et coupés du monde. Ce jardin est tout autant une œuvre d'art (25 artistes indiens ont exposé une œuvre) qu'un espace sensoriel. On déambule au travers de plusieurs ambiances : Khas Bagh reprend les lignes du jardin moghol, Color Garden affiche un arc-en-ciel végétal constitué de fleurs et de plantes rares. Vous traverserez également la cour des bambous et l'espace tactile ponctué de rochers.

TEMPLE DU LOTUS ★

Lotus Temple Road

www.bahaindia.org

Ouvert du mardi au dimanche de 9h à 17h30. Entrée gratuite.

Ce monument achevé en 1986 sert de temple à la communauté bahaïe. Sa forme en lotus symbolise la quête mystique prônée par les adeptes de cette religion, mais est aussi un symbole commun à l'hindouisme, au jaïnisme, au bouddhisme et à l'islam. Cette religion œcuménique est apparue en Iran au XIXe siècle et prône la paix et la tolérance entre les communautés religieuses. Le temple est ouvert à la prière et à la méditation à tous, quelle que soit la croyance. Il y a un petit musée sur le site expliquant le bahaïsme. L'accès est gratuit, mais nécessite un ticket.

RUINES DE MEHRAULI ★★

Anuvrat Marg

Entrée gratuite.

Ce parcours, parmi les monuments majeurs des ruines de Mehrauli, vous propose de plonger dans la frise chronologique de l'histoire de Delhi. Sur l'ensemble de la zone gérée par l'ONG INTACH (Indian National Trust for Art and Cultural Heritage), on dénombre environ 70 bâtiments, dont 42 sont restaurés et dotés de panneaux explicatifs qui permettent de mieux comprendre l'histoire de ces pierres. Mehrauli fut fondée au VIIIe siècle par Anagpa Ier qui y fit construire un fort. La ville se développa tout autour progressivement, au fil des conquêtes opérées par différentes dynasties. Par conséquent, Mehrauli symbolise la première capitale de Delhi, lorsque le Mamelouk Qutubuddin se sacra lui-même premier sultan en 1206. Ce parcours vous invite aussi à traverser le village semi-rural de Mehrauli. Vous y serez accueilli par une population majoritairement hindoue, qui se montrera étonnée de trouver des visiteurs intéressés par ces vestiges. Vous l'aurez compris, il s'agit d'un jeu de piste hors des sentiers battus. Situées en majorité au sein même de la bourgade, les ruines sont nichées dans les ruelles du bazar ou cachées à proximité.

▸ **En sortant du Qutab Minar,** demandez à un rickshaw de vous conduire à l'entrée du village de Mehrauli. Si la marche vous rebute, vous pourrez négocier avec votre rickshaw pour effectuer la suite de votre parcours.

▸ **À l'entrée de Mehrauli,** sur votre droite, se trouve Bhulbhulaiyan, la tombe octogonale en grès que l'empereur Akbar fit construire à la fin du XVIe siècle pour Adham Khan, le fils de l'une de ses nourrices. Pourquoi ce cadeau ? Peut-être par mauvaise conscience, car l'empereur avait provoqué sa mort en le poussant du haut du Fort Rouge. On raconte que le fantôme d'Adhan Khan hante toujours les lieux. Selon la légende, il serait à l'origine de la mort de l'administrateur britannique qui, au XIXe siècle, avait osé installer ici sa résidence et transformer la sépulture en table à dîner !

▸ **Prenez sur votre gauche pour descendre vers le Sukhi Baori** aussi appelé Rajon Ji Baori. Cette citerne (*baori*) désormais à sec, fut construite sur 3 étages au début du XVIe siècle. Elle était destinée à approvisionner la ville en eau, tout comme le Gandhak Ki Baori, une autre citerne de cinq étages située à proximité.

▸ **À l'opposé de Gandhak Ki Baoli**, en empruntant la rue qui tourne vers la droite, vous rejoindrez le sanctuaire (*dargah*) du saint soufi Qutbuddin Bakhtiyar Kaki. Cet ensemble comporte également les tombes d'empereurs moghols ainsi que la petite mosquée Moti Masjid. C'est dans ce dargah que s'achève le festival coloré de Phool Walon Ki Sair. Il est célébré dans les rues de Mehrauli pendant 3 jours en septembre par les fleuristes de Delhi. Seuls les hommes peuvent pénétrer au-delà des écrans de marbres ajourés (*jiali*), sur lesquels de nombreux pèlerins accrochent une ficelle colorée et faire un vœu. Si vous voyez certains détacher les cordons de coton, c'est que leur souhait a été exaucé !

▸ **En descendant sur quelques centaines de mètres,** à l'extrémité est de Mehrauli, vous découvrirez un magnifique parc et la mosquée Jamali Kamali. Elle porte le nom d'un poète de la cour des Lodi et des premiers moghols. Jamali était en fait le pseudonyme du sheik Fazlullah, qui fut initié au soufisme. Dans cette mosquée du XVIe siècle, on trouve encore des traces de faïence bleue au-dessus de la porte d'entrée. Au nord, jouxtant la mosquée, vous verrez la tombe de Jamali et probablement celle de Kamali, son frère. Elles sont, toutes deux, richement décorées.

▸ **À proximité, vous trouverez les ruines du tombeau du sultan Balban** (XIIIe siècle). À peine dégagée de la végétation et bien qu'il n'en reste que peu de chose, cette structure est importante. C'est en effet l'un des premiers édifices majeurs construits en Inde de style moghol, avec une arche monumentale et un dôme.

▸ **Revenez ensuite sur l'artère principale de Mehrauli** et traversez son bazar haut en couleur ! Tout au bout du village, vous atteindrez Hauz-i-Shamsi, un vaste réservoir d'eau d'environ 2 ha, représentatif du système d'alimentation en eau de Delhi au début du XIIIe siècle. La légende veut qu'il fût érigé par Ilutmish suite à un rêve où le prophète Mahomet lui aurait indiqué ce lieu exact ; raison pour laquelle l'eau contenue dans ce réservoir est considérée comme sacrée.

▸ **Au coin nord-est du réservoir est édifié le Jahaz Mahal**, construit à la période des sultans Lodi. Ce monument est l'un des points de passage du festival des fleuristes. Son nom signifie « le vaisseau palais » en raison des reflets de l'eau qui semblent le faire flotter. Ses chhatri (kiosques surélevés d'un dôme) sont typiques de l'architecture indienne du Rajhastan.

▸ **En empruntant la route qui rejoint l'Anuvrat Marg se dresse la mosquée Madhi Masjid.** Sertie de ses murs épais, elle a davantage l'allure d'une petite forteresse. Certainement construite entre les périodes Lodi et moghole, elle emprunte son style architectural aux deux époques. Elle possède, en outre, des arches ouvertes sur chacune de ses faces ; chose peu courante pour une mosquée. Son imposant portail de pierre de style hindou (sur sa face est) et ses deux fenêtres de pierre rouge lui confèrent une belle élégance.

Si le cœur vous en dit et que vos jambes vous le permettent, le site réserve encore bien d'autres découvertes. La visite vous aura, comme à nous, certainement creusé l'appétit ! C'est l'occasion de faire une pause au restaurant Circa 1193 ou dans l'un des établissements du Crescent at the Qutab.

AKSHARDAM TEMPLE ★★

NH 24
✆ +91 11 434 423 44
www.akshardham.com
Ouvert de 9h30 à 18h30. Entrée gratuite. Exposition permanente : 170 Rs.

Malgré une ambiance proche de celle des parcs de loisirs, ne manquez pas de visiter ce temple qui a mis plus de 35 ans à sortir de terre. C'est au coucher du soleil que le lieu resplendit, mais c'est également l'heure où il y a le plus de visiteurs. Avec le Fort Rouge, le temple Akshardham est un des monuments les plus visités de Delhi.

Il date de 2005 seulement et plus de 7 000 artisans et 3 000 volontaires se sont relayés pour édifier et sculpter ce qui est aujourd'hui le plus grand complexe hindou d'Inde. Situé à l'est de la Yamuna, le temple mélange les éléments architecturaux et stylistiques du Rajasthan, du Gujarat et des Mogholes. Le temple principal mesure 43 mètres de haut pour une emprise au sol d'un hectare, le tout entièrement sculpté dans le grès rose du Rajasthan et le marbre blanc de Carrare. La structure est supportée par 234 piliers ornementés et l'intérieur abrite 20 000 statues de dieux, saints et autres personnages mystiques de l'hindouisme. Le temple des Valeurs, ou Sahajanand Pradarshan, présente une exposition permanente assez étrange retraçant la vie du gourou Swaminarayan. Des personnages mêlant animation et robotique reprennent les éléments essentiels de l'existence de ce saint hindou du XVIIIe siècle fondateur d'un mouvement sectaire de l'hindouisme.

À la nuit tombée (vers 18h), un spectacle son et lumière embrase ce qui est le plus grand puits d'Inde. Les spectateurs prennent place sur l'une des 2 870 marches du puits pour admirer le *show* dédié au cercle de la vie.

BIRLA MANDIR (LAXMINARAYAN MANDIR) ★

Mandir Marg
Entrée libre.

En 1938, le Mahatma Gandhi accepta d'inaugurer ce grand sanctuaire rouge et blanc à la condition que toutes les castes soient autorisées à y pénétrer et qu'il ne soit pas ouvert aux seuls hindous. À l'entrée figure une plaque souhaitant la bienvenue à toutes les classes sociales et l'ensemble des religions, incluant les Intouchables. Les fidèles viennent y adorer Vishnou sous la forme de Narayan, et sa compagne Lakshmi, déesse de la fortune et de la prospérité.

GANDHI SMRITI ★★★

5 Tees January Marg ✆ +91 11 230 128 43
Ouvert de 10h à 17h, du mardi au dimanche. Entrée gratuite. Show multimédia de 13h à 13h30.

Birla House fut la dernière résidence du Mahatma Gandhi et c'est lors de sa promenade du soir dans les jardins qu'il fut assassiné par un fanatique hindouiste le 30 janvier 1948. La maison a été aménagée en musée par le gouvernement indien en 1973. Bien plus intéressant que le musée Gandhi de Raj Ghat, ce musée mérite une visite. L'exposition qui peut parfois sembler anecdotique au regard de l'héritage intellectuel laissé par le Mahatma est une manière de lui rendre hommage et de parcourir avec lui ses derniers pas.

▶ **Birla House.** Cette maison appartenait à la riche famille Birla du Gujarat que Gandhi côtoyait fréquemment. Elle fut construite en 1928 par Ghanshyamdas Birla, selon un plan en U. Réparties sur deux étages, les douze pièces de cette résidence secondaire virent passer de nombreuses personnalités, dont Gandhi et Sardar Patel, le premier vice-Premier ministre du pays. Elle fut notamment la dernière résidence de Gandhi qui y passa les 144 derniers jours de sa vie. Après sa mort, Jahawarlal Nehru, Premier ministre de l'Inde et ancien compagnon de route de Gandhi, tenta de convaincre Ghanshyamdas Birla de transformer la maison en mémorial. Mais celui-ci refusa d'ouvrir au public une maison où il possédait tant de souvenirs. En 1971, après de longues tractations, le gouvernement indien réussit finalement à racheter la maison à l'héritier de la famille. Il dut débourser 5,4 millions de roupies, ce qui représentait une somme considérable à l'époque. Après des travaux d'aménagement, le musée ouvrit ses portes le 15 août 1973 sous le nom de Gandhi Smriti qui signifie « Commémoration de Gandhi ».

▶ **Gandhi Smriti.** Le musée abrite une vaste collection de photographies de la vie du Mahatma ainsi que quelques-unes de ses affaires personnelles (sandales, paire de lunettes et canne) présentées dans la chambre qu'il occupait. Cette chambre a été conservée en l'état. Des mises en scène dans des maisons de poupées retracent les événements majeurs de sa vie dans les autres pièces. De sa chambre au jardin, des empreintes marquent ses derniers pas jusqu'au lieu précis de son assassinat symbolisé par la « colonne du martyr ». Gandhi y a été tué par un hindouiste extrémiste qui n'acceptait pas la partition de l'Inde. Cette symbolique très émouvante laisse aussi entrevoir le grand vide laissé par Gandhi après sa mort. Près de 70 ans après sa mort, les affres de l'indépendance et de la partition ne sont toujours pas digérés partout, comme en témoignent les conflits récurrents au Cachemire ou les soulèvements réguliers des hindouistes du Gujarat.

GALERIE NATIONALE D'ART MODERNE ★★★

Jaipur House, India Gate (C-Hexagon)
✆ +91 11 233 846 40 - www.ngmaindia.gov.in
Ouvert du mardi au dimanche de 11h à 18h. Fermé lundi et jours fériés. Entrée : 500 Rs.

Ce musée permet au public de découvrir des œuvres d'art datant de 1850 à nos jours. Outre la collection permanente sont organisées des expositions ponctuelles. Il est installé dans l'ancien palais du maharaja de Jaipur, où l'on peut admirer les œuvres de nombreux artistes indiens contemporains de styles divers. Le musée d'Art moderne est né sous l'impulsion de Nehru et de Maulana Azad, ministre de l'Éducation de 1947 à 1958 et considéré comme l'un des auteurs majeurs de langue ourdoue au XXe siècle. Il ouvre ses portes en 1954.

Les 17 000 œuvres possédées par le musée permettent de retracer les différents courants dans l'histoire de l'art moderne indien de façon particulièrement claire et intéressante. On y découvre la vivacité de l'art contemporain indien, complètement inconnu sous nos contrées.

▶ **Le miniaturisme.** L'histoire commence avec la peinture miniature, une tradition picturale très pratiquée dans le nord de l'Inde dès le Xe siècle. Cette école se pratique encore notamment au Rajasthan ou au Pendjab.

▶ **Tanjore et Mysore.** Vous pouvez admirer des œuvres de la tradition picturale de Tanjore et Mysore, au sud de l'Inde. La plupart sont d'inspiration religieuse et figurent un style riche en détails et souvent rehaussé à la feuille d'or. L'école de Mysore s'exprime essentiellement sur papier alors que celle de Tanjore pratique la peinture sur tissu.

▶ **Voyageurs européens.** Le mouvement d'artistes voyageurs venus d'Europe a surtout connu un grand succès auprès de peintres britanniques qui se rendent en Inde dès 1770 à la recherche de contrats. Cette tradition a perduré jusqu'à la moitié du XIXe siècle et la plupart des œuvres sont des huiles sur toile, de techniques occidentales sublimées par une vision orientaliste qui donne de l'Inde une image mystérieuse et exotique.

▶ **Période de la Compagnie.** Ce style fait référence à la période qui s'étend du XVIIIe au XIXe siècle, sous la Compagnie orientale des Indes. Les artistes indiens, qui répondent aux exigences des colons britanniques, s'attachent à peindre la flore et la faune, les traditions folkloriques, des monuments ainsi que des paysages. Cette école est à la croisée des chemins entre le naturalisme et l'intimité et le style médiéval du miniaturisme.

▶ **Le réalisme académique.** À partir de 1870, la peinture indienne connaît un tournant radical. Il est principalement dû à l'apprentissage de la technique de la peinture indienne ainsi qu'au goût prononcé du public pour une vision réaliste et naturaliste des thèmes représentés. Un des plus grands artistes de l'époque est Pastonji Bomanjee, un peintre né à Trivandrum (Kerala).

▶ **L'école du Bengale.** Lancé par Abanindranath Tagore, de la célèbre famille d'intellectuels de Calcutta, le mouvement est créé en rupture totale avec l'école du réalisme académique. Tagore puise dans les anciennes techniques, les matériaux et formes d'expression picturales indiennes pour créer un mouvement pan-indien. Il élargira ensuite son mouvement à l'Asie entière en partant étudier les techniques japonaises. Il en résulte une vision nébuleuse et romantique de l'Inde, ses paysages, ses scènes historiques ou pastorales.

▶ **Amrita Sher-Gil (1913-1941).** Cette artiste, née de père indien et de mère hongroise, s'est formée à l'École des beaux-arts à Paris. Ses premières toiles, qui datent de 1930, reflètent le style et le mode de vie européens. De retour en Inde à partir de 1934, son style se personnalise et elle s'approprie les couleurs, les textures et la vitalité du pays. Le musée possède la plus importante collection de cette artiste majeure, avec pas moins de 100 toiles différentes.

▶ **Jamini Roy (1887-1972).** Cet artiste bengalais a puisé dans l'expression folklorique traditionnelle, pratiquant l'aplat et la simplification des formes. Il s'est astreint durant toute sa carrière à n'utiliser qu'une palette de 7 couleurs différentes.

▶ **École de Shantiniketan.** En 1901, l'immense poète et artiste Rabindranath Tagore fonde une petite école dans le village de Shantiniketan. L'éducation repose sur des études en milieu naturel plutôt que sur le travail en studio. Il en résulte des œuvres s'inspirant de décors naturels où chaque artiste pouvait imprimer sa propre vision. Nandalal Bose est l'un des artistes majeurs de cette école.

▶ **L'abstraction dans l'art contemporain indien.** Cette section présente des œuvres d'artistes très différents partis à la recherche de la pureté des lignes, des formes et des couleurs, à partir des années 1950-1960. Gaitonde, Patel et Mohamedi font partie de ces artistes à avoir initié le mouvement.

▶ **Les mouvements des années 1970.** Au début des années 1970, la forme narrative se tourne plus vers le mythique et le mystique. Les artistes expriment leurs peurs et leurs obsessions de manière onirique, fantasmatique. Les œuvres de kg Subramayan ou Prabhakar Barwe reflètent bien cette nouvelle dimension métaphysique.

▶ **Les contemporains.** Le début des années 1980 marque un effacement progressif des thèmes qui minaient les « anciens ». Les jeunes artistes se tournent vers de nouvelles formes d'expression artistique et goûtent à la peinture, la vidéo, la photo, la scénarisation d'éléments en trois dimensions. Les thèmes de prédilection tournent autour du genre, de l'environnement et de la crise urbaine.

En plus des galeries dédiées à la peinture, le musée comprend également des galeries dédiées à la sculpture et à la photographie.

GURUDWARA BANGLA SAHIB ★★

Ashoka Road

✆ +91 11 233 401 74

Ouvert tous les jours de 4h à 21h. Entrée gratuite. Se couvrir la tête.

C'est le plus grand temple sikh de Delhi et une visite s'impose. Tout de marbre blanc, coiffé d'un dôme doré et agrémenté d'un vaste bassin pour les ablutions des fidèles, il fut bâti au XVIIIe siècle en souvenir de la visite du huitième Gourou Harkrishan, en 1664. A l'entrée du sanctuaire, des boutiques proposent les traditionnels articles de piété : exemplaires du *Granth Sahib* le livre saint du sikhisme, poignards, sabres, bracelets (attributs obligés des fidèles) et des CD de chants religieux. N'hésitez pas à vous adresser à l'accueil où l'on vous donnera mille explications sur la religion fondée par Gourou Nanak au XVe siècle. Arrêtez-vous un moment dans la grande salle de prière pour écouter les hymnes des fidèles, accompagnés à l'harmonium portatif et au tabla. Ensuite, rendez-vous dans le musée attenant dont l'entrée est gratuite. Il présente l'histoire des sikhs au travers de tableaux sans grande valeur, mais au réalisme on ne peut plus sanguinolent. Enfin ne manquez pas le réfectoire propre à tous les temples sikhs, appelé *langar*. La religion impose la gratuité des repas et d'asile. Ici, 50 000 repas sont servis chaque jour. Les fidèles s'assoient par terre en rangées, et des volontaires leur servent dal et chapati. Ce repas commun symbolise l'unité de la communauté et l'égalité entre les êtres. En ressortant vous pourrez admirer le bassin, béni par le huitième Guru. L'eau a guéri, semble-t-il, les personnes souffrant de la vérole ou du choléra. Toujours en activité, il continue à être vénéré par les fidèles.

INDIA GATE ★

Raj Path Marg

La réplique indienne de l'Arc de Triomphe mesure 42 mètres de hauteur. Elle fut conçue par Luytens, l'architecte chargé de dessiner les plans de la nouvelle capitale voulue par les Britanniques et achevée en 1921. Elle rend hommage aux 90 000 soldats indiens morts pendant la Première Guerre mondiale. Elle honore également les victimes de la guerre anglo-afghane de 1919. Au centre du monument, le gouvernement indien entretient la flamme du Soldat éternel, Amar Jawan, en 1971. Le monument attire surtout de nombreux touristes indiens.

LODHI GARDEN ★★

Lodhi Road

Ouvert de 5h à 20h d'avril à septembre et de 6h à 20h d'octobre à mars. Entrée gratuite.

Lodhi Garden offre aux Delhiites ce que Central Park procure aux New-Yorkais : une bouffée d'oxygène. Se reposer un moment sous un arbre en écoutant le chant des oiseaux constitue un moment de plaisir à ne pas manquer et surtout un moment privilegié dans cette ville survoltée. La balade bucolique se fait aussi historique puisque le parc abrite des tombeaux datant de l'époque des sultans Sayyadi et Lodhi. Evitez toutefois de venir le dimanche, il y a tellement de monde qu'il vous sera difficile de trouver un banc libre ou une place sous un palmier.

DELHI

© SAIKO3P - ISTOCKPHOTO

Gurudwara Bangla Sahib.

HISTOIRE DE DELHI

Au VIIIe siècle de notre ère, la dynastie Tomara y bâtit une forteresse. Mais Delhi ne rentrera dans l'Histoire qu'à la fin du XIIe siècle. En 1192, le chef militaire musulman Qutab ud-Din s'empare de la ville et se proclame « sultan de Delhi ».

Pendant plus de trois siècles, des dynasties musulmanes éphémères se succèdent. En 1526, l'arrivée au pouvoir de la dynastie des Moghols change le destin de la ville.

Si Babur, fondateur de la lignée, choisit Agra pour capitale, son successeur, Humayun, s'établit à Delhi dans le Purana Qila (le Vieux Fort). Akbar et Jehangir préfèrent quant à eux régner depuis Agra. De 1627 à 1658, Shah Jahan s'installe à Delhi où il fait bâtir un nouveau quartier, Shahjahanabad, qu'il embellit avec la Jama Masjid et le Fort Rouge (Lal Qila).

La mort d'Aurangzeb (1707) sonne le glas de la puissance moghole. Au cours du XVIIIe siècle, Delhi est pillée à trois reprises. La paix est rétablie après l'arrivée des Britanniques qui exercent alors le pouvoir. La révolte des Cipayes (1857), à laquelle se joint le dernier empereur Bahadur Shah II, est particulièrement violente. Après avoir repris le contrôle, les Anglais envoient le souverain à Rangoon, en Birmanie, exécutent ses deux fils et déplacent la capitale à Calcutta. Ce n'est que le 11 décembre 1911, sur décision du roi George V, que Delhi recouvre son titre. C'est à cette époque que des travaux, prévus sur vingt ans, ont été entrepris afin de faire sortir de terre la ville nouvelle, New Delhi, inaugurée en 1931.

MUSEE INTERNATIONAL DES TOILETTES ★

Palam Dabri Marg
✆ + 91 11 25 03 15 18
www.sulabhtoiletmuseum.org
Ouvert tous les jours, sauf le dimanche, de 10h à 17h. Entrée gratuite.

Sous ses airs saugrenus le but de ce musée est très sérieux : sensibiliser la population à l'hygiène et au sort des Intouchables souvent cantonnés à ramasser les excréments des gens de castes supérieures. Il présente une collection de sanitaires du monde entier ponctuée d'anecdotes comiques. Question santé publique, on apprend que 60 % des foyers indiens ne disposent toujours pas de toilettes alors que le pays fut le premier à posséder des sanitaires hygiéniques, il y a 4 500 ans…

JANTAR MANTAR ★★

Sansad Marg
✆ +91 11 233 653 58
Ouvert tous les jours de 6h à 18h. Entrée : 300 Rs.

L'observatoire Jantar Matar de Delhi fut construit par le maharaja de Jaipur Jai Singh II. Passionné d'astronomie, il reçut l'ordre de l'empereur moghol Muhammad Shah de remettre à jour les calendriers et tables astronomiques. Celui de Delhi fut le premier à être construit et date de 1724. Il comprend 13 instruments de mesure assez obscurs. Il s'agit de grandes structures complexes qui devaient permettre de connaître la position exacte du soleil, de la lune et des planètes. Le Jantar Matar a beaucoup souffert, notamment lors de la révolte des Cipayes en 1857. Il est bien moins intéressant que celui de Jaipur. Cependant, trois instruments ont été rénovés.

- **Samrat yantra.** Cet immense triangle rectangle sert de cadran solaire. Haut de 21 mètres, son hypoténuse de 39 mètres est parallèle à l'axe de la terre et pointe vers le pôle nord. De chaque côté de la base du triangle, un cadran gradué donne l'heure, les minutes et les secondes. L'outil permettait notamment de mesurer les coordonnées des différents corps célestes.
- **Jayaprakash yantra.** Il s'agit d'hémisphères concaves avec des marques sur leur surface. En tendant des fils entre différents points depuis le bord, il était possible en alignant une étoile avec une des marques de définir des fenêtres datées.
- **Misra yantra.** Cet instrument servait à mesurer le jour le plus long et le plus court de l'année. Il pouvait également indiquer l'heure de midi pour n'importe quelle ville du monde. C'est le seul instrument à ne pas avoir été inventé par Jai Singh II.

TOMBEAU DE SAFDARJUNG ★

Sri Aurobindo Marg
Ouvert tous les jours, de l'aube au crépuscule. Entrée : 300 Rs, 25 Rs pour une caméra.

Bâti en 1754 par le nawab d'Avadh pour son père ce très beau mausolée est le dernier exemple notable de l'architecture moghole. Il reprend le plan typique des grands tombeaux de l'époque : un bâtiment dressé sur une plate-forme, surmonté d'un dôme en forme de bulbe et entouré d'un jardin. Malgré les disproportions de sa façade il reste tout de même l'un des plus élégants monuments de la capitale. De petits pavillons agrémentent le site, ainsi qu'une madrasa, une école coranique. Il n'est que peu visité, mais mérite le détour lors de la visite du tombeau d'Humayun.

MUSÉE NATIONAL ★★★

Janpath ✆ +91 11 230 192 72
www.nationalmuseumindia.gov.in
Ouvert du mardi au dimanche de 10h à 17h. Fermé le lundi et jours fériés. Entrée : 500 Rs.

Les passionnés d'art indien trouveront ici leur bonheur, car il s'agit du plus grand et du plus beau musée du pays. Il contient des collections qui font remonter l'histoire indienne à la civilisation de l'Indus (antérieure à 1 600 avant notre ère). Le musée expose notamment des pièces de très grande valeur, tant historique que culturelle, comme les premières statues de Bouddha qui datent des Ier et IIe siècles. Pour explorer avec minutie tous les recoins des 12 collections une journée suffirait à peine. Un audioguide mènera les plus pressés devant les pièces incontournables du musée pour une visite en 75 minutes chrono.

Préhistoire. Cette section renseigne les visiteurs sur les modes de vie des civilisations pré-Indus. L'utilisation des matériaux, leur façonnage montre l'évolution de l'homme à l'époque préhistorique indienne.

Archéologie. La galerie explore les premières traces de civilisation jusqu'à la période médiévale au XIIIe siècle. La collection Harappan renferme de nombreux trésors inestimables. Cette civilisation est considérée par les archéologues comme l'une des plus anciennes au monde. Le clou de la collection est la *Fille dansant*, une figurine de bronze qui illustre la maîtrise de la métallurgie 2 500 ans avant notre ère. Les salles suivantes s'intéressent aux premiers grands empires indiens : Maurya, Shunga et Satavahana (de 322 av. J.-C. au Ier siècle). La galerie Gupta met en lumière ce qui a été considéré comme l'âge d'or de l'art indien (IVe au VIe siècle). Les artistes atteignent un degré de perfection et de finesse dans l'exécution de leurs œuvres. Les deux pièces à ne pas manquer sont le *Shiva dansant* et le *Shivalinga de Khoh*. La visite se poursuit avec la galerie d'art prémédiéval. D'une manière générale, il se caractérise par une élongation des formes humaines et une abondance d'ornementations. La visite de la section archéologique se termine par les sculptures du Haut Moyen Âge dont deux galeries thématiques consacrées aux bronzes et à l'art bouddhiste. On y apprend que le coulage du bronze se pratiquait à cire perdue dès la période Harappan. La collection d'art bouddhiste expose deux trésors que sont la représentation en bronze de Bouddha trouvé à Phophnar et la tête de Bouddha de Sarnath.

Anthropologie. Près de 8 000 objets et artefacts reflétant les rites et coutumes des différentes ethnies indiennes sont exposés ici. On y retrouve des marionnettes, des vêtements, des masques, des armes, des objets de la vie courante, des bijoux, des instruments de musique...

Armes et armures. Les armes plus anciennes remontent à l'ère préhistorique et les plus récentes au XIXe siècles. La collection contient des pièces inestimables dont la magnifique épée de Jaipur ou celles de l'empereur Aurangzeb sont exposées ici. Les poignards sont ornementés de jade, d'ivoire, de cristal et parfois gravés.

Antiquités d'Asie centrale. Cette collection est le fruit de trois expéditions menées au début du XXe siècle par Sir Aurel Stein dans le Xinjiang chinois. L'explorateur a parcouru les routes nord et sud de la soie et ramené des centaines d'objets.

Arts décoratifs. L'embellissement d'objets du quotidien est très ancien et remonte à la civilisation Harappan. L'extraordinaire foisonnement artisanal a permis de rassembler une très importante collection répartie dans 4 galeries différentes : les arts décoratifs proprement dit occupent deux galeries au rez-de-chaussée et la sculpture sur bois et le textile s'exposent au 2e étage. De nombreuses techniques sont présentées à travers la réalisation de ces objets magnifiques et utiles à la fois : gravure, sculpture, tissage, gaufrage, incrustation, coulage, broderie, teinture ou encore pressage.

Bijoux. Avec 250 bijoux exposés, le musée national propose la plus importante collection ornementale du pays. L'art de l'ornement remonte aux civilisations de l'Indus où les femmes arboraient des colliers de perles polies. La collection renferme aussi des pièces ayant appartenu aux empereurs moghols ou aux maharajas. Pendant plus de 2 000 ans, l'Inde était le seul pourvoyeur de pierres précieuses, ce qui a laissé en héritage un savoir-faire très ancien.

Manuscrits. Le fonds de la collection contient 14 000 manuscrits, dont certains remontent au VIIe siècle. Certains d'entre eux sont enluminés, d'autres présentent un intérêt strictement calligraphique. La valeur de cette collection tient au sceau royal apposé sur de nombreux documents.

Numismatie et épigraphie. Le Musée national présente une collection extraordinaire par sa diversité et son ancienneté. Les premières pièces d'argent ou de cuivre poinçonnés remontent au VIe siècle av. J.-C. Elles étaient frappées par des guildes de marchands. Des pièces d'or et d'argent frappées des profils d'Auguste ou de Tibère établissent des liens entre l'Inde et les Romains. L'édition de monnaie dynastique fait son apparition au IIe siècle av. J.-C. sous l'empire Pahalava. Les pièces d'or de la période Kushtana, la série zodiacale de Jahangir ou encore des pièces rares des États princiers d'Inde sont à voir.

Peinture. Cette section est exclusivement dédiée à la peinture miniature. Les quatre principales écoles y sont représentées : deccanie (sud de l'Inde), moghole (Inde centrale et du nord), rajasthanie (Inde de l'ouest) et paharie (collines du nord).

Art précolombien. La collection d'art précolombien provient d'un don d'une collection privée rassemblant des œuvres du Mexique, du Pérou, d'Argentine, du Costa Rica et du Nicaragua.

MUSÉE NATIONAL DE L'ARTISANAT ★★★

Bhairon Road ✆ +91 11 233 716 41
nationalcraftsmuseum.nic.in
Ouvert du mardi au dimanche de 9h30 à 18h. Fermé lundi et jours fériés. Entrée : 300 Rs.

Implanté dans un agréable parc, le musée national de l'Artisanat abrite une collection éblouissante de pièces rares venues de tout le pays. Pierre, bois, argile ou encore produits textiles sont rassemblés pour dresser un impressionnant panorama des différents savoir-faire indiens. Le parc héberge des répliques d'habitats ruraux traditionnels et un village d'artisans s'y tient d'octobre à mars afin d'effectuer des démonstrations et vendre des produits.

La collection. Kalamadevi Chattopadhyay, une figure importante du mouvement de l'indépendance, réalisa que la volonté de Nehru de moderniser le pays risquait de faire disparaître l'artisanat indien. Elle commença à collectionner des pièces récoltées à travers tout le pays. Au début des années 1980, le fonds rassemblait un nombre suffisant d'œuvres pour envisager la construction d'un musée. Aujourd'hui, la collection comprend plus de 35 000 œuvres.

Le musée. Ses salles offrent une vision à 360° de l'artisanat indien et constituent une précieuse introduction aux techniques traditionnelles. Vous pourrez admirer de magnifiques boiseries dans la galerie de sculpture butha, des statues de bronze, des peintures naïves, des figurines en papier mâché ou encore des poteries. Ne manquez pas la haveli de bois dans la galerie de l'artisanat de cour ou la superbe collection d'objets d'art tribal. La salle des textiles mérite également une halte avec ses magnifiques saris, châles et tentures, aux broderies d'une incroyable délicatesse.

TOMBEAUX DE SAYYID ET LODHI ★

Lodhi Garden
Ouvert tous les jours, de 6h à 20h. Entrée gratuite.

Les tombeaux des derniers sultans de Delhi (XVe siècle et début du XVIe siècle) sont assez décevants comparés à la finesse de ceux de l'époque moghole. Le tombeau de Mohammed Shah fut édifié en 1450 et sa galerie est inspirée de l'architecture hindoue. Le Bara Gumbad (grand mausolée), érigé en 1494 pour un dignitaire de la cour, est enrichi d'une petite mosquée et d'un local pour les fidèles. Au fond du jardin, le tombeau de Sikander Lodhi (1517) est entouré d'un mur crénelé.

TOMBEAU DE HUMAYUN ★★★★

A la fin de Mathura Road
Ouvert tous les jours de l'aube au crépuscule. Entrée : 600 Rs.

Il s'agit incontestablement du plus beau monument de Delhi, qui allie finesse et grandeur de l'architecture. Prototype des tombeaux-jardins moghols, cet immense mausolée en grès rouge et marbre blanc inspira le Taj Mahal. Il préfigure l'architecture moghole chère à Shah Jahan, faite d'incrustation dans la pierre.

Le site comprend plusieurs tombeaux ainsi que des jardins somptueux traversés de jeux d'eau. Le meilleur moment pour y venir est tôt le matin ou en fin de journée quand la lumière douce est filtrée par les *jialis*, ces écrans de pierre ajourée. Le tombeau d'Humayun figure depuis 1993 sur la liste du Patrimoine mondial de l'Unesco.

Tombeau d'Isa Khan. Près de l'entrée du mausolée (au sud-est) s'élève le tombeau d'Isa Khan, général du fameux Sher Shah qui détrôna Humayun durant cinq ans. Reprenant l'architecture octogonale des tombeaux Lodi, il est antérieur de vingt ans à celui de l'empereur. Du même côté du parc, vous verrez les ruines de l'Arab-ki-Sarai, un caravansérail dans lequel logeaient semble-t-il les ouvriers employés à la construction du mausolée de l'empereur.

Le tombeau d'Humayun. Cet énorme cube de grès rouge érigé sur une plate-forme fut construit en 1565, à la demande de la veuve de l'empereur moghol. Elle fit appel à un architecte persan pour réaliser le mausolée. On retrouve d'ailleurs des éléments architecturaux typiques tel que le dôme à double coupole, une technique utilisée en Perse dès le XIIIe siècle, ou le pishtak, un portail en forme d'arc en saillie. Les toits de part et d'autre de la coupole sont surmontés de *chhatris*, clochetons de pierre reposant sur de fins piliers. Le mausolée est placé au bout d'un *charbagh*, un jardin à quatre massifs, traversé en son centre par des canaux venant alimenter bassins et fontaines. Sous le dôme de marbre blanc entouré de kiosques, vous pénétrez dans la chambre centrale octogonale où se trouve le cénotaphe de l'empereur. La tombe proprement dite se trouve en fait dans une crypte interdite au public. La coupole en stuc finement ouvragé garde encore des traces de peinture originelle. Dans les salles annexes qui donnent directement sur l'esplanade, vous verrez les tombeaux des membres de la dynastie. Ces salles sont fermées par de fins *jalis* à travers lesquels filtrent la lumière.

Le site a bénéficié d'une rénovation profonde en 2013 grâce à la Fondation Aga Khan. Six années de chantier et 200 000 journées de travail ont été nécessaires. Les travaux ont notamment permis de remettre en état le système hydraulique et de restaurer la chambre funéraire.

© F9PHOTOS

La tombe de l'empereur Humayun.

TOMBEAU DE NIZAMUDDIN ★★

Boali Gate Road

Ouvert 24h/24. Entrée gratuite.

L'humanisme de l'enseignement du saint soufi Hazrat Nizamuddin Auliya a traversé les siècles et nombreux sont les pèlerins à venir se recueillir sur sa tombe. Décédé en 1325, son mausolée ne date que de 1562. Le complexe de son tombeau forme une ville dans la ville avec de nombreux restaurants, de petits hôtels pour pèlerins et des échoppes de souvenirs. Il règne une agitation permanente dans cette enclave musulmane. Autour de la tombe, toutes les croyances sont représentées en signe de tolérance. D'ailleurs, il n'est pas rare de croiser un *hijra* ou de voir un sikh prier devant la tombe du saint.

Optez pour une visite le jeudi (ou un jour de fête) vers 18h30, au moment de la prière. Sur la dalle du tombeau illuminé, cette parenthèse hors du temps constitue un parfait préambule de détente pour écouter ensuite les *qawwals* chanter des paroles empruntées au poète Amir Khusru, contemporain de Nizamuddin. Durant la prestation, vous pourrez faire comme vos voisins et déposer piécettes et petits billets – bien mérités – devant les artistes. Après vous avoir montré le livre répertoriant les dons (astronomiques !) des visiteurs, les gardiens – plus ou moins officiels – vous encourageront à faire une petite donation pour l'entretien du lieu.

Notez la présence d'autres tombeaux dans le quartier : la sainteté de Nizamuddin incita de nombreux fidèles à se faire enterrer à ses côtés. Ce fut le cas du poète Amir Khusru (1253-1324) et de la très pieuse fille de l'empereur Shah Jahan, Jahanara. Selon nous, ils méritent également une visite.

VIEUX FORT (PURANA QILA) ★★

Mathura Road

Ouvert tous les jours du lever au coucher du soleil. Entrée : 300 Rs.

Le site, sûrement occupé par une forteresse avant le XVIe siècle, serait celui de la légendaire Indraprashta, ville mentionnée dans le *Mahabharata*. Des découvertes archéologiques ont en tout cas mis au jour les vestiges d'une cité très ancienne, remontant à 1000 av. J.-C. L'empereur Humayun fit édifier l'ouvrage actuel lorsque, succédant à son père Babur en 1530, il décida de transférer son royaume d'Agra à Delhi. Sher Shah, qui chassa Humayun du pouvoir ajouta plusieurs édifices à la citadelle rebaptisée Shergath (fort du Lion).

Elevé au sommet d'une butte et gardé par une muraille percée de 4 portes monumentales, le Purana Qila n'abrite plus que deux monuments. La mosquée Qila-i-Kuhna construite en 1541 par Sher Shah témoigne du style moghol et de la richesse de ses décorations, dont les proportions élégantes sont inspirées de l'Iran. Au sud, la Sher Mandal, tour octogonale de grès rouge à deux étages, est coiffée d'un kiosque à huit piliers dans lequel Humayun avait aménagé sa bibliothèque. Elle évoque, par sa simplicité, les débuts austères de la dynastie qui allait porter l'art indo-musulman à son apogée. C'est en janvier 1556, dans cette modeste tour, que l'empereur s'agenouillant pour la prière, manqua une marche et fit une chute mortelle.

Une fois la citadelle visitée, empruntez le chemin sur votre droite juste avant la billetterie. Il vous mènera au lac. Comme les Indiens, vous pourrez opter pour une balade en barque à pédales : une bonne manière de voir les remparts sous un autre angle !

DELHI

LE TROTTOIR, ROYAUME DES PETITS MÉTIERS

Le trottoir est un lieu de vie où se côtoient gargotes, barbiers, mendiants, marchands de légumes, cireurs de chaussures, vendeurs de chaï, de journaux, de cigarettes ou de biscuits. Les vendeurs possèdent en général une petite charrette enchaînée à un poteau, parfois juste une toile qu'ils étalent à même le sol. Chaque coin de bitume a ses spécialités. On y vit, on y dort. Parfois on y meurt, jamais on ne s'y ennuie. Dans les quartiers résidentiels, les marchands ambulants poussent leur charrette et se signalent en agitant une cloche et en claironnant les produits à vendre. Les ménagères se précipitent alors au bas de leur immeuble pour faire leurs emplettes.

ÉGLISE SAINT JAMES ★★

Church Road

✆ +91 98 1075 0016

L'église Saint-James est la plus ancienne de la capitale et fait partie des trois seules églises dédiées au culte anglican dans la capitale. Elle fut construite en 1836 par James Skinner, un colonel indo-britannique, de mère rajpoute et de père écossais. Elle est le fruit d'une promesse faite à Dieu après que Skinner a été gravement blessé à la première bataille anglo-marathe de Uniara en 1800. Il acquiert le terrain et finance la construction de l'église à ses frais. Il commandite l'architecte Henry Medd pour ériger cet édifice jaune et blanc. L'architecte adopte le plan d'une croix grecque et conçoit un dôme coiffé de huit pans qui ressemble à celui de la cathédrale de Florence érigé par Brunelleschi. Les mauvaises langues le surnomme « le gâteau ». Les vitraux ont été ajoutés au XIXe siècle et restaurés il y a une vingtaine d'années. Comme pour les grands empereurs moghols, James Skinner est enterré dans son église. Devant l'autel, vous trouverez une plaque de marbre indiquant l'emplacement de la sépulture où repose le militaire depuis 1842. Dès son érection au cœur du quartier anglais, l'église devient le temple quasi-officiel de la communauté anglicane. Gouverneurs généraux et vice-rois assistent aux offices dans cette petite église jusqu'à la construction de la cathédrale de la Rédemption dans New Delhi en 1931. L'église a été fortement endommagée durant la révolte des Cipayes en 1857 et le clocher qui s'élève sur la gauche du portique d'entrée est un ajout malheureux remontant à la fin du XIXe siècle.

FATEHPURI MASJID ★★

Chandni Chowk Road

✆ +91 11 2391 8322

Mosquée ouverte de 5h à 23h30. Entrée gratuite. Tenue couvrante.

Cette élégante mosquée, un peu défraîchie, date de l'époque de la fondation de Shahjahanabad. Elle fut édifiée en 1650 par la Begum Fatehpuri, une des épouses de Shah Jahan. La mosquée reprend un plan d'architecture classique : une grande cour avec un bassin d'ablution et au fond le hall de prière. Celui ci comprend 7 ouvertures en forme d'arche, avec le *pishtak* (l'arche centrale) encadré de deux chhatri. La mosquée est entièrement construite en grès rouge. Au bout de Chandni Chowk, à deux pas du marché aux épices, elle offre une halte apaisante.

GURDWARA SIS GANJ SAHIB ★★

149 Chandni Chowk Road

✆ + 91 11 232 851 17

Entrée gratuite. Se couvrir la tête.

Temple sikh le plus sacré de Delhi, c'est ici que le neuvième Gourou, Teg Bahadur, fut décapité. Refusant de se convertir à l'islam, Teg Bahadur est mis à mort en 1675 sur ordre de l'empereur Aurangzeb. En 1783 le chef militaire Baghel Singh négocie auprès de l'empereur Shah Alam II un octroi pour édifier des gurudwaras sur tous les sites historiques sikhs à Delhi. Il fait édifier le gurudwara Sis Ganj Sahib en 8 mois. Puis le site revient aux musulmans jusqu'à ce que les Anglais tranchent en faveur de la communauté sikh qui fait élever un nouveau temple en 1930.

LADAKH BUDDHA VIHARA ★★

Bela Road

Ouvert au public de 9h à 18h30. Entrée libre.

Ce charmant monastère tibétain multicolore fut construit à l'initiative de la communauté bouddhiste du Ladakh et inauguré par Nehru en 1963. Après l'immense porche jaune, trône une belle statue de Bouddha couverte de tissus aux couleurs safran et orangé. Sur les murs, des peintures illustrent la vie du maître. Au sommet des tourelles qui encadrent le porche figure un moulin à prière. Traditionnellement, ces moulins contiennent des mantras et tournent librement autour d'un axe. Le moine les fait tourner « libérant » ainsi les mantras.

CHANDNI CHOWK ★★★

Chandni Chowk

Difficile d'imaginer qu'au XIXe siècle, cette grande avenue s'étirant du Fort rouge à la voie ferrée de New Delhi était un lieu de balade prisé pour sa quiétude et ses grands arbres. Son nom signifie « la cour au clair de lune » en référence à la lune se reflétant dans le canal central qui parcourait autrefois l'artère. En son centre trônait un bassin remplacé en 1950 par l'horloge de Ghantaghar. Chandni Chowk constitue toujours l'artère principale de Old Delhi et ses embouteillages y sont légendaires. Le spectacle rocambolesque est assuré par l'abondance de vélos-rickshaws transportant les gamins sortis de l'école, des charrettes à bras croulant sous les marchandises, des porteurs à la tête lourdement chargée, d'énormes bœufs aux cornes peintes en vert et orange, des vendeurs à la sauvette squattant un bout de trottoir et d'innombrables chalands en quête d'une bonne affaire. Chandni Chowk offre une vision bigarrée et dingue du tourbillon de la vie où des milliers de personnes s'affairent à un rythme effréné. Pour une visite tranquille du quartier, il faut y venir tôt le matin ou le lundi, quand les commerces ont le rideau baissé. Vous pourrez alors apprécier les quelques bâtiments d'intérêt et débusquer de vieilles maisons au charme suranné qui n'attendent que quelques millions de roupies pour retrouver leur splendeur passée. Mais vous passerez à côté de l'ambiance si particulière et animée du quartier. Pour une approche sereine et malgré le tumulte ambiant, le mieux est de s'octroyer les services d'un guide afin de ne pas se perdre dans le dédale des rues attenantes.

Le bazar à l'origine. Le bazar de Chandni Chowk est le plus ancien de Delhi et fut créé au moment de la construction de Shahjahanabad, la « nouvelle » capitale voulue par l'empereur en 1639. Sa conception fut confiée à Jahanara, la fille préférée de Shah Jahan. Elle imagina cette large artère parcourue d'un canal central débouchant sur un bassin où la lune se reflétait. Les boutiques des commerçants étaient alors construits en forme de demi-lune, mais il n'en reste plus aucune trace. À l'origine, 1 560 boutiques bordaient la rue, essentiellement des marchands d'argent. Le précieux métal servait à la façon de bijoux et a contribué à l'essor du marché.

L'artère servait également lors des processions impériales et toute la ville se pressait pour voir passer l'empereur. La dernière procession remonte à la visite du roi Edouard VII et de la reine Alexandra en 1903.

L'organisation du bazar. Chandni Chowk était divisé en trois sections.

De la porte de Lahore (entrée du Fort Rouge) à Chowk Kotwali (à proximité du temple sikh), la portion s'appelait le bazar ourdou. Il tenait son nom de la langue qui y était parlée par les marchands venus du Pakistan. Ce bazar fut détruit par les Britanniques lors de la révolte des Cipayes en 1857.

De Chowk Kotwal à Chandn Chowk (le bassin central), le bazar portait le nom de *johri*, qui signifie lapidaire en ourdou.

De Chandni Chowk à la mosquée Fatehpuri, le bazar portait tout simplement le nom de Fatehpuri.

Chandni Chowk aujourd'hui. La mairie de Delhi a décidé d'offrir un nouveau visage à Chandni Chowk, en la transformant en zone piétonnière en 2020. Malgré l'apparente pagaille qui y règne, le marché de Chandni Chowk est bien organisé. À chaque catégorie d'article, une rue ou quelques blocs dédiés. Ici, on trouve de tout et il suffit de se perdre dans les ruelles attenantes pour vite s'en apercevoir : livres, disques, sucreries, restaurants, textiles, électronique, articles en cuir, épiceries, biens de consommation courante, bijoux, roulement à billes... Le marché de Old Delhi est l'un des plus importants marchés de gros du pays. Ainsi Nai Sarak vend en gros des articles de papeterie, des enveloppes et des livres ; Lal Kuan fournit les restaurants et les hôtels en équipements et ustensiles ; Tilak Market est spécialisé dans les produits chimiques industriels ; Dariba est célèbre pour ses bijoux en or et en argent, Khari Baoli situé derrière la mosquée Fatehpuri est le plus gros marché aux épices d'Asie... La rue principale est elle bordée de nombreux édifices religieux qui célèbrent toutes les fois ou presque : temple jain ou hindou, gurudwara sikhe, mosquées. Le quartier sert souvent de décor naturel pour des tournages de films grand public, comme le blockbuster bollywoodien *De Chandni Chowk à la Chine* (2009) avec les acteurs Akshay Kumar et Deepika Padukone. La mairie érigée en 1866 installée au nord de Chandni Chowk offre des abords plus aérés avec son grand jardin.

Petit glossaire. Pour mieux s'approprier le quartier de Chandni Chowk et de Old Delhi, quelques termes basiques peuvent s'avérer utiles surtout si vous avez besoin de demander un renseignement.

Haveli désigne une belle demeure construite autour d'une cour centrale. Ces maisons étaient construites par de riches marchands. Peu entretenus, les havelis de Old Delhi font souvent triste mine, mais on y devine encore la splendeur passée. Le haveli le mieux préservé est celui de Chunnamal, à proximité de Nai Sarak et Chandni Chowk.

Kucha désigne un pâté de maisons où les propriétaires partageaient souvent le même métier. *Maliwara kucha* fait référence au quartier des jardiniers ou *ballimaran kucha* à celui des rameurs (la Yamuna n'est pas loin !).

Katra désigne un ensemble semi-clos où vivaient en commun les personnes appartenant à une même corporation. Ainsi, on pouvait avoir un katra dédié aux étoffes où tisserands et marchands cohabitaient ensemble.

DELHI

FORT DE FEROZE SHAH ★★

Balmiki Basti

Ouvert tous les jours de 8h30 à 19h. Entrée : 100 Rs.

Ferozabad marque la capitale fondée en 1354 par le sultan Feroz Shah de la dynastie Tughlaq. Le fort et le palais dont les ruines se visitent étaient au cœur de la ville, la cinquième capitale de Delhi. Elle s'étendait du nord de Old Delhi au Purana Qila (le Vieux Fort dans le quartier de Nizamuddin) et abritait 150 000 habitants. Ce fut la première capitale à être construite sur les bords de la Yamuna. Le site offre une promenade originale et rappelle que l'attrait et la puissance de l'Inde ont commencé bien avant le Raj.

▸ **Le palais.** Les murs de la citadelle mesurent 15 mètres de haut. Les parapets et les merlons supérieurs ont disparu, mais les meurtrières sont toujours visibles. En revanche, il ne reste que peu de traces de ce que fut le palais. On devine encore la Galerie de Bois qui servait de résidence aux officiers de la cour. Demeure également le Palais de la Cour publique, où le sultan donnait audience. Les murs étaient autrefois recouvert de plâtres peints et sculptés.

▸ **Le pilier d'Ashoka.** Cette colonne monolithique porte plusieurs édits de l'empereur Ashoka (IIIe siècle av. J.-C.) gravé sur toute sa surface. Ce grand empereur de l'époque maurya utilisait des piliers où figuraient ses principes gouvernementaux. Ils étaient exposés en place publique et les érudits pouvaient les lire aux habitants. Il est probable que ce pilier provienne de Topra, dans l'actuel état d'Haryana. Il mesure 13 mètres de haut pour un diamètre de 65 centimètres au sommet et 97 centimètres à la base. Feroz Shah fit construire à grand frais la structure pyramidale sur laquelle la colonne repose encore aujourd'hui. Le monument était surmonté de 8 *chhatris* et le pilier couronné d'un globe et d'un croissant en or, incrusté de pierres colorées.

▸ **Jami masjid.** Cette mosquée directement reliée par un chemin au pilier d'Ashoka est l'une des plus anciennes mosquées encore en activité en Inde. Elle était construite sur un ensemble de cellules souterraines. La salle de prière désormais en ruine, était utilisées par les femmes de la lignée royale. S'il ne reste pas grand-chose de l'ensemble original, c'est néanmoins le bâtiment le plus émouvant du palais.

▸ **Baoli.** Le puits en escalier qui se trouve au nord-ouest du pilier d'Ashoka est fermé au public depuis 2014, suite à un suicide. Il servait de résidence d'été à la famille royale qui s'y repliait lors des fortes chaleurs et se baignait dans le fond du puits. L'eau de ce puits sert toujours à entretenir les jardins. Afin d'en obtenir un aperçu partiel, il faut grimper sur la structure pyramidale du pilier d'Ashoka.

JAMA MASJID (GRANDE MOSQUEE) ★★★

Jama Masjid Road ✆ +91 11 2336 5358

Fermée pendant la prière entre 12h et 14h. Entrée libre. Appareil photo : 300 Rs. Accès au minaret : 50 Rs.

La plus grande mosquée du pays peut accueillir 25 000 fidèles sur son esplanade. Chef-d'œuvre de l'architecture moghole, elle fut le dernier monument érigé par Shah Jahan à la fin du XVIIe siècle. Pour les touristes, l'accès à la mosquée se fait par la porte 1 exclusivement. Les femmes peuvent y emprunter de larges robes destinées à camoufler des tenues trop légères. Elles doivent se couvrir la tête dans l'enceinte de la mosquée. Les hommes doivent impérativement porter un pantalon et il est préférable d'avoir une chemise ou un T-shirt à manches longues. La mosquée se visite pieds nus. Vous pouvez également les laisser au gardien, moyennant quelques roupies.

▸ **Masjid-i-Jahan-Numa** : le nom originel de la mosquée signifie « mosquée miroir du monde ». Elle est désormais plus connue sous le nom de Jama Masjid ou mosquée du vendredi. Sa construction débute en 1644. Elle est inaugurée le 23 juillet 1656 par l'imam Bukhari, un mollah venu de Boukhara dans l'actuel Ouzbékistan. La volonté de l'empereur Shah Jahan était d'ériger la plus grande mosquée d'Inde, de fait la troisième plus grande au monde après celle de La Mecque et de Médine. Elle est encore aujourd'hui considérée comme la 7e plus grande mosquée au monde. Son plan reprend celui de l'architecture moghole classique : un quadrilatère surélevé percé de trois portes majestueuses au nord, à l'est et au sud. Le mur de l'ouest est celui du *mihrab*, tourné vers la Mecque. Quatre tours surmontées de *chhatri* occupent chaque coin de l'enceinte. La porte principale, à l'est, la plus imposante, était utilisée par l'empereur et ouvre directement sur la salle de prière construite au bout de l'immense esplanade. Tout de grès rouge et de marbre blanc, l'accès au hall de prière se fait par un *pishtak* (portail en forme d'arc qui fait saillie) entouré de deux petites colonnes surmontées de *chhatri*. Deux minarets de 40 mètres de haut dominent chaque extrémité du mur ouest. Chaque minaret est également surmonté d'un *chhatri*. Sur le toit reposent 3 dômes bulbeux à hauts tambours. Le hall de prière mesure 61 mètres de long pour 27 mètres de profondeur. Au sol, des plaques de marbre blanc et noir délimitées par une fine bordure noire figurent les tapis de prières. La salle de prière est parcourue d'arches à pointes en grès rouge incrustées de motifs floraux en marbre blanc.

Le reliquaire placé sur le mur nord contient un cheveu du Prophète, ses sandales et un Coran rédigé sur une peau de chevreuil.

La mosquée Jama Masjid est la plus grande d'Inde.

NATIONAL GANDHI MUSEUM ★

Satyagraha Marg
✆ +91 11 233 101 68
www.gandhimuseum.org
Ouvert tous les jours de 9h30 à 17h30, sauf le lundi. Entrée gratuite.

Le musée présente une émouvante collection de photos retraçant la vie du Mahatma, ainsi que des objets personnels dont son rouet. Vous verrez également le pistolet qui fut utilisé pour l'assassiner. La scénographie est un peu vieillotte et Gandhi mériterait un meilleur hommage de sa nation. Néanmoins, la période de la lutte pour la libération est très bien documentée et le musée fait également office de centre d'étude et de recherche sur le Mahatma. Il conserve donc un fonds important de documents, d'articles, de photos et de films sur le Père de la Nation.

SHRI DIGAMBAR JAIN LAL MANDIR ★★

Netaji Subhash Marg
✆ +91 11 232 809 42
www.charitybirdshospital.org
Ouvert de 5h à 12h et de 18h à 21h. Donation bienvenue à l'hôpital des oiseaux.

Lorsque Shah Jahan édifie sa capitale, il invite des marchands de la communauté jaïne agrawal à venir s'y installer. Il leur fait donner des terres au bas de Chandni Chowk et autorise la construction d'un temple temporaire. Le temple actuel date du début du XIXe siècle. En plus d'être un lieu de culte, il abrite, sur l'arrière, un hôpital pour les oiseaux.

Pour visiter le temple, il convient d'ôter ses chaussures et de retirer tout article en cuir.

PAHAR GANJ ET LA GARE DE NEW DELHI ★

Main Bazar Road

Ce quartier bouillonnant recèle de multiples curiosités, bazars pittoresques, petits sanctuaires et temples, marchés aux fruits et légumes.

▸ **La gare de New Delhi** mérite à elle seule le détour. Admirez le ballet des taxis et auto rickshaws jaune et noir déversant des flots de voyageurs aussitôt assaillis par des porteurs en chemise rouge caractéristique. Un conseil, assistez au moins une fois au départ d'un train de grande ligne. La foule se presse sur le quai où des tonnes de bagages s'amoncellent avant d'être expédiées dans les compartiments. Spectacle inoubliable.

▸ **Gagnez Panahkuia Road,** tout en haut à gauche de Main Bazar (en face de la gare). Elle abrite le siège de la mission Ramakrishna à Delhi. Le grand mystique bengali de la fin du XIXe siècle compte de nombreux adeptes dans toute l'Inde. Le parc et la salle de méditation de l'ashram offrent une occasion de se ressourcer, loin de l'agitation propre au quartier, et de plonger dans une atmosphère spirituelle. Sur place, bibliothèque et petit musée.

▸ **En arpentant Main Bazar** et les petites rues du quartier de Paharganj, vous croiserez de nombreux touristes dont quelques énergumènes un peu perchés. Ils sont légion parmi ceux qui voyagent le sac au dos à se poser ici avant d'entreprendre un tour de l'Inde ou avant d'embarquer dans le vol retour. Le quartier héberge de nombreux commerçants vendant toutes sortes de souvenirs. Parfait si vous avez des petits cadeaux à ramener. Préparez-vous à la négociation.

LAL QILA (FORT ROUGE) ★★★

Netaji Subhash Marg
✆ +91 11 232 777 05
Ouvert tous les jours de 9h à 18h, sauf le lundi.
Entrée : 600 Rs.

En 1638, l'empereur Shah Jahan décide de transférer son royaume d'Agra à Delhi. Négligeant le Vieux Fort qu'occupait son arrière-grand-père Humayum à l'est de la ville, il fait construire une nouvelle cité portant son nom : Shahjahanabad. Le Fort rouge ou Lal Qila en devient l'élément stratégique. Les pillages commis au XVIIIe siècle par le roi de Perse Nadir Shah, puis par le chef militaire afghan Ahmed Shah et enfin par le souverain de Bharatpur Jawhar Singh ont gravement endommagé l'intérieur de l'édifice. Après la révolte de Cipayes en 1857, les Anglais rasent les quartiers mitoyens afin de « nettoyer » le vieux Delhi et d'assurer un no man's land autour du fort. Privilégiez une visite le matin afin d'atténuer l'affluence. Si vous passez par Agra, son fort rouge assez similaire est mieux conservé.

Vous pénétrez dans le Fort par la porte de Lahore surmontée d'une galerie de petits dômes blancs. C'est à son sommet que fut hissé le premier drapeau de l'Inde indépendante, le 15 août 1947. Vous traversez ensuite une allée couverte, le Chhatta Chowk, un ancien marché aujourd'hui assailli par les boutiques de souvenirs. Dans le Nakkar Khana, ou « cour des Tambours », se rassemblaient les musiciens chargés d'accueillir les hôtes de marque. L'allée centrale du vaste parc conduit au Diwan-i-am (hall des audiences publiques) où l'empereur rassemblait ses sujets. L'endroit laisse encore deviner le luxe d'antan, même si les pilleurs l'ont malheureusement privé de ses plus riches ornements.

Contournez le Diwan-i-am pour accéder aux quartiers privés du fort. Cette série de petits palais ne donne plus qu'une idée modeste des fastes de la cour moghole au XVIIe siècle. Le Rang Mahal (Palais des Couleurs) servait de résidence à la première épouse de l'empereur. Un canal alimenté d'eau parfumée apportait un peu de fraîcheur au bâtiment. L'empereur, lui, logeait dans le Khas Mahal (Palais privé) orné de spectaculaires écrans ajourés. Il recevait ses hôtes de marque dans le Diwan-i-khas (hall des audiences privées). Celui-ci renfermait la merveille du Fort rouge : le trône du Paon, serti de 26 733 pierres précieuses. En 1738, le roi de Perse Nadir Shah s'en empare et le trône disparaît. À droite de cet ensemble palatial se dresse le Mumtaz Mahal, résidence des princesses favorites. Il abrite un musée archéologique avec des collections de miniatures mogholes, manuscrits, armes et vêtements royaux. La petite mosquée Moti Masjid (ou mosquée de la Perle), à gauche des palais, servait de lieu de prière à l'empereur Aurangzeb.

SE LOGER

Il est facile de se loger à New Delhi et ce, quel que soit votre budget. Les options vraiment bon marché et propres ne sont pas légion, mais elles existent. Elles se concentrent dans le quartier de Pahar Ganj. Les hôtels de luxe sont installés dans la ville nouvelle. Le sud de Delhi est le bon coin si vous aimez les quartiers un peu plus au calme. C'est là que vous trouverez chambres d'hôte et petits hôtels de charme. Mais les tarifs sont relativement élevés, car ils s'adressent à une clientèle de classe moyenne à aisée, qui s'est développée de manière exponentielle ces dernières années. Ils restent cependant accessibles, surtout avec un taux de change favorable. Préférez un hébergement proche d'une station de métro, afin de faciliter vos déplacements dans la capitale tentaculaire. Pour gagner l'aéroport plus rapidement, logez-vous dans le sud de la ville ou à proximité de la gare centrale, reliée par une ligne de métro directe.

BED & CHAI €

R55 Greater Kailash 1
✆ +91 11 460 660 54
www.bedandchai.com
À partir de 3 000 Rs avec salle de bains privée, petit déjeuner inclus.

Située dans le quartier résidentiel de Greater Kailash, cette *guest house* occupe les deux derniers étages d'un petit immeuble. Sécurité et convivialité caractérisent ce lieu comprenant 12 chambres de tailles diverses. L'ambiance se veut « comme à la maison » et vous pouvez utiliser le coin cuisine pour préparer votre repas. Des balcons et la terrasse-jardin sur le toit offrent des extérieurs agréables. Prisé par les femmes voyageant seules, cette chambre d'hôte est aussi le repaire des voyageurs en quête d'un vrai bon plan à Delhi.

COLONEL'S RETREAT €€

D 418 Defence Colony
✆ +91 99 99 72 00 24
www.colonelsretreat.com
Comptez 4 500 Rs pour une chambre double avec petit déjeuner.

La quiétude du quartier et les propriétaires très attentionnés font de ce lieu une très bonne adresse. Chacune des six chambres bénéficie d'une couleur et différente et d'une décoration personnalisée. Combinant luminosité et espace, elles sont bien équipées et confortables. Pour un après-midi au calme, vous pourrez choisir un bouquin dans la petite bibliothèque et vous lover dans le canapé en cuir du salon. Le petit déjeuner est un régal : pain frais fourni par le boulanger du quartier, bananes du jardin et confitures faites maison. Un vrai petit nid !

COTTAGE GANGA INN €

1532 Bazar Sangtrashan
✆ +91 11 235 615 16
À partir de 1 885 Rs pour une chambre double (A/C).

En cherchant bien, Pahar Ganj recèle de vrais bons plans et Cottage Ganga Inn en fait partie. Situé dans une cour d'immeuble, vous ne serez absolument pas dérangé par le bruit et l'animation qui règnent alentour. Les chambres, coquettes, misent sur des couleurs franches avec jetés de lit et coussins. Les murs s'ornent de tableaux et les fenêtres de rideaux à motifs. Côté salle de bains, le constat est tout aussi plaisant, surtout en faisant couler l'eau chaude. L'hôtel compte une clientèle très fidèle et mieux vaut réserver à l'avance en saison.

HOTEL ARJUN €

5084 Main Bazar
✆ +91 11 2358 4211
Compter de 1 000 Rs à 2 000 Rs (avec AC) pour une chambre double.

Ne vous arrêtez surtout pas à la façade de cet hôtel sans charme extérieur. Les chambres sont plaisantes avec leurs petits coussins colorés assortis aux jetés de lit. Certaines salles de bains mériteraient un sérieux rafraîchissement, mais dans l'ensemble l'hôtel est bien tenu. Demandez à voir plusieurs chambres, car elles ne se valent pas toutes. Certaines ne disposent pas de fenêtres. En revanche, vous serez isolé du bruit de Main Bazar. À vous de voir ce que vous préférez. Mention spéciale pour le personnel très accueillant et serviable.

HOTEL BOMBAY ORIENT €

Matiya Mahal
✆ + 91 78 38 91 21 73
www.hotelbombayorient.com
Compter 1 930 Rs pour une chambre double avec ventilateur et 2 530 Rs avec la climatisation.

Niché au cœur du bazar, le Bombay Orient est surtout prisé par la clientèle locale. Cet établissement spacieux et clair est aussi accueillant que son personnel. Il tranche singulièrement avec le caractère obscur et cloîtré de la ville conçue par Shah Jahan. Au-dessus du grand hall en marbre parsemé de carreaux bleus, les chambres se répartissent sur quatre étages, autour de patios. Elles conjuguent confort décent et salle de bains entretenue. En guise de décoration, une *qibla* vous indiquera la direction de La Mecque. Le petit déjeuner se prend au snack.

SUNNY GUESTHOUSE €

Atul Grove Road
✆ +91 11 233 129 09
Chambre double sdb commune de 800 Rs à 1 200 Rs. Avec sdb privée, entre 1 500 Rs et 2 000 Rs. Tarifs négociables.

Les habitués qui reviennent ici depuis plus de 25 ans apprécient de trouver leur chambre régulièrement repeinte et la terrasse toujours plus fleurie, malgré l'accueil un peu brutal. Les chambrettes sont propres et les salles de bains, avec toilettes occidentales aussi. Le lieu est relativement calme et le patron très gentil sous ses airs bourrus. Idéalement situé à un jet de pierre du métro, de l'office de tourisme et du marché tibétain, c'est sans conteste la meilleure adresse « petit budget » dans le quartier chic qu'est Connaught Place.

HOTEL HARI PIORKO €

4775 Main Bazaar
✆ +91 11 235 879 99
www.hotelharipiorkodelhi.com
A partir de 2 540 Rs pour une chambre double.

Peut-être pas le moins cher des hôtels de Pahar Ganj, mais indéniablement l'un des plus propres. Installé depuis longtemps, nombreux sont ceux qui reviennent y poser leur sac-à-dos lors d'un séjour à Delhi. Vous avez toutes vos chances de trouver la chambre qui vous convient, de préférence sur l'arrière du bâtiment, beaucoup plus tranquille. Correctement équipées, les plus chères possèdent même une touche de charme et... un aquarium ! Le restaurant sur le toit est bien pratique pour le petit-déjeuner, mais peut tout à fait être évité aux autres repas.

VIVEK HOTEL €

1534 Main Bazaar
✆ +91 11 235 829 04
www.vivekhotel.com
De 900 Rs à 1 100 Rs pour une chambre double non climatisée, de 1 800 Rs à 3 000 Rs avec la climatisation.

Situé dans la rue principale de Pahar Ganj, cet hôtel veille à la destinée de voyageurs en quête d'un havre depuis plus de 40 ans. Malgré son grand âge, l'hôtel est parfaitement entretenu et régulièrement remis à neuf. Les chambres les plus chères sont de véritables suites avec un coin salon, une armoire pour ranger ses affaires et un effort sur la décoration. Les moins chères assurent le confort minimum avec une literie un peu dure et de minuscules salles de bains. Ici, vous avez la garantie de la renommée et de l'emplacement très central.

IBIS NEW DELHI AEROCITY €

9 Asset
✆ +91 11 4302 0202
www.accorhotels.com
À partir de 5 500 Rs la chambre double.

À 4 km de l'aéroport international cet hôtel (dirigé par un Français) vous propose 316 chambres spacieuses parfaitement insonorisées. À votre disposition : un service de navettes 24h sur 24 et 7 jours sur 7 : appréciable pour un départ ou une arrivée ! Les atouts de cet hôtel sont nombreux : un petit-déjeuner servi dès 4h30 du matin, une literie douillette et impeccable, un service wi-fi gratuit dans votre chambre, une piscine chauffée, un centre de fitness. Petits prix, très belles prestations, accueil 24h sur 24. Bienvenue chez vous !

AHUJA GUESTHOUSE €€

193 Golf Links
✆ +91 11 2461 1027
A partir de 5 000 Rs pour une chambre double, petit déjeuner compris.

Proche de Khan Market et de l'hôtel Taj Mahal, cette grande maison blanche loin du bruit abrite des chambres ou petits appartements avec terrasse face à un grand parc. Vous serez séduit par l'ambiance chaleureuse qui y règne et les couleurs profondes qui habillent les chambres. La maîtresse des lieux, particulièrement attentive au confort de ses hôtes, se fera un plaisir de vous aider dans vos déplacements dans la capitale. On apprécie cette chambre d'hôte agréable aux prestations de qualité et au rapport qualité-prix tout à fait plaisant.

COTTAGE YES PLEASE €€

1843-44 Laxmi Narayan Street, Raj Guru Road, Chuna Mandi
✆ +91 11 235 621 00
www.cottageyesplease.com
A partir de 3 800 Rs pour une chambre double.

Comme le marbre du patio central, l'hôtel est tout blanc et un peu kitsch. Des statues de bois du Rajasthan montent la garde au pied de l'escalier et des suspensions colorées cachent les ampoules d'éclairage. L'hôtel, un peu exigu, propose des chambres propres et confortables, même si les doubles affichent des prix un peu élevés. En revanche, les chambres familiales offrent un bon rapport qualité-prix : on y trouve un coin repas, un frigo, un petit salon et des lits superposés pour les enfants. Connexion wi-fi payante. Restaurant sur place.

PRAKASH KUTIR B&B €€

A-34 Hauz Khas
✆ +91 98 99 22 11 43
www.besthomestaydelhi.com
Compter 6 400 Rs la chambre double, petit déjeuner inclus.

Ajay et Savita, une famille de purs Delhiites, vous accueillent dans leur agréable maison nichée dans une rue tranquille du très branché quartier de Hauz Khas. Elle présente aussi l'avantage de ne se trouver qu'à une dizaine de minutes à pied du métro et des bars et restaurants. Vous serez accueilli ici très chaleureusement. Les chambres sont absolument charmantes et joliment décorées, et une kitchenette se trouve à chaque étage, afin que vous puissiez vous faire un thé ou un en-cas. Une belle terrasse où poussent plantes et légumes en pot occupe le dernier étage.

ELEVEN BED & BREAKFAST €€

11 Nizamuddin East
✆ +91 11 243 512 25
www.elevendelhi.com
A partir de 9 940 Rs pour une chambre double, petit déjeuner inclus.

Ce bungalow colonial fait figure de pionnier dans l'univers des maisons d'hôtes à Delhi. L'établissement compte 5 chambres climatisées, toutes munies d'une bonne literie et d'un coin bureau. Les salles de bains sommaires affichent une propreté irréprochable. Le patio et la balancelle dans le jardin invitent à la détente. Sensible à l'environnement, le propriétaire, Ajay Anand, invite ses visiteurs à prendre soin de la planète en réduisant sa consommation d'eau et d'électricité. De son côté, il utilise du papier recyclé et des ampoules LED.

FLORENCE INN €€

2719 Bank Street
✆ +91 11 471 447 14
www.florencegroup.in
A partir de 4 500 Rs pour une chambre double (hors taxes).

Cet hôtel du renommé groupe Florence prend des airs faussement guindés avec son personnel en costume-cravate et cheveux impeccablement peignés. Les chambres sont spacieuses et très calmes, même si le choix du sol n'est pas très heureux et jure quelque peu avec le plissé des rideaux, le valet de chambre et les coussins fleuris. Le marbre et le bois sont à l'honneur dans l'aménagement intérieur. Le restaurant propose une cuisine gastronomique de grande qualité au dernier étage de l'établissement. Excellente carte de vins et de spiritueux. Une bonne adresse.

FABHOTELS - THE WHITE KLOVE €€

1563 Laxmi Narayan Street
✆ + 91 11 410 003 58
www.fabhotels.com
À partir de 5 200 Rs pour une chambre double (A/C).

Pour surprendre votre bien-aimé(e) en plein cœur de Pahar Ganj, c'est ici qu'il faut venir. Cet hôtel est un véritable havre de paix. Personnel prévenant, décor raffiné, lumières tamisées, chambres bien agencées… Outre sa salle de sport et ses restaurants, le White Klove chouchoute sa clientèle avec des prestations bien-être. Spa, hammam, piscine intérieure éclairée à la bougie aident à se remettre de journées éprouvantes. Excellent rapport qualité-prix au vu des prestations.

HAVELI HAUZ KHAS €€

P5 Hauz Khas Enclave
✆ +91 11 4165 1357
www.havelibnb.com
Comptez 6 375 Rs pour une chambre double (hors taxes), petit déjeuner compris.

Teji, photographe, a longtemps sillonné l'Inde en quête de sa richesse culturelle. Il en a ramené une collection de clichés magnifiques ainsi que de nombreuses antiquités et tapisseries. Les 5 chambres très lumineuses et colorées rendent hommage à des lieux mythiques de l'Inde, d'Ajanta à Hampi, ainsi qu'au *neem*, le margousier, aux vertus antiparasitaires très connues. Notre préférée est la chambre Banni, qui représente le Gujarat et la richesse artisanale du Kutch. Avec la climatisation et la terrasse sur le toit, l'endroit affiche tout bon.

HOTEL CITY STAR €€

8718 D.B Gupta Road
✆ +91 11 4358 4111
www.hotel-citystar.com
A partir de 5 600 Rs pour une chambre double.

Le City Star symbolise la gentrification du quartier avec des tarifs plus élevés qu'ailleurs et un confort renforcé. Les chambres parfaitement insonorisées bénéficient d'une climatisation centralisée, d'un téléviseur LCD, d'un téléphone et de nombreuses prises pour recharger son matériel électronique. La direction a aussi veillé à une décoration agréable et une literie super épaisse. Mobilier moderne de style et claustras encadrant le lit rétroéclairés ajoutent en personnalité. Le dernier étage aménagé en terrasse offre une vue plongeante sur la rue.

PALACE HEIGHTS €€

26-28 Block D
✆ +91 11 454 600 00
www.hotelpalaceheights.com
A partir de 10 000 Rs pour une chambre double, petit déjeuner inclus.

Vous ne pourrez pas être plus au cœur de Connaught Place qu'au Palace Heights. La plupart des chambres donnent sur une cour intérieure. Pas de vue, mais pas de bruit de la rue non plus ! Si elles sont vraiment petites, elles ont été astucieusement et joliment aménagées. Les liseuses tombent du plafond pour se placer au-dessus de votre tête, les lits au matelas épais accueillent aussi deux oreillers par personne et de jolis couvre-lits matelassés égayent les draps d'un blanc immaculé. Même refrain pour les salles de bains : petites, propres, fonctionnelles.

HOTEL JUKASO INN DOWN TOWN €€

L-Block Connaught Circus
✆ +91 11 234 154 50
www.jukaso.com
Compter 5 800 Rs pour une chambre double, petit déjeuner inclus.

Cet hôtel historique immaculé a été construit dans les années 1940, et réserve de belles surprises. Au cœur de Connaught Place, vous avez tout le nécessaire au pied de l'hôtel pour passer des soirées sympathiques. Passé la réception, on découvre de petites chambres vraiment propres et décorées avec soin. Papiers peints clairs, lits revêtus d'un blanc immaculé et minuscules salles de bains impeccables avec du mobilier récent. Les prix ont bien augmenté ces dernières années, dommage !

SHAM NATH VILLA €€

12 Sham Nath Marg
✆ + 91 11 239 766 60
A partir de 5 600 Rs pour une chambre double, petit déjeuner inclus.

Ancienne résidence du maire de Delhi, cette belle demeure blanche de style colonial diffuse son charme. Au rez-de-chaussée, les espaces communs sont dotés de canapés confortables et donnent sur un petit jardin où il fait bon bouquiner. C'est aussi là que se prend le petit déjeuner. Dans les étages, les 7 grandes chambres lumineuses et d'une propreté exemplaire possèdent balcon ou véranda. Si la décoration générale manque un peu de chaleur, l'endroit est en revanche synonyme de quiétude totale. Avec ses restaurants et le métro à proximité, l'adresse est idéale.

JÜSTA GURGAON €€

MG ROAD
✆ +91 95 90 77 70 00
www.justahotels.com
A partir de 9 900 Rs pour une chambre double (hors taxes).

A proximité de l'Alliance Française et à 15 minutes de l'aéroport, l'hôtel est parfaitement situé pour un court séjour. Sa proximité avec la ligne jaune du métro (qui permet de rejoindre le centre-ville de Delhi en 40 minutes) vous permet de profiter de la capitale sans les inconvénients. En effet, l'hôtel est dans un quartier calme et résidentiel de Gurgaon. Les chambres sont habillées de bois foncé, de soieries éclatantes et très confortables. Le room-service efficace, est accessible 24h/24 et vous permet de vous restaurer à toute heure.

THE HANS €€

15 Barakhamba Road
✆ +91 11 6615 0000
www.hanshotels.com
Chambre double à partir de 7 980 Rs.

Cet hôtel situé au sud de Connaught Place souffre d'une certaine isolation, ce qui signifie qu'il bénéficie d'un certain calme également. Après de longues années de travaux, l'hôtel a été entièrement remis au goût du jour en 2013. La réception, carrelée de tons bruns offre un visage de style « indus ». Les chambres chaleureuses affichent de petits détails plaisant, tel qu'un canapé, un tapis ou un tableau au mur. La literie super épaisse vous offrira des nuits douces et reposantes. Un bon hôtel, aussi bien pour un voyage d'affaires qu'une escapade touristique.

TREE OF LIFE €€

D-193 Saket
✆ +91 98 10 27 76 99 (Ashwani)
www.tree-of-life.in
Comptez 7 700 Rs pour une chambre simple et 8 100 Rs pour une chambre double, petit déjeuner inclus.

Située au sud de New Delhi dans un quartier résidentiel tranquille, Tree of Life est une chambre d'hôte offrant depuis 2010 confort et hospitalité. Cette charmante adresse est tenue par Ashwani Bazaz, le directeur de l'agence de location de voitures Metropole Service, et sa femme Suruchi, professeur de yoga et de réflexologie, qui enseigne à travers le monde. Ils mettent à la disposition de leurs invités six chambres spacieuses et confortables réparties sur deux étages d'un immeuble coquet. Le petit déjeuner, très sain, est un régal. Une adresse à retenir.

B NINETEEN €€€

B 19 Nizamuddin East
✆ + 91 11 418 255 00
www.bnineteen.com
A partir de 9 530 Rs pour une chambre double, petit déjeuner compris.

Cocon luxueux en plein quartier historique, cette superbe demeure aux allures contemporaines, a été réhabilitée par Rajive et Janis. Dotées de salles de bains spacieuses, les six chambres sont magnifiquement décorées avec des objets d'art et des meubles d'antiquités. Les balcons communs ou privatifs permettent de prendre l'air, mais rien ne vaut la vue sur le quartier de Nizamuddin et le tombeau d'Humayun depuis le toit-terrasse. Il est possible de cuisiner son repas dans la cuisine commune ou de se faire livrer à domicile. Le personnel aimable vous y aidera.

THIKANA DELHI B&B €€

A-7, Block A, Gulmohar Park, New Delhi, Delhi 110049
✆ +91 98 10 14 33 35
www.thikanadelhi.com
Chambre double à partir de 6 000 Rs, petit déjeuner inclus.

© @THIKANA

Situé dans un quartier residentiel sud de Delhi, Thikana Delhi vous accueille dans une ambiance raffinée et contemporaine. Sheetal et Atul le charmant couple de propriétaires, vous offrent un accueil personnalisé et chaleureux. Cette maison d'hôtes possède 6 belles chambres spacieuses et très lumineuses dont certaines avec balcon et vue sur la ville. Toutes sont climatisées avec des salles de bains modernes et connexion wifi. Toit-terrasse avec jardin et espace détente. On se sent ici chez soi dès l'arrivée dans la capitale indienne. On recommande.

HOTEL LE MÉRIDIEN €€€

Windsor Place, Janpath
✆ +91 11 237 101 01
A partir de 15 400 Rs (hors taxes) pour une chambre double, petit déjeuner inclus.

L'atrium central vertigineux et résolument contemporain n'est qu'un premier aperçu du luxe et de la modernité absolus de l'hôtel. Prenez l'ascenseur panoramique et admirez le jeu de mosaïque lorsque vous vous élevez. Le style sobre des chambres habillées de bois blond contraste avec le foisonnement artistique des parties communes. Sur place, tout ce dont vous rêvez est à votre disposition : 3 restaurants, 2 bars, piscine, spa, centre de remise en forme et salon de beauté, agence de voyage... Rien ne manque pour faire de votre séjour un moment inoubliable.

THE IMPERIAL HOTEL €€€

1 Janpath Lane
✆ +91 11 233 412 34
www.theimperialindia.com
A partir de 35 100 Rs la chambre double.

Sans nul doute, le plus bel hôtel de Delhi. Ce magnifique hôtel Art déco fut inauguré en 1936 venant sertir la nouvelle Delhi d'un nouveau joyau architectural. Entre opulence et pureté de lignes, la décoration sous influence coloniale ne souffre aucun faux pas. Boiseries cirées, marbres lustrés, soieries chatoyantes, les plus belles matières rehaussent cet écrin. De nombreux services agrémentent le séjour : spa, piscine, librairie, bureau de change, boutique, conciergerie... Nous ne pouvons passer sous silence les deux merveilleux bars anglais et les 5 restaurants.

MAIDENS HOTEL €€€

7 Sham Nath Marg
✆ +91 11 238 857 00
www.maidenshotel.com
A partir de 12 000 Rs (hors taxes), petit déjeuner inclus.

Aujourd'hui classé « heritage », cet hôtel de style colonial date de 1903. Une promenade dans ses couloirs suffit à comprendre pourquoi Lutyens se plaisait à séjourner ici quand il planchait sur les dessins de la nouvelle capitale. Les 55 chambres et suites, décorées avec raffinement, sont calmes, vastes et douillettes. Le jardin bien entretenu et la jolie piscine invitent à la détente. L'établissement compte un bar et deux restaurants. On y sert un copieux buffet de spécialités d'Inde du Nord et des plats continentaux aux saveurs toutes britanniques.

RADISSON BLU PLAZA DELHI AIRPORT €€€

Near Mahipalpur Extension
✆ +91 11 2677 9191
A partir de 14 500 Rs la chambre double (hors taxes).

Le Radisson Blu est l'hôtel de référence lorsque l'on recherche une chambre confortable, bien insonorisée et avec une gamme de services élargie. Construit aux abords de Mahipalpur, c'est l'hôtel historique de luxe à proximité de l'aéroport, avant la sortie de terre d'Aerocity. Vous y bénéficierez de tout le confort à l'occidentale, ainsi que d'une piscine, un spa et deux restaurants. L'adresse est idéale pour s'offrir quelques instants de détente après un long voyage.

SHANGRI-LA EROS HOTEL €€€

19 Ashoka Road
✆ +91 11 4119 1919
Chambre double à partir de 22 900 Rs (hors taxes), petit déjeuner inclus.

Si le tourbillon de Dehli vous effraie quelque peu et que vous avez besoin d'un cocon luxueux pour vous remettre de vos émotions de la journée, le Shangri-La vous offre cette possibilité à un prix abordable. Bienvenue dans cet immense paquebot de 320 chambres de standing international : hall de réception démesuré, piscine, bain bouillonnant, spa, restaurant, bar. Les chambres aux tonalités bordeaux et marron glacé offrent de superbes vues sur New Delhi. On se croirait dans un hôtel new-yorkais surplombant Central Park, tant pour la déco que pour la vue !

THE LEELA PALACE €€€

Vinay Marg
✆ +91 11 3933 1234
www.theleela.com
Chambre double à partir de 29 450 Rs (hors taxes), petit déjeuner inclus.

Pour concevoir ce palace, l'architecte s'est fortement inspiré de Lutyens, à une époque où les autres groupes de luxe optaient pour le style « bunker stalinien » alors en vogue. La débauche de marbre, de cristal et d'abat-jour plissés peut en écœurer certains. Passé la réception, vous serez conduit à votre chambre qui possède tout le confort, le charme, le luxe qu'on attend de ce genre d'établissement. L'hôtel compte 4 restaurants de grande qualité, dont Le Cirque, qui reprend ici les grands classiques de cette fameuse table new-yorkaise.

THE METROPOLITAN €€€

Bangla Sahib Road
✆ +91 11 525 002 00
www.hotelmetdelhi.com
A partir de 15 000 Rs pour une chambre double, petit déjeuner inclus.

L'ancien hôtel Nikko a été repris et a fait peau neuve, au moins à l'intérieur. De la décoration, soignée et sobre, à l'accueil très professionnel en passant par les 185 chambres et suites, tout y est impeccable. Les chambres sont spacieuses, très confortables et parfaitement équipées. Pour le plus grand plaisir des gourmands, trois restaurants dont le fameux Sakura qui propose une excellente cuisine japonaise. Également une piscine, une salle de sport, un Spa et un sauna. La carte de membre offre des réductions (de 10 à 20 %) sur les différentes prestations.

THE OBEROI NEW DELHI €€€

Dr. Zakir Hussain Marg
✆ +91 11 238 906 06
www.oberoihotels.com
A partir de 23 400 Rs pour une chambre double (hors taxes), Compter 1 500 Rs pour le petit déjeuner.

Après six milliards de roupies dépensés pour une rénovation complète en 2019, les intérieurs ont retrouvé l'épure chère à Lutyens et mettent en valeur le savoir-faire artisanal indien. Les chambres privilégient le bois et les soieries pour un résultat très classique et offrent de belles vues sur le golf et le parc zoologique. L'offre de service se veut pléthorique : 3 restaurants, 3 bars, un spa, une piscine intérieure et une extérieure, une salle de fitness, une conciergerie qui peut organiser des excursions originales dans la capitale.

SE RÉGALER

New Delhi est le paradis de la nourriture... indienne ! Pour une capitale d'une telle dimension, les tables étrangères sont assez peu représentées et surtout pas toujours de bonne facture. Ce sont dans les grands hôtels que vous trouverez les meilleures. En revanche, vous trouverez sans difficulté toutes les cuisines indiennes, du nord au sud et d'est en ouest. Penjab, Rajasthan, Inde du Sud, Goa, Gujarat... vous pourrez vous essayez à toutes les subtilités gastronomiques du sous-continent. Pour les petites cantines bon marché, il faut privilégier les quartiers tibétains et Pahar Ganj ou carrément sauter le pas et s'essayer à la nourriture de rue, notamment dans Old Delhi. Autour de Connaught Place et dans les enclaves chics du sud de la capitale, les prix peuvent vite grimper en flèche. Les petits cafés bobos d'Hauz Khas ou de Khan Market ne se gênent pas pour proposer des plats, certes sains et bios, mais à des tarifs prohibitifs.

Préparation de chapatis.

4S CHINESE €€

A-26 4S, 26A,, Main Market, Block A, Defence Colony, New Delhi, Delhi 110024
✆ +91 11 41 66 43 14
Ouvert tous les jours de 12h à 23h30. Compter 800 Rs pour un repas.

Sur la place animée de Defence Colony Market, le 4S Chinese, comme son nom minimaliste l'indique, propose une cuisine chinoise. L'établissement fait également bar, et c'est surtout ce segment qui attire la clientèle. La raison est simple : la happy hour dure presque toute la journée. Du coup, les boissons alcoolisées sont à un prix très raisonnable. L'ambiance est l'image de celle beaucoup de bars indiens, à savoir sombre et pas franchement accueillante. Côté table, le chef envoie de grands classiques consensuels de la cuisine chinoise comme le poulet au citron.

AL BAKE €

95 Community centre
✆ + 91 11 4167 2588
Ouvert tous les jours de 11h à 23h. Comptez 300 Rs pour un repas.

À mi-chemin entre la cuisine moghole et libanaise, l'adresse est connue de tous les habitués du quartier pour ses prix raisonnables. Shawarma, seekh kebab, poulet tikka ou encore le poulet *dhaba*, la spécialité du chef font partie des classiques de la maison se dégustent sur le pouce. Pour une pause plus légère et rafraîchissante vous pouvez aussi craquer pour une *raita*. Le restaurant ne compte que quelques tables dans un cadre typique de fast-food (propre), mais on peut aussi s'attabler dehors, sur la terrasse lorsque le temps le permet.

BARBEQUE NATION €€

Near West Janakpuri Metro Station
✆ +91 80 35 09 58 00
Ouvert tous les jours de 12h à 16H et de 18h à 23h. Comptez 1 000 Rs pour un repas.

Le temple des grillades végétariennes ou carnassières accueille sa clientèle dans un agréable cadre rétro-japonisant au bois clair. Le restaurant, familial par sa formule buffet à volonté, varie les plats, mais vous y retrouverez toujours du poulet, des crevettes, du poisson, du *paneer* ou des cacahuètes grillées. Sur les tables, sauces et condiments sont prêts à accompagner vos plats. Certains soirs, les serveurs et les chefs investissent la scène et chantent quelques chansons pour divertir les clients. Ambiance club, mais au restaurant !

BIG FAT SANDWICH €€

15A Market Lane
✆ +91 93 19 09 39 97
Ouvert tous les jours de 9h à 23h. Compter 500 Rs pour un repas.

Dans une rue tranquille du très branché quartier d'Hauz Khas, cette sandwicherie fait honneur aux lieux. On y déguste de gros sandwiches grillés ou au pain frais garni de légumes croquants, de viandes fumantes. On est plus près du concept à l'américaine que du jambon-beurre, ce qui explique sans doute des tarifs assez élevés. La salle est petite et ornée de toiles d'art très contemporain. Le service, pressé par la foule, est souvent débordé. On déguste aussi ici de délicieux cafés et expressos préparés par l'enseigne en vogue de Blue Tokai Coffee Roaster.

FABCAFE BY FABINDIA €€

44 Ring Road
✆ +91 74 28 75 80 02
Ouvert tous les jours de 10h à 22h. Comptez 800 Rs pour un repas.

La marque de prêt-à-porter indienne Fabindia succombe à la mode du café branché et en ouvre accolés à ses boutiques partout où elle le peut. Si Lajpat Nagar est le quartier connu pour son prêt-à-porter bon marché, la boutique se tient un peu à l'écart de l'animation, dans une contre-allée de Ring Road. Située à l'étage, la salle compte une trentaine de tables. Rien de tel que de se (re) poser ici après une séance shopping, dans l'ambiance calme et détendue des lieux. La cartes propose un grand choix de salades et de nourriture saine, à accompagner d'un jus detox.

GOVINDA'S €

Main Road
✆ + 91 11 4109 4042
Ouvert tous les jours de 12h30 à 21h30. Comptez 350 Rs pour un repas.

Ce restaurant strictement végétarien est installé dans l'enceinte du gigantesque complexe du Temple du Lotus, en bordure de l'ISKCON Temple Road. Inutile donc de s'aventurer trop loin pour le trouver. La cuisine servie puise dans le répertoire du sud du pays et fait des merveilles avec des ingrédients simples. Le *saatvik khana* préparé avec ail, oignons et œufs est une réussite, tout comme le généreux thali végétarien parfumé aux 56 épices est un délice. Vous partagerez certainement votre table avec quelques adeptes de Krishna.

KOFUKU €€€

BG-09 August Kranti Marg
✆ +91 11 41 00 75 48
https://kofuku.co.in
Ouvert tous les jours de 12h à 23h. Compter 3000 Rs pour un repas.

Depuis le Covid, il semble que toutes les bonnes tables japonaises de la capitale indienne se soient repliées à Gurugram. Dès lors, Kofuku est la meilleure option delhiite pour les amateurs de sushis, tempuras ou katsudon. Planqué au rez-de-chaussée du mall Ansal Plaza, la salle arbore les codes incontournables du restaurant japonais : bar à sushis, petits salons privés avec tables basses dissimulés derrière des panneaux en bambou. La cuisine est plutôt convaincante et les saveurs respectées. La carte propose un éventail très complet pour se régaler.

KORI'S €

M-57 M-Block Market
✆ +91 11 46 06 69 22
Ouvert tous les jours de 11h à 23h. Compter 650 Rs pour un repas.

Dîner pour moins de 10 € à Delhi ? Aujourd'hui, c'est une aubaine ! Cette petite cantine coréenne est située au 1er étage d'un immeuble du M-Block Market de Greater Kailash, un de ces « marchés » branchés comme la capitale en connaît. Une fois la porte vitrée poussée, on se croirait à Séoul, plus Jongno, le quartier historique, que Gangnam le quartier huppé. Les tables sont alignées en enfilade dans cette salle tout en longueur où résonne une K-pop lancinante. Les bibimbap, ces bols en pierre, sont généreux et font office de repas à prix raisonnable.

OH ! CALCUTTA €€€

Masjid Moth
✆ + 91 93 10 14 98 06
Ouvert tous les jours de 12h à 15h30 et de 19h à 22h. Comptez environ 750 Rs pour un repas.

Si vous n'avez pas encore visité la capitale du Bengale-Occidental, la cuisine servie ici constitue une excellente mise en bouche. Les spécialités de poissons telles que le *bekti* sont aussi fraîches que parfumées. Le *kosha manhsho*, un curry d'agneau, est également à tester. En dessert, vous pourrez essayer le *payesh*, une sorte de pudding à la texture étrange, qui se révèle très digeste avec un thé. Le service est professionnel, le cadre raffiné et paisible. S'il vous reste une liasse de billets à la fin de votre séjour, n'hésitez pas à les dépenser ici.

BIRYANI BLUES €€

Connaught Circus
✆ +91 80 10 80 10 00
Ouvert tous les jours de 10h à minuit. Comptez 500 Rs pour un repas.

Pas si facile de trouver un restaurant sympathique autour de Connaught Place sans musique à fond. Heureusement, quelques nostalgiques du *biryani* d'Hyderabad ont ouvert cette cantine sur le cercle extérieur. Pas de chichis pour cette petite adresse, mais un cadre qui suit les codes en vogue en ce moment : une pointe d'industriel, chaises d'écolier et carrelage ancien. Le *biryani*, savoureux et parfumé, est cuit à l'étouffé, comme l'exige la tradition et se décline en formule végétarienne ou à la viande. C'est souvent plein, et mieux vaut réserver sa table.

GULATI €€

6 Pandara Road Market
✆ +91 11 2338 8836
Ouvert tous les jours de midi à minuit. Comptez 1 100 Rs pour un repas.

Ce restaurant légendaire a la réputation de servir les meilleurs *biryani* et *kebab* de Delhi. Et cela fait 40 ans que ça dure ! Le cadre a subi une rénovation récente et les Delhiites se bousculent dans ce décor qui rappelle vaguement les *diners* américains. Une banquette court tout le long du mur de la salle, tandis que de l'autre côté des « corners » pour 6 sont aménagés. Un incontournable pour se familiariser avec la cuisine du pays ou tout simplement pour se régaler de plats rebattus ailleurs. Le service a beau être efficace, il faut souvent s'armer de patience.

DARYAGANJ €€€

Sansad Marg
✆ +91 93 55 14 41 14
Ouvert du lundi au jeudi de 12h à 16h et de 18h à 23h, en continu du vendredi au dimanche. Comptez 700 Rs pour un repas.

Daryaganj s'attribue la paternité du butter chicken et du dal makhani, deux spécialités emblématiques de la cuisine indienne. Le restaurant fut fondé à l'origine dans le quartier de Daryaganj à Delhi qui accueillait en nombre les réfugiés fuyant le Pakistan à l'heure de la partition des pays en 1947. Kundan Lal Jaggi fut de ceux-là et importa à Delhi son savoir culinaire hérité de la grande tradition moghole à Peshawar, d'où il était originaire. Daryaganj compte plusieurs enseignes en ville, qui appartiennent aux descendants de Lal Jaggi.

INDIAN ACCENT €€€

77 Friends Colony West
✆ +91 11 6617 5151
www.indianaccent.com
Ouvert tous les jours de 12h à 14h45 et de 18h45h à minuit. Comptez 2 800 Rs pour un repas (hors taxes).

Ouvert depuis 2009, ce restaurant tient toujours le haut du pavé et est considéré par beaucoup comme le meilleur restaurant de la capitale. Le chef, qui a fait ses classes dans les grands hôtels d'Asie revisite la cuisine indienne en la tirant vers le haut. Ici, les mariages d'épices sont subtils, les cuissons maîtrisées à la perfection et les saveurs déroutantes, mais enthousiasmantes. La salle répond en écho à la modernité et l'élégance des assiettes : tons sable et or, rehaussés de quelques œuvres d'art. Réservation obligatoire.

DI GHENT CAFE €€€

23 Rabindra Nagar
✆ +91 99 58 31 47 23
Ouvert tous les jours de 8h à 23h. Comptez 1 000 Rs pour un repas.

Khan Market ne cesse de se gentrifier et c'est probablement l'un des quartiers les plus chers de Delhi en matière de tables branchées. Di Ghent s'inscrit dans cette veine, avec oh ! surprise ! un café bobo d'inspiration belge. On peut venir y déguster des gaufres et des frites (si vous avez la nostalgie du pays), mais aussi des sandwiches et des salades hors de prix. Heureusement, le résultat est plutôt convaincant, avec des produits sourcés et bio (bien entendu), des thés glacés et des boissons rafraîchissantes à base de fruits ou d'agrumes.

KARIM'S €€

188/2 Hazrat Nizamuddin West
✆ +91 11 4182 7871
Ouvert tous les jours de 13h à 23h (hors Ramadan). Comptez 400 Rs pour un repas.

Plus élégant que celui de Old Delhi, l'uniforme des serveurs est assorti au bordeaux des deux salles. Ici, nous vous conseillons le poulet *afghani*, dont vous calmerez la note épicée avec une *raita* au concombre ou encore le mouton aux épices au parfum subtil. Pour finir, le *kulfi* rafraîchit le palais avec des notes glacées de pistache ou d'amande. Comme celui de Old Delhi, ce restaurant est une valeur sûre. Il est conseillé de réserver le jeudi soir car nombreux sont ceux qui, après avoir écouté les chants soufis au dargah de Nizamuddin, se retrouvent ici.

KHAN CHACHA €

50 Khan Market
✆ +91 11 4368 0449
Ouvert tous les jours de 11h à 23h. Comptez 250 Rs pour un repas.

S'il y a une file d'attente devant cette petite enseigne, rien de plus normal : c'est la rançon du succès ! Les kekabs et *rolls* sont si bons qu'ils méritent bien que l'on patiente un petit peu. Le concept décline des *rotis* ou galettes de pain farcies de légumes ou viandes marinés. Nous vous conseillons de succomber au *chicken tikka roll* à moins qu'une grosse faim ne vous oriente vers un biryani. Les puristes trouvent à redire depuis le rachat de cette cantine par la chaîne Mughlai. Ils se réfugient au Rule The Rolls voisin monté par les fils de Khan Chacha.

SAGAR RATNA €

18 Defence Colony Market
✆ +91 11 2433 3688
Ouvert tous les jours de 9h à 23h30. Comptez 650 Rs pour un repas.

La notoriété de ce restaurant n'est plus à faire et la queue le dimanche est aussi longue qu'un bouchon sur Ring Road à l'heure de pointe. Spécialisé dans la cuisine d'Inde du Sud, la courte carte propose essentiellement des *idli* (brioches cuite à la vapeur à base de farine de lentille noire et de riz) et des *dosa* (crêpes craquantes), les deux piliers du petit déjeuner de l'Inde dravidienne. Si la chaîne possède 26 établissements dans Delhi, celui-ci jouit de la meilleure réputation et emporte tous les suffrages. Et vous pouvez y venir à toute heure du jour !

LAZEEZ AFFAIRE €€

6/48 Malcha Marg Shopping Centre
✆ +91 11 268 781 55
Ouvert tous les jours de midi à minuit. Comptez 1 300 Rs pour un repas.

Ce restaurant chic, fréquenté principalement par les Delhiites, vaut le déplacement. La cuisine indienne en plus d'être délicieuse, est épicée à votre guise (pour une fois !). Et ce n'est pas tout, le personnel est très aimable et les portions sont copieuses. Notre suggestion : *murg tikka* désossé ou *murg makhani* (poulet) avec un *cheese nan* et du *navratan pulao*. Vous nous en direz des nouvelles... C'est aussi l'une des rares options intéressantes du quartier de Chanyakapuri, où si toutes les ambassades se rassemblent, les restaurants ne sont pas légion.

SAN GIMIGNANO €€€

Janpath Lane
✆ +91 11 2334 1234
theimperialindia.com
Ouvert de 12h30 à 14h45 et de 19h à 23h45. Comptez 2 000 Rs pour un repas.

Le cadre de ce restaurant de l'hôtel Impérial fait plus penser à un bar de club privé anglais qu'à un charmant village de Toscane. Néanmoins, il compte un grand nombre d'habitués comme en témoignent les ronds de serviette exposés à l'entrée. Et sa terrasse est tout simplement l'une des plus agréables de la ville, avec ses tables et chaises en fer forgé. La carte 100 % italienne propose des pâtes à la cuisson juste, des pizzas à la pâte fine et croustillante, des charcuteries venues de la Botte et quelques plats incontournables. Le tout est absolument délicieux.

PIND BALLUCHI €€

13 Regal Building
✆ +91 801 0202 020
www.pindballuchi.com
Ouvert tous les jours de midi à 23h. Comptez 800 Rs pour un repas.

Impossible de manquer la porte de l'entrée de ce restaurant avec le portier arborant fièrement une majestueuse moustache lustrée et un costume digne des plus grands guerriers rajpoutes. À l'intérieur, le cadre donne dans le kitsch. Atmosphère sombre de caverne de pirates, arbre planté au centre d'un rocher en carton-pâte, fresques murales en 3D, éclats de miroirs et murs en pisé ornés de peintures naïves mélangent les genres. Le restaurant sert cependant une excellente cuisine du nord de l'Inde faites de currys savoureux et de kebabs épicés.

SANA-DI-GE €€€

22/48 Commercial Centre
✆ +91 11 4050 7777
Ouvert tous les jours de midi à 15h30 et de 19h à 23h. Comptez 1 400 Rs pour un repas.

Si l'adresse peut sembler peu engageante (un centre commercial), ne rebroussez pas chemin. Cet extraordinaire restaurant de poissons et crustacés occupe un bâtiment à lui tout seul. L'intérieur, un peu sombre, mais très confortable, s'inspire du Moyen-Orient. La carte, elle, puise dans le répertoire côtier indien avec des mélanges d'épices venus de Goa ou du Kerala. C'est l'occasion de goûter aux clams, à la seiche ou aux crevettes préparés de différentes façons. Delhi compte peu d'adresses de la mer et celui-ci mérite le détour.

DELHI

SARAVANA BHAVAN €

46, Janpath
✆ +91 11 2334 7755
www.saravanabhavan.com
Ouvert tous les jours de 8h à 23h. Comptez 350 Rs pour un repas.

Envie d'un voyage culinaire en Inde du Sud ? Cet établissement est une institution et il faut s'armer d'un peu de patience avant de s'attabler. Il convient de laisser son nom à l'entrée et d'attendre, attendre... jusqu'à ce qu'on vous appelle. À la carte, *dosa*, *thali* et de succulents *idli* servis avec chutney de noix de coco et pickles épicés. Pour étancher votre soif, une sélection de *lassis* et milkshakes. On vient également se fournir ici en *chaat,* les snacks à grignoter, et en pâtisseries dans la minuscule vitrine réfrigérée de l'entrée.

SODA BOTTLE OPENER WALA €€

73 Khan Market ✆ +91 98 10 87 77 01
www.sodabottleopenerwala.in
Ouvert tous les jours de 11h30 à 23h. Comptez 800 Rs pour un repas.

Les Parsis, venus de Perse il y a de nombreux siècles, se sont installés à Bombay. Jusqu'à l'ouverture de « l'Ouvreur de Bouteille de Soda » c'était là que l'on pouvait déguster la meilleure cuisine aux influences iraniennes. Mais voilà que Delhi tente de chiper la place à sa sœur ennemie. Vous pourrez vous essayer au *berry pulao*, un riz servi avec de la viande et des baies ou au rôti de mouton aux épices parsies. Nous avons également beaucoup aimé le cadre, qui fait revivre un ancien café avec tables bistro, boiseries et jeux de miroirs.

THE SPICE ROUTE €€€

Janpath
✆ +91 11 2334 1234
Ouvert tous les jours de 12h30 à 14h30 et de 19h à 23h. Comptez 3 500 Rs pour un repas.

Le raffinement de la cuisine est à la hauteur de la décoration de cette adresse prestigieuse. Confortablement installés dans une salle *feng shui* hypostyle, les clients ont l'impressionde prendre place dans un temple du sud de l'Inde. La carte suit la route des épices à travers l'Asie de l'Inde à la Malaisie, au Sri Lanka en passant par la Thaïlande ou le Vietnam. Tous les plats sont exceptionnels et savamment dosés côté épices et piment. Lorsque le temps le permet, optez pour l'agréable terrasse extérieure. Réservation conseillée.

UNITED COFFEE HOUSE €€

15 Block E, Connaught Place
✆ +91 11 2341 1697
Ouvert tous les jours de 11h à 23h30. Comptez 2 000 Rs pour un repas.

Malgré le nom de « Coffee House », il s'agit de l'un des restaurants les plus raffinés de la capitale où la classe aisée aime à se retrouver. Ouvert en 1942, le temps semble ne pas avoir d'emprise sur les lieux. Toujours les mêmes boiseries, la même moquette épaisse et l'impressionnant lustre en cristal qui flotte au-dessus de la salle. La carte, délicieusement *old fashioned*, propose des plats puisés dans le répertoire du Raj : la sole meunière côtoie le poulet *tandoori*. Pour les nostalgiques d'une époque que les moins de 20 ans ne peuvent même pas imaginer.

VARQ €€€

1 Man Singh Road
✆ +91 11 230 261 62
Ouvert tous les jours de 12h30 à 14h45 et de 19h à 23h30. Comptez 3 000 Rs par personne.

Le Taj Mahal, fort d'une image de luxe et d'excellence, met ici les petits plats dans les grands. Le cadre mêle de somptueuses pièces d'art ancien avec un mobilier et un éclairage modernes. Le choc des époques et des saveurs se produit également dans l'assiette. Si le menu semble proposer des mets de facture classique, la réalité visuelle, olfactive et gustative est tout autre. Le nom choisi désigne la feuille d'or comestible, frappée si finement qu'on la sent à peine sur la langue. Et en matière de finesse, le chef sait y faire.

ZAFFRAN €€€

D-26/28 Radial Road N°6
✆ +91 11 4546 0000
Ouvert de midi à 15h30 et de 19h à 23h30. Comptez 1 400 Rs pour un repas.

Un peu difficile à trouver, au premier étage de l'hôtel Palace Heights, le restaurant ne désemplit pas en soirée malgré le temps qui passe. C'est plutôt bon signe. Le service est impeccable et la déco agréable avec ses stores en lamelles de bambou. Les tables largement espacées dans la grande salle à manger procurent une certaine intimité. On vient surtout au Zaffran pour ses délicieuses viandes rôties. Les côtelettes d'agneau marinées et grillées connaissent toujours un franc succès et régalent les palais exigeants. Réservation recommandée.

AL JAWAHAR €

65 Matia Mahal

✆ + 91 11 232 692 41

Ouvert tous les jours de 8h à minuit. Comptez 550 Rs pour un repas.

Avec ce restaurant, nommé ainsi en l'honneur de Nehru, commence le coin des spécialités mogholes. Si certains le préfèrent à son concurrent Karim's, c'est parce qu'il est moins fréquenté mais surtout parce qu'il appartient à une famille de bouchers qui choisit mieux, paraît-il, les morceaux de viande… Ici, chaque repas a son mets : au petit déjeuner le *egg curry*, au déjeuner, c'est le mouton *nihari*, tandis qu'au dîner sonne l'heure des kebabs, très épicés. En revanche, pour les palais les plus habitués, le biryani n'est pas à la hauteur.

BABURAM PARANTHE WALE €

1984 Paranthewali Gali

✆ +91 88 60 66 75 58

Ouvert tous les jours de 8h30 à 22h30. Comptez 80 à 100 Rs pour un parantha.

Les puristes disent de ce *dhaba* qu'il sert des *puri* et non des paranthas. Toujours est-il que le choix est vaste (environ 30 paranthas différents) et que le résultat est délicieux. Nous vous recommandons le mix parantha, à tomber, probablement l'un des meilleurs du quartier ! Comme toutes les gargotes de Parantewali gali, la propreté laisse à désirer, mais le débit continu assure la fraîcheur des produits. Seul problème, le menu est en hindi, mais vous trouverez facilement quelqu'un pour vous guider dans votre choix en anglais.

CAFE FESTA €

1832 Laxmi Narayan Street, Chuna Mandi

✆ + 91 11 2358 8000

Ouvert tous les jours de 9h30 à 23h. Comptez 250 Rs pour un repas.

Entre deux emplettes, ce petit café végétarien dégage une atmosphère cosy avec ses tables en bois et ses fauteuils en osier. Vous pourrez y déguster un plat indien, chinois ou continental à prix réduit. *Paneer tikka* et *vegetable pakora* font l'affaire pour un simple petit creux tandis que le *festa special thali* comble les gros appétits. Les milkshakes et lassi sont si crémeux qu'on les termine à la cuillère ! Question hygiène, pas d'inquiétude : les serveurs chantonnent en passant l'éponge sur les tables et, derrière son comptoir, le vieux gérant veille au grain.

HALDIRAM'S €

1454/2 Chandni Chowk

✆ +91 11 2883 3007

www.haldiram.com

Ouvert tous les jours de 9h30 à 22h. Comptez 300 Rs pour un repas.

Cette chaîne célèbre pour ses gâteaux et autres douceurs sucrées possède plusieurs restaurants éparpillés un peu partout dans la capitale. Sorte de fast-food local, c'est l'endroit parfait si vous avez un petit creux avant de prendre un train. Dans une grande salle bruyante éclairée aux néons, vous pourrez avaler en vitesse un *masala dosa*, un *thali* ou un *dal makhani* avec du riz. Ne manquez pas les *rasmalai* vendus à l'unité pour finir sur une note sucrée. Et si les spécialités inciennes ne vous tentent pas, il y a quelques plats occidentaux à la carte.

KARIM'S €€

Matya Mahal Road

✆ +91 11 2326 9880

Ouvert tous les jours de 9h à 00h30 (hors Ramadan). Comptez 400 Rs pour un repas.

Quand, en 1911, Haji Karimuddin installe sa modeste gargote au sud de la Jama Masjid, il ne présageait certainement pas que son enseigne serait, un siècle plus tard, l'une des plus réputées de la ville. On y vient pour déguster le *burra kebab* ou un *basmati badam pasanda*, autrement dit un tendre morceau d'agneau servi avec une sauce à base d'amandes. Vous pourrez également goûter au *kheer*, ce riz au lait parfumé de cardamome et recouvert de pistaches et d'amandes, un délice ! Les portions étant généreuses, le choix du *half* (demi-portion) est plus digeste.

KHAM COFFEE HOUSE €

39 New Tibetan Colony

✆ +91 11 2381 5196

Ouvert tous les jours de 7h30 à 22h. Comptez 450 Rs pour un repas.

Notre coup de cœur à Majnu Ka Tila. Niché au sein du petit centre commercial du quartier, cet établissement est un havre de paix soigné et gourmet. Avec ses murs safran, son étagère de bouquins et ses fauteuils en osier, on se sent comme à la maison. L'accueil est adorable et les gâteaux en vitrine « faits maison ». Un très bon plan pour un petit déjeuner ou un goûter à moindre coût. Tentez le *chocochip muffin*, un muesli avec fruits frais et savourez un VRAI expresso. Également à la carte : lassi, choix de thés et limonade *home made*. Un QG idéal !

SAM'S CAFE €

1534/50 Main Bazar
✆ +91 11 4154 1436
Ouvert tous les jours de 8h à 23h. Comptez 350 Rs pour un repas.

Sam's Cafe est un autre haut lieu mythique de Pahar Ganj. Si la salle de restaurant ne possède aucun intérêt, tout le monde se réfugie sur le toit et sa terrasse aménagée comme un jardin. Avec une belle sélection de spécialités italiennes, israéliennes, chinoises et des viandes cuites au tandoor, le chef sait comment attirer la clientèle de touristes qui zone dans le quartier. Malheureusement, le résultat n'est pas à la hauteur de la carte, et nous sommes un peu restés sur notre faim. Préférez venir y boire un *lassi* bien frais en fin de journée.

SHREE DELHI GUJARATI SAMAJ CANTEEN €

2 Rajniwas Marg
✆ + 91 11 239 817 96
www.gujaratisamajdelhi.com
Ouvert tous les jours de 10h30 à 22h30. Comptez moins de 100 Rs pour un repas. Végétarien.

Cette cantine de quartier réputée pour ses chutneys et ses pickles affiche des prix défiant toute concurrence. Pas d'exotisme ou d'exhaustivité dans le menu, mais les saveurs élémentaires de la cuisine du Gujarat qui est servie sans chichis dans une ambiance de bric et de broc très sympa. Vous pourrez vous délecter d'un *thali* gujarati ou d'une assiette de *dhokla*, une très ancienne recette à base de pois chiche concassé et d'une pâte à base de riz fermenté.

SITA RAM DIWAN CHAND €

2246 Chuna Mandi
✆ +91 11 235 873 80
Ouvert de 8h à 17h30. Comptez 150 Rs pour un repas.

C'est ici que l'on trouve les meilleurs *chole bhature* de Delhi. Cette spécialité végétarienne du Penjab régale les Indiens dès le petit déjeuner. Les pois chiches servis dans une sauce épicée et accompagnés de petites galettes soufflées vous caleront pour un bon moment et vous donneront l'énergie nécessaire pour arpenter la ville. Si vous avez du mal à manger salé le matin, offrez-vous cette pause revigorante au déjeuner avant d'aller fouiner dans le Main Bazar, situé tout près. N'hésitez pas à demander votre chemin pour trouver la célèbre devanture rouge.

THE BAITHAK €€

41 East Patel Nagar Market
✆ + 91 11 2578 7909
Ouvert tous les jours de 11h à 15h et de 19h à 23h30. Comptez 600 Rs pour un repas.

Créé par deux frères, cet établissement souhaite restituer l'esprit du *baithak* moghol, autrement dit un endroit convivial où l'on se réunit le soir en famille ou entre amis. L'établissement, fréquenté par les familles de la classe moyenne, est aussi beau que bon. Situé en hauteur, le restaurant conjugue lumière tamisée, décor de bois épuré et service professionnel. La carte propose un vaste choix de spécialités mogholes, chinoises et des tandooris, avec ou sans viande. Nous vous recommandons la *malai kofta* et le *chicken tandoori*, copieux et délicieux.

THE EMBASSY €€

13 Sham Nath Marg
✆ + 91 11 239 930 61
www.embassyrestaurant.in
Ouvert tous les jours de 11h à 23h. Comptez 700 Rs pour un repas.

Avec ses boiseries, ses banquettes de velours et sa lumière tamisée, ce restaurant prend de faux airs de pub londonien. Mais côté carte, vous êtes bien en Inde ! Il propose un grand choix de spécialités du nord du pays, dont de solides kebabs, ainsi que quelques entrées chinoises. L'absence de concurrence dans le quartier de Civil Lines provoque un léger laisser-aller dans l'assiette. C'est bon certes, mais pas enthousiasmant, surtout à ce prix. Choix de vin décent, dont des vins importés et très belle carte de cocktails, à consommer avec modération !

FAIRE UNE PAUSE

Depuis quelques années, les cafés se multiplient à Delhi. On en trouve même qui servent de véritables expressos... L'avènement mondial du bobo-chic a gagné la capitale indienne et vous en trouverez pléthore notamment dans les quartiers branchés de Hauz Khas, de Khan Market ou encore de Shapur Jat. Vous pourrez même y dégoter une authentique boulangerie-pâtisserie française, si vous avez la nostalgie de la chocolatine ou de l'éclair. Les maisons les plus traditionnelles comme Keventer's se regroupent autour de Connaught Place qui propose quelques incontournables. Faire une pause dans un petit café bien choisi sera aussi l'occasion de vous essayer à quelques spécialités typiques de l'Inde comme les très sucrés *jalebi* ou les kulfis, des sortes de crèmes glacées dont les Indiens raffolent en été. Version street food ou au contraire confortablement lové dans un large fauteuil, vous trouverez de quoi tenter de nouvelles expériences.

24/7

Barakhamba Road
✆ + 91 11 4444 7777
Ouvert 24h/24.

Quels que soient le jour et l'heure, ce bar ne ferme jamais ses portes : voici l'explication de son nom 24/7. À 4h du matin ou de l'après-midi, on peut venir boire un jus de fruit ou un verre d'alcool. L'ambiance est tout de même plus sympathique en soirée et le décor classique moins tristounet. Même s'il propose des cocktails, liqueurs et bières, cet établissement plaira surtout aux amateurs de vin. Une belle sélection de vignobles provenant de France, d'Australie, de Californie, d'Italie ou encore d'Amérique du Sud à prix élevé.

BOHEME

16 A/1 Saraswati Marg, WEA
✆ +91 99 10 08 94 16
Ouvert tous les jours de 11h à 0h30.

Au fond de la longue salle en briques blondes, un petit bar et deux tabourets hauts confirment qu'il s'agit bien d'un bar. L'atmosphère sombre, relevée ici et là de lampes diffusant une lumière jaune ou violette, le confirme. Pas de grande originalité sur la carte, vous retrouverez les cocktails classiques : margarita, black russian, tequila sunrise ou encore l'incontournable mojito. Quelques whiskys et rhums locaux également. Les amateurs de bière trouveront un choix un peu plus varié qu'ailleurs à accompagner de quelques snacks roboratifs

38 BARRACKS

38 Block M, Connaught Place
✆ +91 97 17 30 40 98
Ouvert tous les jours de 11h à minuit.

En anglais, *barracks* signifie caserne. Si le thème militaire est bien présent avec de vieilles pétoires et des médailles rutilantes accrochées au mur, il s'agit plus d'un mess d'officier que de la chambre d'un piou-piou. Larges canapés chesterfield, beaux tabourets de bar en fonte, bois et cuir et boiseries pleines achèvent de donner une âme au lieu. Il y a autant d'alcools et de cocktails que de balles dans le chargeur d'une mitrailleuse. Mais attention à l'addition qui peut vite se montrer assassine avec ses 30 % de taxes en sus !

CAFE TURQUOISE COTTAGE

A5 Sri Aurobindo Marg
✆ +91 95 9928 0960
www.cafetc.com
Ouvert tous les jours de midi à 1h du matin.

Ouvert en 2002, le Turquoise Cafe, affectueusement appelé TC (prononcer Ti Si) est l'un des bars historiques de la capitale. Entièrement rénové en 2023, ce pub obstinément rock affiche Jimi Hendrix et Michael Jackson sur ses murs et dans ses enceintes, mais aussi bien d'autres artistes. C'est un peu plus calme en semaine, sauf le mercredi pour la *Ladies Night*. Idéal pour un dernier verre, si vous aimez les endroits vivants. Le bar fait également office de restaurant, mais il faut venir avant 20 heures pour espérer avoir une table.

KEVENTER'S

17 Block A, Connaught Place
✆ +91 11 2371 3573
Ouvert tous les jours de 11h à 23h.

La boutique est discrète et pourtant elle ne désemplit pas. Avec son choix de milkshakes variés (vanille, ananas, mangue, chocolat, *butterscotch*, café...), Keventer's régale les papilles et désaltère. Le lait frais parfumé est servi dans des bouteilles, à déguster sur place. Une pause gourmande qui se refuse d'autant moins que l'enseigne est une véritable institution. Elle remonte à 1925, date à laquelle Edward Keventer, un laitier suédois chargé de moderniser l'industrie laitière en Inde par le gouvernement britannique, crée sa propre ferme à Delhi.

KULFIANO

9A Hauz Khas Village
✆ +91 84 4860 6977
Ouvert tous les jours de 11h30 à 00h30.

Impossible de venir en Inde sans goûter au *kulfi*, la glace préférée des enfants et des adultes. Ici, vous êtes sûr d'avoir un produit de qualité qui n'a pas été décongelé et recongelé 10 fois. Il s'agit d'une longue sucette de glace, particulièrement crémeuse et sucrée. La plus célèbre est celle à la pistache, mais elle se décline aussi à la rose, à la mangue ou à la crème (*malai*). L'autre spécialité est le *falooda kulfi*. Il s'agit d'un mélange de glace et de vermicelles d'amidon de maïs arrosé de sirop. Idéal dès que le soleil cogne un peu.

KUNZUM TRAVEL CAFÉ

T49 Hauz Khas Village
✆ +91 88 0020 0280
www.kunzum.com
Ouvert du mardi au dimanche de 11h à 19h30.

Avec ses airs de galerie, ce petit café est une aubaine pour les amoureux du voyage et les petits budgets. Le concept ? Partager autour du voyage. Ajay Jain, manager du lieu, invite la clientèle à s'asseoir sur des fauteuils en osier et à profiter d'une connexion wi-fi tout aussi gratuite que les boissons chaudes qui trônent sur la table du fond. Entouré de magnifiques clichés de l'Inde, vous pourrez consulter les guides de voyage dans la bibliothèque et laisser un mot sur le panneau central pour trouver un compagnon de route ou partager un bon plan.

L'OPÉRA INDIA

5B Khan Market
✆ +91 11 4353 8900
www.loperaindia.com
Ouvert tous les jours de 8h à minuit.

Ce n'est un secret pour personne. Après quelque temps passé en Inde, l'appel de la chocolatine commence à se faire sentir. Laurent Samandari a mis fin à des années de frustration dans la communauté française en ouvrant cette « authentique boulangerie-pâtisserie française ». Vous y trouverez croissant, éclair au chocolat, baguette paysanne ainsi que des en-cas salés (quiches, feuilletés et pizzas). Nous vous recommandons de goûter aux petits macarons, délicieux. Le prix est plutôt français, mais la saveur est comme le concept de l'établissement : authentique.

MY BAR & RESTAURANT

5136 Main Bazar Road
✆ +91 98 10 41 04 11
Ouvert tous les jours de 11h à minuit.

Adresse bien connue des étudiants qui sert l'alcool le moins cher dans le quartier et peut-être même dans la ville entière. Pour boire une bière à bon prix ou un alcool fort, faites fi de l'éclairage rouge et bleu qui procure une ambiance un peu glauque. Vous croiserez forcément quelques backpackers avec qui vous pourrez partager vos histoires de voyage et pourquoi pas une girafe de Kingfisher de 2 litres à un prix défiant toute concurrence ! Si la faim vous saisit, possibilité de vous restaurer sur place à petits prix également. Mais ce n'est pas terrible...

OLD FAMOUS JALEBI WALA

1795 Chandni Chowk Road
✆ +91 11 2325 6973
Ouvert tous les jours de 8h à 22h.

Impossible de venir en Inde sans goûter au *jalebi* (prononcer « jélébi »), un beignet à base de farine de blé, de maïs ou de pois chiche, frit dans du sirop de sucre de canne. On les reconnaît aisément à leur forme de serpentin et à leur couleur orange vif. Pour une fois, tous les Delhiites sont d'accord : les meilleurs de la capitale se dégustent à l'Old Famous Jalebi Wala sur Chandni Chowk. Le kiosque situé à proximité de la Gurudwara sikh débite des rubans sucrés depuis 1884. Autant dire qu'ils ont le coup de main et une recette bien au point.

POLO LOUNGE

Bhikaiji Cama Place, Ring Road
✆ +91 11 6677 1314
Ouvert tous les jours de midi à 22h.

De tous les bars d'hôtels situés dans New Delhi, celui de l'Hyatt Regency sort du lot. On apprécie le cadre *old fashioned* de ce bar *very british*. Boiseries, plafonds à caissons, parquet marqueté et un long bar en marbre accompagné de ses tabourets hauts forment un accord parfait. Vous ne pourrez que trouver votre bonheur sur la longue carte de spiritueux et cocktails, surtout si vous êtes amateur de vin. La maison propose une très belle sélection de raisins du monde entier, pour certains servis au verre. Côté whisky, notez la présence du Johnnie Walker.

THE BLUE BAR

Sardar Patel Marg
✆ +91 11 6650 3699
Ouvert tous les jours de 17h à 1h.

Pour se détendre dans un cadre luxueux, rendez-vous au bar de l'hôtel Taj. Ambiance jazzy relaxante, décor élégant et feutré avec son épaisse moquette pourpre, ses fauteuils en velours rouge et ses chandeliers baroques. On se croirait dans une boîte de nuit à Saint-Germain. Le barman propose un grand choix de cocktails originaux dont le surprenant « Blue Bar » à base de curaçao, de pomme et de vodka. Rondelle de citron, quartier de pamplemousse, piment ou feuille de curry décorent les verres. Il faut tout de même compter le prix d'un bon repas dans la capitale.

ROSHAN DI KULFI

2816/18 Ajmal Khan Road
✆ +91 11 2872 4230
Ouvert tous les jours de 8h à 21h.

Comme son nom l'indique l'endroit est idéal pour goûter au *kulfi*, cette crème glacée parfumée à la cardamome ou au safran. Nous vous recommandons le *fadula kulfi*, agrémenté de vermicelles à l'eau de rose, un délice ! Lors d'une virée shopping au marché de Karol Bagh, les Delhiites se retrouvent ici pour partager un petit déjeuner ou combler un petit creux avec des snacks ou une assiette de paneer tikka. Avec ses grandes lettres rouges sur fond blanc, il est difficile de manquer l'enseigne. La queue fréquente et à toute heure est un autre bon indice.

THE CAVALRY BAR

7 Shamnath Marg
✆ +91 11 2397 5464
Ouvert tous les jours de 11h à 23h30.

Le bar est à l'image de l'hôtel qui l'héberge avec son style colonial britannique. Les sols sont en marbre, la succession de pièces aérées meublées de canapés bourgeois et de fauteuil en bois patiné. Le bar proprement dit est encadré de colonnes en stuc, la vitrine est rétro-éclairée et pas de doute, on se sent dans un club sélect. La maison propose de belles références de whisky (écossais !) et de gin ainsi qu'une carte de vin, courte mais avec des références intéressantes. Tout cela est bien policé et le dos se redresse instinctivement lorsqu'on s'assied.

SUMMER HOUSE CAFE

Aurobindo Place
✆ +91 11 4106 0898
www.summerhousecafe.in
Ouvert tous les jours de midi à 1h.

Les bars en vogue du quartier de Hauz Khas n'ont pas sitôt ouvert leurs portes que bien souvent ils les referment. Espérons que ce ne sera pas le cas pour cette « maison d'été ». Installé au premier étage d'un centre commercial, on y vient d'abord pour sa terrasse éclairée de guirlandes colorées et habillée de tables et chaises d'écoliers repeintes dans des couleurs vives. La salle climatisée est bien plus quelconque avec ses murs de briques et sa musique trop forte. Les amateurs de boissons fortes seront ici ravis, car la carte propose une infinité de variations.

WENGER'S

16 Block A, Connaught Place
✆ +91 83 84 04 75 14
www.wengers.in
Ouvert tous les jours, de 10h30 à 19h.

Connaught Place regorge d'institutions gastronomiques que l'on remarque à peine, happé par la foule et les boutiques criardes. Wenger's fait partie de celles-ci. Depuis 1926, la réputation de cette pâtisserie qui régale les gourmands n'est plus à faire. Les employés sont aussi nombreux que les spécialités ; normal, quand une foule ne cesse de se bousculer devant les gâteaux, biscuits, sandwichs ou tartes (salées et sucrées). Vous pourrez repartir avec votre sélection ou la déguster sur des mange-debout de la salle tout en briques rouges.

(SE) FAIRE PLAISIR

New Delhi est un véritable paradis pour les shoppeurs, pour peu qu'ils sachent où aller. La capitale ne compte plus ses marchés spécialisés et vous pourrez dénicher tout ou presque à moindre coût : articles de voyage, tissus des quatre coins du pays, souvenirs en tous genres, matériel informatique, fringues cheap ou chic. Seules les marques internationales, notamment concernant la téléphonie mobile ou le gros matériel informatique, affichent les mêmes prix qu'en France. Dans ce cas, mieux vaut acheter à la maison, car vous profitez de la garantie. Vous trouverez un certain nombre de grandes enseignes internationales ou indiennes autour de Connaught Place. C'est là que viennent nombre de Delhiites le week-end. INA est l'antre pour tout ce qui concerne la cuisine, des épices aux ustensiles. Les boutiques de créateur se regroupent autour de Khan Market ou de Shahpur Jat. Pour les tissus, rien ne vaut Nehru Place.

CHAWRI BAZAR

Chawri Bazar

Fermé le dimanche.

Chawri Bazar est le plus grand marché de fournitures d'Asie. D'un côté, vous dénicherez des ustensiles comme des casseroles en cuivre ou des serrures en laiton. Plus intéressant pour le visiteur de passage, de la vaisselle en aluminium que vous voyez partout dans les quartiers populaires et les fameux tiffins, ces petites gamelles à plusieurs étages que l'on trouve ici à moindre coût. De l'autre côté, les grossistes vendent du papier au rouleau et des cartes de vœux. Plutôt destiné aux professionnels, le marché accueille aussi les particuliers.

JANPATH MARKET

Janpath

Tous les jours sauf le dimanche.

Ce marché s'étend sur 500 m d'Outer Circle à l'Imperial Hotel. Vous dénicherez dans les stands des vêtements et objets d'artisanat plus ou moins anciens. L'artère commerciale continue avec le Tibetan Market : artisanat du Tibet, statuettes de dieux hindous, étoffes de coton, etc. Moins convaincant que le marché tibétain de Delhi Nord, il mérite tout de même une visite si vous êtes dans le coin. Un conseil : négociez ferme. Vous trouverez aussi des artisans du Rajasthan et des vendeurs à la sauvette proposant tout et n'importe quoi.

INA MARKET

Sri Aurobindo Marg

Ouvert tous les jours sauf le lundi.

Du gingembre en poudre à la passoire en passant par les tomates cerise et les tasses à thé, INA Market est le spot parfait pour ceux qui s'intéressent à la cuisine. Les locaux et expatriés viennent dans ce lieu réputé pour l'exhaustivité de ses produits frais et de base. Les stands aux allures de mini-épiceries permettent de se ravitailler en vrac. Si vous êtes fan de cinéma Bollywood, jetez un œil sur le petit stand de DVD et CD (en face des toilettes publiques), vous y trouverez de grands classiques et des nouveautés sous-titrées, à tarifs modiques.

KAROL BAGH MARKET

Ajmal Khan Road

La plupart des boutiques sont fermées le lundi.

Si les habitants de Delhi l'apprécient, c'est parce que l'ambiance y est simple et populaire. C'est vrai que cet espèce de grand centre commercial à ciel ouvert a un petit charme désuet qui nous a bien plu. Comme souvent en Inde, les marchands se regroupent par spécialité dans une même ruelle ou un même quartier. Vous trouverez à Karol Bagh des vêtements, des articles pour les mariages ou du linge de maison. Les bijoutiers se rassemblent sur Gurudwara Rd, tandis que Gaffar Market est dédié au matériel électronique et électroménager.

KHAN MARKET

Rabindra Nagar

Boutiques ouvertes du lundi au samedi à partir de 11h.

Les classes moyenne et aisée viennent ici faire leurs emplettes « chics » et manger « smart ». Dans les années 1950, la population du Pakistan tenait ici des magasins de livres. Aujourd'hui, on trouve quelques librairies certes, mais surtout des boutiques de déco et de textile de créateurs, des marques internationales ou encore des boutiques de montres, bijoux, musique, cosmétiques et des instituts de beauté. A Khan Market, la qualité est au rendez-vous, mais les prix sont plus élevés qu'ailleurs. Le marché est également réputé pour ses stands de fruits secs.

KHARI BAOLI

Khari Baoli Road

Ouvert du lundi au samedi de 11h à 20h30.

Le plus grand marché aux épices d'Asie est réputé pour la qualité des produits et ses prix compétitifs. Il porte ce nom en référence à la citerne (bâoli) d'eau salée qui se trouve dans la rue. Au milieu d'une ambiance bruyante et encombrée, vous trouverez toutes sortes d'épices, mais aussi des herbes, des fruits secs (notamment chez Jain Dry Fruits au stand n° 6530), du thé, des pickles... Ce marché qui officie depuis plus de cent ans est fréquenté par les restaurateurs comme les particuliers pour la qualité de ses riz Basmati.

M BLOCK MARKET

Block M

Fermé le mardi.

Surnommé m Market par ses habitués, c'est un endroit chic à l'ambiance sympathique. Les expatriés et la bourgeoisie de Delhi Sud viennent y faire leur shopping et dîner ensuite sur un toit terrasse ou dans le très savoureux Moti Mahal Deluxe. Des tenues hyper design aux cosmétiques bio en passant par un Apple Store et quelques magasins de bonne musique, vous y trouverez près d'une centaine d'enseignes. Cet endroit résume à lui seul un style de vie moderne de plus en plus présent à Delhi. Egalement des instituts de beauté ultra pros.

MAIN BAZAR

Main Bazar Road

Ouvert tous les jours, avec une activité moindre le lundi.

Le quartier est connu de tous les voyageurs à petit budget. Comme ses établissements, les prix des boutiques qui forment son bazar sont plutôt bon marché. Après, on vous recommande fortement de négocier car les vendeurs ont tendance à confondre touristes avec tirelire. Vous trouverez de tout : vêtements bon marché, encens, statuettes, couvre-lit, housse de coussin, ceintures, chaussures, bijoux fantaisie. Méfiez-vous des vendeurs qui vous garantissent l'authenticité d'un produit ou son caractère antique. Parfait pour les amateurs de shopping plus baba que bobo.

MARCHÉ DES INSTRUMENTS DE MUSIQUE

Dariya Ganj

Ouvert tous les jours, sauf le dimanche, à partir de 11h.

Le quartier, réputé pour son marché aux livres, est aussi le bon endroit pour les musiciens en herbe ou confirmés. Les boutiques sont alignées le long de l'avenue Netaji Subhash et dans les ruelles attenantes, entre les stations de métro Delhi Gate et Jama Masjid. On y trouve tous les instruments classiques de la musique indienne (*sitar*, *tabla*, sarod, flûtes...) ainsi que violons et guitares. Mais les articles ne sont pas toujours de bonne facture.

PALIKA BAZAAR

Connaught Place

www.palikabazaar.com

Ouvert tous les jours, sauf le dimanche, de 10h à 18h.

Ce grand bazar souterrain abrite une centaine de boutiques. Un bon plan pour ceux qui veulent échapper un moment au brouhaha de Connaught Place, mais on le déconseille toutefois aux claustrophobes. Appareils et matériel photo, appareils électroniques (MP3, téléphones portables, disques durs...), CD et DVD, mais aussi magasins de vêtements et de souvenirs divers. Si autrefois les prix défiaient toute concurrence, ce n'est plus vraiment le cas aujourd'hui. Armez-vous de patience et négociez ferme. Attention aux contrefaçons et donc aux douanes des aéroports...

TEA INDIA

647 Main Bazar Road

Ouvert tous les jours de 10h à 20h.

La toute petite échoppe, tenue par un jeune sikh parlant très bien français, propose les meilleurs thés, chai et épices du quartier. Le safran, de qualité exceptionnelle, est à un prix défiant toute concurrence, les noix de muscade sont vendues dans leurs coques, les gousses de vanille gorgées de graines viendront parfumer vos desserts et prolongeront vos vacances. On vous offrira sûrement un *masala chai* et si vous succombez à ce breuvage, n'oubliez pas de prendre la carte de visite de la boutique, la recette y est notée au dos.

GULABSINGH JOHRIMAL

320 Dariba Kalan

✆ + 91 11 4550 1964

www.gulabsinghjohrimal.com

Ouvert tous les jours sauf le dimanche, jusqu'à 20h30.

Cette petite boutique aux vitrines de bois est installée à Dariba Kalan depuis 1816. Vous trouverez de l'encens au patchouli, des savons au jasmin mais surtout des parfums et des huiles essentielles de très bonne qualité. On vous reçoit très simplement et l'on vous laisse tranquillement regarder le dépliant des innombrables senteurs. Lavande, musc, mandarine, *tea tree*, citronnelle et bien d'autres moins connues. Le personnel, très gentil, vous fera sentir les parfums et vous expliquera les vertus des huiles essentielles. Un bon plan pour les cadeaux.

TIBETAN MARKET

Majnu Ka Tilla

Boutiques ouvertes de 10h à 20h.

Cet ensemble de boutiques et d'échoppes ponctue toutes les ruelles du quartier. On vient y faire le plein de produits tibétains à plus petit prix qu'au Tibetan Market de Connaught Place : chapelets, bols, thangkas, tapis, fromage de yak, mais aussi tout l'équipement nécessaire pour une expédition dans l'Himalaya. La plupart des magasins sont tenus par des réfugiés tibétains qui vous accueillent avec le sourire et surtout avec calme. La conjugaison des deux rend le shopping très agréable. Bien que les prix soient fixes, on peut en général négocier.

MIRI MAL JAIN & SONS JEWELLERS

244/B Dariba Kalan

✆ +91 11 232 648 09

Ouvert du lundi au samedi de 11h à 19h30.

Trois générations de bijoutiers travaillent côte à côte dans cette boutique située dans la rue de l'or et de l'argent. Le choix est plus important qu'il n'y paraît, car si vous ne trouvez pas votre bonheur dans les vitrines, attendez que l'on vous sorte la suite, cachée au fond du magasin. Les prix sont raisonnables et la réputation de ce magasin n'est plus à faire. Argent, or, pierres précieuses et semi-précieuses, il y en a pour toutes les bourses…

DARIBA KALAN

Dariba Kalan Road

Ouvert tous les jours, sauf le dimanche.

Celle qui signifie « rue de l'incomparable perle », est le lieu pour se procurer des bijoux en argent et en or. À l'origine, cette ruelle partant de Chandni Chowk, près du Gurudwara Sis Ganj, était le quartier traditionnel des bijoutiers et aussi des orfèvres. Si les premiers sont toujours là, les seconds sont aujourd'hui éparpillés dans tout le bazar. De part et d'autre de la rue, vous verrez des échoppes de toutes les tailles. Dans tous les cas, les vendeurs sont prêts à négocier, mais renseignez-vous auparavant sur le prix du gramme d'argent.

OGAAN

2 Hauz Khas Village

✆ +91 8130109011

www.ogaan.com

Fermé le dimanche.

Ogaan rassemble plusieurs *corners* de stylistes indiens en vogue dont Manish Arora, créateur à l'imaginaire débordant. Une visite sur son site Internet suffit à comprendre le personnage, complètement déjanté. Il n'est donc pas étonnant que Paco Rabanne l'ait choisi en 2011 comme directeur artistique. Sa ligne de vêtements en soie brodés de fils d'or est tout simplement magnifique et sa collection Fish Fry est faite de baskets aux couleurs acidulées. Les accro du shopping qui en ont le budget seront aux anges. Car oui, Monsieur Arora est une star et c'est cher…

SAROJINI NAGAR MARKET

First Cross road

Ouvert tous les jours, sauf le lundi.

Un bon plan pour les amateurs de marques à budget réduit : chemises GAP, pulls Benetton..., vous trouverez nombre de vêtements à petits prix. Mais évidemment il faut flâner, fouiller et avoir du temps devant soi pour tomber sur le petit haut de ses rêves. Ce marché a des airs de grande braderie et l'ambiance est très bon enfant. Ne pas hésiter à négocier. Derrière les vendeurs, on trouve un marché avec magasins en dur où les prix ne sont, là, pas négociables. Beaucoup d'enseignes indiennes de textile et les magasins de chaussures du moment.

DILLI HAAT

Sri Aurobindo Marg

✆ +91 11 261 190 55

Ouvert de 10h à 22h. Entrée : 100 Rs.

Ce marché en plein air est un kaléidoscope de la diversité et de la richesse culturelle et artisanale de l'Inde. Une soixantaine de stands proposent vêtements et objets de décoration provenant de tout le pays. Certains artisans très renommés sont présents ici. Inutile de s'évertuer à trop marchander, les prix sont souvent fixes. Chaque région vend également ses spécialités gastronomiques à petits prix, mais ce n'est pas non plus de la grande cuisine. En face, à INA Market, on vend beaucoup d'épices et aussi toutes sortes de denrées alimentaires.

SHANKHAR MARKET

Connaught Circus

Fermé le dimanche.

Peu connu des touristes, cet endroit est le spot idéal pour se faire confectionner des vêtements. Depuis soixante ans, les tailleurs et leurs fidèles machines à coudre officient dans des petites boutiques. La réputation du lieu tient tant à leur savoir-faire qu'à la bonne qualité des matériaux. En plus, les prix sont tout à fait corrects. On vous recommande particulièrement la boutique Roy Exclusive. Ici, vous trouverez également du tissu, des brassières et jupes à porter sous un sari pour des prix dérisoires. Un très bon plan à connaître et à partager.

NEW KASHMIR ART GALLERY

Connaught Circus

✆ +91 11 233 518 08

Ouvert tous les jours de 10h à 19h.

La famille d'Habib est spécialisée dans le commerce de pashmina, ces étoles en laine de chèvre de l'Himalaya... mais pas seulement. Dans ce petit magasin, vous trouverez de quoi faire plaisir à tous vos proches : étoles, châles, tapis, objets en papier mâché, vêtements de cuir... Comme partout ailleurs, marchandez les prix et vous devriez repartir les bras chargés. Particularité de la maison, Habib ou son fils Yassin peuvent même venir vous chercher à votre hôtel. Un simple coup de téléphone suffit, évidemment, vous n'êtes pas obligé d'acheter !

CENTRAL COTTAGE INDUSTRIES EMPORIUM

Janpath

✆ +91 9971758003

www.cottageemporium.in

Ouvert tous les jours de 10h à 19h.

Vous ne pourrez pas louper cet immense emporium d'État installé dans une haute tour. À l'intérieur, six étages bien fournis en objets artisanaux du pays : statuettes en bois de santal, émeraudes clinquantes, tables basses martelées, thé d'Assam, tenues traditionnelles, etc. On vous recommande l'étage des tissus : une variété infinie de matériaux (soie, coton, laine) à prix corrects. C'est plus cher qu'ailleurs, mais on vous garantit la provenance et l'authenticité.

SOMASHOP

K-44 Connaught Place

✆ +91 91 16 03 79 04

www.somashop.com

Ouvert tous les jours de 10h à 20h.

Les boutiques Soma existent depuis 40 ans et sont spécialisées dans les articles pour la maison : rideaux, couvre-lits, coussins, nappes, trousses de toilette. On peut également y dégoter des chemises pour homme ou des confections pour femme : accessoires, sacs de voyage, foulards. Ne manquez pas le coin pour les enfants et ses articles en coton bio. Tout est fabriqué dans les villages de façon artisanale. Les stylistes du monde entier viennent s'y approvisionner tant pour la qualité que les prix compétitifs. Magasins à Jaipur, Udaipur, Ahmedabad et Hyderabad.

AMRIT BOOK CO

21 Block N, Connaught Place

Ouvert tous les jours de 11h à 20h30.

Ce magasin propose de beaux livres de photos et des ouvrages en anglais sur la religion et l'histoire. Par conséquent, il s'adresse plutôt aux fous de l'Inde en quête d'ouvrages sur des thématiques pointues. Même si vous n'y achetez rien, vous prendrez plaisir à feuilleter les livres dont certains sont de véritables œuvres d'art. Cela peut faire l'objet d'un joli souvenir à ramener.

Autres librairies à Connaught Place : Oxford Bookstore, 148 Statesman House, Barakhamba Road (1er étage) – ✆ +91 11 23 76 60 83 ; The Bookworm, B-29 block – ✆ +91 11 23 31 11 40.

SURVEY OF INDIA MAP SALES OFFICE

151 Bikhaji Kama Place

✆ +91 11 233 222 88

Cette agence spécialisée dans les cartes routières et de randonnée est l'équivalent de notre Institut géographique national, les fameuses cartes IGN. Les amateurs de randonnée pédestre ou cycliste ou de chevauchées en moto prendront le temps de s'arrêter ici. Si aujourd'hui les GPS font des merveilles, les connexions ne sont pas toujours possibles et mieux vaut avoir un back-up papier, sous peine de faire des kilomètres inutiles ou de vous perdre.

NEW GRAMOPHONE HOUSE

Main Road

✆ +91 98 10 95 55 57

Ouvert du lundi au samedi de 10h à 20h.

Ce disquaire est le dernier de tout New Delhi, tous les autres ayant baissé le rideau. Les passionnés du vinyle lui vouent un culte sans borne et flânent pendant des heures à la recherche de la perle rare. Vieux hits bollywoodiens, standards pendjabi, classiques occidentaux… vous ne pouvez que trouver votre bonheur, surtout si vous êtes amateur de sonorités indiennes, difficiles à trouver ailleurs. Vous pourrez aussi y dénicher de vieilles platines en état de marche ou à bricoler ainsi que des gramophones bons pour la déco de votre salon.

THE FULL CIRCLE BOOKSTORE

23 Khan Market

www.fullcirclebooks.in

Ouvert tous les jours de 9h30 à 20h30.

Si vous séjournez au sud de la ville, voici un lieu particulièrement agréable pour flâner et feuilleter des ouvrages dans tous les genres. La plupart des titres sont en anglais ou en hindi. Vous trouverez aussi bien des romans qui feront passer les longues heures de train que des beaux-livres à ramener chez soi, en souvenir d'un voyage mémorable. À l'étage, l'agréable Cafe Turtle permet de s'offrir une pause dans un environnement calme et serein.

RANGARSONS MUSIC DEPOT

47 Veer Savarkar Marg

✆ +91 11 410 128 40

Ouvert du lundi au samedi de 10h à 18h30.

Si vous n'avez pas trouvé votre bonheur au Marché des instruments de musique, ou si vous recherchez les conseils d'un vendeur avisé, cette boutique spécialisée dans les instruments de musique indienne est faite pour vous. Elle jouit d'une excellente réputation et certains musiciens professionnels viennent se fournir ici. Vous y trouverez un large choix d'instruments : guitares, tabla, trompettes indienne, sitar... Les prix pratiqués sont corrects et surtout, vous avez la garantie d'un instrument de bonne facture, ce qui n'est pas forcément le cas au bazar.

NEHRU PLACE COMPUTER MARKET

Nehru Place

✆ +91 98 6867 8466

www.nehruplacemarket.com

Ouvert du lundi au samedi.

L'environnement urbain fait de grands buildings décrépis n'est pas heureux, c'est certain. Mais on trouve ici plus de 400 boutiques vendant ordinateurs, appareils photo, lecteurs MP3, téléphones portables, écrans plasma et accessoires. Toutes les marques internationales et indiennes y sont représentées. Marchandises neuves ou d'occasion et vous pourrez y faire effectuer des réparations. Avant d'acheter, vérifiez toujours que l'appareil fonctionne, surtout s'il est d'occasion.

BOUGER & BULLER

Delhi est une ville suffisamment animée pour ne guère avoir envie de bouger plus après une ou plusieurs journées intenses de visite. Néanmoins, si vous résidez dans la ville pour quelques semaines ou que vous ne pouvez vous passer de votre séance de footing ou de votre partie de tennis, la municipalité gère un vaste complexe sportif très bien pourvu. Pour la baignade, certains grands hôtels ouvrent leur piscine extérieure aux visiteurs extérieurs contre une participation modique. Appelez-les avant. Enfin, la capitale compte quelques spas et centres de soins ayurvédiques qui vous procureront détente et bien-être. L'Inde est réputée pour ses massages ayurvédiques, et dans les centres sérieux, le personnel est formé aux techniques particulières de ce soin. Vous rencontrerez également un médecin qui déterminera votre profil et vous aidera à choisir le soin adapté à vos maux. Ils peuvent être pratiqués en cure ou en soin unique.

SIRI FORT COMPLEX

Siri Fort Sports Complex Road
✆ +91 11 2649 7482
www.ddasports.com/

Le Siri Fort Complex est un complexe sportif géré par la municipalité de New Delhi. Il s'adresse essentiellement aux habitants de la ville, mais il est possible de s'y inscrire à la journée, à un tarif raisonnable. Très complet, il comprend 10 courts de tennis, une piscine olympique, un terrain de cricket, un terrain de football et un practice de golf, des courts de badminton et de basket ou encore une salle de gym équipée d'appareils. On peut aussi y suivre des cours de danse de salon ou classique, d'arts martiaux (krav maga, taekwondo), d'aérobic, etc.

KAIRALI AYURVEDIC HEALTH RESORT

D 130 Ambedkar Colony
✆ +91 88 26 51 37 00
www.kairalicenters.com

Ouvert tous les jours de 9h à 18h.

Ce centre ayurvédique crée en 1989 est réputé pour la qualité de ses soins remarquables. Globalement, tous les traitements y sont pratiqués : arthrite, sinusite, migraines, obésité, problèmes de peaux, paralysie faciale, infertilité, problèmes mentaux, hypertension, bronchites, rhumatismes, diabète. On peut aussi y profiter de soins de beauté ou suivre des cures de détox. Profitez de votre passage à Delhi pour vous essayer à l'un des soins ou massages proposés. Vous ne serez pas déçu.

BODY SPA INTERNATIONAL

53 Block m Market
✆ +91 98 71 47 71 71

Problèmes de dos, d'anxiété ou de fatigue dus aux kilomètres parcourus, besoin d'une cure de détox, envie d'une manucure ou d'un soin du visage ? Ce centre dédié au bien-être du corps et des soins doux est l'endroit parfait. Aromathérapie, massages thaïlandais et balinais, séances de réflexologie, soins divers (coiffeur, gommage, épilation à la cire et au fil, maquillage, décoloration, etc.). Le cadre apaisant, l'ambiance délicatement parfumée et la musique douce participent à une relaxation complète du corps. On n'a guère trouvé mieux dans le sud de la ville.

THE IMPERIAL SPA

✆ +91 11 4111 6210
www.theimperialindia.com

Ouvert tous les jours de 8h à 22h.

Encore plus beau, encore plus luxueux, le spa de l'Imperial a subi un lifting en profondeur en 2023. Le cadre enchanteur est rehaussé de marbre blanc incrusté de motifs floraux. Les soins sont prodigués dans de grandes et belles cabines et celle réservée aux couples comprend même un bain bouillonnant. Le personnel hautement qualifié utilise des produits exclusivement naturels et procède à des mélanges secrets d'huiles essentielles à choisir en fonction de l'effet recherché et des senteurs. Sauna, hammam, yoga, méditation complètent le menu.

SORTIR

Si Delhi est une ville festive comparativement à d'autres villes indiennes, ce n'est pour autant pas la patrie du clubbing. Les Indiens ont une façon différente de sortir de la nôtre. Ils privilégient les bars-restaurants animés, à la musique forte, et poussent les tables si le besoin s'en fait sentir. Il existe cependant quelques discothèques, dont la durée de vie est souvent limitée. Celles-ci sont en général dans de grands hôtels et une tenue de soirée s'impose. Le droit d'entrée est assez élevé également. Côté culturel, les spectacles sont donnés en anglais ou en hindi, c'est la raison pour laquelle nous ne les renseignons pas dans ce guide. Vous pouvez toutefois consulter la programmation culturelle sur le site www.insider.in. Si vous êtes amateur de « son & lumières », sachez que tous les soirs le Fort Rouge d'Old Delhi se pare de couleurs vives projetées sur le grès. Le spectacle est un peu kitsch, mais pas déplaisant.

KITTY SU DELHI

Barakhamba Road
✆ +91 99 5865 6622
www.kittysu.com
Ouvert du mardi au dimanche 22h à 1h. Entrée : 5 000 Rs pour un couple.

Comme tout hôtel en vue qui se respecte à Delhi, le LaLiT a son club-restaurant-bar-lounge dédié à la jeunesse dorée de la ville et à toute la communauté LGBTQIA+. Ambiance néon rose et murs damassés dans une succession d'alcôves et petits salons s'enchaînent jusqu'au *dance floor* principal. Là, une foule compacte se déhanche sur les rythmes pulsés d'une musique électro-dance jouée par un DJ en vogue. Des spectacles de dragqueen sont régulièrement programmés dans le cadre de la campagne Pure Love. Kitty Su fait partie des valeurs sûres de la capitale.

PLAYBOY CLUB

50B Kautilya Marg
✆ +91 79 99 99 77 91
Ouvert du mercredi au dimanche, de 22h30 à 4h. Entrée : 4 500 Rs pour un couple.

Chanyakapuri est le quartier des ambassades et des représentations des États fédérés de l'Inde. Autant dire que c'est plutôt calme et inanimé le soir. Le week-end, l'hôtel Samrat secoue quelque peu les habitudes des personnels consulaires et fait résonner les décibels dans sa boîte de nuit. Exit le Key Nightclub, bonjour le Playboy. La boîte a été entièrement relookée dans un style néo-classique un peu kitsch, avec colonnes et frises antiques et statues d'éphèbes. Les tables entourées de grosses banquettes sont installées sur et sous la mezzanine.

PRIVEE

Ashoka Road
✆ +91 85 9520 2020
Ouvert du mercredi au dimanche de 23h à 5h. Entrée : 5 000 Rs pour un couple.

La boîte de l'hôtel Shangri-La Eros mélange les genres. Le coin bar avec ses pans de bois fait penser à une cale de navire. L'habillage du mur du fond est résolument Art déco. L'immense piste de danse centrale est, elle, éclairée par des rangées de spots balançant des couleurs froides, et même habillée par des projections lumineuses au sol et au plafond. Voilà pour le cadre qui fait se télescoper époques et styles. La faune débarque en nombre le week-end, plutôt la jeunesse dorée de Delhi, comme dans les autres boîtes de la capitale, étant donné les tarifs élevés.

SON ET LUMIERE DU FORT ROUGE

Netaji Subhash Marg
✆ +91 11 232 777 05
Fermé le lundi. À 20h30 en sept.-oct. et de fév à avr ; 19h30 de nov à jan ; 21h de mai à août. Entrée : 80 Rs.

Toute l'année, l'office de tourisme de Delhi organise au Fort Rouge un spectacle en anglais retraçant l'histoire de la ville. Quand vient le soir, laissez-vous emporter par l'ambiance féerique de ce spectacle de musique lumineuse, sublimant l'aspect déjà onirique du lieu. Des projecteurs illuminent en mesure différentes parties du fort. Les gradins sont installés dans le jardin et les différentes parties du palais s'étalent sous vos yeux. Un tantinet kitsch tout de même.

AGRA ET SA RÉGION

Ville-mère du Taj Mahal, l'une des 7 merveilles du monde moderne, un passage par Agra s'impose entre Delhi et le Rajasthan. Le monument à la beauté éternelle ne vous laissera pas de marbre, même si vous l'avez vu mille fois représenté en photo. Le mausolée de marbre incrusté éclipse par sa majesté, sa puissance et sa finesse nombre d'autres sites d'intérêt dans la ville ou ses alentours. Le Fort Rouge d'Agra ou l'ancienne capitale de Fatehpur Sikri sont également inscrits au Patrimoine mondial de l'Unesco. Le tombeau de l'empereur moghol Akbar, fondateur de Fatehpur Sikri et du Fort Rouge, se trouve à seulement 30 minutes d'Agra. Si vous venez en voiture depuis Delhi, ne manquez pas de vous arrêter à Mathura, une petite ville à la ferveur religieuse très particulière. C'est ici qu'est né le dieu Krishna, toujours représenté en bleu avec sa flûte. Les pèlerins viennent en nombre lui rendre hommage dans une ambiance de fête foraine.

Agra et sa région
Farah
Barhan
NH 21
SIKANDRA
Etmadpur
AGRA
FATEHPUR SIKRI
Shamsabad
Rupbas
Kheragarh
Rajakhera
Sepau
Maniyan
Dagra
RAJASTHAN
Dhaulpur
Ambah
Bari
Morena
Chhora Ka Pura
30 KM

Jasrana
Mainpuri
Giror
Firozabad
Shikohabad
ehabad
UTTAR PRADESH
Karhal
Bah
Jaitpur
Etawah
Sakaraya
Porsa
MADHYA PRADESH
Bhind
Mahgawan
Bharoli Kalan
Gohad
Mihona
Mau

PAGES

171 ● ● AGRA ET SA RÉGION

Avec 170 millions d'habitants, l'État de l'Uttar Pradesh où se trouve la ville d'Agra, ancienne capitale moghole du XVIe au XVIIIe siècle, est le plus peuplé d'Inde mais aussi l'un des plus pauvres. Agra abrite le célèbre Taj Mahal et le Fort d'Agra. Plusieurs autres monuments importants se situent à l'intérieur de la ville, comme la mosquée du vendredi, Jama Masjid, le cimetière catholique romain où se trouvent de nombreuses tombes d'émissaires européens, le Saint John's collège, le Chini ka Rauza. Dans les environs proches, on trouve le site de Fathepur Sikri, inscrit au patrimoine mondial de l'Unesco, le mausolée d'Akbar à Sikandra, la ville de Mathura, ville sainte car lieu de naissance de Krishna, ou encore Brindavan, important centre de pèlerinage hindou.

AGRA ★★★★

171 Agra est la ville du Taj Mahal, l'une des 7 merveilles du monde moderne. Ce splendide mausolée de marbre blanc incrusté de pierres semi-précieuses attire les touristes du monde entier, venus admirer l'hommage éternel de l'empereur Shah Jahan à son épouse Mumtaz. Mais il ne doit pas éclipser le Fort Rouge, l'un des plus beaux du pays.

SIKANDRA ★

181 Sikandra abrite le tombeau du troisième empereur moghol Akbar qui se fit enterrer ici en 1605. Le monument permet d'apprécier l'évolution du style mogho et est à placer entre une visite du tombeau d'Humayun à Delhi et de celui de Shah Jahan à Agra.

FATEHPUR SIKRI ★★★

182 Souvent oubliée des touristes, la petite ville de Fatehpur Sikri mérite vraiment une visite. Il s'agit d'une ancienne capitale voulue par l'empereur Akbar. Elle fut abandonnée après quelques années, faute d'approvisionnement en eau. Ses palais de grès rose et sa mosquée monumentale sont inscrits au Patrimoine mondial de l'Unesco.

MATHURA ★★

184 Lieu de naissance de Krishna, la plus populaire des incarnations de Vishnou, Mathura voit défiler de nombreux pèlerins toute l'année. Une visite au temple principal est l'occasion de côtoyer une foule en délire, parfois venue de loin pour rendre hommage au dieux facétieux.

186 VRINDAVAN ★★

Fatehpur Sikri.

AGRA ★★★★

À l'époque de l'Empire moghol, aux XVIe et XVIIe siècles, Agra est la capitale du pays par intermittence. Celle-ci se déplace au gré des guerres de conquête et des saisons. Agra atteint son apogée sous les règnes d'Akbar, de Shah Jahan et de Jahangir, ces mêmes souverains qui la façonnent architecturalement. Akbar y vit au début de son règne avant de s'installer à Fatehpur Sikri et de choisir finalement Lahore, aujourd'hui au Pakistan. Il vient cependant y terminer sa vie en 1599. Jahangir délaisse très vite Agra pour le Cachemire, notamment pour échapper aux étés étouffants. Quant à Shah Jahan, il laisse une empreinte majeure dans la ville : il y fait édifier la Jama Masjid (la Grande Mosquée), une partie du Fort Rouge et bien sûr le Taj Mahal. Malgré ces apports précieux, l'empereur fait édifier une nouvelle capitale à Delhi, appelée Shahjahanabad, dans laquelle il emménage en 1638. Agra perd de son importance politique, mais continue de recevoir la cour impériale à maintes reprises. Shah Jahan y est notamment enfermé, lorsque son fils Aurangzeb s'empare du pouvoir.

Aujourd'hui, Agra est une ville tournée vers l'industrie. Celle du tourisme en premier lieu, car la présence du Taj Mahal attire plus d'un million de visiteurs par an et fait vivre 40 % de la population de la ville. Vient ensuite l'aciérie, qui façonne le visage moderne de la ville. De hauts fourneaux crachent leur fumée au loin et des lignes haute tension polluent le paysage.

Le cuir enfin, avec des fabriques de chaussures. Malgré une économie prospère, Agra peine à l'afficher. Nombre de ses rues sont sales et défoncées, tant dans la vieille ville que sur Fatehabad Road, la rue des hôtels de luxe. Il faut se rendre dans la ville nouvelle et les quartiers de cantonnement – Agra est toujours une place militaire d'importance – pour y trouver un peu de verdure et de larges avenues tranquilles.

Tourisme

Avertissement. Les rabatteurs et autres spécialistes des arnaques en tout genre sont partout présents à Agra. Nombreux sont les chauffeurs d'*auto-rickshaw* à vouloir vous mener dans un magasin qui leur donnera un bakchich. Votre chauffeur exigera un prix plus élevé que celui convenu avant la course. De jeunes gens rabattent pour des fabricants de faux albâtre ou faux marbre incrusté. À la gare, des hommes travaillant pour des compagnies privées de bus tenteront de vous convaincre que votre train pour Delhi est annulé. Ces désagréments font d'Agra une ville très désagréable qui peut vite laisser un goût amer. De plus en plus de touristes préfèrent effectuer un aller-retour dans la journée depuis Delhi ou se murent dans leur hôtel entre deux visites.

Transports

Metro. Narendra Modi a inauguré le premier tronçon du métro d'Agra le 6 mars 2024. Celui-ci circule entre les stations de Mankameshwar Mandir et Taj East Gate. Il dessert la gare d'Agra Fort, le Taj Mahal et Fatehabad Road où se trouvent de nombreux hôtels. Compter 10 Rs pour une station, 15 Rs pour 2 stations et 20 Rs pour les 6 stations ouvertes.

Train

Agra compte deux gares principales.

- **Gare d'Agra Cantt :** il s'agit de la gare principale et c'est notamment par ici que transitent les trains en provenance et à destination de Delhi et du Rajasthan. Vous pourrez emprunter un train direct pour Bharatpur, Ajmer, Jaipur ou Jodhpur. La gare est située à une vingtaine de minutes en voiture du centre-ville.
- **Gare d'Agra Fort :** plus centrale, la gare est littéralement située au pied du Fort Rouge d'Agra. Depuis les quais, on peut également admirer les dômes bulbeux de la Jama Masjid construite sous l'empereur Shah Jahan. C'est notamment ici que passent certains trains en direction de Sawai Madhopur (Parc national de Ranthambore), Kota, Udaipur et le Madhya Pradesh.

Bus

Agra compte deux gares routières.

- **ISBT Bus Stand :** il s'agit de la gare routière des bus publics longue distance. Elle est située au nord d'Agra, à 13 km de la vieille ville de Tajganj. Par conséquent, elle n'est pas très pratique. Départ de bus pour Delhi toutes les 5 minutes environ. Compter 4 heures de trajet.
- **Idgah Bus Stand :** située à l'ouest de Tajganj, à proximité de la gare ferroviaire d'Agra Cantt, la gare d'Idgah est la plus grande d'Agra. Bus à destination et en provenance de Delhi (4h30), Jaipur (6h), Mathura (1h30), Fatehpur Sikri (1h), Gwalior (6h), Lucknow (9h) ou Chandigarh (12h).

Avion. Agra compte un aéroport situé à 100 km à l'ouest de la ville. Il est assez peu actif, et vous ne devriez pas avoir à y emprunter de vol si vous circulez entre Delhi et le Rajasthan.

DHOBI GHAT ★

Toute l'année sauf pendant la période de la mousson.

Si ce lavoir à ciel ouvert n'est pas aussi impressionnant que celui de Mumbai, le travail de ses blanchisseurs battant des tonnes de linge coloré vaut le détour. Ils se rassemblent aux abords du pont de chemin de fer. D'ailleurs, Danny Boyle a tourné plusieurs scènes ici pour son célèbre *Slumdog Millionnaire*. L'endroit séduira entre autres les photographes, qui sont nombreux à poster leurs photos pittoresques sur les réseaux sociaux. Le mieux est de s'y rendre au petit matin, lorsque l'activité bat son plein. Une fois lavé, le linge est étalé sur les rives.

CHINI KA RAUZA ★

Ram Bagh

Ouvert tous les jours de l'aube au crépuscule. Entrée libre.

Moins somptueux que le Taj Mahal, ce modeste monument de faïence bleu mérite une visite. De plus, son accès est gratuit, chose rare à Agra ! Il fut construit par Afza Khan Mullah Shakrullah, poète, conseiller de Jahangir puis ministre de Shah Jahan. S'il mourut en 1639 à Lahore, son corps repose dans cet édifice qui, bien qu'endommagé, laisse entrevoir l'authentique style persan. L'intendant du tombeau gère la visite. Certes, il réécrit un peu l'histoire du lieu, mais son enthousiasme est tel qu'il mérite bien quelques minutes de votre temps...

RAM BAGH OU « JARDIN DU REPOS » ★

Ram Bagh

Ouvert tous les jours du lever au coucher du soleil. Entrée : 300 Rs.

Ce tout premier jardin de style moghol de l'Inde est la fidèle réplique du jardin préféré de l'empereur Babur à Kaboul. Le corps de ce dernier, fondateur de l'Empire moghol, fut temporairement enseveli ici en 1530 avant de rejoindre sa demeure éternelle dans la capitale afghane. Situé sur la rive est de la rivière Yamuna, il offre un beau panorama sur l'arrière du Chini Ka Rauza. Son architecture en terrasses plaira peut-être aux amoureux des paysages, mais la visite se révèle néanmoins décevante pour le prix du billet d'entrée. Le jardin est divisé en 4 parties principales par un jeu d'allées et de canaux, qui représentent une version idéalisée du paradis dans l'islam, un jardin d'abondance traversée par une rivière. Le terrain en pente crée des jeux de cascades. Deux pavillons font face à la Yamuna et sont reliés entre eux par un tahkhana, une pièce souterraine qui permettait de se rafraîchir durant les étés brûlants. Le jardin tel qu'il est présenté remonte au règne de Jahangir (1605-1627) et il aurait été aménagé par son épouse Nour Jahan. C'est ici que l'empereur aurait patienté en attendant le meilleur moment astral pour entrer dans Agra après la conquête du fort de Kangra.

On y croise des amoureux, des bandes de jeunes et quelques touristes venus admirer le soleil se coucher sur la rivière. Mais le lieu est surtout le royaume des singes ! Faites donc très attention à vous et à vos affaires car les bêtes peuvent se montrer agressives.

Fort d'Agra.

FORT D'AGRA ★★★★

Dipak Road ✆ +91 562 296 0457
Ouvert tous les jours de l'aube au crépuscule.
Entrée : 650 Rs ; 600 Rs le vendredi et après la visite du Taj Mahal.

Ce majestueux fort de grès rouge est né de la volonté de l'empereur Akbar, qui le fit construire en 1565 alors qu'il n'était âgé que de 23 ans. Son petit-fils Shah Jahan le transforma en palais, et c'est Aurangzeb qui ajouta la touche finale : les remparts extérieurs. La présence d'un fort à Agra remonte à la fin du XIe siècle. C'est là que Humayun se fit couronner empereur en 1530. Des volumes en grès rouge d'Akbar aux marbres incrustés de Shah Jahan, le fort est marqué par les styles des différents souverains qui ont peaufiné ce lieu. Il présente beaucoup de similitudes avec le Fort Rouge de Delhi, mais il est beaucoup plus abouti et délicat. L'accès se fait par l'impressionnante porte d'Amar Singh au sud de la citadelle. Après avoir remonté la rampe pavée, vous débouchez sur une immense esplanade. Ne vous étonnez pas de voir des panneaux interdisant l'accès à certaines zones, car le fort est toujours occupé par l'armée.

▶ **Jahangir Mahal.** Sur la droite en entrant dans le fort se dresse le palais de Jahangir, surmonté de deux chhatris aux toits blancs. Construit par Akbar, ce palais était le zenana principal, le quartier réservé aux femmes. L'immense bol qui se trouve devant l'entrée du palais a été taillé dans un bloc monolithe. A l'intérieur vous pénétrez dans une cour abritée par un auvent. Il s'agissait de la chambre royale qu'il faut imaginer habillée de tentures, de tapis, de meubles. Dans la pièce suivante, les caissons dans le murs servaient de bibliothèque. En sortant, vous vous tenez sur la muraille du fort d'où l'on peut apercevoir le Taj Mahal. A gauche, vous pénétrez dans une autre petite pièce au phénomène acoustique surprenant. Il faut être deux pour en prendre la mesure et se tenir chacun à un angle diamétralement opposé. L'un murmure vers le mur, et de l'autre côté de la pièce, l'autre écoute. Le son remonte le long de l'arche de la voûte pour redescendre vers l'auditeur. Un système de climatisation était aussi prévu pour rafraîchir les murs du palais en été. Des canalisations couraient dans les murs, apportant ainsi de la fraîcheur.

▶ **Khas Mahal.** Le style de ce petit palais montre l'évolution de l'architecture entre le règne d'Akbar et celui de Shah Jahan. Il fut construit entre 1631 et 1640 pour deux des filles de l'empereur. Les deux pavillons quasi identiques sont séparés par un hall central. Alors que les pavillons sont en grès rouge recouvert de plâtre blanc, le hall central est tout en marbre. Le pavillon central s'ouvre sur un jardin moghol, l'*anguri bagh*, doté d'un grand bassin.Les pavillons latéraux arborent de riches motifs floraux et géométriques. Le bleu et l'or, les couleurs royales, ont été utilisées avec abondance et on peut encore en voir quelques traces sur les murs.

▶ **Shish Mahal.** Cet autre palais de marbre a également été édifié par Shah Jahan. Les deux pièces principales, connectées par une large arche centrale, sont pourvues de deux bassins en marbre, probablement des bains royaux. Le palais est entièrement décoré d'éclats de miroirs venus d'Alep. L'intérieur est volontairement sombre nécessitant l'utilisation de bougies qui se reflétaient dans les miroirs, créant un effet digne des Mille et une nuits.

▶ **Musamman burj.** Cette tour hexagonale précédée d'une chambre richement ornementée aurait été construite par Shah Jahan pour Mumtaz, son épouse favorite. Toute de marbre blanc, la pièce principale est ornée de pietra dura, des incrustations de pierres semi-précieuses colorées formant des motifs floraux. Depuis la tour, la vue sur le Taj Mahal est imprenable. C'est là que Shah Jahan a été emprisonné durant les 5 dernières années de sa vie par son fils Aurangzeb.

▶ **Diwan-i-khas.** Il s'agit de la salle d'audience privée de l'empereur, construite en 1637. De grès rouge plaqué de marbre blanc, les colonnes et chapiteaux sont décorés de pietra dura. Sur l'esplanade se trouve le trône de Jahangir. Fabriqué à Allahabad, la pierre d'onyx noir vient de Belgique. Sur la tranche, des inscriptions en persan datant de 1602 indiquent que Jahangir s'est emparé du pouvoir avant la mort de son père Akbar.

▶ **Macchi Bhavan.** La terrasse du Diwan-i-khas domine cette vaste cour. Elle servait de lieu de divertissement pour l'empereur. Le jardin, situé un niveau plus bas, était aménagé d'un grand bassin contenant des poissons. La cour carrée est aménagée sur deux étages parcourus de galeries à colonnes. Le rez-de-chaussée est en grès rouge alors que l'étage a été plâtré de blanc. C'est ici aussi qu'était conservé le trésor de la cour.

▶ **Nagina Masjid.** Cette petite mosquée toute de marbre blanc est l'un des joyaux du Fort d'Agra. Construite par Shah Jahan pour servir aux femmes de la cour, la retenue décorative est de mise. Un simple pavillon à trois arches surmontés de trois dômes s'adosse au mur de la cour. Un balcon surplombant la rue et le bazar Mina permettaient aux femmes de la cour de faire leur emplettes sans être vues.

▶ **Diwan-i-Am.** Le hall d'audience publique permettait à Shah Jahan de s'adresser à ses ministres et à la noblesse. Le hall est en grès rouge recouvert de plâtre à base de poudre de coquillage. Le hall est divisé en trois allées séparées par des arches et des colonnes. L'alcôve centrale surélevée permettait à l'empereur de s'adresser à son public. De là, il pouvait voir toute l'audience sans être dérangé par les piliers du hall. L'alcôve ou *jarokha* est elle en marbre blanc et richement ornée. De chaque côté, des fenêtres grillagées permettaient aux femmes de la cour d'assister aux audiences.

JAMA MASJID ★

Kinari Bazar

Ouverte de 8h30 à 17h d'octobre à mars et de 7h à 18h d'avril à septembre. Entrée libre.

Cette petite mosquée fut édifiée en 1648 par Shah Jahan en l'honneur de sa fille Jahanara. Sa splendeur n'est toutefois pas comparable à celle de Old Delhi, œuvre du même empereur. Elle se trouve en face du Fort Rouge, juste derrière la gare d'Agra Fort. Pour y accéder, le plus simple est d'ailleurs de traverser la gare. Enserrée dans le bazar musulman où règne une agitation frénétique, la mosquée offre une véritable bulle de quiétude. Son architecture fine et élégante, le contraste entre l'animation de la rue et le désert de son esplanade invite à la méditation.

La mosquée est positionnée sur une esplanade surélevée. On accède au complexe par une porte à cinq arches orientée à l'est. L'entrée principale est placée au centre Celle-ci reprend le style persan du *pishtak* ou *iwan*, un portail en saillie. Une tour surmontée d'un chhatri vient prendre position à chaque coin de la mosquée, alors que des chhatris plus petits ornent l'aplomb du mur d'entrée. Trois dômes majestueux aux motifs en zigzag, alternant grès rouge et marbre blanc, reposent sur le toit. Le minaret s'élève à gauche du portail principal. À l'entrée de la cour, sur la droite se trouve le hall Jammat Khana. À côté de celui-ci, le zenana rauza qui est le cimetière des femmes de la cour. À l'intérieur, le mihrab en pierre blanche est placé sur le mur ouest, en direction de La Mecque.

▸ **Après la visite de la mosquée,** vous pouvez vous perdre dans les ruelles des bazars attenants. Le plan des rues n'a pas été modifié depuis les Moghols.

© ANWARALI KAPASI - SHUTTERSTOCK.COM

ITIMAD-UD-DAULA 📷 ★★

Mothi Bagh

✆ +91 562 228 0030

Ouvert tous les jours de l'aube au crépuscule. Entrée : 310 Rs. Appareil photo : 25 Rs.

Plus connu sous son surnom de « Baby-Taj », il s'agit du tombeau de Mirza Ghiyas Beg, le vizir de Jahangir. L'empereur lui conféra le titre d'Itimad-ud-Daula, qui signifie le Pilier du gouvernement. La fille du vizir, Mehrunissa, bien que déjà mariée, tomba amoureuse de l'empereur Jahangir. Quand celui-ci l'épousa, il lui donna comme surnom Nur Mahal, la lumière du palais. La passion l'emportant, il alla jusqu'à la gratifier du beau Nur Jahan, « lumière du monde ». C'est donc cette dernière qui fit édifier, après la mort de son père, en 1622, ce tombeau raffiné. L'écrivaine Indu Sundaresan a consacré un diptyque passionnant à Mehrunissa et son histoire d'amour avec l'empereur Jahangir : *La Vingtième Épouse* suivie du *Festin des roses*.

Construit entre 1622 et 1628, il s'agit du premier monument entièrement en marbre du pays. Il marque la transition entre l'architecture de grès rouge incrustée de marbre comme le mausolée de Humayun et l'utilisation de marbre blanc incrusté de pietra dura comme le Taj Mahal. Le tombeau est situé au centre d'un jardin en forme de croix orthodoxe et entouré d'un haut mur d'enceinte. Au milieu de chacun de ces murs, à la tombée des points cardinaux, se dresse un pavillon monumental de grès rouge incrusté de marbre blanc. Cette disposition s'inspire du style architectural des mosquées persanes. Des allées pavées de grès rouge mènent de chaque portail au tombeau. Celui-ci est positionné au centre d'une plate-forme centrale en grès rouge parcourue de motifs en marbre blanc sur sa plinthe. Le mausolée consiste en un quadrilatère de marbre blanc du Rajasthan à toit plat, entouré de quatre tours coiffées de chhatris et d'une tour plus courte, rectangulaire et coiffée d'un dôme. Les murs sont entièrement incrustés de pierres semi-précieuses : jaspe, onyx, cornaline, lapis-lazuli et topaze. Cette polychromie permet de créer des motifs ornementaux d'une grande beauté et d'une grande délicatesse dessinant des bouquets dans des vases, des fruits coupés ou des cyprès. Chacun des murs est percé de quatre *jiali*, ou claustra en pierre ajourée. Ils permettent de laisser entrer la lumière à l'intérieur du tombeau. Au centre, un entrée en arc persan ouvre sur une antichambre permettant un accès direct à la tombe de Mirza Ghiyas Beg et celle de son épouse. Elles sont également interconnectées par un jeu de couloirs aux chambres qui se trouvent à chaque coin de l'édifice et qui contiennent les cénotaphes d'autres membres de la famille. Chaque chambre fait l'objet d'un important travail d'ornementation.

MEHTAB BAGH ★★

Ouvert tous les jours de 9h à 21h. Entrée : 300 Rs.

Situé juste en face du Taj Mahal, sur la rive opposée de la Yamuna, Mehtab Bagh faisait partie des 11 jardins moghols qui ponctuaient les berges de la rivière pendant la période moghole. Voulu par l'empereur Babur, le fondateur de l'empire, le jardin reprend le dessin traditionnel des jardins persans. De format carré, il est divisé en 4 grandes parties, sous-divisées en 4 parties, qui représentent le paradis dans l'islam. Il est situé dans l'alignement du Taj Mahal, offrant un point de vue parfait sur le sublime mausolée au lever ou au coucher du soleil. La légende veut que l'empereur Shah Jahan aurait précisément choisi le site de construction du Taj Mahal pour qu'il fasse face au jardin. Celui-ci a été modifié après la construction du mausolée de marbre et baptisé Mehtab Bagh, qui signifie littéralement « le jardin du clair de lune ». Les dimensions du jardin ont été calées sur celles du complexe du Taj Mahal, des allées de plâtre blanc reflétaient la lumière de la lune, des pavillons permettaient de profiter de la brise nocturne, des arbres fruitiers et des narcisses étaient plantés en abondance, des bassins et des fontaines apportaient de la fraîcheur en été. L'explorateur français Jean-Baptiste Tavernier mentionne les jardins de Mehtab Bagh dans ses écrits. Il relate que Shah Jahan aurait eu la volonté de construire un mausolée de marbre noir, identique au Taj Mahal, pour sa propre sépulture. Mais ce projet aurait été empêché par Aurangzeb, qui a fait arrêter et emprisonner son père dans le Fort Rouge, pour accéder au pouvoir.

Régulièrement inondé en période hivernale, les jardins de Mehtab Bagh ont grandement souffert à travers les siècles. À l'origine, les jardins étaient ceints d'un mur de briques enduit de plâtre blanc et bardé de grès rose. Aujourd'hui, seule une partie du mur sud, faisant face au Taj Mahal, subsiste. Des tours de grès rose coiffées d'un dôme étaient érigées aux quatre coins du jardin ; ne subsiste que celle située au sud-est du jardin. Des pavillons percés de douze arches étaient situés à l'est et à l'ouest. L'air y circulait librement, permettant de se rafraîchir durant les chaudes journées d'été. Un grand bassin octogonal faisait face au mausolée, qui s'y reflétait.

Situé dans le périmètre de protection du Taj Mahal, l'accès aux jardins de Mehtab Bagh est réglementé. Le parking se situe à 500 mètres et des voiturettes électriques permettent de gagner le site pour ceux qui ne veulent pas marcher. Vous serez fouillés à l'entrée et les policiers vous prendront briquet et allumettes si vous en avez sur vous.

SEVEN WONDER TOUR & TRAVELS

31/183/1F Sanjay Nagar, Rajpur Chungi
✆ +91 96 75 79 71 12
http://sevenwondertours.com/
Ouvert tous les jours de 10h à 18h.

© @SEVEN WONDER TOURS AND TRAVEL

Seven Wonder Tour & Travels est un tour opérateur situé à Agra, la ville du Taj Mahal, qui propose des tours personnalisés, ainsi que d'une journée à Agra ou Jaipur, au départ de Delhi. Abhinav, le jeune directeur, a repris l'agence de son père, après avoir travaillé longtemps dans le tourisme. Son équipe est très réactive et professionnelle, joignable même le dimanche. N'hésitez pas à les contacter pour organiser votre voyage dans le Nord de l'Inde, au Cachemire, mais aussi au Kerala.

ST JOHN'S COLLEGE

MG Road
stjohnscollegeagra.in
Visites du lundi au samedi.

Si vous n'avez pas le temps d'aller à Fatehpur Sikri, ce qui entre nous serait vraiment dommage, voici un bâtiment qui s'est inspiré de son architecture. On retrouve le même grès rose et les chhatris élancés couronnant le toit. Construit par Sir Samuel Swinton Jacob, sur l'initiative de la Missionary Society, il date du début de 1850. Il s'agit d'une université privée rattachée à l'Université d'Agra. Elle a longtemps dépendu de celle de Calcutta qui était alors la capitale de l'Inde. Toute la bonne société indienne et certains colons y envoyaient leurs enfants.

TAJ MAHAL ★★★★

Dharmapuri ✆ +91 562 222 7263
www.tajmahal.gov.in

Ouvert du samedi au jeudi de 6h à 17h30. Entrée : 1 100 Rs et 200 Rs pour accéder au mausolée.

Une « larme sur le visage de l'éternité », c'est ainsi que le plus grand poète indien, Rabindranath Tagore a décrit le Taj Mahal. Ce monument, emblématique d'un pays et l'un des plus célèbres au monde, s'inscrit au patrimoine architectural mondial comme un témoignage d'amour éternel, une folie romantique. Le Taj Mahal fait partie de ces monuments vus mille fois en photo ou dans des reportages. Et pourtant, lorsqu'il se dresse de toute sa blancheur immaculée devant vos yeux, sa beauté, sa majesté, sa grâce opèrent. Il faut le voir aux premières heures du matin, quand le soleil encore ensommeillé vient caresser le marbre blanc de ses premiers rayons, le parant de reflets de nacre. C'est aussi l'heure à laquelle la foule est moindre et le lieu vous appartient. Le comble du romantisme consiste cependant à le visiter un soir de pleine lune. Celle-ci le fait se détacher du ciel bleu marine, les jardins se devinant dans la pénombre. Inspirés du style persan, les jardins sont aménagés dans un espace clos et les canaux et allées y dessinent des plans rectilignes. Les bassins sont placés de sorte à refléter les jardins, le ciel et ici, le Taj Mahal. Les allées découpent les parterres en 8 parties, un chiffre auspicieux pour les Musulmans. Chaque carré comprend 16 lits de fleurs. Dans le Coran, le jardin est le symbole du paradis, et l'on comprend mieux pourquoi ils ont été particulièrement soignés ici. Car le Taj Mahal est un tombeau. Il abrite la tombe de Mumtaz Mahal, pour qui il fut construit, et celle de l'empereur Shah Jahan qui régna sur le nord de l'Inde de 1628 à 1658.

Ce qui émeut dans l'histoire du Taj, c'est qu'il s'agit en premier lieu du témoignage d'amour d'un homme à son épouse. En 1631, alors que Mumtaz avait 39 ans, elle décède en donnant naissance à son quatorzième enfant. Sur son lit de mort, elle enjoint son époux de montrer au monde combien ils s'aimaient. Pendant deux ans, Shah Jahan porta le deuil avant de se résoudre à céder à son autre passion : l'architecture. Il conçut ainsi le Taj Mahal, la « couronne du palais », qu'il plaça sur la rive de la Yamuna, souhaitant pouvoir le contempler depuis le Fort d'Agra où il résidait. Dix-sept années de travail acharnés, 22 000 hommes et 1 000 éléphants furent nécessaires pour l'édifier. Le marbre fut transporté à dos d'éléphant depuis Jodhpur, on alla chercher le jade en Chine, la turquoise au Tibet, les agates au Yémen, l'or en Egypte. On raconte que Shah Jahan avait l'intention de construire un tombeau à l'identique pour lui-même, mais cette fois en marbre noir. Malheureusement, peu de temps après le début de la construction du Taj Mahal, l'empereur fut renversé par son propre fils, Aurangzeb qui le fit emprisonner au Fort d'Agra. C'est donc par une fenêtre qu'il assista pour le restant de sa vie à l'avancée des travaux. La légende prétend que Shah Jahan voulut faire couper les mains de tous les artisans ayant travaillé sur le site, afin qu'aucune réplique ne puisse jamais être construite. A sa mort, en 1666, il fut tout de même inhumé aux côtés de son épouse.

Si l'empereur a tellement participé à la conception de l'édifice qu'on le qualifie comme étant son architecte, en réalité le doute plane... L'édifice aurait, semble-t-il, été dessiné par le maître architecte Ustad Ahmad Lahori. Il s'élève à 171 mètres de hauteur. L'imposant dôme, qui mesure 35 mètres, est surmonté d'une flèche islamique de 10 mètres qui était auparavant en or.

▸ **Une fois passée la fouille réglementaire** du service de sécurité, vous vous trouvez au pied d'une immense porte en grès rouge incrustée de marbre blanc. La splendeur et la majesté de cette porte préfigurent de ce qui vous attend derrière. Il y a souvent beaucoup de monde aux abords de la porte, car les touristes se précipitent pour prendre une photo du Taj Mahal et de ses jardins depuis les escaliers. Il faut souvent jouer des coudes et attendre un bon moment avant de pouvoir faire soi-même un cliché. Le jardin, typiquement moghol est divisé en quatre parties égales. Au centre, un canal alimente un bassin dans lequel se reflète le Taj Mahal. Et dans chaque coin de l'espace, des jardins plantés d'arbres et d'une verte pelouse.

▸ **Dans le canal central** se reflète le monument encadré de quatre minarets purement décoratifs. Ces derniers ont été construits de telle façon que, en cas de séisme, ils tombent vers l'extérieur et non sur le dôme du Taj. Ce dernier est encadré par deux édifices symétriques. Celui de gauche, orienté vers l'ouest, est une mosquée en activité – surtout le vendredi – mais pas l'autre. Pour accéder au mausolée, vous devrez vous déchausser : pieds nus, vous sentirez mieux le marbre froid !

▸ **À l'intérieur,** vous découvrirez les répliques des cénotaphes de Mumtaz Mahal et de Shah Jahan. Les tombes originales sont au sous-sol. Un guide ne manquera pas de vous faire entendre l'écho extraordinaire sous la coupole ou d'éclairer avec sa lampe de poche les incrustations de pierres semi-précieuses dans le marbre. Un silence respectueux est en principe demandé.

▸ **Faites le tour du Taj** et regardez les différences de coloration du marbre avec la progression du soleil : rosé le matin, blanc en journée, et doré sous la lune. Admirez les incrustations sur les murs et autour des portiques. Des versets coraniques ont été incrustés dans le marbre. Prenez le temps de constater que les quatre faces du bâtiment sont strictement identiques.

▸ **Derrière le Taj,** vous découvrirez la Yamuna, un petit temple et des femmes affairées à la lessive.

Le Taj Mahal.

INDIA TOURISM [AGRA]

191 The Mall
✆ +91 562 222 6378
www.incredibleindia.org

Ouvert du lundi au vendredi de 9h à 17h30 et le samedi de 9h à 14h. Guide : 1 800 Rs (4 heures) et 2 200 Rs (8 heures).

Plus efficace que l'office de tourisme de l'Uttar Pradesh, vous pourrez réserver ici les services d'un guide pour la journée ou la demi-journée, francophone ou non. Il vous racontera la légende de Shah Jahan et de la belle Mumtaz, son épouse favorite, et vous donnera tous les détails de la construction du Fort Rouge. Mais vous pouvez aussi prévoir d'autres visites de monuments à Agra ou Fatehpur Sikri. Vous trouverez également des brochures sur les environs et d'autres sites en Inde qui vous donneront envie de poursuivre votre voyage.

AMIN TOURS DAY TOURS

Bansal Nagar opp. Hotel Howard Plaza
✆ +91 98 3741 1144
www.daytourtajmahal.com

Amin Tours Day Tours est une agence réceptive basée à Agra qui opère dans toute l'Inde depuis 2010. Amin, le propriétaire passionné par son métier, vous proposera un circuit avec itinéraire à la carte, location de voiture avec chauffeur pour découverte en solo, réservation dans des hôtels de charme et même billets d'avion ou de trains car c'est une agence agréée par Indian Railways. Il peut également vous fournir les services d'un guide francophone pour la durée de votre séjour ou de manière ponctuelle pour la visite des monuments.

GARE ROUTIÈRE D'IDGAH

Kishan Garh
✆ + 91 562 236 7543

Centre de réservation ouvert de 8h à 20h.

Idgah est la plus importante gare routière d'Agra. Elle est située au sud-ouest de la vielle ville de Tajganj et proche de la gare ferroviaire d'Agra Cantt. Vous y trouverez des bus à destination et en provenance de Delhi, Jaipur, Mathura, Fatehpur Sikri, Gwalior, Lucknow, Jhansi ou encore Chandigarh. Nous vous recommandons de faire très attention, car ici comme ailleurs à Agra, les arnaques sont de mise. On nous a rapporté que plusieurs compagnies privées trompent facilement les touristes sur le niveau de confort des bus réservés.

HOTEL KAMAL €

Taj Ganj
✆ +91 562 233 0126

A partir de 1 600 Rs pour une chambre double.

L'hôtel propose 18 chambres spacieuses, parfaitement équipées, ventilées et à la propreté irréprochable. Les 7 chambres Deluxe sont équipées de l'air conditionné. Sandeep Arora, le patron, est l'ancien président de la Fédération des établissements touristiques d'Agra et il connaît bien son métier, comme en atteste son hôtel si bien tenu. Si vous avez besoin de renseignements, adressez-vous à lui. N'oubliez pas d'aller faire un tour sur la terrasse de l'hôtel d'où la vue est magnifique, mais évitez le restaurant, car la nourriture y est mauvaise.

HOTEL SHYAM PALACE €

Kali Bari Road
✆ +91 93 1907 9005

A partir de 3 000 Rs pour une chambre double.

Ce petit hôtel, un peu excentré de Taj Ganj mais à une minute à pied seulement de la Western Gate du Taj Mahal vaut le coup d'œil. Passez outre son entrée peu attrayante et rendez-vous à la réception où vous recevrez un accueil chaleureux. Les chambres sont toutes de plain-pied et donnent sur un petit jardin très agréable. Elles ont été rénovées récemment et les salles de bain sont impeccables. Vous partagerez probablement l'hôtel avec des familles indiennes, qui peuvent se montrer un peu bruyantes tôt le matin. Un bon plan qui se réserve très à l'avance.

LAURIES HOTEL €

MG Road
✆ +91 562 242 1447

Compter 1 700 Rs pour une chambre double avec ventilateur.

On aime bien le charme vieillot de cet établissement colonial qui reste bien tenu même si un coup de peinture serait le bienvenu. Les chambres de plain-pied donnent sur une grande pelouse très calme. Elles sont vastes et meublée à l'ancienne. Le service a l'humeur quelque peu changeante, mais globalement vous serez bien accueilli. La reine Elizabeth II y serait descendue en 1961. Si c'est vrai, gageons que rien n'a changé depuis. Et si ça ne l'est pas, vous pourrez toujours vous endormir en prétendant que... et alimenter vos rêves de reines et de princesses.

HOTEL AVALON TAJ €€

53/2 Old Idgah Colony
✆ +91 562 242 0085
Comptez de 2 500 Rs à 4 000 Rs pour une chambre double, petit déjeuner inclus.

Cet hôtel de 20 chambres est situé juste à côté de la gare routière d'Idgah. Il s'avère bien pratique si vous arrivez en ville un peu tard, d'autant qu'il n'y a pas grand-chose dans le secteur. Sunny Bathia et son épouse, les propriétaires, ont veillé à ce que toutes les chambres disposent de fenêtres. Les plus grandes bénéficient même d'une baignoire. Quoiqu'il en soit, elles sont toutes spacieuses et confortablement aménagées. L'hôtel peut vous prévoir un pick-up gratuit depuis la gare routière ou la gare d'Agra Cantonment si vous les avertissez à l'avance.

HOTEL TAJ PLAZA €€

23-24 Taj East Gate Road
✆ +91 562 223 2515
www.hoteltajplazaagra.com
A partir de 950 Rs pour une chambre double avec ventilateur et 1 550 Rs avec la climatisation, petit déjeuner inclus.

Le quartier de Taj Ganj est plutôt réputé pour ses petits hôtels pas chers que ses adresses confortables. Le Taj Plaza fait exception et a revu la qualité de ses chambres à la hausse pour accueillir les touristes en quête d'une vue sur le Taj Mahal et d'une chambre décente. La literie reste malgré tout sommaire. L'accent a surtout été mis sur la réception climatisée et des téléviseurs dans les chambres. Vous bénéficierez également de l'eau chaude à toute heure ce qui n'est pas le cas dans les autres hôtels avoisinants. Belle vue sur le Taj depuis le toit-terrasse.

ITC MUGHAL AGRA €€

Fatehabad Road
✆ +91 562 402 1700
www.itchotels.in
A partir de 12 400 Rs pour une chambre double, petit déjeuner inclus.

Cet immense paquebot flottant au milieu de superbes jardins est un des fleurons de la chaîne de luxe indienne. Vous apprécierez le raffinement dès votre entrée dans le hall de réception : lustre géant, balancelle en velours, et hauteur sous plafond à donner le vertige. Les chambres possèdent tout le luxe que l'on attend de ce genre d'établissement avec literie épaisse, draps soyeux et climatisation silencieuse. Les salles de bains offrent toutes baignoire, immense douche et toilettes séparées. Une halte d'exception incluant restaurants, bar et piscine.

MANSINGH PALACE €€

8 Fatehabad Road
✆ +91 562 233 1771
www.mansinghhotels.com
Chambre double à partir de 5 000 Rs (hors taxes).

Cet hôtel moderne possède un rez-de-chaussée élégant et spacieux, à l'image des parties communes des étages. Il dispose de chambres immenses, confortables et décorées dans un style colonial. Toutes sont calmes et impeccablement entretenues. Certaines salles de bains sont dotées de baignoires. À l'arrière du bâtiment se trouve une jolie piscine, idéale pour piquer une tête après la visite d'Agra. Le sous-sol accueille une salle de fitness bien équipée et un spa ayurvéda. L'accueil est souriant (voire blagueur) et aux petits soins.

THE CORAL TREE HOMESTAY €€

4 Amar Lok Colony ✆ +91 98 3760 9088
www.thecoraltreehomestay.com
Compter 3 500 Rs pour une chambre double, petit déjeuner inclus. Réductions hors saison.

Cette maison peinte dans des couleurs vives est la vraie bonne surprise d'Agra, pour ceux qui ne peuvent s'offrir l'exclusivité d'un hôtel de luxe. Le bleu cobalt, le vert gazon, le jaune soleil, l'orange ou le rouge sang éclatent partout sur les murs et aux jardins et apportent une touche de gaité. Les bougainvilliers grimpent jusqu'au deuxième étage de la maison. Les chambres sont belles et lumineuses et pourvues d'une grande douche. Tout est nickel, du sol au plafond et jusqu'à l'accueil adorable de Vandna, la propriétaire. Et vous n'êtes qu'à 500 m du Taj.

THE OBEROI AMARVILAS €€€

Taj East Gate Road
✆ +91 562 223 1515
A partir de 55 000 Rs pour une chambre double, petit déjeuner inclus. 2 nuits minimum.

D'ici, vous n'admirez pas le Taj Mahal, c'est lui qui vous regarde. Cette drôle d'impression est accentuée du fait que toutes les fenêtres, balcons et terrasses donnent sur ce monument mythique. L'établissement se dresse tel un palais moghol au cœur d'un jardin raffiné. À l'intérieur, tout est sublimé : marbre et granit, teck, tapisseries finement brodées, lustres imposants, objets d'arts... Toutes les chambres sont équipées d'un minibar, d'une télévision câblée, d'un lecteur DVD, d'une connexion internet, d'une salle de bains spacieuse.

SHEROES HANGOUT €

Shilpgram Road
✆ +91 562 400 0401
www.chhanv.org
Cuisine indienne végétarienne. Ouvert tous les jours de 10h à 22h. Formule « pay as you like ».

Ne vous inquiétez pas si vous ne voyez pas de prix sur la carte, ici on paye comme on le sent. Il s'agit d'un café associatif qui offre un projet de réinsertion pour les femmes brûlées à l'acide. En plus d'un travail dans ce café qui propose en-cas et boissons, vêtement et objets artisanaux, elles poursuivent des études pour essayer de reprendre un cours de vie normal. Défigurées, la plupart de ces femmes sont réduites à la mendicité pour survivre. Ici, elles trouvent un projet qui leur redonne confiance en elles et va leur permettre d'envisager un avenir.

JONEY'S PLACE €

Taj Ganj
✆ +91 98 3733 9686
Ouvert tous les jours, de 6h à 22h30. Compter 300 Rs pour un repas.

Située sur un petit carrefour de la vieille ville, cette minuscule bicoque aux allures de roulotte est tout simplement un immanquable d'Agra. Le restaurant est célèbre pour son *malai kofta* qui fait sensation aux quatre coins de la planète. Il propose aussi une cuisine variée (chinoise, indienne, continentale). Les jus pressés et les lassis sont tout aussi délicieux. Ne manquez pas ceux à la mangue en saison. Cinq tables dotées de grandes banquettes et de chaises rouges meublent la seule et unique salle peinte en jaune et rose vif avec plafond étoilé.

SHANKARA VEGIS €

Taj Ganj
✆ +91 99 17 63 90 35
Ouvert de 8h à 22h30. Comptez 200 Rs pour un repas.

Cette petite gargote végétarienne sert un thali irréprochable à prix raisonnable. La carte propose d'autres plats traditionnels savoureux tels le dal ou le paneer (fromage) accommodés de différentes manières. Comme souvent dans le quartier, le restaurant propose également des « spécialités » internationales sans intérêt. Possibilité de choisir entre la petite salle de 4 tables au rez-de-chaussée donnant sur l'animation de la rue ou le toit-terrasse ouvert sur le Taj Mahal et la porte sud. Les âmes sensibles éviteront de se rendre aux toilettes !

PINCH OF SPICE €€

Fatehabad Road
✆ +91 562 404 5353
Ouvert tous les jours de midi à 23h30. Compter 800 Rs pour un repas.

Bienvenue dans le restaurant branché d'Agra. La grande salle toute en longueur accueille des touristes, beaucoup de touristes, venus d'Inde ou d'ailleurs. Beaucoup se perdent dans le choix extensif de la carte, lorsqu'ils ne sont pas familiers avec la cuisine locale. Heureusement, le personnel prévenant et attentif vous guidera dans vos choix et vous ne pourrez que repartir satisfait. Il est vrai qu'ici la cuisine est savoureuse, servie dans une ambiance très animée. Serait-ce grâce au talent du barman qui prépare de délicieux cocktails ?

THE SALT CAFE €€€

1C Fatehabad Road
✆ +91 99 1097 8774
www.thesaltcafeagra.com
Ouvert tous les jours de midi à minuit. Compter 900 Rs pour un repas.

Le Salt se revendique en toute modestie comme le meilleur restaurant d'Agra, ce qui ne correspond pas forcément à la réalité. La carte présente quelques incontournables de la cuisine indienne ou tibétaine revisitée à la mode fusion. Les momos cuits au tandoor se sont avérés décevants tout comme le poulet afghani, trop sec. En revanche, la terrasse du restaurant, au dernier étage, est très sympathique pour boire un verre. Elle est immense et les tables sont suffisamment éloignées les unes des autres pour ne pas profiter de ses voisins.

BEEP BY LACHEF RESTAURANT

Fatehabad Road
✆ +91 74 6691 6000
Ouvert tous les jours de 11h à 2h. Bar-restaurant.

Le bar-restau branché d'Agra a ouvert ses portes en 2020 et demeure le meilleur endroit pour boire un verre ou manger un morceau. Beep propose une cuisine internationale à base de burgers, pizzas, mais aussi de la street food typique d'Agra ou des plats traditionnels indiens... Bref, il y en a pour tous les goûts. On apprécie particulièrement sa grande terrasse et ses « bulles » en bois qui hébergent de véritables salons pour faire la fête à plusieurs. Un concept sans faute !

KINARI BAZAR

Kinari Bazar

Tous les jours du matin au soir.

Après un bain de foule parmi les touristes du monde entier venus admirer le Taj Mahal, faites un plongeon dans l'ambiance indienne, la vraie ! Autour de la mosquée Jama Masjid, les commerçants et artisans perpétuent la tradition du bazar remontant à la période féodale. Dans cet ensemble de ruelles sinueuses inchangées depuis l'ère moghole, on trouve toutes sortes de marchandises réparties par produit et selon les métiers : saris, aluminium, semelles de chaussures, cadenas, bijoux... Peu de touristes s'aventurent ici et c'est bien dommage.

MARBLE ART PALACE

18A/32 Fatehabad road

✆ +91 562 404 0714

Ouvert tous les jours de 10h à 19h.

Amateurs de marbre, c'est ici qu'il faut vous rendre. Marble Art Palace est l'une des plus importantes fabriques d'objets en marbre au monde. Cette entreprise familiale reprise de père en fils depuis 1973 propose de véritables objets d'art et perpétue la tradition de la pietra dura. Vous y trouverez des objets au design antique, mais aussi des œuvres beaucoup plus contemporaines. Du petit objet de décoration, ou plus imposant, Marble Art peut travailler sur commande, de façon artisanale et vous enverra le résultat directement chez vous.

KALAKRITI MAISON DE LA CULTURE ET DES CONGRÈS

41/142 A/1 VIP Road to Taj Mahal

✆ +91 93 5952 2603

www.kalakritheater.com

Ouvert tous les jours de 11h à 19h. Entrée : 1 500 Rs.

Que diriez-vous d'un spectacle mêlant théâtre, danse, musique, cultures et légendes indiennes ? Kalakriti met en scène un spectacle coloré qui raconte aussi bien l'histoire d'amour de Shah Jahan et Mumtaz que celle du facétieux Krishna et de Rada. Les amateurs du kitsch seront aux premières loges ! Pour assister au spectacle, contactez Kalakriti directement pour être sûr de payer le juste prix. Beaucoup d'intermédiaires se remplissent les poches au passage.

SIKANDRA ★

À 9 kilomètres au nord d'Agra, Sikandra ne serait qu'une ville sans intérêt si elle n'abritait le mausolée de l'empereur Akbar. C'est d'ailleurs peut-être, après le Taj Mahal, le monument le plus intéressant d'Agra. Contrairement à la tradition, Akbar fit entreprendre la construction de son mausolée de son vivant. Il mourut avant qu'il ne soit achevé et son fils Jahangir ne le fit terminer que tardivement, en 1613. Les amateurs d'architecture pourront noter l'évolution du style qui annonce, comme le Baby-Taj, le futur mausolée de Shah Jahan et son épouse Mumtaz, le Taj Mahal. Le mausolée d'Akbar s'inspire du tombeau d'Humayun, son père inhumé à Delhi.

SIKANDRA (MAUSOLÉE D'AKBAR) ★★

Sikandra

✆ +91 562 264 1230

Ouvert tous les jours de l'aube au crépuscule. Entrée : 310 Rs.

L'empereur Akbar dessina lui-même les plans du mausolée dans lequel il est enterré. La construction de cet édifice de grès rouge incrusté de marbre blanc commença en 1602 et fut achevée par Jahangir, le fils de l'empereur, en 1613. Les amateurs d'architecture moghole pourront noter l'évolution du style à placer entre le mausolée d'Humayun et celui de Shah Jahan.

Flanquée de quatre minarets, la porte est entièrement recouverte d'une mosaïque géométrique de marbre incrusté dans le grès rouge. Vous noterez l'introduction d'un svastika hindou : cette croix gammée que l'on retrouve partout en Inde et qui est, dans le pays, symbole de bon augure. Une fois la porte franchie, on découvre un agréable jardin dans lequel il n'est pas rare de croiser un paon, animal porte-bonheur en Inde. Au centre, s'élève le dernier mausolée de l'époque moghole à avoir été bâti en grès rouge. Sa façade pyramidale, enrichie de galeries et de pavillons (chhatri), est superbement décorée d'arabesques et de motifs floraux. Le dernier étage du mausolée est, lui, en marbre blanc. À l'intérieur, une première pièce présente des peintures murales, inscriptions coraniques et dorures remarquables. Vous accéderez ensuite à la crypte dont le décor fut effacé par l'affreux Aurangzeb. Pour votre gouverne, sachez qu'il n'y a personne dans le tombeau puisque les ossements d'Akbar furent éparpillés par les Jats à la fin du XIXe siècle. L'endroit conserve malgré tout une atmosphère assez émouvante...

FATEHPUR SIKRI ★★★

Située à 40 km à l'ouest d'Agra, l'ancienne forteresse impériale est souvent délaissée par les voyageurs. Pourtant, Fatehpur Sikri mérite vraiment qu'on y passe une journée. Au lieu de passer la nuit à Agra, profitez plutôt de ce lieu reposant et authentique où les touristes sont beaucoup moins sollicités. Inscrite au Patrimoine mondial de l'Unesco, cette cité-fantôme aux murailles rouges est inhabitée depuis quatre siècles et extrêmement bien conservée.

Si vous êtes dans la région pendant le ramadan, sachez qu'il est dignement fêté à Fatehpur Sikri. Toute la ville se pare de ses plus belles illuminations, des manèges en bois sont montés et la nuit, dans la mosquée, résonnent des chants soufis. De nombreuses représentations de danses sont données dans les hôtels.

Tout comme Agra, Fatehpur Sikri est la ville des arnaques en tous genres et le harcèlement est plus présent qu'ailleurs. Il est difficile de faire un pas (notamment dans la mosquée ou sur le parking) sans que l'on vous hèle pour vous proposer d'acheter un souvenir. Le meilleur moyen d'avoir la paix est de prendre un guide pour la visite du palais et de la mosquée.

Histoire

Ce village de tailleurs fut l'une des capitales de l'Empire moghol de 1571 à 1585 sous le règne d'Akbar. L'histoire raconte qu'Akbar se désespérait d'avoir un héritier mâle quand il se rendit en pèlerinage à Sikri pour consulter un saint, Cheikh Salim Chishti. Ce dernier annonça à l'empereur qu'il aurait trois fils. Cette prophétie se réalisa.

En remerciement, Akbar fit construire une ville à Sikri et en fit sa capitale en 1570. Peu après la conquête du Gujarat et du Deccan en 1572, Akbar rebaptisa la ville du nom de Fatehpur Sikri, « ville de la Victoire ». Mais en raison d'un important problème d'approvisionnement en eau, il abandonna finalement la forteresse de Fatehpur Sikri pour aller s'installer à Lahore, avant de revenir plus tard à Agra.

Tourisme

L'accès au palais royal de Fatehpur Sikri et à la mosquée se fait par une navette qui se prend depuis le parking au pied de la colline. Il faut compter 10 minutes de trajet et 20 Rs.

Des guides vous solliciteront à l'entrée du palais pour une visite détaillée. Compter 400 Rs. Cela permet d'obtenir des détails intéressants et d'être moins embêté lors de la visite de la mosquée.

Transports

▸ **Train. 4** trains quotidiens desservent Fatehpur Sikri depuis Agra (gares d'Agra Fort, Yamuna Bridge ou Agra Cantt). Il faut compter entre 40 minutes et 1 heure 15 de trajet. Au retour, le dernier train passe à 17h25. Il n'y a pas de train direct pour Jaipur.

▸ **Bus.** Les bus pour Agra se prennent depuis la gare routière située à l'entrée du bazar de Fatehpur Sikri. Pour Bharatpur ou Jaipur, il faut héler un bus depuis Agra Gate. Il faut compter 1 heure de trajet pour Agra, 40 minutes pour Bharatpur et 4 heures 30 pour Jaipur.

© MEINZAHN - ISTOCKPHOTO.COM

Fatehpur Sikri.

HOTEL GOVERDHAN TOURIST COMPLEX €€

Main Road

✆ +91 561 328 2643

www.hotelfatehpursikriviews.com

A partir de 1 500 Rs (non-AC) et 1 800 Rs (AC) pour une chambre double.

Situé un peu en retrait du centre-ville, le cadre verdoyant de cet hôtel vous charmera immédiatement. Mohan, le propriétaire et patron, a construit cet hôtel en 1991 sur un terrain appartenant à sa famille. Ce natif de Fatehpur Sikri connaît la ville dans ses moindres recoins et vous donnera donc d'excellents conseils. Les 20 chambres sont parfaitement entretenues et leurs salles de bains sont impeccables. Elles disposent toutes d'une petit coin salon dans les coursives.

CITADELLE DE FATHPUR SIKRI ★★★

Fatehpur-Sikri

Ouvert tous les jours de 6h à 17h30. Entrée : 610 Rs. Audioguide (anglais) : 150 Rs.

La citadelle fortifiée de Fatehpur Sikri est un ensemble architectural absolument unique inscrit au Patrimoine mondial de l'Unesco. L'empereur moghol Akbar fit de Fatehpur Sikri sa capitale après que la prophétie du saint soufi Cheikh Salim Chishti lui promettant trois fils s'est réalisée. En plus d'une magnifique mosquée située hors les murs, Akbar fit édifier trois palais dans la citadelle, un pour chacune de ses épouses favorites : une hindoue, une musulmane et une chrétienne. La citadelle compte de nombreux autres bâtiments rivalisant de finesse d'exécution. La capitale fut construite au sommet d'une colline, les quartiers des soldats et de la suite royale s'étalant à ses pieds. On peut toujours apercevoir la double muraille d'enceinte s'étirant sur des centaines de mètres autour de la cité impériale. Quelle que soit l'heure du jour où vous y passerez, vous ne pourrez qu'être impressionné par ce fantastique héritage forgé dans le grès rouge.

Habituellement, l'accès à la citadelle se fait par la porte d'Agra, située au nord-est de la ville de Fatehpur Sikri, un peu plus haut sur la route après l'arrêt du bus. C'est là que vous commencerez votre visite. Vous pouvez grimper à la citadelle à pied ou emprunter la navette qui relie le parking des visiteurs au site. Il se trouve après la porte d'Agra, sur la gauche. Le départ de la navette s'effectue toutes les 20 minutes environ. Elle est payante, mais le tarif est modique. Il existe deux entrées à la citadelle où vous pourrez vous procurer votre billet d'entrée. La première est proche de la mosquée, la seconde, un peu plus loin, devant les anciens bâtiments administratifs, permet d'effectuer la visite dans l'ordre renseigné par l'audioguide.

Le site de Fatehpur Sikri était déjà occupé avant qu'Akbar ne choisisse d'y établir sa capitale. Un ensemble important de statues jaïnes vieilles de 1 000 ans ainsi que les fondations d'un temple ont été retrouvées lors de fouilles entreprises en 2000. Il semblerait que la région était un site religieux et de culte. Des fouilles archéologiques ont révélé qu'il existait déjà une forteresse construite par les rajpoutes de Sikarwar. Ces derniers ont contrôlé la région par intermittence avec les musulmans venus de Perse entre le VIIe et le XVIe siècle.

Diwan-i-Am : Quand on entre par la porte d'Agra, le Diwan-i-Am est le premier bâtiment que l'on perçoit. Akbar, monté sur son trône, y donnait ses audiences publiques, y rendait la justice et écoutait ses sujets. Les condamnés à mort lâchaient ici leurs derniers souffles, écrasés sous le poids de l'éléphant royal. Cette immense cour se prêtait donc aux grandes cérémonies masculines ; l'autre moitié de la société, les femmes, devait se contenter d'observer discrètement la séance derrière les *jalis* (petites fenêtres en pierre) de chaque côté.

Diwan-i-Khas : En sortant du Diwan-i-Am, au fond de la cour à droite s'élève le Diwan-i-Khas ou la salle des audiences privées. En réalité, la salle occupe toute la hauteur du bâtiment. Au centre s'élance une grande colonne abondamment sculptée qui s'inspire de l'architecture du Gujarat, avec trente-six corbeaux en volute qui soutiennent un chapiteau d'où rayonnent quatre bras. Sur la partie inférieure de la colonne, des écritures symbolisant chacune des religions. Selon la légende, Akbar, sur un trône circulaire placé sur le chapiteau, présidait le conseil avec ses quatre ministres flanqués au bout des quatre bras !

Ankh Michauli : Il s'agit de la trésorerie et se trouve juste à côté du Diwan-i-Khas. Elle abritait les deniers de l'Empire amassés dans des coffres-forts en pierre. Une de ces caches a été laissée apparente dans l'un des coins de la salle.

La cour Pachisi et le Panch Mahal : la cour dans laquelle vous vous trouvez est la cour Pachisi, nom donné à un jeu auquel se livrait Akbar. Remarquez le damier en forme de croix au centre de la cour. La légende prétend que l'empereur utilisait des femmes esclaves en guise de pions. À l'ouest de cette cour, à l'opposé du Diwan-i-Am se trouve le Panch Mahal, palais de forme pyramidale surmonté d'un *chhatri*. À l'origine, des panneaux de pierre ajourée en dissimulaient l'intérieur et ses 176 colonnes. On suppose que ce palais était destiné aux femmes de la cour.

Alup Tanao et le Daulat Khana : en continuant vers le sud vous atteignez le bassin d'ornement appelé Anup Talao. Quatre ponts mènent à la plate-forme centrale sur laquelle se produisait le chanteur Tansen accompagné de musiciens. Akbar pouvait l'écouter depuis ses appartements privés situés dans le Daulat Khana (la Demeure de la Fortune). Au rez-de-chaussée, la plus petite pièce renfermait la bibliothèque royale et l'empereur dormait légèrement en hauteur dans le coin à gauche.

Le palais de Jodha Bai et le palais Birbal : À l'ouest du jardin d'ornement, c'est le plus imposant de toute la citadelle. Son entrée, particulièrement bien surveillée, servait aussi d'accès au harem. Ce palais aurait été édifié pour l'épouse hindoue d'Akbar Jodha Bai, sa préférée. Les chambres étaient somptueusement décorées de soieries et de tapis. Le harem est le bâtiment en U qui se trouve à l'opposé du palais. Il accueillait les 200 servantes d'Akbar qui vivaient là, à demeure.

Le palais Birbal a mieux vieilli, et on admire la richesse des peintures murales. Il aurait servi de résidence à l'un des ministres favoris d'Akbar.

JAMA MASJID & MAUSOLÉE DE SHEIKH SALIM CHISHTI ☪ ★★

Entrée libre.

Avertissement. Les rabatteurs en tous genres sont nombreux et ils ne vous lâcheront pas d'une semelle si vous ne leur dites pas non fermement. Les enfants aussi sont si pugnaces qu'ils rendent cette partie de la visite un peu pénible. Il convient de se déchausser pour la visite. En été, le sol est brûlant.

Elevée en 1571, le plan de cette belle mosquée s'inspirerait de la Bibi Khanam à Samarkand. Elle s'ouvre sur une esplanade pouvant accueillir 10 000 fidèles. Tout autour de la cour, vous verrez des salles hypostyles dédiées à la prière, mais accueillant aussi un grand nombre de marchands qui vendent là des souvenirs. Sur le côté ouest de la cour, dans la salle de prière, 3 mihrabs indiquent la direction de La Mecque. Celui du milieu est réhaussé de carreaux émaillés.

Le mausolée en marbre blanc du saint soufi Sheikh Salim Chishti fut achevé en 1581, soit dix ans après sa mort. C'est lui qui annonça à Akbar qu'il aurait trois fils. À l'intérieur, autour du cénotaphe, les murs sont de marbre et les colonnes d'ivoire. La dépouille mortelle repose en fait dans une salle au sous-sol. Aujourd'hui encore, des femmes de toutes religions affluent près la tombe du saint pour que Dieu leur donne un enfant. Elles formulent ce vœu en nouant des cordelettes de coton rouge aux écrans ajourés. À côté, les pierres tombales de ses disciples et le tombeau en grès rouge d'Islam Khan, son neveu. Les tombes de princesses reposent derrière les deux principaux tombeaux.

FATEHPUR BAZAR

Empruntez la ruelle qui descend en face de Buland Darwaza.

Ce petit bazar traditionnel permet aux habitants de Fatehpur Sikri de se ravitailler en articles en tout genre : nourriture, bijoux, sari, ustensiles de cuisine... L'ambiance y est décontractée et aussi authentique que dans un village reculé de la région. Peu de touristes viennent jusqu'ici et vous laisserez derrière vous l'atmosphère étouffante qui règne à la mosquée et au palais. Ici, vous ferez de belles rencontres et, à moins que vous ne parliez l'hindi, vous marchanderez les prix dans le langage des signes ! De bons souvenirs en perspective.

MATHURA ★★

Mathura est l'une des 7 cités saintes de l'hindouisme et le lieu de naissance du dieu Krishna. Ce lieu de pèlerinage magique est une étape incontournable dans la région. Les fouilles archéologiques confirment l'importance du lieu plusieurs siècles avant notre ère. Mosquées et temples hindous par centaines attirent les pèlerins en toute saison. Tous les matins à l'aube des centaines de fidèles descendent les *ghats* pour effectuer leurs ablutions dans l'eau sacrée de la Yamuna. Holi est fêté en grande pompe dans la patrie de Krishna et si vous visitez Mathura à cette période, il vous sera impossible d'échapper à cette expérience haute en couleur.

Se restaurer

Les restaurants de Mathura servent exclusivement de la cuisine végétarienne.

Transports

- **Train.** La gare se trouve au sud de la ville à environ 2,5 kilomètres de la rivière Yamuna et des ghats. Il y passe de nombreux trains en provenance et à destination de Delhi et d'Agra. Il faut compter 3 heures de trajet pour Delhi et 45 minutes pour Agra. Il y a 1 train quotidien pour Jaipur, à 7h25, sans réservation possible. Il existe d'autres trains qui ne circulent pas tous les jours. Une dizaine de trains desservent Bharatpur (durée : 45 minutes).
- **Bus.** La gare routière est située à 500 mètres à l'ouest du Musée archéologique, sur la route d'Hathras. Des bus circulent pour Agra toutes les 30 minutes environ (durée : 1h30) et pour Delhi (durée : 4h).

MUSEE DE MATHURA ★

Museum Road

✆ +91 565 250 0847

Ouvert du mardi au samedi de 10h30 à 16h30.

Entrée : 25 Rs.

Mathura abrita une célèbre école de sculpture entre le Ier et le VIe siècle. La ville fut l'une des capitales de l'empire Kushana sous lequel se développa l'art gréco-bouddhique du Gandhâra (ancien royaume de l'Afghanistan et du nord-ouest du Pakistan. L'école de Mathura se caractérise par l'usage du grès rouge, la finesse et la grâce des visages et des corps. Vous remarquerez surtout les statues de Bouddha, dont une datant du Ier siècle. La statuaire hindoue reprit les techniques de l'art gréco-bouddhique. Vous noterez aussi des statues du Moyen Âge hindou.

TEMPLE KESHAVDEV JI ★★

Janam Bhumi

Ouvert tous les jours de 5h30 à 21h30. Entrée libre.

Dominant le complexe, vous ne pourrez pas louper la grande statue un peu kitsch de Krishna conduisant le char d'Arjuna. Le temple de Krishna autrement appelé Shri Krishna Janmabhoomi, « lieu de naissance du Seigneur Krishna », fut élevé en 1975. Il n'est pas exactement à l'endroit où le dieu bleu est né puisque Aurangzeb l'a détruit. Vous découvrirez un décor très kitsch fait de murs roses et de fresques colorées relatant les exploits du dieu. Vous pourrez même descendre dans la grotte qui vit la naissance divine il y a 3 500 ans. Mais il ne faut pas être claustrophobe et préparez-vous à faire la queue un bon moment. Cette grotte est la raison pour laquelle les pèlerins viennent si nombreux des quatre coins de l'Inde.

Vous verrez derrière le complexe du temple, la fameuse mosquée édifiée par Aurangzeb. Elle est absolument charmante mais n'est plus en activité afin de pacifier un peu les relations entre les deux communautés religieuses. D'ailleurs, si vous ne souhaitez pas vivre un grand moment de solitude, nous vous recommandons de ne pas évoquer ce sujet « sensible » avec les habitants.

Se balader dans le complexe est vraiment agréable : des jardins, un espace à l'air libre (et couvert) propice aux rencontres, un autre espace pour l'accueil et le logement des pèlerins, des boutiques et des haut-parleurs relatant les exploits de Krishna. L'ambiance de ce lieu de pèlerinage vous rappellera certainement celle d'une grande fête foraine : coloré, chaleureux et très humain. En Inde, la ferveur s'exprime dans le bruit.

VISHRAM GHAT ET QUARTIER DES GHATS ★★

Ghat Kinara Road

Du crépuscule à la tombée de la nuit.

Avec son ambiance médiévale, le quartier des ghats est vraiment l'endroit à ne pas manquer à Mathura.

Faites-vous déposer à l'entrée de la vieille ville, et suivez la rue principale bordée de magasins. En levant la tête, vous découvrirez les vestiges de superbes façades. Descendez jusqu'à la Yamuna. En longeant la rivière, vous tomberez sur un minuscule marché aux légumes. Sur le chemin des ghats, vous passerez par le temple coloré de Dwarkadhish, datant du XVIIIe siècle et dédié à Krishna. Vous remarquerez son grand portail à cloches dominant la rive et un intérieur mêlant miroirs et dorures. La statue de Krishna est dévoilée huit fois par jour. Vous parviendrez ensuite au Vishram Ghat, le plus fréquenté. C'est ici que Krishna aurait pris un bain purificateur après avoir tué le roi Kansa. À la tombée de la nuit, des bougies sont déposées sur l'eau par les habitants, le spectacle est magique… Pour avoir un peu de recul sur l'ensemble des temples et la série de marches ponctuant les berges, rien de mieux qu'un petit tour en barque. À côté du Vishram Ghat, vous verrez la Sati Burj, une tour de quatre étages élevée par le fils de Behari Mal de Jaipur au XVIe siècle pour commémorer la sati de sa mère. Ce rituel qui consiste à l'immolation d'une veuve sur le bûcher funéraire de son époux est désormais interdit en Inde. Toutefois, dans certaines régions rurales et conservatrices, ce rituel prend aujourd'hui la forme de suicides déguisés : sans commentaires !

KRISHNAM GUESTHOUSE €

Potra Kund

✆ + 91 565 242 5822

À partir de 1 000 Rs pour une chambre double.

Ce petit établissement à la façade moderne propose 21 chambres correctes réparties sur plusieurs étages. Certes, la décoration n'est pas du dernier cri, mais les chambres offrent l'essentiel et elles sont propres. Le ménage est fait tous les jours. L'accueil est tout à fait correct et le réceptionniste pourra vous fournir des renseignements sur la ville. Un bon plan pour les voyageurs à petit budget. En revanche les tarifs du restaurant sont exorbitants. Évitez de réserver les chambres avec le petit déjeuner et/ou le repas inclus.

HOTEL SHEETAL REGENCY €€

Masani Road

✆ + 91 565 240 4401

www.hotelsheetalregency.com

À partir de 4 500 Rs pour une chambre double.

Cet hôtel paisible à la façade élégante offre un bon rapport qualité-prix et le personnel est très cordial. Les chambres, avec sol en marbre, sont confortables, spacieuses et correctement décorées, à la mode indienne. Elles sont toutes dotées de l'air conditionné et d'une télévision. Les salles de bains sont impeccables et les parties communes reposantes, bien qu'un peu chargées avec les photos aux murs, les miroirs gravés et les plantes vertes. Le restaurant propose un buffet complet. Une bonne adresse dans cette ville qui offre si peu en matière d'hôtellerie.

THE RADHA ASHOK €€

Masani Road
© +91 81 9180 0395
Chambre double à partir de 5 300 Rs, petit déjeuner inclus.

Situé à l'abri de l'agitation, cet hôtel propose 28 chambres confortables, modernes et toutes équipées de TV LCD. Le cadre n'est pas extraordinaire mais reste toutefois bien agréable et la literie épaisse saura vous faire oublier les quelques petits désagréments. L'hôtel profite même d'une piscine entourée d'un jardin propice au repos, particulièrement indispensable aux beaux jours, car la chaleur se montre vite étouffante. Seul réel inconvénient, l'emplacement de l'hôtel tout à fait au nord de la ville qui nécessite d'avoir sa propre voiture avec chauffeur.

BABYLON RESTAURANT €

Deeg Gate Road
© +91 93 5940 4256
Ouvert tous les jours de 10h à 22h. Compter 200 Rs pour un repas.

Que dire de ce restaurant si ce n'est qu'il est situé en face du temple Shree Krishna Janmasthan. Il conviendra donc parfaitement pour se restaurer après la visite du temple, surtout si vous avez eu à faire une longue queue pour atteindre le lieu de naissance de Krishna. La grande salle clinquante avec ses éclairages puissants est climatisée, ce qui constitue un réel avantage les jours de fortes chaleurs. On sert ici une cuisine végétarienne sans prétention, dont le menu se situe exactement au carrefour de l'Inde. Il précise : Inde du Nord, Inde du Sud et Penjab.

STATUS RESTAURANT €€

Station Road
© +91 565 240 1224
www.brijwasihotels.com
Ouvert tous les jours de 12h à 15h et de 19h à 23h. Compter 700 Rs pour un repas.

Tous les conducteurs de rickshaw connaissent cette adresse et vous n'aurez aucun mal à la trouver. L'hôtel Brijwasi Royal compte le meilleur restaurant de la ville, le Status, et un bar, le Cheers, une rareté dans une ville sacrée. Vous y dînerez sous un grand portrait de Krishna évidemment ! Plats indiens végétariens savoureux d'Inde et de Chine, mais aussi pizzas, burgers, snacks... Le bar est agréable mais un peu enfumé. S'il est possible de s'intoxiquer avec de l'alcool et de la cigarette, en revanche, dans l'assiette cela devient beaucoup plus sérieux !

VRINDAVAN ★★

Krishna passa son enfance comme simple bouvier dans cette petite ville tranquille aux allures de village ; c'est ici qu'il accomplit plusieurs de ses exploits. Vrindavan est donc un lieu de pèlerinage très populaire qui compte plusieurs centaines de temples. L'empereur Aurangzeb se livra à une destruction systématique des édifices, et le plus ancien des temples, celui de Govind Dev, remonte au XVIe siècle.

Transports

- **Auto-rickshaw.** Vous pouvez emprunter un *tempo* (sorte de grand rickshaw commun) devant le temple Keshadev pour parcourir les 10 km qui séparent Vrindavan de Mathura. Vous pouvez également prendre un *auto-rickshaw* ou un *e-auto-rickshaw* (électrique), si vous n'aimez pas vous mêler à la foule.

La ville aujourd'hui

La magie à Vrindavan réside dans son ambiance : des ruelles bordées de vieilles maisons et de sanctuaires cachés, des vaches se baladant en toute liberté, des singes perchés partout, beaucoup d'Occidentaux sur la trace de Krishna, des haut-parleurs assourdissants... Enfin, vous croiserez ici de nombreuses petites dames au crâne rasé et vêtues de blanc. Ce sont des veuves qui ont trouvé refuge dans les ashrams de la ville. Elles gagnent très modestement leur vie en chantant dans les temples des hymnes à la gloire de Krishna. Nous vous conseillons vivement d'aller écouter leurs mélodies : le moment est très émouvant.

ARNAQUE GUIDÉE

À Vrindavan, les temples sont nombreux et il est facile de s'y perdre. Vous succomberez peut-être à l'envie de prendre un guide. Pas besoin de le chercher, vous serez sollicité. Il vous conduira de temple en temple, où vous serez invité à laisser un don. À la fin, il vous mènera dans un énième temple et vous conduira devant le prêtre qui vous bénira, vous fera réciter des mantras et exigera de vous une somme astronomique en guise de don. La visite risque de vous coûter cher si vous n'y prenez garde. Dans tous les cas, mettez-vous d'accord avec votre guide sur le montant de la visite (150 Rs max). Si vous souhaitez laisser un don, quelques dizaines de roupies suffisent.

KESI GHAT ★

Ce ghat est très prisé par les pèlerins car c'est ici que le seigneur Krishna aurait tué le démon Kesi apparu sous la forme d'un gigantesque cheval. Krishna aurait ensuite pris un bain purificateur dans la rivière Yamuna. Comme à Mathura, vous pourrez emprunter une barque pour effectuer une petite balade sur l'eau jusqu'au pont, depuis lequel vous rejoindrez ensuite la ville de Vrindavan à pied. L'endroit plaira particulièrement aux amateurs de photographie car il s'y passe toujours quelque chose. Le ghat de Kesi est l'un des derniers ghats restants de la ville.

TEMPLE GOVIND DEV ★★

Shankar Mandal Rd

Ouvert tous les jours de l'aube au crépuscule. Entrée libre.

Govind Dev signifie « Dieu bouvier ». Ce temple de grès rouge fut édifié en 1590 par le maharaja d'Amber, Man Singh Ier. Il comptait autrefois sept étages, mais l'empereur musulman fanatique Aurangzeb fit détruire les quatre niveaux supérieurs. Lors de notre passage, des tribus de singes squattaient le temple si bien qu'il était impossible de s'en approcher. Vu de l'extérieur, l'édifice reste toutefois une merveille d'architecture, même si une restauration ne serait pas un luxe… Vous pourrez toujours vous consoler en visitant, en face, le temple Sri Ranganatjih.

TEMPLE PAGAL BABA ★★

NH2-Bhuteshwar Road

Entrée : 5 Rs.

Cette construction récente se situe dans un agréable jardin. Si les jeunes habitants de la ville viennent piquer une tête dans le grand bassin du temple, l'attraction préférée des familles indiennes se situe au rez-de-chaussée du monument. On trouve en effet une sorte de musée rendant hommage à Krishna. Vous y verrez des saynètes sous vitrine et surtout la vie du bouvier retracée par des marionnettes articulées. Le spectacle est autant prodigué par les pantins de bois que par l'enthousiasme des Indiens qui alternent rires et applaudissements.

TEMPLE DE KRISHNA BALARAM ★

Bhaktivedanta Swami Marg

✆ +91 565 254 0022

www.iskconvrindavan.com

© YURY TARANIK - SHUTTERSTOCK.COM

Ce temple est le siège indien de l'ISKCON (International Society for Krishna Consciousness), tout en marbre blanc. Il est le lieu de rendez-vous incontesté des adorateurs occidentaux de Krishna. Le complexe entouré de jardins constitue une visite agréable sur fond musical Hare Krishna. Le temple comprend un petit bureau d'information très utile si vous souhaitez obtenir des informations sur les hébergements où résider en ville et les nombreux temples à visiter.

HOTEL BASERA €€

Raman Reti Road

✆ + 91 565 254 005

www.hotelbaseravrindavan.com

A partir de 4 000 Rs pour une chambre double.

La grande façade blanche moderne tranche singulièrement avec l'ambiance religieuse de la rue. Pour ceux qui souhaitent loger confortablement à Vrindavan, cet hôte est le bon endroit. Les 44 chambres, certes peu lumineuses, sont grandes et impeccables, et toutes bénéficient de la climatisation et de la TV câblée. La douche est dissimulée derrière un rideau dans un coin de la chambre. Vous aurez le droit à un petit déjeuner indien et un accueil très cordial. L'hôtel étant situé sur la rue principale, il est un peu bruyant mais c'est tout à fait acceptable.

PASSPORT

JAIPUR ET SA RÉGION

La capitale du Rajasthan compte un nombre innombrable de palais et havelis, pour la plupart transformés en hôtels et qui vous assureront un séjour de charme et authentique. Historiquement puissante, l'ancien siège des rajpoutes Kachhwaha compte également un héritage architectural de toute beauté : l'impressionnant fort d'Amber, l'étonnant observatoire astronomique Jantar Mantar ou encore le célèbre palais des Vents de la ville nouvelle. Les alentours de Jaipur méritent d'être sillonnés, de préférence en voiture, afin de traverser des villages typiques et des campagnes verdoyantes. Cette partie du Rajasthan ravira également les amateurs de vie sauvage, avec deux Parcs nationaux. Celui de Ranthambore est l'un des plus fréquentés pour observer le tigre dans son habitat naturel. Quant à celui de Keoladeo Ghana, il s'agit d'un parc ornithologique à la réputation mondiale pour le grand nombre d'espèces avicoles qu'il héberge.

Jaipur et sa région
Sikar
Khandela
Paota
ALWAR
Vers TIJARA
Vers NEEMRANA
DEEG
Badalwas City
Shri Madhopur
Losal
Shahpur
Thanagazi
Nagar
SARISKA NATIONAL PARK
Chitawa
SAMODE
BHARATPUR
GARH HIMMAT SINGH
Renwal
Chomu
Achrol
BHANGARH
Makrana
Bandikui
Mahwa
Benarwith Daulatpura
AMBER
Lac Sambhar
NAHARGARH
GAITOR
Bayana
Dausa
Parbatsar
GALTA
JAIPUR
Phulera
Todabhim
SISODIA
Roopangarh
BAGRU
SANGANER
Hindaun
Nadoti
Bofli
Sri Mahaveer Ji
Chaksu
Kishangarh
Phagi
Lalsot
PUSHKAR
Gangapur
Moondolao
Ajmery
Jaitpura
Khirkhira
AJMER
Niwai
Kasba Bonli
Nasirabad
Malpura
Siras
Malarna Doongar
Rigrot
TONK
Jaikmabad
RANTHAMBORE
NATIONAL PARK
MADHYA PRADESH
Sawai Madhopur
50 KM

PAGES

193 JAIPUR

227 ENVIRONS DE JAIPUR

Les sites d'intérêt sont nombreux dans les environs de Jaipur, à commencer par le fort d'Amber, l'un des plus vastes et des plus impressionnants du Rajasthan. Vous pourrez également explorer la campagne si plaisante en vous rendant à Alwar et ses forteresses-hôtels ou à Ranthambore pour un safari en quête du tigre.

227 AMBER ★★★

Le fort d'Amber est sans doute le plus célèbre du Rajasthan en raison de sa proximité avec Jaipur. C'est aussi un fort aux dimensions hors-normes, agrémenté de salles palatiales somptueuses, qui laissent entrevoir l'extraordinaire richesse des Rajpoutes.

231 NAHARGARH ★★

231 GAITOR ★★

Ce petit jardin tranquille au pied de la colline de Nahargarh abrite de somptueux cénotaphes royaux. C'est ici que les édifices du souvenir des différents maharajas de Jaipur et de leurs épouses sont installés. Tout pour une promenade agréable à l'écart des sentiers battus.

232 GALTA ★★

232 SANGANER ★

233 BAGRU

Bagru est l'une des capitales indiennes de l'art du blockprint et son style unique aux motifs noir et rouge est connu à travers toute l'Inde. Ce petit village vit au rythme de la demande en tissus imprimés à la main à l'aide de blocs de bois. Une plongée dans l'Inde artisanale traditionnelle.

233 SAMODE ★★

Aux marches du Shekhawati, le petit village de Samode affiche un air bien paisible. Les havelis sont ornés de fresques, les rues bordées d'échoppes artisanales. Il règne ici une atmosphère typique des petits villages du Rajasthan rural, où le temps ne semble pas avoir de prise.

Confection de tissus à Bagru.

JAIPUR

De l'imposante forteresse d'Amber qui abritait la dynastie des Rajpoutes Kachhwaha, à la ville nouvelle fondée par Jai Singh II au début du XVIIIe siècle, Jaipur a toujours tenu une place importante sur le plan politique au Rajasthan. Il en résulte un héritage architectural foisonnant et multiple qui témoigne de la puissance et de la finesse du style si typique du Rajasthan. Les palais et havelis somptueux des maharajas venus prendre leurs quartiers d'influence à l'époque du Rajputana britannique émaillent la ville et vous surprendront par leur opulence. La ville est aujourd'hui à l'image de l'Inde, entre tradition et modernité. Bazars animés et traditionnels de la ville rose, circulation frénétique, cafés bobos et restaurants branchés, la ville est l'un des rares endroits de l'État où vous pourrez profiter d'une ébullition permanente, de jour comme de nuit. C'est aussi un centre réputé pour le négoce de pierres précieuses.

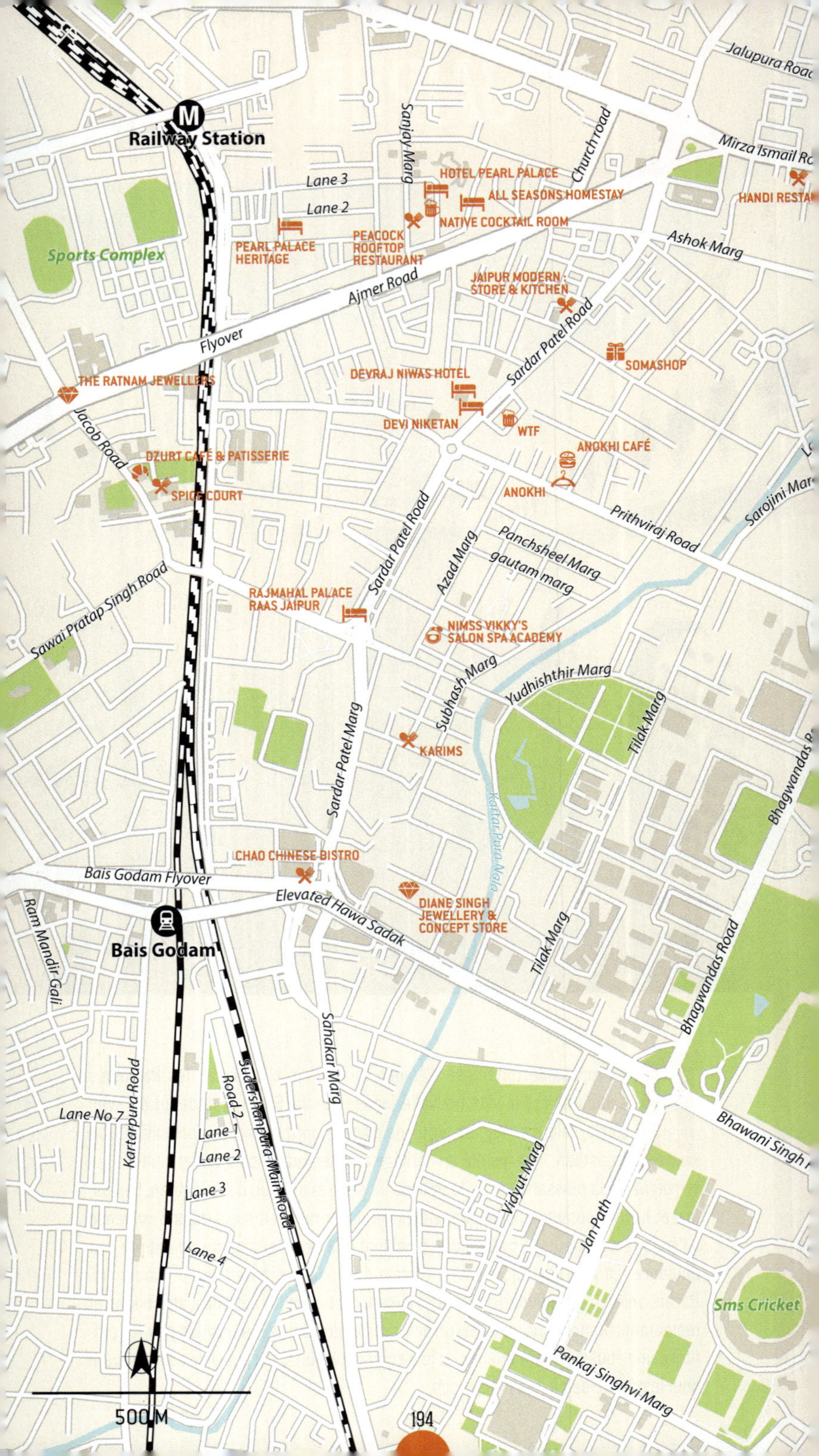

Railway Station
Sports Complex
Lane 3
Lane 2
Sanjay Marg
HOTEL PEARL PALACE
ALL SEASONS HOMESTAY
Church Road
Jalupura Road
Mirza Ismail Ro
HANDI RESTA
NATIVE COCKTAIL ROOM
PEARL PALACE HERITAGE
PEACOCK ROOFTOP RESTAURANT
Ashok Marg
Ajmer Road
JAIPUR MODERN : STORE & KITCHEN
Flyover
Sardar Patel Road
SOMASHOP
DEVRAJ NIWAS HOTEL
THE RATNAM JEWELLERS
Jacob Road
DEVI NIKETAN
WTF
ANOKHI CAFÉ
DZURT CAFÉ & PATISSERIE
SPICE COURT
ANOKHI
Prithviraj Road
Sarojini Mar
Panchsheel Marg
gautam marg
Azad Marg
Sawai Pratap Singh Road
RAJMAHAL PALACE RAAS JAIPUR
NIMSS VIKKY'S SALON SPA ACADEMY
Subhash Marg
Yudhishthir Marg
Tilak Marg
Sardar Patel Marg
KARIMS
Kartar Pura Nala
Bhagwandas R
CHAO CHINESE BISTRO
Bais Godam Flyover
Elevated Hawa Sadak
DIANE SINGH JEWELLERY & CONCEPT STORE
Bais Godam
Ram Mandir Gali
Sahakar Marg
Bhagwandas Road
Sudershanpura Main Road
Road 2
Lane No 7
Kartarpura Road
Lane 1
Lane 2
Lane 3
Lane 4
Vidyut Marg
Bhawani Singh R
Jan Path
Sms Cricket
Pankaj Singhvi Marg
500 M

Ashok Nagar et quartiers sud
MOHAN RESTAURANT
INDIAN COFFEE HOUSE
GEM PALACE
GEMOLOGICAL SCIENCE INTERNATIONAL
KHADI GHAR
LASSIWALA
RAVI JEWELS & HANDICRAFTS
RAJ MANDIR
MAGPIE VILLA
RASA
JARDINS DE RAMBAGH NIWAS
ALBERT HALL MUSEUM
DIGGI PALACE HOTEL
TAPRI - THE TEA HOUSE
TOWNSEND KITCHEN
MUSEUM OF INDOLOGY
MUSEE DES POUPEES (DOLLS MUSEUM)
STEAM
NARAIN NIWAS PALACE HOTEL
BIRLA MANDIR (TEMPLE DE LAKSHMI NARAYAN)
Central Park
Tilak Park
Indira Bazaar
Gopinath Marg
Nehru Bazaar
Chaura Rasta
Ganga Mata Ki Gali
Bapu Bazaar
Subhash Marg
Vinobha Marg
Ashok Marg
Gokhale Marg
Bhagwandas Road
Vardhman Marg
Mahavir Marg
Sarojini Marg
Shivaji Marg
Motidungri Marg
Vivekanand Marg
Hospital Road
Prithviraj Road
Adinath Marg
Moti Doongri Road
Bus Lane
Sawai Mansingh Road
Devi Path
Takht E Shahi Road
Bhawani Singh Road
Ganesh Marg
Jyoti Marg
JLN Marg

Badi Chaupar
ARAWALI TEXTILE
New Rambah Road
Amer Road
HERITAGE TEXTILE & HANDICRAFTS
SAURASHTRA ORIENTAL ARTS
SAMODE HAVELI
GOVINDAM RETREAT
Brahmpuri Road
BISSAU PALACE HOTEL
ROYAL GEMS AND ARTS
JEWELS N ARTS
JANTA BAZAR
KHATU HAVELI
Uniyaron Ka Rasta
Bagruwalon Ka Rasta
Jai Lal Munshi Ka Rasta
Govind Rao Ji Ka Rasta
Nahargarh Fort Road
Dina Nath Ji Ki Gali
Gangauri Bazaar
TEMPLE DE GOVINDJI
Moti Katla Bazaar
Amer Road
THE BARADARI
Khavas Ji Ka Rasta
Chandpol Bazaar
CITY PALACE
JANTAR MANTAR (OBSERVATOIRE ASTRONOMIQUE)
Dayanand Marg
Tripolia Bazaar
HAWA MAHAL (PALAIS DES VENTS)
Topkhane Ka rasta
Ninder Rao Ji Ka Rasta
Kalyanji Ka rasta
Bhindo Ka Rasta
Khajane Walon Ka Rasta
Khejron Ka Rasta
Baba Harish Chandra Marg
Mishra Rajaji Ka Rasta
Kishanpole Bazar Road
Maniharon Ka Rasta
Natanjon Ka Rasta
Chaura Rasta
Ramganj Bazaar
HOTEL KAILASH
Gopalji Ka Rasta
SAMRAT
Dhula House Road
Johari Bazar
Haldion Ka Rasta
Ghee Walon Ka Rasta
MSB Ka Rasta
KGB Ka Rasta
Ghat Darwaja Bazaar Road
Gopinath Marg
GEMOLOGICAL SCIENCE INTERNATIONAL
MOHAN RESTAURANT
INDIAN COFFEE HOUSE
KHADI GHAR
GEM PALACE
RAJDEEP HOTEL
RAJ MANDIR
LASSIWALA
MAGPIE VILLA
Sanjay Bazaar
Mirza Ismail Road
JARDINS DE RAMBAGH NIWAS
RASA
Ashok Marg
Agra Road
Mahavir Marg
Motidungri Marg
ALBERT HALL MUSEUM
Moti Doongri Road
SISODIA RANI KA BAGH
DIGGI PALACE HOTEL
Vivekanand Marg
Hospital Road
TAPRI - THE TEA HOUSE
Prithviraj Road
Ravi Path
TOWNSEND KITCHEN
Mandir Marg
MUSEUM OF INDOLOGY
Govind Marg
500 M
MUSEE DES POUPEES (DOLLS MUSEUM)

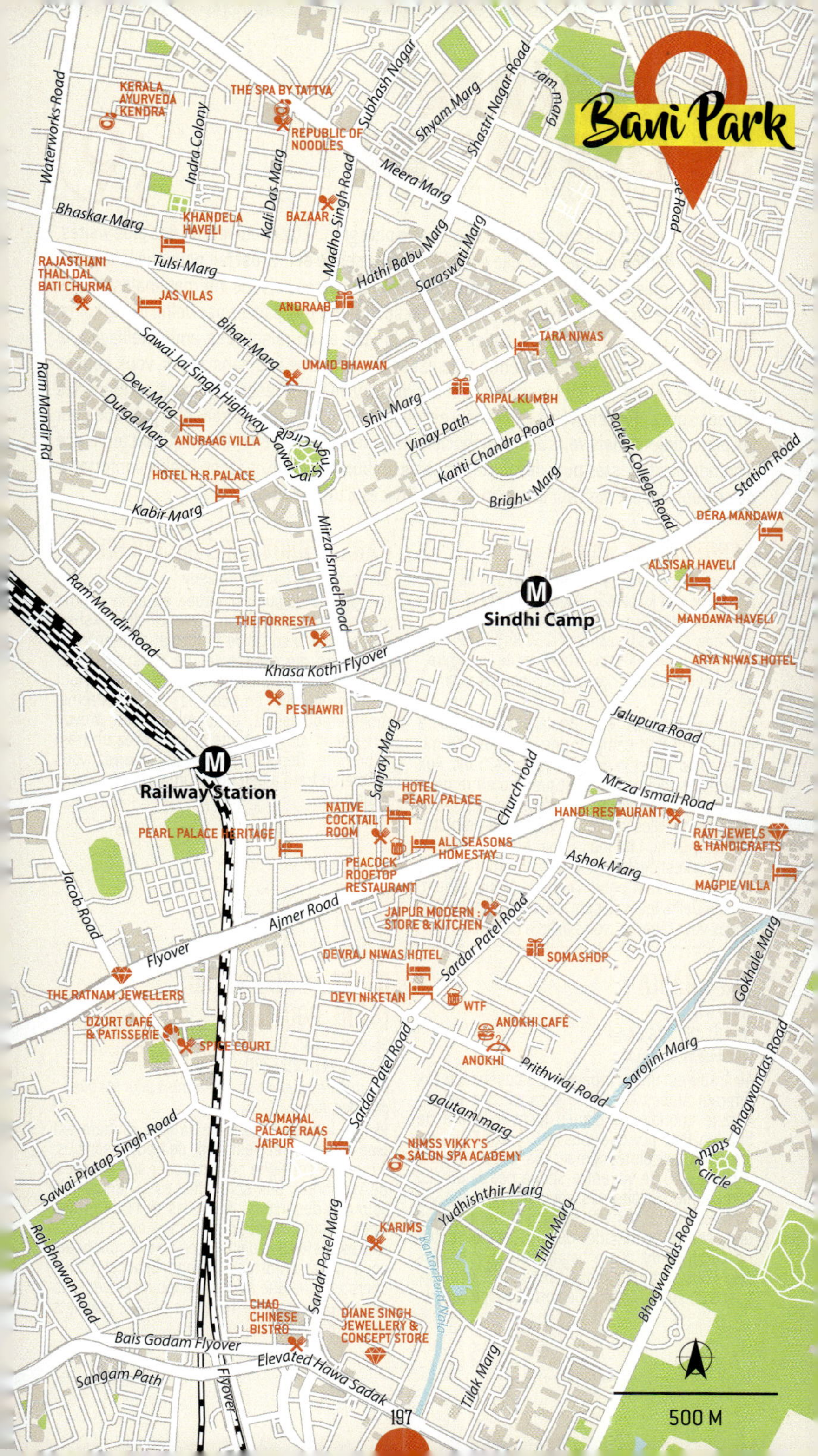
Bani Park
Kerala Ayurveda Kendra
The Spa by Tattva
Republic of Noodles
Bazaar
Khandela Haveli
Rajasthani Thali Dal Bati Churma
Jas Vilas
Andraab
Umaid Bhawan
Tara Niwas
Kripal Kumbh
Anuraag Villa
Hotel H.R.Palace
Dera Mandawa
Alsisar Haveli
Mandawa Haveli
Arya Niwas Hotel
The Forresta
Sindhi Camp
Peshawri
Railway Station
Hotel Pearl Palace
Native Cocktail Room
All Seasons Homestay
Peacock Rooftop Restaurant
Pearl Palace Heritage
Handi Restaurant
Ravi Jewels & Handicrafts
Magpie Villa
Jaipur Modern : Store & Kitchen
Devraj Niwas Hotel
Somashop
Devi Niketan
WTF
Anokhi Café
Anokhi
The Ratnam Jewellers
Dzurt Café & Patisserie
Spice Court
Rajmahal Palace Raas Jaipur
Nimss Vikky's Salon Spa Academy
Karims
Chao Chinese Bistro
Diane Singh Jewellery & Concept Store
Waterworks Road
Indra Colony
Kali Das Marg
Madho Singh Road
Subhash Nagar
Shyam Marg
Shastri Nagar Road
Meera Marg
Bhaskar Marg
Tulsi Marg
Hathi Babu Marg
Saraswati Marg
Bihari Marg
Sawai Jai Singh Highway
Devi Marg
Durga Marg
Shiv Marg
Vinay Path
Kanti Chandra Road
Bright Marg
Ram Mandir Rd
Kabir Marg
Mirza Ismael Road
Ram Mandir Road
Khasa Kothi Flyover
Station Road
Jalupura Road
Sanjay Marg
Church road
Mirza Ismail Road
Ashok Marg
Ajmer Road
Flyover
Jacob Road
Sardar Patel Road
Gokhale Marg
Prithviraj Road
Sarojini Marg
Bhagwandas Road
gautam marg
Statue Circle
Sawai Pratap Singh Road
Yudhishthir Marg
Tilak Marg
Raj Bhawan Road
Sardar Patel Marg
Bais Godam Flyover
Elevated Hawa Sadak
Sangam Path
500 M

SE REPÉRER SE DÉPLACER

Jaipur est la capitale du Rajasthan, le plus grand État d'Inde et l'un des plus visités. Par conséquent, la ville est très bien desservie et tout est fait pour que le touriste puisse se déplacer facilement. Il existe quelques liaisons internationales depuis le Moyen-Orient, pour ceux qui ne souhaitent pas passer par Delhi. Néanmoins, l'aéroport est situé assez loin de la ville et en raison des embouteillages, le transfert jusqu'au centre-ville est assez long. Une fois dans Jaipur, vous pouvez emprunter le métro, dont les travaux qui ont mis la ville sans dessus-dessous pendant des années sont enfin achevés. Le rickshaw est également un moyen de transport pratique pour les petits trajets, mais vous devrez négocier fermement avec les chauffeurs qui ont tendance à prendre les touristes pour des porte-monnaie ambulants. Enfin, la façon la plus confortable de se déplacer est bien sûr de s'assurer les services d'un chauffeur.

AÉROPORT DE JAIPUR

L'aéroport international de Jaipur est situé à Sanganer, une localité à 13 kilomètres de la ville. Il faut compter 30 minutes de trajet en auto-rickshaw (250 Rs) ou en taxi (350 Rs). Il y a un comptoir de pre-paid taxi à la sortie de l'aérogare, ce qui évite de devoir commencer par négocier sa course.

L'aéroport de Jaipur est situé à 12 km au sud de la ville et il faut compter une vingtaine de minutes pour rallier le centre-ville, hors trafic. Aux heures de pointe, cela peut prendre entre deux et trois fois plus de temps. Vous pouvez rallier les grandes villes indiennes via des vols directs : Mumbai, Delhi, Chennai, Pune, Kolkata, Kochi... L'aéroport est également relié à l'international via quelques vols en provenance du Moyen-Orient. Depuis Delhi, les vols sont souvent complets, et mieux vaut réserver votre billet à l'avance.

AIR ARABIA

Church Road
✆ +91 141 336 6444
Vols internationaux.

Air Arabia est une compagnie low cost basée aux Émirats Arabes Unis. Elle propose une liaison directe quotidienne depuis le petit émirat de Sharjah. Pour peu que vous réserviez à l'avance, les tarifs sont plutôt compétitifs. Il faut compter 3 heures 10 de vol entre Sharjah et Jaipur. La compagnie exploite des appareils Airbus A320 ou A321 Neo LR, dont la plupart sont neufs. Vous disposez de 3 catégories de tarifs, le moins cher ne comprenant qu'un bagage à main, le plus cher vous offrant un repas à bord et 40 kg de bagages en soute, en plus de votre bagage cabine.

GARE FERROVIAIRE DE JAIPUR

20, Station Rd, Barodia Scheme

La gare de Jaipur est située en plein centre-ville. Vous trouverez un comptoir de rickshaw prépayés à la sortie de la gare et de nombreux rabatteurs qui essayeront de vous dissuader de vous y rendre. Les abords de la gare (tout comme la ville en journée) sont extrêmement embouteillés, donc mieux vaut prévoir large pour vous y rendre si vous avez un train à prendre. Depuis Jaipur, vous pourrez vous rendre en train à peu près n'importe où dans le pays. L

CENTRAL BUS STAND (GARE ROUTIÈRE)

Station Road
✆ +91 141 220 5790
Guichet de réservation informatisé pour les bus grandes lignes.

Malgré le bruit et la foule, la gare routière est bien organisée et il est facile de trouver son bus. Il y a une consigne pour déposer ses bagages. De nombreux bus sont affichés au départ de Jaipur, à destination des villes de l'État et des États voisins. Vous aurez le choix entre les bus express et les bus deluxe. Les deluxe sont beaucoup plus confortables, donc beaucoup plus chers et avec une fréquence moins élevée. Les sièges peuvent être réservés via les guichets informatisés.

JAIPUR METRO

Entre 6 Rs et 22 Rs selon le nombre de stations.

Après des années de travaux qui ont mis la ville de Jaipur sens dessus dessous, le métro est enfin opérationnel. Il compte une ligne unique, et sur le plan touristique, seules quelques stations sont dignes d'intérêt. La ligne dessert notamment la gare de Jaipur et la vieille ville de Jaipur avec les stations Chandpole, Chhoti Chaupar et Badi Chaupar. Le métro circule entre 6h20 et 21h50. Il existe une Tourist Card valable 1 jour ou 3 jours et qui permet de circuler de façon illimitée. Mais elle ne présente que peu d'intérêt en raison du nombre limité de stations.

METRO CABS

✆ +91 73 00 0718 86

www.metrocabs.in

Metro Cabs est la plus importante compagnie de taxi à Jaipur. En une dizaine d'années, elle a développé une flotte de plus de 500 véhicules, tous climatisés et non-fumeurs. Tous les véhicules sont également assurés pour le transport de passagers. Vous pouvez faire appel à cette compagnie pour vos déplacements en ville et alentour, mais aussi pour des trajets longue distance : Delhi, aéroport Indira Gandhi, Pushkar, Jodhpur, etc. La compagnie propose aussi des City Tours et des circuits touristiques dans la région (Triangle d'Or, désert du Thar, Agra...).

UBER

Si vous n'en pouvez plus de négocier âprement avec les chauffeurs d'*auto-rickshaws* trop gourmands et que vous disposez d'une carte SIM indienne, vous pourrez faire appel aux services d'Uber. Pour cela, il vous suffit de télécharger l'application sur votre mobile et de renseigner votre numéro indien. Uber a mis en place un nouveau service disponible dans certaines villes, UberHire, qui permet de conserver un même chauffeur et véhicule pour enchaîner les trajets d'un site touristique à un autre. Vous pourrez choisir le confort du véhicule.

LES QUARTIERS DE JAIPUR

Badi Chaupar. La vieille ville est ceinte d'une épaisse muraille percée de plusieurs portes, les principales étant Chandpol (à l'ouest), Ajmeri (au sud) et Surai (à l'est). A l'intérieur, de larges avenues délimitent les différents bazars possédant tous leur spécialité (bangles, cerfs-volants, ustensiles de cuisine...). Le plan en quadrillage régulier s'explique par le fait que Jaipur a bénéficié d'un plan d'urbanisation lors de sa construction. Les quartiers royaux sont disposés au nord, tandis que la ville et ses commerces s'étendent au sud. Une grande première en Inde lorsqu'elle a vu le jour ! Jaipur a obtenu son surnom de ville rose après le passage de la Reine Victoria et du Prince de Galles en 1876. Le Marajah Ram Singh avait fait peindre en rose, couleur de l'hospitalité, tous les édifices de la ville. Depuis, la tradition perdure. Prévoyez une bonne journée pour découvrir Badi Chaupar. Visitez ses principaux monuments, flânez dans les bazars en contemplant les jeux de lumière aux différentes heures du jour sur les murs roses. Certes la ville a perdu beaucoup de son charme à cause d'un afflux massif d'automobiles et de scooters, mais ses quartiers gardent un cachet indéniable... Et si par hasard, une charrette tirée par un dromadaire bloque soudain la circulation, vous voilà transporté dans ce légendaire univers où se mêlent le passé et le présent. Les visiteurs allergiques aux embouteillages auront intérêt à se lever tôt le matin.

Ashok Nagar. Situé en plein cœur de la ville, au sud de la « ville rose », Ashok Nagar est un quartier tranquille si l'on se tient à l'écart des principales artères. Il abrite de nombreux hôtels et guesthouses et constitue un bon point de chute pour explorer la ville à pied.

Bani Park. À l'ouest de Chandpol, le quartier est plus calme et regorge d'hôtels confortables, voire luxueux. Près de la gare ferroviaire (au sud-ouest) et de la gare routière (au sud-est) vous trouverez de quoi vous loger dans des hôtels bon marché prisés des voyageurs à petit budget. C'est évidemment beaucoup plus animé.

JAIPUR

À VOIR / À FAIRE

La ville de Jaipur est un centre touristique majeur, non seulement au Rajasthan, mais dans toute l'Inde. Les Indiens sont nombreux à s'y rendre pour se laisser surprendre par la majesté et la spécificité de l'architecture rajpoute. La ville en elle-même ne compte que quelques sites d'intérêt, mais non des moindres, la plupart se trouvant hors-les-murs. Vous irez forcément flâner dans le City Palace, toujours habité par le maharaja et sa famille, admirer les 953 fenêtres du Palais des Vents, marchander dans les bazars animés de la ville rose. Avec un peu plus de temps, vous pourrez inscrire à votre programme la visite du Musée Albert Hall et surtout celle du Jantar Mantar, un centre d'observation astronomique des plus étonnants. Édifié au XVIIIe siècle par le maharaja Jai Singh II, cet ensemble de 17 instruments de mesure complexes et hors normes est inscrit au Patrimoine mondial de l'Unesco.

ASIA EXPERIENCE

C-175 Vaishali Nagar
✆ +91 98 29 01 29 92
www.asiaexperience.com

© @ASIAEXPERIENCE

Natif du Rajasthan, Dilip a créé son agence il y a 16 ans. Spécialisé en B2B, il fournit les prestations touristiques aux agences basées hors de l'Inde : création de circuits généralistes ou très spécialisés, guide francophone, réservation d'hôtels. Si vous le contactez en direct, il pourra dessiner avec vous l'itinéraire de vos rêves au Rajasthan, Ladakh, Kerala, Gujarat et vous prévoir des activités hors des sentiers battus. Survol de Jaipur en montgolfière, méharée de plusieurs jours dans le désert du Thar, circuit photo,... de quoi trouver votre bonheur !

VOYAGE IN INDIA

558 A Arjun Path, Vidhyut Nagar - A, Queens Road,
✆ +919351374434 - www.voyageinindia.fr
Ouvert du lundi au vendredi de 9h30 à 19h et le samedi de 10h30 à 17h.

Agence familiale indienne et francophone très sérieuse, basée à Jaipur au Rajasthan. À votre écoute, l'agence organise des séjours sur mesure individuels ou en groupe dans tout le pays, des voyages personnalisés en direct et sans intermédiaire. Outre le sur-mesure, les circuits proposés sont variés, avec des circuits classiques mais également des découvertes originales comme le nord-est de l'Inde, l'Odisha et le Chhattisgarh... Il est aussi possible de louer une voiture avec chauffeur. N'hésitez pas à les contacter pour faire le voyage de vos rêves !

LA PASSION DE L'INDE

✆ +91 95 09 77 77 76
www.lapassiondelinde.com
Compter 2 000 Rs par personne pour une visite à vélo et 3 000 Rs pour une visite à pied (3-4 heures).

Vinay Chandal est un guide francophone originaire de Jaipur. Il saura comme personne vous faire découvrir sa ville en vous menant dans les bazars et les marchés de fruits et légumes, en vous faisant visiter des temples cachés dans la vieille ville ou en vous faisant goûter quelques spécialités culinaires. Si vous êtes intéressé, il pourra vous faire rencontrer son père, un peintre miniaturiste réputé, qui s'est tourné vers l'art contemporain. Vinay organise également des visites de la capitale à vélo, à faire tôt le matin, en raison de la circulation.

INTERVIEW

VOYAGE IN INDIA

VIKRAM VERMA, FONDATEUR ET DIRECTEUR DE L'AGENCE

Comment est né Voyage in India ?

L'idée de créer « Voyage in India » est venue spontanément lors de ma première visite en France en 2007. À l'époque, j'étudiais le français à l'université et j'avais été choisi pour un programme d'échange culturel en Franche-Comté. C'est là que j'ai découvert la France et ses fromages pour la première fois.

Pourquoi choisir votre agence ?

Nous sommes une équipe de professionnels du tourisme passionnés par l'Inde. Avec un taux de satisfaction de 95 % sur le marché français, nous accompagnons de près chaque voyage et nous sommes disponibles 24h/24 et 365 jours par an pour maintenir ce niveau d'excellence.

Quelle est la particularité de votre agence ?

Des réponses rapides, une disponibilité constante, des itinéraires adaptés à tous les âges, aux familles, aux groupes d'amis et à la communauté LGBT, des tarifs compétitifs et des services personnalisés à un excellent rapport qualité-prix, ce sont là les principaux atouts de « Voyage in India ».

Comment vous démarquez-vous des autres agences ?

Le monde du tourisme est un univers étroitement interconnecté, nous sommes comme des marins dans un même bateau. La concurrence y est féroce, mais chez « Voyage in India », nous nous concentrons sur la qualité des services pour offrir la plus grande satisfaction possible aux touristes. Nos services après-vente sont déjà exemplaires, mais nous cherchons constamment à nous améliorer.

Quel est l'ADN de l'agence ?

Nous sommes convaincus de l'importance du développement durable. Pour cela, nous nous efforçons de réduire notre empreinte carbone et de soutenir le développement des communautés locales. Chaque mois, nos équipes s'engagent dans des initiatives écologiques, telles que le nettoyage des déchets plastiques autour des sites touristiques et la plantation d'arbres, pour rendre la planète plus vivable et agréable.

VOYAGE IN INDIA

558 A Arjun Path, Vidhyut Nagar - A, Queens Road, ✆ +919351374434

www.voyageinindia.fr

© @VOYAGEININDIA

© @VOYAGEININDIA

© @VOYAGEININDIA

HISTOIRE DE JAIPUR

D'HIER À AUJOURD'HUI

La dynastie Kachhwaha règne sur la région depuis le XIIe siècle. Mais c'est au XVIe siècle qu'elle fait véritablement son entrée dans l'histoire, lorsque le maharaja Man Singh Ier reconnaît la suzeraineté de l'empereur Akbar, pourtant musulman. Celui-ci lui confie la gestion de la lointaine province de Kaboul. Avec le butin amassé lors de ses campagnes, Man Singh Ier agrandit sa forteresse d'Amber, lieu stratégique sur la route de Delhi à Ajmer.

Lorsqu'il monte sur le trône, Jai Singh II (règne de 1699 à 1743) doit encore composer avec la puissance moghole et le fanatisme islamique d'Aurangzeb. Conquis par l'intelligence du jeune souverain hindou, l'empereur moghol lui octroie le titre de sawaï, « un plus un quart », le distinguant ainsi des autres princes rajput. En 1727, profitant du déclin de l'empire, Jai Singh II décide de transférer sa capitale de l'austère forteresse d'Amber vers la plaine voisine. Il fonde ainsi Jaipur, lui donnant une configuration originale, en damier, conformément au Vastu Vidya, traité d'architecture de l'époque védique. Il confie cette réalisation à l'architecte bengali Vidyadhar Bhattacharya.

L'arrivée des Anglais et la pacification définitive de la région au XIXe siècle renforcent encore la prospérité des maharajas de Jaipur. Ils agrandissent la ville et édifient de nouveaux palais. En 1876, Ram Singh II fait repeindre toute la cité en rose pour accueillir le prince de Galles, le futur Édouard VII. Ces fastes continuent avec ses successeurs qui multiplient réceptions et voyages grandioses. Le règne de Man Singh II (1922-1970) symbolise toute cette magnificence désuète. Grand amateur de polo et de mondanités, le maharaja accepte que son royaume s'intègre à la République indienne en 1949. Devenue capitale de l'État du Rajasthan, Jaipur voit sa population quadrupler en un demi-siècle.

La vie politique du Rajasthan. Après l'indépendance, les dix-huit maharajas du Rajasthan décident, l'un après l'autre, de faire entrer leur territoire dans l'Union indienne. Celle-ci leur octroie en compensation de confortables pensions (privy purses), qui seront supprimées par Indira Gandhi en 1971. Le nouvel État du Rajasthan ne trouve sa configuration définitive qu'en 1956. Dès 1952, ont lieu les premières élections au suffrage universel dans la région, jusqu'alors dominée par des petits souverains plus ou moins intéressés par la vie de leur peuple. Par la suite, de nombreux maharajas et nobles se lanceront dans la politique locale, afin de faire perdurer leur influence sur le plan politique.

La ville aujourd'hui. En tant que capitale d'État, Jaipur concentre évidemment le gouvernement régional et ses administrations, les sièges de médias régionaux ainsi que les universités. Son développement économique est en partie assuré par le tourisme. Jaipur regorge de sites touristiques de premier intérêt et les hôtels et restaurants sont nombreux pour accueillir le flot de visiteurs. Jaipur est également un centre de technologies informatiques et de nombreuses entreprises viennent y installer leurs divisions ad hoc. Le centre de développement de la société Infosys y a élu domicile, ainsi que la branche de développement informatique du constructeur automobile Mahindra. Enfin, la renommée de Jaipur ne va pas sans évoquer le commerce de pierres semi-précieuses. Les bijoutiers sont à tous les coins de rue et une foire annuelle de bijoux se tient en décembre.

La ville de Jaipur.

LES BAZARS DE JAIPUR ★★

La visite des bazars occupera une bonne partie de votre promenade dans le vieux Jaipur. Malgré les concerts de klaxons assourdissants qui ponctuent le quotidien de l'Inde moderne, les ruelles bourdonnantes d'activité de la vieille ville ont conservé la magie du passé. Cependant, comme dans tous les lieux touristiques, vous serez abordé par des rabatteurs chargés de ramener des clients dans des boutiques douteuses. Plus qu'ailleurs, dans le Rajasthan, méfiez-vous des escrocs. Vous pouvez faire appel à un guide local pour votre visite, pour plus de tranquillité. La partie la plus intéressante des bazars s'étire entre Badi Chaupar et Chotti Chaupar au nord et Ajmeri Gate et Sanganeri Gate au sud. Ce gros bloc carré est bordé par Kishanpole Bazar Road à l'ouest, Johari Bazar Road à l'est, Tripolia Bazar Road au nord et Indira Bazar et Nehru Bazar Road au sud. Attention si vous n'avez pas trop le sens de l'orientation, la symétrie qui règne dans la vieille ville peut vite donner le sentiment de tourner en rond.

Le bloc ceinturé par les artères principales est découpé en mini-quartiers selon un plan « en grille », comme à New York. Les artisans sont regroupés par spécialités au sein de chaque quartier. Avec l'inscription de la ville de Jaipur au Patrimoine mondial de l'Unesco, la municipalité a entrepris des travaux importants, créant un chemin de visite matérialisé par des ruelles impeccablement pavées. Le chemin mène aux havelis des riches marchands qui occupent le coeur du quartier. Celles-ci sont peintes en jaune, la couleur qui dominait à Jaipur, avant que le Maharajah ne fasse repeindre les bâtiments longeant les grandes artères du palais en rose, à l'occasion de la visite du prince de Galles Albert II en 1876. Comptez au moins 3 heures de visite. Enfin, si vous souhaitez profiter de l'animation du quartier, démarrez votre tour après 10h du matin.

▶ **Le quartier des dinandiers :** démarrez au coin de Nehru Bazar Road et de Chaura Rasta Road (la rue à double allée qui coupe le quartier en deux), en face du cinéma Glocha. C'est l'un des plus anciens cinémas de la ville. Remontez la rue vers le nord (City Palace) sur quelques mètres et prenez la première rue sur votre gauche. Vous entrez dans « Film Colony ». Si les distributeurs de films ont quitté le quartier dans les années 1970, celui-ci a conservé son nom. Aujourd'hui, les métiers du cinéma ont été remplacés par des grossistes de médicaments. Prenez ensuite la première rue sur votre droite, Nanga Thateron ki Gali. Le bruit régulier du marteau sur le métal vous guidera peut-être. La communauté *thatera* désigne les dinandiers, ou les artisans travaillant le cuivre, le bronze et l'aluminium. Ils façonnent depuis des générations des objets du quotidien à la force des bras. À l'origine, les thateras venaient d'Ajmer et ont été invités à s'installer à Jaipur afin de vendre leurs coupelles, pots, matkas aux habitants. Le piteux état de nombre de havelis montre que le salaire de ces artisans est bien bas. Remontez la rue jusqu'en haut, puis prenez à gauche sur Thateron ka Rasta. N'hésitez pas à pénétrer dans les cours où travaillent les artisans.

▶ **La rue des cordeliers.** Prenez à droite au bout de Thateron ka Rasta. Cette ruelle était la rue des cordeliers. Ils tendaient leurs fils de jute, de coton ou de chanvre d'un bout à l'autre de la rue, puis les vrillaient pour en faire des cordes. Les commerces de bouche ont remplacé les cordeliers (voir le paragraphe « Street food tour »).

▶ **La rue des *bangles*.** Maniharon ka Rasta est une rue qui relie Tripolia Bazar à Nehru Bazar, traversant tout le quartier. C'est ici que sont installés les maîtres-artisans façonnant des bracelets en laque. Ce travail revient traditionnellement à la communauté musulmane. Installés devant leurs petites boutiques, ils perpétuent la fabrication traditionnelle de bracelets, faisant chauffer la laque, un mélange de résine, de cire et de teintures. Les artisans venus de 2 villages au nord de Jaipur se sont installés dans la ville royale alors située à Amber au XVIIe siècle. Traditionnellement, les femmes achetaient les bracelets de laque à l'occasion de leur mariage ou pour une fête religieuse importante, car ils étaient synonymes de porte-bonheur.

▶ **Diwan Shivdin ki Haveli.** En descendant Maniharon ka Rasta, vous passez devant le parc Mahavir, le seul du quartier. Poursuivez vers le sud jusqu'au carrefour suivant. Sur votre droite se dresse une belle haveli, typique de Jaipur. Ces maisons dont le plan traditionnel est agencé autour de deux cours (une pour les hommes, une autre pour les femmes) étaient dévolues aux nobles. Dans la vieille ville de Jaipur, les havelis vont d'une cour à de multiples cours, en fonction du rang nobiliaire du propriétaire et de l'étendue de sa famille. En prenant à droite devant la haveli, vous débouchez sur Kishanpole Bazar Road.

▶ **Le bazar de Kishanpole.** Cette large artère relie Ajmeri Gate au sud à Chhoti Chaupar au nord. Les boutiques qui bordent l'avenue reprennent un format établi à Chittorgarh au XVe siècle. Elles bénéficient tout de même d'un détail innovant, avec la couverture de l'allée piétonne, qui protège les chalands du soleil ou de la pluie. La couverture de ces allées créait une seconde allée piétonne, en hauteur cette fois. C'était aussi un lieu de rassemblement permettant d'assister en bonne position aux processions royales ou religieuses.

Johari Bazar. À l'est de la ville rose, Johari Bazar est une large avenue qui relie Badi Chaupar (au pied du Hawa Mahal) à Sanganeri Gate. En hindi, *johari* signifie bijoutier. Vous êtes donc dans le quartier du clinquant, des strass, de l'or à 24 carats et des pierres semi-précieuses et précieuses. Attention, les arnaques sont ici légion, et certains commerçants peu scrupuleux n'hésitent pas à faire passer une pierre qui ne vaut rien pour un rubis ou une émeraude. Ils ciblent principalement les touristes, indiens ou étrangers, en sachant qu'ils ne reviendront pas une fois la supercherie découverte. Débutez votre visite à Badi Chaupar. Avant d'emprunter l'avenue qui mène à Sanganeri Gate, faites un tour à l'est du rond-point, derrière le temple. Là se trouvent de nombreux petits bijoutiers qui occupent toutes les ruelles du quartier. En descendant la deuxième rue sur votre droite, Haldiyon ka Rasta, vous pourrez dénicher des breloques de peu de valeur, si c'est ce que vous recherchez. Revenez sur vos pas et traversez l'avenue. Perdez-vous dans les allées du marché couvert de Tripolia Bazar pendant un moment. Ici, pas de bijoux mais des habits et du tissu bon marché. C'est le bon endroit pour craquer pour un *lehanga* (une jupe longue) ou du tie-and-dye de bonne qualité. Empruntez ensuite Johari Bazar Road vers le sud. Boutiques de haute joaillerie et bijoutiers de quartier se succèdent. Prenez la première rue sur votre droite, Gopalji ka Rasta, la rue des grossistes et des exportateurs en pierres précieuses et semi-précieuses. Chaque bijoutier a sa spécialité, ses motifs, qu'il travaille devant le chaland. Ensemble, ils perpétuent l'art du « thewa » - des plaques en or ciselé, ornées de breloques en pierres précieuses ou semi-précieuses -, et du kundan - parures serties -, deux styles propres au Rajasthan.

Les bijoutiers de Johari Bazar proposent une variété infinie de bijoux, de valeur ou en toc, en argent ou en or. Toutes ces créations exposées sont originales. Mais vous pouvez également acheter des pierres et définir le dessin avec le bijoutier. Vous serez alors l'heureux possesseur d'une création exclusive ! Sachez toutefois que, contrairement à tous les autres bazars indiens, ici, les prix ne se négocient pas. Les commerçants annoncent des tarifs fixes.

Street-food tour. En venant tôt, avant l'ouverture des commerces à 10h, vous pourrez prendre votre petit déjeuner en compagnie des boutiquiers et artisans du quartier. Les meilleurs endroits pour grignoter sont au sud, dans le périmètre du quartier des dinandiers. Débutez votre circuit dans le bas de Chaura Rasta Road, devant l'échoppe de *chai* de Sahi Ji (sur le trottoir de droite) en remontant vers Chhoti Chaupar. Vous repérerez l'enseigne aisément, car il y a du monde à toute heure pour déguster un verre de thé sucré et épicé sous le pipal. L'échoppe a ouvert en 1968 et est rapidement devenue une icône de la ville ceinte. Remontez sur 200 mètres et ne manquez pas la minuscule boutique de GC Dairy, à peine plus grande que la vitrine réfrigérée. Ici, l'on vend des sucreries à base de lait, dont les Indiens sont friands. Juste au-dessus, Samrat sert de délicieux samosas, des kachuri (beignets frits et farcis d'une purée de lentille et pommes de terre pimentée) et autres snacks prisés du petit déjeuner au Rajasthan. Revenez sur vos pas jusqu'au carrefour, traversez l'avenue et enfoncez-vous dans le quartier. Au carrefour suivant, sur votre droite, arrêtez-vous chez Radhe Kachori, réputé pour servir les meilleurs hing ki kachori de Jaipur depuis 1963. Dans ce cas, le beignet est arrosé d'une sauce au yaourt et d'un chutney de coriandre. Descendez ensuite la rue sur votre droite, jusqu'au stand de jalebi, qui se trouve à côté du temple Shitla Mata. Il faut venir avant 10h pour les déguster encore chauds. Dans la même rue, se trouvent 7 à 8 stands de *pani puri*, ces coquilles très fines en pâte à pain, farcies de purée de pois chiche et arrosées d'une eau épicée. Ne tentez pas l'expérience si vous avez l'estomac fragile ! Continuez sur cette même rue, jusqu'au carrefour avec Thateron ka Rasta pour déguster un dal pakwaan. Cette spécialité originaire du Sindh (province au sud-est du Pakistan) est constituée d'une galette de pain frite et servie avec un dal épais. S'il vous reste encore un peu de place, revenez sur vos pas et prenez tout de suite à gauche. Prenez la rue sur votre droite, juste avant de déboucher sur Kishanpole. Un peu plus haut se trouve la fameuse Barthiya Bakery. Cette boulangerie ouverte en 1950 est la première de la ville à avoir fait connaître des spécialités pâtissières comme la Forêt Noire.

S'il vous reste un peu de forces... Remontez Kishanpole jusqu'à Chhoti Chaupar. Juste avant le rond-point, sur votre gauche, se trouve Nataniton ki Haveli, la plus grande haveli de la vieille ville. Elle fut construite pour les plus riches marchands de sel de la ville. Elle mélange les styles rajasthani et moghol. En 1866, une partie des bâtiments furent donnés par la famille pour être transformés en école pour filles. Les dépendances sont toujours habitées par les descendants de la famille Natani. Revenez sur vos pas et passez sous l'arche à 5 lobes pour entrer dans Indira Bazar. Un ancien puits se trouve sur votre droite. Il servait à alimenter les habitants en eau potable jusqu'au XXe siècle, avant que la ville ne se modernise. Un peu plus loin sur la gauche, le temple de Jagdish est construit sur le modèle des havelis à deux étages, typiques du Rajasthan. Les éléments architecturaux du rez-de-chaussée reprennent des éléments Art Déco en façade et à l'intérieur.

HAWA MAHAL [PALAIS DES VENTS] ★★★

Hawa Mahal Road

✆ +91 141 261 8033

Entrée par la cour. Ouvert tous les jours, sauf le lundi, de 9h à 17h. Entrée : 200 Rs. Inclus dans le ticket groupé.

Le Palais des Vents, avec sa façade ocre aux dizaines de fenêtres, se dresse sur cinq étages. Il faut d'abord prendre la mesure du bâtiment par la rue avant de visiter l'édifice. Le mieux est même de prendre un verre à la terrasse du Tattoo Coffee pour faire quelques photos. Venez-y de préférence le matin pour profiter d'une lumière douce et faire des photos sans la circulation. Vous serez également moins harcelé par les marchands du bazar. Orné de 61 *jharokha* (loggias aérées de fenêtres en pierre ajourée) et 953 fenêtres, le palais fut bâti en 1799 pour permettre aux princesses de la cour de contempler le spectacle de la rue et les défilés sans être vues du public. À l'époque, elles devaient respecter la stricte règle de la « purda », qui les obligeaient à se cacher de tout regard étranger. L'Hawa Mahal était connecté au *zenana* (quartier des femmes) du City Palace. Il doit son nom à la brise (*hawa*) rafraîchissante que laissent filtrer ses ingénieuses ouvertures. Il devint donc rapidement un palais d'été pour le roi et ses épouses.

Une fois dans le monument (accès par l'arrière du bâtiment, c'est fléché depuis la rue) vous vous apercevrez rapidement qu'il s'agit en réalité d'un grand mur qui surplombe la rue. A part quelques jeux d'escaliers et de corridors, le palais n'abrite pas grand-chose. Nous vous recommandons tout de même de grimper tout en haut, d'où la vue sur le plan en quadrillage de la vieille ville et le City Palace est saisissante.

JAIPUR METRO KALA DEERGHA

Gate n°2

Ouvert tous les jours de 9h30 à 17h30. Entrée : 100 Rs.

Ce musée est installé dans le métro de Jaipur, à la station Chhoti Chaupar. Il rassemble une centaine de sculptures des Xe au XVIe siècles provenant de 5 musées de l'État du Rajasthan. Le musée compte 4 galeries : la galerie jaïne, la galerie des objets du culte, et les galeries Dev Pratima et Dev Pratima. Lors des travaux du métro, les ouvriers sont tombés sur un ancien réservoir et 8 « gaumukhs », des orifices de fontaine en forme de bouche de vache qui sont exposés au musée.

JANTA BAZAR

Gangori Bazar

Ce marché alimente une grande partie de la ville rose. Il faut y venir très tôt le matin, alors que l'activité bat son plein. Il comprend une large section de fruits et légumes, où revendeurs, ménagères, restaurateurs viennent s'approvisionner. Vous croiserez de nombreuses femmes qui louent leurs services pour porter les lourdes charges sur leur tête. En face, se trouve le marché aux fleurs. Roses, jasmins, œillets sont vendus en demi-gros, notamment aux fleuristes qui fabriquent les colliers que les fidèles achèteront avant de se rendre au temple.

Palais des Vents.

CITY PALACE ★★★

Jaleb Chowk ✆ +91 141 260 8055

https://royaljaipur.in

Ouvert tous les jours de 10h à 18h (dernière entrée à 17h). Entrée : 1 000 Rs.

Le maharajah Padmanabh Singh occupe encore toute une partie du palais, fermée au public. Dans la première cour s'élève le Mubarak Mahal (palais de la Bienvenue), construit sous Madho Singh II (règne de 1880 à 1922) pour accueillir les hôtes de marque. Ce gracieux pavillon abrite une collection de vêtements royaux, saris de soie filés d'or, écharpes en pashmina (laine des chèvres du Cachemire) ou en shatoosh (laine d'antilope himalayenne maintenant protégée). Parmi les principales curiosités, remarquez l'imposante tunique du maharajah Madho Singh Ier (règne de 1750 à 1768) dont le poids atteindrait plus de 200 kg ! Le pavillon expose également une collection d'instruments de musique joués à la cour (sitar, dilruba, percussions).

▶ **Au fond, à gauche de la première cour,** le Maharani Mahal (palais de la Reine) contient une belle collection d'armes, de sabres et poignards sertis de pierres précieuses, kattar (redoutables poignards tenus par une poigne et non par un manche) et fusils. Un petit canon provenant de la forteresse d'Amber compte parmi les premières pièces d'artillerie de toute l'Inde.

▶ **Quittez la première cour par la porte du Lion,** Singh Pol, protégée par deux statues d'éléphant blanc et par des gardes en turban rouge arborant de superbes moustaches.

▶ **Au centre de cette nouvelle cour** bordée de façades aux fines jali (écrans ajourés) se dresse le Diwan-i-khas, hall des audiences privées où le souverain recevait ses visiteurs. Vous ne manquerez pas les deux immenses jarres en argent. Le maharajah Madho Singh II les fit façonner avant de se rendre à Londres pour le couronnement d'Edouard VII, en 1901. Il les fit remplir d'eau du Gange et charger sur son navire… Il ne pouvait songer à effectuer ses ablutions rituelles dans l'eau impure de la Tamise !

▶ **A gauche de la cour,** une porte ouvre sur le Pritam Niwas (cour du Bien-Aimé), décoré de paons sculptés faisant la roue. Au fond, le Chandra Mahal (palais de la Lune) est orné de délicats motifs floraux. Les étages supérieurs sont occupés par la famille royale.

▶ **L'autre issue du Diwan-i-Khas mène au Diwan-i-Am,** hall des Audiences publiques ou darbar. Le maharajah rassemblait sa cour dans cette immense salle, à présent transformée en un riche musée. Illuminé par de somptueux lustres en cristal de Bohême et agrémenté de bas-reliefs et de peintures murales, il expose de superbes collections de miniatures (dont une célèbre évocation de la Sainte Famille, sujet peu commun dans le contexte rajput du XVIIe siècle), manuscrits, *howdah* (nacelles pour monter à dos d'éléphant) et d'imposants tapis persans.

MUSEE DES POUPEES (DOLLS MUSEUM)

Nehru Marg

✆ +91 141 261 9359

Ouvert tous les jours de 8h à 18h. Entrée : 5 Rs.

Ce minuscule musée est l'un des plus anciens musées du Rajasthan. Il rassemble une collection de gracieuses poupées portant les costumes des différentes régions et ethnies indiennes.On y voit également des marionnettes, des poupées de pays étrangers, comme une geisha japonaise, ou des statuettes de bois traditionnelles du Rajasthan. Les donations sont bienvenues, car les entrées du musée permettent de financer en partie l'école pour sourds-muets.

TEMPLE DE GOVINDJI ★

Jai Niwas Garden

Ouvert tous les jours. Entrée gratuite.

Bâti en 1730 sur l'ordre de Jai Singh II, ce temple était destiné à abriter une statue de Krishna (Govind, le seigneur des Vaches). L'idole jusqu'alors vénérée à Vrindavan - le lieu d'enfance du dieu facétieux situé non loin de Mathura, dans l'actuel Uttar Pradesh – était menacée par le zèle iconoclaste de l'empereur moghol Aurangzeb. Aussi Jai Singh II la transféra dans sa ville et en fit la divinité tutélaire des maharajahs de Jaipur. Il fit ériger le temple au bout des jardins du City Palace et on peut voir le palais à travers les grillages. Le maharaja bénéficiait d'un accès direct au temple et pouvait même l'observer depuis la fenêtre de sa chambre et prier sans avoir à se déplacer.

Le temple, assez peu spectaculaire, comprend un vaste hall précédant la chapelle où se dresse la statue de Krishna entourée de sa compagne Radha et d'une vache. La statue est dissimulée sous des voiles et offertes aux regardes des fidèles à des heures bien précises de la journée. Essayez de venir lors du *darshan* (la cérémonie) du soir, dont l'horaire varie en fonction de la saison. C'est le moment où le plus grand nombre de fidèles afflue pour rendre hommage à Krishna et contempler sa statue. Ils entonnent des *bhajan* (cantiques) entraînants. Vous remarquerez également qu'ils ont une manière bien particulière de se saluer. Ils utilisent l'expression « *radhe radhe* » en lieu et place du « *namaste* » ou « *ram ram* » habituels. En visitant ce temple, vous découvrirez un aspect chaleureux et haut en couleur de l'hindouisme.

Intérieur du City Palace à Jaipur.

JAIPUR

JANTAR MANTAR (OBSERVATOIRE ASTRONOMIQUE) ★★★

Gangori Bazaar © +91 141 261 0494

Ouvert tous les jours de 9h30 à 16h30. Entrée : 300 Rs. Inclus dans le ticket composite.

Jai Singh II a conçu cet étrange ensemble de dix-sept bâtiments entre 1728 et 1734. Passionné d'astronomie, il conçut la plupart de ces instruments de mesure. Le Jantar Mantar est inscrit au patrimoine mondial de l'UNESCO depuis 2010. L'ensemble de ces instruments avait pour but de calculer la position des planètes afin d'établir des thèmes astraux et de définir les dates propices aux grands événements (mariages, déplacements...). Nous vous présentons ici les principaux instruments. Leur utilité et mode d'emploi sont parfois complexes et nous ne saurions trop vous recommander de vous octroyer les services d'un guide.

▶ **Laghu Samrat Yantra :** la rampe de ce cadran solaire pointe directement en direction du Pôle Nord. L'ombre projetée permet de connaître l'heure exacte sur les marques incrustées de l'échelle incurvée.

▶ **Dhruvdarshak Pattika :** cet instrument trapézoïdal de petite taille remplissait la fonction de compas. La rampe pointe vers l'étoile du Nord et l'angle du triangle est équivalent à la latitude de l'observatoire (27° N).

▶ **Nadi Valaya Yantra :** il s'agit d'un cadran solaire assez complexe fait de deux disques, l'un orienté vers le sud et l'autre vers le nord. Ils sont inclinés pour être parallèles au plan de l'équateur. Les aiguilles placées dans les plateaux sont elles parallèles à l'axe de rotation de la terre. Leur ombre se projetant sur les cadrans gradués permettent de connaître les minutes et l'heure. En revanche, il faut y apporter un facteur de correction pour connaître l'heure exacte. Le plateau orienté vers le sud permet de connaître l'heure de l'automne au printemps, tandis que celui orienté vers le nord donne l'heure du printemps à l'automne.

▶ **Unnantansha Yantra :** il permet de mesurer l'altitude d'un objet dans le ciel. Il s'agit d'un grand anneau de bronze gradué, suspendu à un muret. Il est traversé par un axe horizontal et un vertical. Au centre du cercle, une lunette de vue pivotante peut être placée et déplacée le long de l'axe vertical. La rotation de l'anneau et le placement de la lunette permettent de se positionner sur n'importe quel corps céleste et de lire son altitude sur le cadran gradué.

▶ **Dakshinottar Bhatti Yatra :** cet instrument mesure l'altitude ou la hauteur angulaire d'un corps céleste lorsque celui-ci passe le méridien (à son zénith). Il s'agit d'un haut mur construit dans l'axe nord-sud. Pour calculer la hauteur de l'angle, l'observateur peut utiliser soit l'arc en demi-cercle situé au bas du mur ouest ou l'intersection des arcs sur le mur est. L'altitude est mesurée à l'aide de l'ombre projetée par l'aiguille plantée de chaque côté du mur.

▶ **Vrihat Samrat Yantra :** cet impressionnant mur percé de fenêtres peut donner l'heure avec une précision de deux secondes. Il est placé dans un axe nord-sud avec l'angle du sommet égal à la latitude de la position du Jantar Matar. L'ombre du triangle se déplace à vitesse constante sur les cadrans placés à l'est et à l'ouest. Ces cadrans sont subdivisés en plages de 6 heures, eux-mêmes subdivisés en parts égales pour arriver à un marquage de 2 secondes.

▶ **Shashtansha Yantra :** il en existe deux exemplaires placés de part et d'autre du Laghu Samrat Yantra. Ce sextant permet de mesurer la latitude et la distance du point de zénith du soleil. Quand le soleil transite par le méridien, ses rayons passent au travers de deux trous placés en hauteur de l'instrument. Une ombre ronde est projetée sur l'échelle graduée semi-circulaire.

▶ **Rashivalaya Yantra :** cet ensemble de douze instruments permet de mesurer la latitude et la longitude d'un corps céleste. Chacun des instruments représente un signe du zodiaque et permet d'effectuer des mesures quand le signe transite par le méridien. Constitué d'un gnomon (qui va projeter l'ombre) et d'un cadran qui lui est perpendiculaire, sur le même principe que le Laghu Samrat Yantra.

▶ **Jai Prakash Yantra :** ce bol planté dans le sol représente une carte du ciel bordée par les zones zodiacales. Un petit anneau est tendu au-dessus du bol et l'ombre projetée indique la position du soleil dans le ciel. Les découpes faites dans la carte du ciel permettent à quelqu'un de se placer à l'intérieur du bol et de pratiquer des mesures.

▶ **Chakra Yantra :** cet objet en forme d'anneau permet de mesurer les coordonnées de la déclinaison et de l'angle d'un objet céleste. La déclinaison correspond à la distance angulaire d'un corps céleste par rapport à l'équateur.

▶ **Kapali Yantra :** le soleil éclipse toutes les autres planètes et étoiles en journée. A quoi ressemblerait le ciel si on pouvait tout observer au même moment ? C'est l'idée du Kapali Yantra qui fonctionne sur le même principe que le Jai Prakash. Deux hémisphères concaves sont enterrés dans le sol. Chacune d'elles présente une carte du ciel, avec des planètes et des étoiles, leurs positions et leurs mouvements.

▶ **Ram Yantra :** il permet de mesurer les coordonnées de l'altitude et de l'azimut d'un corps céleste. Lorsque l'ombre tombe en haut du mur, la position du soleil est de 0° ; à l'intersection du mur et du sol, sa position est de 45°. Les altitudes entre 45° et 90° sont mesurées par les radiaux au sol.

▶ **Digansha Yantra :** l'hémisphère plantée dans le sol permet de calculer l'azimut d'un objet céleste. L'azimut est l'angle entre la direction d'un objet et la direction de référence. Ici, la direction de référence est le nord et la direction de l'objet est l'est.

ALBERT HALL MUSEUM ★

Ram Niwas Garden
✆ +91 141 257 0099
Ouvert de 9h à 17h et de 19h à 21h30. Fermé le mardi d'octobre à mars et le lundi d'avril à septembre. Entrée : 300 Rs.

La construction de cet imposant palais fut confiée au célèbre architecte anglais Sir Swinton Jacob. Le maharaja souhaitait enrichir sa ville d'un monument capable de rivaliser avec le Victoria and Albert Hall Museum de Londres. Le rez-de-chaussée abrite des collections d'art populaire : vêtements, instruments de musique, ustensiles et outils. Le premier étage est occupé par un ensemble hétéroclite de miniatures, manuscrits, armes, cadeaux faits aux souverains. Ne manquez pas la drôle de collection de figurines représentant les différentes postures du yoga.

MUSEUM OF INDOLOGY

24 Prachyavidya Path
✆ +91 141 260 7455
Ouvert tous les jours, sauf les lundi et jours fériés, de 8h30 à 17h30. Entrée : 40 Rs.

Ce musée poussiéreux et hétéroclite cache quelques trésors : des boucliers en peau de crocodile ou de rhinocéros, des manuscrits remontant à la période moghole, des plans d'architectes divers, ou plus étonnant encore le *Gayatri Mantra*, un hymne au soleil, rédigé sur un cheveu humain. Bref, il y a tout et n'importe quoi, mais un guide sympathique mettra le doigt sur les pièces les plus intéressantes. Ce musée n'est pas un incontournable et s'adresse à ceux qui ne veulent vraiment rien manquer ou qui ne savent pas trop comment tuer le temps.

BIRLA MANDIR (TEMPLE DE LAKSHMI NARAYAN) ★

Shanti Path
Ouvert tous les jours de 9h à midi et de 15h à 21h.

Les Birla, riche famille d'industriels originaires du Shekhawati, firent édifier plusieurs temples hindous dans le nord de l'Inde. Ce paisible sanctuaire de marbre blanc est dédié à Vishnu (également connu sous le nom de Narayan) et à la déesse Lakshmi. Construit selon le modèle des temples classique, il présente toutefois de surprenantes innovations comme ces vitraux évoquant les divinités hindoues ou les statues où l'on reconnaît Jésus, Moïse et Socrate…

PATRIKA GATE ★

Jaipur, Rajasthan

Probablement le monument le plus « instagrammé » de Jaipur, il a été inauguré par le Premier ministre Narendra Modi en 2020. Cette porte à 9 arches est située non loin de l'aéroport, sur le périphérique sud de la capitale du Rajasthan. Elle accueille le visiteur de façon magistrale. Conçue dans le plus pur style du Rajasthan, l'intérieur de cette immense porte est entièrement peint de fresques qui rendent hommage aux différentes régions du Rajasthan. C'est vite devenu un haut-lieu pour les photos de mariage, tourner des clips vidéo ou faire des selfies entre amis.

JARDINS DE RAMBAGH NIWAS

Adarsh Nagar
✆ +91 141 261 7319
Ouvert tous les jours, sauf le mardi, de 9h à 17h. Entrée : 100 Rs.

De nos jours, les jardins de Rambagh Niwas sont divisés en deux parties. La plus au nord se trouve aux abords de l'Albert Hall Museum et comprend un zoo, un terrain de cricket, un temple et des pelouses. Plus au sud, les jardins dépendent du palais de Rambagh, conçu par Sir Swinton Jacob et transformé en hôtel de luxe géré par le groupe Taj. Cette partie des jardins est affectueusement appelée « Central Park » par les habitants de Jaipur. C'est là que l'on trouve le golf et un terrain de polo. La verdure étant rare au Rajasthan, il fait bon s'y promener.

SISODIA RANI KA BAGH

Agra Road
✆ +91 141 261 8862
Ouvert tous les jours de 8h à 19h30. Entrée : 200 Rs. Inclus dans le ticket groupé.

Au détour de l'ancienne route de parade qui mène à Agra, derrière de hauts murs, se cache le jardin de la reine Sisodia. À 6 km au sud du City Palace, c'est ici que venait l'épouse du Maharaja Sawai Jai Singh II, avec ses dames de compagnie, préférablement en été, pour venir chercher un peu de fraîcheur. Les jardins se composent de terrasses en escalier, agrémentées de bassins, fontaines et jeux d'eau. Un petit palais à deux étages occupe la terrasse supérieure. On peut encore voir les riches décorations à travers les portes vitrées.

SE LOGER

Vous n'aurez aucun mal à trouver une chambre digne de votre sommeil ou de votre budget à Jaipur. Il semble que la moitié de la ville soit tournée vers le tourisme et les hôtels sont légion. Le plus important sera par conséquent de trouver un emplacement situé au calme, à l'écart du ronronnement continu de la capitale du Rajasthan. Pour cela, vous privilégierez les quartiers à l'écart des grandes artères. Et heureusement ils sont nombreux. Jaipur rassemble de nombreux palais de maharajas et thakurs transformés en hôtel de luxe, car la ville a toujours été un centre de pouvoir important. C'est peut-être ici plus qu'ailleurs que vous aurez envie de casser votre tirelire pour vous offrir une escale de rêve, digne d'un roi. Du grand luxe insolent au haveli de charme « dans son jus », ces établissements conservent les fresques colorées qui font la réputation de l'art du Rajasthan. Nombre d'entre eux ont aussi des salons d'apparat étonnants.

ALL SEASONS HOMESTAY €

63 Ajmer Road
✆ +91 141 236 9443
www.allseasonshomestayjaipur.com
A partir de 4 500 Rs pour une chambre double, petit déjeuner compris. Réductions hors saison.

Cette adresse séduit par l'accueil chaleureux de la famille qui tient l'établissement depuis plusieurs années déjà. Besoin d'une info, ils se feront un plaisir de vous aider. Ajoutez à cela des chambres entièrement rénovées en mars 2016, de vraies salles de bains avec eau chaude et un petit jardin privatif devant votre porte et vous avez là une des meilleures chambres d'hôte de la ville. Notre préférée est la 103, très grande et agréable. Attention, l'adresse est mal connue des rickshaws et un peu difficile à trouver. La maison se situe juste en face du Heiwa Inn.

ANURAAG VILLA €

D 249 Devi Marg
✆ +91 141 220 1679
www.anuraagvilla.com
A partir de 2 900 Rs pour une chambre double.

La villa est une grande bâtisse rose de style « Jaipur » qui accueille une quinzaine de chambres spacieuses. Un escalier de bois mène aux étages supérieurs. Le petit déjeuner est servi dans un grand jardin arboré où vous serez sûrement épié par un paon ou par Bouddha qui trône assis sous un arbre. L'établissement propose un excellent service et un bon rapport qualité/prix, ainsi qu'un restaurant. Sa localisation dans une rue très tranquille est un point à garder en tête si vous êtes à la recherche d'un hébergement au calme.

ARYA NIWAS HOTEL €

Sansar Chandra Road
✆ +91 98 29 04 05 49
www.aryaniwas.com
A partir de 4 000 Rs pour une chambre double, petit déjeuner inclus.

Un hôtel familial et sympathique avec jardin. Les chambres sont simples et bien tenues, mais un peu sombres pour certaines. Le manager, Ajit Kumar, est toujours prêt à rendre service : bureau de change, réservation de billets de train, bus, avion, etc. Dans le restaurant, la cuisine ouverte réveille les papilles. L'autre originalité de l'hôtel est sa bibliothèque, constituée de livres ayant appartenu aux voyageurs de passage. Sur place, service de laverie, café Internet et connexion wi-fi et même un magasin de souvenirs. Une bonne adresse.

HOTEL H.R.PALACE €

D 157A Kabir Marg
✆ +91 98 29 6784 98
www.hotelhrpalace.in
A partir de 3 500 Rs pour une chambre double.

Cet hôtel à la façade rose abrite 27 chambres conçues avec goût : espace, mobilier de style, literie remarquable, tout a été réalisé pour un confort maximal. Un petit jardin agrémenté de tables entoure la bâtisse. Le service est impeccable : le directeur est très attentionné et veille au confort de ses clients. En bonus, le restaurant sur le toit, qui permet de prendre le frais après une chaude journée de visite. L'hôtel offre la possibilité de vous accueillir gratuitement à la gare. Très bon rapport qualité-prix : réservation recommandée

HOTEL KAILASH €

Johari Bazaar
✆ +91 141 257 7372
A partir de 2 500 Rs pour une chambre double. Réductions en ligne.

Cet hôtel est surtout remarquable pour son emplacement au cœur du quartier des bijoutiers, dans l'enceinte de la ville rose. Les chambres sont sombre et exiguës, et il faut bien le dire, pas toujours très propres. Choisissez de préférence une de celles qui plongent sur le bazar. Bruyantes en journée, elles sont plus calmes la nuit et surtout plus aérées. Un bon point tout de même pour l'accueil vraiment charmant. Nous renseignons cette adresse pour les petits budgets à l'âme solide qui désireraient absolument résider dans la vieille ville.

HOTEL PEARL PALACE €

51 Hathroi Fort, Hari Kishan Somani Marg,
✆ +919414236323
https://pearlpalacehotels.com/
A partir de 2 400 Rs pour une chambre double.

Depuis 20 ans, le très sympathique Satinder Singh redouble d'efforts pour que le voyageur se sente ici chez lui… et c'est plus que gagné ! Les 20 chambres refaites en moyenne tous les 4 ans, sont toutes aménagées différemment et bien équipées : ascenseur, eau chaude, wi-fi, serviettes de toilette,... Les résidents se donnent rendez-vous sur la terrasse du Peacock pour écouter de la musique autour d'un verre ou d'un plat généreux et de qualité. Services et qualité de l'accueil font que cette adresse est souvent complète. Réservation à l'avance recommandée.

RAJDEEP HOTEL €

Farsoia Market
✆ +91 93 14 64 33 72
A partir de 2 200 Rs pour une chambre double.

Situé dans le cœur de la ville rose, l'hôtel a été rénové il y a quelques années et les chambres tiennent encore le coup. Ce n'est certes pas l'hôtel le plus charmant de la ville, mais ici, vous êtes au cœur de Jaipur la rose, de ses bazars et de son bouillonnement typique. La literie est sommaire, mais les matelas ne sont pas encore trop défoncés. L'originalité : un bar situé sur la terrasse du toit, idéale pour regarder le soleil se coucher une bière fraîche à la main. L'hôtel est tenu par le propriétaire du magasin Marco Polo.

IKAKI NIWAS €€

5 Chha 2, Jawahar Nagar
✆ +91 99 83 55 55 77
ikaki.in
Chambre double à partir de 6 150 Rs, petit déjeuner inclus.

© IKAKINIWAS

Notre coup de cœur à Jaipur ! Situé dans une superbe bâtisse blanche dans un quartier calme, l'Ikaki Niwas est un hôtel boutique héritage avec des chambres très confortables, climatisées et bien décorées. Il y a plusieurs espaces communs accueillants où vous pouvez vous détendre. L'hôtel propose une délicieuse cuisine maison. Il y a une petite piscine sur la terrasse où vous pouvez prendre vos repas et admirer la vue sur les collines Arawali. Ikaki Niwas se trouve à seulement 4 km des principales attractions de la vieille ville. Bon rapport qualité-prix.

TARA NIWAS €

B/22 B Shiv Marg, Bani Park
✆ +91 98 29 04 06 23
https://www.taraniwas.com
A partir de 2 500 Rs pour une chambre double. Réductions en été.

Alors que le prix de l'hôtellerie s'emballe à Jaipur, Tara Niwas a su rester raisonnable. Nous avons beaucoup aimé cet hôtel simple, à petits prix, dans un quartier tranquille. Cette vaste demeure, répartie sur 2 étages, se donne des airs de pension de famille. Les messieurs d'un certain âge qui vous accueillent semblent avoir épousé les contours de l'établissement. C'est la simplicité qui règne ici, avec une touche de nostalgie. Les chambres sont vastes, les salles de bain d'un autre temps, mais tout fonctionne, et c'est propre. Une vraie aubaine à Jaipur !

DERA MANDAWA €€

Sansar Chandra Road
✆ +91 141 403 7377
www.deramandawa.com
A partir de 22 500 Rs pour une chambre double, petit déjeuner inclus.

Dera Mandawa est un véritable havre de paix avec sa cour arborée et fleurie. Il ne compte que peu de chambres, mais toutes très grandes, certaines en duplex, offrant le confort et le charme des demeures familiales d'antan. Lits à baldaquins, peintures murales, hauts plafonds, du marbre bien entendu et des *jharokhas* habillent les lieux. Si vous dînez sur place, vous aurez droit à une table soignée avec roses fraîches et jasmin, chandelles, et une cuisine savoureuse. Les propriétaires charmants et discrets vous réserveront un accueil princier.

DEVRAJ NIWAS HOTEL €€

Khasa Crossing
✆ +91 141 220 0660
www.devrajniwas.com
A partir de 5 000 Rs pour une chambre double.

Cet hôtel classique est situé au cœur d'un parc paysager. Un chemin sinueux vous conduit aux 21 bungalows qui abritent les chambres en toute indépendance, à seulement 500 mètres de la gare. Murs blanchis à la chaux, mobilier en bois, tout est naturel, sobre et de bon goût. À l'été 2015, une très grande piscine avec spa est venue compléter les lieux, créant une véritable oasis plus qu'appréciable au cœur de cette ville bruyante. Massages, parking et wi-fi gratuits, voilà un concept innovant et efficace qui ne pourra que vous séduire.

DERA RAWATSAR €€

D194/C Vijay Path
✆ +91 141 220 0770
www.derarawatsar.com
A partir de 7 280 Rs pour une chambre double, petit déjeuner inclus.

Rawatsar est un village du Rajasthan d'où sont originaires les propriétaires et Dera signifie le « lieu où il fait bon vivre ». Vous serez accueilli ici avec hospitalité et gentillesse. Ce petit hôtel assemble avec succès décor moderne et traditionnel. Chaque chambre est personnalisée, les salles de bains sont spacieuses et de grandes fenêtres permettent de laisser passer la lumière naturelle. Une petite piscine a été ajoutée dans le jardin, afin de se rafraîchir en fin de journée. Situé à proximité des gares, mais au calme, l'étape est idéale en famille.

JAS VILAS €€

C 9A Sawai Jaisingh Highway
✆ +91 141 220 4902
www.jasvilas.com
A partir de 10 000 Rs pour une chambre double, petit déjeuner compris.

Pour repérer l'entrée de cette belle demeure, cherchez les énormes bougainvilliers roses. Les 14 chambres sont réparties autour d'un jardin intérieur avec piscine. Chaque chambre bénéficie d'une petite terrasse sur la coursive. Elles sont régulièrement rénovées et toutes différentes dans leur décoration. Lili Singh, la maîtresse des lieux, sélectionne avec beaucoup de goût les tissus qui viennent aménager les chambres : dessus de lit fleuris, coussins colorés... tout provient du Rajasthan. Tout comme les fresques réalisées par un artiste local.

DEVI NIKETAN €€

Sardar Patel Road
✆ +91 98 28 56 23 48
www.deviniketan.com
A partir de 7 000 Rs pour une chambre double.

Sortie de terre en 1934, cette superbe bâtisse reflète tout le patrimoine historique et culturel local. Les 14 chambres sont vastes et confortables, et certaines disposent d'une terrasse donnant sur le parc, peuplé d'oiseaux multicolores. Un vice-amiral de l'armée indienne en retraite dirige l'endroit, avec discrétion et délicatesse. Pendant le dîner, les couleurs de votre pays sont mêmes mises à l'honneur ! Une superbe piscine s'étale majestueusement afin d'apporter la touche finale à ce séjour de rêve. Très bon rapport qualité/prix.

KHANDELA HAVELI €€

D-219A Bhaskar Marg
✆ +91 141 403 6060
www.khandelahaveli.com
A partir de 11 800 Rs pour une site Heritage.

Cette ancienne résidence de maharaja convertie en hôtel est située dans un quartier résidentiel. Les 22 chambres spacieuses à la décoration raffinée entourent un patio fleuri. L'établissement offre une belle piscine, des soins ayurvédiques, et des soirées spectacle. Ici tout est impeccable : le personnel est courtois et attentionné et le maharaja vient saluer ses hôtes. Le restaurant installé sur le toit offre une vue panoramique et une ambiance romantique pour un dîner de qualité. Vous apprécierez notamment la belle carte de vins. À découvrir pour le plaisir.

KHATU HAVELI €€

Uniyaron Ka Rasta
✆ +91 141 401 1721
www.khatuhaveli.com

A partir de 4 800 Rs pour une chambre double, petit déjeuner inclus.

Cette haveli tenue par un charmant couple de retraités cumule les avantages. Les 8 chambres et salles de bains spacieuses et propres permettent de se délasser vraiment après une intense journée de visite. La rénovation récente redonne un air de jeunesse à cette belle bâtisse faite de recoins et d'alcôves. Sa situation au cœur de la vieille ville permet de prendre le pouls du marché principal tout proche. Son délicieux restaurant et la gentillesse de l'ensemble du personnel font qu'on se sent bien vite chez soi. Que dire de plus ?

MAGPIE VILLA €€

Vinobha Marg
✆ +91 141 403 5298
www.magpievilla.com

A partir de 4 400 Rs pour une chambre double, petit déjeuner inclus.

Une maison en briques rouges, un palmier et des plantes en pot (plein !), voilà pour le cadre. La discrète Amita a ouvert sa maison aux touristes en 2013, et depuis elle ne désemplit pas. Il faut dire que la situation à un jet de pierre de MI Road, et à quelques minutes à peine de la vieille ville en fait une halte de choix. Le rez-de-chaussée abrite un immense salon où se détendre et les chambres un peu froides, mais bien aménagées. Le petit déjeuner se prend sur la terrasse ombragée et il y a même une cuisine à disposition si vous souhaitez préparer vos repas.

PEARL PALACE HERITAGE €€

54 Lane n° 2, Ajmer Road
✆ +919414236323
https://pearlpalacehotels.com/

A partir de 7 900 Rs pour une chambre double, petit déjeuner inclus.

Les chambres réservent de jolies surprises, à commencer par les portes en bois sculptées qui donnent le ton. La déco ne se résume pas à quelques tableaux ou bibelots, elle a été pensée et réalisée avec beaucoup de goût et de moyens. Tribale, Désert, Bleue… chacune des chambres possède son style propre et marie l'héritage culturel du Rajasthan aux commodités haut de gamme. Le personnel est vraiment serviable, on vous accompagne en auto-rickshaw au restaurant Peacok, situé dans l'autre hôtel de Satinder Singh, à 100 mètres à peine de votre petit palace.

RAJMAHAL PALACE RAAS JAIPUR €€

Sardar Patel Marg
✆ +91 141 414 3000
www.raashotels.com

A partir de 35 000 Rs (hors taxes) pour une chambre double, petit déjeuner inclus.

L'épouse du maharaja Sawai Jai Singh II avait fait sienne cette demeure Art Déco. Magnifiquement restaurée, elle compte une douzaine de chambres au luxe insolent. Les salles de bains sont en marbre, les lits d'une triple épaisseur et couverts d'oreillers moelleux. Mention spéciale pour la décoration, très étudiée, joyeuse et foisonnante comme un jardin anglais. La piscine et les courts de tennis sur gazon permettent de se défouler. Côté restauration, le chef soigne ses clients.

ALSISAR HAVELI €€€

Sansar Chandra Road
✆ +91 76 65 00 81 41
www.alsisar.com

A partir de 12 600 Rs pour une chambre double (hors taxes), petit déjeuner inclus.

Cette splendide demeure avec ses colonnades et arches d'un blanc immaculé, ses pavillons à dômes bulbeux, son grand jardin et sa piscine, héberge toujours le Maharaja d'Alsisar et sa famille. Les chambres reflètent l'opulence des maisons royales du Rajasthan avec des fresques florales délicates ornant les murs et les plafonds. Celles-ci sont pour la plupart spacieuses et équipées de mobilier ancien. Si vous séjournez ici, ne manquez pas la salle du restaurant absolument superbe. La carte reflète l'excellence de la gastronomie régionale, avec des épices ajustées.

BISSAU PALACE HOTEL €€€

Khetri House Road
✆ +91 141 230 4371
www.bissaupalace.com

A partir de 6 100 Rs pour une chambre double, petit déjeuner inclus.

Cette imposante demeure fut construite au début du siècle par le Maharaja de Bissau. Elle offre une halte de tranquillité au sein du tumulte des vieux bazars de Chandpole. L'accueil se fait dans une cour richement décorée et aménagée de fauteuils. L'établissement compte une quarantaine de chambres un peu défraîchies. Les plus agréables, sont celles donnant sur le parvis. La bâtisse principale se visite comme un musée : salon avec parquet, collections d'armes, salle à manger ornée de miroirs. L'adresse très populaire auprès des voyagistes est souvent animée.

DIGGI PALACE HOTEL €€€

Shivaji Marg, C-Scheme
✆ +91 93 52 14 50 34
www.hoteldiggipalace.com
A partir de 9 000 Rs pour une chambre double.

Aménagé dans un ancien palais des princes de Diggi datant du XVIIIe siècle, la demeure est située au cœur d'un grand parc. Ici, on oublie vite le bruit et la fureur de la ville. On y aime les chambres parfaitement modernisées respectant le cadre des lieux, et surtout leur luminosité. Les repas se prennent au Baradari Mahal, entre les vieux piliers en pierre, ou sur des tables en fer forgé nappées au jardin. De nombreux services viennent parfaire le séjour : excursions, cours de yoga ou massages. L'excellent rapport qualité-prix fait que l'hôtel est vite complet.

NARAIN NIWAS PALACE HOTEL €€€

Narain Singh Road
✆ +91 141 256 1291
www.hotelnarainniwas.com
A partir de 12 300 Rs pour une chambre double, petit déjeuner inclus.

Ce palace de style victorien affiche un charme suranné. Son jardin ombragé, peuplé de paons, de perroquets et d'écureuils est très agréable. Les chambres sont grandes, notamment celles proches de la piscine, et meublées avec style. Si le petit déjeuner est décevant, il n'en est rien de la carte du restaurant. La cuisine est délicieuse, les recettes ont été, paraît-il, collectées par le thakur Amar Singh Ji en personne. Le soir, possibilité de spectacles de marionnettes traditionnelles.

MANDAWA HAVELI €€€

Sansar Chandra Road
✆ +91 141 402 1194
www.mandawahaveli.com
A partir de 4 500 Rs pour une chambre double. Réductions hors saison.

Dans la ville, mais loin du bruit ! Cette belle demeure du XIXe siècle, meublée dans un style anglo-colonial un peu massif compte une soixantaine de chambres réparties autour des cours intérieures. Elles sont toutes spacieuses et décorées avec goût, les plus belles ayant des sols en marbre. Le restaurant propose des recettes des spécialités locales à déguster dans le jardin (le soir, dîner aux chandelles). Le petit déjeuner buffet est un régal de fraîcheur ! Prestations de qualité : service de chambre 24h/24, piscine, massages ayurvédiques et parking.

ROYAL HERITAGE HAVELI €€€

A 10 km du centre-ville.
✆ +91 99 83 31 72 71
www.royalheritagehaveli.com
A partir de 27 200 Rs pour une suite, petit déjeuner inclus.

Cette superbe bâtisse du XVIIIe siècle est un ancien relais de chasse du maharaja de Jaipur. Difficile d'imaginer qu'il y a seulement une quarantaine d'années, l'endroit se trouvait en pleine forêt. L'établissement ne compte que des suites luxueuses et raffinées : voûtes dentelées, couleurs délicates, meubles élégants. Chacune possède une véranda, voire une immense terrasse où vous pourrez prendre le petit déjeuner en privé. Le restaurant au cadre élégant sert des spécialités locales à la lueur des bougies et au son d'une musique traditionnelle.

SAMODE HAVELI €€€

Gangapol Gate
✆ +91 141 263 2370
www.samode.com
A partir de 34 000 Rs pour une chambre double, petit déjeuner inclus.

Construit il y a plus de 200 ans, ce petit palais était alors la demeure du Premier ministre de Jaipur. Chambres et suites sont décorées avec du mobilier ancien raffiné et toutes témoignent de la richesse culturelle de la région. Comme dans un conte de fée, vous dormirez à poings fermés dans un superbe lit à baldaquin. À l'extérieur, un jardin fleuri et une immense piscine n'attendent que vous. Un élégant restaurant (préférez la petite salle) sert une très bonne cuisine régionale. La famille de Samode vit toujours dans une aile de la haveli.

SE RÉGALER

Bienvenue à la table de Jaipur ! Vous aurez l'opportunité de goûter à toutes les spécialités du Rajasthan dans sa capitale, du restaurant étudié pour les touristes avec spectacle de danse ou interlude musical, à la cantine tout à fait traditionnelle et peu avenante, mais délicieuse. Les plats les plus raffinés sont à déguster dans les palaces, dont certains ouvrent les carnets de recette des familles royales et sont donc l'occasion de s'essayer à des plats introuvables ailleurs. Jaipur est la ville idéale où s'essayer à une cuisine bien différente de celle que nous connaissons : gatte ki sabji, dal baati churma, laal mas... Les restaurateurs étant habitués aux palais des Occidentaux adaptent leur dosage d'épices. Vous trouverez également des restaurants non-indiens de bonne facture, ce qui n'est pas si fréquent. Cela peut être l'occasion de varier les plaisirs et de s'offrir une bonne pizza ou des nouilles chinoises.

© PRIME PHOTO PUNE - STOCK.ADOBE.COM

GOVINDAM RETREAT €€

Rajamal ka Talab Road
✆ +91 99 29 94 92 58
www.govindamretreat.in
Ouvert tous les jours de 10h à 23h. Compter 600 Rs pour un repas.

Si vous faites un petit tour au marché de la vieille ville ou au temple de Krishna, ce restaurant très chic se trouve dans le quartier. La grande salle climatisée propose plusieurs ambiances, séparées par des claustras très élégants. L'adresse est assez touristique, mais on y mange bien, dans un cadre confortable. Vous trouverez sur la carte les grands incontournables du Rajasthan, comme le ker sangari ou le dahi bada, mais aussi quelques spécialités occidentales qui font l'impasse sur les épices. L'adresse est réputée pour son thali généreux et varié.

SAMRAT €

277 Chaura Rasta
Ouvert tous les jours de 7h à 21h. Compter 100 Rs pour un repas léger.

Au cœur de la ville rose, sur la rue qui mène de New Gate à Tripola Bazar, cette adresse fait partie des incontournables de la « street food ». L'enseigne occupe l'une de ces minuscules échoppes entièrement dédiée à la cuisine. On y mange donc sur le pouce, à l'ombre du grand pipla voisin, car il n'y a pas de tables. Les habitués viennent plutôt ici pour le petit déjeuner (qui se prend tard). La carte propose tous les grands classiques du premier repas indien : poha, bhelpuri, idli, mais aussi pakora, vada, kachuri ou encore jalebi pour le sucré.

THE BARADARI €€€

Gate n°2, Jaleb Chowk
✆ +91 99 82 50 14 29
Ouvert tous les jours de 10h à 22h. Comptez 1 500 Rs pour un repas.

Devant le désert gastronomique de la vieille ville et l'afflux de touristes au City Palace, le maharaja a eu la bonne idée de transformer une cour du palais en restaurant. La carte surfe sur la mode fusion, avec une pointe d'épices et des produits typiquement locaux. Vous aurez donc le choix entre une salade de betterave et quinoa ou un curry d'agneau servi avec du millet et des blettes. Si les saveurs sont parfaitement équilibrées, on ne peut que regretter un service nonchalant et peu impliqué, surtout que les prix sont tout de même assez élevés.

ANOKHI CAFÉ €€

C11 KK Square, Prithviraj Road, C-Sheme
✆ +91 141 400 7244
Ouvert tous les jours de 10h à 19h30. Comptez 300 Rs pour une pause gourmande.

Ce petit café-restaurant branché est adjacent à la boutique du même nom. Une clientèle aisée et bobo se retrouve ici pour se régaler de bagels, falafels, tapenade, sandwichs, houmous, pesto… Le choix d'inspiration internationale est non seulement très éclectique, mais surtout très convaincant. Les pâtisseries, biscuits, chocolats et desserts en tout genre font eux aussi mouche. Vous pourrez accompagner le tout d'un café espresso, d'un jus de fruit ou d'un *ice tea*. Si vous avez besoin de lâcher du lest, c'est l'endroit idéal. Avant d'aller dévaliser la boutique…

CHAO CHINESE BISTRO €€€

Sardar Patel Road
✆ +91 141 331 9482
Ouvert tous les jours de 12h30 à 15h et de 19h à 22h30. Comptez 1 500 Rs pour un repas.

L'ambiance résolument moderne est inspirée du style industriel (de luxe) pour ce restaurant de l'hôtel Holiday Inn. Vous pourrez goûter ici à une cuisine chinoise authentique assez éloignée des saveurs travaillées sous nos latitudes, mais pas moins bonne. Les chefs œuvrent derrière des baies vitrées attestant de la fraîcheur des produits, de la haute technicité du savoir-faire et du respect des normes d'hygiène. Joli choix de plats végétariens ou non et de nouilles sautées. Service discret et très professionnel. La sensation du moment.

HANDI RESTAURANT €€

M.I. Road
✆ +91 141 236 4839
www.hotelsjaipur.com
Ouvert tous les jours de midi à 15h30 et de 18h à 23h. Comptez 800 Rs pour un repas.

Handi ravit les amateurs de viandes grillées : *tandoori*, kebab, *chicken* ou *mutton tikka*, *butter chicken*… Évidemment, les végétariens ne seront pas en reste. Le tout est servi dans un cadre « Rajsthan rural » avec murs couverts de boue séchée et peinte. La grande salle un peu sombre abritée derrière une vitrine noircie peut sembler peu engageante, mais ce sont les standards du « cool » en Inde. Une bonne adresse où on peut se régaler de tandoori à l'heure du déjeuner. Chose exceptionnelle, puisque habituellement les fours sont allumés le soir seulement.

PEACOCK ROOFTOP RESTAURANT €€

51 Hathroi Fort, Hari Kishan Somani Marg
✆ +91 94 14 23 63 23
www.pearlpalacehotels.com
Ouvert tous les jours de 8h à 23h30. Comptez 650 Rs pour un repas.

Ce restaurant est tellement bon et sympa que les gens qui résident au Pearl Palace Hotel ne semblent pas prendre le risque d'aller manger ailleurs. Sur le toit, où un magnifique paon en fer forgé vous toise, le restaurant domine le quartier et les hauteurs de la ville. Une carte impressionnante, une multitude de plats délicieux et frais, une superbe ambiance, de la très bonne musique, un personnel souriant et vraiment réactif, vous ne trouverez guère mieux à Jaipur pour le prix.

© @PEACOCK RESTAURANT

© @PEACOCK RESTAURANT

INDIAN COFFEE HOUSE €

M.I. Road
✆ +91 141 236 2024
Ouvert tous les jours de 8h à 20h30. Compter 200 Rs pour un repas.

Ce *dhaba* sans prétention propose des snacks d'Inde du Sud (*masala dosa*, *idli*, *vada*) très bon marché. Le cadre vieillot restitue à merveille l'Inde des années 1970, à l'image du portrait d'Indira Gandhi accrochée dans la salle principale que personne n'a encore osé décrocher. Si la teneur de l'assiette est exclusivement tournée vers le sud du pays, les serveurs sont enturbannés à la mode du Rajasthan. L'ambiance est ici décontractée et le restaurant fait souvent le plein, car les Indiens sont très friands de la cuisine du Sud, notamment au petit déjeuner.

MOHAN RESTAURANT €

144-145 Nehru Bazaar
✆ +91 99 50 55 66 88
Ouvert tous les jours de 11h à 22h. Comptez 200 Rs pour un thali.

Ce restaurant de poche un peu cracra est ce qui se fait de mieux en matière de cantine locale à Jaipur. Quelle que soit l'heure de la journée, vous trouverez toujours des clients attablés pour se laisser aller au plaisir d'un thali bien balancé. Ni trop copieux, ni trop gras, il est juste parfait. Aux côtés des parathas et autres rotis (pain), le restaurant sert quelques spécialités d'Inde du Sud comme les idli et les dosa. Cette adresse authentique permet de réviser ses gammes culinaires à petit prix. L'adresse est tellement locale qu'on n'y parle pas anglais.

JAIPUR MODERN : STORE & KITCHEN €€€

21 Sardar Patel Marg
✆ +91 141 411 3000
www.jaipurmodern.com
Ouvert tous les jours de 10h30 à 22h30. Comptez 800 Rs pour un repas.

Ce restaurant branché appartient au designer franco-italien Maximiliano Modesti. Une belle maison Art Déco accueille le restaurant, qui joue avec les motifs graphiques pour esquisser le cadre. On ne vient pas ici pour déguster un énième curry ou dal, mais pour se repaître d'une cuisine aux accents internationaux : salades, sandwiches, pizzas... Une section du menu est entièrement conçue à base de quinoa bio. Les boissons sont à l'avenant avec une belle offre de créations originales.

SPICE COURT €€

Jacob Road
✆ +91 141 222 0202
www.spicecourtjaipur.com
Ouvert tous les jours de 11h à 22h30. Comptez 800 Rs pour un repas.

On ne va pas se le cacher, Spice Court est un restaurant pour touristes. Mais... la qualité est au rendez-vous, le cadre est agréable, le service est impeccable. Le repas se prend dans un grand jardin avec, en première partie de soirée, un spectacle traditionnel. A partir de 21h, les Indiens investissent l'endroit, et les artistes rentrent chez eux. La carte propose une grande variété de plats mijotés, parfaitement épicés et savoureux. Une belle salle climatisée accueille les clients les jours chauds. Cerise sur le gâteau, le patron parle un français impeccable.

KARIMS €€

11A Ramesh Marg
✆ +91 99 28 92 89 29
Ouvert tous les jours de 12h30 à 23h30. Compter 550 Rs pour un repas.

À l'origine, Karim's est un restaurant du quartier musulman à Old Delhi. Il est célèbre pour sa cuisine moghole, son poulet cuit au tandoor et ses kebabs. Si l'adresse de Delhi est particulièrement populaire, celle de Jaipur affiche un certain embourgeoisement. Le restaurant est situé dans l'un des quartiers chics et résidentiels de la capitale du Rajasthan. Le cadre tout en pierre et bois se veut élégant. Fauteuils et banquettes vert amande cassent quelque peu la monotonie. Vous retrouverez à la carte les spécialités qui ont fait la réputation de l'enseigne.

TOWNSEND KITCHEN €€€

Moti Doongri Road
✆ +91 88 24 87 72 00
Ouvert tous les jours de 12h à 1h. Comptez 1200 Rs pour un repas.

C'est le cadre qui nous a attirés dans ce restaurant-bar branché de Jaipur. Une immense terrasse abritée sous une véranda d'une vieille maison peinte de couleurs vives. Une immense salle sympathiquement aménagée avec un éclairage doux en soirée... la promesse d'un bon moment était tentante. Il faut venir pour boire un verre entre amis, dans une ambiance branchée enjouée par une musique pop américaine. En plus d'une carte des boissons intéressante par ses choix, vous aurez l'embarras du choix pour votre repas, entre spécialités indiennes et internationales.

BAZAAR €€

Madho Singh Road

✆ +91 88 75 77 86 13

Ouvert 24h/24 Comptez 900 Rs pour un repas.

Le restaurant de l'hôtel Zone by the Park, situé au nord de Bani Park, sert de nombreuses spécialités occidentales et orientales afin de satisfaire sa clientèle internationale. Mais il propose également une courte sélection de spécialités rajasthanies qui valent le détour. Vous les trouverez notamment sous la sélection « khammaghani ». Ici, le gulab jamun est servi en version salée dans une épaisse sauce aux noix de cajou. Si vous préférez l'option non végétarienne, vous pourrez vous délecter d'un savoureux poulet Shekhawati.

REPUBLIC OF NOODLES €€€

Nirwan Marg

✆ +91 141 405 1100

Ouvert tous les jours de 12h30 à 15h et de 19h30 à 23h. Comptez 1 000 Rs pour un repas.

Cette chaîne bien connue des amateurs de cuisine du Sud-Est asiatique est installée dans l'hôtel Lemon Tree de Jaipur. Le cadre orientalisant est très agréable, avec une ambiance laquée de rouge sang, des vases chinois, une lumière tamisée. La carte visite tout l'Est asiatique : curries thaïs, raviolis chinois, *nasi goreng* indonésien, soupe pho du Vietnam... Le résultat est tout à fait enthousiasmant, les saveurs sont tranchées et respectent les traditions locales. Une bonne adresse pour changer du *chicken curry* et autres *mutter masala*.

PESHAWRI €€€

Palace Road

✆ +91 141 510 0100

Ouvert tous les jours de 12h30 à 15h et de 19h30 à 23h30. Comptez 2 500 Rs pour un repas.

Si l'implantation de l'hôtel ITC Rajputana ne séduit pas au premier abord, coincé entre la gare et une route surélevée, son restaurant Peshawri vous fera vite oublier ce désagrément. Le cadre un peu curieux rappelle sans doute l'intérieur d'une maison traditionnelle de la région de Peshawar au nord du Pakistan. Murs en pierre, claustras de bois tendus de ficelle, longues tables en bois et tabourets rembourrés. L'intérêt réside bien évidemment dans l'assiette. Les chefs vous prépareront de délicieuses spécialités d'Inde du Nord savamment relevées.

THE FORRESTA €€€

Khasa Crossing, Bani Park

✆ +91 141 220 0550

www.devrajniwas.com

Ouvert tous les jours de midi à 1h30, 2h00 le week-end. Comptez 1 000 Rs pour un repas.

C'est le restaurant de l'hôtel Devraj Niwas. En plein centre-ville, il offre un cadre dépaysant au cœur d'un parc paysager. Les tables en bois sont dressées en arc de cercle dans le jardin, éclairées de bougies pour une ambiance romantique. L'hiver, des braseros sont mis en place entre les tables afin de se maintenir au chaud. En plus du cadre, la carte aux nombreuses spécialités végétariennes vaut le détour. Un beau choix de vins, de cocktails, et d'alcools de marque permettent de prolonger ce moment. Vous êtes au bon endroit pour un dîner en amoureux.

RAJASTHANI THALI DAL BATI CHURMA €€

4 Sawai Jai Singh Highway

✆ +91 141 411 3731

https://dalbaatijaipur.com

Ouvert tous les jours de 11h à 23h. Compter 500 Rs pour un repas.

Dans un quartier assez peu animé sur le plan culinaire, cette adresse sauvera votre soirée. Le nom du restaurant annonce le menu : un thali avec un dal bati churma. Le thali se compose de petites portions de légumes cuisinés, de riz, de papad, de raita, de pain et de chutney. En complément, le dal bati churma se compose de dal, d'une boule de pain dur et de churma, une spécialité sucrée à base de canne à sucre. Il faut tout mélanger dans son assiette pour plus de saveur.

UMAID BHAWAN €€

D1-2A Behari Marg

✆ +91 141 220 6426

www.umaidbhawan.com

Ouvert de 12h30 à 16h et de 18h30 à 22h30. Compter 1 200 Rs pour un repas.

Ce restaurant est installé sur le toit de l'hôtel Umaid Bhawan. On s'y restaure en terrasse, très agréable le soir dès que les beaux jours reviennent, ou au déjeuner en hiver. L'adresse est réputée pour sa cuisine au tandoor, le four en argile dans lequel on fait notamment rôtir viandes et naans, qui prennent de délicates notes fumées. La carte très variée propose un grand choix de plats végétariens ou non. Mais c'est un tantinet cher, même si la qualité est au rendez-vous. À noter, un agréable petit bar au rez-de-chaussée qui permet de prolonger la soirée.

FAIRE UNE PAUSE

Vous ne pouvez venir à Jaipur sans goûter aux meilleurs lassis du Rajasthan et peut-être même d'Inde. Les visiteurs de passage comme les habitants de la ville se précipitent au Lassiwala, de préférence en été, pour siroter le laitage parfumé dans un gobelet en argile. Vous pourrez également faire une pause dans l'adorable et excellent salon de thé Tapri, où une variété infinie d'infusions est inscrite à la carte. Les puristes ne jureront que par le *chai*, le thé épicé à débusquer impérativement au détour de vos promenades dans les bazars ou sur les marchés. Il en est de même pour les sucreries et les douceurs, que vous verrez en nombre sur les étals des ruelles animées. Sachez qu'au Rajasthan, il existe une spécialité à essayer absolument, le *ghevar*. Ce disque rond percé d'un trou est fait à base de beurre clarifié, de farine et de sirop de sucre et parsemé de fruits secs. On le trouve surtout autour du festival de Teej.

DZURT CAFÉ & PATISSERIE

✆ +91 141 2222549
www.dzurtshop.com
Ouvert tous les jours de 11h à 23h.

La talentueuse chef de cuisine, Tejasvi Chandela, a réussi l'exploit d'ouvrir une vraie pâtisserie française à Jaipur. Formée à la célèbre école du Cordon Bleu, elle a créé son propre café-pâtisserie dans le quartier chic de Civil Lines. L'ambiance est parfaite pour déguster un expresso ou un cappuccino accompagné d'un délicieux gâteau. Tout y est pour faire une pause gourmande : confort, déco élégante, lumières tamisées et couleurs apaisantes. La carte est variée avec des thés, des jus, des gâteaux et des pâtisseries, mais aussi des encas salés.

TAPRI - THE TEA HOUSE

Gate n° 4
✆ +91 141 236 0245
www.tapri.net
Ouvert tous les jours de 7h à 22h.

Si vous souhaitez découvrir toutes les subtilités du chaï, épicé ou non, et les nombreuses déclinaisons de thé indien, c'est ici qu'il faut venir. Idéal pour une pause en journée, ce salon de thé cumule les atouts. Parquet ancien, jolis fauteuils cannés, couleurs chaudes et apaisantes étalées aux murs, vous verrez Jaipur sous un autre œil. Celui d'une ville moderne et branchée. Une agréable terrasse est installée sur le toit. Situé juste en face de Central Park, vous aurez probablement envie de prolonger ce moment de douceur avec une balade dans la verdure.

LASSIWALA

315 Tiwari building, M.I. Road
✆ +91 141 237 8140
Ouvert tous les jours de 7h à 16h.

S'il est impossible de venir en Inde sans goûter au délice du lassi, il est carrément interdit de venir à Jaipur sans tenter l'expérience de Lassiwala. Vous êtes ici dans la meilleure – et la plus ancienne – échoppe de *lassi* de la ville ! Goût nature, salé, sucré, banane, ananas ou kesar special, ils sont tout simplement dé-li-cieux. Très frais, tous sont servis dans des gobelets en terre cuite traditionnels à consommer sur place ou à emporter. Mais attention, trois magasins situés côte-à-côte portent le même nom. Le vrai est au n° 315 (écriteau rouge et jaune).

THE TATTOO CAFE & LOUNGE

30 Badi Chaupar
✆ +91 141 260 0692
Ouvert tous les jours de 8h à 23h.

Si vous aussi souhaitez immortaliser le Palais des Vents avec votre appareil photo, c'est depuis la terrasse de ce café perché dans les étages du bazar de Badi Chaupar que vous trouverez le meilleur angle. Le patron a bien compris l'intérêt de la localisation de cet établissement et impose de consommer avant d'appuyer sur le déclencheur de votre appareil, sous peine d'être taxé de 500 Rs. Les consommations étant moins chères que cela, autant en profiter et se poser tranquillement avec un chaï ou un soda, le temps de recompter les fenêtres du palais.

(SE) FAIRE PLAISIR

Jaipur se partage en deux grandes spécialités : les pierres semi-précieuses et le blockprint, une impression de motifs avec des blocs en bois. Pour l'un comme pour l'autre, les acheteurs du monde entier viennent ici pour se fournir. Mais attention, l'authenticité n'est pas toujours de mise, et nombreux sont les vendeurs à arnaquer les touristes en vendant du faux au prix du vrai. Toutes les adresses renseignées ici sont certifiées et vous pouvez y aller les yeux fermés. Jaipur est également un endroit idéal pour débusquer un souvenir typique comme les statuettes en papier mâché ou en bois, se faire tailler un costume ou une kurta sur-mesure et à petit prix. Les magasins pour touristes se trouvent à tous les coins de rue ou presque et vous n'aurez aucun mal à trouver votre bonheur. Mais n'oubliez pas la règle de mise : le marchandage, sauf dans les enseignes luxueuses, où les prix sont affichés.

ANDRAAB

Narain Singh Circle
✆ +91 141 257 0110
www.andraab.com
Ouvert tous les jours de 10h30 à 20h.

Créé en 1996 par trois frères, Andraab est synonyme de qualité et d'exclusivité. Spécialisée dans la broderie faite à la main par des artisans triés sur le volet. Andraab propose des produits uniques. Chaque motif raconte une histoire, telle l'éloquence du poète ou la férocité de la nature. Tous les produits sont rares, comme les pashminas, châles, étoles, foulards, vestes, couvre-lits qui sont un régal non seulement pour la vue mais aussi un bonheur de douceur à porter. Tous ces trésors sont à découvrir dans la boutique de l'hôtel Narain Niwas.

ANOKHI

C-11 K.K. Square, Prithviraj Road
✆ +91 141 400 7247
www.anokhi.com
Ouvert tous les jours de 10h à 20h.

Pour dénicher la boutique, il faut emprunter l'ascenseur (ou les escaliers), car elle se trouve dans les étages de cet immeuble sans style. L'enseigne propose une mode ethnique de qualité. Les vêtements chics sont fabriqués dans la ferme bio Anokhi située à quelques kilomètres de Jaipur. Vous trouverez également des accessoires, des sacs, des housses de coussin ou d'oreiller. Anokhi est connue pour la modernité et l'originalité de ses imprimés. La méthode du tampon à la main - « blockprint » - est encore largement utilisée et garantit des emplettes vraiment uniques !

HERITAGE TEXTILE & HANDICRAFTS

10 Gangapole Road
✆ +91 98 29 56 05 49
www.heritagetextiles.com
Ouvert tous les jours de 10h à 19h30.

© @HERITAGETEXTILE

Ce showroom aurait été visité par le roi Charles III et Richard Gere… On vous propose des articles en coton bio, soie et lin. Fabricants au top niveau, ils créent pour Salvatore Ferragamo les collections italiennes. Confection sur mesure pour hommes et pour femmes : *pashminas*, foulards, étoles, tuniques, *kurtas*… Mais aussi des articles pour la maison : plaids, coussins, dessus de lit. Le choix est immense alors venez découvrir par vous-même le cadeau que vous ramènerez chez vous.

SOMASHOP

D 43/A-1 Bhagat Singh Marg
✆ +91 73 00 08 54 74
www.somashop.com
Ouvert tous les jours de 10h à 20h.

© @SOMASHOP

Les boutiques Soma existent depuis 40 ans et sont spécialisées dans les articles pour la maison : rideaux, couvre-lits, coussins, nappes, trousses de toilette. On peut également y dégoter des chemises pour hommes ou des confections pour femmes : accessoires, sacs de voyage, foulards. Ne manquez pas le coin pour les enfants et ses articles en coton bio. Tout est fabriqué dans les villages de façon artisanale. Les stylistes du monde entier viennent s'y approvisionner tant pour la qualité que les prix compétitifs. Magasins à Delhi, Udaipur, Hyderabad et Ahmedabad.

GEM PALACE

348 M.I. Road
✆ +91 141 237 4175
www.gempalacejaipur.com
Ouvert tous les jours de 11h à 23h.

La bijouterie la plus célèbre de Jaipur est le fournisseur officiel de la famille royale. Elle est établie dans une superbe demeure en partie transformée en musée. Le magasin regorge d'articles de luxe absolument fabuleux mais, hélas, hors de prix. Vous pourrez néanmoins admirer diamants et pierres précieuses, montés et taillés selon les traditions ancestrales de la région. Les plus grandes familles du pays viennent s'y approvisionner, notamment pour les mariages, les fêtes ou les festivals. À visiter comme un musée, sauf à posséder un portefeuille bien garni.

GEMOLOGICAL SCIENCE INTERNATIONAL

M.I. Road.
✆ +91 141 256 8221
Ouvert du lundi au samedi de 10h à 18h.

Les arnaques aux pierres précieuses sont légion à Jaipur. Entre les faux diamants, les fausses pierres, les faux certificats, les faux connaisseurs qui vous mentiront avec aplomb..., vous avez toutes les chances de tomber sur du faux ! Ce laboratoire est une adresse précieuse si vous comptez acheter des pierres ou une parure. Vous leur déposez un échantillon ou votre achat et le laboratoire se charge de les authentifier. Cela vous évitera une mauvaise surprise.

DIANE SINGH JEWELLERY & CONCEPT STORE

B14/A Bhawani Singh Road, près de l'UNICEF
✆ +91 141 490 1728
www.dianesingh.com
Ouvert du lundi au samedi de midi à 20h.

Diane, une Française de talent, a rejoint C-Scheme récemment, le quartier des boutiques chics et tendance. L'espace met en avant des créations délicates en argent ou en plaqué or, et serties de pierres fines. Tous les articles sont des productions originales et ne sont montés qu'avec des pierres naturelles. Dans une seconde pièce, vous trouverez une belle sélection de vêtements, d'écharpes et d'accessoires. Si vous cherchez un article unique, vous êtes au bon endroit !

JEWELS LAKE PALACE

57 Amer Road
✆ + 91 141 263 1007
www.jewelslakepalace.com
Ouvert tous les jours, de 9h à 19h.

Tout proche du Lake Palace, cette boutique est une véritable caverne d'Ali Baba ! Elle regorge de bijoux en or ou en argent mais surtout de pierres précieuses ou semi-précieuses. Le maître des lieux, M. Mansoor, vous fera partager sa passion pour elles et vous prodiguera de judicieux conseils. Il vous parlera de leurs origines, de leurs significations, de leurs bienfaits… Fabrication personnalisée, vous repartirez avec un bijou unique si vous vous laissez séduire. Expérience exceptionnelle, accueil royal, cette boutique est un endroit incontournable à Jaipur.

JEWELS N ARTS

Amer Road

✆ +91 141 263 3708

Ouvert de 10h à 20h30 du lundi au jeudi, à partir de 10h30 les autres jours.

Spécialiste des bijoux en argent massif, cet établissement vous reçoit dans un grand showroom ou vous pourrez découvrir tout l'artisanat rajpoute. Vous y découvrirez notamment un important choix de bracelets tribaux, de bracelets de chevilles, de colliers de toutes sortes, des pendentifs, des pierres précieuses, des bagues pour la main ou les orteils. Jewels n' Arts propose aussi une sélection d'objets de décoration pour la maison comme par exemple des lampes ou des housses de coussin… Ici, le choix est de qualité sans négliger la créativité !

KHADI GHAR

320 M.I. Road

✆ +91 141 237 3745

Comme son nom l'indique, cette boutique est spécialisée dans les articles en khadi, un coton tissé de façon traditionnelle à l'aspect chiné. Vous trouverez des kurtas, des jupes, des pantalons, des vestes Nehru, des saris en soie. Forte de sa réputation de sérieux, la boutique s'est diversifiée et propose bien d'autres produits comme du miel, des huiles, des statuettes en bronze, des objets artisanaux ou encore de la nourriture. Vous êtes à mi-chemin entre l'épicerie du quartier, la boutique de souvenirs et le marchand de vêtements.

RAVI JEWELS & HANDICRAFTS

1 M.I. Road

✆ +91 141 236 2875

www.ravigemjewel.com

Ouvert tous les jours de 10h à 20h.

En plein cœur du quartier commercial, ce fabricant exportateur présente dans son showroom tout ce qui a trait aux bijoux et à l'artisanat indien. Un choix incroyable de bracelets en argent massif, de colliers en pierre semi-précieuses… il est commandité par de grands noms de la bijouterie transalpine. Pour vous en rendre compte par vous-même, vous pourrez assister à des démonstrations de travail à l'ancienne dans son propre musée de l'Orfèvrerie.

RATNAVALI

22-A Govind Puri East, derrière Ram Bhawan, New Ram Garh Mode

✆ +919887530582

Ouvert tous les jours de 9h30 à 19h30.

Légèrement en retrait de la route qui mène au fort d'Amber, Ratnavali occupe ce qui ressemble à un petit palais… rose comme il se doit à Jaipur. Que vous souhaitiez acheter de la haute joaillerie, juste la regarder ou dénicher un cadeau original à prix correct, vous êtes au bon endroit. La maison fait partie de l'Association des Joailliers de Jaipur, un gage de qualité et de sérieux. Elle propose une superbe sélection de bijoux en argent massif et en or, des parures en pierres précieuses et semi-précieuses, des colliers ou bracelets en perles.

© @RATNAVALI

© @RATNAVALI

THE RATNAM JEWELLERS

40 Golimar Garden
✆ +91 141 267 0719
Ouvert tous les jours, de 10h30 à 19h, à partir de 11h le dimanche.

Il n'est pas évident de trouver la bonne joaillerie quand on est sollicité de toute part, surtout pour un achat important. The Ratnam Jewellers fait partie de la catégorie des boutiques de confiance. Raji Gupta, le propriétaire de ce joli magasin, réputé pour son honnêteté et ses prix très abordables, vous accueille avec un café à l'italienne et un large sourire. Vous pourrez admirer les nombreuses bagues, boucles d'oreilles, les colliers et les bracelets en toute quiétude, sans avoir une personne derrière votre dos pour vous pousser à l'achat.

ROYAL GEMS AND ARTS

Gangauri Bazar
✆ +91 141 232 1334
www.royalgemsandarts.com
Ouvert tous les jours de 10h à 20h.

Cet incroyable magasin situé dans la vieille ville de Jaipur vaut le coup d'œil pour ses somptueuses fresques. Des murs au plafond, tout est peint de motifs et portraits délicats, patinés avec le temps. Si ce n'était un magasin, nous vous le renseignerions dans la rubrique « À voir/À faire ». Royal Gems and Arts est spécialisé dans la haute joaillerie et les articles de luxe, les plus belles pièces étant présentées dans des vitrines. On ne sait plus très bien si on se trouve dans un musée ou une boutique. Les tarifs sont bien entendu à l'avenant.

KRIPAL KUMBH

B-18 Shiv Marg
✆ +91 141 220 1127
Ouvert tous les jours de 10h30 à 18h, à partir de 11h le dimanche.

Kripal Kumbh est un atelier de fabrication de poterie et de céramique unique en son genre. Les artisans qui opèrent ici perpétuent la tradition de la « poterie bleue de Jaipur ». Ils ont été formés par le maître Kripal Singh Shekhawat, un artisan reconnu dans le monde entier et coté sur le marché de l'art. Celui-ci est décédé en 2008, mais a légué son savoir-faire et transmis l'art du bleu, inspiré du bleu persan et apporté par les Moghols. Les prix sont élevés, car Kripal Kumbh est le seul atelier à posséder encore les secrets de fabrication.

SAURASHTRA ORIENTAL ARTS

7 - 9 Amber Road
✆ +91 141 263 0233
Ouvert tous les jours de 10h à 19h.

Cet immense boutique ressemble à s'y méprendre à un bazar pour touristes. Et pourtant vous trouverez ici de magnifiques pièces textiles brodées pour décorer votre intérieur : housses de coussin, dessus de lit, tentures murales, tapis... Vous dénicherez notamment de somptueuses pièces de kantha, une forme de patchwork rebrodé venu du Bengale-Occidental. Le propriétaire est réputé pour son sérieux et il déniche des pièces anciennes ou en fait fabriquer de nouvelles. Il est aussi exportateur et peut vous aider pour l'acheminement de gros volumes jusqu'en France.

RASA

S 55 Ashok Marg
✆ +91 141 403 8584
www.rasajaipur.com
Ouvert du lundi au samedi de 10h30 à 19h30, jusqu'à 17h le dimanche.

Installée au fond d'une allée, cette boutique est spécialisée dans le *blockprint*. Elle présente toute une gamme de coussins, draps, couvre-lits double face aux motifs modernes de très grande qualité. Egalement collection de vêtements en soie pour hommes et femmes. Tout est délicat et beau. L'usine de fabrication se trouve à Jaipur et la marque est reconnue par des hôtels et magasins de luxe. Elle est présente à la boutique de l'hôtel Umaid Bawhan de Jodhpur ou dans les boutiques des hôtels Taj et Leela. Une valeur sûre à prix abordables.

ARAWALI TEXTILE

Ramgarh Mor 717, Jagdish Colony, Amber Road
✆ +91 141 267 20 72
Ouvert tous les jours de 9h30 à 19h30.

Cette boutique est une vraie caverne d'Ali Baba ! On y trouve de tout : soie, lin, coton et cachemire, articles de décoration pour la maison (coussins, nappes, dessus de lit), vêtements et accessoires (foulards, tuniques, étoles en pur cachemire, soie sauvage au mètre, sacs originaux, valises en toile brodée)... Beaucoup de textiles sont imprimés au tampon de bois dans le village tout proche de Bagru. Une visite de la manufacture est possible sur simple demande. On trouve aussi de larges gammes de thés, de l'encens, des bougies et des produits de beauté.

BOUGER & BULLER

Après avoir parcouru des kilomètres à arpenter les bazars et palais de la ville, vous apprécierez peut-être de vous détendre complètement en profitant d'un massage bien-être. Un passage en Inde est aussi l'occasion de s'initier aux bienfaits de la médecine ayurvédique, qui, si elle est surtout présente dans le sud du pays, bénéficie de relais de qualité dans le nord et à Jaipur notamment. La frénésie de l'Inde invite également à ressourcer son esprit. Jaipur compte l'un des plus importants et des plus anciens centres de méditation vipassana. Si vous avez 10 jours devant vous, pourquoi ne pas vous initier à cette technique de méditation qui nettoiera votre mental en profondeur. Vous en ressortirez le pied léger. Enfin, pour ceux qui prennent soin de leurs cheveux et ne supportent pas d'avoir une mèche qui dépasse ou des racines qui apparaissent, nous avons débusqué pour vous un excellent coiffeur.

DHAMMATHALI VIPASANA MEDITATION CENTER

Galtaji Road
✆ +91 141 268 0220
www.thali.dhamma.org
Ouvert tous les jours de 9h à 18h.

Ici, vous pourrez vous initier à la technique de méditation Vipassana au cours de session de 10 jours. Cette technique, dont le nom signifie littéralement « voir les choses telles qu'elles sont réellement », permet de purifier l'esprit en se recentrant sur soi-même. Le cadre, à l'extérieur de Jaipur, est tout simplement magnifique, à quelques encablures seulement des jardins de la reine Sisodia. Il s'agit de l'un des plus anciens centres de méditation Vipassana en Inde.

NIMSS VIKKY'S SALON SPA ACADEMY

F32 Azad Marg
✆ +91 141 313 1258
Ouvert tous les jours de 9h à 20h.

N'hésitez pas à pousser la porte de ce salon de coiffure, c'est l'un des meilleurs de la ville. Dépositaire des marques L'Oréal, Wella et Schwarzkopf, vos cheveux y retrouveront toute leur brillance et leur souplesse. Les coupes sont parfaites, quant aux teintures, les coiffeurs possèdent un talent hors pair pour redonner jeunesse à votre visage et brillance à vos cheveux. Tout est prévu pour vous détendre. Une excellente adresse à petits prix.

KERALA AYURVEDA KENDRA

32 Indra colony
✆ +91 87 40 00 08 55
www.keralaayurvedakendra.com
Ouvert tous les jours de 9h à 21h.

Ce centre est tenu par le docteur Mahendra Sharma, spécialiste de la médecine ayurvédique. Il propose des thérapies naturelles (*abhyanga*, *dhara*, *pizhichil* et *kizhi*) pour soigner des maux divers : fatigue, stress, angoisse, acné, arthrite, constipation, diabète, hypertension, migraine, asthme… Vous pourrez également tester un bain de vapeur aux herbes, poursuivre avec un cours de yoga, ou pourquoi pas, vous initier à la cuisine ayurvédique et en profiter pour recevoir quelques conseils sur comment bien s'alimenter… Vous ressortirez léger comme une plume.

THE SPA BY TATTVA

Nirwan Marg
✆ +91 99 99 12 04 13
Ouvert tous les jours de 10h à 19h30.

Si vous cherchez un endroit pour vous offrir une pause douceur et en repartir régénéré, le spa Tattva est fait pour vous. Il s'agit probablement du meilleur spa (hors hôtel) que vous pourrez trouver en ville. Le professionnalisme et l'expertise de son personnel, le cadre rassérénant, la gamme de soins assurent son succès, à tel point que Tattva compte désormais trois adresses à Jaipur. Vous pouvez profiter de massages en profondeur alliant les techniques de l'ayurvéda et d'autres plus modernes, mais aussi de soins de beauté et de soins express.

SORTIR

Comme presque partout en Inde, les possibilités de sorties nocturnes se comptent sur les doigts d'une main à Jaipur. La ville est néanmoins un centre universitaire important, la population est plutôt jeune, et nombreux sont ceux qui souhaitent profiter d'un style de vie à l'occidentale, avec des soirées animées. Le cinéma occupe une place d'importance dans le cœur des Indiens et peu importe si l'histoire a été rebattue 100 fois (un amour impossible, un flic probe qui s'oppose à de méchants gangsters ou à la corruption...), ce qui compte c'est la tête d'affiche et les chansons accompagnées de chorégraphies improbables. Jaipur compte un cinéma d'anthologie, le Raj Mandir, une salle immense et un style Art déco tout à fait renversant pour tenter l'expérience. Quelques bars branchés ouvrent jusqu'à des heures tardives pour amuser et faire danser les amateurs de virées nocturnes. Les décibels sont poussés au maximum.

STEAM

Bhawani Singh Road
✆ +91 141 221 1919
www.tajhotels.com
Ouvert tous les jours de 19h à 23h30.

Pour boire un verre entre amis et danser, voici un des seuls endroits dignes de ce nom à Jaipur. Le Steam est un bar lounge chic et cosy des plus originaux. Il est installé dans un vieux train à vapeur au cœur du très luxueux hôtel Taj Rambagh. En plus d'un large choix de boissons alcoolisées (ou pas) et de cocktails, vous aurez la possibilité de commander des plats indiens et continentaux. L'adresse est bien connue pour ses spécialités levantines (shawarma, falafel, houmous) et italiennes de bonne facture. Le week-end, un DJ vient enflammer la piste de danse...

RAJ MANDIR

B-16 Bhagwan Das Road, Panch Batti
✆ +91 141 237 9372
De 120 Rs à 400 Rs pour une séance, en fonction de la catégorie de siège.

Le plus grand cinéma du Rajasthan est un chef-d'œuvre Art déco. L'immense salle de projection peut accueillir plus de 1 200 spectateurs et le cinéma se visite comme un musée. Il existe plusieurs catégories de sièges en fonction de leur emplacement dans l'unique salle à l'écran surdimensionné. Optez pour un siège au balcon, qui vous offrira la possibilité d'accéder aux petits salons d'attente privés. Vous découvrirez que le spectacle est autant sur l'écran que dans la salle. Les spectateurs hurlent de joie à la première image, et tant pis s'il s'agit de publicité.

WTF

301 Man Upasna Mall
✆ +91 141 331 9485
Ouvert tous les jours de 11h à 1h, jusqu'à 3h le mercredi et samedi.

Nous passerons allègrement sur la signification du sigle pour ne retenir que l'ambiance joyeusement survoltée de ce pub. Billard, jeu de fléchettes, mais aussi spectacles de stand-up animent les soirées passées entre amis autour d'un verre. Le week-end, un DJ enflamme la soirée et la jeunesse de Jaipur se déhanche dans un coin de la grande salle. Si vous êtes en manque d'animation et de soirées qui se prolongent, c'est ici qu'il vous faudra venir. Vous pouvez aussi venir vous initier aux règles impossibles du cricket les soirs de match.

NATIVE COCKTAIL ROOM

51 Hathroi Fort
✆ +919414236323
www.hotelpearlpalace.com
Ouvert tous les jours de 17h30 à minuit.

Native Cocktail Room est la nouvelle sensation de Jaipur. Même la princesse Gauriva Kumari de la très royale famille de Jaipur y a ses habitudes. La famille Singh a transformé son ancienne boutique et quelques chambres du Pearl Palace Hotel en un bar intimiste aux accents très orientalistes. La déco entre le cabinet chinois et le palais indien assure une ambiance élégante et confortable. Un barman expérimenté crée des cocktails originaux avec des alcools de qualité. Une petite terrasse permet de prendre le frais aux beaux jours. *The place to be* à Jaipur.

AMBER ★★★

Fondée par la tribu des Minas au XIe siècle, la cité d'Amber est annexée par les Rajpoutes Kachwahas au XIIe siècle. Ils en feront leur capitale durant près de 600 ans. Elle fut abandonnée en 1727 par le maharaja Jai Singh II au profit de Jaipur, une ville qui se voudra moderne et vaste, située à une dizaine de kilomètres plus au sud. Amber attire les visiteurs par milliers pour son immense fort, qui, s'il présente des petits palais magnifiques et des dimensions hors-normes, n'est pas le plus beau du Rajasthan. Il est surplombé par le fort de Jaigar. Le vieux village d'Amber mérite également une visite pour son atmosphère authentique et préservée, ses vieux temples et son puits en escalier.

Se loger

En raison de sa proximité avec Jaipur, Amber n'offre que quelques adresses sympathiques où se loger. Néanmoins, si le tumulte de la capitale vous épuise, se réfugier à Amber peut s'avérer une alternative intéressante.

Transports

Amber se situe à 8 kilomètres de Jaipur. Les bus n°29 et n°113 desservent le fort d'Amber et la ville. Vous pourrez sauter dedans depuis le rond-point de Badi Chaupar, à proximité du Palais des Vents. En rickshaw, il faut compter 150 Rs - 200 Rs depuis le Palais des Vents. Pour toutes les autres connexions entre Amber et les autres villes du Rajasthan, vous devrez revenir à Jaipur.

FORT DE JAIGARH ★★

Jaigarh Road

Ouvert tous les jours de 9h à 16h30. Entrée : 500 Rs. Inclus dans le ticket composite du City Palace.

La route menant à ce vieux fort qui surplombe le fort d'Amber offre une jolie vue sur la région et les collines hérissées de fortins et de remparts. Le fort est installé au sommet de la colline des Aigles et était destiné à protéger le fort d'Amber. Sa vocation essentiellement défensive en fait un ouvrage militaire moins bien flamboyant qu'Amber. Néanmoins, il mérite une visite pour les superbes vues sur les Aravalli qu'il offre.

Le maharaja Man Singh Ier fortifia un ouvrage préexistant afin de surveiller toute la région. La plupart des bâtiments actuels datent du XVIIIe siècle. Vous ne pouvez pas manquer la tour de guet, Diva Burj, visible depuis la route de Jaipur. La fonderie de canons, à droite après l'entrée, témoigne de l'usage militaire du fort. Ces derniers étaient inconnus des souverains hindous jusqu'au XVIe siècle. Man Singh Ier en développa l'usage après avoir servi dans les armées d'Akbar. À gauche de l'entrée, un ensemble de bâtiments délabrés abritait autrefois le Subhat Niwas, lieu de rassemblement des troupes. Dans la cour principale, un musée expose des collections d'armes et des souvenirs appartenant à la famille royale, dont de nombreuses photos jaunies. Au fond, à droite de la cour, deux petits temples sont dédiés à Kali et à Hari-Hara, divinité originale symbolisant à la fois Vishnu muni de son disque et Shiva armé de son trident. Longez les remparts vers le sud, jusqu'au Jaivan (la flèche de la victoire), le plus grand canon sur roues du monde, selon les spécialistes locaux.

MUSEE ANOKHI

Kheri Gate ✆ +91 141 253 0226

www.anokhimuseum.com

Ouvert du mardi au samedi de 10h30 à 17h, de 11h à 16h30 le dimanche. Entrée : 80 Rs. Démonstrations entre 13h et 14h30.

Installé dans une haveli magnifiquement restaurée, qui n'était qu'une ruine menaçant de s'effondrer complètement, le musée Anokhi est dédié au textile et au savoir-faire des artisans de cette région du Rajasthan. Anokhi est une marque de vêtements assez connue à Jaipur, équitable et responsable. Le musée permet de se familiariser avec les techniques d'impressions et notamment le *blockprint*, une spécialité des environs de Jaipur. Des artisans sont présents pour des démonstrations, tailleur de bloc en bois et imprimeur sur tissu. Une visite très agréable.

PANNA MEENA KUND (PUITS EN ESCALIER)

Sagar Road

Accès libre.

Ce *baori*, ou puits en escalier, est typique de la région. De forme carrée, il comprend des jeux d'escaliers sur trois de ses côtés. Le quatrième côté est un petit bâtiment qui servait probablement à des cérémonies religieuses, avant de devenir une pièce où les femmes pouvaient se changer après s'être baignées dans le puits. Le puits descend à une trentaine de mètres et est alimenté par le lac qui se trouve au-dessus, entre les montagnes. Il est interdit d'y descendre.

FORT D'AMBER ★★★

Amer Road

Ouvert tous les jours de 8h à 17h30 et de 18h30 à 21h15. Entrée : 550 Rs. Inclus dans le ticket composite.

Le fort d'Amber est sans doute le fort le plus populaire du Rajasthan, en raison de sa proximité immédiate avec Jaipur. C'est là que les maharaja rajpoutes vivaient, avant que Jai Singh II ne construise et développe la ville de Jaipur et se fasse construire un palais plus moderne au XVIIIe siècle. Le fort est placé à un endroit stratégique, au sortir de la passe d'Amber, niché dans les hauteurs des Aravalli. Allez-y de préférence le matin lorsque la façade est éclairée par le soleil. Depuis Jaipur, vous verrez en route le lac Man Sagar au milieu duquel se dresse le Jal Mahal (le palais de l'Eau), édifié au XVIIIe siècle et fermé au public. Il s'agissait d'un palais d'été, destiné à accueillir des fêtes royales. Le fort d'Amber domine de sa puissance et de sa majesté le petit lac Maota et le jardin à la moghole de Dilaram Bagh (le Jardin du cœur paisible), aménagé au XVIe siècle lors de la venue de l'empereur Akbar. La sobriété de sa façade ne laisse rien paraître des petits palais et portes richement ornés. Nous vous recommandons de vous octroyer les services d'un guide, car il n'y a aucune indication à l'intérieur du fort.

La dynastie Kachhwaha occupa le site d'Amber dès le XIIe siècle. Le maharaja Duleh Raï s'en empara aux dépens de la tribu Meena et en fit sa capitale. Man Singh Ier agrandit le fort à la fin du XVIe siècle. Après la fondation de Jaipur, Amber perdit son statut de capitale, mais sa position sur la route venant de Delhi continua à lui assurer une importance stratégique considérable. Il faut compter une vingtaine de minutes pour gagner l'édifice depuis la route, en empruntant le chemin d'accès en zigzag assez raide. Le chemin était bien entendu destiné à ralentir l'ennemi en cas d'attaque. En chemin, vous aurez le le temps d'apprécier la sobriété de la façade évoquant la rigueur militaire des souverains rajpoutes. Les fortifications parcourant les collines voisines renforcent cette impression d'austérité, faisant soudain oublier les fastes de la cour et rappelant que la région a longtemps fait l'objet de guerres.

La porte d'accès, Suraj Pol (la porte du Soleil), ouvre sur la cour de Jaleb Chowk (la cour d'Accueil). Les bâtiments attenants étaient autrefois des écuries ou des logements pour les serviteurs. Ils sont à présent occupés par des boutiques de souvenirs. Le petit temple de Sila Devi se tient sur la droite. Les portes et les lions qui encadrent la statue de Kali sont en argent. Prenez l'escalier au fond à gauche de la cour, à côté du guichet d'entrée. Au milieu de la cour suivante s'élève le Diwan-i-Am (hall des Audiences publiques) aux imposantes colonnes de marbre. Passez à présent la porte de Ganesh (Ganesh Pol), très richement décorée de peintures murales. Elle donne sur les quartiers privés des souverains, réaménagés au milieu du XVIIe siècle sous Jai Singh Ier. Le Sukh Mahal (le palais des Plaisirs), à droite de la cour, possédait un ingénieux système de climatisation drainant des flux d'eau parfumée depuis le toit jusqu'à un petit canal d'évacuation. Son ornementation est plutôt sobre si l'on prend sa dénomination en compte. Les pièces à l'est de la cour offrent beaucoup plus d'intérêt. Le Jai Mandir comprend trois petites salles remarquables pour leurs décorations murales : mosaïques de verre coloré, miroirs (*sheesh*), peintures et arabesques rehaussées de bas-reliefs en plâtre. La pièce centrale servait de Diwan-i-Khas (hall des audiences privées) où le maharaja recevait ses ministres les plus proches. Empruntez l'escalier aménagé dans la muraille au sud de la cour. À l'étage supérieur, le Jash Mahal (le palais de la Gloire) comporte aussi de belles décorations murales. De là, vous profiterez d'une jolie vue sur le lac Maota et le jardin de Dilaram Bagh. Redescendez au rez-de-chaussée pour accéder au *zenana* (le quartier des femmes). Les épouses des maharajas et les princesses vivaient quasiment recluses entre ces murailles austères. La taille de ces quartiers laissent entrevoir l'importance de la cour féminine à l'époque. Quelques salles ont conservé de rares décorations… Mais l'ensemble paraît bien lugubre, en particulier les chambres minuscules du premier étage qui évoquent davantage une sombre maison close qu'un palais royal.

▸ **À l'assaut du fort d'Amber.** Si grimper au sommet du fort sous un soleil de plomb ne vous tente guère, vous pouvez opter pour une promenade à dos d'éléphant. Le ballet incessant des pachydermes hisse les touristes jusqu'au sommet en une quinzaine de minutes. Le point de départ se situe en contrebas de la route menant au fort, sur la gauche, après le parking. Grimpez sur la plateforme et installez-vous confortablement sur le dos de votre Jumbo. Vous vous sentirez tel un maharaja à l'assaut du fort d'Amber ou un souverain en visite. Ce sera la seule occasion pour vous de grimper sur le dos d'un éléphant au Rajasthan, plus prolifique en camélidés. Malgré de nombreux panneaux indiquant que les pourboires sont interdits, votre *mahout* n'hésitera pas à en quémander un à l'arrivée dans la cour de Jaleb Chowk. Refusez poliment. La montée à dos d'éléphant n'est possible que le matin, entre 8h30 et midi. Ils partent ensuite déjeuner et se baigner.

▸ **Spectacle de son et lumière.** Musique folklorique et panorama géant sur le fort d'Amber et le palace, le fort Jaigarh, sur la gauche, et les collines, en toile de fond. Tous les jours à 19h30, début du spectacle (en anglais). Spectacle payant. Renseignements et réservations : ✆ +91 141 253 08 44 – ✆ +91 141 253 10 42

Le fort d'Amber, Jaipur.

TEMPLE JAGAT SHIROMANI ★

6 Sagar Road

Accès libre.

Ce temple du début du XVIIe siècle fut commandité par la reine Kanakwati, suite au décès prématuré de son fils. Il se distingue des autres temples du village par son architecture faisant intervenir plusieurs inspirations. Après avoir gravi quelques marches, vous passez sous un *toran*, un portique en pierre à guirlandes typique du jaïnisme. Le temple, lui, s'inspire des temples du sud de l'Inde. On retrouve notamment des frises répétitives sur le bas de la plateforme. Les statues du gopuram, elles, sont la réplique de celles de Khajuraho pour certaines.

HOTEL ADHBHUT €€

311 Badrinath Colony

✆ +91 141 253 0051

www.adhbhuthotel.com

Comptez 7 500 Rs pour une chambre double avec vue sur le fort d'Amber, petit déjeuner compris.

Face au Fort d'Amber sur la colline qui surplombe le village, cet hôtel sur deux niveaux abrite une vingtaine de chambres. Si la construction récente et sans charme du bâtiment n'a pas de quoi retenir l'attention, la vue sur le fort d'Amber est magique. Vous en profiterez depuis les plus grandes chambres à l'étage ou depuis la terrasse panoramique sur le toit. L'ambiance est chaleureuse, car c'est toute une famille qui vous accueille : Madame est un fin cordon-bleu et Monsieur un guide expérimenté. La grande pelouse au pied de l'hôtel permet de se détendre.

KAWA GUEST HOUSE €€

Siyaram Ki Doongri

✆ +91 77 42 06 66 46

Comptez 2 800 Rs pour une chambre double, petit déjeuner compris.

Cette maison de caractère compte 3 chambres impeccables, cachées derrière de belles portes anciennes en bois sculpté. Les meubles sont d'époque et chinés avec soin et tranchent avec le décor monacal, tout juste égayé de très beaux tissus. Un agréable jardin entoure la maison et permet de prendre son petit déjeuner au soleil le matin. Cette chambre d'hôtes est née de la volonté de la Française Marie-Noëlle Jaffré, agent de musiciens indiens de renommée internationale. La maison compte également un centre culturel qui permet aux artistes en résidence de travailler.

MOSAIC'S GUEST HOUSE €€

Siyaram Ki Doongri

✆ +91 141 253 0031

www.mosaicsguesthouse.com

Compter 4 500 Rs pour une chambre double, petit déjeuner inclus. Réduction en été.

Cette adorable maison en pleine campagne est composée de 4 chambres qui entourent la terrasse avec vue panoramique sur le majestueux fort d'Amber. Sobriété, simplicité et authenticité sont les maîtres mots de cette adresse de charme aménagée avec goût. Tenue par un Français créateur de superbes mosaïques, cette bâtisse est renommée pour son calme, sa délicieuse cuisine et son service parfait. Si le tumulte de Jaipur vous effraie et que vous souhaitez passer la nuit au calme, venez poser vos valises dans ce coin de campagne pour une nuit ou plus.

SURYA HAVELI €€

Gandhi Chowk

✆ +91 93 51 13 75 51

www.suryahaveli.com

A partir de 9 440 Rs pour une chambre double, petit déjeuner inclus.

Cette très ancienne haveli a été somptueusement restaurée et décorée par Madhu Singh, la fille du Thakur de Rampura, propriétaire de l'édifice. Les travaux pharaoniques ont permis la pose d'un ascenseur, et réhabilité avec splendeur ce qui était une ruine ou presque. Les volumes étroits sont compensés par des jeux de miroirs dans les parties communes. Les chambres sont petites, mais savamment aménagées, avec du goût, de la couleur et modernisent grandement le style « rajasthani ». Certaines chambres offrent de belles vues sur la forteresse et sa muraille.

1135 AD €€€

Amber Fort

✆ +91 98 29 74 44 16

Ouvert tous les jours de 11h à 17h et de 19h à 23h. Comptez 1 500 Rs pour un repas. Réservation impérative.

Ce restaurant situé à l'intérieur du fort d'Amber vous donnera l'occasion de festoyer à la table des maharajas. Le cadre éperdument romantique se prête à un dîner en amoureux. Dîner aux chandelles dans la cour quand les soirées se font douces ou sous les lustres en cristal de la grande salle à manger, le faste de l'endroit saute aux yeux. Une expérience savoureuse à recommander à tous les amoureux. Attention, le restaurant n'est pas facile à trouver. Il est de l'autre côté de la forteresse. Mieux vaut y aller en taxi si vous n'avez pas de voiture avec chauffeur.

NAHARGARH ★★

Nahargarh, « la demeure des tigres », est situé sur les contreforts des monts Aravalli, et surplombe la ville rose de Jaipur. Édifiée au XVIIIe siècle, il s'agissait d'une résidence secondaire pour la famille royale. Certaines de ses fortifications sont connectées avec le fort de Jaigarh. L'endroit est populaire au coucher du soleil et les jeunes couples viennent admirer le ciel rosir le temps d'une pause romantique. La route d'accès au fort part de la route pour le fort d'Amber, sur la gauche. Comptez une quinzaine de minutes depuis Badi Chaupar en véhicule motorisé. En *auto-rickshaw*, la course vous coûtera 300 Rs avec le temps d'attente.

FORT DE NAHARGARH ★★

Nahargarh Road

Ouvert tous les jours de 10h à 18h30. Entrée : 200 Rs. Compris dans le ticket composite.

Moins spectaculaire que ses voisins, le « fort du Tigre » vaut le déplacement pour son magnifique point de vue sur Jaipur qu'il surplombe. Jai Singh II décida de sa construction en 1734, afin de protéger sa nouvelle capitale. Une légende rapporte que les travaux auraient dérangé l'âme d'un prince rathore, décédé autrefois sur ces terres glorieuses. Il fallut alors procéder à une cérémonie spéciale pour apaiser l'esprit du mort. Le fort compte un gracieux *baori* (puits à escalier) ainsi qu'un petit palais, bâti au XIXe siècle pour les épouses de Ram Singh II. Vide de tout mobilier, il a conservé quelques peintures murales et des vitraux.

▶ **Selon une légende, Jai Singh II aurait fait enterrer le trésor des Kachhwaha** dans le fort de Nahargarh. Il en aurait confié la garde à des guerriers Meena, l'ethnie qui occupait autrefois le site. Après son accession au pouvoir, chaque maharaja aurait eu le droit de voir au moins une fois ce trésor. Un garde meena devait le conduire dans la salle secrète, les yeux bandés. La rumeur aurait même intéressé les services des impôts d'Indira Gandhi. Durant les années 1970, des fonctionnaires avides auraient procédé à des fouilles, en vain.

▶ **Nahargarh au coucher du soleil.** La visite du fort est idéale en fin de journée. Le site est accessible jusqu'à 22h et vous pourrez siroter une boisson à la cafétéria située sur la muraille. De là, vous bénéficiez d'une vue imprenable sur Jaipur et le soleil couchant. En haute saison, le site est très fréquenté, mieux vaut venir tôt.

PARC DE KANAK VRINDAVAN

Ouvert tous les jours de 8h à 17h.

Ces jardins situés au pied de la colline de Nahargarh ont été conçus par le maharaja Sawai Jai Singh au XVIIe siècle. Le jardin est protégé des regards par un mur orné de chhatris et de dômes en forme de bulbe. Il comprend un temple dédié à Krishna, des fontaines et des bassins de marbre, et de vertes pelouses plantées d'arbres. Il est divisé en 8 sections distinctes qui constituent une très agréable promenade à l'écart de la foule. La référence à Vrindavan fait écho à la description de la vallée mythologique où a résidé Krishna.

GAITOR ★★

Petit village au pied de la colline du fort de Nahargarh, Gaitor est célèbre pour ses cénotaphes royaux. De Jai Singh II, fondateur de la ville de Jaipur, à Bhawani Singh, décédé en 2011, chaque maharaja de la lignée royale dispose de son propre monument funéraire, aux colonnes et coupoles travaillées. A seulement 8 km de la ville, ce serait dommage de ne pas admirer un des plus beaux sites de cénotaphes du Rajasthan.

Transports

▶ **Rickshaw.** Comptez 200 Rs pour vous rendre aux cénotaphes de Gaitor depuis le centre-ville de Jaipur, avec le temps d'attente et le trajet retour.

CÉNOTAPHES DE GAITOR ★★

Amer Road

Ouvert de 9h à 15h30. Entrée : 100 Rs. Inclus dans le ticket composite du City Palace.

Aux antipodes du brouhaha de la cité rose, l'endroit offre une halte reposante. D'imposants monuments funéraires en marbre blanc ou en grès ocre ont été édifiés sur le lieu de crémation des maharajas. Les halls à colonnes coiffés d'une majestueuse coupole forment un ensemble étonnant. Certains sont ornés de sculptures représentant des apsaras ou des musiciens. Le plus impressionnant est celui de Jai Singh II avec ses 20 colonnes sculptées. Le lieu n'est pas morbide. On a plutôt l'impression de déambuler au milieu de palais miniatures au style rajpoute flamboyant

GALTA ★★

Les temples de Galta, un haut lieu de pèlerinage hindou, se trouvent à 10 km de Jaipur, en empruntant la Surajpol Bazar Road. L'ensemble comprend des réservoirs, des bassins, plusieurs sanctuaires dont l'un est dédié au dieu-soleil, cachés dans une gorge rocailleuse. Les lieux sont littéralement gardés par Hanuman et son armée de singes.

Transports

- **Véhicule motorisé.** En l'absence de bus, la seule solution est de prendre un rickshaw ou un taxi. Comptez 300 Rs en rickshaw et 500 Rs en taxi depuis le centre-ville de Jaipur, temps d'attente compris.

Singe du temple de Galta (Monkey Temple).

TEMPLES DE GALTA ★★

À 10 km à l'est de Jaipur.

Donation libre.

Les temples de Galta sont aussi connus sous le nom de « temple des Singes ». Une source d'eau miraculeuse serait à l'origine de ce lieu de pèlerinage niché dans une gorge étroite. Le site aurait recueilli l'ascète Galtav qui aurait médité ici et sanctifié ces lieux il y a des siècles. Se baigner dans l'un des deux bassins aménagés près de la source permettrait de purifier son âme et aiderait dans son cheminement vers la délivrance.

L'accès se fait par un chemin bordé d'un temple et d'un dharamsala arborant de magnifiques fresques en partie restaurées. Le gardien du temple d'Hanuman aura vite fait de vous alpaguer pour vous montrer l'idole du temple, qui ne présente aucun intérêt. Ceci n'est que pour vous extorquer un don pour le temple, aussi passez votre chemin.

En poursuivant, vous arrivez à la base d'un temple précédé d'un grand bassin servant d'abreuvoir aux nombreux singes du site. Empruntez les escaliers qui longent ce temple par la droite. Au sommet, se trouve le temple le plus sacré du site. C'est dans cette grotte que Galtav serait venu méditer. Le brahmane, s'il n'est pas occupé à des rituels, se fera un plaisir de vous raconter l'histoire du lieu et d'échanger avec vous.

En continuant sur le sentier, vous rejoignez la ligne de crête dominant Jaipur et traversez quelques sanctuaires, dont un temple dédié au dieu Soleil, Surya, l'ancêtre mythique des Kachhwaha. Vous croiserez aussi quelques *sadhus* affables et des singes peu farouches. De là-haut, comptez 20 minutes de marche pour retrouver les avenues de Jaipur.

SANGANER ★

Cette ville des faubourgs de Jaipur est célèbre pour ses tissus imprimés au bloc de bois, dans les tons bleus ou rouge. Elle ne devrait attirer que les passionnés de textile ou d'artisanat et les commerçants venus refaire leurs stocks. Vous pourrez visiter de nombreux ateliers et un petit temple jaïn du XVIIe siècle (accès limité), enrichi de quelques statues de tirthankar en grès poli.

Transports

Les bus pour Sanganer partent à proximité d'Ajmeri Gate toutes les 15 mn. Compter 1 heure de trajet pour parcourir les 18 km. Faites-vous déposer au grand carrefour en bout de piste de l'aéroport, puis traversez la rivière.

SAKSHI HAND BLOCK TEXTILE PRINTER ★

Diggi Malpura Road

✆ +91 141 273 1476

www.sakshiint.net

Bienvenue dans une fabrique de teinture de textile artisanale : 400 ouvriers, fours à bois pour teindre à chaud, séchoirs et Pushpendra Doraya, un patron adorable qui donne des explications vraiment claires et précises sur son travail. L'impression s'effectue à la main à l'aide de tampons en bois. La complexité des motifs peut s'avérer parfois surprenante. Les passionnés de tissu en auront pour leur compte. A noter, il est possible de suivre des cours de *block print* d'une demi-journée.

BAGRU

À 32 kilomètres à l'ouest de Jaipur, sur la route d'Ajmer, le village de Bagru est presque entièrement consacré à la manufacture du « blockprint ». Cet artisanat renommé dans l'Inde entière consiste à imprimer des motifs sur des tissus à l'aide de tampons de bois sculptés. Bagru est sans conteste l'une des capitales de cet artisanat très particulier et les impressions bagru et dabu pratiquées ici sont connues de tous les amateurs de textile. En vous promenant dans les rues de ce village, vous verrez des artisans à l'œuvre, occupés à saupoudrer les teintures fraîches de sciure de bois, à rincer les teintures d'indigo ou à sculpter les blocs de bois.

SAMODE ★★

Situé à 42 km au nord-ouest de Jaipur, le paisible village de Samode est une escale agréable à l'écart de l'agitation de la ville. Outre les temples et le Samode Palace, le visiteur fera ici le plein d'objets artisanaux renommés : sculptures en pierre, en bois ou en métal, peintures miniatures, articles en cuir. Le village compte également d'anciennes havelis peintes qui méritent le coup d'oeil et qui vous donneront un aperçu du Shekhawati, ainsi qu'un très beau puits en escalier.

Transports

Depuis Jaipur, les bus pour Samode partent de la gare routière toutes les heures environ. Comptez au moins 2 heures de trajet.

STUDIO BAGRU

Lal Kothi
✆ +91 91 16 11 24 56
www.studiobagru.com
Compter 4 000 Rs pour une journée de visite et un atelier d'impression, déjeuner compris.

Studio Bagru est une jeune entreprise d'impression textile qui perpétue l'art des motifs bagru et dabu. En plus de posséder son propre studio de création, la petite entreprise propose également des visites de Bagru et des ateliers d'impression de textile, sur une journée ou deux. La visite est vraiment passionnante et se fait en compagnie d'un guide anglophone, afin de pouvoir interagir avec les locaux. Vous visiterez des ateliers où les artisans travaillent dans leurs maisons, des ateliers de sculpture de blocs de bois, le terrain où des mètres et des mètres de tissus sont mis à sécher au soleil et vous pourrez imprimer vous-même un foulard à ramener chez vous. Les sessions démarrent à 9 heures pour s'achever sur le coup de 14 heures. Un déjeuner cuisiné par les femmes de la maisonnée vous sera servi. C'est aussi l'occasion de goûter à une cuisine familiale traditionnelle très différente de ce qui est servi dans les restaurants.

Bagru est célèbre pour deux types d'impression : le bagru et le dabu. Le dabu est une technique d'impression au bloc de bois. La teinture fraîche est immédiatement saupoudrée de sciure de bois afin de la protéger. Le tissu est ensuite teint à l'indigo dans de grands bassins, puis mis a sécher au soleil. Le bagru est une technique légèrement différente, qui ne marie que deux couleurs naturelles : le rouge (à base de cochenille) et le noir. Ces motifs et techniques d'impression sont prisés des marques de vêtements tendance du type Anokhi ou FabIndia, ou également utilisés pour du linge de maison.

© SALVADOR AZNAR - SHUTTERSTOCK.COM
Samode.

SAMODE PALACE €€€

Village Samode
✆ +91 142 324 0014
www.samode.com
A partir de 37 760 Rs pour une chambre double, petit déjeuner compris. Réductions en basse saison.

Plongez dans le cadre étourdissant de ce palais fortifié vieux de 400 ans. La demeure du maharaja de Samode a été transformée en hôtel de luxe en 1985. Vous y trouverez tout le nécessaire pour un séjour dépaysant et relaxant : 2 piscines, 2 restaurants, bar, spa... Ne manquez pas la visite du somptueux *darbar hall* (salle de réception) richement décoré. Le personnel de l'hôtel vous proposera également une visite du village qui vaut vraiment la peine. Un endroit absolument magnifique, chaudement recommandé si votre bourse le permet.

BHANGARH

Entre Alwar et Jaipur, le petit village de Bhangarh mérite le détour. Il est réputé pour la taille du marbre et les artisans pratiquent l'art moorti sur leur pas de porte. Il s'agit de la fabrication de statues religieuses, qui représentent le plus souvent Ganesh, Krishna, Durga, Hanuman, etc... Ainsi, vous pénétrez dans le village en traversant un nuage de poussière de marbre. Mais Bhangarh est surtout connu pour son fort et son village fantôme qui auraient été victimes d'un sort lancé par le sadhu Baba Balak Nath. Un prêtre officie d'ailleurs à des séances de désenvoûtement dans le petit temple installé à l'intérieur de l'ancien palais.

FORT DE BHANGARH

Gola ka Baas

Ouvert tous les jours de 10h à 17h. Entrée : 300 Rs.

Bhangarh Fort est une ancienne forteresse dominant un vaste parc arboré, une série de temples et un village en ruines. Selon la légende, le village aurait été abandonnée suite à la malédiction proférée par le sadhu Baba Balak Nath. Il avait annoncé la destruction de la ville si jamais une maison projetait son ombre sur la sienne. En réalité, ce fort, appartenant à la dynastie des Kachhwahas d'Amber, a été abandonné avec le temps, et le village avec. Le fort fut construit au XVIe siècle par le maharaja Bhagwant Das pour son fils Mado Singh. La présence royale attira une cour de notables et un village se développa au pied du fort-palais. Quelques temples ont également été construits aux abords du palais. Bhangarh Fort fait aujourd'hui l'objet d'une visite agréable dans un parc planté de palmiers et de banyans majestueux.

▸ **Le vieux village.** L'accès au fort se fait par le village en ruines qui comptait 229 havelis et 550 magasins. On devine encore les grandes maisons des notables et l'ancien marché dans la rue principale.

▸ **Les temples.** Ils sont au nombre de cinq. Pour les visiter, il suffit de suivre les allées dallées. Les temples de Mangla Devi et de Keshav Rai sont perdus dans le parc, tandis que ceux dédiés Ganesh et de Gopinath sont installés le long de l'allée centrale. Plus haut, sur la gauche, au pied du mur d'enceinte du fort se trouve le temple de Somesvara.

▸ **Le fort.** Il ne reste pas grand-chose de l'ancien palais, mais on peut encore grimper jusqu'à son sommet et admirer le parc bien entretenu et les montagnes des Aravalli.

SARISKA NATIONAL PARK ★

Située entre Jaipur et Alwar, Sariska abrite une réserve de 800 km² peuplée d'une dizaine de tigres. Après la disparition de l'espèce en 2005, des félins ont été transférés du Parc de Ranthambore. Vous n'apercevrez peut-être pas de félins, mais des antilopes, des cerfs, des sangliers et de nombreux oiseaux. Sariska dépendait du royaume d'Alwar et était la réserve de chasse privée des maharajas.

Transports

Prendre un bus en direction de Jaipur depuis la gare routière d'Alwar. Demandez au chauffeur de vous laisser à l'entrée de la réserve.

SARISKA NATIONAL PARK ★★

http://fmdss.forest.rajasthan.gov.in

Safari : 2 600 Rs en jeep et 2 200 Rs en canter. Safaris matin et après-midi.

Ancien territoire de chasse des maharajas d'Alwar, une réserve naturelle a été aménagée sur ce site dans les années 1950. Parc national depuis 1982, l'État a échoué dans sa mission de protection des tigres, car l'espèce y avait totalement disparu en 2005. Depuis, une politique de réintroduction a été entreprise avec des tigres venus du Parc national de Ranthambore voisin. Aujourd'hui, la réserve abriterait une trentaine de félins, mais les villageois présents dans la réserve sont hostiles à ce programme. La délocalisation de 28 villages à l'extérieur du parc afin de protéger l'espèce en voie de disparition a provoqué l'ire des habitants expropriés qui supportent mal le danger de la présence de tigres aux abords de leurs maisons.

La meilleure période pour tenter d'apercevoir un tigre est de mars à juin, lorsque la sécheresse le pousse vers les rares points d'eau. S'il ne se présente pas à vos yeux, sachez que la réserve compte de nombreuses autres espèces animales (sambar, chital, sanglier, paon ou panthère...). Sariska est appréciée des amateurs de safaris qui prennent plaisir à guetter et traquer les animaux avec leur appareil photo.

Si vous avez le temps, ne manquez pas de vous rendre au fort de Kankwari, ruine enfoncée à 22 km à l'intérieur du parc. Vous traverserez quelques villages et pourrez admirer le magnifique paysage. Compter 4 à 5 heures de safari. N'oubliez pas de prendre vos bouteilles d'eau. La légende assure qu'Aurangzeb y aurait fait emprisonner l'un de ses frères, candidat rival au trône moghol.

TIGER'S DEN €€

Tourist bungalows
© +91 144 284 1342
www.rtdc.in/tigerden.htm
A partir de 4 000 Rs pour une chambre double, en demi-pension.

Comme la plupart des établissements RTDC (gouvernementaux), cet hôtel offre un mauvais rapport qualité-prix. Les chambres sont simples et dénuées de charme, mais le cadre est tranquille. Un peu désolé même. Les coursives interminables et les pièces immenses et peu meublées donnent l'impression de se promener dans un navire fantôme. Le réel intérêt de cet établissement réside dans sa proximité avec l'entrée de la réserve et le bureau de réservation des safaris. Il compte également un restaurant proposant une cuisine indienne, continentale et chinoise passable.

SARISKA MANOR €€€

© +91 95 75 95 64 42
www.sariskamanor.com
A partir de 20 000 Rs pour une chambre double, en pension complète.

Ouvert en 2019, cet établissement propose 26 chambres réparties dans 7 bungalows inspirés des pavillons de chasse britanniques. Les chambres donnent sur le jardin central de la propriété composée de plantes ornementales et fruitières, de parterre de fleurs et de rangées de potagers. Le Sariska Manor est entouré d'une jungle verdoyante et dense, idéale pour l'observation de la faune et de la flore, notamment des oiseaux. Des vélos sont mis à disposition pour visiter les collines des Aravalli, les villages alentour et plusieurs temples et monuments historiques.

SARISKA PALACE €€€

Rundh Baleta
© +91 144 284 1323
www.thehotelsariskapalace.net/
Comptez entre 12 500 Rs et 25 000 pour une chambre double (hors taxes), en pension complète.

Cette résidence de chasse, construite en 1898 au milieu de nulle part par le maharajah d'Alwar en l'honneur du prince Connaught, devint un hôtel en 1977. L'immense parc en surplomb de la Réserve de Sariska en fait un lieu de villégiature reposant. Dans les couloirs du palais trônent les photos et tableaux de chasse du maharajah. Les chambres immenses ont de très belles salles de bains, mais le mobilier n'est pas au niveau. L'hôtel organise des safaris et des excursions dans les villages environnants. Le restaurant et l'accueil sont d'excellente qualité.

TREES N TIGERS €€€

Village Kushalpura
© +91 70 23 88 83 87
www.treesntigers.com
Comptez 11 500 Rs pour une tente de luxe ou un cottage double (hors taxes), petit déjeuner inclus.

Ce très beau resort est dissimulé au cœur des montagnes Aravalli derrière un muret de pierres. Il offre une escale en pleine nature. Depuis les jardins ou le bord de la piscine, vous pourrez observer les oiseaux s'égayer. Les vastes chambres sont abritées dans de luxueux cottages de 120 m², où une large place est donnée à la lumière naturelle. Les matériaux nobles sont mis à l'honneur aussi bien dans les chambres que dans les salles de bains : bois blond, dalles de pierre au sol, coussins de soie sur le lit. L'excellent restaurant et le bar occuperont vos soirées.

ALWAR ★★

La ville porte non seulement le nom d'un maharaja, mais c'est aussi celui des plus doux gâteaux au lait d'Inde. A votre arrivée, les rickshaws accourent : hors saison la venue d'un touriste est une aubaine, une curiosité créant un attroupement surprenant. Alwar est une ville peu touristique et plutôt connue pour ses nombreuses universités, dont cinq sont privées.

C'est une ville étudiante et calme où l'on croise peu de voitures. Les Indiens viennent y faire des affaires, dans le textile notamment, mais aussi y étudier la médecine ou simplement se promener. Car Alwar est une cité très verte, comme l'aurait voulu Nehru pour toute l'Inde.

Histoire

La situation stratégique d'Alwar, entre le royaume Kachhwaha et Delhi, a très tôt suscité les convoitises. A priori fondée au XIe siècle, la ville a connu des querelles entre les dynasties locales. Rajput, sultans de Delhi, empereurs moghols et souverains Jat de la voisine Bharatpur ont occupé le site jusqu'à ce que le prince Pratap Singh, apparenté aux Kachhwaha, en prenne le contrôle en 1771.

En 1803, Bakhtawar Singh fut l'un des premiers souverains rajpoute à se ranger sous la tutelle anglaise. Il garantit ainsi la paix de son royaume face à ses puissants rivaux et aux armées marathes qui menaçaient encore la région. Les maharajas d'Alwar se firent alors remarquer par leur amour de la chasse et leurs tendances excentriques, à l'image de Jai Singh destitué par les Britanniques pour cause de folie.

Tourisme

L'Office de Tourisme est installée en face de la gare d'Alwar (✆ +91 144 234 7348). Vous y trouverez quelques brochures et une carte de la ville.

Transports

▸ **Bus.** La gare routière est située en plein centre de la ville. Vous pourrez vous rendre directement à Jaipur (durée : 4 heures), à Bharatpur (durée : 4 heures), à Mathura (durée : 4 heures), à Delhi (durée : 4 heures) ou encore à Agran (durée : 6 heures).

▸ **Train.** Alwar est située sur la ligne Delhi-Jaipur. La gare est à 2 km à l'est de la ville. Les trains desservent Ajmer (durée : 5 heures environ), Delhi (durée : 4 heures environ) ou Jaipur (durée : 2 heures 30 environ).

PALAIS VINAY VILAS (CITY PALACE) ★

Mohalla Ladiya

Ouvert du mardi au dimanche de 9h45 à 17h15. Entrée au musée : 100 Rs.

Mal entretenu, le palais d'Alwar abrite aujourd'hui la Commission électorale du district. Édifié par le maharaja d'Alwar Pratap Singh à la fin du XVIIIe siècle, le bâtiment a conservé une charmante façade égayée de balcons et de chhatris, ces petits clochetons de pierre qui ornent nombre de monuments au Rajasthan. La cour d'honneur, dallée de marbre, ouvre sur une grande salle de réception dépourvue de mobilier. Elle servait notamment à recevoir les notables et ministres lors de l'intronisation d'un nouveau maharaja. Le dernier étage abrite un musée avec d'intéressantes collections d'armes, de bibelots, de manuscrits historiques et de miniatures délicates, un art emblématique du Rajasthan. La terrasse voisine offre de belles vues sur la région, ses collines et la vieille forteresse de Bala qui domine le site (fermée au public). Derrière le palais, le cénotaphe du maharaja Bakhtawar Singh, en grès rouge et marbre blanc, a conservé de gracieuses sculptures et peintures. La veuve du souverain pratiqua le sati en 1815 en se jetant dans le bûcher funéraire de son mari. Des fidèles viennent encore déposer des fleurs sur les empreintes de pieds gravés dans le sol et commémorant le sacrifice de cette épouse modèle.

▸ **Les bords du petit lac voisin,** ornés de nombreux *chhatri*, offrent un cadre très serein en fin d'après-midi… Mais l'eau verdâtre n'engage pas à la baignade. De plus, il ne fait pas bon s'y attarder le soir, car les moustiques sont nombreux.

NEW TOURIST HOTEL €€

2 Manu Marg

✆ +91 144 270 0897

Comptez entre 1 500 Rs et 3 500 Rs pour une chambre double.

Avec sa petite échoppe fast-food, le jardin est un lieu agréable pour observer l'agitation timide de la ville. Les chambres les plus chères sont assez bien tenues, mais la climatisation fait un vacarme d'aérogare. Les prix affichés sont élevés par rapport au confort proposé, même si la direction est persuadée de proposer des chambres élégantes. Il faut bien avouer qu'un effort a été fait, avec des têtes de lit rembourrées, des faux plafonds rétro-éclairés et de petits coussins négligemment posés sur le lit. N'hésitez pas à négocier ferme.

DADHIKAR FORT €€€

Dadhikar

✆ +91 94 61 87 26 71

www.dadhikar.in

A partir de 10 800 Rs pour une chambre double, petit déjeuner inclus.

Racheté à l'état de ruine en 2007, le propriétaire n'a pas ménagé ses efforts pour redonner à cet ancien fort tout son faste. Ici, point de luxe outrageux, mais beaucoup d'espace. Les chambres, ou plutôt suites, se déclinent autour de salons, de coins de jour, de salles de bains immenses… Idéal pour une escapade au vert, ce fort est immergé dans la nature. Au programme, la détente avec un grand D : randonnées à vélo, promenades en dromadaire, cours de cuisine végétarienne, safari à Sariska ou spa. Seul point noir, la route d'accès au fort, très dégradée.

HILL FORT KESROLI €€€

Village Kesroli

✆ +91 146 828 9352

www.neemranahotels.com

A partir de 5 600 Rs pour une chambre double, petit déjeuner inclus.

Kesroli est un des plus vieux forts habitables du Rajasthan. Datant du XIVe siècle, il fut transformé en hôtel en 1998. Les chambres, parfois petites, résistent bien au temps avec leur murs chaulés et tissus de couleur vive. Chacune possède son identité propre et sa décoration particulière, sa taille aussi. A vous de voir celle qui saura vous séduire. On apprécie de pouvoir dîner sur le chemin de ronde dominant la belle campagne environnante. Mais ne pas oublier l'antimoustique ! Piscine et spa complètent ce moment de détente et de sérénité.

SRI KRISHNAM HOTEL AND RESTAURANT €

Rajgarh Road

Ouvert tous les jours de 8h à 23h. Compter 300 Rs pour un repas.

L'adresse ne mérite certes pas le détour, mais elle permet de se livrer à l'expérience intéressante qu'est le *dhaba* indien. Il s'agit d'un restaurant populaire, à tout petits prix, que l'on pourrait comparer aux restoroutes de nos grands-parents. Il ressemble à tous les autres, avec sa terrasse couverte, ses chaises en plastique, sa salle sombre et triste. La cuisine est correcte, les chapatis sont servis au fur et à mesure afin qu'ils demeurent bien chauds et souples.

NEEMRANA

A mi-chemin entre Delhi et Jaipur, Neemrana est une petite ville d'un peu plus de 10 000 habitants. Elle est située à la frontière entre l'Haryana et le Rajasthan. Depuis quelques années, l'Etat du Rajasthan a investi les pourtours de la ville pour y implanter des industries. Les hautes cheminées et les bâtiments de tôle gigantesques prennent peu à peu la place des champs. La ville est dominée par un fort impressionnant, dont les fondations remontent au XVe siècle. Celui-ci a été transformé en hôtel dans les années 70, devenant le premier d'une longue lignée de propriétés privées à entretenir et valoriser son patrimoine grâce au public.

NEEMRANA FORT PALACE €€€

Delhi - Jaipur Expressway ✆ +91 149 467 2800

www.neemranahotels.com

A partir de 7 840 Rs pour une chambre double, petit déjeuner inclus.

Premier fort à être transformé en hôtel dans les années 70, Neemrana impressionne par ses dimensions. Le dédale d'allées, de bâtiments, d'ailes en font un véritable labyrinthe, à tel point qu'un plan vous est remis à l'arrivée. Toutes les chambres sont différentes, en taille et décor, mais toutes respectent le style ancien de la région. Remontant au XVe siècle pour sa partie la plus ancienne, le fort de Neemrana étale sous vos yeux ébahis l'histoire des fiers guerriers rajpoutes. Le soir des milliers de loupiotes s'allument pour prolonger le conte de fées.

TIJARA

A priori, rien ne devrait vous pousser à passer par Tijara, si ce n'est son somptueux fort transformé en hôtel. Cette petite ville de 20 000 habitants se trouve à la lisière de l'Haryana, aux confins de la campagne du Rajasthan. Elle compte un marché parfaitement authentique, sur lequel vous ne croiserez aucun touriste, ainsi qu'une riche histoire. En 900, Tijara est sous la férule du roi rajpoute Charu Rao. Un siècle plus tard, l'arrivée des musulmans pousse ses descendants à fuir à Delhi. Tijara passe sous domination musulmane au XIIe siècle. Celle-ci durera jusqu'à ce que les souverains se réfugient à Bhopal lors de la Révolution de 1857.

TIJARA FORT PALACE €€€

Hasanpur Mafi, Elaka

✆ +91 95 87 88 50 03

www.neemranahotels.com

A partir de 10 620 Rs pour une chambre double, petit déjeuner inclus. Piscine.

Après une ascension fastidieuse jusqu'au sommet de la colline, vous pénétrez dans cet ancien fort du XIXe siècle par le Hawa Mahal. Le palais est désormais transformé en réception. L'enceinte du fort abrite deux grandes ailes, le mardana et le zenana, transformés en hôtel. Les autres bâtiments accueillent bar et restaurant. Des travaux d'envergure étaient en cours lors de notre visite pour accueillir une nouvelle salle de restaurant. L'hôtel compte bien entendu une superbe piscine et un spa. Le thé est servi au jardin tous les jours avec des snacks.

ENVIRONS DE JAIPUR

RANTHAMBORE NATIONAL PARK ★★★

Le Parc national de Ranthambore est l'un des cinq parcs naturels de l'État du Rajasthan. Il est situé à 180 kilomètres de Jaipur, à 362 kilomètres au sud-ouest de Delhi et à 10 kilomètres de Sawai Madhopur. Il fut déclaré Parc national en 1981. Le parc couvre une superficie d'environ 400 km² offrant des paysages extraordinaires, des lacs et des falaises, des zones marécageuses, des forêts. Il s'agit de l'ancien terrain de chasse des maharajas de Jaipur et de nombreuses parties de chasse se sont déroulées ici, à dos d'éléphant pour être au plus près des félins. La chasse aux tigres fut interdite en 1970 seulement. En 1973, le gouvernement a mis en place le Tiger Project afin de protéger les tigres (dont ceux de la réserve de Sariska à côté d'Alwar ou de Ranthambore), alors en voie d'extinction. A l'époque, Ranthambore ne comptait plus qu'une douzaine de tigres. Près de 50 ans plus tard, la réserve en abriterait près de 80, même si les méthodes et résultats de comptage par les gardes-forestiers est sujette à caution. D'autre part, cette réussite soulève d'autres problèmes, surtout auprès des paysans locaux. Avant la mise en place du projet, ces derniers avaient l'habitude de faire paître leurs troupeaux sans craindre les griffes du tigre. Certains employés de la réserve ont également été impliqués dans un scandale de braconnage. Heureusement, c'est de l'histoire ancienne. Aujourd'hui Ranthambore est la réserve la plus fréquentée d'Inde, en raison de sa proximité avec Delhi notamment.

Transports

▸ **Bus.** La gare routière est installée à proximité de la gare ferroviaire. Cependant, rares sont les bus à desservir Sawai Madhopur. Vous pourrez notamment emprunter un bus à destination de Kota (durée : 4 heures), Bundi (durée : 3 heures) et Jaipur (durée : 4 heures 30).

▸ **Train.** Pour le Parc national de Ranthambore, la gare est celle de Sawai Madhopur, la ville la plus proche. Le bureau de réservation est ouvert de 8h à 20h et jusqu'à 14h le dimanche. Vous pourrez notamment emprunter un train pour Agra (durée : 7 heures), Derlhi (durée : 6 heures 30 environ), Jaipur (durée : 2 heures), Kota (durée : 1 heure 30 environ), Udaipur (durée : 7 heures 15).

FOURBERIES ET BÛCHER

En 1301, les troupes du sultan de Delhi Alauddin Khilji encerclent Ranthambore et font croire à la mort du souverain local Hammir Deva. Entrevoyant la défaite, les femmes de Ranthambore se jetèrent dans les flammes d'un immense bûcher, perpétrant ainsi le premier *jauhar* (suicide collectif) de l'histoire du Rajasthan. À l'annonce de cette nouvelle, Hammir Deva, fou de rage, se serait tranché la tête devant la statue de Shiva. Un moment occupé par les Chauhan de Bundi, le fort tomba aux mains de l'empereur moghol Akbar au XVIe siècle. Profitant du déclin de l'empire moghol, les souverains de Jaipur investirent le site au XVIIIe siècle pour en faire leur terrain de chasse.

PARC NATIONAL DE RANTHAMBORE ★★★

www.ranthamborenationalpark.com

Du 1er octobre au 30 juin. Safaris le matin et l'après-midi.

Le Parc national de Ranthambore couvre une superficie d'environ 400 km² au milieu de paysages extraordinaires de forêts et de savane, de marécages et de ruines de pavillons de chasse. Très fréquenté, c'est ici que vous aurez le plus de chance de voir un tigre. En 2021, le recensement officiel faisait état de la présence de 81 félins contre une trentaine en 2010. Malgré ces efforts, la population est toujours soumise à un risque élevé d'extinction en raison du braconnage. Hormis le tigre, le parc abrite de nombreuses autres espèces et vous verrez à coup sûr des cerfs, des daims, des paons et de nombreux oiseaux avec plus de 300 espèces répertoriées.

Le parc a été divisée en 10 zones distinctes. Les zones 1 à 5 constituent les zones centrales, tandis que les zones 6 à 10 faisaient encore partie de la zone tampon jusqu'à il y a peu. Ce découpage permet d'améliorer la circulation à l'intérieur du parc et de répartir les véhicules équitablement. Afin d'améliorer vos chances de voir le félin, prévoyez 3 safaris minimum, en choisissant si possible des zones différentes. Préférez les safaris du matin, quand les animaux profitent de la fraîcheur de l'aube pour se nourrir et boire et se mettre à découvert. Les véhicules étant décapotés, couvrez-vous, car il peut faire frais voire froid (notamment en décembre-janvier). Bonnet et foulard ne seront pas de trop. En été, prévoyez une bonne protection contre le soleil (lunettes, chapeau, crème) et de l'eau en quantité suffisante.

SAFARI BOOKING OFFICE

Sherpur Road
http://fmdss.forest.rajasthan.gov.in
2 746 Rs en gypsy (jeep 6 pers.), 2 179 Rs en canter (camion 20 pers.).

Réserver vous-même votre safari vous fera économiser quelques roupies substantielles. On se demande quand même pourquoi les autorités ont été mettre le bureau de réservation si loin de l'entrée du parc et des hôtels… Il vous faudra pointer 2 heures avant les départs officiels pour obtenir un billet. Il est également possible de réserver en ligne sur le site de la Gestion des Forêts, moyennant une procédure complexe. Sachez enfin que les procédures de réservation et les tarifs changent régulièrement. Renseignez-vous bien avant de vous déplacer inutilement.

HOTEL PINK PALACE €

1A Tonk Road
✆ +91 746 222 0722
Comptez entre 2 000 Rs et 2 900 Rs pour une chambre double.

Cet hôtel ne vous semblera peut-être pas bon marché dans l'absolu, mais il l'est au regard de Sawai Madhopur. Les chambres, extrêmement rudimentaires, mériteraient un sacré coup de pinceau, un mobilier neuf, des matelas dignes de ce nom et des salles de bains refaites. Vous apprécierez peut-être le grand balcon si vous avez une chambre sur le devant de la maison, mais vous profiterez aussi du bruit de la rue. Vous pouvez tenter de négocier, même si vous aurez toutes les peines du monde à faire descendre le prix au cœur de la saison.

HOTEL RANTHAMBORE REGENCY €€

Ranthambore Road
✆ +91 746 222 3456
www.ranthambhor.com
A partir de 14 160 Rs pour une chambre double, en pension complète.

Lorsque cet hôtel a ouvert ses portes en 1999 il ne comptait que 5 chambres. Désormais, il en compte 72, ainsi qu'une piscine, un spa et un restaurant. Admirablement entretenu, le propriétaire, Ravindra Jain, connaît toutes les ficelles pour satisfaire une clientèle internationale. Les chambres sont spacieuses, dotées d'un large lit double, claires et rendues chaleureuses par une décoration simple et de bon goût. Tout a été pensé et conçu pour satisfaire une clientèle exigeante.

FATEH'S RETREAT €€

Fateh's Retreat, Maa Farm, Ranthambhore Rd, Sawai Madhopur
✆ +91 94 14 03 02 62
www.fatehsretreeat.com
A partir de 29 400 Rs pour une chambre double, petit déjeuner inclus.

Cette adresse rend hommage à Fateh Singh Rathore, celui qui a su donner vie à la Réserve de Ranthambore, en préservant sa forêt et en défendant le tigre auprès des villageois de la région. Cette superbe maison d'hôte joue la carte du luxe discret et du charme envoûtant avec 5 belles chambres lumineuses et décorées avec tact. La piscine, le jardin, le salon privé extérieur à chaque chambre permettent de se détendre en toute quiétude entre deux safaris. La maison ne sert que le petit déjeuner, mais il est possible de se restaurer au Fateh's Café voisin.

FORT DE RANTHAMBORE ★★

Ouvert tous les jours de 6h à 18h. Accès libre.

© DON MAMMOSER - SHUTTERSTOCK.COM

Le fort de Ranthambore se dresse sur un piton rocheux au cœur du parc. Ses murailles envahies par la végétation n'abritent plus que des ruines, mais elles offrent toutefois une vue magnifique sur la forêt et le lac environnants. Les amoureux ne s'y trompent pas et viennent se bécoter discrètement dans les ruines. En venant ici, vous pénétrez gratuitement dans la réserve en raison du temple décié à Ganesh abrité dans le fort. Il attire de nombreux pèlerins toute l'année et plus particulièrement au moment de Ganesh Chaturthi, fin août, début septembre.

© EROMAZE - ISTOCKPHOTO

Parc National de Ranthambore.

MAA ASHAPURA FARM €€

Ranthambore Road
✆ +91 748 704 4212
www.maaashapurafarm.com

A partir de 10 700 Rs pour une chambre double (hors taxes), petit déjeuner inclus.

À mi-chemin entre la gare de Sawai Madhopur et l'entrée principale du Parc de Ranthambore, cet agréable resort surgit derrière un bosquet d'arbres, en pleine campagne. Avec seulement deux chambres climatisées abritées dans un petit bâtiment, quatre tentes reposant sur des socles bétonnés et trois *machan*, des bungalows de bois surélevés, l'endroit se prête parfaitement à quelques jours de détente. Vous y disposerez de tout le confort et même d'une piscine pour vous prélasser, une fois les chaudes journées revenues. Les repas sont préparés avec des produits bio.

RAJ PALACE RESORT €€

Ranthambore Road
✆ +91 746 222 1331
www.rajpalaceranthambhore.com

A partir de 11 900 Rs pour une chambre double (hors taxes), petit déjeuner inclus.

Hôtel et cottages dans un petit complexe avec piscine agréable encadrent un très joli jardin ombragé. Les chambres spacieuses et claires sont équipées simplement, mais avec un lit super king size capable de coucher une famille de 4 ! Rien à redire sur les douches avec pommeau extra large et mitigeur. Prévoir tout de même les bouchons d'oreilles, car la voie ferrée passe tout près et les chambres sont mal insonorisées. Le restaurant propose une carte variée et correcte à prix prohibitif ! Le personnel peut vous aider à organiser votre safari.

NAHARGARH RANTHAMBORE €€€

✆ +91 746 225 2281 - www.alsisar.com

A partir de 25 000 Rs la chambre double (hors taxes), petit déjeuner inclus. Réductions sur le site Internet.

Cette forteresse du XVIe siècle vous attend pour un séjour haut de gamme lors de votre visite du Parc national. Nichée dans les collines des monts Aravalli cette bâtisse semble émerger d'un rêve. Les immenses chambres très soignées au mobilier d'époque possèdent chacune leur propre style. Le restaurant gastronomique de spécialités locales sert une cuisine ajustée aux palais occidentaux. Cet établissement fait partie du groupe Alsisar Hotels, un gage de qualité et d'authenticité. Une expérience incontournable, idéale pour un séjour en amoureux.

SIX SENSES FORT BARWARA €€€

Chauth Ka Barwara ✆ +91 95 79 88 99 00
www.sixsenses.com

A partir de 93 700 Rs pour une suite, petit déjeuner inclus.

L'hôtel est situé à 45 minutes environ de Sawai Madhopur et du parc de Ranthambore, mais vous ne trouverez pas plus bel endroit dans les environs. Six Senses a ouvert son premier établissement en Inde dans ce vieux fort du XIVe siècle en 2021. Fidèle à sa réputation d'exception, la chaîne de luxe met à la disposition de ses clients des suites et non des chambres et propose de nombreuses activités orientées vers la détente du corps et de l'esprit. Méditation sonore, atelier de poterie et spa divin font notamment partie du menu des délices. Absolument exceptionnel.

SUJAN SHER BAGH €€€

Sherpur Road
✆ +91 11 461 727 00
www.thesujanlife.com
A partir de 131 600 Rs pour une tente de luxe double, en pension complète.

Douze tentes cousues main et un mobilier victorien suffisent à faire revivre le faste des safaris au temps des Princes et des Rajas. Ajoutez-y une piscine, un spa, le raffinement des cocktails et canapés servis à l'apéritif, l'extraordinaire qualité des repas préparés avec des produits frais et bio... vous obtenez un campement paradisiaque au cœur de la jungle du Rajasthan. Le Sher Bagh appartient à la chaîne Sujan, spécialisée dans les camps et safaris de luxe en Inde et au Kenya. Leur professionnalisme fera de votre séjour à Ranthambore un moment inoubliable.

FATEH'S CAFE €€

Ranthambore Road
✆ +91 141 494 0007
www.fatehscafe.com
Ouvert tous les jours de 11h à 22h30. Compter 800 Rs pour un repas.

Accolé à la charmante maison d'hôte Fateh's Retreat, le Fateh's Café est rapidement devenu le repaire des naturalistes en herbe ou chevronnés. Dans une belle maison de style donnant sur un jardin, on y vient à toute heure pour partager ses informations les plus fraîches, sur le tigre : où a-t-il été vu ? Quand a-t-il été vu ? Dans quelle direction se déplaçait-il ? Le cadre est agréable, la carte, un savant mélange de spécialités indiennes classiques et d'incontournables occidentaux comme les pâtes, les pizzas ou encore les sandwiches.

TONK

Ville de 170 000 habitants, Tonk est située sur les bords de la rivière Banas. En 1806, Muhammad Amir Khan, un chef-guerrier pachtoune s'empare de la région. Il la retire au maharaja d'Indore, Yashwant Rao Holkar. En 1817, Amir Khan se range aux côtés des Britanniques lors de la Troisième guerre Anglo-Marathe. Ayant choisi le bon camp, il se voit récompensé par la Compagnie Britannique des Indes Orientales qui érige son territoire en État princier. La ville de Tonk a conservé un héritage musulman important avec quelques édifices notoires. La petite ville offre le visage d'un Rajasthan encore authentique à l'écart des sentiers battus.

SHAHI JAMA MASJID

Mothi Bagh

Lorsque Amir Khan hérite de la région de Tonk du Maharaja d'Indore pour ses bons et loyaux services dans son armée, l'un de ses premiers actes fondateurs est de doter ce qui n'est encore qu'un village d'une splendide mosquée. L'architecture de l'édifice mélange les styles moghol et rajasthani. La salle de prière est surmontée de 4 hauts minarets coiffés de chhatris, des clochetons. La façade est richement et très joliment ornée de peintures à motifs floraux. La salle de prière, elle aussi, est richement décorée de peintures et de stucs.

SUNEHRI KOTHI

Shastri Nagar
Entrée libre.

Ce hall était intégré au complexe du palais royal de Tonk. Édifié à la fin du XIXe siècle par le nawab de Tonk, il était destiné à accueillir des récitals, des spectacles de danse ou de poésie. Le goût prononcé pour les arts du nawab se reflète dans l'architecture délicate du hall, ses peintures qui ornent les plafonds, les piliers et les arches, et les vitraux importés de Belgique qui projettent des jeux de couleurs sur les murs chaulés. Le site est géré par le gouvernement indien et le plus difficile est de trouver la gardienne pour se faire ouvrir l'accès.

TALABGAON CASTLE €€

Gadh Talawgaon, Lalsot
✆ +91 95 49 06 16 06
www.talabgaoncastle.com
A partir de 6 710 Rs pour une chambre double, petit déjeuner inclus.

Cet hôtel fait partie des destinations en soi pour de multiples raisons : le village de Talabgaon en premier lieu, d'une authenticité préservée ; la demeure de la famille noble des Kupawat Rathore, impeccablement entretenue au cœur d'un vaste jardin soigné ; les multiples activités proposées pour agrémenter son séjour, de l'équitation à l'initiation au polo, des cours de cuisine à la visite des villages ruraux environnants ; de la qualité du service, de la belle piscine pour les chaudes journées, de la gastronomie locale mise à l'honneur ; des tarifs très doux.

AJMER ★★

Ajmer, ancien siège du pouvoir moghol, devint celui de l'administration britannique du Rajputana. Elle est aujourd'hui un exemple de tolérance religieuse. Son architecture originale, mélange d'influences hindoues et musulmanes, lui confère une atmosphère unique. Bâtie en bordure d'un lac creusé par la main de l'homme, entourée de montagnes, traversée par la route reliant Delhi aux ports du Gujarat, Ajmer est l'un des principaux centres de pèlerinage musulmans de l'Inde. Ici fut enterré Maïn ud-Din Chisti, saint soufi et zélateur de l'islam arrivé dans le sillage des armées de Mohammed de Ghor à la fin du XIIe siècle. Le tombeau, ou *dargah*, du pieux personnage est le théâtre d'un immense rassemblement annuel, l'Urs. Les pèlerins affluent alors par milliers depuis tout le sous-continent. La mosquée des 2 jours et demi a été érigée avec des piliers extraits de temples hindous. Le temple jaïn Nasiyan révèle une décoration foisonnante de boiseries et de peintures à mille lieux des édifices en marbre habituels. Ajmer est une ville tranquille de 630 000 habitants. L'atmosphère du bazar musulman est unique en Inde et les locaux l'appellent souvent le « mini-Pakistan ». Étape incontournable sur la route de Pushkar, la ville mérite de s'y arrêter pour une nuit. Il faut compter une journée complète si vous souhaitez en visiter tous les sites.

Tourisme

L'Office de tourisme est situé dans l'Hôtel Khadim géré par la RTDC, derrière la gare routière. Il est ouvert du lundi au vendredi de 8h à midi et de 15h à 18h. Un autre bureau se trouve dans la gare ferroviaire.

Transports

- **Bus.** La gare routière est située au nord-est de la ville. Vous pourrez y emprunter des bus à destination de Jaipur (durée : 2 heures 30), Delhi (durée : 9 heures), Pushkar (durée : 30 minutes), Udaipur (durée : 8 heures), Bikaner (durée : 8 heures), Jodhpur (durée : 6 heures) ou Kota (durée : 5 heures).
- **Train.** La gare ferroviaire est située en centre-ville, aux abords de la vieille ville. Le bureau des réservations est ouvert de 8h à 20h et jusqu'à 14h le dimanche. Ajmer est un nœud ferroviaire important qui vous permet de rallier tous les coins du Rajasthan et notamment Jaipur (durée entre 1h30 et 4h), Jodhpur (4 heures 30 environ), Udaipur (durée entre 4h30 et 6h30), Jaisalmer (durée 10 heures).

FORT D'AJMER ★

Naya Bazaar
✆ +91 145 262 0637
Ouvert de 9h45 à 17h15. Fermé le lundi. Entrée : 50 Rs.

Akbar fit bâtir ce palais en 1570 pour son fils Salim, qui devint plus tard l'empereur Jahangir. C'est ici qu'eut lieu la première rencontre entre Sir Thomas Roe et Jahangir. L'émissaire britannique obtint d'importants privilèges commerciaux pour la Compagnie des Indes orientales en échange d'une alliance militaire contre les Portugais. Le palais témoigne de l'extraordinaire savoir-faire des artisans sous l'empire moghol. Il abrite un musée rassemblant une collection d'armes et de pièces de monnaie anciennes, de belles peintures miniatures et des statues.

FORT DE TARAGARH

Taragarh Road
Ouvert tous les jours de 9h à 18h30. Entrée : 25 Rs.

Bâti au début du XIIe siècle, il ne présente plus guère que des ruines et un mur d'enceinte long de 3 kilomètres. Situé au sommet d'une colline surplombant Ajmer, il était le centre du pouvoir de l'empereur Chohan Vigraharaja IV (1150-1164) avant l'arrivée des Persans. L'accès au fort se fait par un chemin très raide, mais depuis le sommet la vue sur la région est vraiment superbe. Le fort fut désarmé par les Britanniques qui le transformèrent en sanatorium pour leurs troupes. Il est aujourd'hui à l'état d'abandon, mais offre toujours un point de vue sur la ville.

LAC ANA SAGAR

Au nord de la ville.
Accès libre.

Le lac Ana Sagar, fondé au XIIe siècle, offre un joli panorama sur les collines alentour. Il fut creusé par la population locale, sous l'égide d'Arnoraja, le grand-père de Prithviraj Chauhan. Le *baradari*, pavillon à douze ouvertures, fut ajouté par Shah Jahan en 1637. L'empereur Jahangir agrémenta le *baradari* de jardins moghols par la suite : Daulat Bagh. Les Ajmeri s'y retrouvent au coucher du soleil pour une promenade bucolique. Si l'envie de faire le tour du lac vous prend, sachez qu'il fait tout de même 13 kilomètres de circonférence.

MAYO COLLEGE

Bhajan Ganj
www.mayocollege.com
Ne se visite pas.

Lord Mayo, vice-roi des Indes, fit bâtir cet édifice en 1875 pour assurer une éducation à l'occidentale aux enfants des maharajas. L'ensemble caractérise à merveille le style colonial anglo-indien mêlant tour à horloge, arcs gothiques, et style indo-musulman. Le grand parloir a conservé des portraits des principaux maharajas formés ici. Le site est immense et la plupart des pavillons servant de dortoirs ont été construits par les familles royales pour leurs enfants. L'établissement scolaire est toujours considéré comme l'un des meilleurs pensionnats du pays.

MOSQUÉE DES DEUX JOURS ET DEMI ★

Ander Kote Road

La mosquée des deux jours et demi s'appelle Adhai din ka Jhonpra en hindi. Elle tirerait son nom de la fête de l'Urs, le grand pèlerinage en l'honneur du saint soufi Main ud-Din Chisti enterré juste à côté, et qui durait 2 jours et demi à l'origine. Mais une légende prétend que le nom de la mosquée viendrait de sa construction éclair. Qutab ud-Din, lieutenant de Mohammed de Ghor au XIIe siècle, aurait fait détruire un ensemble de sanctuaires hindous et jaïns pour bâtir à la place cette mosquée, en récupérant les matériaux d'origine. Cette pratique courante au début de l'occupation musulmane a des répercussions encore aujourd'hui et met à mal l'harmonie entre les communautés hindoues et musulmanes à travers le pays. Au fond de la cour, la magnifique façade de la salle de prière date du sultan Iltutmish (1211-1236), successeur de Qutab ud-Din. Ses sept arches monumentales sont ornées de versets coraniques. Autrefois, deux immenses minarets entouraient l'arche centrale. Il s'agit de l'une des plus anciennes mosquées du pays. Derrière la façade de style typiquement persan, la salle de prière faite de colonnades et de coupoles est typique de l'architecture des temples hindous à l'époque. Il s'agit du plus ancien bâtiment de la ville. L'édifice a servi son rôle religieux jusqu'en 1947. A l'indépendance, le gouvernement indien l'a placé sous la responsabilité des monuments historiques. Le mélange des genres confère à cet édifice religieux une atmosphère unique.

TEMPLE JAIN NASIYAN ★★

Prithviraj Marg
Ouvert tous les jours de 8h à 17h. Entrée : 50 Rs. Photos interdites.

Construit en 1865, ce superbe temple vaut le détour, ne serait-ce que pour sa décoration quelque peu excentrique. Construit en grès rouge de Karauli, une rareté pour un temple jaïn, sa base est plaquée de marbre blanc, tout comme l'escalier d'accès au temple. Tout l'intérêt réside dans les salles situées à l'intérieur du temple, richement ornées de boiseries dorées et de peintures représentant des scènes de la mythologie jaïne. Le temple est dédié à Adinath, aussi appelé Rishabhanatha, le premier tirthankar et inspirateur du jaïnisme, et est un lieu de culte pour les digambar, une secte du jaïnisme. Chaque jour, l'idole est baignée dans du lait et de l'eau. Le lieu évoque aussi la représentation de l'Univers telle que se l'imaginaient les anciens jaïns, c'est-à-dire une alternance d'océans et de terres disposés en anneaux autour d'un axe central. On accède au temple principal par un escalier de marbre blanc. Les trois vedi, ou autels, ont été rénovés en 2005. Seuls les Jaïns sont autorisés à y effectuer des rituels religieux. Vous pourrez y observer la représentation des 24 tirthankars. Au rez-de-chaussée, la salle de prière abrite des fresques dédiées à différents tirthankars. Ne manquez pas non plus la représentation d'Ayodhya, ville de naissance du dieu Rama. Il aurait fallu une tonne d'or pour sa réalisation. Le temple abrite également une bibliothèque renfermant de rares manuscrits que viennent étudier les érudits. Le temple appartient à la famille Soni, une riche famille jaïne d'Ajmer.

NATRAJ GUEST HOUSE €

Kutchery Road
✆ +91 99 83 33 32 52
www.natrajguesthouse.com
A partir de 840 Rs pour une chambre double.

Située non loin de la gare, cette ancienne bâtisse abrite une chambre d'hôtes parfaite pour les voyageurs à petit budget. La famille vit ici et réserve ses chambres du premier étage aux visiteurs. Vous croiserez donc des enfants facétieux, des femmes affairées, des hommes de tous âges. Les chambres sont équipées de bric et de broc, mais n'en demeurent pas moins propres. On adore surtout la terrasse sur le toit de la maison, fraîchement repeinte et aménagée par le propriétaire. Un vrai havre de paix, parfait pour se poser avec un bon livre.

TOMBEAU DE MAIN UD-DIN CHISHTI ★★

Pannigram Chowk

Ouvert de juillet à mars de 5h à 21h et d'avril à juin, de 4h à 21h. Entrée gratuite.

Une immense porte, surmontée d'une galerie à arcs polylobés et entourée de deux minarets, ouvre sur le lieu de pèlerinage le plus important des musulmans en Inde. Le site accueille le *dargah* du saint soufi Maïn ud-Din Chisti et se compose d'un ensemble de mosquées, tombeaux et halls.

▸ **De chaque côté de la première cour**, toute dallée de marbre blanc, vous remarquerez d'énormes chaudrons (*deg*) destinés à recueillir les dons des visiteurs. Durant la fête de l'Urs, on y fait cuire des quantités phénoménales de riz – 2 240 kg, paraît-il, dans le plus petit et le double dans le plus gros –, qui sont ensuite vendues comme *tabarruk* (nourriture sanctifiée). A droite se dresse la mosquée bâtie par l'empereur Akbar après la naissance de son fils Jehangir.

▸ **La cour suivante** renferme le tombeau proprement dit, recouvert d'un dôme blanc. Franchissez la porte décorée de versets coraniques et de motifs floraux (l'une des rares fantaisies picturales autorisées par l'islam). Une barrière en argent canalise la foule des pèlerins qui recouvrent la tombe de pétales de rose. D'autres tombeaux sont élevés aux abords, dont ceux de Hafiz Jamal, la fille du saint, elle aussi vénérée avec dévotion, et de Chimni Begum, une fille de l'empereur Shah Jahan. Ce dernier fit également bâtir une mosquée ornée de onze arches en marbre blanc (au fond de la cour).

Le *dargah* est connu sous de nombreux noms différents : Ajmer Sharif Dargah, Khawaja Gharib Nawaz, Khwaja Baba ou encore Khwaja Sahib.

BADNOR HOUSE €€

Savitri Girl's College Road

✆ +91 145 262 7579

www.badnorhouse.com

Compter 3 500 Rs pour une chambre double, petit déjeuner compris.

Vous ne pourrez que succomber au charme de cet établissement qui compte 5 chambres installées autour d'un patio verdoyant. Le mobilier ancien a été soigneusement chiné par Sanjay, le propriétaire. Les lits sont immenses, le secrétaire permet aux plus studieux de travailler confortablement, le coin salon offre la possibilité de se poser avec un bon bouquin. Les salles de bains, très vastes, ne sont pas en reste. Le jardin abrite une volière et héberge quelques tortues, tout ça à une centaine de mètres de la gare routière. Sanjay peut vous faire visiter sa ville.

ANANT JAIN LASSI CORNER €

Naya Bazar

Ouvert tous les jours de 9h à 21h.

Si vous n'avez pas eu la chance d'essayer les lassis crémeux du Lassiwala de Jaipur, vous pourrez vous rattraper ici, sans perdre au change. Cette échoppe installée au coin d'une rue vend de délicieux lassis parfumés au safran. Ils sont préparés fraîchement tous les jours et en venant tôt le matin, vous verrez même Anant assurer les derniers préparatifs. Servis dans les traditionnels gobelets en terre cuite, vous pouvez le demander salé, sucré, avec un supplément de crème. Halte parfaite après la visite du musée qui se trouve à deux pas.

PUSHKAR ★★★

Tout à fait reposante, Pushkar est propice au songe et à la méditation. Construite autour d'un lac sacré, c'est un haut lieu de pèlerinage. Les chants scandés tout au long de la journée et de la nuit procurent une ambiance spirituelle. Pour les hindous, un pèlerinage à Pushkar, seul endroit où Brahma possède un temple, en vaut cent autres. Cette toute petit ville perdue dans un magnifique cadre de collines arides est aussi connue pour sa foire aux dromadaires qui se tient en octobre. Les agences de voyage du monde entier y expédient alors des troupeaux de touristes, bien exotiques dans ce cadre indien traditionnel.

Les amateurs de tranquillité éviteront cette période. Le reste du temps, Pushkar constitue une étape idéale pour se reposer un peu lors d'un périple au Rajasthan. La rue principale, interdite à la circulation automobile regorge de boutiques, de restaurants et d'hôtels bon marché, propres et sympathiques, appréciés principalement par les jeunes voyageurs peu regardants sur le confort.

Certains seront peut-être agacés par cette ambiance de camp de vacances. Certains touristes viennent d'ailleurs ici pour succomber aux drogues illicites en compagnie de sadhus qui les utilisent dans leur quête spirituelle. Ville sainte hindoue, Pushkar est une ville 100 % végétarienne. Impossible de se procurer du poulet ou du poisson et il est même difficile de trouver des œufs. Vous pourrez tout de même déguster une bière bien fraîche dans certains restaurants pour touristes étrangers. Elle vous sera alors servie dans une théière avec un mug, afin de ne choquer personne.

Histoire

Le site de Pushkar, lieu de pèlerinage dont les origines remontent à des temps légendaires, n'a malheureusement gardé aucun temple ancien. L'empereur Aurangzeb, musulman intégriste s'il en fut, ordonna leur destruction systématique à la fin du XVIIe siècle. Le déclin de l'empire moghol et l'arrivée des Britanniques dans la région assurèrent la paix religieuse. De nombreux sanctuaires furent alors rebâtis tout autour du lac sacré. Le zèle islamique de l'empereur Aurangzeb n'ayant épargné aucun monument ancien, c'est surtout l'ambiance paisible de ce lieu de pèlerinage qui suscitera votre intérêt. Les cendres du Mahatma Gandhi ont d'ailleurs été dispersées dans le lac sacré et l'un des ghats porte son nom.

Pratique

Un passeport pour Pushkar ?

Vous voilà enfin à Pushkar. Vous êtes ravi d'être là et déjà sous le charme de la ville... mais la tranquillité va être de courte durée. Rapidement, vous serez cerné par des escrocs au discours savamment rodé. Dans un premier temps, ils vous demanderont d'enlever vos chaussures pour marcher sur les ghats. Là, un homme, se présentant comme un Brahman, va se lancer dans une diatribe et vous demander de citer toutes les personnes de votre entourage que vous aimez. En contrepartie, il nouera un cordon autour de votre poignet ; il s'agit du « *Pushkar Passport* ».

Sauf que... il exigera un don estimé à plusieurs centaines de roupies multipliées par le nombre de personnes citées. À ce stade de l'échange, les touristes réalisent l'entourloupe et refusent de payer. Mais le saint homme s'avère parfois agressif. Alors pour éviter les ennuis, refusez d'emblée les fleurs, ne citez qu'une seule personne ou bien mettez-vous tout de suite d'accord sur le montant de votre don. Inutile de vous préciser que ce « rituel » ne s'applique qu'aux étrangers.

Transports

Bus. La gare routière est située à l'entrée de la ville, un peu avant la partie piétonne. Tous les bus au départ de Pushkar se rendent à Ajmer. Départ toutes les 30 minutes (durée 30 minutes).

Train. Il existe une petite gare à Pushkar qui ne voit passer que peu de trains. Le plus simple est d'utiliser le nœud ferroviaire d'Ajmer.

Taxi. Compter 600 Rs pour un taxi entre Pushkar et Ajmer, à réserver depuis votre hôtel.

LAC SACRÉ ★★

Main Market Road

Ce lac rectangulaire est bordé de *ghats* (marches) et de petits édifices traditionnels peints de blanc qui se reflètent dans ses eaux. Haut site sacré de l'hindouisme en raison du seul temple dédié à Brahma le dieu Créateur, sa mention a été retrouvé sur des pièces datant du IVe siècle av. J.-C. Dès l'aube, de nombreux pèlerins se rassemblent sur les *ghats*, au bord du lac, dans le but d'effectuer leurs ablutions rituelles et purifier leur âme. De petites cabines ont été installées pour permettre aux gens de se changer. En faisant le tour du lac pieds nus (le port des chaussures est interdit), vous croiserez des sadhus, dont la démarche spirituelle est plus ou moins sincère. Vous les reconnaîtrez à leur barbe épaisse, leurs dreadlocks, leur tunique safran et à leur shilom. Ils suscitent souvent l'admiration béate de quelques Occidentaux éblouis par leur sagesse... ou désireux de partager un shilom. Si le spectacle est hautement spirituel et charmant, les photos sont strictement interdites.

La force spirituelle des lieux attire aussi, et malheureusement, les quémandeurs et arnaqueurs en tous genres. Vous vous ferez sûrement accoster par des brahmanes qui tenteront de vous soutirer de l'argent sous couvert de leur bénédiction contre une fleur ou un fil de coton noué à votre poignet. Des musiciens traditionnels de la caste des Bhopa ont élu domicile non loin de Pushkar. Ils viennent chaque jour égrener quelques notes de musique avec leur *rawanata* (vielle traditionnelle) afin de glaner, eux aussi, quelques roupies.

© ELENA ODAREEVA - SHUTTERSTOCK.COM

ENVIRONS DE JAIPUR

LA LÉGENDE DE SAVITRI ET GAYATRI

Il y a bien longtemps, Brahma convoqua tous les dieux pour assister à un sacrifice sur les rives du lac de Pushkar. Seule son épouse Savitri tarda à se présenter. Comme Brahma devait absolument être accompagné d'une femme pour effectuer les rites sacrés, il épousa sur-le-champ la belle Gayatri, une simple bergère qui menait son troupeau dans les collines environnantes. Folle de colère et de jalousie, Savitri maudit alors son époux et lui prédit que les fidèles ne le vénéreraient plus que dans un seul et unique temple, celui de Pushkar. Cette légende vient illustrer la raison pour laquelle il n'y a que très peu de temples dédiés à Brahma en Inde.

PUSHKAR INN'S HOTEL €

Jaipur Ghat
✆ +91 145 277 2010
Compter 1 800 Rs pour une chambre double.

L'hôtel installé en face des ghats à l'est de la ville possède un grand jardin ombragé et un restaurant en plein air. Les chambres sont aménagées à l'intérieur d'un long bâtiment qui fait penser à un motel américain. Elles sont spacieuses et propres, mais plutôt défraîchies et un bon coup de décoration leur ferait le plus grand bien. Pour l'heure, c'est spartiate et triste. Une adresse qui dépanne quand tout est complet, notamment pendant la foire de Pushkar, où ils ont toujours quelques chambres de libres… à prix prohibitif bien sûr.

SHANNU'S RANCH INN €

Panch Kund Road
✆ +91 96 60 31 61 39
shannusranchinn.com
A partir de 3 000 Rs pour une chambre double, petit déjeuner inclus.

Jean-Marc, le maître des lieux québécois, vous accueillera chaleureusement dans son « ranch ». Voici une maison rustique et originale, propice au repos. Aménagées dans une maison en brique, autour d'un vaste jardin, les 7 chambres sont simples et spacieuses. Pas de chichis, mais une atmosphère conviviale qui donne envie de prolonger son séjour. D'ailleurs, les clients restent souvent plusieurs jours pour respirer ou prendre des cours d'équitation dispensés par Jean-Marc. Passionné de chevaux, il propose cours et balades pour tous les niveaux.

TEMPLES ★★

Bon nombre des temples de Pushkar furent reconstruits aux XVIIIe et XIXe siècles et ne présentent donc qu'un intérêt architectural limité. Les temples précédents ont été détruits par l'empereur moghol Aurangzeb, réputé pour son zèle et son intolérance religieuse à l'égard des hindous. Il serait difficile de tous les présenter ici tant ils sont nombreux. Plantés sur les hauteurs d'une esplanade, cachés derrière une façade anonyme, perdus dans les ruelles éloignées de la ville, petits sanctuaires intimistes, ils sont absolument partout. Une chose est sûre, peu de dieux ont été oubliés. Au cours de votre visite, vous constaterez qu'il y a une « *Donation Box* » (un tronc pour les dons) dans la plupart de temples, concept indissociable du principe de réelle dévotion.

Le temple de Brahma, situé à l'extrémité ouest du lac, serait le seul sanctuaire encore dédié au dieu créateur de l'Univers (il y en a encore un à Khajuraho dans le Madhya Pradesh, mais celui-ci n'est plus dédié au culte). Contrairement à Shiva et Vishnu, les deux autres dieux de La Trinité hindoue, Brahma n'a pas beaucoup suscité la dévotion. Des escaliers en marbre blanc mènent à ce temple de taille assez modeste. Dans la cour, une chapelle renferme une statue de Brahma à quatre têtes, symbole de l'omniscience divine.

En revenant dans le centre-ville, vous pourrez visiter le petit temple de Radha et Krishna, aménagé dans une plaisante *haveli* (dans la rue de l'hôtel Paramount) ornée de peintures murales. Dans une ruelle à côté de la poste, le temple de Varaha, incarnation de Vishnu sous la forme d'un sanglier, fut reconstruit au XVIIIe siècle par Jai Singh II. Dénaturé par des couches de peinture, il a perdu de son charme d'origine. Dédié à Vishnu, le temple de Purani Rangji (dans la rue qui mène à la gare routière) présente quelques peintures murales sur sa façade extérieure. L'accès est interdit aux non-hindous. Enfin, à la sortie est de la ville (en face de la ruelle menant à l'hôtel Pushkar Palace), visitez le temple de Rama Vaikunth dédié à Rama. Le *gopuram*, c'est-à-dire la tour sculptée par laquelle on pénètre dans l'enceinte du temple, n'est pas sans rappeler les sanctuaires de l'Inde du Sud. L'entrée est interdite aux non-Hindous.

Vous aurez certainement remarqué les deux petits temples qui dominent la ville, bâtis sur deux collines se faisant face : l'un est dédié à l'épouse de Brahma, Savitri ; l'autre à Gayatri, sa rivale. Vous pouvez y accéder à pied, la balade dure une bonne heure. Chacun offre une vue magnifique sur Pushkar et son lac.

WHITE HOUSE HOTEL €

Near Marwar Bus Stand
+91 145 277 2147
www.hotelwhitehousepushkar.com
A partir de 800 Rs pour une chambre double avec ventilateur et 1 500 Rs avec la climatisation.

Cet établissement, tenu par une famille brahmane adorable, vous séduira par la qualité de ses services et son emplacement central, un peu à l'écart du bazar. Du toit, la vue est imprenable : montagnes qui s'étendent à 360 °C, lac et temples. L'hôtel est impeccable et offre fraîcheur et clarté aux visiteurs. Le prix des chambres varie en fonction de leur taille. Les sanitaires sont propres et fonctionnels. Le restaurant est installé sur une terrasse. Séances de massage selon les techniques ayurvédiques et cours de yoga. Internet à disposition.

INN SEVENTH HEAVEN €€

Choti Basti
+91 145 510 5455
www.inn-seventh-heaven.com
A partir de 2 100 Rs pour une chambre double, petit déjeuner inclus. Réservation indispensable.

Coup de cœur intégral pour cette excellente adresse à deux pas de la rue principale. Arrangé autour d'une belle cour centrale agrémentée de plantes vertes, l'hôtel offre 12 chambres personnalisées. Les salles de bains, en plus d'être spacieuses, sont aussi léchées que les chambres. Le restaurant, installé au troisième étage, est toujours plein car la cuisine est délicieusement saine... et pas chère du tout. De larges canapés occupent la cour centrale et de ravissantes balancelles anciennes sont suspendues çà et là dans les coursives. On adore.

DIA BED & BREAKFAST €€

Panch Kund Road
+91 145 277 2585
www.inn-seventh-heaven.com/dia.html
A partir de 3 400 Rs pour une chambre double, petit déjeuner inclus. Transferts gratuits sur demande.

Bâtie dans un cadre plus calme que sa consœur (Inn Seventh Heaven), cette chambre d'hôtes est un havre de paix. Elle séduit les voyageurs en quête de tranquillité, amateurs des charmes bucoliques de la campagne de Pushkar. D'ailleurs, Anoop a choisi d'y vivre avec ses chiens, son chat et ses tortues. Les vastes chambres sont aménagées avec style, conjuguant confort et simplicité. Les lits sont douillets et incroyablement larges et les salles de bains, très jolies. Le matin vous aurez le privilège de prendre votre petit déjeuner sur le toit... ou au lit.

PUSHKAR FORT HOTEL €€

Mutisar Road
+91 145 277 2019
www.pushkarfort com
A partir de 6 200 Rs pour une chambre double, petit déjeuner compris.

Il manque quelques atouts à cet hôtel pour figurer dans la catégorie « luxe ». Wifi payant, buffet au restaurant, salles de bains et chambres qui mériteraient un petit rafraîchissement. Pour le reste, cet hôtel est un enchantement qui ravira les couples d'amoureux. Cela commence avec l'entrée majestueuse qui ouvre sur le bâtiment principal. Des jardins magnifiques peuplés d'animaux domestiqués et des pavillons disséminés ici et là. Une halte rassérénante à l'écart du tumulte de Pushkar et une piscine pour se rafraîchir en fin de journée.

THE GREENHOUSE RESORT €€

Kishanpura Road
+91 145 230 0079
www.thegreenhouseresort.com
Hôtel en rénovation lors de notre passage. Réouverture prévue le 1er novembre 2024.

Ce campement *eco-friendly* compte 20 tentes parfaitement aménagées plantées dans la nature. Toutes ont été fabriquées avec des matériaux naturels, mais ce n'est pas tout : énergie solaire, ampoules basse consommation, économie d'eau, etc. De quoi réveiller l'écolo qui sommeille en vous. Si vous voyagez avec de jeunes enfants, un kids club est à leur disposition. Vous pourrez alors profiter pleinement de la superbe piscine et du bain à remous. La cuisine est délicieuse, et bio puisqu'elle est préparée à base de produits frais cultivés dans le potager du campement.

AARAM BAAGH PUSHKAR €€€

Village Motisar
+91 145 2309166
www.pachargrouphotels.com
À partir de 7 280 Rs pour une chambre double, petit déjeuner inclus.

Au milieu du désert cet établissement offre plusieurs types d'hébergements particulièrement kitsch pour un dépaysement total. Les chambres sont hébergées dans de petits pavillons en dur ou dans des tentes de luxe faisant écho à des thématiques persanes, chinoises, égyptiennes ou arabes. On est à mille lieux de l'Inde et plutôt proche du parc à thème, mais le confort est indéniablement au rendez-vous. L'hôtel propose de nombreuses activités axées vers la relaxation avec la piscine et le spa ou au contraire bien actives comme du paintball ou de la rando.

OM BABA ROOFTOP RESTAURANT €

Varaha Ghat Chowk

+91 145 277 2858

Ouvert tous les jours de 8h à 23h30. Comptez 500 Rs pour un repas.

Doté d'une petite terrasse, ce restaurant offre une vue sympa sur le bazar depuis la salle exiguë du premier étage. Sur le toit, un vaste espace surplombe toute la ville et une partie du lac sacré. L'adresse est bien connue des voyageurs au budget serré, nombreux à Pushkar. Ils viennent y prendre leurs repas ou tout simplement se poser en journée pour déguster un lassi maison. On y sert des plats indiens, mais aussi des pizzas et des salades... La nourriture est plus que correcte.

OM SHIVA GARDEN RESTAURANT €

Dans la rue qui mène au Pushkar Palace.

+91 145 277 2305

Ouvert tous les jours de 9h à 23h. Comptez 300 Rs pour un repas.

Le meilleur buffet de la ville ? En tout cas ce restaurant se situe dans un agréable jardin bien entretenu et la formule est alléchante. Si vous optez pour le buffet, vous pourrez manger à volonté, pour un prix légèrement supérieur à celui de la carte. Le choix n'est pas immense, mais la cuisine est simple et de qualité. Le restaurant propose également une carte, avec quelques snacks délicieux comme la salade d'aubergine et feta. A accompagner d'une bière bien fraîche.

RAINBOW RESTAURANT €

Main Market Road

+91 145 277 2044

Ouvert tous les jours de 10h30 à 22h30. Comptez 350 Rs pour un repas.

Une bonne adresse, même si le menu n'a pas changé depuis 1983 ! Autant dire qu'elle en a vu passer des babas cools, des mystiques, des curieux et des amoureux de l'Inde. Le patron est un personnage attachant qui affiche un sourire cordial en toute circonstance. La garniture de ses pizzas est abondante, ses lassis sont bien crémeux et la carte ratisse aux 4 coins du globe. La terrasse offre une jolie vue sur le lac sacré et quelques coussins confortables pour prolonger la pause. Par contre, la propreté n'est pas l'atout principal de l'établissement.

HÔTEL SUNSET & RESTAURANT €€

Jaipur Ghat

+91 145 277 2382

Ouvert tous les jours de 11h à 15h et de 16h à minuit. Comptez 350 Rs pour un repas.

Le lieu vaut le coup pour sa vue imprenable sur le lac sacré, notamment au coucher du soleil. Mieux vaut venir un peu avant si vous voulez avoir une place en terrasse, car l'adresse est populaire et les tables qui bordent la rue sont vite prises d'assaut. La nourriture est correcte et la carte propose les classiques indiens et continentaux que vous retrouvez partout en ville : currys, dal, rotis, pizzas... et les incontournables spécialités israéliennes !

INN SEVENTH HEAVEN €€

Choti Basti

+91 145 510 5455

www.inn-seventh-heaven.com

Ouvert tous les jours, le soir uniquement. Comptez 600 Rs pour un repas complet.

Si vous n'avez pas réussi à obtenir une chambre au Inn Seventh Heaven, vous pourrez au moins venir y dîner. Mais là aussi, les tables sont souvent prises d'assaut. Mieux vaut réserver ou venir tôt pour ne pas vous retrouver le bec dans l'eau. La réputation du Inn Seventh Heaven n'est plus à faire. Tout ici est de qualité. Les produits servis dans l'assiette sont sains et les portions généreuses. Le cadre très agréable est à la fois romantique et décontracté. Le restaurant est installé dans les étages de la maison. Excellent rapport qualité-prix.

ANANTA SPA

Ajmer Pushkar Road

+ 91 145 305 4000

Massages, yoga.

C'est au sous-sol de ce très bel hôtel tout blanc, niché dans la verdure telle une oasis, que vous trouverez ce spa prêt a vous accueillir pour des soins ayurvédiques, des massages, des traitements à court ou moyen terme selon le diagnostic du docteur présent en permanence. Une équipe expérimentée est à votre disposition pour vous octroyez une escale de douceur. Les locaux spacieux comportent sauna, hammam, salle de fitness, jacuzzi et lits importés du Kerala pour des soins aux huiles de grande qualité. Idéal pour vous relaxer et décompresser...

SHANNU'S RANCH INN

Panch Kund Road
✆ +91 96 60 31 61 39
shannusranchinn.com
Tarifs sur demande.

Depuis la disparition de Marco, un Québécois tombé amoureux de Pushkar et des chevaux indiens, le Shannu's Ranch Inn a un peu perdu de sa splendeur. Les deux chevaux, Dhanno et Pawan, sont toujours dans les boxes et il est possible de les monter. Mieux vaut être bon cavalier, car les chevaux indiens ont la réputation d'être nerveux. Vous irez vous promener dans la campagne environnante à la découverte de temples cachés au détour d'un sentier. Vous grimperez en haut des sommets pour une vue à couper le souffle sur la ville de Pushkar.

BADLI

A mi-chemin entre Jodhpur et Jaipur, Badli ne mériterait pas de figurer sur les cartes touristiques s'il n'abritait un fortin du XVIIe siècle transformé en hôtel. La propriété appartient à la même lignée depuis son édification en 1675, celle des Rathore descendants du Maharaja Rao Maldeo du Mewar. En venant de Jodhpur, vous emprunterez le même chemin que celui des propriétaires lorsqu'ils investirent la région. A partir de Beawar, vous quittez le désert du Thar pour franchir une barrière rocheuse, parsemée de petits villages d'une Inde qui semble avoir été oubliée par le développement et la modernité. Hormis le fort, Badli ne compte pas grand intérêt.

FORT BARLI €€

Village Barli
✆ +91 141 220 0770
www.fortbarli.com
A partir de 23 000 Rs pour une chambre double, petit déjeuner inclus. Piscine.

Fort Barli fait partie de ces demeures historiques perdues dans un Rajasthan rural et authentique. Le fortin, austère, occupe le centre du village. Les intérieurs ont été parfaitement remis au goût du jour tout en respectant les éléments traditionnels. L'ancienne tour de guet accueille désormais une piscine. Le service est excellent et la qualité des repas vous laissera un souvenir mémorable. Séjourner au Fort Barli, c'est ouvrir une page du grand livre d'histoire(s) rajpoute(s), tout en plongeant dans la langueur des campagnes des Aravalli.

BHARATPUR ★★

La présence de la réserve ornithologique de Keoladeo Ghana confère un intérêt touristique majeur à cette grosse bourgade de 205 000 habitants, un peu poussiéreuse au premier abord. Chaque année, des milliers d'oiseaux migrateurs convergent vers ces étendues marécageuses, offrant un spectacle féerique durant les mois d'hiver.

La ville aujourd'hui

Ancienne capitale du royaume Jat au XVIIIe siècle, Bharatpur possède également un fort entouré de douves et abritant temples et palais. La ville entreprend d'importants travaux de restauration de ses bâtiments historiques pour développer son attractivité. Un des anciens palais du fort a été aménagé en musée tout à fait intéressant, un autre est devenu un hôtel de charme. Malgré cela, Bharatpur ne figure pas systématiquement dans les itinéraires des tours-opérateurs et agents de voyage, mais cela ne saurait durer. L'alliance de la nature et de vestiges historiques en font une halte tout à fait charmante et agréable.

Tourisme

L'Office de tourisme est installé au rez-de-chaussée de l'hôtel RTDC Saras, situé sur le grand rond-point à proximité de la réserve naturelle. Il est ouvert du lundi au samedi de 10h à 13h30 et de 14h à 17h. Chose suffisamment rare pour être signalée, vous y recevrez un accueil cordial et intéressé et repartirez avec un guide ornithologique et autres informations sur la réserve. Possibilité d'y réserver billets de train ou de bus.

Transports

- **Bus.** Le Central Bus Stand se trouve à 6 km à l'ouest du parc ornithologique, à l'entrée de la ville en venant de Jaipur. Plus pratique que le train pour les courtes distances, de nombreuses localités sont desservies au départ de Bharatpur. Vous pourrez emprunter un bus pour Agra (durée : 1 heure 30), Alwar (durée : 4 heures), Deeg (durée : 1 heure), Delhi (durée : 5 heures 30), Fatehpur Sikri (durée : 1 heure), Jaipur (durée : 4 heures 30).
- **Train.** La gare de Bharatpur se trouve au nord de la ville, à 7 km environ du parc ornithologique. Vous pourrez emprunter un train pour Agra (durée : 1 heure 30 environ), (Delhi (durée : 4 heures environ), Jaipur (durée : 3 heures 30 environ), Kota (durée : 3 heures 45 environ), Sawai Madhopur / Ranthambore (durée : 2 heures 30 environ).

ENVIRONS DE JAIPUR

SALIM ALI, LE PÈRE DE L'ORNITHOLOGIE INDIENNE

Né en 1896 à Bombay et décédé à l'âge de 90 ans dans la même ville, Salim Ali est le héros des ornithologues indiens, professionnels comme amateurs. Sa passion pour les oiseaux débute à l'âge de 10 ans lorsqu'il tue un oiseau étrange que ni lui, ni son oncle, un chasseur invétéré, ne connaissent. Son oncle l'envoie alors se renseigner au siège de la Société d'histoire naturelle de Bombay. Il est reçu par le secrétaire honoraire des lieux qui lui fait visiter la collection d'oiseaux empaillés. C'est le début d'une histoire passionnelle entre Salim Ali et les oiseaux de l'Inde. Il essaie d'en faire son métier, sans succès. A 23 ans, il part en Birmanie travailler dans une exploitation forestière et minière, et en profite pour étudier les forêts birmanes. A son retour en Inde, il tente à nouveau de décrocher un poste de naturaliste, sans succès. Il part alors pour Berlin suivre les cours d'ornithologie du Professeur Erwin Streseman. A son retour, il ne trouve toujours pas d'emploi malgré son diplôme. Salim Ali a alors l'idée de proposer ses services gracieux aux maharajas des différents États de l'Union indienne. En échange, il leur demande hébergement et couvert. Il commence ainsi un recensement des différentes espèces d'oiseaux présentes sur le sous-continent. Sa longue vie lui a permis de découvrir et recenser de nombreuses sous-espèces. Il est le « père » de dizaines d'espèces d'oiseaux et a rédigé différents ouvrages de planches qui font toujours autorité, comme le *Book of Indian Birds*.

FORT DE LOHAGARH ★

Gopalgarh

La « forteresse de Fer » fut bâtie au XVIIIe siècle par le maharaja Suraj Mal sur un îlot artificiel entouré de douves. Elle résista victorieusement aux assauts des armées moghole et britannique. Il s'agit d'une petite ville fortifiée à l'épaisse muraille et percée de deux portes. A présent, ses ruelles calmes laissent entrevoir 3 anciens palais : Kothi Khas, Mahal Khas et Kishori Mahal. Seul celui qui abrite le musée se visite. Vous remarquerez les deux tours, Jawahar Burj et Fateh Burj qui commémorent les victoires sur les Moghols et les Anglais.

MUSÉE GOUVERNMENTAL

Gopalgarh

Ouvert du mardi au dimanche de midi à 20h.
Entrée : 100 Rs.

Le musée a été magnifiquement restauré et mérite définitivement une visite. Vous déambulez dans l'ancien palais du maharaja de Bharatpur. Au rez-de-chaussée, deux galeries exposent statues en pierre et inscriptions. Le bâtiment en face de l'entrée est l'ancienne salle du trône. Celui-ci y est encore visible, abrité derrière une vitre. A l'étage, une collection d'armes et armures, de miniatures, les portraits des différents maharajas, des bibelots de valeur et le salon à l'anglaise. Vous pouvez également grimper sur les toits et profiter de la vue.

EVER GREEN GUESTHOUSE €

New Civil Lines
✆ +91 564 422 5917

Comptez entre 800 Rs et 1 200 Rs pour une chambre double.

L'Ever Green Guesthouse est sûrement l'une des adresses les moins chères de Bharatpur, située à proximité de l'entrée du Parc national de Keoladeo Ghana. Son cadre est très sommaire, mais sympathique, si vous n'avez pas des goûts de luxe, et l'accueil est vraiment adorable. L'établissement compte seulement 6 petites chambres avec salle de bains privées au confort simple. Si cette petite auberge est toujours verte, c'est sans doute en référence à la couleur de la peinture du bâtiment. Peut-être le moindre mal en termes de rapport qualité/prix à Bharatpur.

KIRAN GUESTHOUSE €

364 Rajendra Nagar
✆ +91 564 422 3845
http://kiranguesthouse.com

A partir de 1 344 Rs pour une chambre double.
Petit déjeuner : 300 Rs.

Voici une excellente adresse pour partager le quotidien d'une famille indienne. L'endroit est chaleureux, les chambres sont basiques, mais toutes possèdent une salle de bains privée. Si vous ne voulez pas dîner à l'extérieur, les propriétaires vous prépareront un bon repas à petit prix. Ce sera l'occasion de goûter à une cuisine ménagère savoureuse, bien éloignée des plats riches et pas très équilibrés des restaurants. C'est simple, vous serez reçu comme un membre de la famille. Sur place, location de vélo. Une *guest house* comme on les aime !

PARC NATIONAL DE KEOLADEO GHANA ★★★

Bharatpur Road

Ouvert d'avril à septembre de 6h à 18h et d'octobre à mars, de 6h30 à 17h. Entrée : 600 Rs.

Même si vous n'êtes pas spécialiste en ornithologie, vous apprécierez la magnifique promenade dans cette réserve de 29 km². Un axe principal entrecoupé par des chemins de terre longe une série d'étangs et de bosquets. Venez de préférence tôt le matin ou en fin d'après-midi plus propices à la photographie. Seuls les vélos loués à l'entrée du parc sont autorisés, mais ils sont mal entretenus.

Le maharaja Suraj Mal avait fait aménager ces étangs au XVIIIe siècle pour en faire une réserve de chasse. Canards et autres oiseaux migrateurs confluaient déjà sur ces terres. Les annales de Bharatpur mentionnent encore les tristes carnages. En 1921, le duc de Windsor tua 1 560 canards en trois heures. En 1938, le vice-roi Linlithgow battit tous les records : 4 273 cadavres en un jour !

Ce n'est qu'en 1982 que la réserve fut transformée en parc national. À présent, la chasse y est bien sûr interdite. Certaines espèces migratrices sont d'ailleurs en voie de disparition, comme par exemple la grue de Sibérie. Le parc regorge de vie tout au long de l'année, mais c'est en hiver qu'il compte le plus de pensionnaires : cigognes, paons, grues, pélicans, cormorans, hérons, ibis, canards, oies sauvages… On recense pas moins de 375 espèces différentes à Keoladeo. Certaines d'entre elles comme les cigognes ou les cormorans choisissent d'ailleurs le parc pour se reproduire. Ils occupent les mêmes nids tous les ans pendant 3 ans, qu'ils réparent patiemment avant la ponte et la couve après chaque mousson. Il faut voir les arbres crouler sous le poids des oiseaux et entendre le vacarme assourdissant des oisillons et de leurs mères après l'éclosion. Les oiseaux viennent des régions froides comme la Sibérie, le Tibet, le Ladakh ou la Mongolie. Le parc compte environ 200 espèces d'oiseaux migrateurs locaux et une centaine venus de l'étranger. Environ 78 espèces différentes vivent dans le parc à l'année. Chaque espèce retrouve curieusement son propre quartier d'une année à l'autre. La réserve compte aussi des cervidés (daims, sambar), des antilopes, des chacals ou des varans.

Après plusieurs années de sécheresse incitant malheureusement certains oiseaux à ne pas se poser dans le parc, de lourds travaux ont été entrepris. Le parc est désormais relié à un canal permettant de maintenir un niveau d'eau suffisant tout au long de l'année. Ces travaux ont notamment permis la sauvegarde des 11 km² de zones de marais constituant un écosystème unique en Inde.

BIRDER'S INN €€

Bird Sanctuary Road

✆ +91 564 422 7346

www.birdersinn.com

A partir de 5 264 Rs pour une chambre double, petit déjeuner inclus.

Deux bâtiments dans le plus pur style rajasthani se partagent les 24 chambres de ce charmant hôtel. Tirath, le propriétaire veille à ce que tout fonctionne : télé, mini-bar, climatisation, ventilateur, sanitaire. De quoi passer un agréable séjour dans les chambres de très belle taille et aux lits surdimensionnés. Nous avons apprécié les canapés et fauteuils placés sous les galeries devant les chambres qui permettent de profiter de l'extérieur et du calme de l'endroit. En bonus, une petite piscine et un très bon restaurant pour parfaire votre séjour.

KIRAN VILLA PALACE €€

Saras Circle NH 11

✆ +91 564 422 0006

www.hotelkiranvilla.com

A partir de de 2 200 Rs à 2 700 Rs pour une chambre double.

Ce charmant établissement caché dans une petite allée se révèle être une bonne surprise. Très bien entretenues, les chambres offrent de belles dimensions et des salles de bains lumineuses. Sikarwar veille à ce que ses clients se sentent bien tout en pratiquant des prix tout à fait corrects. Les chambres, aérées, sont bien conçues avec un dégagement avec placard et de grandes salles de douche. Le prix varie en fonction de la taille des chambres. Sur place, un restaurant à l'étage et un café au rez-de-chaussée pour siroter un soda ou se rafraîchir avec une glace.

AMRITARA CHANDRA MAHAL HAVELI €€€

Peharsar

✆ +91 86 96 91 90 85

www.amritara.co.in

A partir de 10 250 Rs Rs pour une chambre double, petit déjeuner compris.

Située à 25 km de Bharatpur, cet haveli vous surprendra par son architecture de style persan. La bâtisse offre des lignes épurées qui jouent sur une structure en empilage dégageant de belles terrasses. Le blanc éclatant domine largement, émaillé de velours rubis pour la touche de chaleur. Quelques vieilles photos viennent habiller les murs des chambres apportant une touche personnelle. Malgré sa belle perspective, on regrette que la piscine donne sur la salle à manger, et inversement.

LAXMI VILAS PALACE €€€

Agra Road
✆ +91 564 423 1199
www.laxmivilas.com
A partir de 8 555 Rs pour une chambre, petit déjeuner compris.

Ce palais, construit en 1887 pour le plus jeune frère du gouverneur de l'époque, est devenu un hôtel en 1994. Confortable sans être trop luxueux, il est meublé de mobilier ancien, parfois un peu massif, et offre des chambres spacieuses, très hautes de plafond, mélangeant les styles rajpoutes et moghols. Toutes comprennent un petit coin salon. Une belle piscine extérieure fait face à l'hôtel, entourée d'un splendide jardin planté de palmiers et d'arbustes soigneusement taillés. Comment s'offrir la vie de château à prix raisonnable.

PALAIS DE GOPAL BHAWAN ★

Deeg palace
Ouvert tous les jours de 10h à 17h. Entrée 200 Rs.

L'élégant palais de grès rose et agrémenté de pavillons à toits bengalis domine un petit lac et un vaste jardin de style moghol où 500 fontaines (hors service) et bassins donnent sur le darbar, encore richement décoré de tableaux, trophées de chasse et mobilier antique. D'autres bâtiments, fermés ou en travaux, bordent le jardin. Ornés de pavillons de marbre blanc, ils évoquent les heures glorieuses de cette petite capitale. A noter que les salles privées, bien conservées, contiennent encore le mobilier des maharajahs, dont un lit immense qui mesure plus de 8 m² !

DEEG ★

L'autre capitale des maharajas du district de Bharatpur possède un charme indéniable pour quiconque cherche la tranquillité et l'authenticité. Située à 32 kilomètres au nord de Bharatpur, il est facile de s'y rendre en bus pour une excursion d'une demi-journée. Deeg ne compte guère qu'un hôtel et ses habitants n'ont manifestement pas l'habitude de voir des étrangers s'aventurer ici. Et pourtant, cette petite ville de 45 000 habitants abrite un très joli palais, alliant les styles rajpoute et moghol, bâti au milieu du XVIIIe siècle par Suraj Mal. Le souverain y fit édifier un nouveau palais avant de déménager quelques années plus tard à Bharatpur.

GARH HIMMAT SINGH

Ce village perdu entre Agra et Jaipur a conservé tout son charme et affiche un profil parfaitement authentique. La rue du bazar est bordée d'anciennes demeures décrépies. Les échoppes d'artisans se succèdent, laissant entrevoir des métiers en voie de disparition : le fabricant de manches de haches, le joaillier, le vendeur de pakoras ou celui de sucreries, l'épicier, le potier spécialisé dans les *matkas* ou dans les *shiloms*... Il compte également un ancien fort où résident toujours les descendants du maharaja et un village de fermiers habitant dans des maisons en pisé. Pour une plongée dans le Rajasthan typique, à l'écart des sentiers touristiques.

ENVIRONS DE JAIPUR

© KEVIN STANDAGE - SHUTTERSTOCK.COM

Deeg.

BARADARI HOMESTAY €€

Fort
✆ +91 141 517 9233
www.baradaristay.com
Comptez 4 000 Rs pour une chambre double, petit déjeuner et dîner végétarien compris.

Loger dans un vieux fort qui a perdu de sa splendeur mais pas de son charme ? Ici, 3 chambres ont été aménagées au rez-de-chaussée d'une aile du fort, autour d'une cour fleurie de bougainvilliers. Trois frères vivent ici, chacun résidant dans une partie du palais décati. Maharaja ne rime pas toujours avec opulence et le virage de l'Inde vers la démocratie en a laissé quelques-uns sur le carreau. Pour autant, les chambres disposent de tout le confort, avec des salles de bains à l'occidentale. Vous partagerez une expérience unique auprès d'une famille accueillante.

SHEKHAWATI

Le Shekhawati est une région semi-aride située au nord-est du Rajasthan. Souvent qualifiée de « musée à ciel ouvert », la région attire les touristes pour ses nombreuses havelis ornées de fresques extraordinaires. Ces maisons bourgeoises arrangées autour d'une cour intérieure sont les témoins d'une époque florissante, où le transit de marchandises entre Delhi et les ports du Gujarat s'effectuait via le Shekhawati. De nombreux marchands se sont enrichis de façon insolente entre les XVIIIe siècles et l'Indépendance, richesse dont ils faisaient étalage dans leurs maisons. Emprunter les routes du Shekhawati c'est aussi aller à la rencontre d'une Inde authentique et traditionnelle, où les charrettes tirées par des ânes ou des dromadaires sont nombreuses. Pour en tirer sa substantifique moelle, le plus simple est d'avoir une voiture avec chauffeur, car les liaisons s'effectuent en bus, un moyen de transport long, peu sûr et inconfortable.

Shekhawati
Balrasar Athoona
CHURU
ALSISAR
BISSAU
MAHANSAR
Ratannagar
RAMGARH
Khariya
Jugalpura
Theemoli
Ratangarh
Rohal
MANDAWA
Har Desar
FATEHPUR
Bagdoda
DUNDLODH
Rinu
Toliyasar
Kalyanpura
NAWALGARH
Birodi Choti
Dhani Govindpura
LAKSHMANGARH
Jerthi
Parwatisar
Mailasi
Charan Ka Bas
Nani
Sikar
Bodlasi
Sotya Ka Bas
Maksoodpura
Dhod
Bhairupura Jagir
Badalwas City
Bhagatpura
Losal
Tehat
10 KM

Malsisar
Jherli
Pilani
Mandrella
Surajgarh
Jaitpur
Kutubpura
Dheegariya
Chirawa
Ashok Nagar
Baggar
Buhana
JHUNJHUNU ★★
Sultana
Dhani Purohiton Ki
Singhana
Fatehsari
Bishanpura
Jasrapur
Khetri
Hukampura
Babai
Babla RS
Ponkh
VERS PATAN
Kotra
Dhani Chala
Chhapoli
Neem Ka Thana
LOHARGAL
Kushalpura
Guhala
Dareeba
Sevli
Khandela
Kanwat
Fatehpura Bhomiyan
Basri
Choodla
Udaipura
Kishorpura
Shri Madhopur
Ajeetgarh
PARASRAMPURA
Hanutpura
Shahpur
Lapuwa

La Haveli Poddar.

HISTOIRE DU SHEKHAWATI

LA RÉGION DES HAVELI

Le Shekhawati n'entre dans l'histoire qu'à partir du XVe siècle. Mokul Singh, apparenté à la dynastie Kachhwaha d'Amber, règne alors sur la région. Il désespère de ne pas avoir de fils, et comme souvent en de pareilles circonstances, il se rend en pèlerinage, en l'occurrence à Brindhavan, le lieu d'enfance du Seigneur Krishna (dans l'actuel État de l'Uttar Pradesh). Un fils naît en 1433. Il règne sous le nom de rao (roi) Shekha.

Il libère son royaume de la tutelle kachhwaha et lui donne son nom : le Shekhawati ou royaume de Shekha. Ses successeurs ne peuvent cependant assurer leur indépendance face aux Moghols. Au XVIe siècle, Raisal Das reconnaît la suzeraineté de l'empereur Akbar. Le dernier véritable rao du Shekhawati, Sardul Singh, meurt en 1742. Ses cinq fils se partagent le pouvoir, morcelant le royaume et perdant peu à peu toute autorité.

À la même époque, les négociants de la région amassent des fortunes considérables grâce aux caravanes reliant Delhi et les ports du Gujarat. Le développement des grandes villes (Bombay, Calcutta) et l'arrivée du chemin de fer incitent ces entrepreneurs audacieux à abandonner le Shekhawati pour se lancer dans des échanges autrement lucratifs. Bien vite appelés Marwari dans le reste de l'Inde (bien que le Marwar désigne en fait la région de Jodhpur), ils constituent l'une des principales classes commerçantes de la péninsule. À la fin du XIXe siècle, ils ont gardé des attaches avec leur terre d'origine. Ils y font édifier de superbes haveli... Mais l'éloignement et le déracinement leur font rapidement perdre tout intérêt pour cette région déshéritée. À présent, beaucoup de haveli sont abandonnés aux mains de gardiens peu enclins à les entretenir ou à les rénover. D'autres sont tout simplement squattés par des familles du village. Durant les vingt dernières années, antiquaires et trafiquants de toutes nationalités ont tâché de récupérer meubles et boiseries intacts pour les revendre en Occident... participant à leur manière à la notoriété du Shekhawati.

Grandeur et décadence des peintures murales. Dès le XVIIIe siècle, princes locaux et riches marchands font venir des artistes des grandes villes pour décorer palais, haveli, temples et monuments funéraires. Les thèmes représentés sont empruntés à la mythologie hindoue ou à la vie quotidienne des campagnes. À la fin du XIXe siècle, la mode des haveli peints se répand dans tout le Shekhawati. L'usage de colorants chimiques venus d'Europe élargit la gamme des couleurs et les artistes trouvent de nouveaux sujets d'inspiration dans les progrès techniques et la colonisation : trains, automobiles, phonographes et machines à coudre viennent orner les murs des villages. La population peut aussi se familiariser avec les visages occidentaux aux cous raides et arborant des casques coloniaux. L'abandon des haveli par leurs propriétaires et le manque d'entretien ont provoqué une dégradation rapide des peintures de ce patrimoine culturel. Des affiches collées ou même peintes par-dessus les fresques en disent long sur l'intérêt qu'elles suscitent à présent. D'ailleurs, les riches familles ne veulent pas habiter dans ces demeures jugées inconfortables et vieillottes par rapport aux bâtiments modernes. Seuls les visiteurs étrangers et les professionnels du tourisme de la région semblent réellement accorder de l'importance à ce musée à ciel ouvert.

MANDAWA ★★★

Cette ancienne cité marchande fondée au XVIIIe siècle est aujourd'hui la ville la plus touristique du Shekhawati. Elle fut la première à exploiter son merveilleux patrimoine, n'hésitant pas à se surnommer « la galerie d'art à ciel ouvert » du Shekhawati. Mandawa compte de nombreux havelis spectaculaires, pour la plupart restaurés, un petit palais, plusieurs temples, mais aussi de nombreuses boutiques et une offre hôtelière à faire pâlir les autres petites villes du Rajasthan. Victime de son succès, la ville perd néanmoins peu à peu de son authenticité. Sa rue principale a tendance à s'effacer derrière des panneaux et des pancartes publicitaires. Vous trouverez à tous les coins de rues des rabatteurs à la recherche de touristes à promener à travers les rues de la ville. Ne vous laissez pas rebuter par ces désagréments, car Mandawa vaut le détour, tout comme le Shekhawati.

Se restaurer

Les restaurants ne sont pas légion à Mandawa et le plus simple sera de vous restaurer à votre hôtel.

Tourisme

Le meilleur moyen de découvrir Mandawa est de faire appel à un guide local. Beaucoup de jeunes gens vous aborderont pour vous faire découvrir leur ville moyennant une centaine de roupies. Vous pouvez également flâner dans les ruelles de la ville, sans réellement savoir ce que vous voyez, car rien n'est indiqué, mais vous apprécierez la richesse et la variété des fresques.

La découverte des havelis de Mandawa requiert au minimum une demi-journée. Vous pourrez notamment admirer la Gulab Kai Ladiya Haveli, construite en 1865, fermée au public. Les propriétaires habitent une grande ville et ont laissé le soin et l'entretien de leur demeure à une famille locale. Vous vous demanderez peut-être pourquoi les fenêtres sont aussi nombreuses. Elles permettaient aux femmes, recluses à l'intérieur de la maison, de voir ce qui se passait dehors. Ne manquez pas non plus Binsindhar Newatia Haveli qui abrite la Bank of Bikaner & Jaipur. Ses fresques étonnantes dépeignent l'arrivée de la modernité (jeune garçon au téléphone, femme dans une voiture avec chauffeur, les frères Wright à bord d'un avion…). Enfin, Mohan Lal Saraf Haveli et Sanehiram Ladya Haveli sont deux anciennes maisons considérées par certains comme les plus belles, et elles sont ouvertes au public. Vous pourrez également jeter un œil aux Chokham Haveli, Goenka Haveli et Murmuria Haveli.

Temple hindou à Mandawa.

Transports

Bus

L'arrêt de bus est difficilement identifiable. Empruntez la rue principale sur 70 mètres depuis Sonathia Gate, l'ancienne porte de la ville. Vous déboucherez sur une place bordée d'échoppes. Repérez les gens qui attendent de part et d'autre de la rue. N'hésitez pas à demander à un commerçant d'où part le bus que vous comptez emprunter. Votre hôtel pourra vous indiquer les horaires.

Depuis Mandawa, vous pourrez prendre un bus pour Bikaner (durée : 4 heures), Delhi (durée : 7 heures), Jaipur (durée : 4 heures), Fatehpur Shekhawati (durée : 30 minutes), Jhunjhunu (durée : 1 heure 30), Nawalgarh (durée : 1 heure).

SHEKHAWATI

HOTEL SHEKHAWATI €

Mukandgarh Road

✆ +91 159 222 3036

www.hotelshekhawati.com

A partir de 1 350 Rs pour une chambre double. Petit déjeuner : 190 Rs.

Cet hôtel de 25 chambres est une haveli construite par la famille régnante de Mandawa pour loger ses musiciens. Les fresques murales sont partout. Dans l'ensemble les chambres sont assez grandes, mais toutes ne se valent pas. Plus elles sont chères, plus la décoration est clinquante : miroirs, lustres et peintures multicolores. Certaines sont climatisées, d'autres pas et d'autres ont une salle de bains vieillotte. Il est conseillé de voir plusieurs chambres. Le manager organise des visites guidées de la ville et des excursions dans les environs.

LES BAORIS DU SHEKHAWATI

Vous les verrez un peu partout, le long des routes, dans les villages, au milieu des champs, ces étrangers minarets par groupe de deux ou de quatre. Ils entourent parfois une coupole en forme de bulbe d'oignon, typique de l'architecture rajpoute. Ce sont des puits. L'eau revêt une telle importance dans cette région semi-désertique, que les habitants ont pris pour habitude de décorer richement l'accès au puits. Ils sont aujourd'hui les témoins des deux grandes influences religieuses et architecturales qui se sont croisées et combattues dans cette région : les musulmans et les hindous. Certains sont de véritables œuvres d'art, comme celui d'Abhaneri ou celui de Lohangarh.

HOTEL CHOBDAR HAVELI €€

Near Gulab Rai Ladia Haveli
✆ +91 159 222 3262
www.hotelchobdarhaveli.com
A partir de 4 000 Rs pour une chambre double, petit déjeuner inclus.

Dans un cadre tranquille, cette jolie haveli centenaire est transformée en hôtel. L'endroit a beaucoup de caractère, les pièces sont aménagées avec goût et chacune des 4 chambre est personnalisée. Sols et murs patinés, salles de bains carrelées, meubles d'époque sont autant de détails qui apportent une touche d'authenticité supplémentaire aux lieux. La haveli se situe dans un endroit très calme, mais à quelques mètres à peine de la rue principale. Il y a également un petit jardin, pour prendre son petit déjeuner en toute sérénité. Tarif un peu élevé tout de même.

HOTEL MANDAWA HAVELI €€

Sonthaliya Gate ✆ +91 159 222 3088
www.hotelmandawahaveli.com
A partir de 6 160 Rs pour une chambre double.

Une ancienne haveli au charme suranné, très bien située. La porte à peine franchie, le visiteur est immédiatement plongé dans un univers romantique. Les fresques murales happent le regard. Disposées autour d'une belle cour, les chambres sont décorées dans le respect de la tradition, qui peut sembler parfois un peu chargée. Si votre budget vous le permet, optez pour la suite avec patio privé aménagé. Installé dans la cour, le restaurant sert un savoureux thali végétarien. Le petit déjeuner buffet à base de produits frais, est parfait pour bien démarrer la journée.

HOTEL RADHIKA HAVELI €€

Mandawa Ward n°5
✆ +91 159 222 3045
www.hotelradhikahavelimandawa.com
A partir de 2 900 Rs pour une chambre double. Petit déjeuner : 350 Rs.

Cette haveli un peu à l'écart du centre du village a été entièrement restaurée en 2014. Ouverte aux clients depuis le printemps 2015, elle ne désemplit pas. Il faut dire que l'ensemble a été réalisé avec goût et reprend les éléments typiques de la région : architecture rajasthanie et fresques murales. Les chambres, coquettes, sont meublées de mobilier d'époque. La vue depuis le toit de l'hôtel permet d'embrasser Mandawa d'un seul coup d'œil. Service efficace et disponible et bon restaurant sur place. Sans aucun doute le meilleur rapport qualité/prix de la ville.

MANDAWA KOTHI €€

Mahamaya Ka Mohalla
✆ +91 96 02 59 92 99
www.mandawakothi.com
A partir de 8 400 Rs pour une chambre double. Petit déjeuner : 1 000 Rs.

Deux havelis ont été rassemblées pour former un petit hôtel de charme avec piscine et jardin tout à fait agréable. Le bleu est à l'honneur dans les chambres, vif ou au contraire allégé par un blanc laiteux. Le cadre est absolument charmant et invite à la rêverie et à la détente. Les repas se prennent au jardin. Le cuisinier travaille des produits frais et s'inspire des recettes locales. Il manie les épices à merveille et saura relever le plat à votre goût (et votre tolérance). Une très jolie étape dans l'esprit du Shekhawati.

THE DESERT RESORT €€€

Desert Resort Road
✆ +91 98 11 09 56 98
A partir de 9 500 Rs pour une hutte traditionnelle, petit déjeuner inclus.

Construit au sommet d'une dune, à l'entrée de Mandawa, le Desert Resort propose un concept judicieux : des cottages aux murs en pisé et aux toits de chaume, alliant style traditionnel du Rajasthan et confort moderne. Des peintures traditionnelles ornent les pourtours des portes et des fenêtres. Elles sont l'œuvre de femmes spécialisées dans cet art mural. Dans les chambres, architecture typique et intérieur plein de charme. Le résultat est un petit bijou. Jardin, piscine, sauna, terrain de badminton, salle de billard agrémentent le séjour.

VIVAANA CULTURE €€€

Churi Village

✆ +91 99 29 06 90 02

www.vivaana.com

A partir de 10 000 Rs pour une chambre double, petit déjeuner inclus.

Pour connaître le faste et la splendeur d'une haveli traditionnelle, c'est ici qu'il faut venir. Le lieu est absolument magique. À commencer par la façade aux fresques délavées et persiennes en bois ajouré. Un coup de tambour annoncera votre arrivée à l'hôtel, où vous pourrez admirer des fresques touchantes tant dans les thèmes que dans l'exécution. Cours et patios richement décorés se succèdent. Difficile de faire son choix parmi les 24 chambres, où la simplicité du mobilier exécuté par des artisans locaux rehausse la beauté architecturale de l'endroit.

MONA LISA RESTAURANT ROOFTOP €

✆ +91 80 9406 4627

Ouvert tous les jours de 8h à 23h. Compter 350 Rs pour un repas.

Ce sympathique restaurant est situé à l'entrée du fort de Mandawa. Sa terrasse offre une belle vue sur la ville et le Castle Mandawa. Vous goûterez à une cuisine authentique accompagnée de riz au cumin. Le dimanche, un spectacle de marionnettes est proposé aux clients. Vous trouverez aussi Mahendra, serveur parfaitement francophone, qui a étudié à l'Alliance française de Pondichéry, qui connaît la ville comme sa poche et vous la fera découvrir sur simple demande.

RAMGARH ★★

Ramgarh est une ville très propre, c'est la première surprise. Autrefois très prospère, elle est tombée dans l'oubli après le départ de ses commerçants et n'a pas su prendre le virage du tourisme comme d'autres villes de la région. Pourtant Ramgarh ne manque pas d'attraits. Le bazar principal est bordé de havelis, (près de 300 quand Mandawa en compte moins d'une centaine) en plus ou moins bon état. La plupart furent édifiées par les Poddar, qui développèrent la ville à la fin du XVIIIe siècle.

Tourisme

Il faut flâner dans Ramgarh pour débusquer les plus belles fresques. Les havelis ont réparties de part et d'autre de la rue principale. Les havelis sont dissimulées derrière de hauts murs ornés de fresques et la plupart, si elles ne sont pas complètement abandonnées, sont inhabitées. Ne manquez pas le Parsuram Poddar Haveli et ses poissons peints qui témoignent d'une dette honorée. La façade nord rappelle l'arrivée du train à vapeur. Le Poddar Haveli est surtout intéressante pour ses motifs géométriques, une ornementation à la mode à la fin du XIXe siècle. Construite en 1880, la Ruia Haveli appartenait à l'une des familles les plus influentes de la ville et ils mirent à l'honneur sur leur façade des personnalités britanniques.

Transports

Bus fréquents pour Churu (30 min de trajet) et pour Jaipur (4h de trajet).

SHEKHAWATI ARTS PALACE

Near Gulab Rai Ladia Haveli

✆ +91 159 222 3034

Ouvert tous les jours de 8h à 18h.

Aux abords du village se trouve cette caverne d'Ali Baba incroyable ! Vous y trouverez des antiquités rajput qui vous feront revenir cent ans en arrière. Il y a de tout ; ustensiles de cuisine, tables et chaises d'époque, portes sculptées, fenêtres dentelées, cadenas, bougeoirs, des charrettes et aussi des tissus anciens pour créer des rideaux insolites. Demandez à voir l'autre magasin tout proche pour des idées cadeaux. Chineurs, amateurs de déco cet endroit vaut le détour mais n'oubliez pas de négocier ! Livraison possible à l'international.

CÉNOTAPHE DE RAM GOPAL PODDAR ★★

Sur la route du bazar.

Le cénotaphe de Ram Gopal Poddar, bien qu'endommagé, présente encore de très belles fresques. Remarquez, par exemple, la densité de la bataille du Ramayana dans la coupole centrale. Hanuman, chef de l'armée des singes, donne l'assaut aux troupes du démon Ravana afin de délivrer la princesse Sita. Ce cénotaphe érigé en 1872 ressemble à un petit palais. Sa structure sur deux étages et ses chhatris alambiqués en font un des monuments les plus intéressants de Ramgarh.

SHEKHAWATI

SRI JAGDISH MAHARAJ ★

Entrée : 50 Rs.

À l'entrée de la ville, un peu après les chhatris, sur la droite, se dressent de beaux bâtiments dans une vaste cour de maison. N'hésitez pas à pousser la grille pour visiter ce temple entouré de chhatris. Le temple se dresse au centre et est peut-être le monument le moins impressionnant. De chaque côté, et sur l'arrière de très beaux monuments funéraires encadrent le temple. Admirez les fresques en très bon état dans les coupoles. Sous le chhatri sur la gauche de la cour, un petit temple dédié à Shiva est toujours en activité.

VEDAARANYA HAVELI €€

Ramgarh Shekhawati

✆ +91 98 10 07 89 25

www.vedaranya.com

A partir de 7 500 Rs pour une chambre double, petit déjeuner inclus.

Cette maison possède une architecture et des objets d'art ethnique pittoresques. Vous séjournerez au milieu d'objets d'exposition, comme dans un musée avec en sus une bibliothèque bien achalandée en livres sur l'histoire et la culture du Shekhawati. Elle dépend du Vedaaranya Project mené par une association qui tente de sauvegarder le patrimoine exceptionnel du Shekhawati. Plusieurs *havelis* sont en cours de restauration, alors n'hésitez pas à contacter Madame Shruti, qui se fera une joie de vous faire découvrir les nombreux trésors de son village.

RAMGARH LODGE - IHCL SELEQTIONS €€€

Ramgarh Lake

✆ +91 91 16 66 80 91

www.seleqtionshotels.com

A partir de 19 000 Rs pour une chambre double, petit déjeuner inclus.

Cet ancien pavillon de chasse du maharajah de Jaipur transformé en hôtel est un site très bucolique en bordure du lac de Ramgarh. Cossue et très confortable, la demeure édifiée dans les années 1930 compte une quinzaine de chambres aux tons assez criards. Côté décoration, la chaine mêle le style Art déco et les trophées de chasse. Mention spéciale pour les superbes salles de bains. Dans le jardin, une belle piscine. Le restaurant sert une cuisine très fraîche, indienne et continentale.

CHURU ★★

Churu, avant l'indépendance, était la deuxième ville la plus importante du royaume du maharaja de Bikaner.

Histoire

Fondée en 1563, la ville se trouve à l'extrême nord-est du Shekhawati, là où les températures sont les plus élevées en été et où les hivers sont les plus rigoureux. La ville était, au XVIIIe siècle, un important carrefour pour les caravaniers et les marchands, et c'est à cette époque que fut érigé son fort. Mais son influence déclina au fil du temps au profit de villes plus proches de la région de Jaipur. Sous l'empire britannique, le maharaja de Bikaner encouragea les marchands à revenir à Churu. C'est à cette période que furent bâties les plus belles *haveli*, la Surana ou la Surajmal Banthia, et les temples les plus importants, le Ganga, le Shantinath.

Transports

- **Bus.** Churu compte deux gares routières. La gare des bus privés est située 100 mètres plus haut que la gare ferroviaire. La gare des bus publics est à la sortie de la ville, sur la route de Mandawa. Vous pourrez emprunter un bus pour les grandes villes comme Delhi, Jaipur et Bikaner ou les petites villes du Rajasthan.
- **Train.** Churu se situe sur la ligne Bikaner-Delhi et voit passer plusieurs trains par jour. Pour Bikaner, comptez 4 heures de trajet et pour Delhi 5 heures en moyenne.

© MAXIME DRAY

Représentation de maharajas.

SHEKHAWATI

SANCTUAIRE FAUNIQUE DE TAL CHHAPAR ★★

Village Charwas

✆ +91 156 225 0938

Ouvert de 5h30 à 18h. Entrée : 20 Rs. Safari par jeep : 3 500 Rs.

La plus grande réserve animalière de la région est un écosystème unique dans cette partie désertique du Rajasthan. Elle recense une faune importante, des antilopes cervicapres aisément reconnaissables à leurs cornes torsadées, des chacals, des renards, de petits félins, de très nombreux oiseaux, rapaces et grues, et une flore composée principalement d'arbustes et de quelques arbres. La ligne de train traverse cette réserve et on aperçoit régulièrement des antilopes.

SURANA HAVELI ★★

Prathiba Nagar

Ouvert tous les jours de 10h30 à 17h.

Construite en 1870, la Surana Haveli est l'une des plus imposantes demeures du Shekhawati. Cette bâtisse superbe, la plus haute de la ville, est surnommée encore aujourd'hui le « Hawa Mahal de Churu », le Palais des vents, en raison de ses 1 111 fenêtres et portes, ses 6 étages et ses portes géantes qui autrefois laissaient passer éléphants et chameaux. Elle fut construite à l'initiative de deux riches marchands jaïns, les Kothari et les Surana. Les fresques ont quelque peu subi les outrages du temps, mais la grandeur de cette maison devrait vous laisser pantois.

HOTEL MALJI KA KAMRA €€€

Behind Jain Market ✆ +91 156 225 4514

www.maljikakamra.com

A partir de 9 450 Rs pour une chambre double, petit déjeuner compris.

Cette splendide bâtisse construite en 1925 par la famille Kothari, unique en son genre car la façade est de style Art déco, a été sauvée et transformée en hôtel de luxe. A l'intérieur, tout ce qui a pu être sauvegardé l'a été, les fresques murales représentant des rois et des personnes en vue n'ont pas été retouchées. Les chambres qui donnent sur le jardin ont chacune un balcon. Les salles de bains sont adaptées aux demandes occidentales, avec baignoires, douches et lavabos. Le restaurant propose une carte typiquement régionale.

BISSAU ★

Située à 25 km au nord de Mandawa, la ville de Bissau, fondée en 1876, est surtout réputée pour les splendides cénotaphes de ses Thakurs et ses nombreuses demeures magnifiquement peintes. Parmi les plus belles et les plus impressionnantes, la haveli Sigtia, la Khemka, la Tibrewala et la Kedia méritent à elles seules qu'on s'y déplace. Moins célèbre que Mandawa, Bissau jouit d'une quiétude et d'une authenticité plus grande et ses trésors n'ont finalement pas grand-chose à envier à la plus connue des villes du Shekhawati. On regrette que le fort soit laissé à l'abandon et tombe en ruine. Le maharaja de Bissau a préféré prendre ses quartiers à Goa.

BABUBAL CHETRAM KHEMKA HAVELI

A 50 m du fort, direction nord.

Cette haveli date de la fin du XIXe siècle et les peintures qui la recouvrent couvrent une période allant de 1880 à 1900. Les fresques sont nombreuses et particulièrement hétéroclites et font se télescoper l'époque coloniale et la religion. On y remarque des trains, des soldats britanniques, des scènes de bataille entre Rama et Sita. À l'intérieur de la cour, les dieux Vishnu, Shiva et Brahma et de nombreux démons et succubes, moitié femmes, moitié serpents y sont représentés.

FORT DE BISSAU

Ce vieux fort rouge massif qui domine la ville a été construit entre 1751 et 1755 par Keshri Singh, fils de Shardul Singh, grand seigneur musulman. Sur la partie occidentale on aperçoit un splendide bastion de style médiéval, l'Hazari Burj. Tout près, le temple Venkat Bihariji date de 1852. Le fort ne se visite pas et si vous souhaitez passer une tête à l'intérieur, le gardien s'empressera de vous réclamer une centaine de roupies. À vous de voir si la curiosité vous presse. Pour notre part, nous avons poliment refusé, car le fort part à la dérive.

SHEKHAWATI

MAHANSAR ★★

Fondée en 1768 par le Thakur Nahar Singh, tout comme le fort transformé en hôtel, ce village de 4 500 habitants fut au XIXe siècle une place importante de négoce, notamment du coton et de l'opium. C'était aussi un passage obligatoire pour les caravanes venant de Delhi ou de Jaipur. Plusieurs marchands se sont installés en ville dont les Poddar pour les plus connus. Ils l'ont sublimée en y construisant le plus beau joyau du Shekhawati, le Sone Ki Dukan aux fresques délicates et somptueuses. A côté de cette magnifique bâtisse se dresse un temple dédié à Shiva, et plus loin, le Raghunath Temple, l'un des plus grands temples de la région.

SALLE DE BAL

Entrée : 50 Rs.

En descendant la rue du Sone Ki Dukan, vous apercevrez un magnifique hôtel particulier. Il abrite une salle de bal impressionnante, décorée de miroirs venant de Belgique. La salle est séparée par une arche centrale et son plafond est une fois encore, richement peint. Une fois de plus, cette pièce reflète la richesse et l'attrait pour la culture des marchands du XIXe siècle. La clé pour accéder au bâtiment s'obtient dans la dernière maison de la rue, sur la droite. Là encore, Kaliram, le guide de Mahansar, ira vous la dénicher.

FORT DE MAHANSAR ★

Érigé en 1768 par le takur Nahar Singh, il s'est beaucoup modifié et agrandi depuis cette époque. Les peintures murales intérieures sont très intéressantes, particulièrement celles de l'arche de la passerelle représentant des incarnations de Vishnou. Le fort a été transformé en hôtel et le meilleur moyen de le visiter est d'y résider. Mais vous pouvez aussi vous y arrêter le temps d'un repas ou d'un verre et profiter des salons impressionnants, des cours qui s'enchaînent les unes après les autres. La bâtisse aurait cependant besoin d'une rénovation profonde.

RAGHUNATH TEMPLE ★★

Construit entre 1844 et 1850 par Harkanth Rai Poddar, on le connaît aussi sous le nom de Barra Mandir. C'est l'un des plus grands temples de la région. À l'intérieur, de très jolies peintures murales, comme par exemple cette vache et ce tigre buvant du lait côte à côte ou les motifs floraux ornant les arches et des statues de Shiva en marbre. Le temple est dans la rue principale du village et pour y accéder, il faut grimper la volée de marches. De l'extérieur, il ressemble à s'y méprendre à une haveli traditionnelle, avec ses petites boutiques de part et d'autre.

SONE KI DUKAN ★

Bissau-Ramgarh Road

Entrée : 200 Rs.

Le Sone Ki Dukan, « la boutique en or », servait de chambre de commerce. Les grandes familles de marchands se réunissaient en ces lieux pour discuter des prix notamment. Ce petit bâtiment de trois pièces, édifié en 1850 par Harkanth Rai Poddar, se trouve tout près d'un temple dédié à Shiva et doit son originalité à l'abondance de dorures sur ses fresques murales. Vous vous trouvez devant les plus belles fresques du Shekhawati et peut-être même du Rajasthan. Murs et plafonds sont entièrement peints de motifs délicats et de scènes tirées de la mythologie hindoue, où le rouge domine. La plus célèbre évoque des scènes du Ramayana (la bataille finale), des incarnations de Vishnu et des instants de la vie de Krishna. On découvre aussi une magnifique représentation de la ville de Jaipur ainsi que des textes religieux peints à la feuille d'or. Les fresques sont d'une grande minutie et font preuve d'une grande maîtrise. Les détails sont foisonnants et vous n'aurez pas trop d'une heure pour en saisir toutes les subtilités. Les peintures sont appliquées sur les linteaux et poutres de bois ou sur les plâtres des murs. Les fresques les plus intéressantes sont peintes sur les plafonds tandis que les murs sont ornés de motifs floraux. Si Mahansar est un peu perdu, cela mérite néanmoins de parcourir les routes défoncées pour y parvenir. L'endroit est fermé à clé, mais rassurez-vous, Kaliram, qui fait office de guide, saura vous trouver. Sinon, adressez-vous à la petite épicerie située à côté du temple de Raghunath.

SHEKHAWATI

NARAYAN NIWAS CASTLE €€

Bissau Ramgar Raod
✆ +91 159 526 4322
www.mehansarcastle.com
A partir de 2 500 Rs pour une chambre double, petit déjeuner inclus.

Dans ce fort du XVIIIe siècle, une quinzaine de chambres charmantes vous attendent, avec un beau mobilier d'époque. Les plus chères sont confortables, les autres sont basses sous plafond, accessibles par des escaliers étroits et la tuyauterie des salles d'eau est à revoir. C'est le *thakur* lui-même, Maheshwar Singh qui gère l'établissement. Il est aussi à l'origine d'une petite production de liqueurs parfumées à l'anis, la rose ou aux épices. Il y en a près de 300 différentes. Le fort a gardé toute son authenticité et son côté « palais de campagne ».

ALSISAR ★

Samrath Singh, deuxième fils de Sardul Singh, fonda ce petit village confiné, et fit construire le fort aujourd'hui transformé en hôtel de luxe. La cité située au nord de Jhunjhunu, à 27 kilomètres, est encore peu visitée. Elle offre donc la possibilité à ses rares touristes, de déambuler en toute quiétude et d'admirer les nombreux édifices, pour certains tout à fait remarquables. Vous aurez tout le loisir de profiter des nombreux havelis peints, certains occupés par des familles modestes, d'autres malheureusement à l'abandon, des quelques temples et du réservoir datant du XIXe siècle utilisé, quand il n'est pas à sec, par les femmes du village.

ALSISAR MAHAL €€€

Alsisar Village
✆ +91 159 527 5271
www.alsisarmahal.com
A partir de 9 000 Rs pour une chambre double, petit déjeuner inclus.

L'ancien fort, aujourd'hui reconverti en hôtel de luxe est une merveille d'architecture, aussi bien à l'extérieur qu'à l'intérieur. Boiseries, tapis, peintures, meubles anciens, illustrations originales, rien ne manque pour vous transporter dans un autre monde, à une autre époque. L'ancienne résidence des thakurs a su garder son charme d'antan tout en y ajoutant les commodités modernes les plus appréciées, comme une piscine. Le restaurant propose une déclinaison de plats typiquement régionaux, ainsi que quelques mets chinois et continentaux.

JHUNJHUNU ★★

Personne ne connaît avec exactitude la date de fondation de cette cité. Certains historiens situent ses origines au XIe siècle, à l'époque des Chauhan. Elle rentre dans l'histoire documentée lorsque Mohamed Khan, premier *nawab* de la dynastie Kaimkhani, s'en empare aux alentours de 1450 pour en faire une principauté musulmane. Reconquise en 1730 par Sardul Singh, elle devient la capitale du Shekhawati. Durant cette époque, deux familles de marchands, les Tulsian et les Khaitan, transforment la ville en érigeant plusieurs monuments d'importance. Jhunjhunu s'enorgueillit encore aujourd'hui d'établissements remarquables parmi lesquels les haveli Mohanlal Ishwardas Modi, Kaniram Narsinghdas Tibrewala, le Khetri Maha. On dénombre également les cénotaphes ayant accueilli les cendres d'une grande partie des Singh, descendants du maharaja de Bikaner. Mais le site qui attire les touristes en nombre est le temple Rani Sati, l'un des plus importants du Rajasthan. La ville compte aujourd'hui 130 000 habitants et sa population se démultiplie lors du grand pèlerinage hindou au temple Rani Sati, très populaire dans tout le nord de l'Inde. Capitale de la région, elle est la mieux desservie en termes de transports.

Tourisme

Logé dans l'hôtel géré par la Corporation du Tourisme du Rajasthan (Mandawa Mor Circle. Tél. +91 159 223 2909), le bureau fournit quelques informations basiques, dont une carte de la ville et de la région.

Transports

- **Bus.** Jhunjhunu compte deux gares routières. La gare des bus publics est située à proximité de l'hôpital, quant à celle des bus privés, elle se trouve à l'est de la ville. Une course en rickshaw pour aller d'une gare à l'autre ne devrait pas dépasser 100 Rs. Préférez la gare publique d'où les départs sont plus fréquents. Vous pourrez emprunter un bus à destination de Bikaner (durée : 6 heures), Jaipur (durée : 4 heures), Delhi (durée : 5 heures 30), Mandawa (durée : 1 heure), Fatehpur Shekhawati (durée : 1 heure), Nawalgarh (durée : 1 heure).
- **Train.** Il y a bien une gare à Jhunjhunu, mais qui ne voit passer que de rares trains. Le train direct pour Delhi ne passe que 2 fois par semaine. Pour Jaipur, il faut changer à Sikar.

TEMPLE DE RANI SATI ★★

Rani Sati Road

C'est l'un des édifices les plus originaux du Shekhawati. Il commémore le sati (sacrifice d'une veuve sur le bûcher de son mari) de la femme d'un riche commerçant qui eut lieu en 1590. Pour célébrer cette marque de piété et de fidélité conjugale, les classes de négociants de la région firent édifier un sanctuaire. Rani Sati (la reine du Sacrifice) y est invoquée comme une incarnation de Durga. Chaque année, un pèlerinage (en août ou septembre) y attire des dizaines de milliers de fidèles. Sa façade verte et rose évoque d'emblée le kitsch cher à une certaine bourgeoisie indienne… Et, de fait, le temple renferme de nombreuses statues aux couleurs vives ainsi que des fresques rutilantes dont l'éclat est censé marquer la dévotion. Après une série de cours bordées de *dharamshala* (bâtiments destinés à héberger les pèlerins), vous parviendrez au sanctuaire proprement dit. Le plafond du hall (*mandapa*) est recouvert de peintures évoquant le sacrifice de la veuve. On voit Durga (énergie ou *shakti* de Shiva) lui envoyer son pouvoir afin de la soutenir dans l'épreuve.

À noter : Fête de Rani Sati en août ou septembre. Elle est célébrée dans le temple de Rani Sati, en l'honneur de la plus célèbre veuve de l'Inde. Des pèlerins affluent de tout le Rajasthan, de Delhi et même de villes éloignées. Rani Sati, la veuve d'un commerçant prospère de Jhunjhunu, s'était sacrifiée dans les flammes du bûcher de son mari. Considérée comme une incarnation de la déesse Durga, elle est très populaire parmi la caste des marwari.

BADAL GARH

Khora Mohalla

Situé à l'extrémité nord-ouest du bazar de Jhunjhunu, le petit fort Badal Qila (fort des « Nuages ») est bien plus impressionnant de l'extérieur que de l'intérieur. Il n'abrite plus qu'un jardin entre ses murailles, deux petits temples, dont un dédié à Kali, et une statue de Sardul Singh, celui qui reprit la ville aux musulmans. La partie palatiale est en trop mauvais état pour être visitée et d'ailleurs le fort est le plus souvent fermé au public. Il revêt cependant des ocres magnifiques en fin d'après-midi, du côté de la tour crénelée.

DARGAH HAZRAT QAMAR UD-DIN SHAH ★

Qamar Road

Ce monument rappelle la tolérance des rois hindous envers l'islam : Qamr ud-Din (1784-1859) était un saint musulman vénéré dans la région. Les souverains de Jhunjhunu lui donnèrent un terrain afin qu'il y installe une madrassa (école coranique). À sa mort, ils firent construire ce tombeau, surmonté d'un dôme blanc et à la façade ornée de motifs floraux, rares éléments picturaux autorisés par l'islam. L'ambiance du site est très sereine et assez majestueuse.

KHETRI MAHAL ★

Bada Mohalla

✆ +91 96 60 81 59 33

Ouvert tous les jours de 10h à 17h. Entrée : 50 Rs.

Édifié au cours de la seconde moitié du XVIIIe siècle, ce palais a gardé une fière allure extérieure avec ses arches et ses colonnades. L'intérieur est malheureusement laissé à l'abandon. Vous noterez l'absence d'escalier, remplacé par un couloir incliné. Celui-ci permettait aux souverains de se faire véhiculer sur un chariot d'un étage à l'autre jusqu'à la terrasse offrant une belle vue sur la ville. Le temple de Bihariji (1776) présente de très jolies fresques évoquant le Ramayana et les aventures de Krishna et de ses bergères.

TEMPLE DE THAKUJI ★

À proximité du temple de Rani Sati

Poussez la petite porte en fer forgé et grimpez les marches pour accéder à ce temple vieux de 250 ans. Dédié à Krishna, il servait de lieu de culte à la famille qui le fit édifier. Elle y célébrait mariages et fêtes religieuses sur le toit. De là, vous aurez une belle vue sur Jhunjhunu et le magnifique toit en bulbe du temple. Notez également les peintures dorées à l'or fin au plafond de la pièce centrale. À 11h30, les prières sont scandées au son du tambour et de la cloche. Un endroit paisible et plaisant, très peu fréquenté par les touristes.

PIRAMAL HAVELI €€

Village Bagar

✆ +91 159 222 1220

www.neemranahotels.com

A partir de 7 560 Rs pour une chambre double, petit déjeuner compris.

Loin des sentiers battus, cet établissement est propice à la détente. La bâtisse du début du XXe siècle fut construite par un riche commerçant ayant fait fortune à Mumbai. L'hébergement mêle le style rajasthani et colonial. Les huit chambres ont un certain charme malgré une décoration quelque peu démodée. L'ensemble est confortable mais tout de même un peu cher. L'hôtel est géré par la chaîne Neemrana, spécialisée dans les propriétés historiques et gage de qualité. Il est tout de même un peu éloigné de Jhunjhunu, tout en demeurant la meilleure option dans le coin.

HOTEL SHEKHAWATI HERITAGE €

Maan Nagar

✆ +91 159 223 7134

www.hotelshekhawatiheritage.com

A partir de 1 900 Rs pour une chambre double.

L'hôtel est bien aménagé avec un agréable coin de verdure assez appréciable dans cette ville poussiéreuse. Ne vous laissez cependant pas abuser par le terme « *heritage* ». Si les chambres sont lumineuses, l'aménagement est on ne peut plus simple, voire franchement vieillot. Côté salles de bains, les carrelages piquent les yeux. Certaines chambres sont mieux que d'autres, alors exigez d'en voir plusieurs. L'hôtel comprend une salle à manger pour se restaurer sur place.

PATAN

L'histoire de Patan remonte au XIIe siècle, lorsque Anangpal II fonda la cité. Il gouvernait alors Delhi depuis son petit État de Torawati. La ville revint dans les livres d'Histoire avec la bataille de Patan qui se déroula en 1790 : elle opposa les Marathes supportés par les Français, aux Rajpoutes rassemblant les armées de Jaipur et de Jodhpur. Aujourd'hui, la petite ville de Patan coule des jours tranquilles aux pieds des collines verdoyantes de l'Aravalli. On y vient pour découvrir la quiétude de la campagne du Rajasthan et séjourner au palais transformé en hôtel de charme. On peut également aller se promener dans les collines et le vieux fort.

HOTEL JAMUNA RESORT €€

Nath ji ka Tilla

✆ +91 159 223 2871

A partir de 4 000 Rs pour une chambre double.

Vous aurez le choix entre un bungalow décoré dans le style rajasthani et la chambre Golden. Réparties autour d'une pelouse, les chambres sont confortables mais le décor est assez kitsch, avec petits miroirs et peintures murales. La piscine et les restaurants sont ouverts aux non-résidents. Des cours de cuisine sont également proposés. L'endroit est assez prisé des tours-opérateurs en raison de l'absence d'offre hôtelière significative à Jhunjhunu. Il en résulte des tarifs élevés, surtout par rapport aux prestations proposées.

PATAN MAHAL €€€

Patan Village

✆ +91 94 13 07 08 33

www.patanmahal.com

A partir de 10 150 Rs pour une chambre double, petit déjeuner inclus.

Aux portes du Shekhawati, situé à proximité de l'autoroute de Delhi à Jaipur, Patan dispose de son fort et palais... en ruine. Un second palais datant du XIXe siècle a été transformé en hôtel en 2010 après de longs travaux de rénovation. Le résultat est bluffant. La vaste demeure de couleur ocre se dresse au milieu d'un très beau jardin paysager au pied des collines de l'Aravalli. Les chambres sont vastes, aérées, lumineuses et meublées d'antiquités. Les repas sont servis dans la superbe salle à manger richement ornée. Le palais compte également une piscine.

SHEKHAWATI

LOHARGAL

A 70 km à l'est de Jhunjhunu. Lohargal attire les pèlerins en masse qui viennent se baigner dans le bassin sacré du temple du Soleil. Situé au fond d'une gorge tortueuse se dégage de ce petit village une atmosphère médiévale. La rue principale est bordée d'échoppes qui vendent des *achaar* (condiment épicé), dont celui à la mangue verte, très apprécié des Indiens. En matinée, vous croiserez les vendeurs de samosas en train de préparer leur pâte et de fourrer les chaussons avant de les faire frire. Sadhus (hommes saints ayant renoncé à la vie en société), pèlerins, habitants et touristes se mélangent pour former une carte postale inoubliable.

TEMPLE DE VISHNU

Entrée libre.

Au sommet de la colline qui surplombe le village, se dresse un petit temple dédié à Vishnu. On y parvient en empruntant un escalier de pierre qui part du village et serpente sur les flancs de la montagne. Au départ, vous passez entre d'anciennes maisons et *dharamsalas* (maisons pour pèlerins) en ruines. Depuis le sommet, la vue sur les Aravalli et le village de Lohargal est saisissante. A l'intérieur du temple, vous trouverez une idole de Vishnu. Le prêtre ne parle pas anglais et sa fille quelques mots à peine, mais ils vous accueilleront avec le sourire.

CHETAN DAS BAORI ★

Ce puits en escalier est situé à l'entrée de la ville, à côté d'un temple dédié à Krishna. Il fait partie des baoris les plus impressionnants du Rajasthan. Chacun de ses 7 niveaux est aménagé en galeries percées d'arches de style persan. Les murs de côté sont également sculptés d'arches, de pilastres et de niches. Un escalier majestueux descend jusqu'à l'eau, surmonté d'une haute porte. La sobriété architecturale ajoutée à des dimensions impressionnantes forment un ensemble tout à fait harmonieux. Bien conservé, il mérite définitivement un coup d'œil.

TEMPLE DE SURYA (TEMPLE DU SOLEIL)

Entrée libre.

Si le temple ne présente pas un grand intérêt de par son architecture, les pèlerins viennent jusqu'ici pour se baigner dans le bassin sacré, le *kund*. Selon la légende du *Mahâbâratha*, le héros Bhima se replia à Lohargal avec son armée après sa victoire à la bataille de Kurukshetra. Les soldats épuisés et salis par la bataille se jetèrent dans le bassin pour se laver. Leurs armes maculées de sang fondirent instantanément. Le *kund* est alimenté par une rivière souterraine.

PARASRAMPURA ★

Cette petite bourgade est située à environ 20 kilomètres au sud-est de Nawalgarh. Elle est surtout intéressante pour le cénotaphe de Sardul Singh, huitième descendant de Rao Shekha et raja de Jhunjhunu, édifié au milieu du XVIIIe siècle. Les fresques peintes dans la coupole de ce pavillon sont tout à fait remarquables et parmi les plus belles du Shekhawati. Il est préférable de faire appel aux services d'un guide qui pourra vous ouvrir la porte du jardin. Sinon, demandez la clef à la famille Banwari (« Tchhattri ki tchavi »). L'entrée est gratuite, mais une donation est la bienvenue pour aider à l'entretien du bâtiment et du jardin.

CHHATRI DE SARDUL SINGH ★

Près de la place de l'horloge.

Bâti sur le lieu de crémation du rao Sardul Singh de Jhunjhunu, le cénotaphe abrite les plus anciennes peintures murales du Shekhawati. Elles évoquent notamment des épisodes du Ramayana et de la vie de Krishna. On voit ce dernier soulever le mont Govardhan du petit doigt afin de protéger l'Humanité contre un déluge suscité par le dieu Indra. Ce mythe évoque le passage du védisme à l'hindouisme moderne, sans doute aux environs de l'an 500 av. J.-C. Un autre détail de la coupole représente Sardul Singh lui-même, en train de partager son royaume entre ses cinq fils.

NAWALGARH ★★★

Fondée en 1737 par Nawal Singh, l'un des fils de Sardul Singh, cette ville de 50 000 habitants compte nombre de havelis en plus ou moins bon état mais des fresques et des peintures murales parmi les mieux conservées. Les Goenka et les Poddar, deux riches familles de négociants, montrèrent un enthousiasme inégalé pour la construction et la décoration de ces demeures.

Transports

La gare routière se trouve au nord-ouest de la ville, sur la route de Jhunjhunu à Sikar. Vous devrez prendre un rickshaw pour vous rendre à la haveli Podar. Vous pourrez emprunter un bus pour Jhunjhunu (1h), Sikar (1h), Mandawa (1h) ou Jaipurt (3h30).

© GORAZD BERTALANIC

Hevali de Nawalgarh.

HAVELI D'ANANDA LAL PODDAR ★

Naya Bazar

Ouvert tous les jours de 8h à 18h. Entrée : 100 Rs.

Datant du début du XXe siècle, la haveli d'Ananda Lal Poddar dresse sa façade très richement décorée à l'est de la ville. C'est l'une des rares à avoir été restaurée par ses propriétaires. Les cours intérieures comportent des fresques très denses retraçant notamment les aventures de Krishna avec ses compagnes bergères, les aimables *gopi*. D'autres fresques représentent des visions plus ou moins fantasmées de l'architecture chinoise, française ou anglaise.

HAVELI MURARKA ★

Naya Bazar

✆ +91 80 03 42 39 07

Entrée : 70 Rs.

Également appelée Uattara Haveli, elle est située à proximité des autres maisons bourgeoises de Nawalgarh. pour la trouver, continuez dans la ruelle principale du bazar. Tournez à droite au premier croisement. Tout dans cette haveli est très traditionnel. Aménagée en musée, elle comporte trois niveaux et de belles enfilades de pièces aux peintures décrépies. Notez également la magnifique porte d'accès au zenana dans la première cour. Un guide local vous sera alloué pour la visite de cette belle maison. Certains parlent français.

TEMPLE DE GANGA MAI

Le temple de Ganga Mai, dédié à la déesse Ganga (le Gange) et bâti au milieu du XIXe siècle, présente une architecture originale évoquant plus une haveli qu'un sanctuaire. Sa cour intérieure a gardé des fresques et des décorations faites de petits miroirs (*sheesh*). Dans les ruelles voisines, les *haveli* Parsurampura et Dharni Dharka possèdent des peintures datant des années 1920 et 1930, aux motifs et au style beaucoup plus modernes. Remarquez, sur la deuxième, des détails originaux représentant Gandhi et Nehru en automobile.

APANI DHANI ECOLODGE €

Old Jhujhunu Road

✆ +91 159 422 2239

www.apanidhani.com

A partir de 4 000 Rs pour une chambre double. Petit déjeuner : 300 Rs.

Apani Dhani, qui signifie « notre hameau » dans la langue locale, est un hébergement respectueux de l'environnement, composé de maisonnettes traditionnelles en pisé, dans le style Rajasthan rural. La nourriture bio est préparée à base de produits du jardin. Excursions et activités sont animées par des guides locaux (cours de cuisine, d'hindi, repas chez l'habitant...). 5 % du prix des chambres sont reversés à des projets de développement local. Le propriétaire soutient également l'association Les Amis du Shekhawati tournée vers la sauvegarde du patrimoine local.

RAJESH JANGID'S TOURIST PENSION €

Near Maur Hospital
✆ +91 159 422 4060
www.touristpension.com
A partir de 1 680 Rs pour une chambre double.

Dans cette pension très sympathique, l'accueil est chaleureux et les conseils pratiques se ramassent à la pelle. Les chambres sont simples et spacieuses, la nourriture végétarienne, délicieuse. Possibilité de location de vélo pour faire d'agréables balades, notamment jusqu'à Dundlod. Le propriétaire accorde l'hospitalité aux artistes peintres qui en échange, contribuent à la réalisation des fresques murales, conférant ainsi à cette petite pension son caractère unique.

KOOLWAL KOTHI BY THE FERN €€

Near Government Hospital
✆ +91 159 422 4734
www.koolwalkothi.com
A partir de 7 200 Rs pour une chambre double, petit déjeuner inclus.

Majestueuse bâtisse de plusieurs étages, entourée de verdure, les chambres y sont lumineuses et les lits confortables. Elles sont équipées d'une télévision, de la climatisation, d'un petit secrétaire, de fauteuils moelleux.... L'hôtel dispose d'une piscine, d'un restaurant avec mets locaux, d'une petite boutique, et d'une agence d'excursions proposant des safaris dans les environs. C'est aussi un lieu très prisé pour les tournages de films ou les mariages.

ROOP NIWAS KOTHI €€

Kothi Road
✆ +91 159 422 2008
www.roopniwaskothi.com
A partir de 11 200 Rs pour une chambre double, petit déjeuner inclus.

Cette imposante bâtisse coloniale du XVIIIe siècle est réservée aux amoureux de la nature. Les salons en enfilades s'ouvrent sur de vastes terrasses et des jardins. Les chambres sont confortables et les salles d'eau bien équipées. Avis aux cavaliers : une trentaine de pur-sang magnifiques (+ 6 chameaux !) sont à disposition pour une balade. L'immense parc est le refuge des paons. Piscine, initiation au yoga, méditation, repos. La ferme alimente le restaurant en produits frais. L'hôtel est privilégié par les tours-opérateurs et les groupes. Un endroit de charme.

VIVAANA MUSEUM HOTEL €€

Ward number 5, Mandi Gate
✆ +91 850 596 1525
https://vivaana.com
A partir de 6 050 Rs pour une chambre double, petit déjeuner inclus.

Forte de son expérience à Mandawa, l'équipe de Vivaana a patiemment restauré cette jolie haveli pour en faire un hôtel. Les fresques ont été nettoyées, sans être dénaturées et des éclats de couleurs vives habillent les intérieurs. Les chambres sont aménagées autour d'un adorable patio soutenu par de fines colonnes. Le mobilier campagnard, dans un style très britannique, avec ses lits en fer forgé évoque l'indolence d'une partie de campagne. La piscine sur le toit et un délicieux restaurant font de cette nouvelle adresse Vivaana un incontournable.

JHAROKHA €€

Bawari Gate
✆ +91 159 422 5301
Ouvert midi et soir. Compter 600 Rs pour un repas.

Le restaurant de l'hôtel Grand Haveli est la meilleure table de Nawalgarh. Préférez les plats indiens, avec notamment une carte de kebabs très intéressante proposant une dizaine de possibilités différentes. Le *paneer zaffrani*, le *murgh muntaz* sont tout aussi appétissants. En revanche, les plats continentaux et chinois sont sans intérêt. Le service est impeccable. La belle salle à manger éclairée par de grands lustres donne sur le cénotaphe. Le soir, le repas est servi sur le toit, afin de profiter de la prise et d'une jolie vue sur la ville.

ROOP NIWAS KOTHI

Kothi Road
✆ +91 159 422 2008
www.roopniwaskothi.com
1 000 Rs/h, 3 000 Rs pour une demi-journée et 6 000 Rs pour la journée complète.

Rawal Devendra Singh, le propriétaire du Roop Niwas Kothi, est également un passionné de chevaux. Il a dédié son haras à l'élevage exclusif des pur-sang marwari, une race réputée pour son endurance. Vous pouvez monter les chevaux pour des reprises d'une heure ou plus dans le haras. Si vous désirez parcourir le désert environnant, c'est également possible. Des excursions de 20 à 30 kilomètres sont organisées à partir de 2 cavaliers. Pour ceux qui ne goûtent pas au plaisir de l'équitation, Roop Niwas organise des sorties à vélo et des treks aux alentours.

SHEKHAWATI

DUNDLODH ★

A environ 10 kilomètres au nord de Nawalgarh, sur la route de Mandawa, cette petite localité est dominée par un fort datant du XVIIIe siècle transformé en hôtel. Il a conservé de belles pièces : hall de réception, quartier des femmes et quelques décorations murales. La famille Goenka fit édifier plusieurs havelis à Dundlod. La mieux conservée se trouve sur la petite place en face du fort. En bas du village, un joli puits orné de *chhatris* jouxte le cénotaphe de Ram Dutt Goenka. Décrit par certains guides comme une pure merveille, il abrite certes les vestiges de précieuses peintures murales, mais il a surtout été transformé en... toilettes publiques.

GOENKA HAVELI ★

Main Road

Cette grande haveli de deux étages a été construite par Seth Arjun Das Goenka en 1875. L'âge d'or des riches marchands du Shekhawati a vu fleurir de jolies demeures un peu partout dans la région où artistes peintres et artisans rivalisaient d'adresse et de savoir-faire. Cette haveli ne déroge pas à la règle, elle a en plus un petit jardin potager. Les plus belles fresques sont appliquées au rez-de-chaussée de la cour intérieure, où toutes les arches et les plafonds de la galerie en sont couverts. Les fresques extérieures sont moins bien conservées.

DERA DUNDLOD FORT €€

Main Road

© +91 159 425 2519

www.dundlod.com

A partir de 10 650 Rs pour une chambre double, petit déjeuner inclus. Réservation indispensable.

Cet hôtel est aménagé dans un fort du XVIIIe siècle, toujours occupé par la famille princière. Vous bénéficierez d'un très beau cadre avec *darbar* (hall de réception) et jeux de cours intérieures. Le décor est digne d'un film de cape et d'épée. Les propriétaires, passionnés de chevaux, organisent des visites équestres de la région. Si vous ne souhaitez pas résider ici, sachez que la cour principale se visite, ainsi qu'une plus petite où sont exposés des boucliers anciens. Le gardien peut vous faire voir le *darbar* moyennant quelques roupies.

FATEHPUR ★★★

Ancienne capitale d'une petite principauté musulmane, la petite ville de Fatehpur Shekhawati fut libérée au XVIIIe siècle par Sardul Singh. Elle connut alors un destin identique à celui des villes voisines. Forte de 78 500 âmes, elle fait aujourd'hui penser à une ville fantôme. Les rues désertes sont bordées de somptueuses havelis qui traduisent la richesse passée de ce village.

Tourisme

Vous ne ferez peut-être que passer, mais si vous le pouvez, arrêtez-vous en chemin à la haveli de Nand Lal Devra, celle de Chaudhari, ou encore au Mahavir Prasad Goenka et au Harikrishan Das Sarogi. Toutes ces demeures présentent des peintures bien conservées. Ne manquez pas non plus la haveli de Nadine Le Prince, l'une des plus belles du Shekhawati, dans laquelle vous pouvez même résider.

Transports

▶ **Bus.** La petite ville de Fatehpur Shekhawati compte 3 arrêts de bus. Les bus longue distance partent de Chatriya située sur la route principale. Les bus locaux partent de Baori Gate, située à 300 mètres au nord de Chatriya. Les bus pour Jhunjhunu et Mandawa partent, eux, d'une rue située à 200 mètres derrière Baori Gate. Vous pourrez emprunter un bus pour Bikaner (durée : 4 heures), Jaipur (durée : 4 heures), Delhi (durée : 7 heures), Nawalgarh (durée : 1 heure), Jhunjhunu (durée : 1 heure), Mandawa (durée : 30 minutes).

NADINE LE PRINCE HAVELI €€

SH 41 © +91 8094 880977

www.cultural-centre.com

Compter entre 2 200 Rs et 6 000 Rs pour une chambre double (hors taxes), petit déjeuner inclus.

16 chambres de tailles variées ont été aménagées de façon astucieuse, afin de préserver la structure d'origine. Vous résidez ici dans un musée, vous l'aurez compris. Un bar ainsi qu'un salon d'extérieur ont été aménagés dans une des cours. Certains soirs l'ambiance décolle pour s'achever en soirée dansante, sous les étoiles. Des bénévoles venus du monde entier assurent la cuisine ainsi que les visites. L'hôtel vous fournira un plan pour partir à la découverte des nombreuses havelis de Fatehpur. Ambiance bohème chic pour cette adresse sans nulle autre pareille.

SHEKHAWATI

NADINE LE PRINCE HAVELI ★★

SH 41

✆ +91 8094 880977

www.cultural-centre.com

Ouvert tous les jours de 8h à 19h. Entrée : 250 Rs.

Construite en 1840, la demeure a été rachetée par Nadine Le Prince, une artiste peintre française en 1999. Depuis, les travaux de rénovation se succèdent avec beaucoup de difficultés. La première étant de trouver des peintres restaurateurs experts en technique *al fresco*. Les Indiens pour beaucoup considèrent que les affres du temps ne doivent pas être réparés et que les fresques, même très abîmées, doivent être laissées en l'état. La technique *al fresco* impose aussi de s'y connaître en pigments naturels qui s'imprègnent dans le mur. Cette technique permet notamment une meilleure conservation des peintures, surtout celles exposées en extérieur. Lors de la première tranche de rénovation, les fresques avaient été repeintes directement sur les murs. Quelques moussons ont effacé le travail et il a fallu recommencer. Les visites sont menées en français par de jeunes bénévoles venus passer quelques mois ici. À l'origine, cette haveli était la maison d'un riche marchand qui n'a pas ménagé ses efforts pour ornementer les parties publiques. L'entrée, avec ses linteaux de tek minutieusement sculptés et son plafond peint représentant Krishna jouant de la flûte entouré de ses *gopis*, des bergères représentées en danseuses, laisse pantois. La maison abritait 70 personnes : une trentaine de membres de la famille et une quarantaine de serviteurs. Cette haveli est l'une des plus belles du Shekhawati, de par sa restauration et son entretien, qui permettent de laisser imaginer l'opulence de la région au XIXe siècle.

LAKSHMANGARH ★

Malgré le nombre assez limité de havelis, Lakshmangarh revêt un aspect pittoresque. Bien peu de voyageurs étrangers s'y arrêtent, et pour peu que vous connaissiez quelques mots d'hindi, vous susciterez une curiosité respectueuse et amicale. Au début du XIXe siècle, le souverain de Shikar, Lakshman Singh, décida de doter son royaume d'une ville moderne. Il lui donna une configuration géométrique, évidemment inspirée de Jaipur. Deux siècles plus tard, de telles considérations peuvent prêter à sourire tant le bourg paraît rustique avec ses cochons noirs déambulant dans les rues et se prélassant dans les flaques d'eau en période de mousson.

CHAR CHOWK HAVELI

Mukandgarh Road

En haut du fort, à côté du rond-point se trouve une grande haveli, Char Chowk Haveli, construite autour de quatre (*char*) cours (*chowks*). Il ne reste pratiquement rien de ses peintures extérieures, mais la bâtisse imposante mérite tout de même un coup d'œil, ne serait-ce que par sa prestance. Demandez au gardien de vous mener à l'étage supérieur qui abrite encore quelques fresques dont certaines d'inspiration érotique. Attention dans la montée, car c'est très mal éclairé. Munissez-vous de votre téléphone portable et de sa lampe pour admirer les fresques.

Fresque picturale à Fatehpur.

SHEKHAWATI

MARWAR

Le Marwar, « pays de la Mort » en dialecte local, est une région de plaines arides et sablonneuses qui s'étend du Pakistan aux montagnes des Aravalli. Elle englobe les districts de Bikaner, Jaisalmer, Jodhpur et une grande partie du désert de Thar. Les températures très élevées peuvent atteindre 50° en été et descendent à 10° en hiver. La végétation y est quasi nulle, l'eau, une ressource rare. Le clan des Rathore, descendants des Rajpoutes de Kannauj, a pris possession d'une grande partie de la région au XIIIe siècle. C'est à cette période que les seigneurs bâtirent les fondations des villes de Bikaner et de Jodhpur, édifiant des forts qui sont devenus au fil des siècles de somptueux palais. Le Marwar demeure avant tout une immense zone désertique, peuplée de tribus paysannes semi-nomades, quelques fois sédentaires, comme les Bishnoïs. Cette communauté se caractérise par son végétarisme et le respect strict de toute forme de vie.

PAKISTAN
DandKalan
Charanwala
Bahla
Bap
VERS RAMGARH ★★
Shri Mohangarh
PHALODI ★
LODURVA ★★
RAMDEVRA ★
JETHWAI
SODAKORE ★
BADABAGH ★★
LAKE AMAR SAGAR ★★
JAISALMER ★★★
POKARAN ★
KULDHARA ★★
Teliwara
Fatehgarh
Shiv Nagar
Balesar
Shergarh
Sheo
Asari
Baytoo
Balotra
BARMER ★
Gadra Road
Siwana
Sindari
Chohtan
Kagau
Jalore
Dhorimanna
Bagoda
Khar
50 KM

Le Marwar
Poogal
Lunkaransar
Sardarshahar
Bandarewala
BIKANER ★★★
Sri Dungargarh
GAJNER NATURE RESERVE ★★
KOLAYAT ★
KHURI ★★
Jasrasar
Sujangarh
Khariya Patawatan
DESHNOK ★
KAKU ★
NAGAUR ★★
Kuchera
Makrana
Degana
OSYAN ★★
Bhopalgarh
Merta City
Tinwari
Ajmer
MANDORE ★★
ODHPUR ★★★
CHANDELAO ★
KHEJARLA
Nasirabad
ALAWAS
NIMAJ ★
RAIPUR (RAYAPUR)
LUNI ★
ROHAT ★
Vijainagar
Bandi
PALI ★
MARWAR
Asind
BHADRAJUN
SODAWAS ★
Deogarh
AHORE
Bhilwara
Sumerpur
Gangapur

PAGES

278 ## ● ● BIKANER ET SES ENVIRONS

Cette partie du Rajasthan aux portes du désert de Thar est l'une des moins visitées par les touristes étrangers. Et c'est bien dommage. Bikaner, la ville aux 1 000 havelis, mérite définitivement de s'y intéresser. Ses environs permettent également de se livrer à des safaris à dromadaire dans des coins préservés du désert.

BIKANER ★★★

278 Surnommée « la ville aux 1 000 havelis » Bikaner fait partie de ces bonnes surprises à l'écart des sentiers touristiques rebattus. Sa position au nord du Rajasthan et à l'entrée du désert du Thar fait que les touristes l'ignorent souvent. Et c'est bien dommage, car en plus de ses splendides demeures, elle compte également un très beau fort et une atmosphère agréable.

284 ### GAJNER NATURE RESERVE ★★

285 ### KOLAYAT ★

DESHNOK ★

285 Le village de Deshnok et ses 15 000 habitants voient défiler touristes et pèlerins jusqu'au temple de Karni Mata. Dédié à la déesse Karni, une divinité locale, le temple est célèbre dans toute l'Inde pour les nombreux rats qui l'habitent et qui sont nourris de lait et de pain par les fidèles.

NAGAUR ★★

286 La petite ville de Nagaur mérite que vous vous y arrêtiez si vous voyagez entre Jodhpur et Bikaner. Elle est dominée par une forteresse datant du XIIe siècle, construite par les premiers seigneurs musulmans à être entrés en Inde, sur les ruines d'un fort de pisé remontant au IVe siècle.

287 ## ● ● JAISALMER ET SES ENVIRONS

L'imposante et splendide Cité d'or de Jaisalmer domine le désert du Thar de toute sa splendeur et de ses 99 bastions. Elle renferme de splendides havelis, des temples jaïns qui font étalage de l'extraordinaire savoir-faire des sculpteurs de la ville. Les alentours peuvent faire l'objet d'une agréable journée de visite à deux-roues.

JAISALMER ★★★★

287 Jaisalmer est une ville incontournable au Rajasthan. Perdue dans le désert du Thar, à proximité de la frontière pakistanaise, sa citadelle dorée pourvue de 99 bastions émerge telle un mirage. Il s'agit de l'un des plus anciens forts du Rajasthan, et l'un des rares aussi à contenir la ville entre ses murailles. Jaisalmer est aussi célèbre pour ses havelis et temples ouvragés de toute beauté.

297 ### BADABAGH ★★

297 ### LAKE AMAR SAGAR ★★

298 ### LODURVA ★★

298 ### KULDHARA ★★

299 ## ● ● DÉSERT DU THAR

Le désert du Thar fait partie des attractions majeures lors d'un passage à Jaisalmer. Mais la meilleure façon de le visiter est encore de s'adresser à une agence dans la ville pour une excursion en petit groupe dans des dunes isolées, plutôt que de fréquenter les sites saturés de touristes que sont les dunes de Sam et Khuri.

BIKANER ★★★

Fondée au XVe siècle, cette cité délaissée par les touristes est pourtant caractéristique du Marwar, avec son fort de Junagarh, son palais Lalgarh, ses havelis, sa vieille ville ou ses attelages de dromadaires.
Autrefois centre commercial des routes caravanières et comptoir important sur la route de la soie, Bikaner est restée beaucoup plus authentique que la célèbre Jaisalmer, l'autre grande cité du désert du Thar. Connue également pour produire les meilleurs chameaux de l'Inde, elle organise une foire chaque année en janvier. Malgré la présence de quelques bons hôtels, le tourisme y est peu développé. Vous n'y trouverez pas de magasins de souvenirs, mais des ruelles tranquilles qui évoquent une Inde affable et peu soucieuse du monde extérieur.
Les artisans de la ville se sont forgés une solide réputation dans des domaines aussi variés que l'orfèvrerie, la parfumerie, le textile, la maroquinerie et surtout dans l'art délicat de la miniature. Les contacts y sont faciles et le voyageur se familiarisera vite avec la nonchalance ambiante. Bikaner est une ville de 800 000 habitants, et constitue une base idéale pour partir à la découverte du désert et des villages traditionnels, à l'écart des *camel safaris* un peu trop « usine » de Jaisalmer.

Histoire

Bikaner sort du désert en 1488, lorsque Rao Bika, l'un des fils de Rao Jodha, le fondateur de Jodhpur, décide d'établir son royaume dans la région. Rangés sous l'autorité de l'empereur Akbar (XVIe siècle), les souverains voient leur ville prospérer grâce au négoce et aux caravanes reliant Delhi à la mer d'Arabie.
La création de nouvelles routes commerciales et des grands ports de Bombay et Calcutta entraînent le déclin de la région au XIXe siècle. Le royaume connaît une nouvelle heure de gloire sous l'impulsion du maharaja Ganga Singh (règne de 1898 à 1934). À présent, Bikaner est surtout connue pour sa race de dromadaires, ses écoles de miniatures et sa tranquille prospérité.

Tourisme

L'Office de tourisme de Bikaner a pris ses quartiers dans l'hôtel RTDC Dhola Maru (Near Puran Singh Circle. Tél. +91 151 222 6701). Il dispense quelques cartes et brochures sur la région.

Transports

▸ **Bus.** La gare routière de Bikaner se trouve à 3 km au nord de la ville, sur Ganganagar Road (Tél. +91 151 252 3800). Vous pourrez emprunter un bus pour Ajmer (durée : 7 heures), Agra (durée : 12 heures), Delhi (durée : 11 heures), Jaipur (durée : 7 heures), Jaisalmer (durée : 8 heures) ou Jodhpur (durée : 6 heures).

▸ **Train.** Bikaner compte deux gares ferroviaires. La première est très centrale, aux abords de la vieille ville, et sa voie ferrée coupe carrément la ville en deux. La seconde, Lalgarh Junction, est située à 3 kilomètres au nord de la ville, proche de la gare routière. C'est de cette gare-ci que vous partirez pour Jaisalmer notamment. Depuis Bikaner, vous pourrez rallier les villes d'Agra (durée : 11 heures), Delhi (durée : 9 heures environ), Jaipur (durée : 6 heures), Jaisalmer (durée : 6 heures 30 environ), Jodhpur (durée : 5 heures).

CENTRE NATIONAL DE RECHERCHE SUR LES CAMELIDES ★

Jorbeer
Ouvert de 14h à 18h30. Entrée : 200 Rs.
Ce centre de recherche sur l'élevage du dromadaire a ouvert ses portes en 1984 et compte près de 300 bêtes, dont les trois races présentes en Inde. Les robustes chameaux de Bikaner au poil abondant, sont surtout utilisés comme animaux de trait. Les chameaux de Jaisalmer, plus clairs et élancés, sont plus rapides. Et enfin, ceux du Gujarat présentent un pelage plus sombre. La ferme se livre à des expériences de croisement et donne des conseils aux éleveurs locaux.

DEVI KUND ★

Sagar Road
Les bords du petit lac Devi Kund (lac de la Déesse) servent pour les crémations royales et accueillent les cénotaphes des maharajas et de leur famille. Parmi cette impressionnante série de monuments funéraires de marbre blanc, vous remarquerez surtout celui de Surat Singh, dont le plafond est encore orné de fresques. Avant l'interdiction du *sati* par les Britanniques au début du XIXe siècle, les ranis s'immolaient dans le bûcher royal, car il leur était interdit de survivre à leur époux. Chaque *chhatri* indique l'emplacement précis de la crémation d'un maharaja.

FORT DE JUNAGARH ★★★

Junagarh Fort Road

Ouvert tous les jours de 10h à 17h. Entrée : 300 Rs.

Au XVIe siècle, l'alliance avec l'empereur Akbar mit Bikaner à l'abri des conflits. Le maharaja Rai Singh (règne de 1571 à 1611) fit pourtant bâtir ce magnifique fort avec le butin rapporté de ses campagnes aux commandes des armées impériales. Édifié dans une plaine difficile à défendre et non pas sur une butte comme les autres principales forteresses rajpoutes (Jodhpur, Jaisalmer, Chittorgarh…), l'ouvrage est renforcé de 37 bastions. Les travaux débutèrent en 1589 et il fallut 5 ans pour en achever la construction. À l'époque, il était fréquent que les maharajas se fassent construire un nouveau palais, plus moderne et luxueux que l'ancien. La famille royale se fit d'ailleurs construire un troisième palais, celui de Lalgarh, au début du XXe siècle. Il ne reste pas grand-chose du fort précédent, qui se tenait à proximité du temple de Laxmi Narayan et dont on peut voir encore quelques traces. Le fort de Junagarh occupe plus de 5 hectares, au centre de ce qui est aujourd'hui la ville de Bikaner. S'il n'y avait rien alentour à l'époque de sa construction, bien vite, une ville nouvelle se développa autour des quartiers royaux. Le principal intérêt de la visite réside dans la richesse des palais, des bâtiments et des salles décorées de façon luxueuse au fil des siècles.

Après avoir franchi l'imposante muraille rouge longue d'un kilomètre, vous passerez encore deux portes, Daulat Pol et Suraj Pol. À côté de Daulat Pol, on peut voir des bas-reliefs de mains sur la façade. Elles symbolisent et rendent hommage aux femmes ayant commis un sati. Les épouses rejoignaient leurs maris morts au combat dans la mort, en se jetant dans leur bûcher. Cette pratique du sati, très commune au Rajasthan, est fort heureusement interdite depuis 1987. La porte de Suraj Pol est gardée par les statues de deux guerriers rathore, Jaimal et Patta, morts en défendant héroïquement la forteresse de Chittorgarh contre les troupes mogholes, en 1568. Les courettes entre les portes abritent de petits temples dédiés à différentes divinités : Kalka, Ganesh ou encore Devi dwara, la Mère Nature. Après avoir franchi un dernier porche, vous débouchez sur une grande esplanade. Le guichet d'entrée se trouve à votre gauche, derrière les rideaux métalliques posés pour empêcher les oiseaux de rentrer. Il faut ensuite gravir une rampe étroite qui débouche dans la première cour du palais.

Au centre de la première cour, un petit bassin de marbre blanc apportait un peu de fraîcheur à la famille royale. Car l'un des grands soucis des souverains était de se protéger du soleil, ennemi implacable. Remarquez la petite fresque peinte en haut du mur à droite de la cour : à son arrivée dans le désert, le train à vapeur semble avoir été un sujet d'inspiration majeur pour les artistes locaux. Le diwan-i-khas (hall des Audiences privées), aménagé en 1631 par le maharaja Karan Singh, est surtout remarquable pour ses dorures. Les souverains recevaient ici leurs hôtes de marque. Mais c'est la salle suivante, Anup Mahal, qui constitue la plus belle pièce du fort.

Commencée sous Karan Singh et achevée par son successeur Anup Singh, elle reluit de dorures et de mosaïques de tuiles colorées et de miroirs. C'était la salle du couronnement des maharajas, et on peut encore y voir un trône royal très richement décoré.

Après avoir traversé le Badal Mahal (palais des Nuages), aux murs entièrement peints de nuages (peut-être pour libérer un peu de fraîcheur ?) et de scènes de pluie, vous gagnerez le temple de Hanuman, le chef de l'armée des singes dans le Râmâyana. Il contient les fameuses planches à clous chères à tous les fakirs. Les salles suivantes, Gaj Mandir, servaient de chambres au souverain – et à la reine – et sont abondamment décorées de dorures, miroirs, boiseries de santal et incrustations sur ivoire. De la terrasse voisine, vous aurez une belle vue sur l'ensemble du fort et sur la ville. Le Hawa Mahal (palais des Vents), aménagé à l'étage supérieur, servait de retraite aux maharajas durant les canicules. Une poulie permettait à un serviteur, placé à l'extérieur, d'actionner un énorme éventail pour le confort du prince (et peut-être de quelque princesse…).

Ganga Singh fit aménager la partie la plus récente du fort, Ganga Niwas, en un opulent *darbar* (hall de réception). Il abrite de magnifiques collections d'armes, des photos jaunies (sur l'une d'elles figure Georges Clemenceau lors d'une chasse au tigre) et des objets personnels du maharaja. Admirez également le plafond en bois : œuvre d'artisans venus spécialement d'Afghanistan. Enfin, le hall voisin réserve une surprise de taille : un avion monoplace sans doute l'un des premiers à avoir survolé l'Inde, offert par le gouvernement britannique à Ganga Singh.

Deux autres salles, le Phool Mahal (palais de Fleurs) et le Chandra Mahal (palais de la Lune), sont en principe fermées à la visite. Mais moyennant quelques roupies supplémentaires, le guide pourra vous les faire visiter. Décorées de nombreux miroirs, elles possèdent également des peintures murales et une statue du dieu Soleil, Surya, ancêtre mythique du dieu Rama et de la dynastie Rathore.

Prachina Cultural Centre & Museum, à l'intérieur du fort. Ouvert tous les jours de 9h à 18h. Entrée : 50 Rs et 20 Rs pour un appareil photo, 75 Rs pour une caméra (Tél : +91 151 252 5609). Ce petit musée installé dans une annexe du palais présente une collection intéressante de costumes, vaisselle, peintures murales, attelages et autres menus objets. Également un petit restaurant sur place.

MARWAR

GANGA STATE MUSEUM ★

Rani Bazar

✆ +91 151 252 8894

Ouvert du mardi au dimanche de 10h à 17h. Entrée : 100 Rs.

Ce musée vieillot contient d'intéressantes collections de sculptures de l'époque Gupta (IVe-VIe siècle), instruments de musique, miniatures, trophées de chasse et tableaux sans grande valeur mais retraçant les exploits guerriers des maharajas de Bikaner. Le véritable trésor du musée est la collection de manuscrits en sanskrit présentés dans la bibliothèque Anup. Anup Singh les ramena au XVIIe siècle, après avoir livré quelques batailles dans le Deccan.

Le musée date de 1937 et a été ouvert à l'occasion du jubilé (50 ans de règne) du maharaja Ganga Singh.

SETH BHANDASAR JAIN TEMPLE ★

Old Bikaner

50 Rs pour un appareil photo.

A la fin du XVe siècle, Bhandasar Oswal, un riche négociant jaïn, ordonna la construction de ce temple, embelli par la suite grâce aux dons des fidèles. Quarante tonnes de *ghee* auraient été utilisées pour les fondations. C'est l'un des rares temples jaïns à renfermer des peintures murales évoquant la vie des *tirthankars* (hommes saints), des processions ou des scènes de cour. La chapelle centrale abrite une statue du cinquième *tirthankar*, Sumtinath. Donation bienvenue.

PALAIS DE LALGARH ★★

NH 15

Le musée est ouvert tous les jours, sauf le dimanche, de 10h à 17h. Entrée : 50 Rs.

Pour marquer le début de son règne et le renouveau qu'il souhaitait apporter à son royaume, le maharaja Ganga Singh décida de construire cet immense palais de grès rouge en 1900. Il en confia la réalisation au célèbre architecte britannique Sir Samuel Swinton Jacob. Le Lalgarh (ou Fort Rouge) sert toujours de résidence au souverain actuel, Ravi Raj Singh, et à sa famille. Une partie de cette vaste demeure a été transformée en hôtel de luxe, tandis qu'une autre abrite le Maharajah Sardul Singh Museum. Sa présentation un peu désuète plonge le visiteur dans l'atmosphère guindée du début du XXe siècle. Les princes hindous rivalisaient alors de raffinement avec la noblesse anglaise. Le musée compterait plus de 30 000 photos évoquant cette période fastueuse, les réceptions, les visites des têtes couronnées et les inévitables parties de chasse au tigre. Vous remarquerez en particulier une photo de Georges Clémenceau, prise au cours de ces réjouissances mondaines. Le surnom de l'ancien président du Conseil français, « le Tigre », amusait beaucoup le maharaja Ganga Singh. Celui-ci s'était d'ailleurs procuré une figurine représentant l'homme politique avec un corps de tigre.

Parmi tout un bric-à-brac d'objets ayant appartenu à la famille royale, vous noterez la charrue avec laquelle Ganga Singh traça le premier sillon du canal portant son nom et irriguant le nord de la région. L'immense jarre en étain, pesant plus de 100 kg et exposée dans la galerie, servait à récolter les impôts dans les campagnes.

TEMPLE LAXMINATH ★★

Old Bikaner

Le premier fort, construit par Rao Bika à la fin du XVe siècle et dont il ne reste qu'une vague trace, s'élevait sur l'esplanade opposée au temple hindou de Lakshminath (photos interdites). Ce dernier est consacré à Laxmi, épouse de Vishnou et déesse de la Fortune et divinité tutélaire des souverains et des commerçants de Bikaner. C'est d'ailleurs elle qui est invoquée lors de la fête de Diwali, car elle est supposée prodiguer chance et bonne fortune à ceux qui la vénèrent. Il aurait été construit pour l'épouse d'un maharaja, originaire de Jaisalmer, qui refusait de s'alimenter si on ne lui bâtissait pas un temple semblable à celui de sa ville d'origine. De taille modeste, il abrite quelques peintures murales récentes aux teintes vives. Une fois par jour, les fidèles psalmodient des chants en sanskrit à l'occasion d'une *puja* (prière) particulièrement étonnante. La cérémonie se déroule entre 10h et 11h30 chaque jour, mais l'heure varie en fonction du soleil. À l'intérieur du temple, deux rangées se forment : d'un côté les hommes, de l'autre les femmes. La cérémonie dure 11 minutes, au cours de laquelle les fidèles chantent, récitent des prières et des incantations dédiées à Laxmi. Certains sont même en transe. À la fin, des feuilles de buis bénies sont lancées sur les fidèles. Chacun ramasse une feuille et la mange en guise de protection. Pour pouvoir assister à la *puja*, vous devez être accompagné d'un fidèle hindou. Les appareils photo sont interdits ; chacun doit déposer ses chaussures à l'entrée.

VIEILLE VILLE ★

La vieille ville de Bikaner est sans doute l'une des plus charmantes du Rajasthan. Il est facile de se perdre et de se laisser surprendre au détour de ses ruelles tranquilles, surtout peuplées de vaches. Si la ville est toujours bien entendu habitée, on se demande où se cachent ses habitants. A l'intérieur du millier de havelis qui ont été dénombrées ici et qui témoignent de la richesse passée de la ville. Il est possible d'effectuer un parcours de 2 à 3 heures pour en admirer les plus belles d'entre elles, visiter ses principaux temples (Laxminath et Seth Bhandasar) et parcourir les petits marchés ou le quartier des tailleurs. Le plus simple, afin de ne pas se perdre, est de faire appel à un guide local.

Commencez à Goga Gate, à ne pas confondre avec Kote Gate, la porte qui se trouve proche de la voie ferrée. Sur votre gauche, se trouve une haveli avec des fresques murales colorées. Prenez la direction de Dhada Chowk pour admirer le Dan Ji Kothari Ki Haveli. De là, rejoignez Rangri Chowk, pour la haveli des Rampuria, peut-être la plus célèbre d'entre elles avec son imposante silhouette et ses volets verts. Elle abrite également l'hôtel Bhanwar Niwas. Bâtie en 1927, elle évoque l'opulence des classes marchandes locales. Revenez sur vos pas, jusqu'à Banthio ka Chowk, puis Mohta Chowk jusqu'à la sortie du fort (au nord) et Jassusar Gate. Le long du chemin, vous admirerez d'autres havelis, aux façades étonnantes parfois. Ne manquez pas non plus de faire un tour chez les marchands de saris, dans une ruelle qui part de Kote Gate.

CAMEL MAN

Jaipur Road ✆ +91 97 99 91 11 17
www.camelman.com

Compter 3 000 Rs pour un safari d'une journée et 4 500 Rs avec une nuit dans le désert en pension complète.

Camel Man, l'homme aux chameaux, c'est Vijay Singh Rathore, le fils du Colonel Jai Singh, dit « Lawrence of Thar ». Ce héros de guerre combattit les Pakistanais en 1965 et 1971, et gagna ses galons en dirigeant le célèbre Camel Corps. Aujourd'hui, l'agence est reprise par son fils Hiteshwar. Créée en 1983, elle propose de nombreuses excursions. Vous pourrez visiter un village traditionnel sur une randonnée d'une demi-journée ou passer une nuit (voire plus) dans le désert et randonner en dromadaire la journée. Le campement est équipé de tentes et de toilettes.

PRINCE HAVELI €

Mawa Paatti
✆ +91 98 29 14 07 02

Compter entre 670 Rs et 2 200 Rs pour une chambre double, avec petit déjeuner.

Cette minuscule haveli est bien cachée dans la vieille ville. Sa façade richement décorée, le plafond à caisson et la volée de marches jusqu'à l'entrée donnent le ton. Le jeune Bilal se donne beaucoup de mal pour conserver cette vieille bâtisse dans le respect de son historie. Le confort est on ne peut plus sommaire, et certaines chambres sont tellement petites que la salle de bains est attenante. Il faut gravir des escaliers très raides pour atteindre les terrasses ou les chambres. Mais ce qu'on aime ici c'est l'accueil chaleureux et les fresques d'origine.

FATA MORGANA SAFARIES

Jodhasar House, Hanuman Hatha
✆ +91 94 1442 6553
www.malagarhfort.com

2 750 Rs p/pers. dîner et spectacle (min. 4 pers.). Excursion et nuit dans le désert (1j) : 14 000 Rs/2 pers.

Une sortie dans le désert, mais pas n'importe comment ! L'agence s'adresse à un public exigeant en quête de prestations de standing. Les tentes lors des safaris sont très bien équipées avec eau chaude, eau froide et toilettes. Le soir, le buffet est préparé avec des produits régionaux. Les spectacles nocturnes en plein désert sont de qualité. Ils comprennent plusieurs musiciens et danseuses. Vous serez en prime accompagné d'un guide francophone. L'agence propose également des circuits complets pour découvrir le Rajasthan et le pays.

VIJAY GUEST HOUSE €

Jaipur Road
✆ +91 151 223 1244
http://camelman.com

A partir de 600 Rs et 1 5800 Rs avec la climatisation pour une chambre double.

A ce prix-là, on n'a pas trouvé mieux. Les chambres sont propres, le service aux petits soins, un réfrigérateur se tient à disposition des hôtes près de la réception, un agréable jardin permet de se prélasser après une journée de visite intense, et il y a même un coin détente climatisé pour les jours de forte chaleur. Il est également possible de suivre des cours de cuisine gratuitement. Vous pourrez préparer votre repas que vous dégusterez dans la salle commune, sur la terrasse ou dans le jardin. Adresse sympathique mais un peu à l'écart du centre-ville.

MARWAR

VINO GUESTHOUSE €

Opposite Gopeshwar Temple
✆ +91 151 227 0445
www.vinodesertsafari.com
A partir de 6800 Rs pour une chambre double.

Ici, c'est un havre de paix ; la famille de Vinod est souriante et chaleureuse. Vous serez logé soit dans une chambre de la maison, soit dans une des six huttes, dans le jardin. Les chambres sont sommaires, mais on vient surtout pour l'accueil. Il est possible d'apprendre à cuisiner gratuitement avec les femmes de la maison. Vinod est un spécialiste des safaris dans le désert. Que vous partiez un ou plusieurs jours, vous serez entre de bonnes mains avec lui : il connaît le désert comme sa poche et vous conduira dans des dunes sauvages.

HARASAR HAVELI €€

Near Karni Singh Stadium Road
✆ +91 151 220 9891
www.harasar.com
A partir de 3 500 Rs pour une chambre double.

Ce grand hôtel de 38 chambres simples et spacieuses mérite son succès. Le prix des chambres, très correct, varie selon la catégorie ; toutes ont de grandes salles de bains un peu vieillottes. Le patron, surnommé Bubbles, est à l'écoute de ses clients, toujours prêt à les renseigner. Une terrasse est installée sur le toit d'où l'on aperçoit le fort Junagarh et le Lalgarh Palace. En haute saison, des spectacles de musique gypsy animent les soirées. Bonne cuisine rajasthani. Attention, les *rickshaws-wallahs* touchent des commissions.

BHAIRON VILAS €€

Near Junagarh Fort
✆ +91 151 254 4751
www.bhaironvilas.com
A partir de 3 200 Rs pour une chambre double, petit déjeuner compris.

Cette haveli du XIXe siècle était la demeure de Bhairon Singh, le Premier ministre du maharaja de Bikaner. Passé la porte, le visiteur est transporté dans le passé. Les 21 chambres sont richement décorées et meublées de façon traditionnelle : peaux de bêtes, armes et portraits de famille accrochés aux murs, tapis, *jarokha* et fenêtres sculptées, lustres antiques… La décoration est similaire dans la salle à manger où vous pourrez commander les spécialités de la région, des plats chinois ou continentaux. Un agréable jardin et une belle piscine complètent l'ensemble.

HOTEL JASWANT BHAWAN €€

Alakh Sagar Road
✆ +91 151 254 8848
www.hoteljaswantbhawan.com
A partir de 2 500 Rs, petit déjeuner compris.

Ancienne résidence du Premier ministre de Bikaner, cette grande maison de brique rouge a été transformée en chambre d'hôtes par son petit-fils. Les chambres sont spacieuses et propres, avec de grandes salles de bains et une terrasse. La salle à manger et le salon n'ont pas bougé depuis les années 30, comme en atteste le mobilier. L'accueil est adorable et la localisation idéale, puisque vous pouvez vous rendre à pied au fort ou dans la vieille ville. En revanche, prévoyez des bouchons d'oreilles, car la proximité avec la gare est immédiate.

BHANWAR NIWAS €€

Rampuria Street
✆ +91 98 29 91 98 29
https://basavanarthotels.com
A partir de 9 100 Rs pour une chambre double, petit déjeuner inclus.

Cette magnifique demeure située dans la vieille ville, fut achevée en 1927. C'était à l'époque la résidence de la riche famille Rampuria, toujours propriétaire des lieux. L'intérieur reflète un mélange de style indien et européen. Chacune des 27 chambres est personnalisée. Lit à baldaquin, sol en marbre, tapisseries, plafonds ornés de peintures et de dorures, miroirs, colonnes sculptées…, le luxe transparaît dans tout l'hôtel. La cour est calme et l'on entend le chant des oiseaux. Le soir, vous pourrez dîner là et savourer un délicieux plat végétarien.

NARENDRA BHAWAN €€

✆ +91 151 225 2500
www.narendrabhawan.com
A partir de 12 200 Rs pour une chambre double (hors taxes), petit déjeuner inclus.

Le dernier-né des hôtels à Bikaner est une réussite absolue. Il dépend du Laxmi Niwas, le plus bel hôtel de la ville, qui a conçu ici un boutique-hôtel tout à fait charmant. La décoration cossue opte pour des éléments de mobilier emblématiques, tels les *charpays*, repris ici dans des versions modernisées. Les éléments architecturaux typiques du Rajasthan sont mis en avant, telles les arches en fleur de lotus. Les codes mélangent intelligemment les époques. Le service, à la hauteur des ambitions de cet hôtel, est irréprochable. Notre coup de cœur à Bikaner.

GAJ KESRI €€€

Nainon Ka Bas, Bypass Road
✆ +91 9829919829
www.gajkesri.com
A partir de 11 150 Rs pour une chambre double, petit déjeuner inclus.

A l'écart de la ville, près d'une ferme de chameaux, cet hôtel appartient à la famille qui possède l'hôtel Bhanwar Niwas. Les prestations sont identiques, mais le Gaj Kesri est plus moderne et offre un cadre plus reposant. Ici, l'air est pur et les nuits sont douces. La décoration est luxueuse, le mobilier clinquant. Les chambres ainsi que les salles de bains sont spacieuses et très confortables. Le restaurant de l'hôtel sert de bonnes spécialités végétariennes. Seul bémol : le wifi n'est accessible qu'à la réception. La piscine fait vite oublier ce désagrément.

THE LAXMI NIWAS PALACE €€€

Dr. Karni Singhji Road ✆ +91 151 220 0088
www.laxminiwaspalace.com
A partir de 16 900 Rs pour une chambre double, petit déjeuner inclus.

Ce palais du début du XXe siècle rend hommage à la déesse de la prospérité, Laxmi. Les descendants du maharaja Ganga Singh vivent toujours dans une aile du bâtiment. Derrière l'immense façade de briques rouges se cache un charmant patio en marbre blanc. Les chambres d'un luxe raffiné, sont immenses et très hautes de plafond. Les plus chères disposent d'un Jacuzzi. Le confort moderne s'efface derrière le mobilier d'époque. Restaurants, bar, wi-fi, piscine, ping-pong, billard, spa, boutique de souvenirs et organisation de safaris font partie des nombreux services.

AMBERWALLA RESTAURANT €

Station Road
✆ +91 151 222 0333
Ouvert tous les jours de 8h à 23h. Comptez 250 Rs pour un repas.

Installé à proximité de la gare, sur la rue principale, Amberwalla est une bonne adresse pour goûter à quelques spécialités du sud de l'Inde ou se régaler d'un thali copieux. On ne sert que de bons plats végétariens dans cette salle climatisée. Vous y trouverez une ambiance de cantine locale avec un cadre assez quelconque et un service expéditif, ce qui ne semble pas troubler la clientèle, exclusivement indienne. Pour un petit prix, le thali Amber est un excellent choix, savoureux et très nourrissant. Restaurant incontournable pour les petits budgets.

HEERALAL'S €

Station Road
✆ +91 151 220 4455
Ouvert tous les jours de 7h à 23h. Comptez 400 Rs pour un repas.

Au rez-de-chaussée de cet immeuble clinquant, le fast-food, et à l'étage, la salle de restaurant. Vous pourrez y déguster des spécialités de l'Inde du Sud les *dosa*, *idli* ou *vada*, mais aussi des plats chinois (*chowmein*), des pizzas, des sandwichs et des burgers. Les spécialités indiennes sont tout à fait délicieuses, notamment le curry de pomme de terre et oignon, le meilleur de tout le Rajasthan. On n'y sert que des spécialités végétariennes dans une salle immense un peu triste. L'emplacement proche de la gare est parfait pour se nourrir avant d'attraper un train.

GALLOPS €€

En face du fort Junagarh
✆ +91 151 320 0833
Ouvert tous les jours de 10h30 à 22h30. Comptez 600 Rs pour un repas.

Ce bon petit restaurant est situé juste en face du fort. Il est régulièrement fréquenté par les touristes avant ou après la visite du Junagarh, mais aussi par une clientèle jeune, car le restaurant est aussi un « coffee bar » servant toute une gamme de cafés, mochas et jus de fruits frais. Vous pouvez manger dehors sur la terrasse avec vue sur le fort, ou à l'intérieur, sans vue mais au frais. Sur la carte, des plats indiens et chinois. Testez si ce n'est déjà fait le *lal maas* ou le *ker sangri*, c'est étonnant, typique du Rajasthan et très bon.

BISHNOISM

Near Collectorate
✆ +91 96 10 09 60 96
Ouvert tous les jours de 5h30 à 23h.

Au vu du monde qui patiente à toute heure devant cette enseigne, on est forcément devant l'un des meilleurs stands de chai de Bikaner. Ici, le thé est préparé dans des casseroles en cuivre, dans le respect de la tradition. Lait, eau, épices, sont mis à bouillir, puis aérés par un *chaiwala* qui se fait un plaisir de faire le show. Le thé est servi dans des gobelets en argile, à l'ancienne. On s'installe sur un tabouret en rotin à l'ombre du gros arbre qui prodigue une ombre bienfaisante. Pour se faire servir, payez d'abord le caissier, puis faites la queue au stand.

GANESH COFFEE SHOP

Kuchilpura

Ouvert tous les jours de midi à 19h.

Le café du Bhairon Vilas est un lieu attachant, à l'image de son propriétaire Anand Singh. L'endroit doit son nom à l'immense statue de Ganesh en pierre polie qui se trouve à l'intérieur. En y regardant de plus près, tout y figure, y compris les ladoos dont l'éléphant est friand, ainsi que la petite souris, son véhicule. Le café est une succession de petites pièces et de recoins meublés d'antiquités. Vous pouvez aussi choisir de vous installer sur la terrasse à l'étage pour déguster un véritable capuccino ou un café glacé. Quelques snacks figurent à la carte.

BIKANER MINIATURE ARTS

Municipal Council Road

✆ +91 98 29 29 14 31

www.bikanerminiaturearts.com

Issu d'une famille d'artistes du Tamil Nadu, Shiv Swami perpétue la tradition de la peinture miniaturiste dans les règles de l'art et forme d'autres artistes qui travaillent à ses côtés. Les prix des œuvres varie en fonction du « grade » de l'artiste et du temps de travail. Dans l'atelier, les prix oscillent entre 500 Rs et 15 000 Rs. Il vous fera une démonstration de la minutie et de la délicatesse de son travail, que vous pourrez observer avec une loupe pour en saisir tous les détails. Shiv Swami peut également produire des œuvres à la commande.

SWAMI ART

Krishna Block

✆ +91 98 29 11 94 19

www.rajuswami.com

Atelier ouvert de 7h à 21h.

Le plus grand miniaturiste de la ville spécialisé dans les végétaux et les oiseaux exerce en ces lieux. Certains de ses motifs floraux ont été sélectionnés pour des cartes de vœux de l'Unicef, d'autres ont illustré des encyclopédies américaines. Les artistes de Swami Arts marient tradition et créations originales. Ils peignent avec minutie sur du papier fait main (papier de riz ou récupéré dans de vieux bouquins), du cuir de chameau et du bois. Les pinceaux utilisés sont en poils d'écureuil et pour certains détails, ils peuvent se servir de pinceaux à un poil.

GAJNER NATURE RESERVE ★★

À 32 kilomètres de Bikaner, sur la route de Jaisalmer, se trouve l'ancien terrain de chasse des maharajas de Bikaner. La chasse récréative est interdite en Inde depuis 1972 et cette réserve, comme de nombreuses autres, est devenue un sanctuaire pour les animaux sauvages. La Réserve naturelle de Gajner permet de s'octroyer une pause entre les deux principales cités du Thar que sont Bikaner et Jaisalmer. Le parc sert surtout de refuge à des antilopes, des sangliers et à de nombreux cervidés. Le palais de Gajner, pavillon de chasse bâti par le maharaja Ganga Singh et transformé en hôtel de luxe, organise des visites guidées ouvertes aux non-résidents.

© NICOLA PULHAM - SHUTTERSTOCK.COM

Gajner nature reserve.

SANCTUAIRE ANIMALIER DE GAJNER ★★

Gajner

Ouvert de 10h à 17h. Entrée : 100 Rs.

Peu fréquentée par les touristes, cette réserve naturelle offre une agréable bouffée d'oxygène et de verdure en plein désert. Le lac de Gajner est entouré d'une forêt dense qui abrite de nombreuses espèces animales et végétales. Il faut bien compter deux heures de marche pour en faire le tour. Les espèces les plus communes sont le sanglier, le cerf axis, le nilgaut, l'antilope cervicapre, la gazelle indienne ou encore le renard du désert. En hiver, vous verrez de nombreux oiseaux.

MARWAR

GAJNER PALACE €€€

Gajner
✆ +91 153 427 5061
www.hrhhotels.com
A partir de 12 750 Rs pour une chambre double, petit déjeuner inclus.

Bâti sur la berge d'un lac, cet hôtel était autrefois le pavillon de chasse du maharajah de Bikaner Ganga Singh. L'hôtel se situe dans un cadre bucolique, à l'entrée de la Réserve naturelle. Il compte 45 chambres et suites aménagées dans un décor d'époque, un bon restaurant – un peu cher tout de même – et une jolie terrasse avec vue sur le lac. Si vous êtes motorisé et appréciez le calme, cette étape en pleine nature vous séduira. La différence de prix entre une chambre et une suite étant relativement faible, autant en profiter pour vous offrir un séjour de roi.

KOLAYAT ★

A 55 kilomètres au sud-ouest de Bikaner, sur la route de Jaisalmer. Cette petite cité de pèlerinage n'est certainement pas aussi spectaculaire que Pushkar, mais son lac attire de nombreux pèlerins, notamment au moment de la pleine lune de Kartik, en novembre ou décembre de chaque année. Cette bourgade tranquille et poussiéreuse s'anime et de nombreux pèlerins venus de toute la région défilent en procession pour se laver de leurs péchés dans les eaux du lac. Il est alors difficile de se loger sur place, voire impossible, et mieux vaut effectuer un déplacement d'une journée depuis Bikaner, d'autant que la petite ville possède une gare.

Kolayat.

DESHNOK ★

Le village de Deshnok, situé à 30 km au sud de Bikaner, attire pèlerins et touristes toute l'année. Ils viennent visiter un temple unique en Inde, celui de Karni Mata, célèbre pour héberger des centaines de rats. La fête du temple coïncide avec le festival de Navratri, en novembre. La cité a été fondée par la déesse Karni en 1419.

Transports

Bus

Le bus est le seul transport public à desservir Deshnok. L'arrêt s'effectue au centre du village, sur la route principale. Un petit bus local passe toutes les 30 minutes environ et relie Deshnok à Bikaner.

TEMPLE DE KARNI MATA ★★

Karni Mata Temple Road
Ouvert tous les jours de 5h à 21h.

Lieu de pèlerinage bien singulier, il est aussi appelé le temple des Rats. En effet, les innombrables rongeurs de ce sanctuaire dédié à Karni Mata, une incarnation de Durga, font l'objet d'une attention religieuse particulière. Ils seraient la réincarnation d'une caste de musiciens locaux, les Charan, ressuscités par la sainte ermite, Karni Mata. Cette pieuse voyante du XVe siècle avait promis à ces troubadours du désert qu'ils ne connaîtraient plus l'angoisse du royaume des Morts mais se réincarneraient directement en rats sacrés après la déchéance de leur corps humain. Elle prédit aussi au souverain fondateur de Bikaner, Rao Bika, qu'il parviendrait à vaincre l'opposition des tribus locales... Ce qui bien sûr ne manqua pas d'arriver dans un bref délai.

Plus que l'architecture du temple, c'est son atmosphère qui vaut le déplacement. Nourris par les fidèles, les rats abondent et se montrent inoffensifs. Comme le lieu est assez sombre, faites attention à ne pas en écraser... ce serait de mauvais augure. En revanche, réjouissez-vous si vous apercevez le rat blanc du sanctuaire : c'est un signe de bénédiction matérielle ou spirituelle. Pour améliorer votre karma, vous pouvez, vous aussi, offrir sucreries et douceurs à ces pensionnaires en vous ravitaillant à l'un des nombreux stands à l'entrée du temple. Une visite à Deshnok révèle un aspect sympathique et détendu de l'hindouisme. Deux grandes fêtes sont célébrées annuellement durant 9 nuits, la première en mars-avril et la seconde en septembre-octobre à l'occasion de Dusserah.

NAGAUR ★★

À 115 km au sud de Bikaner et à mi-chemin entre Jodhpur et Bikaner. Nagaur est l'une des plus célèbres cités historiques du Marwar.

Histoire

Sa forteresse a été bâtie au XIIe siècle, fondée par les Naga Kshatriyas. Elle fut le théâtre de nombreuses batailles entre les princes rajpoutes et les conquérants musulmans entre le XIVe et le XVe siècle. De ces nombreux affrontements, la population en a tiré une réputation belliqueuse. Dire que l'on est originaire de Nagaur suscite crainte et respect chez l'interlocuteur.

Se loger

Malgré un important festival d'animaux de trait et un autre dédié au soufisme, Nagaur ne compte guère d'hébergements, mis à part un hôtel de grand luxe qui ravira les amateurs d'escales uniques.

Transports

- **Bus.** La petite ville de Nagaur compte deux arrêts de bus principaux. Celui de la RsRTC, la compagnie des bus publics, est à quelques centaines de mètres au nord de la gare ferroviaire, sur la route de Bikaner. L'autre gare routière se trouve à l'est de la ville, à quelques mètres de la Porte de Delhi. Vous pourrez notamment emprunter un bus à destination de Bikaner (durée : 3 heures) ou de Jodhpur (durée : 3 heures).
- **Train.** La petite gare de Nagaur voit passer quelques trains notamment en direction de Bikaner (durée : 3 heures), de Jodhpur (durée : 3 heures) ou de Jaipur (durée : 5 heures).

RANVAS €€€

Ahhichatragarh Fort
✆ +91 158 224 12 71
www.jodhanaheritage.com
Comptez de 18 000 Rs à 25 500 Rs pour une chambre double (hors taxes), petit déjeuner compris.

Ce complexe de 10 havelis a été édifié par le maharaja de Jodhpur pour sa rani au XVIIIe siècle. La restauration de l'ensemble a été effectuée en respectant la patine du temps. Les chambres sont habillées de meubles de bois massif très élégants. Des touches de pistache, citron, mandarine ou grenat réveillent subtilement cette ancienne demeure alanguie à l'intérieur du fort. Chaque haveli comprend trois chambres et une cour privative agrémentée d'un dais pour se prélasser. Puisque de luxe il s'agit, il y a également une piscine et 2 restaurants.

FORT AHHICHATRAGARH ★★

Au centre de la ville.
Ouvert de 9h à 13h et de 14h à 17h. Entrée : 100 Rs.

Il ne reste rien des premières fondations datant du IVe siècle et de la forteresse en pisé édifiée par les Nagavanchi, les ancêtres des Rajpoutes. La forteresse qui se dresse aujourd'hui sur les hauteurs de Nagaur remonte au XIIe siècle. Ahhichatragarh signifie « cobra à capuchon » et traduit la volonté de se mettre à l'écart du monde. C'est aussi un nom destiné à terroriser les ennemis de la ville. Nagaur est l'une des premières villes conquises dans la durée par les sultans musulmans. Le palais occupe le centre de la forteresse à double enceinte. L'architecture est un savant mélange d'art rathore et moghol, avec un palais à deux et trois étages, des bains turcs, des puits et 90 fontaines… Certaines parties du palais ont conservé des fresques magnifiques comme le Badal Mahal, le Shish Mahal et l'Hadi Rani Mahal. Les ailes du palais portent des noms en mémoire des événements que le fort a traversé : le Bakht Singh Mahal en mémoire de ce prince qui tua son père afin d'hériter du trône au début du XVIIIe siècle ; l'Amar Singh Mahal en hommage au souverain de Nagaur dont l'épouse commit le sati en se jetant dans le bûcher funéraire de son époux ; l'Akbari Mahal qui célèbre à jamais la reconquête de Nagaur, alors entre les mains du souverain d'Ajmer, par l'empereur moghol Akbar. Le fort d'Ahhichatragarh a fait l'objet d'une rénovation minutieuse menée par la Fondation Aga Khan pour la culture à la fin des années 2000. Cette rénovation a notamment permis de révéler une partie des fresques visibles aujourd'hui.

JAISALMER ★★★★

Jaisalmer est surnommée la Cité d'or. La ville se trouve sur les anciennes routes de la soie, des épices et de l'opium, aux portes du désert du Thar, près de la frontière du Pakistan. Entourée de fortifications, elle possède 99 bastions et ses murs de pierre blonde lui confèrent un caractère bien particulier. Les visiteurs ne peuvent qu'être séduits par la beauté architecturale de la ville et les façades finement sculptées de ses havelis. Il y a 8 temples qui sont appelés « Sept Sœurs et un frère ».
En effet, l'énergie féminine est très importante : à la naissance, chaque enfant reçoit, en général de la main de sa grand-mère, un pendentif sur lequel sont représentés les huit temples. Malgré son isolement, Jaisalmer est en tête de lice des lieux touristiques préférés. Sa forteresse dorée surplombant le désert révèle à elle seule tout le charme médiéval de la région. Ses ruelles animées, épargnées par le trafic motorisé, comportent d'innombrables trésors architecturaux – palais, havelis, temples jaïns – qui justifient le déplacement. Mais son principal intérêt est sa proximité avec le désert.
À voir ici le mélange de populations (chameliers enturbannés, musiciens traditionnels et joueurs de rawanata, militaires, femmes aux saris multicolores et touristes du monde entier), on serait enclin à penser que le désert n'existe que pour rapprocher les gens. Évidemment, le tourisme étant la principale source de revenu, cela s'en ressent : les commerçants sont coriaces, les prix ont tendance à doubler, voire tripler, en haute saison…
Mais il faut aussi prendre en compte que la saison est courte, à peine 5 mois. De mars à septembre une chaleur accablante s'abat sur la cité et les touristes ne sont plus qu'histoire ancienne.

Histoire

Selon la légende, la dynastie des Bhatti, fondateurs de Jaisalmer, descend de la mythique Chandra Vansh (ou « branche de la Lune ») comptant le dieu Krishna parmi ses plus illustres représentants...
Au début du XIe siècle, chassés par l'expédition militaire de Mohammed de Ghazni, des souverains de la plaine de l'Indus abandonnent leur royaume et s'établissent à Lodruva (à 15 km de Jaisalmer). En 1156, le prince Jaïsal décide de transférer sa capitale sur un promontoire voisin. Il y construit une forteresse et lui donne son nom : Jaisalmer, le pays de Jaïsal.
Les *rawal* (rois) de Jaisalmer ont la réputation d'être des princes brigands et rançonneurs. Ce qui vaut à la forteresse de tomber à deux reprises aux mains des sultans de Delhi et d'être le théâtre de terribles jauhar (suicides collectifs de toute la population, sur le champ de bataille pour les hommes, dans les flammes pour leurs épouses).
En 1315, Ala ud-Din attaque la ville pour venger le pillage d'une caravane de marchands. Le siège dure huit ans et se conclut dans les flammes du terrible sacrifice. Même scénario dix ans plus tard. L'expédition est cette fois menée par le sultan Feroz Shah Tughlaq. Un petit jauhar a encore lieu au XVIe siècle, quand le chef militaire afghan, Amir Ali, fait pénétrer ses soldats déguisés en femmes à l'intérieur des remparts. S'apercevant de la traîtrise et n'ayant pas le temps d'allumer un bûcher, le rawal Loon Karan tue ses épouses de ses propres mains ! À la fin du XVIe siècle, Jaisalmer se range sous l'autorité de l'empereur Akbar et connaît une période de relative prospérité grâce au commerce. Cependant, la cité est affaiblie par les querelles entre les rawal et les Premiers ministres.
Au XIXe siècle, la construction de nouvelles routes commerciales et des ports de Calcutta et Bombay sonne le glas des caravanes qui traversaient le désert. La partition de l'empire des Indes (1947) et les guerres avec le Pakistan incitent pourtant le gouvernement indien à développer la région et à l'équiper de routes. En 1974, l'armée effectue ses premiers essais nucléaires à Pokran (à environ 100 km à l'est de Jaisalmer). Elle réitère l'expérience en 1998, cette fois imitée par le Pakistan.
Malgré sa situation critique près de la frontière séparant les deux pays, Jaisalmer connaît un nouvel essor grâce au tourisme et au développement de l'énergie éolienne.

Tourisme

L'Office de tourisme (+91 299 225 2406) se trouve sur Station Road et est ouvert du lundi au samedi de 10h à 17h.

Transports

▶ **Bus.** La gare routière publique est située au pied de la citadelle, au sud-ouest de la ville. En raison du peu de trains qui desservent Jaisalmer, le bus est le moyen le plus pratique pour gagner ou quitter la ville. Bus à destination de Jodhpur (toutes les 30 minutes environ, 5h de trajet), Bikaner (6h de trajet), Jaipur (11h de trajet), Pushkar (9h de trajet), Udaipur (12h de trajet).

▶ **Train.** La gare ferroviaire est située à 2 kilomètres à l'est de la ville. Le bureau de réservation ouvert du lundi au samedi de 8h à 20h et le dimanche de 8h à 14h.

MARWAR

Trains à destination pour Bikaner/Lalgarh (durée : 6 heures 30), Delhi (durée : 20 heures environ), Jaipur (durée : 12 heures 30), Jodhpur (durée 6 heures). Attention, il n'y guère plus de deux ou trois trains par jour pour ces destinations, souvent avec des horaires exotiques.

Avion. L'aéroport militaire de Jaisalmer a ouvert sa piste aux avions civils en 2017. Et cela se ressent sur la fréquentation touristique de la ville. Les vols sont en général assurés en haute saison uniquement, à savoir d'octobre à avril.

Se déplacer à Jaisalmer. L'enceinte du fort est une zone largement piétonnisée. Ses ruelles sont tellement étroites que seuls les motos et scooters y circulent. Vous pouvez louer un scooter ou une moto sur Shiva Road, la route qui ceint le fort, en prenant à droite après avoir passé 1st Gate.

DESERT CULTURAL CENTRE

Gadisar Road

Ouvert tous les jours de 9h à 20h. Entrée : 50 Rs.

Ce petit musée situé à côté de l'Office de tourisme vous en apprendra plus sur la culture du Rajasthan et notamment celle de ses zones semi-désertiques. Il expose des instruments de musique traditionnelle, des textiles aux broderies typiques de la région et des peintures sur rouleaux appelés *phad*. Le musée retrace également l'histoire des Etats princiers du Rajasthan à l'aide de divers objets exposés. Tous les soirs, un spectacle de marionnettes y est joué, une tradition qui fait partie de la culture de Jaisalmer et du désert.

FOLKLORE MUSEUM

Postal Colony

Ouvert tous les jours de 9h à 17h. Entrée : 50 Rs ou avec le billet d'entrée au Desert Cultural Centre.

Ce musée de poche est en réalité une collection privée fondée par N.K. Sharma. Originaire de la ville, il a sillonné le désert pendant des années, collectant des costumes traditionnels, des instruments de musique, des outils agricoles, des temples portatifs, des harnais pour chevaux ou dromadaires, des peintures et autres curiosités. Le tout est exposé derrière de vieilles vitrines poussiéreuses, avec des annotations écrites sur de petits cartons à la main. Le tout forme un ensemble charmant et quelque peu désuet qui intéressera surtout les amateurs de folklore.

CITADELLE DE JAISALMER ★★★

La citadelle de Jaisalmer surgit du désert, telle un mirage, semblant flotter sur un nuage de sable. Bâtie en 1156, la forteresse a été maintes fois restaurée au gré des campagnes militaires voyant s'affronter au fil des siècles les Bhatti, les Moghols et les Rathores de Jodhpur. Il s'agit de l'un des plus anciens forts du Rajasthan et il a été listé au Patrimoine mondial de l'Unesco en 2013.

La cité fut fondée par un raja du clan des Bhatti dénommé Rao Jaisal. Elle devient rapidement une importante étape caravanière entre l'Inde et la Perse. Au XIVe siècle, les Bhatti s'empare d'une caravane venue de Delhi. En guise de représailles, le sultan de Delhi Al ud-Din Khalji fait raser la ville ou presque. Le fort est reconstruit près d'un siècle plus tard. En 1541, il subit les assauts de l'empereur Humayun sans succomber. Mais les velléités de domination mogholes finissent par faire céder le *rawal* qui offre une de ses filles en mariage à l'empereur Akbar. La ville reste sous contrôle moghol jusqu'en 1762 et sa reprise par le maharawal Mulraj. C'est lui aussi qui signe un traité avec la Compagnie des Indes orientales britannique en 1812 lui assurant protection. L'essor du commerce maritime et du port de Bombay pendant la période du Raj provoque le déclin économique de la ville. La partition avec le Pakistan en 1947 et la fermeture de la frontière l'achève définitivement. En 1993, la région de Jaisalmer connaît une violente mousson qui détruit ou abîme fortement près de 250 bâtiments historiques dont le Rani-ka-Mahal, le palais de la Reine.

Aujourd'hui encore, le fort abrite une population d'environ 3 000 personnes sur les 65 500 habitants que compte la ville. Il s'agit d'une petite cité avec ses temples, ses havelis aux façades finement ciselées, ses ruelles étroites, ses échoppes et son palais. Le fort a été érigé sur une plateforme naturelle sédimentaire qui domine la plaine à 79 mètres d'altitude. Il mesure 460 mètres de long sur 230 mètres de large. Il a conservé tout son cachet médiéval et il est très agréable de déambuler dans ses ruelles et sur ses remparts.

Vous franchirez la double ligne de murailles par une rampe escarpée gardée par quatre portes successives. Vous voilà sur la place carrée de Dashera Chowk où eurent lieu les fameux *jauhar* (les femmes rajpoutes s'immolaient à la suite d'une défaite militaire pour ne pas être déshonorées) lors des sièges ennemis. A droite, la façade du palais présente de jolis *jharokhas* (fenêtres en surplomb finement sculptées). Des ruelles pavées suivent les remparts parfois épais de 10 mètres.

© WAUPEE - ISTOCKPHOTO

Fort de Jaisalmer.

MARWAR

HAVELI DE NATHMAL ★★

Sadar Bazar

✆ +91 299 225 1537

Ouverte tous les jours de 9h à 19h. Entrée gratuite.

La construction de cette haveli fut commissionnée au XIXe siècle par le maharawal Beri Sal pour son Premier ministre, Mohata Nathmal. La minutie des sculptures en fait l'une des plus belles de la ville. Le travail de la pierre fut confié à des membres de la communauté Silawat (sculpteurs musulmans). Ils encadrèrent la porte d'entrée de deux éléphants grandeur nature. La façade est ornée de motifs floraux ou géométriques répétitifs propres à l'art islamique. À l'intérieur, murs et colonnes sont rehaussés de figures animales ou végétales et d'objets du quotidien.

LAC GADISAR ★

Gadisar Road

Autrefois, le lac alimentait la ville en eau. Il est entouré de temples et de sanctuaires. Selon la légende, une riche courtisane prénommée Tila aurait fait construire la porte Tila ki Pol sur le chemin menant au lac. Jalouses de cette bienfaitrice, les princesses du palais voulurent détruire l'édifice. Mais pour empêcher sa démolition, Tila aurait transformé la partie supérieure de la porte en un temple dédié à Krishna. L'endroit est très prisé au coucher du soleil des couples d'amoureux qui viennent y faire un tour en barque, mais il est plus agréable le matin.

HAVELI DE PATWON ★★

Sadar Bazaar

Ouverte tous les jours de 9h à 18h. Entrée : 250 Rs.

Cette magnifique et imposante haveli se trouve dans la ville extérieure. Son histoire a démarré bien avant sa construction au XIXe siècle. Un siècle plus tôt, le clan des Patwa peinait à faire décoller son activité de commerce. Un prêtre jaïn conseilla aux deux frères de quitter la ville et de ne jamais revenir. Ils suivirent les conseils du prêtre et firent fortune dans la finance, le commerce de l'argent, du brocart et de l'opium. Leur fortune était telle que le royaume de Jaisalmer fit appel à eux pour renflouer ses caisses. Le clan revint habiter la ville et Guman Chand Patwa qui était alors à sa tête décida de faire construire 5 havelis contiguës, pour chacun de ses fils. Le présage du prêtre se réalisa une fois de plus et la fortune du clan commença à se tarir. Il dut quitter une nouvelle fois la ville, laissant les havelis aux bons soins des gardiens. Ceux-ci devinrent propriétaires de fait et vendirent les havelis. La première des havelis fut achetée par Jeevanlal Kothari, natif de Jaisalmer. Il a ouvert la haveli au public et créé un petit musée à l'intérieur qui expose meubles et objets ayant appartenu aux Patwa. Le Patwa Ki Haveli vaut surtout pour sa façade magistrale richement sculptée. L'ensemble de bâtisses compte pas moins de 68 *jharokhas* finement ornées. L'intérieur est un peu plus décevant mais mérite tout de même un coup d'œil. Les trois premières *havelis* se visitent (et vous devrez à chaque fois vous acquitter d'un droit d'entrée), mais seule la première présente des fresques bien conservées

CHEF-D'ŒUVRE EN PÉRIL

Derrière son apparence majestueuse, la citadelle de Jaisalmer menace de s'effondrer par endroits. Certaines parties sont laissées à l'abandon, d'autres se détériorent gravement. Le développement touristique anarchique en est la cause majeure. Les hôtels qui se multiplient utilisent des systèmes d'évacuation des eaux qui grignotent le socle de sédiments sur lequel la forteresse est bâtie, ce contre quoi ils s'inscrivent en faux. L'inscription du fort au Patrimoine mondial de l'Unesco en 2013 a permis de débloquer des fonds pour son entretien. D'importants travaux pour restaurer la muraille sud ont été entrepris et la muraille est régulièrement auscultée.

HAVELI DE SALIM SINGH ★★

Amar Sagar Pol

Ouvert tous les jours de 8h à 18h d'octobre à avril ; de 8h à 19h de mai à septembre. Entrée : 100 Rs.

Cette haveli est l'une des plus célèbres de Jaisalmer en raison de sa forme tarabiscotée. La base est assez étroite, alors que l'étage supérieur déborde largement sur la rue. Elle a été construite en 1815 sur les fondations d'une haveli datant du XVIIe siècle, ce qui peut expliquer son architecture incongrue. Commissionnée par le Premier ministre Salim Singh, la demeure fut occupée par la famille Mehta, l'une des plus influentes de la ville. Si le socle du bâtiment s'avère assez austère, le dernier étage est lui un chef-d'œuvre. L'abondance de balcons et galeries en *chhatri* soutenus par des paons finement ciselés en dit long sur le caractère orgueilleux du propriétaire. Le tout est sculpté avec beaucoup de finesse. Celui-ci aurait fait élever deux étages supplémentaires. Mais le roi, fâché d'une telle prétention, les aurait détruits afin que son palais reste le monument le plus haut de la ville. Les deux éléphants qui gardent l'entrée indiquent le haut rang du maître des lieux. L'intérieur paraît beaucoup plus modeste, mis à part le dernier étage et la salle de danse décorée de petits miroirs. Depuis les balcons, vous profitez d'une très belle vue sur le bazar et la citadelle de Jaisalmer. Mieux vaut s'y rendre de préférence tôt le matin pour profiter de la belle lumière et du soleil éclairant les remparts. Et pour obtenir une vue d'en haut et apprécier dans son ensemble la forme très particulière du bâtiment, grimpez sur la terrasse de l'hôtel Garh Jaisal ou Raj Mandir, tous deux situés à l'intérieur du fort.

PALAIS ROYAL ★

Sur la place après la dernière porte d'accès au fort.

Ouvert tous les jours de 8h à 18h de mars à juillet ; de 9h à 18h d'août à février. Entrée 500 Rs.

Surplombant de ses sept étages la place Dashera Chowk, le palais de Jaisalmer s'avère bien décevant comparé à ceux de Jodhpur ou Bikaner. La plupart de ses salles sont vides ou juste ornées de tableaux sans intérêt. Quelques-unes, aménagées entre le XVIIe et le XIXe siècle, ont conservé décorations, fresques, miroirs ou sculptures, comme la chambre de Rang Mahal, souverain de Jaisalmer au XVIIIe siècle. Le principal intérêt de la visite est la superbe vue sur Jaisalmer depuis le toit en terrasse. Remarquez le petit parasol métallique installé au sommet du palais ; il est l'emblème de Krishna et des souverains Yadav dont seraient issus les Bhatti, via la fameuse « branche de la Lune ». Le palais demeure néanmoins une attraction majeure de Jaisalmer et les embouteillages sont fréquents dans les coursives et escaliers étroits. À noter également la réouverture au public des appartements de la maharani après de longues années de travaux. Cette partie du palais avait été fortement endommagée lors de la mousson torrentielle de 1993, puis du tremblement de terre de 2001. Les travaux de restauration sont d'ailleurs bien visibles et ne s'intègrent pas toujours harmonieusement avec l'existant. La famille royale de Jaisalmer a abandonné ce palais au XVIIIe siècle, après la construction du Mandir Palace. L'audio-guide obligatoire s'avère fort utile pour tenter d'imaginer ce qu'a pu être ce fort à l'époque glorieuse des maharajas tout-puissants. Vous devrez cependant laisser une caution de 2 000 Rs ou une pièce d'identité pour l'obtenir.

THE THAR HERITAGE MUSEUM ★

Gandhi Chowk, Main Market

✆ +91 94 1415 0762

Ouvert tous les jours de 9h à 19h. Entrée : 100 Rs.

Ce petit musée est l'œuvre de M. Laxmi Narayan Khatri, un collectionneur passionné par la culture rajasthanie. Il a d'ailleurs écrit un livre intitulé *Jaisalmer, Folklore, History and Architecture*. Le musée abrite objets d'art, fossiles datant de l'époque où la mer occupait ce qui est devenu un désert, ornements et harnachements de chameaux, ustensiles de cuisine, instruments de musique, turbans... autant de trésors qui témoignent de la richesse culturelle de la région et de l'histoire du désert. Une pièce est réservée à la cérémonie de l'opium.

TEMPLES JAÏNS ★★

Dans l'enceinte du fort

Temples ouverts à la visite entre 11h et 13h. Entrée : 150 Rs. Port de cuir interdit.

Les riches négociants jaïns de Jaisalmer firent édifier sept sanctuaires entre le XIIe et le XVe siècle. De taille modeste, ils renferment de très belles sculptures de grès ocre, typique de la région.

- **Le premier temple, Chandraprabhu**, est consacré au 8e *tirthankar* (homme saint), symbolisé par la lune. Certaines sculptures représentent Ganesh, le dieu à tête d'éléphant et fils de Shiva, et évoquent les liens étroits entre le jaïnisme et l'hindouisme. A l'étage supérieur, une galerie contournant la salle principale abrite 108 statues de marbre représentant le *tirthankar.* Il a été édifié en 1509.
- **Sambhavanth Temple** est dédié au 3e *tirthankar.* Au sous-sol de ce temple, se trouve une bibliothèque, fermée aux non-jaïns, contenant des manuscrits anciens datant pour certains du XVIe siècle.
- **Le temple de Parshvanath** (23e *tirthankar*) est le plus ancien et le plus spectaculaire. Il est précédé d'un magnifique *torana* (arche) sur laquelle vous verrez des sculptures représentant des danseuses, des musiciens et des saints jaïns.
- **Le temple de Sitalnath** (10e *tirthankar*) abrite une statue composée d'un alliage de huit métaux différents, censés émettre des vibrations favorables.
- **Le temple d'Adinath** (1er *tirthankar*), vous apercevrez une statue de la déesse Khali, signe du syncrétisme hindou-jaïn.
- **Le temple de Rikhabdev,** situé à droite du temple Chandraprabhu : admirez la finesse des sculptures sur les murs (protégés par des vitres) et les colonnes ou se mêlent *apsaras* (représentation féminine des nuages et de l'eau) et dieux.

VYAS CHHATRI

Dr K.L. Achalvanshi Colony

Entrée : 100 Rs.

Cet ensemble de *chhatris* est toujours un lieu de crémation destiné aux brahmanes de la ville. Le site ne doit pas être confondu avec Bada Bagh, situé à plusieurs kilomètres de la ville et lieu de crémation de la famille royale. Chaque chhatri est un cénotaphe élevé à la mémoire d'un défunt. Il est aussi connu pour offrir un des meilleurs points de vue sur Jaisalmer et son fort au coucher du soleil. La Cité d'Or s'enflamme alors et prend des teintes rosées. Pour plus de quiétude, et si vous appréciez la majesté des cénotaphes, mieux vaut venir en journée.

DESERT BOY'S CAMEL SAFARI

Chougan Para

✆ +91 299 225 3091

www.desertboysguesthouse.com

Comptez 3 000 Rs pour une journée et une nuit dans le désert.

Papu propose des randonnées dans le désert. Vous le trouverez à la Desert Boy's Guesthouse dans la citadelle. Au programme d'un safari type : départ à 7h30 en jeep, petit déjeuner au camp, visite d'un village, et poursuite de la balade à dos de dromadaire pendant 3 heures. Pause déjeuner. À nouveau, 1 heure 30 à 2 heures à dos de chameau pour rejoindre le campement. Le soir, dîner, feu de camp et nuit à la belle étoile. Le lendemain, 2 heures de balade et retour à Jaisalmer.

NACHANA HAVELI CAMEL SAFARI

Goverdhan Chowk

✆ +91 299 225 2110

www.nachnahaveli.com

Comptez 4 000 Rs pour une nuit dans le désert avec safari et demi-pension.

Le désert du Thar n'a pas de secret pour cette agence. Située dans l'hôtel du même nom, elle propose excursions en jeep et safaris à dos de dromadaire. Le circuit classique comprend un départ de Jaisalmer après le déjeuner, une courte randonnée à dromadaire et une nuit dans un campement avec des tentes en dur, plutôt luxueuses. Leur aménagement comprend une chambre plutôt jolie et une salle de bains avec toilettes. Pour ceux qui ne veulent pas sacrifier leur confort.

SAHARA TRAVELS

Gopa Chowk

✆ +91 299 225 2609

www.saharatravelsjaisalmer.com

Comptez 3 000 Rs par personne pour 2 jours et une nuit dans le désert.

Sahara Travels a pignon sur rue depuis de nombreuses années et sa réputation de sérieux n'est plus à faire. Ils proposent des excursions « classiques » dans le désert. Départ au petit matin en jeep, petit déjeuner dans le désert. Visites de villages tribaux et d'un village fantôme. Méharée de plusieurs heures et longue pause au moment du déjeuner. Puis nouvelle excursion à dos de chameau jusqu'au campement. Nuit à la belle étoile sur une dune de sable. Le lendemain matin, vous reprenez votre chameau, puis retournez en Jeep à Jaisalmer.

TROTTERS INDEPENDENT TRAVELS

Gopa Chowk

✆ +91 94 14 46 92 92

https://trottersjaisalmer.net

A partir de 1 850 Rs pour une demi-journée de safari.

Une très bonne agence qui propose différents safaris à dos de dromadaire et excursions en jeep dans le désert, à la rencontre des populations. Originaire du désert, Del Boy, le patron de cette petite agence, veille à sortir des sentiers battus pour que l'aventure reste authentique. Autre spécificité de l'agence : celle-ci inculque à ses clients des règles strictes en matière de respect de l'environnement ; les déchets sont systématiquement ramassés.

SURYA PAYING GUESTHOUSE €

Kotri Para

✆ +91 94 61 15 77 53

A partir de 1 500 Rs pour une chambre double.

Padam Singh vient d'un village du désert et est le premier de sa famille à avoir été scolarisé. Sa maison d'hôte de 5 chambres est le symbole de sa réussite qu'il veut éclatante. Les tons pastel éclaboussent les murs des pièces et colorent ce petit coin de paradis. Confort rudimentaire, mais propreté irréprochable et lits douillets font partie du programme. L'atout principal est l'hospitalité chaleureuse et bienveillante de Padam, sans jamais être envahissante. Padam est également un excellent cuisinier et sert de délicieux currys dans la salle de à l'étage.

MOUSTACHE JAISALMER €

In Fort Parking

✆ +91 73 40 52 57 74

www.moustachehostel.com

A partir de 1 000 Rs en dortoir et 3 725 Rs pour une chambre double. Petit déjeuner à 200 Rs.

Cette ancienne *haveli* a été très joliment restaurée en 2013. Les éléments d'origine ont été bien conservés : colonnes, portes en bois sculpté... Vous y trouverez 5 chambres et deux dortoirs de 6 couchages. Les chambres sont magnifiquement aménagées, mêlant la pierre, le bois, de beaux carrelages sombres, ce qui explique leur prix élevé. Les dortoirs, eux, sont un peu exigus, mais vous ne trouverez pas plus bel endroit pour ce prix à Jaisalmer. Très belle terrasse sur le toit qui offre une vue imprenable sur la muraille du fort. À ne pas manquer de nuit.

DESERT BOY'S GUEST HOUSE €€

Chougan Para

✆ +91 299 225 3091

www.desertboysguesthouse.com

Compter de 4 300 Rs à 7 300 Rs pour une chambre double.

La guesthouse est située sur les remparts surplombant Ganesh Pol et l'on peut y observer le va-et-vient des touristes accédant au fort. On accède à la maison par une vaste terrasse qui fait office de café ouvert à tous. Les chambres, de taille plutôt modeste, sont superbement aménagées avec une literie invitant à un sommeil réparateur. Les salles de bains sont elles aussi bien conçues. Certaines des chambres jouissent d'une vue sur la ville des plus romantiques. Leur tarif évolue en fonction de la saison, mais le rapport qualité-prix demeure toujours correct.

SHAHI PALACE €

Shiv Road

✆ +91 299 225 5920

www.shahipalacehotel.com

A partir de 1 000 Rs pour une chambre double avec salle de bain commune.

Cet hôtel charmant est le fruit du projet de 4 frères, qui possèdent également les hôtels Star et Oasis. Situé dans une ruelle attenante à la vieille ville, cette haveli traditionnelle associe à merveille le charme ancien et le confort moderne. Les amateurs d'art aimeront les sommiers en pierre finement sculptés. Les chambres les moins chères sont étroites et font salle de bains commune. Le restaurant en terrasse jouit d'une magnifique vue sur le fort. L'accueil chaleureux et personnalisé fait de cette adresse l'une des meilleures de la ville.

HOTEL FIFU €€

Pushkarana Bera Road

✆ +91 299 225 4317

www.fifutravel.com

Compter entre 3 250 Rs et 4 950 Rs pour une chambre double (hors taxes), petit déjeuner inclus.

Le propriétaire de cette guesthouse est d'une exquise gentillesse et parle un peu français. Situé dans un quartier tranquille, loin de l'animation, l'endroit plaira à ceux qui veulent profiter du calme à prix raisonnable. Il est possible de suivre des leçons de cuisine sur la terrasse du restaurant où la vue sur le fort est tout simplement splendide. Mobilier traditionnel et tentures aux couleurs vives embellissent les chambres. Une adresse très cosy et très prisée. Fifu organise également des safaris dans le désert avec sa propre équipe.

HOTEL VICTORIA €€

Kund Para
✆ +91 299 225 3844
www.hotelvictoriajaisalmer.com
A partir de 2 800 Rs pour une chambre double, petit déjeuner compris.

Au sommet du fort, ce petit hôtel vous offre une vue époustouflante sur la ville et le désert. Alors, admirez le coucher de soleil du patio sur le toit et vous serez conquis ! Vous serez tout d'abord séduit par l'extérieur de la bâtisse, à la façade délicatement sculptée dans le style traditionnel de Jaisalmer. Les chambres douillettes au charme romantique achèveront de vous convaincre. Le petit déjeuner, copieux, à base de pancakes à la banane et au miel contribuera à vous faire passer un très agréable séjour. Personnel et accueil chaleureux.

KILLA BHAWAN LODGE €€

Patwon ki Haveli
✆ +91 299 225 3833
www.hotelkillabhawan.com
A partir de 3 300 Rs pour une chambre double, petit déjeuner compris.

En plein cœur des rues marchandes de la vieille ville, ce petit hôtel coloré très charmant est tenu par un Français. Les chambres sont délicatement aménagées, intimes et romantiques, pour faire oublier leur petite taille. On s'y sent comme chez soi, immédiatement à l'aise, car le service est attentionné tout en restant discret. Sur le toit à la vue directe sur la haveli Patwon, vous pourrez vous détendre, lire ou dîner au KB Café célèbre pour ses somptueux thalis. Accueil en français, prestations de qualité à prix raisonnables.

NACHANA HAVELI €€

Gandhi Chowk
✆ +91 2992 255565
www.nachanahaveli.com
A partir de 4 000 Rs pour une chambre double, petit déjeuner inclus.

Cette haveli vieille de 300 ans est idéalement située en contrebas du fort. Devenue un hôtel en 1996, la propriété du maharaja de Jaisalmer est aujourd'hui gérée par son neveu Vikram, qui a su créer une atmosphère originale. Réparties autour d'un joli patio, les 13 chambres sont personnalisées et dotées d'un mobilier d'époque. Lits à baldaquin, salles de bains carrelées, murs en pierre ; certaines font penser à l'intérieur d'un manoir. L'hôtel organise des safaris à dos de dromadaire dans le désert du Thar, dans son propre campement, le Bordi Resort.

BIEN PRÉPARER SON SAFARI À DROMADAIRE

En plein désert de Thar, Jaisalmer est l'endroit propice pour un safari à dos de dromadaire. Vous y croiserez peut-être des antilopes, des souris des sables ou des coyotes. Le désert de Thar n'est pas le Sahara : ne vous attendez pas à des dunes ondulant sous le vent à perte de vue. Il s'agit plutôt d'une immense plaine semi-aride et sablonneuse, émaillée de bosquets, d'arbustes et désormais de centaines d'éoliennes. Parfois, vous viendrez à buter sur des dunes, les plus fréquentées étant les dunes de Sam à 40 kilomètres de Jaisalmer.

Choisir son prestataire. Entre les agences spécialisées et les hôtels, vous aurez l'embarras du choix. L'essentiel est sans aucun doute de se sentir en confiance. Pour cela, n'hésitez pas à comparer les différentes offres. Elles sont souvent similaires, mais quelques éléments peuvent faire la différence : safari privé ou en groupe, dromadaire particulier ou à deux personnes, visites et activités prévues, services compris et extras, durée, tarif…

Choisir sa prestation. La durée du safari peut aller de quelques minutes aux dunes de Sam à plusieurs semaines. L'élément principal est donc le temps dont vous disposez. Les plus pressés opteront pour une demi-journée. Le départ s'effectue en général tôt le matin ou après le déjeuner. La prestation comprend le plus souvent la visite de quelques lieux dans le désert (oasis, village, fort), un repas et 1 heure à 1 heure 30 de dromadaire. Nous vous conseillons vivement de passer une nuit dans le désert. La prestation est similaire à celle de la demi-journée, mais avec une nuit à la belle étoile sur une dune.

L'équipement. Les dromadaires sont sellés et d'épais coussins recouvrent les selles. Si l'assise est confortable, se retrouver pendant plusieurs heures les jambes ballantes et arquées peut solliciter des muscles insoupçonnés. Certains chameliers équipent leurs montures d'étriers. Si vous passez la nuit dans le désert, charpoy, matelas et couvertures vous seront fournis.

Que prévoir ? Emmenez le strict minimum : un foulard ou un chapeau, des vêtements légers et couvrants, un pantalon confortable, des lunettes de soleil et de la crème solaire. Pour la nuit, des vêtements chauds sont indispensables : polaire, chaussettes et même un bonnet.

Que ramener ? Des souvenirs bien sûr ! L'écosystème du désert est fragile. Assurez-vous de ne pas laisser d'autres traces que celles de votre monture.

PLEASANT HAVELI €€

Chainpura Street
✆ +91 299 225 3253
www.pleasanthaveli.com
A partir de 4 750 Rs pour une chambre double, petit déjeuner inclus.

Cette haveli de 9 chambres offre une vue splendide sur le fort de Jaisalmer depuis le toit. Les chambres, coquettes varient en taille. Certaines arborent des murs de pierre dorée quand d'autres sont plâtrées. Côté salles de bains, même principe : la décoration varie. Elles ont l'avantage d'être bien conçues et d'être propres. Les chambres bénéficient de la climatisation, seul ronron de nature à perturber votre sommeil... sauf si c'est la fête au temple voisin. Le plus de cet hôtel est sans aucun doute l'accueil chaleureux. L'hôtel est très prisé des Français.

1ST GATE - HOME FUSION €€€

Dhibba Para
✆ +91 299 225 444 62
www.1stgate.in
A partir de 9 650 Rs pour une chambre double, petit déjeuner inclus.

1st Gate est la seule option luxueuse dans la ville même de Jaisalmer, installé directement au pied du fort. Ce boutique hôtel propose 8 chambres aux tons clairs et apaisants, dominant la ville basse et le désert. Le restaurant sert des plats italiens assez convaincants. Les plats se dégustent de préférence sur la terrasse, à la nuit tombée, avec une vue magique sur le fort et la ville. Vous pourrez faire durer le plaisir en prenant un dernier verre de vin... italien. On regrette l'absence de piscine pour un établissement de cette catégorie.

SURYAGARH €€€

✆ +91 299 226 9269
www.suryagarh.com
A partir de 35 400 Rs pour une chambre double, petit déjeuner inclus.

Installé au sommet d'une dune aux portes du désert, cet hôtel apparaît tel un mirage. Une soixantaine de chambres immenses et hyper-confortables vous accueillent royalement : décoration raffinée, meubles de caractère, salles de bains luxueuses, tout est en place pour vous transporter dans un autre monde. Vous pourrez déjeuner avec les paons, dîner dans les dunes au coucher du soleil, selon votre humeur et en sirotant un bon verre de vin français. Service discret et hautement professionnel. Sans conteste le plus bel hôtel de Jaisalmer.

THE GULAAL €€€

Bera Road
✆ +91 299 225 1450
www.thegulaal.com
A partir de 5 000 Rs pour une chambre double. Petit déjeuner à 500 Rs.

À l'écart de la ville, cet hôtel assez récent est situé dans un quartier tranquille. Construit telle une haveli, il est composé d'une douzaine de chambres de belle taille aménagées luxueusement. Le propriétaire a su allier le confort moderne au charme architectural traditionnel. Des patios laissent circuler une ventilation naturelle tandis que des pans de tissus colorés flottent doucement au vent... La superbe piscine continue de créer une atmosphère magique. Un endroit qui saura vous séduire par sa convivialité et l'excellence de ses prestations.

WELCOMHERITAGE MANDIR PALACE €€€

Gandhi Chowk
✆ +91 96 10 44 15 54
www.welcomheritage.in
A partir de 12 272 Rs pour une chambre double, petit déjeuner inclus.

Balcons, auvents et surtout *jialis* de ce petit palais de style anglo-indien sont absolument fabuleux. La vue sur la citadelle est grandiose. Les chambres deluxe sont un peu chères, plutôt impersonnelles, mais les lits sont grands et confortables. Les suites sont, quant à elles, absolument magnifiques et plus en rapport avec les lieux. Le repas du soir est accompagnés d'un spectacle folklorique. Et n'oubliez pas votre maillot de bain, il y a même une piscine.

BHANG SHOP €

Amar Sagar Pol
Comptez 250 Rs pour un bhang lassi.

Parmi les spécialités de cette échoppe : des *bhang* sous toutes les formes. Lassi, jus de fruits, cookies, gâteaux, chocolat... Pour ceux qui n'ont pas entendu parler du *bhang*, il s'agit d'une préparation faite à partir de feuilles de cannabis. Dans cette région, les Indiens en sont friands, notamment en période de festivals religieux. Ce magasin officiel est approuvé par le gouvernement. Rien d'illégal donc, mais méfiez-vous, certains *bhang* peuvent être très corsés. Certains touristes attirés par le frisson en ont eu la mauvaise expérience.

CAFE PLUS €

Fort Road

✆ +91 97 82 35 49 24

Ouvert tous les jours de 8h à 23h. Compter 400 Rs pour un repas.

Ouvert en 2018, ce petit café installé en contrebas du fort est une vraie réussite. Ignorez la salle minuscule du rez-de-chaussée pour vous abriter sous la terrasse couverte de l'étage. Le cadre y est éclectique, foutraque et coloré à l'image du patron. Nombreux sont les backpackers à trouver refuge ici pour un solide petit déjeuner, un café, le temps de rédiger son carnet de bord, ou un repas avant de sauter dans un bus ou un train pour une prochaine destination. Le service est un peu nonchalant, donc mieux vaut ne pas être pressé.

DESERT BOY'S DHANI €

Nagar Palika

✆ +91 299 225 4336

Ouvert de 10h à 16h et de 18h à 23h, en continu le dimanche. Compter 500 Rs pour un repas.

Dans un agréable jardin ombragé, vous mangerez une cuisine indienne de qualité qui a du goût et préparée avec soin. Nous vous conseillons de choisir l'une des spécialités du Rajasthan, comme le *Dal Bati Churma*, à manger avec les mains bien sûr ! En haute saison (d'octobre à mars), le restaurant organise des soirées folkloriques avec danseurs et musiciens. Parmi la clientèle, beaucoup de locaux, principalement des habitués, mais aussi des touristes : preuve indéniable de la bonne réputation du lieu. Possibilité de commander à emporter.

FREE TIBET RESTAURANT €

Fort Road

✆ +91 97 82 09 45 54

Ouvert tous les jours de 11h à 22h. Compter 150 Rs pour un plat de momo.

Dans un coin tranquille de la citadelle, vous passerez peut-être devant la pancarte ornée d'une photo du Dalaï Lama et vous invitant à grimper les quelques marches pour pénétrer dans ce petit restaurant. On y sert de bons momos, mais pas seulement... La carte est si longue que vous n'aurez que l'embarras du choix. Tout n'est pas formidable, mais la terrasse est très agréable. On apprécie qu'elle soit partiellement couverte, notamment en journée quand le soleil tape. Depuis la partie découverte, on profite d'une belle vue sur la ville.

LAKE VIEW RESTAURANT €

Kotri Para

✆ +91 299 225 4138

Ouvert tous les jours de 7h30 à 23h. Compter 250 Rs pour un plat.

Si l'heure est venue de se détendre et d'aller grignoter un morceau... et bien vous serez ici au bon endroit. La terrasse est au top, en revanche, vous aurez probablement un peu de mal à repérer le lac qui n'est pas exactement au pied de l'immeuble. Les plats sont corrects et variés, et vous retrouverez le classique triptyque cuisine indienne, continentale et chinoise, à des tarifs acceptables. Mais c'est surtout le cadre qui a retenu notre attention. La vue est tout simplement superbe depuis la terrasse. Vous ne regretterez pas le déplacement.

LITTLE TIBET €

Dussehra Chowk

Ouvert de 10h à 21h30. Compter 300 Rs pour un repas.

Il suffit de remonter la rue qui part sur la gauche depuis la place principale en haut du fort pour dégoter ce petit restaurant. Il se trouve juste après le long mur du Rani Mahal, le palais des Reines. Sa devanture colorée, peinte aux couleurs des drapeaux de prières tibétains, invite à passer un joyeux moment. La salle, un peu sombre et triste, est à laisser derrière soi. Il faut grimper les deux étages jusqu'à la minuscule terrasse pour profiter de la vue sur l'ancien palais de Jaisalmer et d'un repas à accompagner de momos, les raviolis tibétains.

1ST GATE - HOME FUSION €€

Dhibba Para

✆ +91 299 225 444 62

www.1stgate.in

Ouvert tous les jours de 7h à 23h. Compter de 500 Rs à 800 Rs pour un plat.

Si vous avez envie de changer de la cuisine indienne et de bien manger, c'est au restaurant du 1st Gate qu'il faut venir. L'établissement sert une délicieuse cuisine italienne authentique. Pizzas cuites au feu de bois bien sûr, mais aussi des pâtes cuites *al dente*, des *bruschette e tutti quanti*... Le plaisir peut se prolonger avec un verre de vin italien. La terrasse, romantique à souhait, vous ferait presque croire à une trattoria au fond des Pouilles, si ce n'était la vue imprenable sur le fort de Jaisalmer. Une très bonne table de la ville.

LE BHANG

A Jaisalmer, vous verrez peut-être des échoppes affichant « bhang » ou des cartes de restaurant proposant des « *special lassi* ». Ce mélange à base de feuilles et de fleurs de cannabis est assez répandu dans le nord de l'Inde. Il attire évidemment les touristes avides d'expériences différentes. Légal à certains endroits, le bhang n'en demeure pas moins un produit psychotrope et nous ne saurions trop vous recommander la plus grande prudence si vous choisissez d'en consommer. Les histoires de touristes restés « scotchés » plusieurs jours après avoir abusé du « lassi magique » sont nombreuses. Sachez qu'à Jaisalmer, la vente de bhang est autorisée et encadrée.

ANAAR BAGH €€€

124/125 Ramgarh road
✆ +91 299 225 2021
www.sonaarhaveli.com
Ouvert au déjeuner et au dîner. Compter 1 200 Rs pour un repas.

Ici l'ambiance est au romantisme avec une vue panoramique sur le fort illuminé. Les bougies, la vaisselle précieuse et les tables juponnées renforcent le charme de l'atmosphère. Vaste choix de plats qui honorent la gastronomie locale. Tout est à base de produits frais. Délicatement aéré, ce restaurant sur le toit du Sonaar Haveli est un véritable enchantement. Lors de la saison d'été, le restaurant déménage au rez-de-chaussée dans une pièce climatisée décorée sur le thème de la grenade. Anaar Bagh signifiant verger de grenadiers. Réservation conseillée.

JAISAL ITALY €€

Akhey Pol
✆ +91 299 225 3504
Ouvert tous les jours de 11h à 22h. Comptez 500 Rs pour un repas.

Voici un restaurant plein de charme où l'on déguste une bonne cuisine italienne. Que ce soit assis à l'intérieur sur des coussins, au milieu de tentures colorées et d'objets artisanaux traditionnels, ou sur la terrasse extérieure, vous serez séduit par le cadre envoûtant. Le soir, vous êtes aux premières loges du fort illuminé. De quoi vous faire aimer encore plus ce que vous avez dans l'assiette : lasagnes, pâtes, salades, soupes, pizzas cuites au feu de bois. Et pour ne rien gâcher, l'accueil est chaleureux. Comme un goût d'Italie...

BAZARS DE LA VILLE BASSE

On se perd volontiers dans ce dédale de ruelles étroites et pittoresques. Les boutiques du bazar offrent tout ce que le visiteur occidental peut attendre d'une ville typique du Rajasthan : épices, étoffes colorées, encens, articles en cuir et aussi quelques boutiques pour touristes. Vous serez sûrement abordé par des musiciens de la caste Bhopa qui vous joueront de suaves mélodies avec leur *rawanata*, une vielle typique du Rajasthan. Sourire aux lèvres, leurs femmes vêtues de leurs habits colorés, tenteront de vous vendre quelques colifichets.

THE TRIO €€

Gandhi Chowk
✆ +91 299 225 2733
Ouvert tous les jours de 7h30 à 22h30. Compter 550 Rs pour un plat.

L'un des plus vieux restaurants de la ville, mais aussi le plus populaire. Le personnel en uniforme vous servira une délicieuse cuisine indienne et du Rajasthan. Les plats sont bien présentés dans l'assiette et régalent les papilles. Nous vous conseillons les excellents plats tandoori. Le restaurant étant très prisé, mieux vaut réserver en haute saison. Le soir, un groupe de musiciens est là pour divertir les clients au son de leur musique folklorique. Confortablement attablé à une table basse, dans un des recoins, vous profiterez de la vue illuminée sur la ville.

DESERT ART GALLERY

Near 3rd Gate - Ganesh Pol
✆ +91 94 14 76 30 00
Ouvert tous les jours de 9h à 21h.

Bhawani écume les petits villages du désert du Thar pour dénicher des pièces anciennes assemblées en patchwork. Il dispose aussi d'une très belle collection de boutis du Pakistan ainsi que des pièces récentes confectionnées par des villageoises de régions reculées. Si vous souhaitez acheter une belle pièce textile à transformer en couvre-lit, couverture, tenture murale, venez faire un tour ici. Vous trouverez également quelques vêtements et profiterez de prix très corrects. La boutique est dans la montée au fort, sur la droite après la porte de Ganesh.

DESERT HANDICRAFT EMPORIUM

Kachari Road
✆ +91 299 225 0062
Ouvert de 9h30 à 21h30.

Le fondateur du musée voisin, le Thar Heritage Museum, propose dans sa boutique une large sélection d'objets artisanaux et de tissus. Tentures, patchwork, couvre-lits, tapis, coussins, châles... mais aussi des bijoux en métal ou en argent, des articles en cuir et des antiquités. En pénétrant ici, vous entrez dans une véritable caverne d'Ali Baba et aurez du mal à ressortir les mains vides. Monsieur Katri n'est pas commerçant par hasard ; n'oubliez pas de marchander.

HANUMAN HANDICRAFTS

Sadar Bazar
Ouvert tous les jours de 10h à 21h.

Cette boutique spécialisée dans les patchworks propose de beaux modèles récents. La plupart viennent des environs de Jaisalmer et sont brodés par des femmes de tribus gipsy. Mais Rukesh détient également une belle collection de pièces anciennes. Broderies au brocart d'or et d'argent, assemblages de saris anciens, patchworks sertis de pierres semi-précieuses et de perles, qu'il collecte aux quatre coins de l'Etat. Vous ne pourrez qu'être conquis par la beauté et la délicatesse de certains de ces ouvrages. Les pièces de collection peuvent atteindre un prix élevé.

JAISALMER ART PALACE

Kela Para
✆ +91 299 225 3200
www.jaisalmerartpalace.in
Ouvert tous les jours de 10h à 20h.

Kojraj a hérité cette haveli de son père, qui avait fondé le premier magasin d'antiquités à Jaisalmer. Autant dire que la réputation et le sérieux de cette maison ne sont plus à faire. Les pièces regorgent de brocantes en tous genres chinées aux quatre coin du Rajasthan. Coffres de mariée, portes en bois sculpté, boîtes, figurines, bijoux, couvertures, tableaux... vous aurez l'embarras du choix et la garantie de l'authenticité de vos achats. Vous recevrez en prime un accueil chaleureux et des explications détaillées de Kojraj.

BADABAGH ★★

Badabagh signifie littéralement « grand jardin » et fut commissionnée par le Maharawal Jait Singh au début du XVIe siècle. Il fit également construire un barrage et un réservoir qui servaient à alimenter Jaisalmer, à 6 kilomètres de là. C'est aussi le lieu de crémation de la famille royale et de nombreux cénotaphes surplombent le jardin. Rares sont les touristes qui se déplacent expressément à Badabagh. En revanche, le village étant situé aux portes du désert sur Ramgarh Road, il constitue un point d'arrêt privilégié des tours opérateurs qui emmènent les visiteurs aux dunes de Sam. Le site est quelque peu dénaturé par un grand parc éolien tout proche.

BADA BAGH

A 6 km de Jaisalmer
Ouvert du lever au coucher du soleil. Entrée : 100 Rs.

Bada Bagh est un ancien jardin des souverains de Jaisalmer, où sont également érigés des cénotaphes en mémoire de chaque souverain. Ils sont édifiés sur une colline située en amont d'un petit lac, dans cadre bucolique et très vert, ce qui détonne dans cette partie désertique de l'Inde. Sous le dôme de chaque chhatri, une petit stèle commémore un *sati,* l'immolation de l'épouse du défunt, autrefois considéré comme un acte honorable. Le site est surtout fréquenté au coucher du soleil, rarement formidable, et ce malgré l'implantation d'un parc éolien juste à côté.

LAKE AMAR SAGAR ★★

A 7 kilomètres à l'ouest de Jaisalmer, sur la route de Lodurva et non loin de Bada Bagh, ce petit lac est un réservoir creusé par la main de l'homme. Il est bordé d'un somptueux temple jaïn aux motifs floraux délicats, représentatifs de l'extraordinaire savoir-faire des sculpteurs de Jaisalmer. Un petit palais d'été édifié au XVIIe siècle par le rawal Amar Singh surplombe également ce lac. L'endroit peut faire l'objet d'une agréable promenade à vélo ou en deux-roues motorisé et plaira aux contemplatifs. Il n'est pas rare de voir des bergers venir y abreuver leurs troupeaux de moutons et de chèvres, l'occasion de prendre de jolies photos.

LODURVA ★★

De l'ancienne capitale des Bhatti, il ne reste qu'un groupe de temples jaïns restaurés au XVIIIe siècle. Le plus remarquable d'entre eux est dédié à Parshvanath, 23e *tirthankar* de la communauté. D'après la légende, un cobra à mille têtes protégea Parshvanath d'un déluge déclenché par un démon. En signe de gratitude et d'adoration, les prêtres de Lodurva déposent chaque jour un bol de lait pour un cobra qui résiderait derrière les murs du temple.

Transports

Bus : un bus relie Jaisalmer à Lodurva. Départ toutes les 30 minutes environ (durée : 20 minutes).

TEMPLE JAIN DE LODURVA ★

Entrée : 100 Rs.

La visite du temple de Lodurva s'inscrit souvent dans un tour comprenant Bada Bagh et le lac Amar Sagar. Le temple principal est dédié à Parshvanath, 23e tirthankar jaïn. Précédé d'une arche sculptée (*torana*), et entouré de quatre autres petits sanctuaires, il abrite une statue du saint recouverte de feuilles d'argent. Les sanctuaires ont conservé de belles peintures d'origine, notamment à l'intérieur des coupoles. Vous remarquerez un arbre en métal au-dessus du sanctuaire. Il a été « planté » là pour montrer aux habitants à quoi cela pouvait ressembler.

KULDHARA ★★

À 18 km à l'ouest de Jaisalmer. Perdu au milieu d'une étendue désertique, le village est composé de ruines et de maisons en grès ocre, dont les façades sont recouvertes de motifs rouge et blanc. Un temple est bâti sur le toit de l'une d'elles. En fin de journée, vous assisterez à un superbe coucher de soleil.

Selon une légende, il y a 180 ans, les habitants de 84 villages voisins, dont ceux de Kuldhara, auraient déserté leurs maisons en pleine nuit. Nul ne sait où ils sont réellement allés, mais il semblerait que ce soit près de Jodhpur. Les habitants étaient des Brahmanes Paliwal, réputés comme étant très intelligents, et qui vivaient ici depuis 500 ans. Aux dires de certains, à cette époque, le gouverneur de la région les traitait de façon inhumaine, les surchargeait de taxes et ne les respectait pas. Ils n'auraient donc eu d'autre choix que de fuir le village en pleine nuit pour échapper à jamais à leur gouverneur tyrannique.

Une autre histoire raconte qu'un maharaja serait à l'origine de l'exode. Il aurait voulu épouser une femme du village, mais la famille de cette dernière se serait opposée à la noce. Pris de colère, le maharaja aurait menacé de mort les habitants si on ne lui accordait pas la main de la jeune fille. Refusant de céder au chantage, tout le village aurait préféré fuir. Mais aujourd'hui encore l'âme des villageois est omniprésente à Kuldhara…

Accès au site 50 Rs.

MARWAR

Temple Jain de Lodurva.

JETHWAI

Jethwai n'est qu'un petit village de rien du tout, un de ces ensembles poussiéreux de constructions modernes en briques et béton et quelques huttes traditionnelles en pisé qui, de nos jours, servent surtout d'enclos pour les animaux, à entreposer du fourrage ou de cuisine pour les rares jours de pluie. Le village n'est qu'à 10 kilomètres à l'ouest de Jaisalmer et abrite un bon millier de familles. Nous le référençons pour son hameau familial situé à quelques centaines de mètres, qui permet de découvrir le mode de vie traditionnel dans le désert du Thar, avec ses maisonnettes en pisé et ses toits de bois et de chaume, comme on n'y vit désormais plus.

MALA KI DHANI €

Hadda Road

✆ +91 95 87 46 55 64

www.malakidhani.com

A partir de 1 230 Rs pour une hutte traditionnelle. Petit déjeuner à 50 Rs.

En 2015, Om Bathi, avec l'aide d'autres membres de sa famille, a fait sortir de terre un petit hameau à 500 mètres de son village. Il l'a baptisé Mal ki Dhani en l'honneur de son grand-père, Malam. Quatre huttes traditionnelles en pisé accueillent les touristes de passage. Elles sont d'une grande simplicité, seulement équipées de lits. Ici, vous partagerez le style de vie des habitants du désert du Thar en toute authenticité. Les huttes peuvent accueillir jusqu'à 4 personnes, et offrent un cadre idéal pour un séjour en famille avec de jeunes enfants.

KHURI ★★

Autrefois minuscule village perdu à 40 km de Jaisalmer, Khuri est la nouvelle destination authentique pour le tourisme de masse. L'affluence et la multiplication des resorts aux dunes de Sam a poussé certains hôteliers à chercher un peu plus loin pour installer leurs camps. Ils ont élu Khuri qui possède de belles dunes de sable à 2 km du village, un marché quotidien qui facilite le ravitaillement et quelques ateliers d'artisans pour distraire les touristes de passage. Ce qui était il y a encore quelques années une étape pour les amateurs d'isolement est devenu une halte pour les personnes désireuses de découvrir le désert avec le confort moderne.

DUNES DE SAM ★★

Les dunes les plus célèbres du Thar s'étendent sur 2 km. Beaucoup de « *Jeep safaris* » y passent. L'endroit est devenu très touristique, mais en fin d'après-midi les couleurs y sont splendides. De nombreux chameliers s'y donnent rendez-vous. Assurez-vous dès le départ que le prix de la chevauchée est fixe, afin d'éviter les mauvaises surprises. Des musiciens traditionnels animent le site, ainsi que des enfants qui dansent pour glaner quelques roupies. Si vous envisagez le désert comme une expérience solitaire et silencieuse, mieux vaut passer votre chemin.

Se loger

De nombreux campements de tentes travaillant avec les gros tours-opérateurs occupent les environs des dunes de Sam, à tel point qu'ils se succèdent les uns aux autres. Ces établissements proposent à peu près tous la même chose, avec un niveau de confort différent : transferts depuis et vers Jaisalmer, courte promenade en dromadaire dans les dunes au coucher du soleil, dîner-spectacle autour d'un feu de camp avec musiciens et danseurs folkloriques, nuit sous tente et petit-déjeuner. Ces camps peuvent accueillir 200 personnes, voire plus.

Transports

- **Bus.** De nombreux bus relient Jaisalmer aux dunes de Sam. Compter 1h30 de trajet.
- **Taxi / VTC.** Compter une heure en taxi depuis Jaisalmer et 700 Rs minimum aller-retour avec le temps d'attente.

MARWAR

DAMODRA DESERT CAMP €€€

Megwalon Ki Dhani

✆ +91 94 14 15 05 83

www.damodra.com

A partir de 14 750 Rs pour une tente double, petit déjeuner inclus. Camp ouvert du 1er octobre au 31 mars.

Venir à Jaisalmer sans passer au moins une nuit dans le désert de Thar, c'est comme aller chez le coiffeur juste pour un shampoing, une incongruité. En vous y prenant tôt, vous réussirez peut-être à réserver une des 10 tentes de luxe équipées comme une chambre d'hôtel cossu : lit en bois, tapis, chauffage, salle de douche avec toilettes à l'occidentale et eau chaude. Un courte promenade en dromadaire sur les dunes de Sam est comprise avec la nuitée, tout comme le spectacle folklorique à la nuit tombée, autour d'un grand feu de camp.

SODAKORE ★

Sodakore (parfois orthographié Sorhakor) se trouve à égale distance entre Pokaran et Jaisalmer, à 55 kilomètres des deux villes. Cette oasis en plein désert a longtemps servi d'étape aux caravanes venues de Bikaner ou de Jodhpur et se rendant à Jaisalmer. C'est aujourd'hui un modeste village, aux portes du désert, arborant encore un paysage sauvage unique. Il n'abrite plus que 200 et quelques familles. L'endroit procure la sensation d'être coupé du monde ; c'est un lieu où la nature est préservée, avec ses dunes de sable, sa végétation rabougrie et ses troupeaux d'animaux domestiques. En hiver l'endroit est idéal pour observer les oiseaux migrateurs.

MIRVANA NATURE RESORT €€

R.G. Farms, Sodakore
✆ +91 299 720 0128
www.mirvananatureresort.com
A partir de 10 000 Rs (hors taxes) pour une tente pour deux personnes, dîner et petit déjeuner inclus.

Ce complexe créé par un amoureux des voyages offre deux possibilités d'hébergement : sous tente ou dans une hutte. Au milieu du désert, le cadre est on ne peut plus nature et l'ensemble est douillet. Les tentes et huttes rondes ont vue sur le jardin ou la cour, et sont bien équipées (climatisation, ventilateur, grand lit, salle de bains privée, téléphone). Une belle piscine, un centre de remise en forme et un sauna jouent la carte détente. Au restaurant, la nourriture est variée. Évidemment, des safaris à dos de chameau sont organisés.

THE SERAI €€€

✆ +91 11 4617 2700
www.thesujanlife.com
A partir de 66 000 Rs pour une tente double, petit déjeuner inclus. Camp ouvert d'octobre à mars.

Appartenant à la chaîne Sujan spécialisée dans les safaris hyper luxe, le Serai est ce qui se fait de mieux aux alentours de Jaisalmer. Votre grande tente blanche se dresse au bout d'une allée privative. Quelques marches mènent à une terrasse aménagée de larges banquettes moelleuses ; vous pénétrez sous la moustiquaire pour prendre possession de votre bureau qui domine le désert ; peut-être préférerez-vous bouquiner à la lumière d'une lampe-tempête sur le lit tendu d'épais draps blanc. Piscine, spa, safari en dromadaire ou en jeep, rien n'est trop beau.

POKARAN ★

Cette petite ville poussiéreuse est entrée dans l'histoire en 1974, lorsque l'armée indienne effectua ses premiers essais nucléaires à quelques kilomètres de là. La reprise des essais en 1998 et la tension croissante avec le Pakistan ont rendu le nom de Pokhran célèbre et presque vénéré dans tout le pays. Les Indiens sont en effet très fiers d'appartenir au clan fermé des puissances nucléaires. Et cela ne semble déranger en rien les habitants de cette petite ville de 30 000 habitants. Le principal centre d'intérêt de la ville est son petit fort du XVIe siècle, ancien poste avancé des maharajas de Jodhpur qui a été en partie transformé en hôtel de luxe. Il est donc possible de le visiter sans y résider. De nombreux Indiens viennent ici pour les temples. Au XIVe siècle, le village était sous l'autorité d'un sous-clan des Rathore, les Champawat, ralliés à l'autorité des Rathore de Jodhpur. Les Champawat ont régné ici jusqu'à l'indépendance indienne en 1947. La ville se trouve à la croisée des routes menant à Jaisalmer, Jodhpur et Bikaner.

Transports

- **Bus.** Depuis Jaisalmer, tous les bus se rendant à Bikaner ou à Jodhpur s'arrêtent à Pokaran. Si tel n'était pas le cas, changez à Ramdevra.
- **Train.** Deux trains aux horaires pratiques relient Jaisalmer à Pokaran. Comptez 1 heure 30 de trajet entre ces deux villes.

RAMDEVRA ★

Ramdevra est un lieu de pèlerinage très populaire dédié à Baba Ramdev, héros local ayant vécu au XVe siècle et considéré par certains comme un avatar de Vishnou. Grand défenseur des opprimés, capable de parcourir à cheval des centaines de kilomètres en un jour pour sauver la veuve et l'orphelin, Baba Ramdev connaît une grande popularité parmi les basses castes hindoues. Pour assister au principal pèlerinage du site, venez fin août-début septembre. Les allées bordées de boutiques de souvenirs et de gargotes regorgent de visiteurs en habits traditionnels. Comme beaucoup n'ont jamais vu d'étrangers, vous constituerez l'attraction majeure du festival.

JODHPUR ★★★

La « Cité Bleue », traditionnelle et grouillante de vie avec ses 2 880 777 habitants, mérite que l'on s'y attarde. Sa magnifique forteresse, la plus belle du Rajasthan, se dresse au sommet d'un plateau dominant la région. Il faut également se perdre dans le dédale de la vieille cité aux murs d'un bleu laiteux. Malgré le passage de quelques auto-rickshaws, on y découvre une Inde très traditionnelle, aux accents médiévaux. Si vous n'êtes pas spécialement attiré par le luxe, vous choisirez sans doute de loger dans la vieille ville. Le reste de la cité est beaucoup moins pittoresque, avec ses grandes avenues encombrées de véhicules et ses quartiers résidentiels.

Histoire

Les souverains de la dynastie Rathore auraient occupé le Marwar, ou « pays de la Mort », dès la fin du XIIe siècle. Fuyant les bords du Gange envahis par les troupes de Mohammed de Ghor, ils installent leur nouvelle capitale à Mandore, à 9 km au nord de l'actuelle Jodhpur. En 1459, Rao Jodha décide de faire édifier une forteresse sur le plateau voisin afin d'exercer un contrôle plus étroit sur la région et de se protéger efficacement contre son puissant voisin, le rana du Mewar.

Au XVIe siècle, ses successeurs décident, comme la plupart des maharajas, de s'allier à l'empereur Akbar. Ces contacts cordiaux avec la dynastie moghole prendront fin sous Aurangzeb. Ce dernier, en effet, exilera le maharaja Jaswant Singh à Kaboul et le fera exécuter. Le déclin de l'empire permettra aux Rathore de retrouver leur indépendance. Mais les querelles de succession et les guerres avec les princes voisins affaiblissent le royaume. L'alliance conclue avec les Britanniques en 1818 assure finalement la paix dans la région. Profitant de sa situation sur la route allant de Delhi au Gujarat et à Mumbai, Jodhpur devient l'une des villes les plus prospères du nord-ouest de l'Inde.

Tourisme

L'Office de tourisme est ouvert du lundi au samedi de 9h à 18h. Il est situé dans l'Hôtel Ghoomar géré par la RTDC (+91 291 254 5083). Si l'accueil est moyennement sympathique, cet office de tourisme se bouge un peu.

En plus des incontournables cartes et brochures sur la ville, vous pouvez réserver une visite en taxi de Jodhpur (fort de Mehrangarh, Jaswant Thada, Umaid Bhawan et les jardins de Mandore) ou une excursion d'une grosse demi-journée dans les villages bishnois.

Jodhpur.

Transports

▶ **Bus.** La gare routière est située à proximité immédiate de la gare ferroviaire Raika Bagh sur High Court Road. Vous pouvez vous renseigner sur les horaires et les destinations des bus au bureau de la RsRTC ou au +91 291 254 4686. Depuis Jodhpur, vous pourrez emprunter des bus à destination de Bikaner (durée : 6 heures), Jaipur (durée : 7 heures), Jaisalmer (durée : 5 heures), Osian (durée : 1 heure 30), Pushkar (durée : 5 heures, 5 liaisons quotidiennes), Rohet (durée : 1 heure), Udaipur (durée : 7 heures).

▶ **Train.** La gare ferroviaire principale se trouve sur Station Road à 1,5 kilomètre au sud de la Clock Tower et de la vieille ville. Pour les réservations, le guichet informatisé se trouve à 100 mètres sur la droite, en sortant de la gare. Des trains desservent de nombreuses villes de l'Inde et notamment Agra, Delhi, Mumbai ou Varanasi. Vous pourrez également emprunter des trains pour sillonner le Rajasthan, dont Barmer (durée : 4 heures), Bikaner (durée : 5 heures 30 environ), Jaipur (durée : 4 heures), Jaisalmer (durée : entre 5 heures 30 et 7 heures).

▶ **Avion.** L'aéroport Ratanada est situé à 5 kilomètres au sud-est de la vieille ville. Des vols directs relient notamment Jodhpur à Delhi, Mumbai ou Hyderabad.

▶ **Se déplacer à Jodhpur.** Négociez fermement pour vous déplacer en auto-rickshaw. Comptez 150 Rs depuis la gare jusqu'à la forteresse, 100 Rs depuis la vieille ville jusqu'à la forteresse et 70 Rs de la gare à la vieille ville. Jodhpur fait partie de ces villes indiennes qui se visitent à pied. Les ruelles de la ville bleue sont si étroites qu'elles sont inaccessibles aux voitures.

LA CITÉ BLEUE ★★★

Les maisons chaulées de bleu sont nombreuses au Rajasthan. À Jodhpur, c'est toute la vieille ville étendue au pied de la forteresse qui est ainsi coloré dans des tons allant d'un bleu laiteux à un bleu roi. Le bleu, couleur des dieux et des habitations des brahmanes, marquerait la dévotion religieuse des habitants. Selon d'autres versions, il servirait surtout à éloigner les moustiques. N'hésitez pas à vous perdre dans le dédale de ses petites rues, le contraire étant quasiment improbable. Mais rassurez-vous, les touristes ont toujours été retrouvés sains et saufs. Vous y croiserez de la vie à chaque carrefour, assisterez à des scènes pittoresques typiques de l'Inde, serez peut-être interdit de passage par une vache encombrante... Un bon conseil : partez de la place de l'Horloge (Clock Tower ou Ghanta Ghar en hindi), qui constitue un excellent point de repère et un chemin que tout le monde saura vous indiquer lorsque vous serez vraiment perdu.

La Tour de l'Horloge : elle constitue un bon point de départ pour explorer la ville et également un bon point de repère. Édifiée par le maharaja Sardar Singh durant la colonisation britannique, elle a été voulue dans le plus pur style anglo-indien, mélange d'éléments victoriens et rajasthanis. La tour de l'Horloge trône au centre d'une grande place, le marché de Sadar. Il est paraît-il possible de grimper gratuitement jusqu'au balcon du 1er étage, mais la tour a toujours été fermé à chacun de nos passages. Au nord et au sud, des portes d'accès à trois arches ont été construites. La porte principale au centre est destinée à laisser passer les charrettes et aujourd'hui les voitures et les rickshaws. Sur les côtés, deux portes plus petites réservées aux piétons. La place de la Clock Tower relie la vieille ville, à la ville nouvelle qui s'est étendue au sud.

Sadar Market : il s'étale autour de la tour-horloge, point central de cette vaste place. Il sert au ravitaillement des habitants de la vieille ville. Vous remarquerez que chaque coin a sa spécialité : fruits et légumes, épices, bangles, vêtements d'occasion... Vous trouverez aussi quelques boutiques pour touristes qui vendent surtout beaucoup de fausses antiquités, des produits manufacturés passés pour du travail artisanal et des foulards et étoles, superbes certes, mais qui ne sont ni du pashmina, ni du cachemire. Prudence donc... Le marché est très vivant et mérite qu'on y flâne tranquillement en prenant quelques photos d'hommes enturbannés et de femmes en *ghagra-choli* colorés. Le Sadar Market est notamment un bon endroit si vous comptez acheter des épices.

Les bazars : situés à l'ouest de Sadar Market, les rues et venelles regorgent de boutiques pleines de marchandises. Mêlez-vous à la foule et passez du bazar des fruits et légumes, à celui des saris et produits textiles, des bangles et des bijoux, des échelles et escabeaux en bambou, etc. C'est ici que vous trouverez les tie and dye, propres à la ville de Jodhpur. Les bazars de Jodhpur attirent beaucoup de monde, notamment le samedi, et les claustrophobes se sentiront vite oppressés. Mais c'est aussi amusant de regarder les chalands marchander, que de s'y essayer soi-même. Jodhpur a beau être une ville très touristique, les commerçants du bazar ne comptent par sur cette manne étrangère pour faire fortune. Vous pourrez donc y faire des affaires à bon prix, pour peu que vous sachiez vous y prendre en matière de négociation. Les boutiques pour touristes se trouvent pour l'essentiel aux abords du Sadar Market.

Le nord de la vieille ville : en franchissant la porte nord du Sadar Market, vous arrivez dans une portion plus tranquille de la ville, où il fait bon flâner. C'est ici que la plupart des guesthouses et petits hôtels ont élu domicile ; vous pourrez vous y arrêter pour un bon repas ou une boisson fraîche. Elles disposent toutes (ou presque) d'une terrasse sur le toit qui offre bien souvent une vue époustouflante sur le fort de Mehrangarh. Ici, vous croiserez plus de vaches que de voitures, des femmes briquant leur maison ou papotant entre elles, des enfants en uniforme se rendant à l'école ou jouant en fin de journée, des hommes partant au travail, des personnes âgées observant les passants, dont vous...

Thoorji Ka Jhalra Bavdi : il s'agit de l'un des plus célèbres puits en escalier du Rajasthan. Et pourtant, rares sont les touristes à se perdre ici, à 100 mètres à peine au nord de la place de l'Horloge. Le puits fut commissionné par l'épouse du maharaja Abhay Singh en 1740. Originaire de Patan au Gujarat, la princesse avait en mémoire l'extraordinaire baori de la Reine. Celui de Jodhpur est bien moins extravagant, mais reprend des éléments notables de ce type d'ouvrage. Les jeux d'escaliers formant des motifs géométrique courent le long de trois des parois, tandis que sur la quatrième a été sculpté un petit bâtiment joliment ouvragé d'une fausse porte. L'usage de la galerie est inconnu, mais servait peut-être à des cérémonies religieuses ou aux notables. Le puits a été entièrement rénové et vidé de ses eaux saumâtres, permettant de révéler de nouveaux jeux de marches. Il n'est pas rare désormais de voir de jeunes Indiens y barboter et se jeter dans le vide. Si vous souhaitez avoir le puits pour vous, mieux vaut y venir le matin.

Mahila Bag Ka Jhalra : cet autre baori (puits en escalier) situé juste à côté du réservoir Gulab Sagar est moins bien impressionnant, très sale et fréquenté par des personnages qui ne donnent pas envie d'y rester trop longtemps.

FORT DE MEHRANGARH ★★★

✆ +91 291 254 8790 - www.mehrangarh.org

Ouvert tous les jours de 9h à 17h. Entrée : 600 Rs avec audio-guide en français. Réservation en ligne possible.

Selon Rudyard Kipling, ce fort est l'illustration d'un « travail d'ange et de géant ». Entourée de murailles, la vaste forteresse écrase la ville. Il s'agit sans nul doute du plus beau fort du Rajasthan, présentant des œuvres d'art admirablement exposées et de grande valeur. Juché en haut de son promontoire réputé imprenable, le fort de Jodhpur évoque toute la gloire de l'histoire rajpoute… et les affres des querelles entre souverains hindous. Elle fut le théâtre de l'un des derniers conflits de la région avant l'arrivée des Anglais. En 1808, les troupes du maharaja de Jaipur l'attaquèrent au canon pour tenter de régler un conflit suscité par une princesse mewarie convoitée par les princes des familles Kachhwaha et Rathore. La garnison de la forteresse réussit à repousser l'assaut. Les murs extérieurs ont gardé l'impact des boulets tirés par l'armée ennemie.

Vous franchirez sept portes successives. Sous le porche de la dernière, Loha Pol, « porte de fer », vous remarquerez des empreintes de mains sculptées sur une plaque. Elles commémorent le *sati* des princesses Rathore. Les Anglais interdirent ce rite barbare en 1829… Mais la tradition perdura et le dernier cas de *sati* recensé à Jodhpur date de 1952, lorsque la veuve d'un haut fonctionnaire du palais se jeta dans les flammes.

▶ **Continuez l'ascension** jusqu'à l'entrée du musée de Mehrangarh. Il contient sans doute les collections les plus spectaculaires de la région. Celles-ci sont exposées dans des salles somptueuses, aménagées sous le règne des différents maharajas. La première expose des *howdah* (nacelles pour monter à dos d'éléphant) très richement décorés, dont certains sont en argent massif. Le Palki Khana est consacré aux palanquins.

▶ **Vous arriverez ensuite dans une cour** dominée par la façade du Daulat Khana ornée de nombreux balcons à kiosques. L'intérieur présente des collections d'armes et de miniatures. Aux étages supérieurs, vous noterez surtout les décorations du Phul Mahal (palais des Fleurs) et du Takhat Vilas, les appartements du maharaja Takhat Singh au XIXe siècle, riches en dorures, peintures murales et vitraux. Vous redescendrez ensuite au rez-de-chaussée pour visiter le Jankhi Mahal, « le palais des Coups d'œil », d'où les princesses pouvaient observer l'extérieur à travers de fins *jiali*.

▶ **En sortant du palais,** rendez-vous au sommet du fort. Les remparts, toujours gardés par d'énormes canons, offrent une vue splendide sur Jodhpur la bleue, et, au loin le massif palais Umaid Bhawan. Le chemin de ronde mène jusqu'à un petit temple dédié à Chamunda, une incarnation de Durga.

JARDINS D'UMAID ET SARDAR GOVERNMENT MUSEUM

High Court Road

Ouvert du samedi au jeudi, de 9h15 à 17h15. Entrée : 100 Rs.

Les jardins d'Umaid abritent un zoo tristounet, avec un tigre, et attirent de nombreux locaux le week-end. Le Sardar Government Museum présente des collections de sculptures, d'armes, de vêtements, de pièces de monnaie et de peintures miniatures emblématiques du Rajasthan. Le musée est divisé en 4 sections : archéologie, armes, art et artisanat et histoire. Rénové en 2018, le musée offre, ce qui est rare, une scénographie plutôt agréable et mérite par conséquent une rapide visite.

JASWANT THADA ★

Lawaran

Ouvert tous les jours de 9h à 17h. Entrée 50 Rs.

Dans la montée au fort de Mehrangarh, ce cénotaphe de marbre blanc honore la mémoire du maharaja Jaswant Singh II, incinéré ici à la fin du XIXe siècle. Trois autres cénotaphes plus petits l'entourent, dont l'un dédié à un paon qui se serait jeté dans le bûcher de crémation. Ce monument d'ampleur ressemble à s'y méprendre à un palais avec ses écrans de marbre ajourés, fins comme de la dentelle. À l'intérieur, des portraits de princes rathores sont suspendus, certains d'entre eux remontant au XIIIe siècle. De là, vous profiterez d'une vue imprenable sur le fort.

TEMPLE MAHAMANDIR

Mahamandir Road

Le Mahamandir, qui signifie littéralement le « Grand Temple », fut édifié au XIXe siècle à la gloire de Shiva. Une école se trouve aujourd'hui dans l'enceinte du temple. Si vous venez à l'heure de la récréation, les collégiens ne manqueront pas d'insister pour se faire photographier devant le sanctuaire. Celui-ci est surtout remarquable pour son hall orné de 84 piliers et pour ses peintures dont certaines évoquent des Asana (positions du hatha yoga). D'après la légende, c'est le Seigneur Shiva lui-même qui les aurait enseignées aux ascètes de l'Himalaya.

MUSEE DU PALAIS UMAID BHAWAN ★

Palace Road

Musée ouvert de 9h à 17h. Entrée : 100 Rs.

Cet immense bâtiment de 350 pièces, dessiné par l'architecte britannique H. V. Lanchester, constitue l'autre monument phare de Jodhpur. Il s'agit de l'une des plus grandes résidences royales au monde. Le maharaja Umaid Singh (règne de 1918 à 1947) ordonna sa construction pour donner du travail aux ruraux touchés par la grande famine de 1920. C'était aussi l'occasion de déménager du fort de Mehrangarh, devenu obsolète et inconfortable. 3 000 ouvriers travaillèrent sur le chantier qui démarra en 1927 pour s'achever en 1944. Des tonnes de marbre Makrana et de tek de Birmanie habillent l'intérieur. Mais il vous sera impossible de le visiter, car il a été partiellement transformé en hôtel de luxe. C'est d'ailleurs là qu'a eu lieu le mariage du siècle en 2018, unissant Bollywood et la pop américaine, à savoir la star du cinéma indien Priyanka Chopra et le chanteur Nick Jonas. Quant à l'autre partie du palais, le Maharaja Gaj Singh y vit toujours avec sa famille. Par conséquent, il ne reste que le petit musée au commun des mortels pour avoir un aperçu des fastes de la cour Rathore. Il présente des photos de l'intérieur du palais ainsi qu'une collection de montres et de très belles porcelaines chinoises. Vous verrez à l'entrée les voitures de collection du maharaja.

En déjeunant ou dînant à l'Umaid Bhawan vous réussirez tout de même à voir l'impressionnant Darbar Hall surmonté de la fameuse coupole visible depuis la forteresse de Mehrangarh, ainsi que quelques salons.

MARWAR ECO CULTURAL TOURS & TRAVELS

Old Fort Road

✆ +91 1291 2637 216

En collaboration avec l'ONG Native Planet, cette agence organise des visites responsables et solidaires dans les villages bishnois. C'est une manière de les aider financièrement et de faire découvrir cette tribu particulière, écologiste bien avant l'heure. Pour tout renseignement, rendez-vous à l'agence. Vous pourrez également y louer les services d'une voiture avec chauffeur ou réserver vos billets de train et d'avion pour vos prochains déplacements.

WILD EYE TRAVELS

10-D Near Government Bus Stand

✆ +919928147470

www.wildeyetravels.com

Cette agence de voyage spécialisée dans le Rajasthan propose des circuits et des voyages sur mesure au plus proche de la population. Son nom est une invitation à garder les yeux bien ouverts durant l'intégralité du séjour afin de ne rien manquer du spectacle de l'Inde. Les séjours sont prévus pour toutes les bourses, d'un confort simple avec des trajets en train ou bus au grand luxe des palaces et forteresses réhabilitées en hôtels. Sanjay Gehlot, le fondateur, est natif de Jodhpur et il apportera sa touche très personnelle si vous visitez la région.

BLUECITY WALKS

4 Mutah Street

✆ +91 90 01 33 59 81

www.bluecitywalks.com

1 500 Rs/pers. visite de 3 heures 30. 2 000 Rs/pers. pour une visite gustative de la vieille ville de 4 heures.

Sharon et Govind ont créé leur association en 2007 afin de soutenir l'héritage culturel du Rajasthan. Ils promeuvent notamment les arts et produisent des festivals dans la région. Ils ont également conçu 3 circuits pédestres dans la ville, afin de partager les merveilles de la Cité Bleue avec les touristes. Vous pourrez arpenter les entrelacs de ruelles sans avoir peur de vous perdre et apercevoir l'héritage moyenâgeux en visitant des cuisines communes, en passant devant de très anciennes *havelis* ou encore en prenant le *chai* chez l'habitant.

BLOOMING GUEST HOUSE €

51 Surya Colony

✆ +91 98 28 55 16 21

www.bloominghousejodhpur.com

Comptez 1 300 Rs pour une chambre double non climatisée et 1 900 Rs avec la climatisation.

Vous avez envie de partager la vie au quotidien d'une famille indienne, parlant anglais et qui a l'habitude d'accueillir des Occidentaux depuis 2006 ? Voici le bon plan à Jodhpur, idéalement situé, à quelques pas de la vieille ville, à 1,5 km de la gare. Les chambres sont propres, la cuisine de Samta et de mme Santosh, la belle-mère, est très bonne, la compagnie de Naresh, adepte du yoga, et de ses deux enfants, revigorante. La maison était en rénovation lors de notre passage et vous profiterez en plus de chambres repeintes de frais lors de votre visite.

HARE KRISHNA GUEST HOUSE €

Killi Khana ✆ +91 98 29 60 63 27

Chambre double avec salle de bains commune 900 Rs, de 1 200 Rs à 2 000 Rs avec salle de bains privée selon le confort.

Le choix des chambres est vaste et la gamme de prix aussi dans cette guesthouse qui occupe deux immeubles de la vieille ville. Certaines sont petites et très sombres, d'autres sont tout simplement immenses. Certaines sont très lumineuses, notamment celle avec vue sur le fort, très romantique. Elles sont meublées avec un joli mobilier et toutes très propres. Le toit terrasse est le plus haut du quartier. Vous aurez donc une vue imprenable sur le fort. Le propriétaire est le président de l'Association des hôteliers de Jodhpur. Son hôtel est sa vitrine.

YOGI GUEST HOUSE €

Naya Bas, Manak Chowk ✆ +91 291 264 3436

www.yogiguesthouse.com

Compter de 1 200 Rs pour une chambre double avec ventilateur à 3 800 Rs pour la chambre Heritage.

Cette vieille haveli bleue à la porte en pierre rose du Thar finement ouvragée est bien connue des habitués de Jodhpur. Les chambres, un peu exiguës certes, sont très propres et impeccablement entretenues. La cour centrale est elle aussi parée du bleu Jodhpur, avec quelques pointes d'un rose éclatant pour venir casser la monotonie. Il existe plusieurs catégories, du simple dortoir (sympathiquement aménagé) à la chambre de charme conditionnée. La terrasse sur le toit donne directement sur le fort massif de Mehrangarh et l'on peut se poser pour son yoga matinal.

INDRASHAN HOMESTAY €€

593 High Court Colony

✆ +91 291 244 0665

Comptez 3 900 Rs pour une double, en pension complète.

Bienvenue dans votre famille d'accueil ! Le concept ? Un bed and breakfast intime et confortable et une façon plus personnelle d'aborder Jodhpur. Vous serez ici les seuls hôtes de la maison. Vous pourrez agir librement, comme chez vous, et profiter du jardin et de la piscine. Le cadre est agréable et les chambres sont douillettes. Une expérience originale qui vous changera des hôtels classiques. Si vous le souhaitez, Bhavna pourra vous enseigner les rudiments de la cuisine indienne et vous apprendre la subtilité du dosage des épices.

KANER RETREAT €€

Jodhpur-Jaisalmer Highway, village Dera, ✆ +91 98 10 20 30 57

www.kanerretreat.com

A partir de 12 000 Rs pour une chambre double, petit déjeuner inclus.

© @KANEER RETREAT

Situé aux portes du désert du Thar, Kaner Retreat est le tout premier « boutique hotel » indien respectueux de la botanique du désert. Conçue en harmonie avec l'architecture et l'environnement local, chacune des 10 villas a pour thème une fleur locale qui se reflète dans la déco intimiste des lieux. Vous pourrez y faire des promenades botaniques et culturelles, des safaris en jeep et des dîners sur les dunes, savourer une cuisine faite avec l'huile d'olive provenant du désert du Thar. Un endroit exceptionnel pour tous ceux qui recherchent une expérience inoubliable.

PAL HAVELI €€

Gulab Sagar

✆ +91 291 329 3328

www.palhaveli.com

Compter 11 328 Rs pour une chambre double, petit déjeuner inclus.

Hôtel ou musée, on ne sait plus vraiment… Cette ancienne haveli abrite 21 chambres superbement décorées. Fresques murales, objets et sculptures traditionnelles, meubles d'époque, les chambres sont chargées d'histoire, cela fait oublier un certain côté obscur et des chambres parfois étroites. Le restaurant Indique est très réputé. On y sert une cuisine indienne savoureuse avec vue imprenable sur la vieille ville depuis le toit. L'hôtel ne convient pas aux personnes se déplaçant avec difficulté, car les escaliers sont très raides et les marches très hautes.

RATAN VILAS €€

Ratanada

✆ +91 291 261 4418

www.ratanvilas.com

A partir de 9 440 Rs pour une chambre double, petit déjeuner inclus. Réductions hors saison.

Cette adresse à proximité du centre-ville nécessite néanmoins une voiture. Il s'agit d'une vaste demeure bâtie en 1920, entourée d'un jardin. Les chambres sont spacieuses, propres et élégamment meublées. Le personnel est aux petits soins. Petit déjeuner dans le parc, dîner dans la salle typique du restaurant ou éclairé à la chandelle dans la cour carrelée… vous avez le choix. Vous pourrez également profiter de la piscine et du spa pour vous détendre. Organise des balades à cheval. Une des meilleures adresses de Jodhpur dans cette catégorie.

HOTEL RAAS JODHPUR €€€

Makrana Mohalla

✆ +91 291 263 6455

www.raasjodhpur.com

A partir de 47 200 Rs pour une chambre double, petit déjeuner inclus.

La cité historique compte enfin un hôtel de luxe qui réunit 4 immeubles anciens et trois modernes à quelques pas du puits en escalier de Toorji Ka Jhalra. La rencontre de deux époques très différentes a été magistralement réalisée par l'architecte qui se joue de l'espace et de la lumière dans les bâtiments modernes. Dans les parties anciennes, le grès rose de Jodhpur est impeccablement mis en valeur. Les éléments de décoration sont résolument modernes, sobres et luxueux. L'établissement compte également une piscine, un très bon restaurant et un spa.

THE ROHET HOUSE €€€

P.W.D Road

✆ +91 124 465 4330

https://www.houseofrohet.com

A partir de 19 470 Rs pour une chambre double et 24 400 Rs pour une suite, petit déjeuner inclus.

Après le fort de Mihir Garh, puis celui de Rohet, les Thakur de Rohet ont transformé leur propriété de Jodhpur en adorable « boutique hotel ». Avec seulement 2 chambres et 6 suites, la maison a été entièrement mise au goût du jour avec une décoration délicate. Vous êtes reçus par une famille nobiliaire importante dans cette région du Thar et tout respire le luxe, le calme et la volupté. La maison rend hommage à Krishna, avec des fresques délicates peintes sur les murs des chambres. Il fait bon s'installer sous la véranda donnant sur la piscine. Un petit paradis.

UMAID BHAWAN PALACE €€€

Umaid Bhawan

✆ +91 291 251 0101

www.tajhotels.com

A partir de 90 000 Rs pour une chambre double, petit déjeuner inclus.

Cet hôtel a été aménagé dans une aile du palais du Maharaja de Jodhpur construit en 1927, l'une des plus grandes résidences privées au monde. L'hôtel est géré par le groupe Taj, dont la réputation d'excellence n'est plus à faire. L'ensemble est aménagé avec goût. Débauche de luxe dans les aménagements avec piscine couverte et extérieure, terrain de squash en marbre, billard, spa... Le parc et les jardins sont tout simplement somptueux. Malgré des prix délirants, l'hôtel affiche souvent complet en haute saison, et les Indiens fortunés rêvent de s'y marier.

OM JUICE CORNER €

Clock Tower

✆ +91 73 39 92 83 18

Ouvert tous les jours de 8h à 22h.

Parmi la palanquée de petites boutiques qui peuplent le Sardar Market, Om Juice Corner fait partie des célébrités locales. Ne vous laissez pas abuser par sa pancarte ventant les mérites de son lassi spécial au safran, on vient ici pour ses jus de fruit fraîchement pressés et ses milkshakes. Il les décline sous toutes les formes, en fonction des fruits de saison. Au début de l'été (avril), ne manquez pas le jus de mangue, un pur délice. En revanche, spécifiez bien que vous prenez votre jus sans glaçon, car l'eau n'est pas filtrée.

OMELETTE SHOP €

Sardar Market

✆ +91 98 29 18 35 85

Ouvert de 9h à 21h. Comptez 75 Rs pour une omelette.

Qui ne connaît pas l'Omelette Shop ? Impossible de séjourner à Jodhpur sans apercevoir ce célèbre monsieur qui vend des œufs durs, brouillés, au plat… et surtout des omelettes. Son stand est situé à gauche de l'entrée du Sardar Market, côté vieille ville. Victime de son succès, Ramkishan Gwalani se heurte à de nombreux commerçants qui tentent de l'imiter, même si certains ont baissé le rideau avec la pandémie de Covid-19. En dégustant une bonne omelette *masala* au fromage, jetez un œil à ses livres d'or ; ils sont très drôles !

SHIR MISHRILAL HOTEL €

Girdi Kot

✆ +91 98 29 05 87 82

Ouvert tous les jours de 8h30 à 22h.

Les alentours de la place de la Clock Tower comptent quelques échoppes de lassi. Les meilleurs se dégustent ici, directement sur la place, dans l'axe principal. Mishrilal n'est pas un hôtel au sens français du terme, mais une boutique de gâteaux et sucreries typiquement indiens, les *mithai*. Le lassi bien épais est servi dans des gobelets en plastique et vous pouvez demander un supplément de crème. Vous en trouverez de toute sorte, parfumés à la rose, aux épices, aux fruits ou au safran et à la cardamome (*makhania lassi*) incontestablement le meilleur.

NAMASTE CAFE €

Manak Chowk

✆ +91 85 59 90 33 38

Ouvert tous les jours de 9h à 23h. Comptez 400 Rs pour un repas.

Vous devrez grimper plusieurs volées de marches pour atteindre le toit de ce petit café joliment aménagé. Matelas au sol recouverts de tentures colorées, gros coussins, tables basses en bois et tapis, voilà pour le cadre. Préférez les tables du fond qui donnent directement sur le fort. Le café propose une carte impressionnante avec pas moins de 17 façons de préparer le poulet ! Le service est un peu lent et nonchalant, mais fort sympathique. Et le wifi fonctionne à la perfection. Un bon spot pour se poser un moment, sur la terrase ou en salle.

PRIYA RESTAURANT €

182 Sojati Gate

✆ +91 75 76 66 66 20

Ouvert tous les jours de 7h à minuit. Comtper 250 Rs pour un repas.

Envie d'un thali ? Essayez ce restaurant… ou plutôt cette cantine d'habitués qui a pignon sur rue. Elle propose des thali aux saveurs locales à petits prix. À première vue, le lieu ne paye pas de mine, mais ne vous fiez pas aux apparences. Vous prendrez ici un repas de roi à un prix imbattable, à mille lieues des petits cafés pour touristes de la Ville bleue. En revanche, le service se montre parfois un peu lent et mieux vaut ne pas avoir un train à prendre. Le restaurant se trouve dans un quartier animé, entre la Clock Tower et la gare.

JHANKAR CHOTI HAVELI €€

Makarana Mohalla

✆ +91 98 28 03 12 91

www.jhankarhaveli.com

Ouvert tous les jours de 8h à 23h. Comptez 500 Rs pour un repas.

Vous dégoterez quelques spécialités du Rajasthan et une carte 100 % végétarienne dans ce restaurant tenu par une famille jaïn. Vous pourrez profiter de l'agréable jardinet à l'ombre des arbres et de la façade de cette très belle haveli en pierre rouge. Et s'il fait très chaud, la salle à manger climatisée est tout à fait agréable également, quoiqu'un peu sombre. La carte, limitée, offre une cuisine savoureuse, point trop relevée. Indiens et touristes occidentaux savent où trouver la qualité au prix juste et les tables sont prises d'assaut aux heures des repas.

JHAROKHA 360° €€

Toor ji ka Jhalra

✆ +91 72 30 02 10 22

Ouvert tous les jours de 13h à 22h. Compter 600 Rs pour un repas.

Installé sur la terrasse au sommet de l'assez vieillissante Stepwell House, le Jharokha 360° offre une des plus belles vues sur le fort de Mehrangarh dans la ville bleue. On se sent tout petit à l'ombre de l'imposante silhouette emblématique. La terrasse a été très agréablement aménagée, avec de beaux fauteuils et canapés ornés de coussins crème qui entourent des tables basses en bois avec piètement en métal. La carte permet de faire le tour de l'Inde du Nord avec peu de suggestions, mais elles sont efficaces : kebabs, poulet tandoori, lal maas ou biryani.

KALINGA RESTAURANT €€

Station Road

✆ +91 291 261 5871

www.kalingahotel.com

Ouvert tous les jours de 11h30 à 23h. Compter environ 350 Rs pour un repas.

La salle du restaurant est sombre et sans prétention, mais l'on sert ici de très bons plats indiens. Le décor moderne et chic ne produit pas vraiment l'effet escompté à nos yeux et la musique d'ambiance à l'indienne peut vite s'avérer déplaisante. Mais vous pourrez goûter le Marwari dish, une spécialité locale à base de viande et de sauce épicée, ou vous rabattre sur un paneer butter masala savoureux et doux ou encore l'incontournable poulet tandoori. L'adresse est à retenir si vous êtes en mal de plaisirs carnés, qui ne sont pas légion dans la ville bleue.

INDIQUE €€€

Gulab Sagar
✆ +91 291 329 3328
www.palhaveli.com
Ouvert tous les jours de 12h30 à 16h et de 18h à 23h. Compter 600 Rs pour un repas. Réservation impérative en saison.

Ce restaurant situé sur le toit de l'hotel Pal Haveli est réputé pour son emplacement exceptionnel. Le soir, que ce soit sur la terrasse ou dans une salle aux baies vitrées, le cadre est enchanteur. Très professionnels, les serveurs sont à l'écoute. Nous vous conseillons le chicken Labaddar : poulet grillé, cuisiné dans une sauce au beurre et à la tomate, une version améliorée du butter chicken. La vue sur la ville, le fort et l'horloge est magnifique ! Le cadre est idéal pour un dîner en tête-à-tête à la lumière des chandelles. Très romantique.

M.M. SPICES

✆ +91 291 262 4903

Le magasin d'Abdul et Chintu regorge d'épices de toutes les couleurs et toutes les senteurs. Vous trouverez ici tout ce dont vous avez besoin pour assaisonner vos préparations : cardamome, cannelle, tandoori curry, *masala*… Ainsi que différents thés. Vous trouverez donc tout le nécessaire pour confectionner chaï et plats indiens à votre retour en France. Prenez le temps de regarder et de sentir les épices. Et si vous êtes novice en la matière, vous apprendrez à distinguer le vrai du faux safran. L'authentique safran du Cachemire coûte environ 300 Rs le gramme.

BHANDARI EXPORTS

Old police Line
✆ +91 291 251 1829
Ouvert tous les jours de 9h30 à 18h30, jusqu'à 17h le mardi.

Bhandari Exports est la référence de l'ameublement à Jodhpur. Les meubles sont chinés dans tout le Rajasthan, restaurés et vendus sur place ou exportés dans le monde entier. Des armoires, des lits, des tables, des fauteuils, des chaises, des miroirs, des canapés, des armures, des statues… Les salles d'exposition sont gigantesques et relèvent plus du musée que de la boutique. Dans des hangars un peu plus loin, des centaines d'objets de décoration sont destinés aux petits magasins pour touristes à des prix dérisoires. Vous y dénicherez ce que vous ne cherchez pas.

MAHARANI ART EXPORTER

Cycle Market Road
✆ +91 291 255 6379

Richard Gere en personne est venu ici acheter de belles pièces, se murmure-t-il. Plaids, tentures, couvre-lits, housses de coussins… cet immense magasin déborde de trésors textiles. Vous trouverez également de beaux objets : vases, boîtes en bois, lustres, tapis, antiquités… et la liste est encore longue. Célèbre au-delà des frontières du Rajasthan, le magasin exporte en Europe et aux États-Unis, et fournit les plus grandes maisons de couture. Il est possible de vous faire expédier vos achats par coursiers. Les tarifs sont cependant assez élevés.

GEMS & ART PLAZA

Circuit House Road
✆ +91 291 251 2799
Ouvert tous les jours de 9h30 à 20h.

Si, pour une raison ou une autre, il vous est impossible d'aller à Jaipur, voici une adresse sûre pour acheter des bijoux de qualité. Les photos de célébrités américaines, comme Brad Pitt et Angelina Jolie, s'affichent avec fierté sur les murs et dans les escaliers de la boutique menant au second étage. Ici, les parures de haute joaillerie côtoient les bijoux en argent, des boîtes en nacre ou en marqueterie précieuse, des statues à vocation religieuse incrustées de pierres précieuses ou des jeux d'échec en ébène et ivoire. Bien plus qu'un bijoutier…

FLYING FOX

Chokelao Garden
✆ +91 291 211 1989
www.flyingfox.asia
Comptez 1 600 Rs pour le parcours complet.

Flying Fox propose un parcours de 6 tyroliennes installées au nord du fort Mehrangarh. Suspendu dans le vide, vous vous laissez glisser le long d'un filin, profitant de l'éblouissant spectacle du fort et de la ville bleue. Le parcours vous mènera de lacs en jardins et fortins. Une occasion originale et ludique pour découvrir Jodhpur sous un angle très différent. Les équipements et installations sont produits par une société française et répondent aux normes de sécurité européennes. Elles sont vérifiées tous les matins avant l'ouverture.

MARWAR

MANDORE ★★

Mandore était la capitale du clan Rathore jusqu'à son installation à Jodhpur. Elle devient le lieu de crémation des souverains jusqu'au XIXe siècle. A la sortie de la ville bleue, les vestiges de Mandore font aujourd'hui l'objet d'une très agréable balade dans un parc calme et serein. Ne manquez pas d'ajouter cette visite aux sites essentiels à voir à Jodhpur.

Transports

Bus

Tous les bus pour Osyan et Bikaner passent par et s'arrêtent à Mandore. Compter 20 minutes de trajet depuis Jodhpur.

MANDORE GUEST HOUSE €€

Dadawari Lane
✆ +91 291 254 5210
www.mandore.com

A partir de 5 100 Rs pour une chambre double, petit déjeuner inclus.

Cette charmante guesthouse compte 21 cottages douillets répartis dans un vaste jardin. Toutes les chambres sont différentes, mais aussi agréables et lumineuses les unes que les autres, fait rare en Inde. Le jardin compte une petite piscine pour les chaudes journées, des balancelles pour la sieste, des tables pour y prendre son repas, une grande pelouse pour un pique-nique improvisé. En hiver, il est possible de dîner autour d'un feu de bois. En été, les repas sont servis dans la salle à manger climatisée. Une excellente adresse à proximité immédiate de Jodhpur.

BAL SAMAND LAKE PALACE €€€

Mandore Road ✆ +91 291 257 2321
www.jodhanaheritage.com

A partir de 7 600 Rs pour une chambre double, petit déjeuner inclus.

La demeure royale de Bal Samand est construite dans un magnifique parc de plus de 120 hectares qui accueille également un parcours de golf 9 trous. Le palais du XVIIIe siècle compte 10 suites somptueuses et un restaurant très chic qui surplombe le lac. Un second bâtiment dispose de 26 chambres, chacune avec sa véranda privative donnant sur les pelouses du jardin ou la piscine. Outre l'hôtel en lui-même, c'est l'environnement qui séduit. Singes, paons et une multitude d'oiseaux, de fleurs et d'arbres viennent parfaire ce décor enchanteur.

MANDORE GARDENS ★★

Ouvert tous les jours de 8h à 20h. Accès libre. Entrée musée : 50 Rs.

Les Jardins de Mandore sont délaissés par les touristes et c'est bien dommage. Ils comprennent d'agréables jardins très bien entretenus, mais aussi un fort en ruine, un ancien palais royal, des cénotaphes somptueux... Vous pouvez vous y arrêter si vous prévoyez un safari dans les dunes d'Osyan, c'est sur la route.

L'existence de Mandore remonte au IVe siècle. Elle fut la capitale du Marwar jusqu'à la fondation de Jodhpur. Du VIe siècle au XIIe siècle, elle était intégrée au royaume Gurjar Pratihara avant d'être capturée par les Chauhan de Pali, puis d'être saccagée à plusieurs reprises par les sultans de Delhi. En 1395, Rao Chunda du clan des Rathore reçoit le fort de Junagarh de Mandore en cadeau de mariage. Il s'y installe, en faisant la capitale de son royaume. En 1549, Rao Jodha quitte définitivement Mandore pour fonder la cité de Jodhpur.

Le Mur des Héros et des divinités. Après avoir croisé quelques langurs affairés, sur votre gauche se trouve le mur des Héros. Seize portraits des guerriers valeureux du Marwar ont été sculptés à même la roche reprenant la tradition ancienne des temples monolithiques comme on peut en voir à Badami (Karnataka) ou à Ellora (Maharashtra).

Les cénotaphes royaux. En pénétrant dans les jardins, les cénotaphes se trouvent sur votre droite. Ils ressemblent à des temples hindous mais sont en réalité les mémoriaux funéraires d'anciens Maharajas de Jodhpur. Admirez la richesse des sculptures, les piliers tournés, les dômes ornementés.

Le Janana Mahal. Ce palais fut construit sous Ajit Singh, Maharaja de Jodhpur de 1707 à 1724. Il fit édifier le palais pour soulager les femmes de la cour des grandes chaleurs estivales. Il comprend ainsi de nombreuses fontaines et bassins où les femmes pouvaient se rafraîchir. Le palais comprend également un petit musée exposant sculptures et peintures.

Ek Thamba Mahal. Cette tour située sur la droite du Janaha Mahal fut également érigée par Ajit Singh. Les fenêtres entièrement ajourées permettaient aux femmes de profiter de la brise et du point de vue sans être vues par les hommes ou les personnes extérieures à la cour.

Le fort. L'accès au fort se fait par un légère montée sur un plateau rocheux. Il ne reste pas grand-chose de l'ancienne capitale. Seuls les murs de fortification et les ruines du temple de Brahma sont clairement identifiables. Les fondations du temple, de par leur hauteur et taille, laissent à penser que le temple devait être important. Depuis le sommet de la colline, la vue sur les Jardins de Mandore et la campagne environnante est tout à fait agréable.

OSYAN ★★

A 68 kilomètres au nord de Jodhpur, dans le désert du Thar, le village est célèbre pour ses temples hindous et jaïns. Il se développe dès le VIIIe siècle sous l'influence du clan de marchands jaïns, les Oswal. Les razzias musulmanes ruinent les sanctuaires de la ville au Moyen Âge. Osian se trouvait sur la route entre Jaisalmer et Delhi, loin de toute protection princière rajpoute. Deux d'entre eux ont été restaurés : le temple hindou de Sachya Mata, objet d'un grand pèlerinage au moment de Dussehra et le temple jaïn de Mahavira, datant du VIIIe siècle. En raison de sa position géographique, la région est aussi propice aux safaris à dos de dromadaire. C'est une bonne alternative à Jaisalmer pour expérimenter la nuit dans le désert, dans un environnement plus authentique et beaucoup moins fréquenté.

Tourisme

Comme le veut la tradition, pour visiter les temples, il vous faudra vous déchausser. Une tenue correcte est de rigueur.

Transports

- **Bus.** Des bus publics relient Osyan à Jodhpur toutes les 30 minutes environ. Durée : 1 heure 30.
- **Train.** La gare d'Osyan se trouve au coeur du village, il est vrai, pas très grand. Vous pourrez emprunter un train pour Jaisalmer (durée : 5 heures environ) ou Jodhpur (durée : 1 heure 30 environ).
- **Taxi.** Depuis Jodhpur, compter une heure de route et 1 800 Rs pour l'aller-retour.

TEMPLE DE MAHAVIRA ★★

Jain Mandir Road

Le temple de Mahavira constitue une escale étonnante dans le désert de Thar. Il s'agit de l'un des plus anciens sanctuaires jaïns du pays et il aurait été construit du vivant de Mahavir. Au milieu des dunes de sable, en dehors du village, faites-vous conduire à travers les ruelles du village jusqu'au temple. S'il est dans les environs, le prêtre brahmane du temple se fera sûrement une joie de vous le faire visiter.

L'édifice actuel daterait de 783 et de la période où les Gujara-Pratihara dominaient la région. Il est considéré comme le berceau de la communauté jaïne Oswal, une branche de la secte originaire du Marwar. Par conséquent, le temple est un important lieu de pèlerinage pour les jaïns de la région, mais aussi pour les hindous.

Même s'il ne vaut pas les temples jaïns de Mont Abu ou de Ranakpur, vous verrez de belles sculptures sur ses piliers et ses coupoles. Mahavir fut le dernier des 24 *tirthankar* (homme saint). Considéré comme le fondateur de la communauté jaïn, il en est l'un des personnages les plus vénérés. Sa statue, qui serait faite d'un mélange de sable et de lait, est recouverte de feuilles d'or. Ses yeux seraient de purs diamants.

La cour du temple contient également d'autres sculptures découvertes sur le site d'Osyan. Une statue du dieu Soleil (Surya) daterait du VIe siècle. Remarquez enfin cette petite niche dans la façade extérieure du temple de Mahavir. Elle est dédiée à Bharu, une autre forme de la mère divine, et est aussi invoquée par les couples désirant un enfant.

TEMPLE DE SACHYA MATA ★★

Mata ji Mandir Road

Il s'agit de l'un des principaux lieux de pèlerinage shivaïte au Rajasthan. Le temple dédié à la « mère de Vérité » (*Sachya Mata*) est très fréquenté durant Dussehra, en octobre. Pour grand nombre de fidèles, Sachya Mata n'est autre que Durga, l'Energie (*shakti*) de Shiva. Vous verrez aussi des pèlerins implorant la divinité de leur accorder un enfant, ou pour la remercier d'une naissance. L'accès au sanctuaire se fait par de hautes marches surmontées d'arches plaquées d'argent. A l'intérieur, vous remarquerez la coupole ornée de nymphes finement sculptées.

TEMPLES HARIHARA ★

NH 61

Plusieurs petits sanctuaires s'élèvent derrière le temple de Mahavira, au milieu d'un terrain en friche. Dédiés à Harihara (synthèse de Vishnou et Shiva), ils suivent le plan classique hall (*mandapa*) précédant un sanctuaire (*gharbagriya*) surmonté d'une tour (*sikhara*). Ces sanctuaires ont été érigés aux VIIIe et IXe siècles et seuls deux d'entre eux sont encore en très bon état. Les salles intérieures sont richement ornées et ce petit ensemble constitue un héritage religieux extrêmement précieux pour le village d'Osyan.

P. BHANU SHARMA GUEST HOUSE €

✆ +91 292 227 4331

Comptez 1 500 Rs pour une chambre double.

Bon, ce n'est pas le grand luxe mais le propriétaire est Bhanu Sharma en personne, sculpteur, prêtre jaïn et gardien du temple de Mata, mais aussi la référence d'Osian en matière d'architecture et d'histoire. Il a d'ailleurs écrit un livre à ce sujet. On peut donc le considérer comme une gloire locale, sans trop se tromper. Vous aurez la possibilité de prendre votre repas sur place, en le commandant à l'avance. Nourriture végétarienne (vous êtes dans une famille brahmane) évidemment.

REGGIE'S CAMEL CAMP €€€

Ketasar Osian Road

✆ +91 291 243 7023

www.indiasafariclub.com

Compter 11 200 Rs pour une tente double, petit déjeuner inclus.

Ce très beau campement est idéal si vous souhaitez éviter le cirque touristique que sont devenues les dunes de Sam à Jaisalmer. Vous profitez ici d'un cadre idyllique, entouré par le désert du Thar. Reggie propose des tentes de luxe avec salle de bains et terrasse privée pour offrir une expérience unique. Le campement permanent comprend également une agréable piscine, dont on peut profiter presque toute l'année. Le camp propose différentes formules de safari en dromadaire ou jeep, d'un ou plusieurs jours. Une tente mobile confortable vous attend à chaque étape.

CHANDELAO ★

Ce petit village situé à 45 km à l'est de Jaipur est niché dans le désert. Il affiche le visage traditionnel du Rajasthan, à mille lieux de l'effervescence des grandes villes. Ici, vous pourrez prendre le temps d'observer les petits artisans travailler à l'entrée de leurs maisons, les femmes se rendant au puits ou les enfants jouant dans les rues après l'école. Point culminant de la visite, son fortin de grès rouge, transformé en hôtel, là encore dans le respect d'une certaine tradition. Une ONG locale joue un rôle actif dans l'éducation des jeunes filles et contribue aussi à l'amélioration des systèmes de collecte d'eau des villages alentours.

CHANDELAO GARH €€

✆ +91 291 653 8004

www.chandelao.com

Comptez 6 720 Rs pour une chambre double, petit déjeuner inclus.

À 40 km de Jodhpur, niché dans un petit village bishnoi, ce petit fort abrite 20 chambres réparties autour d'une grande pelouse fleurie. Toutes sont de plain-pied, murs en pierres épais, sols en marbre, mobilier rustique. Les salles d'eau sont sobres et spacieuses. Le dîner est servi sur la terrasse qui domine le village, à base de produits locaux. Le maître des lieux est omniprésent et veille discrètement au confort de ses hôtes. Pour aider les femmes du village, n'hésitez pas à pousser la porte de l'ONG voisine qui fabrique vêtements, sacs et cadeaux.

KHEJARLA

A 73 km à l'est de Jodhpur, Khejarla fait partie de ces petits villages du Marwar où ne règne d'autre activité que la vie tranquille d'un village perdu dans la plaine semi-désertique. Il attire les touristes qui aiment prendre le temps et découvrir une facette autre que la splendeur des grands hubs touristiques. L'imposant fort de Khejarla a été transformé en hôtel de luxe avec piscine. En venant vous perdre ici, vous pourrez apprécier la vie de village avec ses petits temples, qui constituent souvent la seule animation. Quelques sites intéressants comme l'ancien barrage de Jaswant Sagar sur la rivière Luni peuvent faire l'objet d'une excursion.

FORT KHEJARLA €€€

A 85 km à l'ouest de Jodhpur, direction Bilara.

✆ +91 293 025 8486

www.jodhpurfortkhejarla.com

A partir de 14 500 Rs pour une chambre double (hors taxes), petit déjeuner inclus.

Du haut de son donjon, vous aurez une vue panoramique sur le Thar. Ce magnifique fort bâti il y a 400 ans, est aujourd'hui transformé en hôtel. Si l'extérieur fait penser à un château médiéval occidental, l'intérieur du fort est bel et bien indien : frises, *jharokas*, *zenana*, jardins avec fontaine. Les chambres, élégantes et bien équipées, ont gardé leur charme suranné. Le restaurant sert une nourriture végétarienne remarquable, avec des spécialités typiques du Rajasthan. En marge de la visite du village, vous pourrez participer à un safari en Jeep.

NIMAJ ★

Le petit village de Nimaj abrite une population de 6 000 habitants et revêt une atmosphère médiévale tout à fait charmante. Développé en cercle autour de son fort, on y découvre la vie traditionnelle des villages. Il est tombé sous la férule du royaume de Jodhpur au XVIe siècle, alors gouverné par un des petits-fils de Jodha Singh, le fondateur de Jodhpur. En 1708, le village devient un thakurate et depuis la lignée des thakurs de Nimaj n'a jamais été interrompue. Le palais a été transformé en hôtel. Mais c'est plus probablement en logeant au RAAS Chhatrasagar, un superbe campement de luxe installé sur un barrage, que vous vous rendrez à Nimaj.

RAAS CHHATRA SAGAR €€€

✆ +91 94 14 12 31 18

www.chhatrasagar.com

Comptez 47 200 Rs pour une tente double, petit déjeuner inclus.

Cet hôtel étonnant est situé sur un barrage érigé en 1890 par le Thakur Chhatra Singh de Nimaj. La gestion de l'eau incombait alors aux personnes de pouvoir. La beauté et la tranquillité du lieu en firent l'endroit parfait pour des dîners exotiques et des fêtes somptueuses. 11 tentes de grand luxe ont été aménagées sur le barrage, tournées vers l'est et le réservoir, il faut se réveiller au lever du soleil pour admirer le spectacle. Le dîner se prend sous les étoiles, aux chandelles, à côté d'un bon feu. Un endroit magique à l'écart du bruit et de la pollution.

RAIPUR [RAYAPUR]

La capitale et la plus grande ville de l'État, qui compte un peu plus d'un million d'habitants, est également le pôle commercial le plus important de la région. L'histoire de Raipur, encore parfois appelée Rayapur, remonte à l'Empire Maurya. Dans le village de Chandkhuri, à 27 km de la ville, se trouve le temple Mata Kaushalya, l'unique temple au monde à être consacré à la mère de Rama. Dotée de peu de sites touristiques, Raipur ne représente pas une destination touristique incontournable pour le voyageur, cependant elle peut servir de base pour explorer les richesses méconnues du Chhattisgarh et partir à la découverte de ses minorités ethniques.

SALAWAS

À 20 km au sud de Jodhpur, Salawas est un village de 3 000 âmes. Quelques tisserands de *durries*, ces tapis traditionnels de la région, attirent les touristes venus pour visiter les villages bishnoïs. Si vous envisagez d'en acheter un, nous vous recommandons de le faire ici. Vous serez certain de la provenance et du caractère artisanal de votre tapis.

Transports

- **Bus.** Le bus n° 6 dessert Salawas directement depuis la Clock Tower de Jodhpur. Départ toutes les 15 min. Durée : 45 minutes.
- **Train.** La gare de Salawas se trouve à 2 km à l'est de Salawas. Il y passe une douzaine de trains quotidiens pour et depuis Jodhpur.

PUKHRAJ DURRY UDYOG

Near Gosala

✆ +91 94 14 72 07 24

Ouvert tous les jours de 8h à 20h.

La région de Jodhpur est réputée pour ses durry artisanaux, des tapis tissés sur un métier manuel. La famille Prajapat descend d'une longue lignée de tisserands et perpétue encore cet art en train de disparaître. Il ne resterait plus qu'une cinquantaine de familles pratiquant encore cet artisanat de façon traditionnelle. La plupart des durry que vous trouverez dans les boutiques de Jodhpur sont réalisés sur des métiers mécaniques. Afin de permettre aux familles vivant dans des villages reculés de vendre le fruit de leur travail, la famille Prajapat a monté une petite coopérative de durry. Pukhraj et ses fils collectent régulièrement les ouvrages auprès des différents membres de la coopérative et les vendent aux touristes de passage. Le travail présenté est 100 % garanti fait main, à partir de coton, de fibre de coco ou de laine de dromadaire. La plupart des teintures utilisées sont naturelles. Ici, les tapis sont réalisés sur un métier assez similaire à celui du tissage du tissu. Fils de chaîne et de trame sont imbriqués garantissant une solidité redoutable et laissant apparaître deux faces identiques. La réalisation d'un tapis demande des centaines d'heures de travail, assis au métier, deux par deux et peut prendre jusqu'à plusieurs mois selon la taille et la complexité des motifs. Assurez-vous d'inscrire cette visite passionnante si vous entreprenez un tour dans les villages bishnois. C'est également l'occasion de ramener un très beau souvenir original à un prix tout à fait raisonnable.

CHHOTARAM PRAJAPAT'S HOMESTAY €€

Village Salawas
✆ +91 291 269 6744
www.salawashomestay.com
Comptez 3 920 Rs pour une hutte, en demi-pension.

© CHHOTARAM PRAJAPAT

La famille Prajapat vous accueille dans 9 huttes traditionnelles qu'elle a fait construire autour de sa maison. Rondes, en pisé, elles sont recouvertes d'un toit de paille. Le confort est simple et charmant, et chaque hutte possède sa salle de bains privée. Vous avez là une occasion unique de partager la vie d'une famille locale. Nous vous recommandons particulièrement cette adresse qui vous donnera l'occasion de vivre une expérience auprès d'une famille sympathique et chaleureuse.

BISHNOI VILLAGE SAFARI

✆ +91 291 269 6744
www.bishnoivillagesafari.org
Comptez 1 800 Rs par personne pour une visite d'une demi-journée.

Chhotaram vit à Salawas, à une vingtaine de kilomètres de Jodhpur. Pendant que les femmes de la famille s'occupent des clients de la maison d'hôte, Chhotu parcourt la plaine semi-désertique qu'il connaît si bien pour partager rites et traditions des Bishnoi. En plus d'aller à la rencontre de ces villageois pas tout à fait comme les autres, il vous fera également découvrir un village de potiers ainsi que l'artisanat du block print. La visite se termine par un repas traditionnel servi à son domicile, l'occasion d'en apprendre plus sur le fameux tissage des *durries*.

PUKHRAJ GARH €€

Goshala Road
✆ +91 94 14 72 07 24
www.pukhrajhgarh.com
A partir de 5 040 Rs pour un cottage double.

Derrière la porte massive et le haut mur de grès rouge se dissimulent une propriété plaisante occupée par une dizaine de huttes d'inspiration traditionnelle. De formes rondes, elles accueillent un lit immense dans la pièce principale et dissimulent sur l'arrière une vaste salle de bains. Un grand jardin à la pelouse éclatante et une piscine assurent la partie détente. Vous êtes ici dans un petit hôtel, perdu en campagne. Le lieu est idéal pour servir de base à la découverte des villages bishnoi environnants et découvrir le tissage des *durries*.

LUNI ★

A 42 km au sud de Jodhpur, la petite ville s'étire le long de la rivière Luni. Réputée pour son artisanat spécialisé dans la ferronnerie, la poterie et le travail du bois, la ville fait venir à elle les habitants des environs. Comme tous les villages de la région, Luni compte plusieurs temples dédiés à des dieux mineurs ou des saints, comme celui consacré à Baba Ramdev. Le fort construit par Kaviraj Muraridanji, ministre du Maharaja Jaswant Singh II, est aujourd'hui un hôtel de luxe.

Transports

Train

La gare est en bordure de la vieille ville. 12 trains quotidiens la rallie à Jodhpur.

FORT CHANWA €€€

Fort Chanwa Luni
✆ +91 293 128 4216
www.fortchanwa.com
A partir de 7 500 Rs pour une chambre double (hors taxes).

Face à l'imposante façade, vous aurez déjà l'impression de remonter le temps. Aménagé en hôtel, le fort vous plonge dans un lieu magique. Dédales, tours, passages secrets, corridors, rien ne manque à cet ensemble fortifié. Les jardins sont superbes, et encore plus à la nuit tombée. Les chambres, quant à elles, sont agréablement meublées et donnent une idée de ce que devaient être les lieux il y a 150 ans. Sur place : piscine, massage, organisation de safaris et d'excursions dans les villages voisins. Une adresse idéale, si vous évitez les chambres côté gare.

MARWAR

ROHET ★

A 52 km au sud de Jodhpur, ce petit village paisible fut le fief du Thakur Dalpat Singh Ier au XVIIe siècle. Une récompense gagnée pour son courage sous la bannière des Rathore. Un vieux fort, aujourd'hui aménagé en hôtel de luxe, domine la cité. Si vous continuez vers Pali, ne manquez pas Om Banna Mandir sur la route principale. Il s'agit du « temple » le plus surprenant du Rajasthan. Vous verrez une moto ancienne Royal Enfield couverte de guirlandes de fleurs et mise sous cloche. Une photo de son propriétaire accompagne la moto. Les pèlerins s'arrêtent ici pour prier Om Banna, qui est censé leur éviter des accidents sur la route de Pali à Barmer.

MIHIR GARH €€€

Village Khandi
✆ +91 83 02 70 69 09
www.mihirgarh.com
A partir de 47 200 Rs pour une suite, petit déjeuner inclus.

Au milieu du désert, ce superbe palace ne comprend que 9 suites, mais toutes d'une élégance rare. Les chambres sont splendides, immenses, luxueuses, lumineuses, et bénéficient de tout le confort souhaité. L'hôtel ressemble à un petit fort médiéval, mais il n'en est rien. Il est sorti de terre en 2009. Il accumule depuis quelques années les récompenses, à tel point qu'il est régulièrement cité dans les magazines indiens comme faisant parti du top 10. Bien évidemment, de nombreuses activités sont proposées, safari, balade à cheval, cours de cuisine, yoga et piscine.

ROHET GARH €€€

Village Post Rohet
✆ +91 293 626 8531
www.rohetgarh.com
A partir de 12 200 Rs pour une chambre double, petit déjeuner compris.

Cette forteresse du XVIIe siècle au sud de Jodhpur est à la fois un hôtel et la demeure de la famille propriétaire des lieux. Vous voici plongé dans le quotidien de la noblesse rajpoute. Les pièces communes sont ornées de fresques et d'armes anciennes. Les jolies chambres colorées sont richement décorées avec des meubles d'époque, des paravents colorés et parfois même une balancelle. Une jolie piscine et un jardin fleuri de roses incitent au repos. L'hôtel organise des safaris dans le désert, ainsi que des excursions dans les villages bishnois.

BHADRAJUN

La petite ville de Bhadrajun est mentionnée dans le *Mahâbhârata*, la célèbre épopée indienne. Il est le fruit de la contraction de Shubadra et Arjuna. Selon la légende, ce dernier est tombé instantanément amoureux de la sœur de Krishna. Son existence remonterait à plus de 5 000 ans. Elle comporte un fort datant du XVIe siècle appartenant à la lignée des Rathore du Marwar. Aujourd'hui encore, le fort appartient à la même famille, les 17es descendants des maharajas du Marwar. A l'écart des sentiers touristiques, Bhadrajun et ses environs permettent de découvrir un Rajasthan très rural, où les gardiens de troupeaux portent de lourds turbans rouges.

SUBHADRA ECOLODGE €€

NH 64 Opposite Jain Dadawadi
✆ +91 95 71 13 44 52
https://subhadraecolodge.com
A partir de 3 360 Rs pour une hutte double, petit déjeuner compris.

Perdue dans la campagne, cette chambre d'hôtes joue la carte de l'authenticité. Quelques huttes rondes reliées entre elles par des pièces rectangulaires encadrent une cour en terre battue. Ici, le confort est sommaire et l'idée est de vous faire partager une expérience unique. Les lits sont des *charpoys*, ces banquettes tendues de cordage. Pour les repas, on mange sur un matelas posé à même le sol, à l'ombre d'une pergola. Et le soir, le dîner se prend autour du feu. Ratan, le propriétaire, parle un français parfait et veille à laisser une empreinte minimale.

PALI ★

À 76 kilomètres au sud de Jodhpur, cette petite ville se trouve mi-chemin entre Jodhpur et Udaipur. Au XIe siècle, elle était dans le giron de la dynastie Mewar avant de passer sous la férule des Rathore. Elle est alors devenue un grand centre d'échange commercial. Il s'en dégage une tranquillité apparente, à peine perturbée par le passage des trains venus du Gujarat. Il y a peu de sites d'intérêt à Pali, mais vous trouverez de beaux hôtels dans ses environs, dont le Rawla Narlai, un des plus beaux hôtels du Rajasthan. La ville accueille tout de même un petit musée et le jardin de Lakhotia, une escapade verdoyante appréciée des locaux.

BRIJ LAKSHMAN SAGAR €€€

Raipur Road
✆ +91 89 0599 3144
www.brijhotels.com
A partir de 29 900 Rs pour un cottage double avec piscine, petit déjeuner inclus.

Lakshman Sagar est une destination en soi. Une dizaine de somptueux cottages en pierre occupent l'ancienne réserve de chasse du thakur de Raipur. Chaque cottage dispose de sa propre piscine avec vue sur un petit lac ou la rivière qui s'écoule paresseusement au fond d'une ravine. À votre disposition, une très belle chambre et un grand salon aux murs enduits de boue séchée. Installé autour d'un barrage de retenue, l'endroit est propice à l'observation des oiseaux. Les pavillons de chasse ont été transformés en parties communes. Un très bel endroit.

RAWLA NARLAI €€€

Village Narlai
✆ +91 291 251 3333
www.ajitbhawan.com
A partir de 20 500 Rs pour une chambre double, petit déjeuner inclus.

Cette ancienne demeure du XVIIIe aux allures de petit fort avec son toit crénelé et sa tour, constitue une halte romantique entre Jodhpur et Udaipur. Les chambres offrent une décoration personnalisée et colorée, avec meubles anciens et tapis artisanaux. De belles salles de bains claires et avec baignoire pour certaines d'entre elles viennent compléter le confort. Pour les amoureux, possibilité de prévoir un dîner aux chandelles au bord de l'ancien *baori*. Les marches du puits sont alors illuminées de dizaines de petites lampes à huile.

JAWAI BANDH

Si vous aimez les endroits bucoliques, les paysages sereins et les léopards, ne manquez pas de passer une nuit à Jawai Bandh sur votre route entre Jodhpur et Udaipur. Un vaste lac de barrage s'étire entre des montagnes de granit qui semblent surgies de nulle part. Celles-ci abritent dans leurs entrailles une importante colonie de léopards. Le barrage fut construit en 1946 pour épargner la région lors de moussons dévastatrices. Il se dégage de ce paysage rural, parsemé de petits villages, un Rajasthan authentique, épargné par la modernité. Les bergers rabaris coiffés de lourds turbans rouges parcourent la campagne pour nourrir leurs troupeaux de moutons.

DERA JAWAI €€

Village Jeewada
✆ +91 99 50 43 37 90
www.derajawai.in
Compter 7 500 Rs pour un cottage-tente, petit déjeuner inclus.

Aux abords de Jeewada, ce campement de poche fait partie des nouveaux venus sur la scène de Jawai Bandh. 6 agréables cottages, avec une grande salle de douche, une belle chambre et une terrasse font face à un rocher massif prisé des paons. Les repas se prennent à l'abri d'une vaste pergola. L'impact sur l'environnement se veut minimal et les constructions sont réversibles. Les repas sont préparés avec les produits du potager bio (y compris la farine de blé !). Dera Jawai propose évidemment des safaris léopards, mais aussi des balades au bord du lac.

BARMER ★

En plein désert du Thar, Barmer compte 100 000 habitants. Depuis la découverte de pétrole dans la région en 2009, c'est devenu un important centre de raffinerie. Elle est désormais réputée pour être une des villes les plus chères du Rajasthan. La vieille ville de Barmer semble ne pas tenir compte des développements récents et affiche un air tranquille et serein. Rares sont les touristes qui s'aventurent jusqu'ici. Si vous passez à Barmer, vous recevrez un accueil chaleureux et vous aurez à peine à négocier les prix. Ici, pas d'échoppes pour touristes, rien que de l'authentique venu des villages environnants. Vous y trouverez quelques belles pièces de tissus brodées ainsi que des rubans. La ville est aussi réputée pour ses articles en cuir et en bois. Elle attire par ailleurs les pèlerins pour son temple dédié à la déesse Jagdamba et le temple jaïn Chintamani Parshvanath.

Transports

- **Bus.** La gare routière est située dans le quartier de Gandhi Nagar à 2,5 km à l'est de la gare ferroviaire. Vous pourrez y emprunter un bus pour Jaisalmer (durée : 4h).
- **Train.** La gare ferroviaire est située à l'est de la vieille ville. Peu de chauffeurs de rickshaw parlent anglais. Vous devrez déployer des trésors d'imagination pour renseigner votre destination. Depuis Barmer, vous pourrez emprunter un train pour Delhi (durée : 17h), Jaipur (durée : 10h), Jodhpur (durée : 4h environ).

MARWAR

SHREE NAKODA JAIN TEMPLE ★

A 100 km à l'est de Barmer

Entrée libre.

Ce temple mentionné dans des écrits dès le IIIe siècle est un haut lieu de pèlerinage jaïn. Il est célèbre à travers toute l'Inde et attire des fidèles d'autres religions, notamment pour son idole représentant Parshvanath. La statue, haute de 58 cm et assise en position du lotus est censée avoir des pouvoirs miraculeux. Il est aussi dit que quiconque vient au temple de Nakoda verra ses souhaits réalisés. Le temple a été modifié, agrandi, remanié, réparé, reconstruit à travers les siècles et les travaux continuent encore de nos jours.

TEMPLE JAÏN CHINTAMANI PARSHVANATH

Entrée libre.

Au bout de Sadar Bazar, à l'ouest de la ville, ce temple jaïn daterait du XIIe siècle. Construit sur une butte, il est dédié à Parshvanath, le 23e tirthankar. Il est toujours représenté avec une canopée de serpents au-dessus de sa tête et un cobra à ses pieds, car il aurait sauvé deux serpents du feu. Le temple est célèbre pour ses sculptures, ses magnifiques fresques ornementales et des incrustations de verre coloré, des éléments décoratifs assez rares dans les temples jaïns.

TEMPLES DE KIRADU ★★

A 35 km à l'ouest de Barmer

Entrée libre.

Cet ensemble de 5 temples a pour surnom « le Khajuraho du Rajasthan » en raison des scènes érotiques sculptées sur les extérieurs des temples. Datant des XIe et XIIe siècles, ils témoignent d'une beauté architecturale tout à fait intéressante. La richesse et la finesse des sculptures sont typiques de l'époque Solanki, une dynastie qui régna sur le Gujarat et le Kathiawar jusqu'au XIVe siècle. Ils figurent également parmi les rares sites archéologiques du Rajasthan. En effet, ces temples ne sont plus consacrés et se visitent comme un site historique.

Le temple le mieux préservé est celui de Someshvara. Dédié à Shiva, il comprend de nombreuses sculptures du dieu ainsi que des épisodes du Ramayana. Les murs extérieurs sont également ornés de ribambelles d'*apsaras* (nymphes dansant) et de *vyalas* (griffons généralement associés à Bouddha). A l'intérieur du sanctuaire, vous découvrirez une très jolie représentation de Shiva.

Une légende est associée aux temples de Kiradu. Un ancien sage laissa son disciple aux bons soins des habitants de Kiradu. Mais à l'exception de la femme du potier, personne ne s'occupa de lui. Quand le sage réalisa que sa demande n'avait pas été prise en compte, il jeta un sort sur le village. Il avait auparavant pris soin d'avertir la femme du potier en lui intimant de quitter le village sans se retourner. Elle ne put s'empêcher de jeter un dernier coup d'œil par-dessus son épaule en quittant les lieux. Elle fut immédiatement transformée en statue. Celle-ci est encore visible aux abords du village.

SANCHAL FORT €€

Mahabar

✆ +91 772 700 7790

www.sanchalfort.com

Compter 5 950 Rs pour une chambre double, petit déjeuner inclus.

Entre les collines entourant Barmer, ce petit palais compte 27 chambres et suites très spacieuses, meublées de façon classique, sans aucune faute de goût. Les salles de bains sont suréquipées et les suites comprennent baignoire et douche. Depuis les terrasses de l'hôtel vous avez une vue à 360° sur la campagne environnante et vous pouvez y admirer lever et coucher de soleil sur les dunes de sable. Le soir, le dîner est servi au bord de la piscine. Lorsque les températures se font plus inconfortables, les repas se prennent dans la salle à manger climatisée.

VIJAY LAXMI HANDICRAFTS

NH 15, Ahmedabad Road

✆ +91 98 28 82 23 00

Ouvert tous les jours de 9h à 21h.

Cet immense magasin approvisionne en draps imprimés au tampon de bois, en pantalons, en kurtas et même en meubles, nombre de magasins des villes touristiques du Rajasthan. Venir à la source vous permettra de ramener quelques souvenirs à prix défiant toute concurrence. Nous avons beaucoup aimé les pochettes brodées et sacs colorés à tout petit prix. Entre le magasin et le restaurant Goodhall, le propriétaire expose quelques très belles pièces d'antiquité glanées dans les villages. Malheureusement, celles-ci ne sont pas à vendre.

MEWAR

Le Mewar a été gouverné par des dynasties rajpoutes pendant 12 siècles, jusqu'à l'arrivée des Britanniques. Il regorge de richesses extraordinaires. En premier lieu, la ville d'Udaipur, cité romantique surnommée la Venise indienne, dont la première pierre fut posée par le roi Udai Singh au XVIe siècle. Le fort de Chittorgarh, ancienne capitale du Mewar jusqu'à ce que l'empereur moghol Akbar ne s'en empare, les temples jaïns de Ranakpur et de Mont Abu, la forteresse de Khumbhalgarh ou le palais de Bundi figurent parmi les incontournables du Mewar. Le grand sud du Rajasthan se caractérise par une nature plus hospitalière. La végétation y est plus abondante, les paysages sont variés, parfois montagneux. La chaîne des Aravalli qui forme une frontière naturelle au nord-ouest de la région retient les nuages en période de mousson et assure une pluviométrie plus abondante qu'ailleurs au Rajasthan.

Mewar
VERS PALI
Asind
Shahpura
Mej
BHADRAJUN
Deogarh
BUNDI
Jalore
Bhilwara
Keshoraipatan
Jawai
SARDARGARH
Sumerpur
Mandalgarh
KOTA
RANAKPUR
KUMBHALGARH
Rawatbhata
Sirohi
HALDIGHATI
NATHDWARA
CHITTORGARH
Pindwara
Fatehnagar
DELWARA
KAILASHPURI
Nimbahera
MOUNT ABU
UDAIPUR
Bhinder
Neemuch
Abu Road
Kotra
Jhadol
Bhawani Mandi
MADHYA PRADESH
GUJARAT
Salumbar
Khedbrahma
Pratapgarh
Mandsaur
Dag

PAGES

321 ## ● ● UDAIPUR ET SES ENVIRONS

Udaipur, la ville blanche, est une étape incontournable d'un séjour au Rajasthan. Installée au bord du lac Pichola, elle saura vous séduire par son romantisme et son palais fastueux. La région compte de nombreux petits villages et de vastes forteresses qui ont conservé leur aspect médiéval, comme Delwara ou Khumbalgarh. La région est aussi un centre de pèlerinage pour la communauté jaïne, avec notamment les temples de Ranakpur et du Mont Abu.

UDAIPUR ★★★

321 Udaipur la blanche est la capitale des ranas du Mewar, descendants directs de Surya, le dieu Soleil. Érigée au XVIe siècle sur les rives du lac Pichola, la ville est considérée comme la plus romantique de l'Inde. Tous les soirs, le soleil se couche sur la ville, embrasant les interminables façades du palais royal et les ghats bordés de temples.

KAILASHPURI ★

333 Le minuscule village de Kailashpuri attire à lui la curiosité des touristes pour son groupe de temples unique. Ils sont au nombre de 108, soit autant d'avatars que le dieu Shiva. Une excursion à Eklingji permet aussi de découvrir la campagne rurale autour d'Udaipur.

334 ### DELWARA ★

335 ### HALDIGHATI ★

336 ### NATHDWARA ★★

RANAKPUR ★★★

337 Ranakpur est avant tout un lieu de pèlerinage pour la communauté jaïne, une secte de l'hindouisme. Mais c'est aussi un haut-lieu du tourisme pour son extraordinaire temple en marbre blanc dédié au tirthankar Adinath. Ce chef-d'œuvre de l'art jaïn vous éblouira par sa délicatesse et son opulence sobre.

KHUMBHALGARH ★★★

339 Le fort de Khumbalgarh est l'un des plus impressionnants du Rajasthan. Sa muraille d'enceinte fortifiée d'épais bastions parcoure 20 kilomètres et on la verrait depuis la lune. Cette forteresse du XVe siècle servait régulièrement de refuge aux souverains d'Udaipur lorsque ceux-ci étaient la proie des attaques des armées mogholes d'Akbar.

340 ### SARDARGARH

MONT ABU ★★

341 Unique station d'altitude au Rajasthan, Mont Abu attire de nombreux Indiens en quête de fraîcheur dès l'arrivée des premières chaleurs. C'est aussi une destination prisée des habitants du Gujarat qui viennent y passer leurs week-ends en quête d'alcool, interdit dans leur État. Mais c'est surtout une destination de pèlerinage jaïn très importante. Ses temples sont tout simplement somptueux.

345 ## ● ● KOTA ET SES ENVIRONS

Si la ville de Kota ne présente guère d'intérêt, le charmant village de Bundi qui ne se trouve qu'à une quarantaine de kilomètres a conservé son charme médiéval. En faisant route vers Udaipur, ne manquez pas la forteresse de Chittorgarh, l'une des plus impressionnantes du Rajasthan.

345

KOTA ★

Ville industrieuse, Kota est la ville la plus importante au sud-ouest du Rajasthan. Située sur l'axe stratégique Mumbai-Delhi, elle a su tirer parti de sa position pour devenir une place économique de premier ordre au Rajasthan. Sur le plan touristique, la ville est peu intéressante, mais constitue un passage obligé pour qui souhaite se rendre à Bundi.

346

BUNDI ★★

Cette ancienne capitale d'état princier a conservé de nombreuses traces de son riche passé historique. Les vieilles havelis transformées en hôtels abordables arborent de somptueuses fresques, tout comme l'ancien palais. La vieille ville plantée de maisons bleues compte un marché traditionnel absolument charmant et cache des baoris magnifiques.

350

CHITTORGARH ★★★

Chittorgarh est la forteresse de tous les superlatifs par excellence. Construite au VIIIe siècle, elle fut l'objet de nombreuses attaques et mises à sac dès 1303. Installée sur un plateau rocheux dominant les environs, son enceinte abrite les ruines de palais et de temples, ainsi que la belle et célèbre Tour de la Victoire, d'où les femmes commettaient le *jauhar.*

Fort de Chittorgarh.

UDAIPUR ★★★

Au XVIe siècle, sur les conseils d'un sadhou, le roi Udai Singh fonde sa nouvelle capitale après avoir été chassé de Chittorgarh par l'empereur moghol Akbar. Surnommée la Venise de l'Inde, Udaipur est célèbre pour son lac Pichola et son City Palace, l'immense palais des ranas construit au bord du lac. La ville, qui abrite environ 451 000 habitants, a servi de décor au film allemand *Le Tigre du Bengale* de Fritz Lang (1958) et au James Bond *Octopussy* (1983). À juste titre, nombreux sont les étrangers à vouloir découvrir cette cité romantique où l'on peut déambuler à pied dans des ruelles étroites chargées d'histoire, de palais et de charmantes havelis.

Se loger

Nombre des havelis de la ville ont été transformées en hôtels et il y en a pour toutes les bourses.

Histoire

Les premiers habitants de la région seraient arrivés des confins du Cachemire au IIe siècle av. J.-C. Appelés les Sisodia, ils seraient les descendants du dieu Soleil, Surya. Ils construisirent Vallabhi au Gujarat et fondèrent d'autres villes le long de la côte du golfe de Khambhat. Ils remontèrent ensuite vers le nord-est jusqu'aux Aravalli et posèrent les fondations de Chittorgarh et de la dynastie du Mewar. En 1567, Chittorgarh fut mise à sac pour la troisième fois. Son roi, le rana Udai Singh, se réfugia dans les bois alentour. Là, il aurait rencontré un sage à qui il demanda conseil pour construire une nouvelle capitale. Le sage lui répondit alors : « ici même, où le destin vous a fait poser la question ». C'est ainsi qu'émergea la ville d'Udaipur, dont l'édification débuta en 1569.

Tourisme

L'Office de tourisme se trouve dans le Fateh Memorial building à Surajpol (+91 294 241 1535). Il est ouvert du lundi au vendredi de 9h30 à 18h. Il vous fournira des informations intéressantes sur la ville, la région et les festivals, mais il est assez éloigné des sites touristiques. Vous trouverez également un petit bureau à la gare ferroviaire et à l'aéroport.

Transports

Bus. La gare routière se trouve près d'Udaipur, au sud-est de la ville. De nombreux bus relient les principaux sites touristiques du Rajasthan. Pour les réservations et les horaires des bus, vous pouvez contacter le bureau de la RsRTC au +91 294 248 4191. Vous pourrez notamment emprunter un bus pour Ajmer (durée : 7 heures), Bundi (durée : 6 heures), Chittorgarh (durée : 2 heures 30), Delhi (durée : 15 heures), Jaipur (durée : 9 heures), Jodhpur (durée : 7 heures), Mont Abu (durée : 4 heures 30).

Train. La gare ferroviaire se trouve au sud-est de la vieille ville. Plusieurs grandes villes du Rajasthan et du pays sont reliées à Udaipur, en revanche, il n'y a pas de train direct pour Mont Abu, Jodhpur, Jaisalmer ou Bikaner. Le bureau des réservations est ouvert du lundi au samedi de 8h à 20h et le dimanche de 8h à 14h. Vous pourrez emprunter un train pour Ajmer (durée : 5 heures 30), Bundi (durée : 4 heures 20), Chittorgarh (durée : 2 heures environ), Delhi (durée : 12 heures), Jaipur (durée : 7 heures 30), Sawai Madhopur (durée : 6 heures 30).

Avion. L'aéroport Mahrana Pratap d'Udaipur se trouve à 20 km à l'est de la vieille ville. Il faut compter 30 mn pour s'y rendre. Vous pourrez notamment prendre un vol pour Delhi ou Mumbai.

Se déplacer. A Udaipur, les chauffeurs de rickshaw ne reculent devant rien pour exploiter les touristes. Ici plus qu'ailleurs, les tarifs annoncés pour se déplacer d'un endroit à l'autre sont exorbitants. Préparez-vous à négocier ferme, et la course ne doit pas dépasser 50 Rs dans l'enceinte de la vieille ville et 100 Rs pour aller dans la ville nouvelle. D'autre part, votre chauffeur essayera peut-être de vous faire croire que l'hôtel où vous souhaitez vous rendre a fermé. Le but est de vous conduire dans un autre établissement qui lui versera une commission. Le centre touristique d'Udaipur est assez petit et vous pouvez vous y déplacer à pied. Le rickshaw vous servira surtout à vous rendre à la gare.

BADI LAKE ★

A 13 km à l'ouest d'Udaipur.

Comptez 500 Rs en rickshaw et 2 heures de promenade.

Encore assez méconnu des touristes, Badi Lake se trouve derrière la colline du Monsoon Palace. La promenade en rickshaw permet de traverser de petits villages et de découvrir la campagne toute proche d'Udaipur. Le lac gît au milieu de collines verdoyantes et offre une pause tranquille loin du bruit et de la poussière de la ville. Une petite plateforme flotte au milieu du lac. Il est possible de la rejoindre en louant un bateau à pédales. Ce site attire pour le moment quelques couples d'amoureux. À la nuit tombée, il n'est pas rare de croiser des léopards.

MEWAR

BAGORE-KI-HAVELI MUSEUM ★

Gangaur Ghat
✆ +91 294 242 2567
Ouvert de 10h à 17h30. Entrée : 100 Rs.

Cette haveli de 138 pièces appartenait à un Premier ministre fortuné. Construite au XVIIIe siècle et bien restaurée, elle est aujourd'hui transformée en musée. Il faut d'abord parcourir un dédale de marches et de couloirs avant de commencer la visite. Les différentes salles mettent en scène des collections présentant le folklore du Rajasthan. Ne manquez pas la fontaine à l'architecture unique au monde. Le plus intéressant est sans nul doute la salle des turbans. Le musée se parcourt rapidement tant les objets exposés sont de qualité et d'intérêt inégaux.

BATEAU SUR LE LAC PICHOLA

Nagar Nigam
Tous les jours de 9h à 19h. Ticket : 360 Rs

La municipalité fait concurrence au maharana d'Udaipur en proposant, elle aussi, des tours en bateau sur le lac Pichola. Le départ s'effectue au sud de la propriété royale. Le tour en bateau revient moins cher que celui proposé par le maharana. En revanche, vous ne pouvez pas débarquer sur l'île de Jagmanddir, propriété privée appartenant... au maharana d'Udaipur. Le tour en bateau dure une vingtaine de minutes et permet d'avoir une vue d'ensemble sur les palais qui bordent le lac.

JAG MANDIR

Prendre un bateau à l'embarcadère situé à Bansi Ghat.
Ouvert de 10h à 17h. Accès : 450 Rs - 700 Rs après 15h. Accès depuis l'embarcadère du City Palace.

Bâti sur un îlot au XVIIe siècle par le maharana Karan Singh, c'est le premier palais de la sorte. Il était prévu pour organiser des fêtes et des réceptions majestueuses. Plus tard, il servit de refuge à l'empereur moghol Shajahan lors d'une dispute avec son père, au XVIIe siècle. Selon la légende, Shah Jahan se serait inspiré de Jagmandir pour construire le Taj Mahal. Sur l'île, vous apercevrez des éléphants taillés dans la pierre et une *chattri* (ombrelle) en pierre de couleur grise. Le palais a été converti en un petit hôtel de 7 chambres, accessible au public.

CITY PALACE ★★★

City Palace Museum ✆ +91 294 241 9023
https://citypalacemuseum.org/
Ouvert tous les jours de 9h à 21h. Entrée : 400 Rs (appareil photo inclus), 200 Rs pour un audioguide.

Nous vous conseillons de venir tôt le matin pour éviter la foule. Attendez-vous à monter et descendre de nombreuses marches et à naviguer dans des couloirs étroits très fréquentés. Prévoyez au moins deux heures pour la visite. L'accès se fait par la porte nord, Tripoliya Pol.

Il s'agit du plus vaste palais du Rajasthan. Sa façade austère et imposante de 244 mètres de long et 30 mètres de haut surplombe le lac Pichola. L'ensemble forme une juxtaposition d'édifices construits par les rois successifs. La première construction date du XVIe siècle, sous le règne de Udai Singh II, le fondateur de la ville. De granit et de marbre, le bâtiment, forme un véritable dédale de salles, d'escaliers, de cours, de jardins et de kiosques. Il est surmonté de coupoles, de tourelles et de créneaux.

La demeure est somptueuse et décorée magnifiquement. Vous pourrez admirer de beaux bas-reliefs en pierre dans la cour et sous un petit porche. La visite débute par une collection d'armes et une galerie de portraits relatant les faits d'armes des maharanas. L'arbre généalogique des souverains d'Udaipur les fait remonter au soleil et au dieu Ram. La cour, Rai Angan, serait l'endroit précis où Udai Singh aurait rencontré le sage qui lui aurait recommandé de bâtir son nouvel empire ici.

Le Nav Chowki Mahal est un petit temple dans lequel les touristes jettent des pièces au pied de la divinité. Dans la cour intérieure ombragée, vous pourrez vous octroyer une halte et en profiter pour admirer les anciennes cages à pigeons voyageurs et les 104 piliers sculptés du Bali Mahal. La suite de la visite se poursuit agréablement dans les salles colorées retraçant l'histoire et la vie des différents occupants du palais. Vous atteignez la fameuse pièce du palais aux mille miroirs de couleur : Kanch Ki Burj. Des faïences hollandaises ornent certains murs, puis vous gagnez une pièce surprenante, peut-être même la plus précieuse du palais : totalement recouverte de miniatures peintes *al fresco*. Vous pouvez admirer d'anciennes portes en ivoire près du Moti Mahal, une petite pièce avec des vitraux colorés, un berceau orné de miroirs et une très belle collection de gravures. Le musée est célèbre pour sa collection de miniatures. La longue galerie à l'extrémité sud du palais était le Zenana, ou le quartier des femmes. Ses salles austères accueillent aujourd'hui une collection de tableaux de scènes de chasse. À l'extérieur, dans la cour centrale, le Laxmi Chowk, vous apercevez une belle collection de *howdas* (selles pour éléphant), de palanquins et de chaises à porteurs.

© ERIC MARTIN - ICONOTEC

Le City Palace d'Udaïpur.

CRYSTAL GALLERY

Ouvert de 9h à 19h. Entrée : 700 Rs.

La Crystal Gallery est une collection unique de pièces en cristal commandées par le Maharana Sajjan Singh au XIXe siècle. Elle est située dans la galerie surplombant le durbar hall (salle de réception et de couronnement) à l'intérieur de l'hôtel Fateh Prakash. Si vous vous y rendez depuis la porte nord du complexe du City Palace, vous devrez vous acquitter d'un droit de passage de 30 Rs, en plus de votre billet d'entrée. Pénétrez à l'intérieur de l'hôtel et suivez le fléchage qui vous conduira tout droit au durbar hall, l'un des plus grands de toute l'Inde. Le long des murs, vous pourrez admirer les portraits de tous les maharanas d'Udaipur et quelques photos de la famille régnante actuelle. Les immenses lustres en cristal sont parmi les plus grands et les plus lourds du pays également. À l'étage, dans les galeries entourant le durbar hall, une surprenante collection de pièces en cristal vous attend. Le maharana Sajjan Singh avait commandé un ensemble de meubles, verres, lustres à un verrier anglais en 1877. Il est mort avant d'avoir été livré et les objets sont restés plus de cent ans dans leur boîtes. Lorsque cette étonnante collection a été redécouverte, le maharana a décidé de les exposer. La pièce la plus étonnante est peut-être le lit en cristal, mais les tables et consoles aux pieds finement ouvragés valent le détour également. Malheureusement, les photos à l'intérieur de la Crystal Gallery sont interdites et le prix demandé est tout de même très élevé compte tenu de l'intérêt de la visite.

JAGDISH TEMPLE ★★

Jagdish Chowk

www.udaipur.org.uk

Ouvert de 5h à 14h et de 16h à 22h.

Ce temple est dédié à Jagannath, avatar du dieu Vishnou, l'un des dieux les plus vénérés en Inde du Nord. Construit en 1662 par le *maharana* Jagat Singh Ier, il est un exemple de l'architecture indo-aryenne avec des décorations sculptées à même la pierre. Au milieu, le temple principal est dédié à Vishnu, tandis que dans les coins, les quatre petits sanctuaires sont dédiés à la déesse Surya, à Durga Devi, à Shiva et à Ganesh. Au pied du temple principal, on aperçoit une pierre usée par les mains des fidèles. Selon les croyances, elle guérirait ceux qui la touchent.

MONSOON PALACE [FORT DE SAJJANGARH] ★

Kodiyat

✆ +91 294 245 3636

Ouvert tous les jours de 9h à 17h. Entrée : 300 Rs et 400 Rs par voiture.

Construit à la fin du XIXe siècle par le Maharana Sajjan Singh, pour en faire sa résidence d'été, ce palais appartient désormais au gouvernement. Ouvert au public depuis quelques années, sa visite est totalement inutile et le prix d'entrée exorbitant. Bâti au sommet d'une colline, son seul intérêt est d'offrir une vue panoramique sur les environs d'Udaipur. Là haut, la vue est superbe, surtout à l'heure où le soleil se couche. À l'entrée au pied de la colline se trouve un petit zoo.

MEWAR

MUSEE DES VOITURES ANCIENNES

Gulab Bagh Road

Ouvert de 9h à 21h. Entrée : 250 Rs.

Le musée de voitures de collection se situe dans l'ancien garage royal, à 700 mètres environ à l'est du palais, à l'entrée de Lake Palace Road. Il présente 22 véhicules rares dont une Rolls Royce Phantom de 1934 qui a fait une apparition dans le film *Octopussy* ou une Cadillac décapotable qui a promené la Reine Elizabeth II en 1961 lors de sa visite d'Udaipur. Il est rare de pouvoir admirer autant de vieilles voitures mythiques et hors de prix dans un seul lieu.

SAHELIYON KI BARI

Saheliyon ki bari, Panchwati, Udaipur, Rajasthan 313001

Ouvert tous les jours de 9h à 19h. Entrée : 100 Rs.

Un peu à l'écart de la vieille ville, ce jardin fut pensé et dessiné par le maharana Sangram Singh pour son épouse, entre 1710 et 1734. Ses jeux d'eaux et de fontaines sont tellement sophistiqués que personne n'est en mesure de les restaurer à l'heure actuelle. Mais la plupart fonctionnent encore. Le jardin est composé de vertes pelouses, d'allées bordées de plantes tropicales, de bassins couverts de lotus. La reine y venait avec ses 48 dames de compagnie, qui lui avaient été données par son père lors de ses épousailles royales.

TEMPLE SHREE JAGAT SHIROMANIJI

Palace Road

Ce temple de trois étages est dédié au dieu Krishna. A l'entrée de la salle centrale, où officie le prêtre, vous verrez les représentations du dieu. Là, sur le mur sont encore visibles des empreintes rouges de mains, ce sont des traces de *sati* (sacrifice d'une épouse sur le bûcher de son mari défunt). Si le prêtre le veut bien, vous pourrez monter au sommet du temple pour en admirer les toits sculptés, représentant scènes et divinités du panthéon.

DREAM HEAVEN HAVELI €

Hanuman Ghat

✆ +91 294 243 1038

www.dreamheaven.co.in

A partir de 1 500 Rs pour une chambre double.

Une très bonne adresse pour les petits budgets. La vue sur le lac et le City Palace est superbe depuis le *roof top* qui est aussi un restaurant. Il attire beaucoup de monde, car la cuisine est savoureuse. On y sert des plats indiens, dont des spécialités cuites au tandoor, et des plats continentaux. Un coin très cosy a été aménagé avec tables basses et coussins. Les 18 chambres sont de taille variable. Certaines bénéficient d'une jolie vue, mais sont plus chères. Sur place, laverie, cours de yoga et de cuisine. Il y règne une bonne ambiance propice aux échanges.

HOTEL GANGAUR PALACE €

339 Gangaur Ghat Marg

✆ +91 294 242 2303

www.ashokahaveli.com

A partir de 2 600 Rs pour une chambre double, petit déjeuner inclus.

Cette grande *haveli* a vieilli, mais les peintures intérieures toutes ternies font le charme du lieu. Les chambres sont réparties sur plusieurs étages, autour d'une cour intérieure. Elles sont petites, les moins chères ne disposent pas d'ouverture sur l'extérieur, mais demeurent correctes. Au dernier étage, un agréable restaurant avec magnifique panorama sur le lac, propose une cuisine variée. Le film *Octopussy*, avec Roger Moore en James Bond, tourné à Udaipur et qui a fait connaître la ville dans le monde entier, est projeté tous les soirs.

JHEEL GUESTHOUSE €

52 & 56 Gangaur Ghat

✆ +91 294 242 1352

www.jheelguesthouse.com

A partir de 3 000 Rs pour une chambre double, petit déjeuner inclus.

Une famille, deux hôtels, quatorze chambres au total. Vous serez cordialement accueilli par Ramu et son perroquet vert dans cette pension qui a les pieds dans l'eau. La Old Jheel Guesthouse propose des chambres basiques très correctes à tout petit prix. A la Jheel Guesthouse, qui se veut plus haut de gamme, les chambres sont équipées de la climatisation et jouissent d'une belle vue sur le lac. Enfin, le restaurant en terrasse sert une cuisine indienne et continentale très correcte. Le café au rez-de-chaussée est vite pris d'assaut à l'heure du coucher de soleil.

MEWARI VILLA €

302 Imli Ghat, Purohiton ka Khurrah
✆ +91 294 241 97 36
www.mewarivilla.com
A partir de 3 500 Rs pour une chambre double.

Cette *guesthouse* ouverte en 2014 ne cesse de grandir, et ses tarifs aussi, malheureusement. Ce qui était autrefois le meilleur rapport qualité-prix de la ville est devenu un hôtel parmi d'autres. Il jouit tout de même d'une très belle vue sur la partie supérieure du lac Pichola et de touches de déco de très bon goût. Le propriétaire a longtemps possédé une société d'export d'objets d'art vers l'Australie. Les chambres affichent des tailles variables, et disposent toutes d'une bonne literie et d'une salle de bain nickel. Restaurant sur le toit-terrasse.

MOUSTACHE HOSTEL €

44 Panduwari
✆ +91 294 242 3332
www.moustachehostel.com
A partir de 635 Rs en dortoir et 2 570 Rs pour une chambre double.

Cette ancienne *guesthouse* a été reprise par la jeune chaîne d'auberges de jeunesse Moustache. Elle dispose de 5 dortoirs de 4 à 8 lits, tous assez exigus. Avantage, chaque dortoir dispose de sa propre salle de bains, pas bien grande elle non plus. Mais l'affaire conviendra aux jeunes voyageurs, car le prix est vraiment serré. Et si vous souhaitez profiter de l'ambiance conviviale et internationale de l'auberge de jeunesse sans trop en subir les affres, Moustache propose également deux chambres doubles tout à fait correctes. Restaurant sur le toit.

NUKKAD GUESTHOUSE €

56 Ganesh Ghat
✆ +91 294 241 1403
A partir de 1 000 Rs pour une chambre double.

Raju et sa famille sont aux petits soins pour leurs clients. La maison a-t-elle été peinte en rose pour la repérer dans le rang serré des vieilles havelis du quartier ? En tout cas, les chambres sont soignées et l'on s'y sent bien. Avec son ambiance détendue cette *guest house* est souvent victime de son succès. Sur le toit, le restaurant abrité propose la même carte que dans la plupart des autres hôtels de cette catégorie. Le petit plus est sans conteste le cours de yoga (sur donation) dispensé chaque matin sur le toit. Rien de tel pour bien démarrer la journée...

TREEBO TREND UDAI NIWAS BY THE LAKE €

Gangaur Ghat Marg
✆ +91 294 512 0789
www.hoteludainiwas.com
A partir de 5 500 Rs pour une chambre double.

Repris par Treebo, cet hôtel borde le lac Pichola. Il compte une petite vingtaine de chambres. Le plus est la palette de services qu'offre l'hôtel : cybercafé, change, laverie, organisation de tours en barque sur le lac, spectacles de danse... sans oublier le restaurant qui propose une cuisine correcte. En revanche, le rapport qualité/prix est assez décevant, alors n'hésitez pas à négocier. L'hôtel est rarement complet et ce ne sont pas les options qui manquent à Udaipur.

ZOSTEL UDAIPUR €

Purohit Ji Ka Khurra
✆ +91 77 28 89 75 95
www.zostel.com
A partir de 500 Rs en dortoir.

Première auberge de jeunesse à avoir ouvert à Udaipur, Zostel compte 6 dortoirs mixtes ou unisexes, climatisés et avec salle de bains commune dans chaque chambrée. Il y a aussi quelques chambres doubles, qui ne valent pas le prix demandé, même si elles sont propres et claires. Pour trouver votre chambre, suivez le fil d'Ariane de la bonne couleur sur le mur et dans les escaliers. Cadre coloré à la (petite) réception et un immense tableau noir où vous pouvez laisser à la craie le rêve de votre vie. L'hôtel est très bien situé, au pied du City Palace et du lac.

AMET HAVELI €€

Hanuman Ghat
✆ +91 294 243 1009
www.amethaveliudaipur.com
A partir de 10 620 Rs pour une chambre double, petit déjeuner inclus.

Cette jolie haveli blanche a été entièrement restaurée en 2009. Son emplacement est idéal au bord de l'eau, face à la ville, et son *roof top* offre une des plus belles vues sur les *ghats* et le City Palace d'Udaipur. Le lieu dégage un charme suranné avec beaucoup de cachet. La piscine et le coin détente climatisé dans le hall sont des plus très appréciés. Les chambres, toutes avec vue sur le lac, sont grandes et lumineuses et joliment décorées. Cadre romantique et cuisine savoureuse à la terrasse de l'Ambrai Restaurant, un des plus fréquentés d'Udaipur.

BOHEDA PALACE €€

Kalaji Goraji
✆ +91 294 242 4414
www.hotelbohedapalace.com
A partir de 4 000 Rs pour une chambre double.

La vieille voiture garée à l'entrée de l'hôtel et les belles fresques olive et or de la réception vous propulsent immédiatement dans l'Inde des années 40. Pour le reste, l'hôtel a su s'adapter à la modernité. Electricité, eau chaude, air conditionné, Internet... rien ne manque pour un séjour agréable dans l'une des 14 spacieuses chambres de cet établissement familial. Le personnel est aux petits soins pour les clients, et pour les amateurs, le propriétaire organise aussi des randonnées à cheval dans son centre équestre Princess Trails.

HOTEL MAHENDRA PRAKASH €€

Lake Palace Rd ✆ +91 294 241 9811
www.hotelmahendraprakash.com
A partir de 4 000 Rs pour une chambre double, petit déjeuner inclus.

À seulement 10 min à pied du City Palace et juste en face des jardins Sajjan Niwas, vous succomberez au charme de ce bel hôtel. Une succession de patios vous mènent au jardin, où vous prendrez le petit déjeuner au pied de la piscine et au son du santour. Toutes les chambres sont différentes, mais toutes possèdent des éléments de décoration typiquement rajpoutes : tentures chatoyantes, lits de bois sculptés, *jarokhas*... Préférez les chambres dans le jardin arrière, plus calmes et plus récentes. Les vieilles photos apportent une touche personnelle à l'établissement.

JAGAT NIWAS PALACE €€

23-25 Lal Ghat
✆ +91 294 243 2660
www.jagatniwaspalace.com
A partir de 6 160 Rs pour une chambre double.

Cette ancienne haveli rénovée est aujourd'hui l'une des plus agréables de la ville. Située sur les rives du lac, au cœur de la vieille ville, elle propose 29 chambres aménagées dans le plus pur style rajasthani. Toutes sont élégantes et bien équipées : climatisation, lits *king size*, eau chaude, télévision. Mais seules les plus chères donnent sur le lac. À la nuit tombée, le lieu baigne dans une atmosphère exquise. Attablés dans la salle du restaurant ou sur la terrasse, vous profiterez d'une cuisine est variée, et, chose rare, peu épicée.

KANKARWA HAVELI €€

26 Lal Ghat
✆ +91 294 241 1457
www.kankarwahaveli.com
A partir de 8 000 Rs pour une chambre double, petit déjeuner inclus.

Le patron est issu d'une longue lignée de juristes. Ses aïeux ont bâti cette haveli au bord du lac, il y a plus de 200 ans. Depuis, elle est restée intacte, comme en témoignent arches, poutres et fresques à l'intérieur des chambres. Amateur d'art éclairé, le propriétaire y expose une collection privée de peintures, gravures et photographies. De plus, pour conserver tout le cachet de son établissement, il a glané au fil des ans des meubles anciens en très bon état. A vous de choisir entre les chambres avec alcôve et vue sur le lac ou celles ornées de fresques.

LAKE PICHOLA HOTEL €€

Outside Chandpole
✆ +91 2942431197
www.lakepicholahotel.in
A partir de 6 710 Rs pour une chambre double, petit déjeuner inclus.

Son emplacement est idéal et son architecture ancienne d'une grande beauté. Les chambres sont très lumineuses et ont toutes des balcons. Ces derniers appelés *jharokha* invitent à la détente au milieu des coussins de soie et des matelas confortables. Le restaurant propose un vaste menu composé de spécialités indiennes, et quelques plats occidentaux. La vue de la terrasse et du restaurant est superbe de jour comme de nuit. L'hôtel est l'un des rares à posséder son propre bateau pour faire un tour sur le lac. La piscine est petite, mais elle a le mérite d'exister.

LITTLE GARDEN GUEST HOUSE €€

121 Bhattayani Chohatta
✆ +91 98 28 27 65 35
A partir de 6 050 Rs pour une chambre double, petit déjeuner compris.

Cette jolie maison blanche a tout bon. On aime sa rénovation faite dans le respect des éléments d'origine, avec ses colonnes en basalte, ses nombreuses niches, ses vitres en verre coloré, ses jharokhas pourvus de banquettes, ses balcons devant les chambres. Mobilier et bibelots ont été soigneusement chinés pour donner un supplément d'âme à cette maison. Tout comme les tissus colorés ont été choisis avec goût. Les salles de bains, modernes, sont impeccables. Coup de cœur assuré.

MADRI HAVELI €€

70 Ganesh Ghati
✆ +91 294 241 3377
www.madrihaveli.com
A partir de 4 480 Rs pour une chambre double standard.

Ouverte en 2014, cette haveli appartenant à un Français est absolument somptueuse. Il aura fallu 6 ans de travaux pour redonner toute sa splendeur à cette ancienne demeure du roi de Madri. La restauration a été entreprise avec le plus grand soin et le résultat est enchanteur : colonnes en pierre sculptées, belles boiseries, vitraux colorés... De beaux objets et des meubles d'époque chinés avec beaucoup de goût viennent habiller l'ensemble. En terrasse, sur le toit, la vue à 360° vous permet d'embrasser la ville d'un seul coup d'œil. Coup de cœur absolu.

RANGNIWAS PALACE €€

Lake Palace Road
✆ +91 294 252 3890
www.rangniwaspalace.com
Tarifs non-publiés. Se renseigner directement.

Cette propriété appartenant à des membres de la famille royale d'Udaipur a été transformée en hôtel en 1975. Le lieu a du caractère et possède un charme certain et sa situation est idéale. Ce sont maintenant les petits-enfants qui reprennent le flambeau, avec de grands projets en tête. Les chambres et parties communes étaient en rénovation lors de notre passage, avec un projet de cuisine et de salle à manger communes. Tout est neuf, de la literie aux salles de bain entièrement refaites. Seule la piscine, très agréable, n'a pas bougé. Accueil charmant.

THE KEHLOOR €€

Plot No 16/17
✆ +91 7023440556
www.thekehloor.com
A partir de 5 100 Rs pour une chambre double, petit déjeuner compris.

Le Kehloor est un véritable boutique-hôtel installé à l'extrême pointe du lac Pichola. C'est un havre de paix pour les visiteurs de passage. Avec ses 27 chambres dotées de balcons et baies vitrées, l'hôtel combine les esthétiques occidentale et indienne en privilégiant la clarté et les lumières naturelles. Les chambres sont réparties en 3 catégories : Bougainvillée et Camélia situées à l'avant de l'hôtel, et Azalée, à l'arrière de l'hôtel. Le restaurant de l'hôtel propose un menu préparé avec soin faisant la part belle aux saveurs délicates.

THE UDAI BAGH €€

Opposite Hindustan Zinc Smelter
✆ +91 294 650 9412
www.thebayanhotels.com
A partir de 9 440 Rs pour une chambre double. Petit déjeuner : 400 Rs.

Ce charmant hôtel se situe à une quinzaine de minutes d'Udaipur en voiture. Immergé au milieu des collines de l'Aravalli et d'un grand parc ombragé, il compte 40 chambres très spacieuses et parfaitement aménagées pour un séjour tranquille. Les salles de bains sont tout aussi spacieuses. Ce grand ensemble construit sur deux étages et surmonté de *chhatris* évoque le plus pur style rajasthani. Bar, restaurant et piscine sont à la disposition des clients qui apprécient de s'extraire de la frénésie d'Udaipur pour s'offrir une pause campagnarde.

TRIPLI HOTELS SHAMBHU VILLAS €€

Lake Palace Road
✆ +91 9462934444
www.shambhuvillas.com
A partir de 4 400 Rs pour une chambre double, petit déjeuner inclus.

Dans un bâtiment entièrement rénové en face des jardins de Gulab Bagh, le Shambhu Villas est un vrai boutique-hôtel à deux pas du City Palace. L'hôtel propose 32 chambres, toutes spacieuses, propres, décorées avec goût, une literie confortable et de belles salles de bain. Une petite piscine permet de se rafraîchir. La terrasse est parfaite pour passer une soirée sympathique au bar ou déguster des spécialités indiennes et asiatiques au restaurant Rásá Restro.

UDAI KOTHI €€

Hanuman Ghat Marg
✆ +91 294 243 2810
www.udaikothi.com
A partir de 8 000 Rs pour une chambre double, petit déjeuner inclus.

Bienvenue dans l'antre de l'Udai Kothi, un superbe hôtel en plein cœur de la vieille ville. Construit en l'an 2000, il remporte un vif succès, mérité, auprès des touristes. Soucieux du bien-être des clients, les propriétaires ont pensé à tout. Chaque meuble, objet décoratif ou peinture raconte une histoire. Le jardin fleuri est parfaitement entretenu et le personnel, très attentionné. Et si l'hôtel plaît autant, c'est aussi grâce à sa piscine sur le toit. De là-haut, la vue est imprenable. Juste à côté, le restaurant jouit d'un cadre romantique à souhait.

SHIV NIWAS PALACE €€€

City Palace Road

✆ +91 294 252 8016

www.hrhhotels.com

A partir de 30 000 Rs pour une chambre double, petit déjeuner inclus.

Ancienne demeure d'hiver du maharaja, le bâtiment est splendide. Les chambres les moins chères ont mal vieilli. En revanche les suites de 8 pièces, toutes vastes et hautes de plafond, offrent un excellent rapport qualité-prix pour un hôtel de ce standing. Elles ont beaucoup de cachet et charment le regard en permanence. Le must de ce palace est sa magnifique piscine, sans doute la plus belle du Rajasthan. Toute de marbre, des mosaïques en forme de fleurs égaient ses profondeurs. Dans un cadre enchanteur, le restaurant sert une cuisine très correcte.

TAJ FATEH PRAKASH PALACE €€€

City Palace Road

✆ +91 294 252 8016

www.hrhhotels.com

A partir de 35 400 Rs pour une chambre double, petit déjeuner inclus.

L'hôtel a été repris en 2019 par le célèbre groupe Taj. Tout le palace tourne autour du fastueux Lord Minto Hall. Les chambres et le restaurant l'entourent pour mieux l'observer. Construit en 1909, ce hall, avec ses lustres extraordinaires et son immense plafond haut, est une merveille. L'architecture du restaurant, quant à elle, est superbe mais les prix sont plutôt rédhibitoires. En journée, les touristes défilent pour visiter la collection de cristal et le *durbar* hall. Le soir la quiétude revient et le lac vous appartient.

TAJ LAKE PALACE €€€

Lac Pichola

✆ +91 294 242 8800

www.tajhotels.com

A partir de 93 000 Rs pour une chambre double, petit déjeuner inclus. Réservation obligatoire.

C'est le fleuron du groupe Taj, qui a passé un accord avec le maharana d'Udaipur pour gérer cet hôtel planté au milieu du lac Pichola. Les stars du monde entier se relaient dans le plus charmant palais du Rajasthan rendu célèbre grâce au James Bond *Octopussy*. Ici tout n'est que luxe, calme et volupté. Aux yeux de certains, les chambres étalent un luxe quelque peu tapageur et ne sont pas les meilleures de la ville. Mais le cadre est tout simplement magique et transporte le visiteur dans une autre époque. Si vous ne pouvez vous payer la chambre, venez-y pour le thé.

THE OBEROI UDAIVILAS €€€

Haridasji Ki Magri

✆ +91 294 243 3300

www.oberoihotels.com

A partir de 91 000 Rs pour une chambre double, petit déjeuner inclus.

Il est le fleuron des 34 hôtels de la chaîne Oberoi, systématiquement classé en tête des hôtels en Asie. L'Udaivilas est un labyrinthe de pavillons majestueux, de bassins, de fontaines, de jardins luxuriants. L'établissement compte 87 chambres, dont 5 suites avec piscines privatives. Élégamment décorées de superbes tissus indiens, de meubles en bois traditionnels et d'objets artisanaux, elles disposent toutes d'un bureau, d'un coin salon, d'un dressing et d'une vaste salle de bains en marbre, donnant sur un jardin clos privatif. Le comble du luxe.

THE ROYAL RETREAT €€€

Badi Hawala Road

✆ +91 294 665 6000

www.royalretreatudaipur.in

A partir de 9 500 Rs pour une chambre double (hors taxes).

À mi-chemin entre la ville et Tiger Lake, l'hôtel offre une vue magnifique sur la chaîne de montagnes Aravalli. Bien caché derrière une majestueuse porte de bois, le lieu dégage une impression de sérénité. Des jardins très bien entretenus, deux piscines et des salons richement décorés offrent une escale à l'écart du tumulte de la ville. Le bâtiment a été construit dans un style traditionnel et les chambres sont vastes et confortables. Un spa est à disposition ainsi qu'une salle de fitness pour les sportifs. L'ensemble manque de tout de même un peu de personnalité.

UDAI BILAS PALACE €€€

Dungarpur

✆ +91 296 423 0808

www.udaibilaspalace.com

A partir de 9 330 Rs pour une chambre double.

Ce bel hôtel est un ancien palais et offre une splendide vue sur un lac. Chaque chambre donne sur cette immensité bleue. L'endroit est tellement reposant que le visiteur serait presque tenté de ne pas révéler l'adresse, de peur de voir le lieu souillé par le tourisme. La famille, qui vit dans une partie du palais, a décoré le tout dans un style colonial. Avec son immense table en marbre sculptée et incrustée de motifs floraux, la salle à manger en est l'exemple le plus impressionnant. Ce lieu reculé est une oasis de tranquillité.

GRASSWOOD CAFE €

26 Chandpole

✆ +91 95 30 09 53 11

Ouvert de 7h à 22h. Comptez 350 Rs pour un petit déjeuner.

Depuis son ouverture en 2016, ce minuscule café ne désemplit pas. A la carte, un grand choix de produits frais pour se caler de bon matin ou déjeuner léger. Mais surtout, un très grand choix de cafés, expresso ou allongé, machiatto ou frappé, qui satisfera les accros à la caféine. Attention, entre 9h et 10h il y a souvent la queue, car les adeptes du yoga débarquent tous ici après leur session matinale dans le centre voisin. Les trois tables calées sur la petite terrasse sont vite prises d'assaut. De là, on peut observer l'animation du quartier de Gangaur Ghat.

PAP'S JUICE €

Gadiya Devra Marg

✆ +91 97 99 48 01 01

Ouvert de 8h30 à 19h.

Juste devant le pont piéton qui mène à Hanuman Ghat, l'échoppe de Papu se remarque avec ses montagnes de fruits installés devant. Il prépare des jus pressés sans ajout d'eau, ni de glace. L'été, il conserve ses fruits dans un frigo afin que ceux-ci soient frais. Vous pouvez également vous y arrêter pour le petit déjeuner. Vous dégusterez alors un délicieux muesli à base de fruits frais et de miel sauvage, qu'il récupère du côté de Kumbhalgarh. Vous aurez en prime droit à la bonne humeur de Papu qui adore discuter avec ses clients.

GATEWAY €

2 Shree Jagat Shiromani Temple

✆ +91 294 241 0903

Ouvert tous les jours de 9h à 22h. Compter 500 Rs pour un repas.

Dans la rue qui mène au City Palace depuis le temple Jagdish, le Gateway est l'adresse qui tire le mieux son épingle du jeu. Il faut monter un étage, au-dessus des boutiques, pour s'asseoir à la grande terrasse d'où l'on peut observer l'animation de la rue. Si la restauration n'est pas ce que vous trouverez de mieux à Udaipur, on apprécie tout de même l'existence de ce restaurant qui évite de marcher encore après une longue visite du City Palace. Et c'est l'un des rares restaurants ouverts hors saison dans les alentours. On regrette le service peu enthousiaste.

THE LITTLE PRINCE RESTAURANT €

Hanuman Ghat

✆ +91 94 14 92 58 98

Ouvert de 9h à 22h. Compter 250 Rs pour un repas.

Les quelques tables de ce petit restaurant « à la bonne franquette » sont installées au bord du lac, à deux pas du pont piétonnier. Sur fond de musique reggae, les jeunes touristes font rapidement connaissance avec Pappu et Pandit, les deux adorables gérants. On vient ici pour l'ambiance relax, l'accueil chaleureux, la cuisine bon marché et savoureuse et une Kingfisher bien fraîche. Si vous restez plusieurs jours dans la ville, vous reviendrez c'est sûr… Service un peu lent.

MILLETS OF MEWAR €

Nayi Puliya

✆ +91 87 69 34 84 40

www.milletsofmewar.com

Ouvert de 10h à 23h. Comptez 500 Rs pour un repas.

En hauteur, les deux salles affichent deux atmosphères différentes. Au 1er, des tables basses et des nattes posées au sol, parfaites pour venir boire un thé, un lassi ou un rafraîchissant *mint lemon slush*. Au second, quelques tables pour profiter des bienfaits de la cuisine végétarienne du restaurant. Ici, pas de glutamate, le moins d'huile possible et des aliments bio et frais. La carte très variée propose salades, sandwich, dal, curry tous aussi sains et délicieux. Beaucoup de choix également pour le petit déjeuner. Une très bonne adresse à toute heure du jour.

NATRAJ €

22-24 City Station Road

✆ +91 29 4242 1240

Ouvert de 10h30 à 15h45 et de 18h30 à 22h45. Comptez 500 Rs pour un repas.

Pour un délicieux *thali*, rendez-vous au restaurant Natraj. Ils ont la réputation d'être les meilleurs de la ville. C'est dans ce lieu typique, méconnu des touristes, que se retrouve la population locale dans une grande salle sans charme aucun. Les tables et chaises en bois montrent quand même que vous êtes dans un vrai restaurant et pas une cantine. Si vous avez plutôt envie d'un snack ou d'un curry ou de tandoori ou d'un kebab etc. c'est possible, car la carte est longue comme l'annuaire. Impossible de ne pas trouver un plat qui vous tente et vous sustente.

THE WHISTLING TEAL €

103 Bhatiyani Chohatta

✆ +91 99 29 61 71 61

Ouvert de 10h30 à 22h30. Comptez 700 Rs pour un repas.

Au cœur de la ville, c'est un petit coin de paradis. Au bar, on s'assied sur des selles d'équitation. Le restaurant s'organise autour d'un petit jardin verdoyant. Le repas est servi sous des tentes, sur des matelas avec coussins et tables basses. La salle est aussi très agréable avec ses tables en bois vernies et ses chaises au dossier ouvragé. On y sert une cuisine indienne et continentale de bonne facture, même si tous les plats ne se valent pas. Mieux vaut éviter les soupes par exemple. Il n'y a pas de vue sur le lac, mais tant pis pour cette fois...

RAINBOW RESTAURANT €€

27 Rainbow Restaurant, 27-28, Lal Ghat Road, Near Jagdish Temple, Behind, Udaipur, Rajasthan 313001 ✆ +91 294 242 4588

https://rainbowrestaurantudaipur.com

Ouvert tous les jours de 8h à 23h. Compter 600 Rs pour un repas.

Dans une ruelle qui mène aux ghats, ce café-restaurant est idéalement situé. Au rez-de-chaussée, se trouve le café où l'on sert de vrais expressos et des pâtisseries, pour une pause sucrée ou un petit-déjeuner. Le restaurant a pris place à l'étage, sur la terrasse couverte avec vue imprenable sur le lac. En saison, les places sont chères, car il n'y a que peu de tables. La carte, longue comme le bras, propose les incontournables de la cuisine indienne, mais aussi une cuisine « sur le pouce », faite de frites, de burgers, de sandwiches ou de kathi rolls savoureux.

1559 AD €€

P.P. Singhal Marg

✆ +91 294 243 3559

www.1559ad.com

Ouvert de 11h à 23h. Comptez 1 000 Rs pour un repas.

Le restaurant porte ce nom en référence à la date de création de la ville par le Maharana Udai Singh. Situé au bord du lac Fateh Sagar sa terrasse est un vrai bonheur. Dans un bâtiment centenaire, le client a le choix entre restaurant, bar lounge ou coffee-shop. Au restaurant, lieu chic et élégant, on sert une cuisine européenne traditionnelle aux influences indiennes. Le soir, dans le jardin, la lumière tamisée des bougies diffuse une atmosphère romantique. Le bar offre un cadre sobre idéal pour siroter un verre. Le coffee-shop pare aux envies de sucré.

RÁSÁ RESTRO €€

Hôtel Shambhu Villas

✆ +91 294 242 1921

Ouvert de 9h à 23 h. Comptez 400 Rs pour un repas.

Ce restaurant est situé au dernier étage de l'hôtel Shambhu Villas. La carte propose les incontournables plats indiens, mais aussi thaïlandais et internationaux. Pour le dîner, nous vous recommandons les entrées cuites au four tandoor. Essayez aussi le savoureux poisson grillé. Les prix sont tout à fait corrects compte tenu de la qualité de la cuisine. Pour le déjeuner, une grande salle climatisée avec baie vitrée donne sur un magnifique jardin. La terrasse est l'endroit idéal pour un dîner romantique aux chandelles avec de la musique live le samedi soir.

AMBRAI RESTAURANT €€

Hanuman Ghat

✆ +91 294 243 1085

Ouvert de 12h30 à 15h et de 18h30 à 22h30. Comptez 1 000 Rs pour un repas.

Il serait dommage de séjourner à Udaipur sans s'offrir un dîner à l'Ambrai ! Bhaset Singh, le cuisinier des lieux, n'est autre que l'ancien chef du maharaja et son expérience lui permet certaines fantaisies remarquables. Les plats sont minutieusement préparés et servis rapidement. Le cadre enchanteur est idéal pour un dîner en amoureux. Le soir, les tables sont éclairées à la chandelle et sous vos yeux la ville se reflète dans le lac. Nous conseillons vivement le *Chicken Jahagisi*, la spécialité maison unique en son genre. Réservation impérative en haute saison.

UPRE BY 1559 AD €€

Piplia Haveli

✆ +91 294 2431197

www.1559ad.com

Ouvert de 12h30 à 15h30 et de 18h30 à 22h30. Comptez 1 000 Rs pour un repas.

Le nom du restaurant, Upré, signifie tout en haut. Et c'est effectivement sur la grande terrasse du Lake Pichola Hotel que vous dînerez dans une ambiance romantique et sophistiquée. Les tables sont éclairées à la chandelle et la carte offre d'authentiques spécialités du Rajasthan. La vue est magnifique, avec au premier plan le City Palace, illuminé comme dans un décor de conte de fées. Vous ne serez déçus ni par le cadre ni par la cuisine et vous y reviendrez certainement. Le bar, ouvert et informel, offre quant à lui des cocktails et une bonne carte de vins.

ANOKHI

Palace Road
✆ +91 294 252 9881
www.anokhi.com
Ouvert de 10h à 17h.

Anokhi a pignon sur rue depuis plus de 30 ans. La maison élabore des tenues indiennes et occidentales en reprenant les techniques anciennes du *block print* et de la teinture végétale. Reconnue pour ses vêtements et textiles de qualité, elle travaille avec des artisans qui perpétuent leurs pratiques de génération en génération. Tous les articles sont imaginés et fabriqués près de Jaipur, dans une ferme biologique. Au fil des ans, les collections s'étoffent, et désormais Anokhi fait la part belle aux broderies, à l'appliqué, au patchwork et aux perles.

BAZAR DE TEMPLE ROAD

Temple Road

Aux abords du palais, les échoppes de marchands abondent. Vous ne pourrez qu'y trouver votre bonheur, que ce soient des bijoux en argent, des peintures, des vêtements, des tissus..., mais attention, vous devrez négocier fermement et l'authenticité de certains articles n'est pas toujours garantie. Vous trouverez aussi des stands remplis d'objets de culte, comme des coupes servant à contenir les offrandes ou des statuettes votives. Ici, les marchands sont un peu moins agressifs que ceux qui tiennent boutique sur la rue qui mène au City Palace.

BRAHMA ARTS & TEXTILES

31 City Palace Road
✆ +91 294 242 2842
Ouvert de 9h à 20h.

Situé sur la route du City Palace cette boutique propose ce qui se fait de mieux en ce matière de textiles et d'artisanat local. On peut se procurer des peintures miniatures (*pichwai*), toutes peintes sur du coton ou de la soie représentant souvent des scènes de la vie de Krishna. Pensez aussi à jeter un œil aux marionnettes et les jouets traditionnels en bois, les tapis aux motifs imprimés, les sacs, les vêtements et enfin les bijoux en argent réputés pour leur pureté. Vous pouvez venir ici les yeux fermés, mais pensez tout de même à négocier.

GALERIE D'ART

2 Arzia House
✆ +91 94 14 35 25 81
Ouvert tous les jours de 9h à 21h.

Rakesh vous accueille dans son école d'art dans un français parfait. Il vous explique toutes les subtilités de la miniature indienne, comment obtenir 55 nuances à partir de pigments naturels et le temps qu'il faut pour aboutir à une œuvre. Ses miniatures sont l'œuvre de professeurs, d'enseignants, d'élèves qui laissent libre cours à leur talent sur différents supports : résine, soie, papier ancien, os de chameau, marbre... Les prix varient en fonction de l'exécutant et de son expérience ainsi que du support utilisé. Les prix sont très corrects.

GANESH HANDICRAFT EMPORIUM

City Palace Road
✆ +91 294 252 3647
Ouvert de 9h30 à 19h30.

Cette ancienne demeure a été entièrement restaurée en un superbe magasin où tout est rangé avec soin et mis en valeur à la manière des boutiques occidentales. Les articles proposés, tissus, sacs, objets de décoration, miniatures, vêtements sont de belle facture et à des prix très intéressants compte tenu de la qualité. Vous n'êtes en aucun cas poussé à la consommation, les vendeurs vous laissent déambuler dans la quinzaine de salles. Voilà encore un bon point à signaler.

MARCHE LOCAL D'UDAIPUR

Sindhi Bazar Road

Ce marché situé assez loin des quartiers touristiques, commence après la Clock Tower. Il faut se perdre dans les ruelles, ou descendre la rue principale qui mène au marché aux légumes. Les prix y sont souvent un peu moins élevés que dans le centre, mais le choix est tout aussi vaste : bijoux en argent et en or, tissus multicolores, miniatures, pierres semi-précieuses... Comme n'importe où ailleurs, prenez le temps de regarder, de soupeser et de négocier le prix. Ce marché s'adressant essentiellement aux locaux, tous les commerçants ne parlent pas anglais.

MEWAR

PERIWAL EXPORTS

1 Moti Magri Scheme
✆ +91 294 252 8931

Les amateurs d'art connaissent tous Monsieur Periwal qui s'est construit une solide réputation grâce au bouche à oreille. La boutique présente une vaste sélection d'articles : textile, artisanat, miniatures, soie, bijoux… Parmi les objets, certains ont plus de 400 ans et ne sont visibles que sur demande. Attention avant d'acheter : un trop bon prix est parfois un prix douteux (imitation ou piètre qualité). La boutique est spécialisée dans l'export et les grosses pièces peuvent vous être envoyées directement chez vous, avec toute la paperasserie qui va bien.

AYURVEDIC BODY CARE

38 Lal Ghat
✆ +91 294 241 3816
www.ayurvedicbodycare.com
Ouvert tous les jours de 9h à 21h.

Les magasins de ce type sont nombreux à Udaipur, mais tous ne se valent pas. L'ayurveda est né dans l'Himalaya, les bons produits viennent toujours de cette région. Vérifiez donc la provenance des produits avant d'acheter. Cette boutique vend des produits de qualité, de marques reconnues telles que Himalaya et Biotique. Vous y trouverez également un large choix d'huiles essentielles et de savons. L'établissement propose également des massages effectués avec sérieux par des thérapeutes experts, des hommes pour les hommes et des femmes pour les femmes.

SOMA SHOP

Lake Palace Road
✆ +91 91 16 66 95 61
www.somashop.com
Ouvert tous les jours de 10h à 20h.

Les boutiques Soma existent depuis 40 ans et sont spécialisées dans les articles pour la maison : rideaux, couvre-lits, coussins, nappes, trousses de toilette. On peut également y dégoter des chemises pour hommes ou des confections pour femmes : accessoires, sacs de voyage, foulards. Ne manquez pas le coin pour les enfants et ses articles en coton bio. Tout est fabriqué dans les villages de façon artisanale. Les stylistes du monde entier viennent s'y approvisionner tant pour la qualité que les prix compétitifs. Magasins à Delhi, Jaipur, Ahmedabad et Hyderabad.

KRISHNA RANCH

Nathwaton Ka Gurha
✆ +91 98 28 05 95 05
www.krishnaranch.in
A partir de 3 000 Rs pour une demi-journée.

Francine et Dinesh possèdent un ranch à 7 km de la ville, au cœur de la chaîne de montagnes Aravalli. C'est l'occasion d'échapper au tumulte de la ville et de s'offrir une belle balade équestre dans une nature sauvage. Vous vous pouvez également séjourner sur place dans un cottage ou une tente installés au cœur de la propriété. La nourriture du ranch est excellente et composée à 100 % de produits biologiques. Les randonnées s'étendent de 2 heures 30 à une journée complète. Un niveau correct en équitation est indispensable pour enfourcher une monture.

SWARNA JEWELLERS

134 Jagdish Temple Road
✆ +91 94 60 83 13 83
www.swarnajewellers.in

Les amateurs de bijoux en argent seront séduits par cette petite boutique tout près du temple Jagdish. Vous aurez peut-être un peu de mal à la localiser parmi les quelques boutiques de bijoux qui se ressemblent toutes. Mais demandez Dinesh, le créateur. Il travaille seul et son atelier se trouve au-dessus de son magasin. Il crée de jolies bagues et de belles boucles d'oreilles en argent serties de turquoise et de corail. Vous pouvez aussi lui demander de réaliser la bague ou le bracelet de vos rêves, mais il lui faudra un peu de temps pour le réaliser.

PRAKASH YOGA CLASS

Chandpole
✆ +91 96 60 56 76 21
Cours à 8h et 19h. Don.

Prakash, le plus célèbre prof de yoga de la ville, donne des cours le matin de bonne heure et en fin de journée. Les cours ne sont pas payants et chacun donne ce qu'il veut. La salle où il pratique est construite selon les critères de la discipline et lorsque le temps le permet les cours sont dispensés sur le toit de la maison. Vous y croiserez de nombreux touristes de passage à Udaipur qui se donnent rendez-vous au café Grasswood voisin, avant ou après la séance. Un bon endroit pour les adeptes du yoga, qui ne peuvent pas se passer de la pratique, même en voyage.

PRINCESS TRAILS

Nr. St Mary's school
✆ +91 9829242012
www.princesstrails.com
Balades de quelques heures à plusieurs jours.

Princess Trails est un centre de randonnée équestre tenu par un charmant couple indo-germanique passionné de chevaux. Le couple travaille avec une équipe très professionnelle qui vous accueillera et vous fera vivre une expérience hors du commun. Vous parcourez la campagne et les montagnes Aravalli en traversant de petits villages et de très beaux paysages. Les chevaux de la race marwari sont beaux, bien dressés et très bien traités. Des randonnées à la carte, plus ou moins longues peuvent être organisées avec un hébergement en tente ou dans des hôtels de charme.

USUI SHIKI RYOHO HEALING CENTER

100 Feet Road
✆ +91 294 245 0177
www.devmanireiki.com
A partir de 6 000 Rs pour un atelier.

Pour qui veut libérer son corps, son âme et son esprit. Le maître de Reiki Swami Jeevan Devmani a déjà enseigné cette technique à des centaines d'élèves. Les ateliers d'enseignement durent deux jours pour les deux premiers degrés. Le maître dispense également des cours de niveau Master ou Enseignant. Si vous êtes désireux de découvrir le reiki avant de vous lancer dans un séminaire, c'est également possible. Le maître organise des réunions au centre ou peut se déplacer à votre hôtel.

KAILASHPURI ★

Kailashpuri se trouve à 22 kilomètres au nord d'Udaipur. Ce n'est qu'un minuscule village, avec une ruelle poussiéreuse bordée de quelques boutiques vendant des articles religieux. Le lieu abrite un complexe de temples hindous unique en son genre, Eklingji. Le groupe de temples dépend directement de la famille royale du Mewar, et le souverain et sa famille s'y rendent régulièrement pour des cérémonies et des offrandes. Pendant un temps, Kailashpuri fut la capitale du Mewar, même s'il ne reste rien ou presque de cette période, si ce n'est les ruines du vieux fort de Nagda. Le village est sis au bord d'un lac qui compte aussi quelques temples anciens.

EKLINGJI TEMPLE ★★

Eklingji Road
Entrée libre.

Eklingji est un dieu assimilé à Shiva et c'est lui qui préside à la destinée du Mewar. C'est la raison pour laquelle l'autorité régnante sur la région est un maharana (prince) et non un maharaja (roi). Un complexe de 108 temples a été construit en son honneur par la dynastie Guhila de Mewar (appelée Sisodia par la suite). Le premier temple fut érigé en 734 par Bappa Rawal, mais fut rasé lors des invasions mahométanes. Le développement du site et la construction des sanctuaires ont réellement démarré au XVe siècle. Il est difficile de deviner ce qui se cache derrière les hauts murs de l'enceinte. Mais une fois à l'intérieur la stupeur est réelle : 107 sanctuaires en parfait état et dédiés aux différentes manifestations d'Eklingji sont accolés les uns aux autres et entourent le temple principal. Ce dernier a été reconstruit au XVe siècle en marbre et granit, sur deux étages. Le *mandap* (hall intérieur à colonnes) soutient le *shikhara* (tourelle de forme oblongue chapeautant le sanctuaire) le plus haut du complexe. Devant le temple, lui faisant face, se tient un Nandi en argent massif. Le sanctuaire renferme une très rare idole de Shiva en marbre noir à quatre faces représentant Brahma, Vishnu, Maheshwar et Surya. Les murs intérieurs du temple ainsi que les portes sont plaquées de panneaux d'argent massif gravés de représentations de différents dieux hindous avec leurs attributs. Voyez si vous trouvez Ganesh, le dieu éléphant accompagné de la souris, son véhicule. En face de l'idole de Shiva se tient Nandi, le taureau. La légende veut que quiconque murmure son vœu à l'oreille de ce Nandi en pierre le verra se réaliser. Chaque lundi, jour de Shiva, la famille royale d'Udaipur se rend au temple. En raison de leur présence régulière, le temple est gardé par l'armée. Il est interdit d'y pénétrer avec un sac ou un appareil photo. Des casiers à cadenas sont à la disposition des visiteurs pour y laisser leurs affaires. Il faut bien entendu se déchausser.

- **Le temple de Lakulish**, qui figure parmi les 107 sanctuaires, a été construit en 971. C'est le seul temple du Rajasthan dédié à cette déité, la 28e incarnation de Shiva et contemporain de Vyasa et Krishna.
- **Les ruines du Nagda Temple** se trouvent à proximité le long d'un lac tapissé de fleurs de lotus. Nagda était la capitale du Mewar de 1213 à 1253. Un ensemble de temples datant du VIIe siècle furent construits aux abords du lac, avant d'être soit détruits par les Moghols, soit submergés par les eaux montantes. Il reste aujourd'hui deux temples datant du Xe siècle dédiés à Vishnu.

DELWARA ★

Ce charmant village à 30 kilomètres au nord d'Udaipur vous offre une plongée dans le Rajasthan féodal et traditionnel : quartier d'anciennes havelis gardées par des statues monumentales, puits en escalier, magnifique temple jaïn, étroites ruelles en terre battue et bien sûr un vaste fort-palais qui domine le village et qui a été transformé en hôtel de luxe. Surnommée la « Ville des Dieux », Delwara aurait eu plus de 1 000 temples. Il ne reste aujourd'hui que 25 % du village original, mais chaque rue compte encore un temple hindou ou jaïn. Une étape très intéressante si vous êtes en route pour les temples d'Eklingji ou celui de Nathdwara.

© GLEN BERLIN - SHUTTERSTOCK.COM

Delwara.

MEWAR

INDRA KUND

Au pied du fort, ce réservoir en escalier est typique du Rajasthan. Il fait environ 15 mètres de profondeur et certaines de ses gravures méritent une attention particulière. Les escaliers bordent trois des côtés. Creusé par le roi Bairisalji, il fut inauguré en 1913 par une nuit de pleine lune afin de s'attirer les bonnes faveurs des Dieux. Le *kund* a pour but de collecter l'eau de pluie et constituer des réserves. Un système de puits à roue actionné par un buffle permet de remonter les calebasses des tréfonds lorsque le réservoir est à sec.

LODHA MOHALLA ★★

Ce quartier dissimulé derrière le temple d'Hanuman regorge d'anciennes havelis typiques du Rajasthan et emblématiques du travail des artisans de la région. Vous remarquerez notamment les linteaux supportés par des *todas* en forme de chevaux. Les *gokhlas* (niches) triples sur les façades sont également typiques des havelis de Lodha Mohalla. Plutôt désert, le quartier permet de déambuler sans être dérangé. Un panneau sur la place principale, au pied d'un grand arbre vous indique que vous êtes à bon port. C'est ici que vous trouverez la boutique et l'atelier Sadhna.

TEMPLE PARSHVANATH BAGHVAN ★

À la sortie du village, à la lisière des champs se dresse ce magnifique temple jaïn vieux de 900 ans et complètement ignoré des circuits touristiques traditionnels. Dédié au 23e *tirthankar* (homme saint du jaïnisme) Parshvanath, le temple appartient à la secte jaïne Shvetambar Murtipoojak. Pas un millimètre du marbre blanc utilisé à la construction de ce temple n'est exempt de sculpture. Chaque pilier, chaque linteau, chaque mur, les plafonds et le toit sont finement ornementés de motifs floraux ou d'animaux. Les récents travaux de rénovation ont permis de découvrir de très anciennes idoles d'une grande valeur archéologique. Certaines d'entre elles sont conservées dans une chambre souterraine. Si vous avez aimé Ranakpur, vous ne pourrez qu'être séduit par ce temple que vous aurez pour vous seul.

Le temple est en général fermé à clé. Il faut trouver le gardien qui s'occupe d'un autre temple jaïn situé au cœur du village. Le temple Maharviswami, de moindre intérêt, renferme certaines des idoles retrouvées sur le site du temple de Parshvanath, dont un intéressant panneau en marbre figurant les différents tirthankars. Moyennant une centaine de roupies, le gardien vous mènera jusqu'au temple et vous fera la visite. Il ne parle presque pas anglais.

Comme dans tout temple jaïn, il faut se déchausser et laisser à l'extérieur tout article en cuir. Les photos des idoles sont interdites et le temple se visite par la gauche en tournant autour du sanctuaire central.

TOUR DE GUET

Cette ancienne tour de chasse en ruine est située sur la colline de Kantya, plus connue localement sous le nom de Aodhi. Construite par le roi Jasvansingh, elle lui servait de tour de guet pour chasser le gibier que ses gardes forestiers rabattaient dans sa direction. Il faut compter 30 minutes de marche sur un sentier qui longe des ruines de temples avant d'atteindre le sommet de la colline. De là, la vue sur Delwara, son palais et les collines des Aravalli est splendide. Mais attention, la promenade s'effectue à découvert, mieux vaut éviter les heures chaudes.

SEVA MANDIR

Old Fatehpura
✆ +91 294 245 1041
www.sevamandir.org
Sur réservation entre 10h et 18h. Tarif : 300 Rs pour une visite de 2 heures.

Six jeunes garçons du village ont été formés pour faire découvrir Delwara aux touristes. Ce projet associatif leur permet de gagner quelques roupies et de partager les changements intervenus ces dix dernières années dans un village traditionnel du Rajasthan. Ils vous conduiront à travers un parcours de 2 heures et deux kilomètres environ dessiné pour couvrir les différents points d'intérêt. Les visites sont parcourues d'anecdotes et de faits. L'argent récolté grâce à ces visites est partagé entre les 6 guides. La visite démarre devant la boutique Sadhna.

RAAS DEVIGARH €€€

NH8
✆ +91 295 335 0200
www.raashotels.com
A partir de 35 400 Rs pour une suite, petit déjeuner inclus.

Cet hôtel occupe l'imposant palais de Delwara construit au sommet d'une colline. Après 15 années de restauration, le palace a ouvert ses portes au public en 1999. Les 23 suites étalent un luxe à nul autre pareil mêlant avec grâce modernité et passé. Terrasse privée, salle de bain en extérieur avec baignoire en marbre, douche panoramique... chaque chambre possède sa particularité enchanteresse. L'endroit compte une piscine, un bar et un restaurant. Les repas sont servis sur le toit jardin, au bord de la piscine, dans le sheesh mahal ou le durbar hall.

SADHNA

Near Devigarh entrance gate
✆ +91 70 23 54 68 81
www.sadhna.org
Ouvert de 10h à 18h. Fermé le dimanche.

Il s'agit ici du centre de production de la marque éthique Sadhna qui permet aux femmes de milieu rural de gagner en indépendance. Il s'adresse en priorité aux veuves, souvent rejetées par les familles, et aux femmes en grande précarité. Elles produisent des vêtements de manière entièrement artisanale. La production est vendue dans une boutique d'Udaipur. Mais vous pouvez tout à fait vous arrêter ici pour voir comment elles travaillent et acheter de jolis vêtements colorés

Sadhna dépend de l'ONG Seva Mandir et fait partie de la Fédération du Commerce équitable.

HALDIGHATI ★

A 50 km au nord d'Udaipur, Haldighati est le lieu d'une célèbre bataille qui a opposé l'armée de l'empereur moghol Akbar menée par Man Singh Ier d'Amber à celle du Mewar du 18 au 21 juin 1576. Le maharana Pratap d'Udaipur a participé à la bataille, ainsi que son cheval, aujourd'hui encore considéré comme un véritable héros national. Le site tire son nom d'une passe entre les Aravalli. Ce qu'il reste du fort a été transformé en musée. L'absence d'informations en anglais rend la visite assez inintéressante pour qui ne parle pas hindi. En revanche, sur la route, vous pourrez vous arrêter acheter de l'eau de rose. La région est fameuse pour ses roseraies.

MAHARANA PRATAP MUSEUM

Ouvert de 8h à 18h. Entrée : 200 Rs.

La bataille d'Haldighati a vu s'opposer en 1576, le prince Maharana Pratap à Man Singh I, le commandant des troupes d'Akbar. L'armée de Pratap aurait compté 3 000 hommes, contre 40 000 pour Man Singh. Malgré ce déséquilibre numéraire, Pratap a remporté la bataille, mais il perdit son fidèle destrier Chetak. Un mémorial lui a été dressé non loin du site d'Haldighati. La visite guidée du musée est obligatoire (départ toutes les 30 minutes). Une succession de salles toutes plus kitsch les unes que les autres retracent la bataille à l'aide de figurines en carton pâte.

NATHDWARA ★★

Cette petite ville de 42 000 habitants a conservé son charme médiéval. Il est agréable de flâner dans les ruelles du bazar bordées d'échoppes traditionnelles : vendeur de chaï ou de snacks sucrés, vendeur d'eau, de souvenirs religieux et de toupies en bois... Les tentures tendues au travers de la rue pour protéger les passants du soleil rappellent les souks du Maghreb. La ville est très fréquentée pour son temple dédié à Krishna. Elle attire des pèlerins des quatre coins de l'Inde et c'est le deuxième lieu le plus sacré après Mathura, lieu de naissance de Krishna. La visite de Nathdwara peut être couplée avec celle d'Eklingji et de Delwara.

BAZAR DE NATHDWARA

Prendre la rue sur votre droite en sortant du temple.

Les ruelles jouxtant le temple forment un marché agréable. De nombreuses boutiques proposent des souvenirs : objets religieux, *bangles*, saris, parfums. Vous trouverez notamment de jolies toupies ou maracas peintes de couleurs vives qui peuvent faire l'objet d'un cadeau original pour un enfant. Les rues sont également bordées d'échoppes pour boire un *chai* ou goûter à un snack sucré. Pour le *chai*, cherchez le wallah qui le sert dans de petits gobelets en terre cuite traditionnels en contrebas du temple sur la gauche ; c'est le meilleur de la ville.

GANESH TEKRI

Haldi Ghati Road

Ce temple, au sommet d'une colline, est dédié au dieu éléphant, l'un des rares au Rajasthan. La jolie idole est placée dans une niche sous une magnifique coupole de marbre sculptée. Si la montée dans la forêt s'avère un peu rude, la vue depuis le temple sur la plaine et les montagnes des Aravelli est splendide. Juste après la mousson, les bassins qui parsèment la montée forment de jolis jeux d'eau et constituent des haltes apaisantes pour souffler un peu. Vous pouvez toujours y jeter une pièce et faire un voeu, comme les locaux. Ganesh l'excaucera peut-être.

SHRINATHJI TEMPLE ★★

Shiv Nagar - www.nathdwaratemple.org

Consulter les horaires changeants des darshan sur le site Internet.

Ce temple sacré abrite une idole très vénérée. Elle aurait été déplacée de Mathura, le berceau de Krishna, au XVIIe siècle, afin de la protéger des Moghols. Les souverains musulmans ne faisaient pas de quartier et rasaient bien souvent les temples hindous présents sur leur passage. En envoyant ainsi Krishna au cœur du Rajasthan, gardé par les fiers guerriers rajpoutes, les fidèles se rassérénèrent. L'idole continue d'attirer les fidèles par milliers et le spectacle de leur dévotion vaut vraiment le détour. Krishna est montré à heures fixes au cours de différentes cérémonies.

- ***Mangla* à 5h30 :** Krishna se réveille
- ***Shringar* à 7h15 :** Krishna enfile sa première tenue de la journée
- ***Gwal* à 9h15 :** Krishna emmène ses vaches paître.
- ***Rajbhog* à 11h15 :** Krishna prend son premier repas de la journée.
- ***Utthan* à 15h30 :** Krishna s'étant endormi en surveillant ses vaches, il se réveille de sa sieste.
- ***Bhog* à 16h30 :** Krishna prend son second repas de la journée.
- ***Arti* à 17h :** Krishna prie juste après le coucher du soleil.
- ***Shyan* à 18h30 :** Krishna va se coucher.

Les fidèles attendent, hommes et femmes séparés, dans des salles distinctes, devant de lourdes portes d'argent ciselé. Une troisième salle existe, pour les VIP, à laquelle vous pourrez accéder moyennant contribution auprès d'un des nombreux gardiens du temple. Dans la salle des femmes, vous y verrez des dames âgées occupées à éplucher des légumes. Ils serviront au repas des prêtres et des gardiens. Ils sont 3 600 au total à travailler dans le temple, même si tous ne sont pas présents au même moment. A l'heure dite, les portes s'ouvrent, en commençant par celles des VIP puis des femmes. Ils sont invités à prendre place dans une pièce en gradins d'où on peut voir la belle idole noire richement vêtue. Les gens se bousculent pour voir et prier, en levant les bras au ciel en célébrant Krishna. Au bout de 5 minutes, les hommes sont invités à rentrer chassant de facto les fidèles déjà présents. Ils se dirigent alors dans une autre salle où un prêtre officie et rejoue la scène symbolique de Krishna bercé par Vasudeva. Une nacelle couverte de strass et de fleurs se balance pendant que le prêtre fait passer une toupie. C'est un peu comme un manège ! Le rituel de dévotion est alors terminé mais vous pouvez bien sûr acheter du lait ou du *prasad*, sorte de pain sucré. Normalement, ils servent d'offrandes à Krishna, qui les redistribue par la suite aux fidèles après la prière.

Une visite au temple de Krishna est un moment incroyable, mêlant ferveur, rites mystérieux et joie exubérante des pèlerins.

JÜSTA BRIJ BHOOMI €€

Haldi Ghati Road
✆ +91 823 975 5222
www.justahotels.com
A partir de 12 000 Rs pour une chambre double, petit déjeuner inclus.

L'hôtel trône au sommet d'une colline dans la campagne environnant Nathdwara. Un majestueux hall d'entrée vous accueille avant de rejoindre votre chambre installée autour d'une des deux cours intérieures. Celles-ci, vastes et lumineuses, sont confortablement aménagées. Les suites sont agrémentées d'une belle terrasse offrant une vue superbe sur les collines et la piscine à débordement. L'hôtel comprend également un délicieux restaurant, mais on n'y sert que des plats végétariens et l'alcool est proscrit, Nathdwara étant une ville sacrée.

RANAKPUR ★★★

Lovée en plein milieu du massif montagneux des Aravalli séparant les régions du Mewar et du Marwar, Ranakpur se situe à environ 80 kilomètres au nord d'Udaipur. Le site est connu pour ses fabuleux temples jaïns en marbre blanc et en particulier celui d'Adinath. Ranakpur compte parmi les 5 lieux saints du jaïnisme. Si vous ne devez voir qu'un temple jaïn, ce sera celui-là, tant il est majestueux et délicat à la fois. La campagne alentour est très agréable et de nombreux resorts ont élu domicile dans ce coin du Mewar, qui grâce à ses montagnes bénéficie d'un climat agréable et d'une nature foisonnante. Alors que Kumbhalgarh plus au nord se transforme rapidement en station ultra-touristique, Ranakpur conserve une sérénité tranquille. Une nouvelle activité se développe dernièrement, avec le safari. Les léopards sont nombreux dans la région, et il existe un très bon site à moins d'une heure où vous avez 90% de chance de voir le félin. Votre hôtel pourra vous renseigner. Ranakpur est située sur la route qui relie Udaipur à Jodhpur et constitue une étape agréable.

Transports

- **Bus.** Tous les bus faisant la route entre Udaipur et Jodhpur passent par Ranakpur. L'arrêt est situé juste à côté de l'entrée du temple. Depuis Udaipur, un bus part toutes les heures environ et met 3 heures. Depuis Jodhpur, les bus partent le matin et mettent 5 heures.
- **Taxi.** Comptez 3 000 Rs pour une journée de visite comprenant Ranakpur et Khumbalgarh au départ d'Udaipur.

TEMPLES DE RANAKPUR ★★★

Ranakpur Road
Ouvert aux non-jaïns de 11h à 17h. Gratuit. 100 Rs pour un appareil photo.

Les temples jaïns de Ranakpur se trouvent au cœur d'une belle réserve naturelle. Cet ensemble de quatre temples de marbre blanc est l'un des cinq lieux de pèlerinage majeurs du jaïnisme. Pour beaucoup, le temple d'Adinath, le plus grand de l'ensemble, est le plus bel exemple de temple jaïn en Inde. Sa visite peut faire l'objet d'une halte de quelques heures à intégrer dans un circuit avec d'autres sites autour d'Udaipur, comme le fort de Kumbhalgarh.

- **Le temple d'Adinath** est dédié au Premier tirthankar de la cosmologie jaïne. Sa construction serait le fruit d'une vision divine qu'a eue Dharna Shah, un entrepreneur local. L'édification du temple est parfaitement documentée. Une plaque de cuivre enregistre le début des travaux en 1437. Une inscription datant de 1439 laissée sur un pilier du temple explique que Deepaka, l'architecte, a construit le temple. Enfin, le texte en sanskrit Soma-Saubhagya Kavya raconte en détail les cérémonies qui ont suivi l'édification de la base du temple. Les travaux ont été financés par le souverain du Mewar d'alors, Rana Khumba, qui a laissé son nom au village de Ranakpur.

Le vaste temple couronné de coupoles, tourelles et d'un majestueux shikhara occupe une surface de 3 700 m². Les 80 coupoles reposent sur 1 444 colonnes de marbre, toutes différentes et finement travaillées. L'édifice comprend 29 halls différents et les yeux ne savent plus où se poser devant une telle richesse architecturale. Chaque statue du temple fait face à une autre statue et celles-ci sont orientées en direction des quatre points cardinaux. Le temple respecte les principes de l'architecture *chaumukha*, à 4 faces. Ce type de construction orientée vers les points cardinaux symbolise la conquête du cosmos par le Tirthankar. Ne manquez pas la somptueuse statue du serpent à 108 têtes sculptée dans un monolithe de marbre neigeux. Il se dégage de cet ensemble un sentiment de paix et de bien-être qui vous fera sans doute prolonger la visite. Les photos des idoles et du cœur du temple sont interdites.

- **Sur le même site, les petits temples de Neminath** (dédié au 22e tirthankar) **et de Parsanath** (dédié au 23e tirthankar) présentent de très belles ornementations également, dont certaines érotiques. En quittant le complexe, prenez la route sur votre gauche. Là, se trouve le **temple du Soleil**, beaucoup moins fréquenté mais tout aussi agréable. Celui-ci fut construit au XIIIe siècle avant d'être détruit puis reconstruit en même temps que les autres temples.
- **La cantine du temple** est ouverte à tous, de 11h à 13h, puis de 17h à 18h.

MEWAR

DHARAMSALA [MAISON DES PELERINS] €

A côté des temples.

Deux nuits maximum. Don (minimum 200 Rs).

Le site de Ranakpur comprend une dharamsala pour accueillir les pèlerins venus des quatre coins du pays. Le confort est on ne peut plus sommaire : douche, eau froide et WC. Cela conviendra néanmoins aux tout petits budgets. La promiscuité est de mise, et les chambres ne sont pas insonorisées. Vous profiterez donc des ronflements de vos voisins et de leurs horaires improbables. Les touristes sont priés de se présenter dans une tenue décente et couvrante.

SHILPI HOTEL [RTDC] €

Near Jain Temple ✆ +91 293 428 5074

www.rtdc.in

A partir de 1 500 Rs pour une chambre double.

Cet hôtel tenu par le gouvernement affiche une mine surannée assez désolante. Ne vous attendez pas à un hôtel de charme, mais plutôt à une structure en béton vieillissante dont les peintures s'effritent. Les chambres sans âme sont correctes pour une nuit et les tarifs raisonnables pour un hôtel gouvernemental. Vous bénéficierez même d'une petite table et de deux chaises déglinguées pour vous asseoir. Situé en hauteur, l'hôtel possède l'avantage d'offrir de belles vues sur le temple d'Adinath, la campagne environnante et d'être dissimulé par les arbres.

ARANYAWAS HOTEL €€

Ranakpur Road

✆ +91 295 629 3029

www.aranyawas.com

A partir de 7 500 Rs pour une chambre double (hors taxes), petit déjeuner inclus.

Dans une vallée à l'abri du monde extérieur, cet hôtel est destiné aux amoureux de la nature. Les chambres spacieuses abritées dans des cottages accrochés à flancs de montagne bénéficient d'une vue étonnante sur les vergers (goyaves, mangues, litchis, grenades, figues). Vous pouvez aussi opter pour un hébergement en tente de luxe. Seuls quelques oiseaux enjoués viennent perturber la tranquillité des lieux. A noter la cuisine végétarienne et bio servie au restaurant. Vous pouvez prolonger le séjour autour de la piscine ou en profitant d'une initiation au yoga.

RANAKPUR HILL RESORT €€

Ranakpur Road

✆ +91 293 428 6411

www.ranakpurhillresort.com

A partir de 6 000 Rs pour une chambre double (hors taxes).

Un hôtel charmant où vous serez chaleureusement accueilli. Ici le personnel est aux petits soins. Les chambres sont spacieuses et bien entretenues, décorées de façon traditionnelle. Si vous préférez, vous pourrez passer la nuit sous une tente aménagée. Une agréable piscine trône au milieu du jardin. Restaurant de bonne facture où l'on sert une cuisine continentale et indienne. Le soir, spectacles de danses folkloriques. Bon à savoir : l'hôtel organise sur demande des safaris en jeep, à cheval ou à dos de chameau. Un bon rapport qualité-prix.

THE TRISHALA VILAS €€

Near Ranakpur Jain Temple Ranakpur, Sadri, Rajasthan 306702 ✆ +91 89 49 93 22 75

www.thetrishalavilas.com

A partir de 8 100 Rs pour une chambre double, petit déjeuner inclus.

Dernier né des hôtels de Ranakpur, cette adresse est formidable. Les tarifs sont raisonnables pour la qualité du service donné. Les chambres sont spacieuses, tout comme les salles de bain et comptent souvent une petite terrasse, parfois partagée avec la chambre voisine. La déco est délicieuse avec des peintures dans l'esprit du Rajasthan, mais surtout une très belle collection d'objets indiens. Hanshmukh, le propriétaire, est guide et a sillonné l'Inde en tous sens pendant de nombreuses années. Une agréable piscine et un restaurant absolument délicieux en bonus !

KINGS ABODE €€€

Ranakpur-Sadri Road

✆ +91 90 01 99 94 91

www.kingsabode.in

A partir de 5 800 Rs pour une chambre double (hors taxes), petit déjeuner inclus.

Cette vaste propriété récente avec piscine, jardins et restaurant élégant affiche des chambres spacieuses. La décoration se veut raffinée et les chambres sont très bien équipées. Tout est fait pour y passer un séjour agréable et profiter de la beauté et du calme de la région. Il y a même une aire de jeux pour les enfants, qui peuvent ainsi profiter du grand air. Les prix étant vraiment abordables, mieux vaut réserver, surtout le week-end. Les propriétaires n'ont pas hésité à la baptiser « la demeure des rois », nom que l'établissement porte bien.

MEWAR

MAHARANI BAGH ORCHARD RETREAT €€€

Ranakpur Road
✆ +91 293 428 5105
www.jodhanaheritage.com
A partir de 15 900 Rs pour un cottage, petit déjeuner et dîner inclus.

Véritable have de paix, cette belle propriété du XIXe siècle a été offerte à la maharani de Jodhpur comme résidence d'été. Les cottages sont répartis sur un terrain de 32 hectares où poussent des arbres fruitiers. Deux restaurants et une piscine viennent parfaire le décor. Le soir, la musique retentit et plonge le visiteur dans une ambiance romantique. La proximité d'une réserve naturelle permet d'apercevoir des animaux sauvages. Seul bémol : l'hôtel est souvent envahi par des groupes.

KHUMBHALGARH ★★★

Au cœur de la chaîne des Aravalli, au détour d'une petite route de campagne, se dresse le fort de Kumbhalgarh. Bâti au XVe siècle par le roi Sisodya Rana Kumbha, la forteresse ne tombera entre les mains mogholes et la puissance d'Akbar que pendant une courte dizaine d'années à la fin du XVIe siècle. Elle servait de refuge aux souverains d'Udaipur lorsque cette dernière était la proie d'attaques. Sa muraille de 20 kilomètres, aux imposants bastions, serait la deuxième plus longue au monde, derrière la Grande Muraille de Chine. Un peu compliquée d'accès si on ne dispose pas de son propre véhicule, la forteresse mérite néanmoins une visite. Sa taille imposante, ses deux palais anciens, ses temples délicats et le nombre (encore) limité de touristes en font une escapade des plus agréables.

Transports

- **Bus.** Il n'y a pas de bus direct depuis Udaipur. Il faut d'abord prendre un bus pour Ranakpur et descendre à Saira (durée : 2 heures), puis prendre un bus en direction de Kelwara. Demandez au chauffeur de vous arrêter à Kumbhalgarh. Vous aurez encore 2 km à parcourir dans la montagne. Le trajet peut s'effectuer en rickshaw ou à pied. Au retour, le dernier bus pour Saira passe vers 17h30.

- **Taxi.** Comptez 3 000 Rs pour une journée d'excursion qui comprend la visite de Khumbalgarh et des temples jaïns à Ranakpur, au départ d'Udaipur.

© SAVOIA - ISTOCKPHOTO
Temple de Khumbhalgarh.

KUMBHAL EXOTICA €€

3G82+3H Village - Jetaran, Kumbhalgarh, Road, Kumbhalgarh, Dist, Rajasthan 313325
✆ +91 95 09 65 83 82
https://www.kumbhalexotica.com/
A partir de 8 400 Rs pour une chambre double, petit déjeuner inclus.

Cet hôtel ouvert en 2023 fait partie des bonnes surprises de la scène de Kumbhalgarh. Perdu dans les monts Aravalli, en bordure d'un minuscule village, vous profitez d'un environnement calme et serein. Ce qui frappe ici, c'est l'espace et la simplicité. L'immense salle à manger fait aussi office de réception. Les 10 chambres sont dans un autre bâtiment, très confortables et toutes dotées d'une belle terrasse avec la grande pelouse et la campagne. Lorsque les soirées ne sont pas trop fraîches, vous pouvez prendre votre dîner au bord de la piscine.

THE AODHI €€€

Kelwara
✆ +91 295 424 2341
www.hrhhotels.com
A partir de 9 500 Rs pour une chambre double (hors taxes), petit déjeuner inclus.

Les collines des Aravalli forment un écrin de verdure parfait pour cet établissement plein de charme. La décoration des chambres et des parties communes est néanmoins un peu vieillotte. L'hôtel présente fort heureusement une gamme de services très complète : piscine au milieu d'un beau jardin paysager, deux restaurants et un bar. Seul un spa manque à la liste pour en faire un lieu de séjour. Sa proximité avec le fort de Kumbhalgarh vous permettra d'être parmi les premiers sur les lieux et d'éviter la foule, surtout en haute saison.

MEWAR

FORT DE KUMBALGARH ★★★

A 84 km au nord d'Udaipur.

Ouvert de 8h à 18h. Entrée : 600 Rs.

Sans conteste le plus massif et le plus imposant des forts du Rajasthan. Il est inscrit avec 5 autres forts de l'État au Patrimoine mondial de l'UNESCO. Sa muraille longue de 20 kilomètres de long serait le second plus long mur jamais construit après la Grande Muraille de Chine. Le fort s'offre à la vue au dernier moment, au détour d'un virage et semble surgir de nulle part. Une épaisse muraille, où, dit-on, 8 chevaux pouvaient se tenir de front, protège la place forte et le palais construit en haut d'un piton rocheux. De là, la vue sur les montagnes environnantes est absolument extraordinaire. Le fort fut édifié par Rana Kumbha au XVe siècle, souverain rajpoute qui fit rayonner le Mewar jusqu'à l'actuel Madhya Pradesh. La construction du fort prit 5 ans, de 1443 à 1448.

Prévoyez 2 heures pour visiter les palais et deux ou trois temples que vous croiserez en chemin. Nous vous recommandons d'utiliser les services d'un guide qui rendra la visite plus intéressante, notamment concernant le palais de Rana Kumbha. Essayez de venir tôt. Il est également possible de se promener à l'intérieur de la forteresse et de visiter les temples plus éloignés ou de parcourir la muraille. Vous n'aurez pas trop d'une journée pour en parcourir tous ses recoins.

▶ **Vous pénétrez à l'intérieur du fort** par Hanuman Pol, la première des 7 portes qui permettent d'accéder au palais. Ce fort n'a été pris qu'une seule fois et il a fallu les forces conjuguées des armées du Marwar et de l'empereur moghol Akbar pour le faire tomber. Ils n'eurent que deux jours pour savourer leur victoire avant de s'en faire chasser définitivement. C'est ici que se réfugiaient les souverains d'Udaipur en cas de danger.

▶ **De nombreux temples** jaïns et quelques temples hindous subsistent. Il y en aurait 360 au total, intacts ou en ruine. Certains d'entre eux datent de 200 ans avant notre ère, attestant de l'importance de Kumbhalgarh depuis toujours. Les temples se visitent, mais n'oubliez pas de vous déchausser avant de pénétrer dans ces sanctuaires.

▶ **Le palais fortifié** se dresse sur votre gauche au terme d'une longue montée. Il est bâti à 1 100 mètres d'altitude. Le palais le plus haut est le plus récent. Il a été construit par Fateh Singh à la fin du XIXe siècle. Depuis le toit, la vue sur les Aravalli est absolument saisissante, et par temps clair, il serait possible d'apercevoir les débuts du désert du Thar. Les vestiges du palais de Rana Kumbha se trouvent sur votre droite, dans la montée. Admirez le *zenana*, quartier des femmes, avec ses colonnes sculptées qui font penser à un temple.

LA PIZZERIA €€

Qila Road, Qila Kumbhalgarh, Rajasthan 313325

✆ +91 93 52 55 38 79

Ouvert tous les jours de 10h à 23h. Comptez 400 Rs pour un repas.

L'équipe de La Pizzeria n'aurait pu trouver un meilleur nom pour leur restaurant... étant donné qu'elle envoie des pizzas toute la journée ! Ouvert avec fracas en 2024 - il n'y a qu'à voir le nombre de panneaux annonçant l'établissement le long de la route -, le restaurant a débusqué un emplacement de choix. Il se trouve sur le rond-point, juste avant la dernière portion de route du fort de Kumbhalgarh. La carte propose de bonnes spécialités italiennes, et les pizzas sont savoureuses. C'est suffisamment rare en Inde pour être souligné. Attention, pas de toilettes.

SARDARGARH

Situé à 95 kilomètres au nord d'Udaipur, Sardargarh est un fort du XVIIIe siècle érigé par Sardar Singh, maître du village de Lawa. L'histoire raconte que le Maharana d'Udaipur, qui se déplaça pour l'inauguration en 1743, fut tellement impressionné par la majestuosité architecturale du fort qu'il fit appel à Sardar Singh pour superviser les travaux du Jag Niwas d'Udaipur. Le fort, ceint d'une imposante muraille et de bastions circulaires, est aujourd'hui transformé en hôtel de luxe et ne se visite qu'à l'occasion d'une réservation ou d'un repas. Le village compte de nombreux temples hindous et jaïns au détour de ses ruelles poussiéreuses.

SARDARGARH HERITAGE HOTEL €€€

✆ +91 290 825 4591

www.sardargarh.in

A partir de 25 000 Rs pour une suite (hors taxes), petit déjeuner compris.

Vous voilà arrivé dans une authentique forteresse. C'est la même famille qui restaure et entretient les lieux depuis 10 générations. Patios, jardins fleuris vous conduisent aux suites raffinées. Le dîner aux chandelles est servi près de la fontaine par un personnel enturbanné. Accueil chaleureux des propriétaires, vaste piscine émeraude, spa, découverte en petit train de la région, rencontre avec les habitants du village ; services haut de gamme, tout y est pour un séjour parfait.

MONT ABU ★★

Mont Abu est la seule station climatique du Rajasthan, à 1 200 mètres d'altitude. Elle attire de nombreux touristes indiens venus prendre un bol d'air frais aux côtés des quelques 22 000 habitants. Elle attire en nombre les habitants du Gujarat voisin, où la vente d'alcool est interdite. En haut d'un massif sorti de nulle part, Mont Abu vibre au son des cloches jaïnes. Lieu de pèlerinage important, la ville compte parmi les plus somptueux temples de l'Inde. Considérée comme la « Suisse » du Rajasthan, Mont Abu est ponctuée de paysages magnifiques. Très populaire, le lac Nakki est le centre névralgique de la ville. Évitez la période des fêtes, comme Holi ou Diwali, et les week-ends lorsque débarquent les Gujaratis, car les prix grimpent en flèche.

Tourisme

Le Tourist Information Centre est ouvert du lundi au vendredi de 8h à 18h. Il se trouve en face de la gare routière, sur Main Road (+91 297 423 5151). Vous pourrez notamment obtenir des renseignements sur les sites à visiter et comment s'y rendre.

Transports

▶ **Bus.** La gare routière se trouve à l'entrée de la ville, sur Main Road. Vous pourrez emprunter un bus à destination de Abu Road (départ fréquent en journée uniquement, durée : 45 mn), Jaipur (départ à 18h30, durée : 11 heures), Jodhpur (3 départs dans la matinée, durée : 6 heures), Udaipur (4 départs quotidiens, durée : 4 heures).

▶ **Train.** La gare du Mont Abu se trouve dans la vallée, à Abu Road, à 27 kilomètres. Vous trouverez le bureau des réservations en face du poste de police. Il est ouvert du lundi au samedi de 8h à 20h et le dimanche de 8h à 14h. Un autre bureau de réservation se trouve à Mont Abu, en face de la gare routière, au 1er étage de l'Office de tourisme. Il est ouvert tous les jours de 8h à 14h. Vous pourrez emprunter un train pour Bikaner (durée : 11 heures), Delhi (durée : entre 10 heures 30 et 14 heures), Jaipur (durée : entre 6 et 8 heures), Jodhpur (durée : 5 heures environ).

▶ **Se déplacer.** Les Jeeps collectives sont un bon moyen de se déplacer dans les alentours de Mont Abu et notamment pour se rendre aux temples. Vous les trouverez en face du Sher-e-Punjab Hotel. Compter 60 Rs pour vous rendre au temple de Dilwara. Un bus touristique effectue une demi-journée de visite à Mont Abu et ses environs. Le tour est organisé par l'Office de tourisme.

ACHALGARH FORT

Achal Gadh

Ouvert de 10h à 17h. Gratuit.

La présence d'un fort au-dessus du village d'Achalgarh date de la dynastie des Paramara qui a régné sur le Rajasthan du IXe siècle au XIVe siècle. La structure encore visible date de la moitié du XVe siècle, mais il n'en reste pas grand-chose. Les deux portes d'accès, Hanuman Pol et Champa Pol, sont encore debout. Le temple d'un blanc crémeux, situé dans l'enceinte du fort et qui semble épouser le sommet de la colline, est dédié à Shiva. D'autres temples jaïns, en moins bonne condition, peuvent également être observés, dont un datant de 1513.

BRAHMA KUMARIS SPIRITUAL UNIVERSITY

Subhash Road

www.bkwsu.com

Gratuit.

Le lieu ravira les amateurs de spiritualité New Age. Le but de cette université fondée par Brahma Kumaris est de créer les conditions de la paix universelle par la méditation et le yoga. On pénètre dans le musée par la « porte du Paradis », en toute simplicité. Il permet de se familiariser avec la philosophie du gourou et de participer à une séance de méditation en compagnie des autres visiteurs. L'enseignement est gratuit et l'université fonctionne grâce aux dons.

ACHPURA GUEST HOUSE €

Opposite Uniara House

✆ +91 94 62 75 17 13

https://achpurahouse.blogspot.in

A partir de 1 500 Rs pour une chambre double.

Cette petite *guesthouse* ne compte que 3 chambres blotties dans un coquet cottage aux tuiles bleues. Elles sont propres, simples et à un prix abordable pour Mont Abu. On aime la véranda devant les chambres qui permettent de profiter de la fraîcheur des lieux. À 5 minutes à pied du lac et à 10 minutes du centre-ville, vous serez au calme. Umed, le propriétaire, parle un peu français et se fera un plaisir de vous renseigner sur les activités à mener dans le coin. Vous succomberez immanquablement à sa gentillesse et à son accueil chaleureux.

MEWAR

DILWARA JAIN TEMPLES ★★★

Dilwara Jain Temple
De 12h à 18h. Photos interdites.

Dilwara signifie « le lieu des temples ». Cinq temples de marbre blanc construits entre le XIe et le XVIe siècle surgissent des collines environnantes pour former un ensemble de tout premier plan. Sous des airs quelque peu massifs à l'extérieur, les intérieurs rivalisent de beauté et de grandeur. Pas un recoin n'a été oublié lors des travaux d'ornementation. La délicatesse des sculptures, les plafonds et les piliers ciselés, les innombrables statues en marbre poli révèlent un extraordinaire maîtrise des artisans indiens et une fertilité créative sans pareil. Considérés comme les plus beaux exemples de temples jaïns en Inde, ces temples font l'objet d'un culte important parmi les membre de la secte. Le jaïnisme est né d'une scission avec l'hindouisme au VIe siècle av. J.-C et si beaucoup de principes sont similaires entre les deux religions, comme l'atteinte de l'illumination, aucune divinité n'occupe de place centrale. Les tirthankars statufiés dans les temples, sont les Maîtres éveillés, qui amènent les dévots à suivre le chemin de l'illumination suprême. Les temples de Mount Abu figurent parmi les cinq lieux les plus sacrés du jaïnisme, aux côtés de Ranakpur au Rajasthan ou de Palitana au Gujarat. Les pèlerins se rendent ici en nombre tout au long de l'année. Au vu de leur état, il est difficile de croire que seules quelques rénovations ont été entreprises au fil des siècles. Après la destruction partielle du Vimal Vasahi en 1311, des réparations d'importance furent amorcées une dizaine d'années plus tard. Il a subi une autre phase de soins en 1906, à la suite de laquelle le site a été consacré à nouveau. Enfin, un autre cycle d'entretien d'importance eut lieu de 1950 à 1965. On peut d'ailleurs voir la différence de patine entre le marbre ancien, jauni, et celui plus récent, blanc.

▸ **Vimal Vasahi.** Ce temple, le plus ancien date de 1031. Il a été construit par Vimalsha, un ministre du roi Bhima Ier du Gujarat. Il est dédié à Adinath, le premier saint homme du jaïnisme (*tirthankar*). Il s'agit de l'un des plus beaux exemples d'architecture jaïne. Vous vous laisserez bercer par l'atmosphère spirituelle du lieu. Le temple se dresse au milieu d'une cour entourée d'une cinquantaine de celles renfermant des statues d'autres *tirthankars*, c'est-à-dire un saint homme ayant atteint « l'illumination ». Les couloirs, piliers, portiques, arches, plafonds sont gracieusement sculptés dans le marbre blanc. Les motifs représentent des fleurs de lotus, des végétaux, des animaux ainsi que des scènes relatives à la mythologie jaïne. Dans le hall principal, le *rang mandap*, le dôme central est soutenu par 12 piliers magnifiquement décorés de femmes jouant de la musique et des 16 *vidyadevis*, les déesses de la connaissance. Ne manquez pas de lever la tête pour admirer la rosace de pierre. Le *gudh mandap* qui renferme l'idole d'Adinath, est lui tout en sobriété. Mais la porte qui y donne accès est elle richement ornée. Face au temple, se trouve le *hatishala*, la « maison des éléphants ». Construite en 1147 par un descendant de Vimalsha, la rangée d'éléphants porte sur son dos la lignée familiale.

▸ **Luna Vasahi**. Ce temple est dédié à Nenimath, le 22e *tirthankar* et fut érigé en 1230 par deux frères, tous deux ministres du roi du Gujarat. Ils le firent construire en mémoire de leur frère Luna, décédé. Vous pourrez admirer son architecture si particulière, ses sculptures extrêmement fines et minutieuses. Il fallut plus de 2 000 artisans pour réaliser ce véritable travail d'orfèvre. Le point d'orgue réside dans le dôme du *rang mandap*, le hall principal. 72 tirthankars sont représentés assis, en cercle. Le deuxième bandeau concentrique représente 360 figurines miniatures de moines jaïns. Au centre du plafond un magnifique pendentif de pierre ciselée semble flotter. Le temple est entouré de 9 cellules qui se disputent grâce et légèreté. L'idole représentant Neminath a été taillée dans du marbre noir. La colonne de marbre noir qui se trouve sur la gauche du temple est un ajout du maharana Khumba du Mewar.

▸ **Temple Pittalhar**. La construction de ce temple a été entreprise par Bhima Shah, un ministre du Sultan d'Ahmedabad, au XVe siècle. Plus modeste en taille, et ne comprenant que quelques cellules, il est inachevé. Le temple tient son nom de l'imposante statue en alliage de 2 mètres 40 qui représente Adinath. En hindi, le cuivre se dit *pital*. Une inscription gravée sur la statue précise que celle-ci pèse 4 tonnes et qu'elle est l'œuvre d'un artiste nommé Deta. Le sanctuaire principal ou *gudh mandap* renferme une idole d'Adinath en marbre blanc.

▸ **Temple de Parshvanath.** La construction de ce temple entreprise par Mandlik date de 1458. Dédié à Parshvanath, le 23e *tirthankar*, il s'agit du plus grand des temples de Dilwara. Quatre halls orientés vers les points cardinaux viennent soutenir la structure de trois étages. Les sculptures extérieures, de grès gris, rappellent celles des temples de Khajuraho (Madhya Pradesh) : êtres célestes, *vidyadevis*, *yakshinis* (fées), *salabhanjikas* (femme se tenant près d'un arbre et tenant une branche)...

▸ **Temple de Mahavir Swami.** Ce temple est le plus récent du groupe et date de 1582. Il est dédié à Mahavira, le 24e et dernier *tirthankar*. Ayant vécu de 599 à 527 av. J.-C., ce saint est considéré comme celui ayant donné au jaïnisme sa forme actuelle. Il est particulièrement vénéré pour cette raison. On peut voir sur les parties supérieures du porche d'entrée des peintures ajoutées en 1764 par des artistes du Rajasthan.

SHRI GANESH HOTEL €

Jaipur House Road

✆ +91 297 423 7292

Comptez 500 Rs en dortoir et à partir de 1 500 Rs pour une chambre double.

Cette guesthouse familiale attire des routards de toutes nationalités. Le patron tient son établissement d'une main de fer et veille à sa tranquillité. Les chambres sont basiques mais propres, et ont surtout l'avantage de pouvoir héberger jusqu'à cinq personnes. Possibilité de se restaurer sur place, au rez-de-chaussée ou sur le toit terrasse. La cuisine est fraîche. À disposition : Internet, laverie, cours de cuisine, cours de yoga, organisation de treks dans la montagne et aussi une boutique avec les produits de première nécessité.

HOTEL HILLOCK €€

Abu Cart Road

✆ +91 297 423 8464

www.hotelhillock.com

A partir de 5 040 Rs pour une chambre double, petit déjeuner inclus.

A l'entrée de la ville, légèrement en retrait de la route principale, cet hôtel figure parmi les meilleures adresses. Malgré sa structure imposante, il compte peu de chambres. Celles-ci sont vastes et lumineuses. En plus d'un large lit double confortable, les chambres sont équipées d'un coin salon avec canapé et d'un bureau. Les salles de bains, sont ultra-fonctionnelles, agencées pour optimiser l'espace. L'hôtel compte un bar et restaurant qui sert une bonne cuisine. L'hôtel compte également une piscine et un jardin en contrebas de la réception. Une adresse sûre.

LAC NAKKI ★

Nakki Lake

© SAIKO3P - SHUTTERSTOCK.COM

Le lac est l'attraction phare de la ville. En couple, entre amis ou en famille, les Indiens viennent y faire de la barque ou du bateau à pédales. Le Toad Rock (littéralement « le Crapaud ») est un étrange rocher qui surplombe le lac, offrant un beau point de vue. Au coucher du soleil, le Honeymoon Point est le lieu de rendez-vous préféré des amoureux. Le Sunset View Point est également très populaire et offre un beau panorama.

- **Le Summer Festival.** En juin. La fête dure trois jours. Spectacles de danses, concerts, courses de bateaux sur le lac et feux d'artifice.

KESAR BHAWAN PALACE €€

Sunset Road

✆ +91 297 423 5219

www.kesarpalacemtabu.com

A partir de 7 000 Rs pour une chambre double, petit déjeuner inclus.

La vue depuis cette belle propriété perchée sur une colline est magnifique. La bâtisse, en pierres grises, date de 1868 et s'harmonise autour de deux ailes. Les chambres de l'aile A sont un peu plus récentes, mais la propreté laisse parfois à désirer. Sans être sale, ce n'est pas toujours nickel. Elles sont bien équipées avec baignoire et balcon. Les suites, beaucoup plus vastes et élégantes, occupent de beaux duplex, avec la vue imprenable sur les environs. Le feu qui crépite dans la cheminée du salon en hiver apporte un supplément d'âme.

ALTUS LUXURY HOMESTAY €€€

Old Fateh Vilas

✆ +91 297 423 8060

www.altusabu.com

A partir de 12 850 Rs pour une chambre double, petit déjeuner inclus.

Cet ancien manoir de style colonial a été construit par un maharaja rajpoute pour ses sœurs. Aujourd'hui aménagé en maison d'hôte, le bâtiment n'a reçu d'autres transformations que celles pour améliorer le confort des chambres. Au nombre de 6, celles-ci sont immenses et diffusent le charme de l'ancien : parquet, lit à baldaquin, meubles d'époque. Si vous trouvez la maison un peu trop intimidante, vous pourrez toujours vous réfugier dans le beau jardin ombragé. S'agissant d'une chambre d'hôte, les repas se prennent en commun dans la salle à manger.

PALACE HOTEL [BIKANER HOUSE] €€€

Delwara Road
✆ +91 297 423 8673
www.palacehotelbikanerhouse.com
A partir de 11 800 Rs pour une chambre double, petit déjeuner inclus.

La propriété fut construite en 1893 par un éminent architecte. Elle est devenue un hôtel, il y a 50 ans. L'extérieur de l'hôtel a autant de charme que l'intérieur. La cour est superbe et très bien entretenue, les chambres sont douillettes et meublées avec goût, dans le même esprit que le reste. La salle à manger vous transporte dans le passé. Là, vous pourrez goûter une bonne cuisine internationale. Compter entre 90 Rs et 200 Rp pour un plat. Décidément, cet hôtel a tout pour plaire…

SANKALP RESTAURANT €

Near Taxi Stand
✆ +91 98 28 92 32 50
Ouvert tous les jours de 1h à 23h. Comptez 300 Rs pour un repas.

Le goût de l'Inde du Sud à la montagne, cela pourrait sembler incongru si cette cuisine n'était une des préférées des Indiens. La plupart sont ici en vacances et en quête de dépaysement. Sankalp pourvoit ici à cette envie. Vous mangerez de délicieux *dosa*, sortes de crêpes craquantes, farcies ou non et accompagnées de sauces variées. Notre préférence va à la *masala dosa*, roborative. Outre ces galettes très populaires appréciées tout particulièrement au petit déjeuner, la carte propose d'autres spécialités de la région tels que *idli*, *vada* et autres *uttapam*.

CHACHA CAFE €

Main Market
✆ +91 297 423 5447
Ouvert tous les jours, de 11h à 23h. Comptez 500 Rs pour un repas.

Petite institution de la ville, ce restaurant affiche salle comble à tous les services. Pour vous planter le décor (un peu kitsch) : grande salle climatisée, nappes à carreaux rouges et blancs sur les tables et serveurs en uniforme. La cuisine est très bonne et pour une fois, le service rapide. Dans l'entrée, une pâtisserie propose un choix limité, mais appétissant, de gâteaux. À l'étage, une vaste terrasse domine la rue et grâce aux braseros qui la réchauffent quelque peu, on peut s'y installer en hiver pour boire un verre ou dîner sous les étoiles.

THE GRAND ARBUDA €

Ambedkar Circle
Ouvert tous les jours de 8h à 22h30. Comptez 350 Rs pour un repas.

Pour la petite histoire, Arbuda est l'ancien nom de la ville, qui a été baptisée Mont Abu en 1957 seulement. Très bien située, en plein centre-ville, ce restaurant sert des plats du Pendjab réputés pour leur cuisine épicée, chinois à la mode indienne, mais aussi des pizzas et des burgers. Malgré ce vaste choix, ce sont les spécialités indiennes qui nous ont séduites. Le *thali gujarati* servi à volonté n'est pas relevé ! Voilà qui devrait vous séduire… À moins que ce ne soit l'ambiance conviviale qui règne dans la grande salle extérieure…

MEWAR

KANAK DINING HALL €

Mount Abu Road
✆ +91 297 423 8305
Ouvert de 9h à 23h. Comptez 250 Rs pour un repas.

L'endroit fait un peu cantine, mais a le mérite d'être authentique. C'est ici que locaux et touristes indiens viennent déguster un copieux *thali* gujarati ou rajasthani. C'est donc une bonne adresse pour s'initier aux subtilités des cuisines régionales indiennes, d'autant que l'établissement prépare aussi des spécialités du Pendjab ou du sud de l'Inde. Les préparations des thalis changent en fonction de l'humeur du chef, mais se composent toujours d'au moins 3 saveurs différentes. La nourriture est bonne, un peu grasse et surtout assez relevée.

MOUNT ABU TREKS

Nakki Lake
✆ +91 297 423 7254
Contacter Charles Mahendra Dan.

Mont Abu se révèle l'étape idéale pour se ressourcer et se rapprocher de la nature. Classées réserve naturelle en 1960, les montagnes de cette bourgade abritent un écosystème unique. Charles, un autodidacte qui a déjà vécu plusieurs vies, est aujourd'hui un guide naturaliste reconnu et chasseur de serpents à ses heures perdues. Il vous mènera sur le Tiger Path, un trek facile d'une demi-journée (12 km environ) jusqu'à Chipaberi. Le départ s'effectue tôt le matin pour un retour à Mount Abu pour le déjeuner. Compter un supplément pour les transferts en véhicule.

KOTA ★

Cette ville industrielle bruyante et polluée de 1,4 million d'habitants, réputée aussi pour la qualité de ses saris en coton, est un centre commercial important et un carrefour stratégique entre Delhi et Mumbai. La ville est entièrement tournée vers son rayonnement économique et se préoccupe peu de son passé historique. Les jardins de Chhattar Bilas dévoilent des cénotaphes magnifiquement sculptés, mais laissés à l'abandon. Son palais est également assez impressionnant, quoique mal entretenu et il faut un peu d'imagination pour lui conférer toute sa splendeur. Kota est un point de passage obligé entre Sawai Madhopur et Chittorgarh ou Udaipur, mais qui ne devrait pas vous retenir trop longtemps.

Histoire

Les origines de Kota remontent au XIIe siècle, lorsque Rao Deva, un prince du clan des Hada, fonda les villes de Bundi et Hadoti. Ce n'est qu'en 1631 que Kota devient un état princier à part entière, lorsque l'empereur moghol Jahangir fait de Madho Singh, le deuxième fils du roi de Bundi, le prince de Kota. La cité princière se développe rapidement et surpasse les royaumes de Bundi et d'Hadoti sur le plan économique. En 1817, le régent Zalim Singh signe une entente cordiale avec les Britanniques. Cela n'empêchera pas les armées de la reine Victoria de mettre la ville à sac lors de la Révolte des Cipayes de 1857. La ville tomba définitivement entre les mains des Anglais en mars 1858.

Tourisme

L'Office de tourisme se trouve dans l'Hôtel Chambal géré par la RTDC (+91 744 232 7695). Les renseignements à glaner ici ne valent pas la peine de faire le détour. Sachez que vous serez juste à côté si vous visitez le musée Brij Vilas.

Transports

Kota est un important hub ferrovaire et routier et est très bien reliée au reste du pays. La ville constitue souvent un passage obligé pour qui souhaite se rendre à Bundi, notamment en provenance du nord du Rajasthan.

Bus. La gare routière se situe à l'ouest de la ville sur Nayapura Road, près de la rivière Chambal. Elle est assez mal organisée et mieux vaut demander trois fois pour s'assurer d'être dans le bon bus. Vous pourrez emprunter un bus en partance pour Ajmer (durée : 5 heures), Bundi (départ toutes les 15 minutes, durée : 45 minutes), Chittorgarh (départ toutes les 30 minutes, durée : 4 heures), Jaipur (durée : 5 heures) ou Pushkra (durée : 4 heures 30).

Train. La gare ferroviaire se trouve au nord de la ville, distante de 3 km environ de la gare routière. Chauffeurs de rickshaw et de taxi vous cueilleront à la sortie pour tenter de vous mener à Bundi. Ils se montrent très insistants. Depuis Kota, vous pouvez emprunter un train à destination d'Ajmer (durée : 6 heures 30), Bikaner (durée : 11 heures), Bundi (durée : 45 minutes environ), Chittorgarh (durée : entre 2 heures 20 et 4 heures 40) ; Delhi (durée : 7 heures 30 environ), Jaipur (durée : 4 heures environ), Jodhpur (durée : 9 heures 30), Sawai Madhopur / Ranthambore (durée : 1 heure 15 environ), Udaipur (durée : 6 heures).

JAGMANDIR

Ne se visite pas.

Le Jagmandir est une résidence d'été construite au XVIIIe siècle pour le maharao de Bundi. Il servait à donner des fêtes. Elle se trouve au beau milieu d'un lac artificiel, le Kishore Sagar décidé par le prince de Bundi en 1346. Cette bâtisse est une réplique parfaite du palais du même nom qui se trouve sur le lac Pichola à Udaipur. Sur la rive opposée, se dressent les cénotaphes royaux. Vous en aurez une belle vue depuis les jardins Chhatra Vilas dont l'entrée se trouve à côté de l'office de tourisme, à 250 mètres environ de la gare routière.

PALKIYA HAVELI €€

Mokha-Para

✆ +91 744 238 7844

www.palkiyahaveli.com

A partir de 5 000 Rs pour une chambre double (hors taxe).

Cette petite haveli du XVIIIe siècle pleine de charme et d'authenticité se trouve dans une partie paisible de la ville. Elle est tenue par une dame charmante à l'anglais parfait. Les murs de la façade sont peints à la main, dans le même style que les fresques murales du Shekhawati. La cour intérieure ombragée permet de prendre son petit déjeuner. Un dédale mène aux chambres. Délicatement meublées, leur décoration est un peu surannée mais néanmoins soignée. Un petit bijou à découvrir, d'autant que dans la ville les bonnes adresses ne sont pas légion.

MEWAR

CITY PALACE ET MUSEE RAO MADHO SINGH ★★

Kishorepura Darwaja ✆ +91 744 238 5040
www.kotahfort.com
Ouvert de 10h à 17h. Fermé les jours fériés. Entrée : 300 Rs.

▶ **Le City Palace** est l'une des plus vastes citadelles de la région. L'entrée est gardée par deux éléphants qui se font face. Elle est surmontée par l'Hawa Mahal, un immeuble percé de fenêtres ajourées construit au début du XXe siècle. Cela permettait aux femmes d'observer la rue sans être vues. Le palais dont la construction démarra en 1625, et agrandi au fil des siècles, forme un ensemble hétéroclite. Chaque rao a apporté sa contribution à l'édifice. La partie la plus ancienne est la porte Sailar Ghazi Darwaza, reconstruite dans la seconde moitié du XVIIe siècle. Elle est un exemple parfait de l'architecture islamique. Dans la première cour se dresse la tour de Burj. Elle servait de tour d'observation et de défense ainsi que de gnomon pour calculer l'heure exacte. Le jour du nouvel an hindou, les prêtres montaient au sommet de la tour pour observer les vents et asseoir leurs prédictions pour l'année à venir. Les salles les plus intéressantes se trouvent dans les étages. Si elles sont fermées à clé, n'hésitez pas à demander à ce qu'on les ouvre. Les murs et les plafonds sont recouverts de dessins muraux et d'éléments décoratifs de toute beauté.

▶ **Le musée** présente une importante collection d'armes, des miniatures indiennes pour lesquelles l'école de Kota est célèbre, les attributs régaliens des rao de Kota ainsi que des trônes, palanquins et *howdah* (selle pour éléphants) en argent. La collection de photos du début du XXe siècle évoquant la vie des maharaos est assez touchante.

© SAIKO3P - SHUTTERSTOCK.COM

BUNDI ★★

Bundi est une petite ville charmante, d'environ 100 000 habitants, encore préservée du tourisme de masse. Elle abrite de vieilles maisons aux façades chaulées dans des tons pastel, bleu et jaune surtout, ornées de fresques typiques de la région et deux forteresses dans un état de délabrement avancé. Elle compte en outre de nombreux puits en escalier (baoris) tout à fait intéressants, le Rani Ki Baori étant le plus célèbre d'entre eux. Ne manquez pas non plus le somptueux cénotaphe aux 84 piliers et le Sukh Mahal. Fondée au XIIe siècle, la ville resta indépendante jusqu'à son intégration dans l'État du Rajasthan, en 1947. Le fort, le palais et le lac Nawal Sagar constituent un ensemble magnifique.

Argent

Prenez soin de retirer de l'argent dans un distributeur avant de gagner les hauteurs, car il n'y en a pas dans la vieille ville.

Pratique

La ville a mis en place un ticket composite valable 48h et donnant accès au Rani Ki Baori, au cénotaphe et au Sukh Mahal.

Tourisme

L'Office de tourisme est situé dans la ville basse, sur Kota Road, à côté de la Circuit House. Il est ouvert du lundi au vendredi de 9h à 18h (+91 747 244 3697). Si le bureau est immense, les renseignements fournis sont bien minces. Vous pourrez tout de même vous procurer une carte de la ville assez bien faite.

Transports

▶ **Bus.** La gare routière est situé en bas de la ville, en face de l'hôpital public, sur Hospital Driveway. Vous pourrez y emprunter un bus à desination d'Ajmer (départ toutes les 15 minutes eniron, durée : 4 heures), Jaipur (durée : 5 heures), Kota (départ toutes les 15 minutes, durée : 45 minutes), Pushkar (durée : 4 heures 30), Sawai Madhopur / Ranthambore (durée : 4 heures 30), Udaipur (durée : 5 heures).

▶ **Train.** La petite gare de Kota se trouve à 3 kilomètres au sud de la ville, au milieu de nulle part. Elle ne voit passer que quelques rares trains, dont des trains pour Agra (durée : entre 5 heures 30 et 12 heures 30), Chittorgarh (durée : entre 2 heures 30 et 3 heures 30), Sawai Madhopur / Ranthambore (durée : 3 heures 40).

BAORIS ★

La ville est parsemée de *baoris*, c'est-à-dire de puits de taille impressionnante et creusés jusqu'à la nappe phréatique. Le plus beau est le Rani ki Baori, profond de 46 mètres. Il est orné de piliers sculptés représentant les différentes réincarnations de Vishnu. Le Bhavaldi Baori est tout aussi impressionnant. En bas des marches, vous passez une arche soutenue par deux éléphants majestueux. De chaque côté du puits, deux très belles statues de Vishnu et Brahma. Si la grille d'accès est fermée, ne pas hésiter à frapper à la maison située en face.

CENOTAPHE AUX 84 PILIERS

Accès libre.

Dressé sur une haute plateforme ornée de frises, ce cénotaphe majestueux rivalise avec les plus beaux *chhatris* du Rajasthan. Et pourtant, il n'a été érigé pour aucun prince ou roi, mais pour une gouvernante. Le roi de Bundi Rao Raja Anirudh a exigé son édification en 1683 en mémoire de sa nounou bien-aimée. Construit sur deux étages, le premier soutient un jeu de clochetons et une coupole centrale aux toits en bulbe d'oignon caractéristiques de l'architecture rajpoute. Réussirez-vous à trouver les 84 piliers ? Un seul regret, que le site soit un peu éloigné.

LE BAZAR ET LA VIEILLE VILLE DE BUNDI ★★

À l'écart des circuits touristiques, Bundi a su préserver son âme d'antan. Elle offre aux visiteurs de passage l'un des exemples types de l'architecture rajpoute. Outre ses monuments historiques, il est agréable de se balader dans les venelles sinueuses de la vieille ville en admirant les fresques murales colorées et les vieilles maisons chaulées de bleu qui rappellent Jodhpur. Pour le plus grand bonheur du voyageur, les bruits des klaxons se font rares dès que l'on s'écarte de la rue principale ; la ville jouit d'une tranquillité certaine.

▸ Le bazar. La rue principale qui relie la ville basse à la vieille ville héberge une rue commerçante typique des villages du Rajasthan. Les petites échoppes bordent la rue, les chalands flânent entre les stands de tissu, de nourriture, de fournitures et créent autant de scènes de vie fascinantes à observer. Ne manquez pas le fabricant de dagues et de couteaux, l'artiste-peintre de miniatures traditionnelles, les cuisiniers qui font frire *pakoras* ou *gulab* dans leurs gros chaudrons.

▸ Le Festival de Bundi. Fin novembre ou début décembre pendant 3 jours. Le festival débute par une procession rassemblant les différentes communautés parées de leurs tenues traditionnelles. La foule se presse autour du palais avant de descendre vers le bazar puis de se rassembler sur le terrain de manœuvres de la police. Le soir, des événements culturels sont organisés (spectacles de danses, musiques traditionnelles...). Prévoir des bouchons d'oreilles...

HOTEL NAWAL SAGAR PALACE

Balchand Para

A partir de 3 300 Rs pour une chambre double, petit déjeuner inclus.

Ce lac artificiel est visible depuis le fort et se trouve au bout de la vieille ville. Il attire les visiteurs, qui profitent de belles vues dégagées sur les montagnes environnantes. Lorsqu'il est plein, toute la ville se reflète sur ses eaux. Le spectacle est alors grandiose, tout particulièrement au coucher du soleil. Au centre, un temple est dédié à Varuna (dieu aryen du vent), mais aucun pèlerin ne s'y rend jamais. Malheureusement, en raison de périodes de sécheresse qui s'intensifient, le lac est souvent boueux ou à sec.

MUSÉE MAHARAO RAJA BAHADUR SINGH

Teerath

Ouvert de 9h à 13h et de 14h à 17h. Entrée : 100 Rs.

Le Moti Mahal est la demeure des héritiers royaux actuels, ceux-là même qui laissent le fort tomber en ruine. À travers divers objets, armes et portraits, le musée rend hommage aux fondateurs de la principauté de Bundi. Parmi les curiosités : ces tigres empaillés, des trophées de chasse des personnalités (indiennes et britanniques) ayant rendu visite à la famille royale. Bundi a acquis une certaine importance politique en se ralliant à l'empire moghol.

MEWAR

GARH PALACE ★★

Sadar Baazar

Ouvert tous les jours de 8h à 17h30. Entrée : 600 Rs. Accès gratuit aux fresques de Krishna.

Le palais de Bundi est considéré comme l'un des plus beaux exemples d'architecture rajpoute. Surplombant la ville, cet imposant édifice, dont certaines parties menacent de s'effondrer, rassemble en réalité trois palais construits aux XVIIe et XVIIIe siècles. Son atmosphère décrépie est follement romantique et on se prend vite à rêver du faste de la vie qui devait s'y dérouler du temps de sa splendeur. On regrette cependant que malgré un tarif de visite élevé, son propriétaire n'en prenne pas meilleur soin. La visite vaut cependant vraiment le coup.

On pénètre tout d'abord dans le Ratan Daulat par l'imposante porte des Éléphants. Édifié par le Maharao Ratan Singh, vassal de l'empire moghol, il renferme à l'étage un magnifique trône en marbre blanc. Ensuite, on accède au Chatra Mahal bâti par le Maharao Shastrusal Singh. Il comporte de très belles fresques murales dans les tons turquoise, vert, bleu et jaune. Remarquez les piliers soutenus chacun par quatre éléphants dans le Hathiya Sal et les portes en bois incrustées d'ivoire.

Enfin, dirigez-vous vers le Chitrashala, édifié par Rao Umed Singh au XVIIIe siècle. En sortant par la porte des Éléphants, prendre la montée en direction du fort. L'entrée est sur la gauche. Les jardins fleuris dominent la ville et offrent un très beau point de vue. À l'intérieur du palais se trouvent de magnifiques peintures bien conservées relatant le Ragmala et Raslila (l'histoire d'amour entre Radha et Krishna). Krishna, toujours représenté en bleu, se reconnaît aisément. Et l'accès est gratuit !

SUKH MAHAL 📷

FJ3R+3QP, MDR 52, Teerath, Bundi, Rajasthan 323001

Ouvert tous les jours de 9h45 à 17h. Entré : 200 Rs ou ticket composite.

Sur les bords du lac Jait Sagar au nord de la ville, cette petite bâtisse a été voulue par le maharajah Vishnu Singh, en place entre 1773 et 1821. Le pavillon construit en surplomb du lac a été pensé pour les chaudes journées et soirées d'été. Il n'y a qu'à se placer entre les 2 ailes du bâtiment pour sentir passer le vent à travers les claustras ajourés. C'est aujourd'hui un petit musée présentant des photos anciennes et quelques toiles de facture modeste. Pour l'anecdote, Rudyard Kipling aurait résidé ici pendant 2 nuits, ce qui lui permit d'écrire sur Bundi.

TARAGARH FORT 📷 ★

Nagar ka Chauhatta

Entrée : 250 Rs. A se procurer à la guérite du palais.

Le fort Taragarh, qui signifie fort de l'Étoile, fut construit en 1354 par Rao Raja Bar Singh. Laissé à l'abandon, sa visite constitue pourtant une belle promenade offrant un point de vue magnifique sur Bundi, notamment à l'heure où le soleil se couche. Attention aux singes ! Par précaution, munissez-vous d'un bâton ; cela devrait suffire à les éloigner.

Parmi les points d'intérêt à l'intérieur du fort : le Bheem Burj, au centre, est la plus haute tour du fort ; le cénotaphe formé de 84 piliers et érigé par Bhai Deva, le frère de Bheem Rao Anirudh Singh.

HAVELI UMA MEGH 🛏 €

Balchand Para

✆ +91 747 244 2191

A partir de 600 Rs pour une chambre double.

Cette guesthouse tout en hauteur est tenue par des messieurs très gentils. L'endroit est typique et rudimentaire, mais plein de charme avec ses jolies fresques colorées. Les chambres ont beau être petites, simples et sombres, elles n'en demeurent pas moins coquettes. Le plus ? Le grand jardin fleuri avec vue sur le lac Nawal Sagar et les maisons bleutées de Bundi. Possibilité de prendre ses repas sur place ; la cuisine est délicieuse. Idéal pour un petit déjeuner complet (jus de fruit, céréales, toasts ou omelette) à prix correct.

KASERA HERITAGE VIEW €

En dessous du palais

✆ +91 747 244 4679

www.kaseraheritageview.com

A partir de 1 500 Rs pour une chambre double et 2 200 Rs avec A/C.

Cet hôtel de 9 chambres est une des institutions de la ville. Ancienne *haveli* un peu sombre, ses chambres sont néanmoins spacieuses et les salles de bains propres et avec eau chaude ! De jolies frises fleuries encadrent portes et fenêtres équipées de moustiquaires. Les chambres donnant sur la rue sont plus fraîches, mais fatalement plus bruyantes. Accueil sympathique du propriétaire. Attention, il a tendance à indiquer des prix au coup de tête du client. Excellent rapport qualité-prix cependant pour peu que vous ne bénéficiez pas du tarif affiché.

R.N. HAVELI €

Nahar ka Chohatta

✆ +91 747 512 0098

A partir de 900 Rs pour une chambre double et 1 700 Rs avec A/C.

Cette maison familiale est située au bout d'une ruelle, au cœur de la vieille ville. Demandez à votre *rickshaw-wallah*, il connaît sûrement le chemin. Dix chambres tenues par des femmes au caractère bien trempé ; mais l'atmosphère est chaleureuse. Demandez à en voir plusieurs, car elles ne se valent pas toutes. Certaines sont plus propres que d'autres. Notre préférée va à celle sur le toit, mais attention aux singes ! Le jardin, derrière la maison, est l'endroit parfait pour prendre son repas. Bons petits plats préparés avec attention.

BUNDI HAVELI €€

107 Balchand Para

✆ +91 99 29 29 15 52

www.hotelbundihaveli.com

A partir de 3 520 Rs pour une chambre double. Petit déjeuner : 250 Rs.

A proximité du lac, cette belle haveli peinte d'un blanc éclatant surplombe une ruelle tranquille. Les chambres sont impeccables, dotées d'un joli mobilier et les lits tendus de draps frais. Demandez une chambre avec *jharokha* offrant une vue imprenable sur la vieille ville, le palais, le fort ou le lac. Un confortable sofa de jour vous y attend, idéal pour se détendre après une grimpette au fort. Le restaurant de cet hôtel familial sert une délicieuse cuisine dans une agréable salle à manger. Et le toit-terrasse offre une vue à 360° sur la vieille ville.

HAVELI BRAJ BHUSHANJEE €€

Balchand Para

✆ +91 747 244 2322

www.kiplingsbundi.com

A partir de 3 500 Rs (hors taxes).

Voici un lieu chargé d'histoire. Le grand-père de l'actuel propriétaire n'était autre que le Premier ministre de Bundi. Cette extraordinaire haveli vieille de 250 ans compte vingt chambres climatisées aux fresques somptueuses pour certaines. Si vous n'avez pas la possibilité d'inscrire le Shekhawati à votre programme, résider ici peut constituer une bonne alternative. La carte du restaurant propose des plats exclusivement végétariens à prix convenables. Possibilité de prendre ses repas sur la terrasse surplombant le fort. Pour les amateurs de charme ancien.

HAVELI KATKOUN €€

Balchand Para

✆ +91 747 244 4311

www.katkounhavelibundi.com

A partir de 1 600 Rs pour une chambre double.

L'accueil est charmant, le visiteur se sent tout de suite chez lui. Les 12 chambres sont propres et lumineuses. La déco est simple mais soignée. Coup de cœur pour la chambre bleue ou l'orange, au choix, qui jouissent d'une superbe vue sur le fort. Si vous n'avez pas l'une d'elles, alors rendez-vous sur la terrasse-restaurant d'où vous aurez une vue panoramique de la ville. La maison est extrêmement bien entretenue et les propriétaires réinvestissent tous les ans pour l'améliorer. Très bon rapport qualité-prix. Adresse chaudement recommandée.

THE BURG CAFE €

Nahar Ka Chohatta, Teerath, Bundi, Rajasthan 323001

Ouvert tous les jours de 8h à 23h. Compter 300 Rs pour un sandwich.

Les plâtres étaient à peine secs lorsque nous avons testé ce petit café. La salle est minuscule et les places y sont rares. C'est peut-être le seul endroit à Bundi où vous pourrez déguster un véritable expresso tout droit infusé dans un percolateur venu d'Italie. L'établissement sert aussi de délicieux lassis, du thé et de la petite restauration de type salades et sandwiches. Le Burg Café est tenu par des jeunes sympathiques et dynamiques qui tentent comme ils peuvent de faire bouger cette belle endormie qu'est Bundi. A débusquer à l'entrée du bazar.

LAKE VIEW GARDEN RESTAURANT €

Palchand Para
✆ +91 747 244 2326
Ouvert de 10h à 21h. A partir de 150 Rs pour un plat.
Toni et son épouse tiennent ce restaurant attenant à la modeste *guest house*. La cuisine familiale est préparée à la commande pour un résultat tout simplement délicieux. Il faut parfois attendre un peu, ou beaucoup, car les quelques tables placées sur les bords du lac ou sous le vieil arbre se remplissent vite. Mais comme vous êtes à Bundi, a priori, vous n'êtes pas pressé. Préférez les plats indiens qui seront relevés à votre goût. Nous recommandons chaudement cette adresse.

MORGAN'S PLACE €

Nahar Ka Chohatta
✆ +91 92 56 37 09 82
Ouvert tous les jours de 9h à 22h. Compter 450 Rs pour un repas.
Dans la vieille ville de Bundi, ce restaurant est situé au sommet de l'hôtel Kasera Paradise. Il faut grimper une bonne volée de marches (4 étages bien raides !) pour accéder à la salle de restaurant. La déco moderne vous surprendra. Morgan sert une cuisine méditerranéenne destinée à attirer avant tout la clientèle israélienne nombreuse à Bundi. Au menu, pizza, pasta et les incontournables houmous et falafels. Le résultat est correct. On regrette tout de même que la terrasse avec une superbe vue sur le fort de Bundi ne soit pas aménagée.

MAYUR ART

Nahar Ka Chohatta
✆ +91 92 52 02 79 65
Comptez 500 Rs pour une miniature sur du papier ancien.
Soni Gopal perpétue la tradition de la miniature indienne avec patience et talent. Il est souvent attablé devant sa petite échoppe située en face du temple à l'extrémité du bazar. Vous le surprendrez en train de peindre un éléphant ou une femme puisant de l'eau sur des papiers anciens. Il les récupère auprès d'institutions et de particuliers qui se débarrassent de leur archives. N'hésitez pas à l'observer exécuter quelques traits délicats à l'aide de son pinceau en poils de queue d'écureuil. Vous pouvez lui acheter une oeuvre originale qu'il vend à prix modique.

CHITTORGARH ★★★

Chittorgarh est la ville rajpoute par excellence. Une ville extrêmement romantique dans laquelle la chevalerie s'est battue à maintes reprises. Le fort en est la plus belle représentation. Construit sur un vaste plateau rocheux à partir du VIIIe siècle, il est mis à sac en 1303 par Allaudin Khiliji pour capturer la belle Rani Padmi, puis en 1535 par le sultan du Gujarat. Chaque fois, les pertes sont énormes, mais le code d'honneur rajpoute est appliqué et les femmes pratiquent le *jauhar*, ou le suicide collectif pour échapper aux ennemis. De nombreux vestiges perdurent à l'intérieur de la forteresse, dont une partie des quartiers des soldats toujours habités, l'ancien palais et de nombreux temples, la tour Vijaya Stambha, un palais plus récent transformé en musée et même une école ! Aujourd'hui, cette ville de plus de 120 000 habitants attire les touristes indiens, mais peu d'Occidentaux. Pour cela, elle aurait des efforts à fournir en matière d'hôtellerie. Elle constitue néanmoins une étape incontournable entre Udaipur et Bundi, et peut se faire lors de votre journée de transit en train ou en voiture.

Transports

▸ **Bus.** La gare routière se trouve sur Bundi Road, au pied de la rivière et à 500 mètres de la place du marché. Il n'existe pas de bus direct entre Chittorgarh et Bundi. Vous pourrez emprunter un bus pour Ajmer (départ toutes les heures, durée : 4 heures), Jaipur (départ toutes les heures et demie, durée : 7 heures), Kota (départ toutes les heures, durée : 4 heures), Pushkar (départ à 10h, durée : 4 heures 30), Udaipur (toutes les 30 minutes, durée : 2 heures 30).

▸ **Train.** La gare ferroviaire se situe au sud-ouest de la ville, à 6,5 kilomètres du fort. Attention, si vous recherchez les horaires des trains en ligne, Indian Railways retient l'orthographe Chittaurgarh pour désigner la ville. Vous pourrez emprunter un train direct pour Ajmer (durée : 3 heures environ), Bundi (durée entre 1 heure 45 et 3 heures 40), Jaipur (durée : 5 heures), Sawai Madhopur / Ranthambore (durée : entre 4 et 6 heures), Udaipur (durée : entre 2 et 3 heures).

▸ **Se déplacer dans la ville.** Une course en auto-rickshaw entre la gare et le centre-ville coûte entre 70 Rs et 120 Rs selon la destination. Pour une visite du fort, comptez 600 Rs avec le temps d'attente.

MEWAR

HOTEL PRATAP PALACE €€

Près du H.P.O.
✆ +91 147 224 0099
www.hotelpratappalacechittaurgarh.com
A partir de 2 800 Rs pour une chambre double.

Ce petit hôtel de 19 chambres est ce qui se fait de mieux dans la ville, et ce depuis plusieurs années. Cela explique sans doute une augmentation sensible de ses tarifs, de moins en moins attractifs. L'hôtel vous séduira malgré tout par son allure pimpante, avec sa façade ocre et ses frises blanches. Les chambres sont bien équipées avec TV, climatisation et l'incontournable accès Internet. Le restaurant donnant sur un agréable jardin, où il est possible de prendre ses repas, propose une cuisine variée, indienne, occidentale et chinoise.

CASTLE BIJAIPUR HOTEL €€€

Nimbanera, Aama Road
✆ +91 147 227 6351
www.castlebijaipur.co.in
A partir de 6 000 Rs pour une chambre double, petit déjeuner inclus.

Situé à une quarantaine de kilomètres de Chittorgarh, sur la route de Bundi, ce magnifique château du XVIe a été converti en hôtel en 1991. C'est une oasis de tranquillité, idéale pour une pause luxueuse. Les chambres sont spacieuses et élégantes. Le restaurant sert une excellente cuisine rajasthanie à prix abordable. Une grande piscine trône fièrement au milieu d'un jardin bien entretenu. De nombreuses activités sont proposées : safari en 4x4, équitation (le château possède ses propres écuries), cours de cuisine, yoga… Splendide.

JUSTA LAKE NAHARGARH PALACE €€€

Village Parsoli
✆ +91 96 72 99 73 88
www.justahotels.com
A partir de 17 000 Rs pour une chambre double, petit déjeuner et dîner inclus.

Pour ceux qui rêvent de dormir dans un palais au milieu d'un lac, mais qui ne peuvent s'offrir le Taj à Udaipur, voici l'endroit rêvé. Il faut emprunter un bateau pour rejoindre cet ancien relais de chasse et traverser le lac creusé à main d'homme. Les 40 chambres très spacieuses donnent sur le lac et la forêt environnants. Les plus belles sont situées dans les tourelles. On regrette que l'ensemble soit défraîchi et pas toujours très bien entretenu, comme la piscine aux eaux troubles.

GANGOUR RESTAURANT €

Fort Road
✆ +91 99 28 33 99 71
Ouvert tous les jours de 6h à 22h15. Compter 350 Rs pour un repas.

Situé au pied de la forteresse, juste avant la montée, ce restaurant est la halte préférée des chauffeurs pour touristes. Et pour cause ! Ils déjeunent gratuitement tandis que leurs clients font un repas à tout petit prix. En bref, tout le monde en profite. Le serveur vous poussera à prendre un thali (très bon marché), mais sachez qu'il y a une carte très complète, si vous saturez déjà du dal-légumes-riz. La salle ne présente aucun intérêt, pas plus que la terrasse sur la rue. La localisation est pratique et le repas savoureux, donc ne cherchez pas plus loin.

MEWAR

Fort de Chittorgarh.

CHITTORGARH FORT ★★★

Chittor Fort Road

Ouvert tous les jours du lever au coucher du soleil. Entrée : 600 Rs.

Bâtie au sommet d'un immense plateau, Chittorgarh est l'une des plus grandes forteresses du Rajasthan. Inscrite au Patrimoine mondial de l'Unesco depuis 2013, elle fut la capitale du Mewar entre le VIIe siècle et 1568. L'empereur moghol Akbar fit définitivement tomber le fort après un siège de 4 mois et une ultime bataille qui fit plus de 20 000 morts militaires et civils. Le maharana Udai Singh se réfugia à Udaipur. La muraille austère domine la ville et forme une enceinte de 5 km de long enserrant les 600 mètres de large du plateau. Il faut prévoir une journée entière pour découvrir le fort dans son intégralité, ses innombrables temples, palais, ruines et tours. Deux à trois heures suffisent pour en apprécier ses monuments incontournables. Les monuments sont assez éloignés les uns des autres et un véhicule motorisé est indispensable pour parcourir les distances. À moins d'envisager la visite du fort comme une journée de randonnée. Des visiteurs nous ont rapporté la présence de maraudeurs au comportement déplacé, notamment avec les femmes. Sans porter atteinte à votre sécurité, ils peuvent rendre la visite pénible. Nous n'avons pas constaté de tels agissements lors de notre dernière visite. Si cela devait se produire, n'hésitez pas à signaler les comportements douteux à la police et faites-le savoir aux importuns.

À l'extérieur du fort, le village situé en haut de la montée servait d'habitation à la garnison de 20 000 hommes chargée de défendre le fort. Toujours habité, il est agréable de s'y promener.

Palais de Rana Khumba : à droite après Ram Pol, l'avant-dernière porte marquant l'entrée du fort. Impressionnant ensemble de ruines du XVe siècle très bien restaurées. Le palais porte le nom du souverain rajpoute qui fit agrandir le palais préalablement existant. Vous y verrez notamment un petit temple dédié à Shiva et malheureusement fermé par une porte grillagée. Il est agréable d'y déambuler au milieu des vaches et des singes.

Temple Sringar Chowri : temple jaïn qui fut édifié par le trésorier de Rana Kumbha en 1448. Il est orné de délicates sculptures d'éléphants, de musiciens et de dieux.

le Fateh Prakash Palace : édifié sous la gouvernance de Fateh Sing, Maharana du Mewar de 1884 à 1930. Il abrite un modeste musée ouvert de 9h30 à 17h (entrée : 10 Rs).

Il est possible de monter dans la tour de la Victoire, ou Jaya Stambha, ainsi que dans la tour de la Renommée, appelée aussi Kirti Shamba.

les temples de Meera et de Kumbha Shyam : ces deux temples furent construits par Rana Kumbha au XVe siècle. De style indo-aryen, ils sont aisément repérables à leur *sikharas*, ou toit de forme oblongue situé juste au-dessus du sanctuaire principal. Le temple de Meera est associé à la poétesse mystique Mirabai qui dévoua sa vie à Krishna en lui composant des odes connues sous le nom de Meera Bhajans. Elle est entrée dans la légende mystique pour avoir survécu à l'empoisonnement orchestré par son beau-frère.

la Tour de la Victoire : également appelée Jaya Stambah, elle fut édifiée par Rana Kumbha pour célébrer sa victoire sur le sultan de Malwa en 1440. Sa construction prit 10 ans et elle est aujourd'hui le symbole de Chittorgarh. Haute de 37 mètres, il est possible de gravir ses 9 étages, soient 157 marches, par un escalier sombre et étroit. Les claustrophobes s'abstiendront. Depuis le sommet, la vue sur le fort, la ville et la plaine est incomparable.

le Mahasati : au pied de la tour, se trouve le lieux d'immolation des veuves, marqué par de grosses pierres plates. La coutume voulait qu'une bonne épouse se jette dans le bûcher de crémation de son défunt mari. Cette pratique appelée *sati* fut proscrite par la reine Victoria en 1861. Néanmoins, la coutume perdura (à petite échelle). Le Parlement indien vota une loi en 1988 pénalisant toute forme d'assistance à ce type de suicide, suite au *sati* d'une jeune veuve de 18 ans. Le dernier *sati* officiellement enregistré date de 2008.

Le Mahasati fut également le lieu d'un *jauhar* de 13 000 femmes en 1535. Lorsqu'un fort tombait, les femmes de la ville se suicidaient, afin de ne pas devenir un butin pour l'ennemi.

le temple de Sammidheshwar : situé en contrebas du Mahasati, au milieu d'un petit jardin, ce temple du VIe siècle fut restauré en 1427. Ne manquez pas la statue de Shiva à trois têtes.

Le réservoir de Gaumukh : situé derrière le temple de Sammidheshwar, il est alimenté par une source dont l'eau sort du mufle (*gaumukh*) d'une vache taillée dans le rocher.

le temple de Kalimata : au sud de la forteresse se dresse ce temple datant du VIIIe siècle. Il était à l'origine dédié au dieu Soleil et fut converti au culte de la déesse Kali au XIVe siècle. De nombreux pèlerins s'y rendent à l'occasion du festival de Navratri.

le Palais de Padmini : c'était le pavillon d'été de la reine Padmini. La légende rapporte que le sultan Alauddin Khilji aperçut son reflet dans un miroir placé dans le palais et qu'il la trouva si belle qu'il se jura de raser Chittorgarh pour la posséder.

Suraj Pol : cette porte se trouve à l'est de la forteresse. Elle était autrefois la porte d'accès principale. La vue sur l'immense plaine déserte mérite le détour.

la Tour de la Gloire : Un peu plus haut que Suraj Pol se trouve la tour de la Gloire. Construite au XIIe siècle par un riche marchand jaïn de la ville, il la dédia à Adinath, le premier *tirthankar* (un des 24 enseignants révérés du jaïnisme). Elle est plus petite que la tour de la Victoire et compte 7 étages. À chacun des coins de la base, une statue représente Adinath.

ORGANISER SON SÉJOUR

Le Rajasthan est le plus vaste des Etats de l'Inde et l'un des plus riches sur le plan culturel. Doté de bonnes infrastructures, il se visite facilement. Vous serez surpris par l'état des routes qui s'améliore constamment, l'offre hôtelière est variée, et les possibilités d'activités sont nombreuses. En revanche, quel que soit le mode de transport que vous choisirez, les temps de trajet sont longs. Par conséquent, une bonne préparation s'impose, car une fois sur place vous serez très occupé à visiter et à transiter d'un endroit à l'autre. Pensez à créer des temps morts dans votre emploi du temps afin d'aller à la rencontre des locaux, de vous arrêter pour quelques photos insolites en chemin, de vous reposer un peu aussi. Inutile de vouloir tout voir et tout faire, sauf à avoir la possibilité de pouvoir passer au moins un mois sur place. Vous trouverez dans ces pages toutes les bonnes adresses pour vous aider dans vos choix.

ARGENT

Monnaie. La monnaie indienne est la roupie. Elle est divisée en 100 paisas, bien qu'avec l'inflation les centimes n'ont plus cours. Les pièces en circulation sont de 1, 2, 5 et 10 roupies. Les billets en circulation sont de 5, 10, 20, 50, 100, 200, 500 et 2 000 Rs. Le taux de change est favorable avec :

1 € = 93 Rs

1 Rs = 0,0107 €

Taux de change en septembre 2024.

Paiements. Les restaurants et les commerces ne sont pas autorisés à être payés en devises étrangères. Il est possible de payer les sommes importantes en euros ou en dollars dans les hôtels de charme ou de luxe. Le paiement par carte bancaire y est aussi largement accepté, avec une préférence pour Visa et MasterCard. Ailleurs, le paiement par carte bancaire est loin d'être généralisé. Par conséquent, ayez toujours du liquide sur vous, de préférence en petites coupures. Vous trouverez aisément des distributeurs automatiques dans les villes. Dans tous les cas, évitez de sortir de grosses liasses de billets. Si vous voyagez avec des sommes importantes sur vous, répartissez-les dans différentes poches ou bagages afin de ne pas attirer l'attention sur vous.

Banque et change. Il est théoriquement interdit d'entrer et de sortir du pays avec des roupies indiennes si vous n'êtes pas résident. Vous devrez donc changer ou retirer de l'argent à votre arrivée, sachant que les taux pratiqués à l'aéroport ou dans les grands hôtels sont rarement avantageux.

Les banques indiennes sont le plus souvent ouvertes du lundi au vendredi de 10h à 14h et le samedi de 10h à 12h. Les principales banques sont State Bank of India (SBI), HDFC, Axis Bank, ICICI, Bank of Baroda ou encore Federal Bank. Lors des opérations de change, n'oubliez pas de toujours demander un reçu. Celui-ci pourrait vous être demandé si vous réservez un billet de train sur le quota prévu pour les touristes étrangers. Les euros sont largement acceptés dans les bureaux de change. Le meilleur taux de change est en général proposé par les banques du gouvernement (SBI), mais le service se montre souvent quelque peu inefficace, et vous aurez peut-être à insister. Veillez à changer vos devises dans les grandes villes, car les petites agences rurales ne sont pas toujours équipées de service de change. En vous adressant à des changeurs de rue, vous risquez de vous faire arnaquer.

Notez tout de même que les frais de change peuvent être multipliés par 5 d'un bureau de change à un autre. Évaluez le taux de change affiché et demandez toujours si des frais supplémentaires sont appliqués afin d'éviter les mauvaises surprises.

Carte bancaire. Si vous disposez d'une carte bancaire (Visa ou MasterCard), inutile d'emporter des sommes importantes en espèces. Vous trouverez des distributeurs automatiques de billets (ATM) dans toutes les villes. La plupart des banques prélèvent des frais minimes pour chaque transaction. Le montant maximal de retrait est de 10 000 Rs par opération.

Roupies.

En cas de perte ou de vol de votre carte à l'étranger, votre banque vous proposera une solution adéquate afin que vous puissiez poursuivre votre séjour en toute quiétude. Pensez à noter le numéro d'assistance qui figure sur votre carte, ainsi que le numéro de la carte pour pouvoir faire opposition si besoin. En cas d'opposition, celle-ci est immédiate et confirmée dès lors que vous pouvez fournir votre numéro de carte bancaire. Sinon, l'opposition est enregistrée et vous devrez confirmer l'opposition par courrier.
Pensez à prévenir votre conseiller bancaire de votre voyage pour éviter tout blocage intempestif de votre carte. Vous pourrez également relever votre plafond de retrait et de paiement si besoin. Désormais, la plupart des banques proposent ces services directement depuis l'application en ligne.
Hors zone euro, les paiements par carte bancaire sont soumis à des frais bancaires qui varient selon les banques : un frais fixe compris entre 0 € et 1,20 € par paiement auquel s'ajoute une commission de 2 % à 3 % du montant de la transaction. Le coût de la transaction demeure globalement moins élevé qu'en opérant un retrait et un règlement en liquide.

Transfert d'argent. Ce système permet d'envoyer ou de recevoir de l'argent partout dans le monde en quelques minutes. Le principe est simple : un de vos proches se rend dans un point MoneyGram ou Western Union (poste, banque, station-service, commerce...), renseigne votre nom et verse une somme d'argent à son interlocuteur. De votre côté, vous vous rendez dans un point de la même filiale. Sur simple présentation de votre pièce d'identité avec photo et de la référence de la transaction, on vous remettra aussitôt votre argent.

BUDGET / BONS PLANS

Budget. Le niveau de vie indien est comparativement assez faible par rapport à celui des pays occidentaux, même s'il ne cesse de s'améliorer. Les Indiens vous le diront, désormais, tout est cher. C'est surtout vrai pour les charges fixes (eau, électricité, gaz) qui ne cessent d'augmenter. Concernant les aliments, les prix varient énormément en fonction des récoltes et des moussons. Les prix d'entrée sur les sites touristiques sont relativement élevés pour les touristes étrangers.
La crise de Covid-19 a fortement impacté l'industrie du tourisme. Fermée au tourisme étranger, l'Inde s'est tournée vers son marché intérieur, qui a réussi à maintenir la plupart des hôtels à flot. La reprise n'a réellement eu lieu que fin 2023. Par conséquent, les tarifs des hôtels renseignés dans ces pages sont à prendre avec des pincettes.
- Petit budget : avec 25 € à 30 € par jour vous dormirez dans des *guest houses* au confort rudimentaire, prendrez vos repas dans la rue ou dans des cantines locales et utiliserez les transports publics. Vous visiterez un ou deux monuments payants chaque jour. Vous éviterez de séjourner trop longtemps dans les grandes villes, réputées plus chères. Il est possible de réduire la fourchette de dépenses quotidiennes, mais nous ne garantissons pas la propreté des hôtels ou la fraîcheur des repas. Dans ce cas, prévoyez vos draps et votre linge de toilette et un médicament anti-diarrhéique efficace.
- Budget moyen : avec 50 € à 120 € par jour, vous dormirez dans des hôtels de charme avec chambre climatisée (ou chauffée en hiver), prendrez vos repas dans de bons restaurants et ferez quelques excursions en voiture privée. Pour vous déplacer d'une ville à l'autre, vous emprunterez le train dans les meilleures classes (1AC ou 2AC).
- Gros budget : entre 150 € et 200 € par jour, vous dormirez dans des hôtels de luxe et vous déplacerez exclusivement en voiture avec chauffeur. Vous vous assiérez aux meilleures tables et pourrez vous offrir une folie telle qu'un survol de Jaipur en montgolfière ou un campement très privé à Ranthambore.
- Budget illimité : vous aurez les meilleures suites dans les plus beaux palais, et ils sont nombreux. Vous vous déplacerez en voiture de luxe hyper confortable et opterez, pourquoi pas, pour un circuit dans le train mythique du *Palace on Wheels*.

Pourboire. Le pourboire est de rigueur en Inde, d'autant plus lorsque vous êtes étranger. Le montant est libre et à définir en fonction du montant de votre addition dans les restaurants et les bars notamment. Vous pourrez laisser entre 10 Rs et 200 Rs au restaurant en fonction de son standing. Les établissements luxueux appliquent souvent un pourcentage pour le service appelé « *Service charge* », ce qui ne vous empêche pas de compléter par un pourboire si vous êtes satisfait du service.
Si vous faites appel aux services d'un chauffeur pour tout ou partie de votre séjour, le pourboire est obligatoire. Les chauffeurs ont un petit salaire fixe, et le pourboire leur permet de joindre les deux bouts. Il faut compter entre 200 Rs et 500 Rs par jour, en fonction du nombre de personnes et de la durée du service. Comptez 3 000 Rs pour une dizaine de jours.

Marchandage. Le marchandage est de mise dans presque tous les magasins (sauf sur les produits étiquetés d'un prix fixe) et tout particulièrement dans les magasins spécialisés dans les articles pour touristes. Préparez-vous à devoir négocier fermement. Pour ce faire, si un article vous plaît vraiment, ne le montrez pas et fixez-vous une limite à ne pas dépasser avant d'entamer votre négociation. Faites le tour des arguments objectifs et subjectifs susceptibles de faire baisser le prix (l'article vous plaît, mais vous l'auriez préféré dans une autre couleur, il y a un petit défaut, le polyester ne vaut pas le prix de la soie...). Faites mine de vous en aller et d'aller voir plus loin. Il y a fort à parier que le vendeur vous courra après en lâchant l'article à votre dernier prix. Autre astuce, la première vente de la journée est souvent considérée de bon augure par les commerçants. C'est donc de bon matin que les meilleures affaires sont possibles.

Taxes. Les biens et services connaissent une double taxation. La GST est la taxe sur la valeur ajoutée des biens et services et est prélevée par le gouvernement fédéral, tandis que la SGST du même montant est prélevée par le gouvernement local. La réforme des taxes fait partie des grands chantiers entrepris par le gouvernement de Narendra Modi et elle est entrée en vigueur le 1er juillet 2017. Il existe 7 taux de taxation différents compris entre 0 % et 28 %. L'hôtellerie est taxée à 0 % pour les chambres à moins de 1 000 Rs, à 12 % pour les tarifs compris entre 1 000 Rs et 2 500 Rs la nuit, à 18 % lorsque le prix de la chambre est compris entre 2 500 Rs et 7 500 Rs et à 28 % lorsque le prix de la nuitée est supérieur à 7 500 Rs. Par conséquent, pensez à demander le prix toutes taxes comprises lorsque vous réservez une chambre, afin d'éviter les mauvaises surprises et de faire exploser votre budget.

La guerre des prix. Nous avons reçu plusieurs remarques de lecteurs mentionnant que les tarifs indiqués dans ce guide ne sont pas toujours ceux qu'ils observent sur place. Si nous menons nos enquêtes avec sérieux, les hôteliers et sites touristiques conservent la liberté d'augmenter leurs prix quand bon leur chante.
Beaucoup d'établissements modifient leurs tarifs en fonction de la saison. En basse saison (mai à septembre), les tarifs sont plus facilement négociables. Afin d'obtenir un bon prix, n'hésitez pas à faire jouer la concurrence et à négocier le prix à la baisse, avec le sourire. En règle générale, les établissements luxueux et de catégorie moyenne affichent leurs tarifs sur leur site Internet et vous pourrez obtenir une information actualisée au moment de votre réservation. Mais lorsqu'il s'agit d'établissements bon marché, l'hôtelier pratique souvent un tarif « à la tête du client » en fonction du taux de remplissage de son établissement et de ses besoins financiers.
Concernant les courses en rickshaw, notre bonne connaissance du terrain et de la culture nous permet souvent d'obtenir le juste prix pour une course. Il est beaucoup moins aisé de négocier une course dans une ville dans laquelle on n'a aucun repère, ni aucune idée des distances. Les rickshaw-walas ont tendance à gonfler le prix des courses de façon scandaleuse lorsqu'ils voient débarquer les touristes. Ceci est d'autant plus vrai en basse saison, alors qu'ils ont moins de courses. Il est indispensable de garder son sang-froid et d'expliquer au chauffeur que vous connaissez les tarifs (vous les aurez demandés à votre hôtel) et qu'il ne s'agit pas de votre premier séjour en Inde. Quoiqu'il arrive, ne perdez pas votre calme. Inutile de se gâcher le séjour pour une dizaine de roupies.

PASSEPORT ET VISAS

Obtention du passeport. Tous les passeports délivrés en France sont désormais biométriques. Vos empreintes digitales sont enregistrées dans une puce sécurisée collée entre les pages de votre passeport. Pour l'obtenir, vous devez prendre un rendez-vous en mairie et effectuer une pré-demande de délivrance de passeport sur le site www.ants.gouv.fr. Vous devez également vous acquitter d'un timbre fiscal d'un montant de 86 € pour un adulte (17 € pour les enfants de moins de 15 ans et 42 € pour les enfants de plus de 15 ans). Le timbre fiscal peut être obtenu en ligne sur le site www.timbres.impots.gouv.fr. Le jour du rendez-vous, vous devez vous présenter en mairie avec votre ancien passeport, un justificatif de domicile datant de moins d'un an, d'une photo d'identité récente de moins de 6 mois et correspondant aux critères exigés (fond clair, pas de lunettes, tête découverte, etc.), du numéro de pré-demande et de la référence du timbre fiscal. Attention, les délais d'obtention de rendez-vous en mairie et de délivrance du passeport peuvent prendre plusieurs semaines, voire plusieurs mois. Il est indispensable d'anticiper votre demande en amont.
Le passeport est valable pour une durée de 10 ans (5 ans pour les enfants) et peut être renou-

velé gratuitement si toutes les pages du passeport en votre possession sont utilisées.
Pensez à photocopier vos documents de voyage avant le départ. Remettez-en une copie à quelqu'un de votre connaissance. En cas de perte ou de vol de votre passeport, vos démarches seront simplifiées si vous pouvez fournir les informations complètes auprès des autorités consulaires. Vous pouvez également conserver une copie sur le site Internet officiel www.mon.service-public.fr. Il vous suffit de créer un compte et de scanner toutes vos pièces d'identité et autres documents importants dans votre espace confidentiel.

Visa. Le visa est obligatoire pour se rendre en Inde. Il doit impérativement vous rester 3 pages vierges dont deux consécutives dans votre passeport et celui-ci doit être valide au moins 6 mois après la date de votre retour prévue. Vous pouvez soit effectuer une demande de visa auprès des services consulaires gérés par VFS Global ou en ligne en demandant un eVisa.
- **Le visa papier** est délivré en France par les services consulaires dans les bureaux de VFS Global à Paris (16 boulevard du Général Leclerc, 92110 Clichy, du lundi au vendredi de 9h à 12h) et à Marseille (444A rue de Paradis, 13008 Marseille, du lundi au vendredi de 9h à 12h). Vous pouvez demander un visa touriste pour une période d'un an (entrée simple ou multiples) pour un montant de 84 € ou de 5 ans (entrée simple ou multiples) pour un montant de 167 €. À cela s'ajoutent des frais de traitement et une taxe. Vous devez également compléter un formulaire en ligne sur le site https://indianvisaonline.gov.in et opter pour « *Regular / Paper Visa Application* » et fournir 2 photos d'identité au format 2 cm x 2 cm ainsi qu'une photocopie de votre passeport. Le séjour ne peut excéder 90 jours sur place. Le visa démarre à la date d'émission par les autorités et non d'entrée dans le pays.
- **Le eVisa** est à demander sur le site https://indianvisaonline.org.in en choisissant l'accès au portail eVisa by Bureau of Immigration. Vous devez compléter le formulaire en ligne et télécharger une photo d'identité de 2 cm x 2 cm ainsi qu'une copie de votre passeport. Vous pouvez demander un visa touriste pour une durée de 30 jours (double entrée), 1 an (entrées multiples) ou 5 ans (entrées multiples). Le prix du eVisa varie selon sa durée et la saison à laquelle vous vous rendez en Inde pour la première entrée. Chaque séjour ne peut excéder 90 jours sur place. Une fois votre demande en ligne effectuée, vous obtenez une réponse sous 48 à 96 heures. Vous devez imprimer le document d'obtention du visa et le présenter à l'immigration à votre arrivée en Inde. Le visa vous est alors délivré sur place. La demande de eVisa ne peut être introduite à plus de 30 jours de la date prévue de votre arrivée sur le sol indien.
Il existe de nombreuses catégories de visa différentes qui peuvent s'appliquer si vous ne vous rendez pas en Inde pour un séjour touristique. Toutes les catégories de visa sont à consulter sur le site www.vfsglobal.com.
Attention, durée des visas et modalités d'obtention changent régulièrement. Renseignez-vous bien avant votre départ.

Faire renouveler son visa sur place. En cas de perte ou de vol de votre passeport (et donc de votre visa) ou si vous souhaitez renouveler votre visa pour prolonger votre séjour, vous devez impérativement vous rendre au Foreign Regional Registration Office (FRRO). Chaque capitale d'État compte un bureau d'enregistrement des étrangers. Une extension de 15 jours est alors délivrée gratuitement. Vous devrez vous munir d'une photo d'identité (format 2 cm x 2 cm), d'une photocopie de votre passeport, de votre visa et de votre billet retour. Si vous souhaitez obtenir une extension plus longue de votre visa, c'est le parcours du combattant qui commence. Vous pouvez également faire convertir votre visa si la nature de votre séjour change.
L'Inde se modernise et désormais, vous pouvez effectuer ces démarches sur le portail officiel https://indianfrro.gov.in.
L'enregistrement auprès du FRRO est obligatoire si votre séjour en Inde excède 180 jours.

Conditions d'entrée en Inde. Vous devez présenter un passeport valide au moins 6 mois après la date de votre retour, un visa ou une autorisation de eVisa (ETA). Pour vous tenir informé des dernières mesures applicables, vous pouvez consulter la section des « Conseils aux voyageurs » du site du ministère des Affaires étrangères sur www.diplomatie.gouv.fr.

PERMIS DE CONDUIRE

Inutile de prendre avec vous votre permis de conduire, au risque de le perdre pour rien. Il est fortement déconseillé de conduire en Inde et les loueurs de voiture sont rares. Si vous souhaitez tout de même tenter l'aventure, vous devrez présenter un permis de conduire international en plus de votre permis de conduire. La demande s'effectue sur le site Internet https://permisdeconduire.ants.gouv.fr.

Vous devrez vous munir d'un justificatif d'identité, d'un justificatif de domicile datant de moins de 6 mois et de votre permis de conduire. La demande effectuée, vous devrez l'envoyer accompagnée d'une photo d'identité officielle et d'une enveloppe retour de 50 g affranchie en lettre suivie.
Officiellement, le permis de conduire international est également exigé pour la location d'une moto ou d'un scooter. Si vous ne prévoyez pas de sillonner le Rajasthan de fond en comble, on vous demandera de laisser votre passeport en dépôt de garantie.

SANTÉ

Il convient d'être vigilant sur quelques points afin de ne pas subir des désagréments de santé au cours de votre voyage. Même si les conditions d'hygiène se sont considérablement améliorées et que les cas de dysenterie sont de plus en plus rares, il convient de respecter une hygiène scrupuleuse. Lavez-vous systématiquement les mains avant et après les repas et ne buvez que de l'eau en bouteille. Si vous avez l'estomac sensible, rincez-vous la bouche avec de l'eau en bouteille lorsque vous vous lavez les dents. Évitez de manger des fruits et légumes crus non pelés. Redoublez de vigilance en été, et malgré la tentation, résistez aux glaces, lassis et glaçons, car la chaîne du froid n'existe pas en Inde. Évitez les œufs, les laitages et les aliments non bouillis. En cas de maladie, consultez immédiatement un pharmacien, puis un médecin si les symptômes ne se dissipent pas. En cas de problème grave, de diarrhée importante ou de forte fièvre, rendez-vous immédiatement chez un médecin ou au service d'urgence d'un hôpital (clinique privée de préférence). Les actes de santé mineurs sont peu chers en Inde, même dans le secteur privé.

Conseils aux voyageurs. Afin de connaître les principales maladies en cours de circulation au Rajasthan, rapprochez-vous de votre médecin traitant avant votre départ. Vous pouvez aussi vous rapprocher de la Société de médecine des voyages du Centre médical de l'Institut Pasteur au 01 45 68 80 88 (www.pasteur.fr) ou consulter le site du ministère des Affaires étrangères à la rubrique « Conseils aux Voyageurs » (www.diplomatie.gouv.fr).

Principales maladies.

- **Chikungunya.** En zone urbaine où sont décrites la majorité des épidémies de chikungunya, la transmission s'effectue par l'intermédiaire du moustique. Après une incubation moyenne de 4 à 7 jours, une fièvre élevée apparaît brutalement accompagnée de douleurs articulaires. L'évolution de la maladie est le plus souvent favorable et sans séquelles, mais peut s'avérer problématique pour les femmes enceintes. Une protection efficace contre les moustiques est nécessaire si une épidémie de chikungunya sévit au Rajasthan.
- **Diarrhée du voyageur (tourista).** Statistiquement, un voyageur sur deux est touché par la tourista au cours des 48 premières heures de son séjour. Ces diarrhées et douleurs intestinales sont causées par une mauvaise hygiène, la cuisson insuffisante des aliments, une nourriture trop épicée ou, le plus souvent, à l'eau. 80 % des maladies contractées en voyage sont en effet directement imputables à une eau contaminée. Ces troubles disparaissent en général en 1 à 3 jours. Prenez un antidiarrhéique, un désinfectant intestinal et hydratez-vous très régulièrement (pas de jus de fruit, ni d'alcool). Un pharmacien pourra vous fournir les médicaments nécessaires : antidiarrhéique, antispasmodique, antinauséeux et sachets de réhydratation. Si la diarrhée persiste plus de 48 heures ou s'accompagne de perte de sang ou de glaires, consultez un médecin sans attendre.
Pour éviter ces désagréments, ne consommez que de l'eau en bouteille scellée, évitez les crudités et les fruits non pelés, bannissez les glaçons, ne vous brossez pas les dents avec l'eau du robinet et lavez-vous les mains régulièrement ou désinfectez-les avec du gel hydroalcoolique.
- **Dengue.** Ce virus assez courant et qui circule au Rajasthan est transmis par le moustique *Aedes aegypti*, le même vecteur que le virus Zika ou le chikungunya. La dengue se traduit par un syndrome grippal (fièvre, maux de tête, fortes douleurs articulaires et musculaires). Il n'existe pas de traitement préventif. Le risque d'hémorragie interne étant élevé, ne prenez jamais d'aspirine. Cette maladie peut être mortelle si elle n'est pas prise en charge à temps. Dans le doute, consultez immédiatement un médecin et buvez beaucoup d'eau.
- **Encéphalite japonaise.** L'encéphalite japonaise est transmise par un moustique à l'activité nocturne (pic d'activité au crépuscule et à l'aube), principalement en milieu rural. Au Rajasthan, les cas sont extrêmement rares (aucun cas signalé depuis 2020). La plupart des formes de la maladie sont asymptoma-

tiques, mais elle peut aussi entraîner d'importantes séquelles neurologiques, voire la mort. Le Haut Conseil de Santé Publique (HCSP) ne préconise pas de se faire vacciner systématiquement, mais depuis septembre 2013, le recommande vivement pour les sujets âgés de 2 mois et plus en cas d'expatriation. Le vaccin est disponible en France dans les centres de vaccination sous le nom d'Ixiaro®. Il consiste en 2 injections à 28 jours d'intervalle et un rappel 12 à 24 mois après la première injection. Cette vaccination s'effectue uniquement sur rendez-vous. Contactez le centre médical de l'Institut Pasteur au 01 45 68 80 88.

- **Grippe aviaire.** La grippe aviaire touche essentiellement les volatiles. Toutefois, le virus peut se transmettre occasionnellement à l'homme. Cette transmission ne concerne en principe que des personnes en contact direct avec des animaux contaminés. Pour prévenir la transmission, évitez les endroits à risque élevé comme les fermes d'élevage et les marchés d'animaux vivants, évitez tout contact direct avec les oiseaux (poules, canards, oiseaux sauvages) et évitez les surfaces contaminées par les excréments d'oiseaux.
- **Hépatite A.** L'existence d'une immunité antérieure rend la vaccination inutile. Elle est fréquente lorsque vous avez des antécédents de jaunisse (ictère), de séjour prolongé à l'étranger ou êtes âgé de plus de 45 ans. L'hépatite A est le plus souvent bénigne, mais peut se révéler grave, notamment pour les personnes de plus de 45 ans ou en cas de maladie hépatique préexistante. Elle s'attrape par l'eau ou des aliments mal lavés.
- **Hépatite B.** Le risque est élevé au Rajasthan et la maladie est plus grave que l'hépatite A. Elle se contracte lors de rapports sexuels ou par le sang.
- **Maladie de Lyme.** Présentes dans les sous-bois, les fourrés et les hautes herbes, les tiques peuvent être porteuses d'agents pathogènes et transmettre la maladie de Lyme en cas de morsure. Elle se caractérise par des signes dermatologiques (cercle rouge autour de la piqûre) et peut entraîner des complications nerveuses, articulaires et cardiaques. Pris à temps, un simple traitement antibiotique suffit à faire disparaître les symptômes. Il existe des consultations spécialisées dans les grandes villes du Rajasthan.
- **Paludisme.** Le paludisme (malaria) est présent au Rajasthan, mais dans de faibles proportions. Le nombre de cas recensés en 2020 s'élevait à 674. Il n'est pas nécessaire de prendre un traitement préventif si vous vous rendez au Rajasthan. Une bonne protection antimoustique (spray avec du DEET, manches longues et jambes couvertes, couleurs claires, moustiquaire) doit suffire.
- **Rage.** La rage est très présente au Rajasthan. Évitez tout contact avec les chiens, les chats et autres mammifères pouvant être porteurs du virus. L'apparition des premiers symptômes (phobie de l'air et de l'eau) s'effectue entre 30 et 45 jours après la morsure. Une fois les symptômes révélés, le décès intervient au bout de quelques jours. En cas de morsure par un animal, rendez-vous immédiatement dans un hôpital pour vous faire administrer un vaccin antirabique associé à un traitement adapté. Le vaccin préventif ne dispense pas du traitement curatif en cas de morsure.
- **Tuberculose.** La tuberculose est une maladie infectieuse contagieuse. Elle attaque généralement les poumons, mais d'autres organes peuvent être atteints. Ses symptômes sont la fièvre, une toux grasse, une perte de poids et d'énergie. La maladie peut être soignée avec une bonne prise en charge médicale.
- **Typhoïde.** La fièvre typhoïde est une infection bactérienne qui se traduit par de fortes fièvres, une diarrhée et des troubles de conscience. Les formes les plus graves peuvent entraîner des complications digestives, neurologiques ou cardiaques. La période d'incubation de la maladie varie entre 10 et 15 jours. La contamination s'effectue par les selles, la salive, de manière directe avec une personne infectée ou en consommant des aliments contaminés. Aucun cas de fièvre typhoïde n'a été déclaré au Rajasthan depuis 2010.

Assistance médicale. Si vous possédez une carte bancaire Visa ou MasterCard, vous bénéficiez automatiquement d'une assurance médicale et d'une assistance de rapatriement sanitaire en cas de pépin sur place. L'assurance est valable pour tout séjour à l'étranger d'une durée de moins de 90 jours. Il n'est pas nécessaire d'avoir acheté votre billet avec votre carte bancaire pour être couvert. Néanmoins, vérifiez attentivement le montant global de couverture et des franchises, ainsi que les conditions d'activation de l'assurance. Si vous ne possédez pas de carte bancaire ou que la couverture vous semble insuffisante (notamment si vous prévoyez certaines activités à risque), souscrivez un contrat auprès d'un assureur spécialisé dans le voyage, pour une meilleure prise en charge en cas de problème.

Trousse à pharmacie. Les médicaments usuels et de bobologie peuvent être trouvés sur place, sans ordonnance (paracétamol, antibiotique à large spectre, anti-asthmatique, antidiarrhéique, antitussif, pastilles pour la gorge...). Il est tout de même préférable de prévoir une trousse de première nécessité qui comprendra : antihistaminiques, antidiarrhéiques, antispasmodique, antalgiques, désinfectant, collyre, répulsif tropical contre les moustiques, sparadraps, compresses, pince à épiler, ciseaux.
Si vous suivez un traitement médical particulier, prenez avec vous les médicaments nécessaires (attention si vous partez plus d'un mois, vous devrez alors vous rapprocher de votre centre de Sécurité sociale pour obtenir une autorisation exceptionnelle de délivrance de plusieurs mois). Emportez votre ordonnance avec vous en cas de contrôle douanier notamment.

Hôpitaux, cliniques, pharmacies. Si le système de santé publique n'est pas très robuste, le secteur privé hospitalier est très performant. En cas de nécessité, privilégiez un hôpital privé dans la mesure du possible. Si vous êtes dans un endroit isolé, vous n'aurez peut-être accès qu'à un simple dispensaire. En cas de problème mineur, vous devrez régler les frais (visite médicale, actes de soin), mais les prix sont raisonnables. Si vous souffrez d'une affection sérieuse, rapprochez-vous de votre assistance médicale avant d'entreprendre des démarches et des frais. Votre assurance vous renverra vers un hôpital avec lequel elle a des accords notamment.

Numéros d'urgence. Ces numéros sont valables dans tout le pays et peuvent être contactés gratuitement depuis n'importe quel téléphone.
Ambulance : 102
Pompiers : 101
Police : 100

VACCINS OBLIGATOIRES

Vous vous assurerez d'avoir un carnet de vaccination à jour, et penserez à compléter les vaccinations obligatoires en France avec le vaccin contre l'hépatite B et celui contre la rage. Attention, le vaccin contre la rage ne vous prémunit pas de la piqûre antidote en cas de morsure. Il prolonge uniquement le délai dont vous disposez pour obtenir cet antidote.

SÉCURITÉ

Dangers potentiels et conseils

- Informations générales. Pour connaître les dernières informations concernant la sécurité des voyageurs, reportez-vous à la rubrique « Conseils aux Voyageurs » du site Internet du ministère des Affaires étrangères sur www.diplomatie.gouv.fr. Sachez toutefois que le site dresse une liste exhaustive des dangers potentiels et que cela donne parfois une vision alarmiste de la situation réelle dans le pays ou la région concernée.

- Drogues. Nous déconseillons fortement la prise de substances illicites voire illégales. En Inde, l'usage ou la possession de drogues est interdit et lourdement sanctionné. La consommation de substances illégales est passible de peines de prison pouvant aller de 6 mois à 1 an et d'une amende de 20 000 Rs. En cas de trafic de drogues, les peines sont beaucoup plus lourdes et peuvent conduire à 15 ans d'emprisonnement. Des étrangers sont régulièrement arrêtés pour trafic de drogue ou consommation illégale. Au Rajasthan, la consommation de psychotropes est culturellement admise lors de certaines occasions ou dans certaines communautés. À Pushkar, certains sadhus consomment du cannabis sur les ghats ; les membres de la communauté bishnoï et les Marwaris des environs de Jodhpur consomment de l'opium lors de cérémonies particulières ; le bhang est consommé à outrance lors de la fête de Holi (et peut s'avérer problématique). Si ces prises de drogue sont tolérées par le gouvernement, elles le sont uniquement pour les Indiens.

Si vous commettez un délit et que vous vous faites arrêter par la police indienne, contactez immédiatement l'ambassade de France à Delhi.

Femmes voyageant seules. Le Rajasthan est une région sûre pour les femmes voyageant seules. Néanmoins, la place de la femme étant ce qu'elle est dans la société indienne, attendez-vous à de la curiosité de la part des Indiens, notamment dans les zones rurales. Une femme non accompagnée peut susciter l'incompréhension. Vous aurez souvent à répondre à la question « Êtes-vous mariée ? ». Répondez par l'affirmative, afin de ne pas soulever d'autres questions et d'avoir la paix. Couvrez-vous les épaules et les jambes par respect et pour ne pas trop attirer les regards. Remettez à sa place un homme qui vous toucherait ; c'est totalement déplacé et il ne se le permettrait pas avec une femme de sa culture. En revanche, il vous sera difficile d'échapper aux regards insistants et fixes. Ce n'est pas méchant, mais juste pénible. Ne dévisagez les hommes en aucun cas et évitez toute provocation, la réputation des femmes occidentales véhiculée par la publicité, les films et les clips vidéo vous a déjà précédée. Au mieux, vous attirerez les frustrés d'un pays très puritain. Pour les longs trajets, prévoyez de la musique ou un bon bouquin et portez des lunettes de soleil afin de vous isoler un minimum. Comme dans bien des endroits, évitez de vous promener seule la nuit. L'Inde n'est pas un pays dangereux et en adoptant une attitude juste et ferme vous pourrez profiter de votre voyage en toute quiétude. Tout comme les hommes voyageant seuls, prenez garde à vos affaires dans les transports publics, notamment dans les bus ou trains de nuit. Refusez toute offre de boisson ou de nourriture de la part de quelqu'un que vous ne connaissez pas. Les risques sont faibles, mais pas nuls. Redoublez de prudence durant la fête de Holi. Les hommes abusent de bhang (une boisson à base de marijuana) et sont particulièrement désinhibés. Cela peut vite devenir éprouvant. Avec ces quelques mises en garde en tête, n'oubliez pas de vous ouvrir à l'aventure que constitue votre voyage afin d'en profiter pleinement.

Voyager avec des enfants. Commencez par vous assurer que le carnet de vaccination de vos enfants est à jour avant de partir en Inde. Emmenez leur carnet de santé avec vous, car ils vous seront bien utiles en cas de pépin. Si vous partez au Rajasthan durant les grandes chaleurs (d'avril à juin), donnez-leur très régulièrement à boire et couvrez-leur la tête. Les risques de déshydratation sévère ou d'insolation sont élevés à cette période. C'est pourquoi, si vous le pouvez, nous vous recommandons de partir avec vos enfants à une période où il fait moins chaud (d'octobre à mars). Partout où vous irez, vous constaterez que les enfants sont les bienvenus. Les hôtels disposent de chambres familiales et certains hôtels de standing disposent même d'aire de jeux pour les petits. Dans les restaurants, il existe des menus enfants ou des plats non-épicés et on vous donnera une chaise haute si besoin. Vos enfants attireront les regards, la curiosité et la bienveillance, d'autant plus s'ils ont les yeux ou les cheveux clairs. Les Indiens adorent les enfants, et ils voudront sans doute les toucher.

Voyageur handicapé. Si vous présentez un handicap physique ou mental ou que vous partez avec une personne dans cette situation, sachez que le Rajasthan est mal équipé pour les accueillir. Hormis dans les hôtels de grand luxe, la plupart des établissements touristiques ne présentent aucune infrastructure pour les personnes en situation de handicap. Dans les transports, c'est encore pire ; rien n'est adapté. Mieux vaut faire appel aux services d'un chauffeur privé afin d'éviter les galères inutiles (bousculades, manque d'espace, accès aux quais dans les gares...). Les sites et monuments publics ne sont pas non plus très adaptés pour les personnes présentant une mobilité réduite. Les rampes d'accès sont rares, ce sont souvent de vieux bâtiments aux sols en pierres disjointes, etc. La meilleure solution pour organiser un voyage en Inde lorsqu'on présente un handicap est de faire appel à une agence. Elle saura sélectionner les établissements adaptés et vous fournira un interlocuteur en cas de besoin.

Voyageur LGBTQ+. L'homosexualité demeure un sujet tabou en Inde et elle est très mal perçue. Cependant un sondage mené en 2018 a révélé que près d'un tiers des hommes mariés s'avouaient homosexuels ! Si vous êtes homosexuel, n'affichez pas ouvertement vos préférences et vos opinions. Si vous voyagez avec votre partenaire, ne manifestez aucun geste tendre en public (un conseil qui vaut pour les hétérosexuels également). En revanche, vous n'aurez aucun problème à faire chambre commune, car l'amitié entre deux personnes du même sexe est tout à fait acceptée. Soyez discrets, c'est tout.
Si la catégorie « transgenre » est reconnue dans les documents officiels indiens, c'est avant tout pour assurer une reconnaissance envers les *hijras*.
Ces personnes intersexes, transgenres ou eunuques remplissent une fonction sociale et vous en croiserez probablement lors de votre séjour. En revanche, elles sont très mal considérées par la population.

DÉCALAGE HORAIRE

Il existe 3 heures 30 de décalage entre Paris et Jaipur en hiver et 4 heures 30 en été. L'Inde est sur un seul fuseau horaire et toutes les villes du pays sont à la même heure. Il n'existe pas de passage de l'heure d'hiver à l'heure d'été dans le pays.

LANGUES PARLÉES

La langue nationale est l'hindi. Elle possède son propre alphabet, le *devanagari*. L'anglais est également au nombre des langues officielles et largement parlé par les acteurs du tourisme au Rajasthan. En revanche, dans les campagnes, vous vous heurterez à de l'incompréhension si vous tentez de parler anglais. Sachez également qu'il existe des dialectes locaux, notamment le marwari et le mewari, largement usités dans les campagnes.

COMMUNIQUER

Vous trouverez Internet en wifi dans tous les hôtels, à l'exception de certains hôtels très bon marché ou des dharamsalas (accueils pour pèlerins). De nombreux cafés et restaurants sont également équipés.
Concernant la téléphonie mobile, le meilleur réseau accessible pour les touristes est Airtel. Mais il n'est pas performant partout au Rajasthan. Si vous le pouvez, demandez à un local de vous obtenir une carte SIM Jio, l'opérateur qui possède la meilleure couverture, mais qui ne s'adresse qu'à une clientèle indienne. Vous devrez fournir une photocopie de votre passeport et une photo d'identité pour obtenir une carte SIM.

ELECTRICITÉ ET MESURES

Électricité. Le voltage est de 220 V et vous trouverez des fiches identiques aux françaises à peu près partout. En revanche, les coupures d'électricité sont fréquentes, notamment le dimanche et en période de mousson. Les grands hôtels sont équipés de groupes électrogènes et vous n'en subirez pas les conséquences. Il n'en est pas de même dans les petits établissements et les chambres chez l'habitant. Attention donc en été, où vous risquez de vous retrouver à suffoquer sans même un ventilateur.
Les fiches indiennes sont un peu plus larges que les françaises. Si vous achetez du matériel électrique en Inde, vous aurez à changer la fiche à votre retour.

Poids et mesures. Le système métrique est utilisé partout en Inde. Les distances affichées sur les panneaux routiers sont donc en kilomètres. Pour les poids, les Indiens emploient l'abréviation kg (à prononcer « quaidji ») à l'oral au lieu de « kilo ».

BAGAGES

Inutile de vous lester d'articles inutiles, vous pourrez trouver l'essentiel sur place : savon, shampoing, lames de rasoir, gel douche, médicaments de première nécessité, préservatifs de qualité. En revanche, les femmes prendront suffisamment de protections hygiéniques pour la durée du voyage. Les tampons sont quasiment introuvables (sauf à Delhi, et pas partout) et les serviettes hygiéniques se rapprochent de la couche-culotte.

En toute saison, vous prévoirez des vêtements couvrants, surtout pour les femmes (jambes, décolleté et aisselles couvertes de préférence). Pour les hommes, le port du short est mal vu, notamment dans les campagnes et plus encore dans les mosquées, où il est prohibé. Prévoyez des sandales faciles à enlever, car vous aurez à vous déchausser fréquemment (temples, chez l'habitant, certaines boutiques...) ; une paire de chaussures confortables (baskets ou chaussures de rando) car vous marcherez beaucoup, notamment dans les forteresses aux sols et escaliers pas toujours réguliers. Un foulard vous sera utile pour vous couvrir la tête en cas de forte chaleur ou vous protéger le cou en hiver. Prévoyez de la crème solaire avec un indice élevé, surtout si vous voyagez avec des enfants et un anti-moustique spécial « pays tropicaux ». N'oubliez pas votre ordonnance ni vos médicaments si vous suivez un traitement spécifique. Pour la bobologie, vous trouverez tout sur place, même sans ordonnance. Les voyageurs à petit budget apprécieront d'avoir avec eux un sac-à-viande et une serviette de toilette.

En hiver, les températures peuvent descendre bas, surtout la nuit. Prévoyez quelques vêtements chauds tels qu'une doudoune, un bon pull, des chaussettes, et même un bonnet, des gants et une écharpe si vous prévoyez un safari le matin. Le climat étant semi-désertique, prévoyez du lait pour le corps ou une huile sèche pour vous hydrater.

En été, misez sur des matières en fibre naturelle pour vos vêtements, beaucoup plus agréables à porter lorsqu'il fait chaud. De même, privilégiez des coupes amples qui laisseront circuler l'air. Munissez-vous absolument d'un chapeau à bords larges, de lunettes de soleil et de litres de crème solaire. Si vous voyagez pendant la mousson (juin à septembre), prévoyez une moustiquaire, un poncho antipluie et des sacs de congélation pour protéger votre matériel électroniques.

LES PHRASES CLÉS

Bonjour, je voudrais réserver un billet aller/retour pour…
Hello, I'd like to book a single/return ticket to…

J'ai raté mon avion. Je voudrais échanger mon billet s'il vous plaît.
I missed my plane.I'd like to change my ticket please.

Mon vol est très en retard. Ma correspondance sera bien assurée ?
My flight is very delayed. Will I make my connection?

Mes bagages ont été égarés, à qui dois-je m'adresser ?
My luggage has been lost, who should I talk to?

Louez-vous des voitures avec chauffeur ?
Do you hire cars with a driver?

Je n'ai presque plus d'essence. Où se trouve la station-service la plus proche ?
I'm almost out of petrol. Where is the nearest petrol station?

S'Y RENDRE

L'accès au Rajasthan se fait principalement par New Delhi, la capitale de l'Inde. S'il existe quelques vols pour Jaipur avec escale au Moyen-Orient, le plus simple et le plus rapide est d'emprunter un vol direct au départ de Roissy-Charles-De-Gaulle pour New Delhi. Les compagnies Air France et Air India assurent ces vols avec des fréquences très régulières. Il faut compter 8 heures environ pour gagner Delhi au départ de Paris par un vol direct, et un minimum de 13 heures si vous optez pour un vol avec escale. Le retour s'effectue en 9 heures 30 minimum. Vous pourrez trouver des billets à un tarif abordable en utilisant les comparateurs de vols en ligne ou en réservant auprès d'une agence spécialisée dans les réservations de vols secs. Pour obtenir les meilleurs tarifs, il convient d'éviter les périodes de vacances scolaires françaises, ainsi que les week-ends. Il faut également réserver votre billet au moins 2 mois à l'avance.

AIR ARABIA

Church Road
JAIPUR
✆ +91 141 336 6444
Vols internationaux.

Air Arabia est une compagnie low cost basée aux Émirats Arabes Unis. Elle propose une liaison directe quotidienne depuis le petit émirat de Sharjah. Pour peu que vous réserviez à l'avance, les tarifs sont plutôt compétitifs. Il faut compter 3 heures 10 de vol entre Sharjah et Jaipur. La compagnie exploite des appareils Airbus A320 ou A321 Neo LR, dont la plupart sont neufs. Vous disposez de 3 catégories de tarifs, le moins cher ne comprenant qu'un bagage à main, le plus cher vous offrant un repas à bord et 40 kg de bagages en soute, en plus de votre bagage cabine.

AIR FRANCE

✆ +33 01 41 56 78 00
wwws.airfrance.fr
Réservation en ligne, par téléphone ou en agence.

Air France propose un vol direct Paris-Delhi 5 fois par semaine, le lundi, mardi, jeudi, samedi et dimanche. L'avion décolle de Roissy-Charles-De-Gaulle à 10h30 pour atterrir à 22h30 à l'aéroport international Indira Gandhi de Delhi. Dans l'autre sens le départ se fait à 00h35 du matin pour une arrivée à 6h45. Les vols s'effectuent le lundi, mardi, mercredi, vendredi et dimanche. Attention, désormais, les tarifs les plus économiques ne comprennent pas de bagage en soute. Il faut payer un supplément. Les billets ne sont pas non plus remboursables.

AIR INDIA

5, rue des Colonnes
PARIS (2e)
✆ 01 76 54 57 41
www.airindia.fr

L'ancienne compagnie nationale, détenue par Tata Group depuis 2022, propose un vol quotidien à 20h35 au départ de Roissy-CDG 2C et à destination de Delhi. Le vol d'une durée de 7 heures 50 en direction de Delhi est assuré sur un Boeing Dreamliner 787. Le retour s'effectue à 13h20 au départ de Delhi pour gagner Paris à 19h. Il est possible de réserver son vol Air India par Internet ou par téléphone simplement, rapidement et au meilleur tarif. Le centre d'appel situé à Paris permet aux voyageurs de réserver en français 7 jours sur 7, de 9h à 21h.

ETIHAD AIRWAYS

27, rue de Berri
PARIS (8e)
✆ 01 57 32 43 43
www.etihadairways.com

Etihad propose un vol quotidien avec escale à Abu Dhabi au départ de Paris Charles-de-Gaulle. Il faut compter au moins 13 heures de voyage. Le site Internet de la compagnie propose souvent des offres promotionnelles. Tarifs réduits, escale offerte à Abu Dhabi avec une ou deux nuits d'hôtel gratuites afin de découvrir le petit émirat. Ce peut être l'occasion de visiter le Louvre Abu Dhabi, de s'offrir une excursion dans le désert ou d'entreprendre une virée shopping dans les souks traditionnels ou les centres commerciaux climatisés avant de gagner Delhi.

INTERVIEW

L'ASSURANCE VOYAGE, LE MEILLEUR MOYEN POUR PROTÉGER SA SANTÉ À L'ÉTRANGER

avec le DR MICHEL NAHON, directeur médical d'Allianz Travel

En cas de souci de santé sur place, que faut-il faire ?

Si l'on se trouve dans une situation urgente (accident grave, morsure d'animaux...), il est conseillé d'appeler les numéros d'urgence locaux. Une fois à l'hôpital, appeler son assisteur pour déclencher les procédures de prise en charge.

Est-il possible d'entrer en contact avec un professionnel de santé en cas de besoin ?

Allianz Travel dispose d'un service de téléconsultation médicale accessible en visio qui permet de s'entretenir avec un médecin français 24h/24, 7 jours sur 7. La consultation se fait en français et des conseils sont donnés sur les démarches à effectuer. Une ordonnance peut également être délivrée.

S'agissant des frais médicaux, est-on forcément couvert par son assurance maladie et sa mutuelle à l'étranger ?

La sécurité sociale et la mutuelle fonctionnent en France et dans les pays de la Communauté économique européenne, à condition d'avoir fait une demande d'extension de garantie avec la carte européenne d'assurance maladie (CEAM). Il est malgré tout conseillé de souscrire une assurance voyage, car la prise en charge des frais ne sera pas la même qu'en France.

Quel est le meilleur moyen de voir ses frais médicaux pris en charge ?

Dans les pays hors Europe, il est recommandé de souscrire à un contrat d'assistance avec un bon niveau de couverture des frais médicaux. Il est également important de choisir un acteur solide, qui dispose d'un important réseau international dans le domaine médical.

L'assurance voyage prévoit-elle le rapatriement ?

Le rapatriement n'est pas systématique. Il faut un réel intérêt médical. Si le patient peut être traité sur place, l'assisteur oriente vers un médecin ou une structure médicale adaptée localement. De même qu'en cas d'accident dans une zone désertique, le patient sera d'abord orienté vers l'hôpital le plus proche pour stabiliser la situation, avant d'envisager le rapatriement.

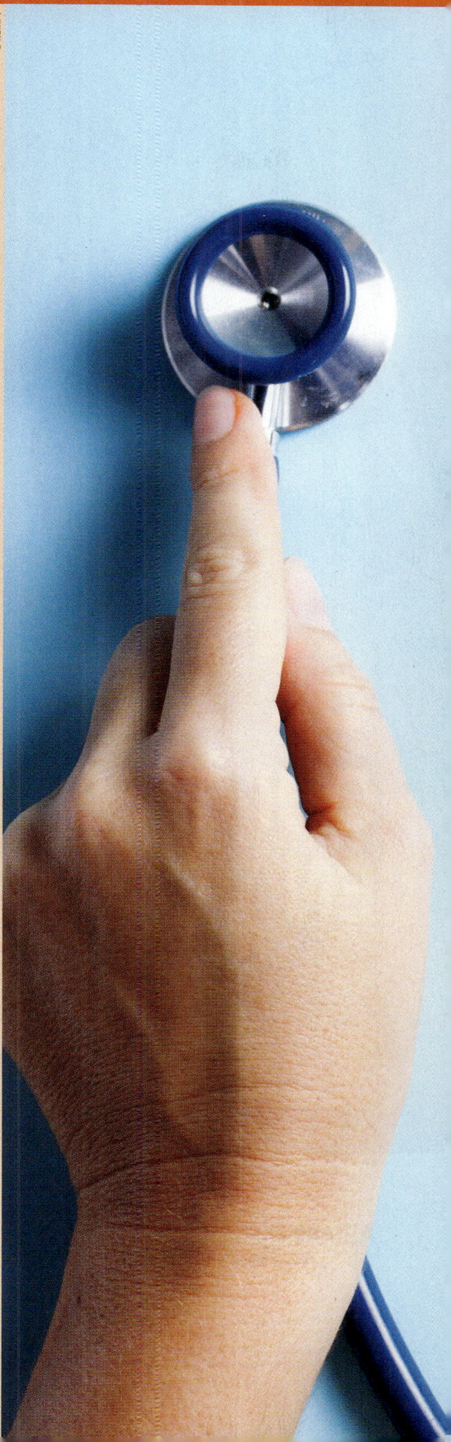

© NEIRFY

SÉJOURS ET CIRCUITS

L'Inde, ce pays mystérieux qui attire autant qu'il inquiète... Les voyagistes le savent bien et sont nombreux à proposer cette destination afin de rassurer les voyageurs peu téméraires, mais curieux. Le Rajasthan arrive en tête des destinations proposées à l'intérieur du pays et les circuits sont innombrables, vous laissant le choix de la durée, de la thématique, de la formule en groupe ou en voyage privé. Des incontournables que sont les villes royales de Jaipur, Jodhpur, Jaisalmer et Udaipur, à la découverte des villages et du mode de vie traditionnel, en passant par les splendeurs historiques inscrites au Patrimoine mondial de l'Unesco, vous êtes certain de trouver le voyage qui vous fait rêver. Autre avantage et non des moindres... la destination étant encore relativement bon marché, vous pourrez dégoter un séjour d'une dizaine de jours à moins de 1 000 € par personne, avec chauffeur. Allez-y, foncez !

ALTIPLANO VOYAGE

Route de la Bouvarde, Park Nord, les Pléiades n° 35 - **EPAGNY METZ-TESSY**
✆ 04 50 46 90 25
www.altiplano-voyage.com
Ouvert du lundi au vendredi de 8h à 13h et de 14h à 18h.

Osez l'inédit ! Cette agence de voyages sur-mesure à taille humaine propose des circuits inédits en Inde, visites incontournables et insolites au Rajasthan. De Delhi au désert de Thar en passant par la jolie ville de Bundi et les parcs nationaux, la spécialiste de la destination vous conseille et compose votre voyage aux dates de votre choix. Vous pouvez vous inspirer des exemples d'itinéraires personnalisables proposés sur leur site. Altiplano Voyage, c'est une agence chaleureuse et dynamique. Ses valeurs ? Le partage, l'authenticité et la confiance.

MAKILA VOYAGES

4, place de Valois - **PARIS** (1er)
✆ 01 42 96 80 00
www.makila.fr
Ouvert du lundi au vendredi de 9h à 19h (sur rendez-vous uniquement).

Depuis 1995, léquipe de spécialistes de Makila Voyages s'emploie à réaliser le voyage qui vous convient et à répondre à toutes vos attentes, d'ailleurs « makila » en basque renvoie au bâton traditionnel des bergers, voyez donc dans ce voyagiste, votre compagnon de chemin. Makila Voyages propose des séjours sur mesure en 4x4 avec guide chauffeur privé. Également plusieurs suggestions d'itinéraires afin de vous aider dans l'élaboration de votre parcours. Vous pourrez ainsi opter pour le circuit « Voyage au Rajasthan » en 14 jours.

SHANTI TRAVEL

14, rue de Tolbiac
PARIS (13e)
✆ 01 82 28 92 28
www.shantitravel.com

L'agence existe depuis 2005 et développe des circuits originaux pensés pour de petits groupes ou à faire en voyage privé. Les adresses sont soigneusement sélectionnées, les chauffeurs et guides parfaitement formés afin de vous assurer une expérience en toute sérénité. D'ailleurs, *shanti* ne signifie-t-il pas « paix, calme, quiétude » en sanskrit ? On aime le grand choix de circuits, développés par des experts de la destination basés sur place qui se démènent pour vous offrir des expériences insolites comme de « Fêter Holi au Rajasthan », la fête des couleurs.

© SHANTI TRAVEL

© SHANTI TRAVEL

CLUB FAUNE VOYAGES

50, rue de Passy
PARIS (16e)
✆ +33 1 42 88 31 32
www.club-faune.com
Ouvert du lundi au vendredi de 9h à 19h.

Accompagné et conseillé par l'un de ces experts passionnés, vous construirez le « voyage de vos envies » et découvrirez des adresses secrètes et des expériences hors des sentiers battus au cours d'itinéraires à la carte. Pour découvrir le Rajasthan, Club Faune Voyages propose notamment un circuit en train de luxe de 7 jours, « Au pays des Maharajas ». Votre conseiller vous recevra dans « l'Espace Voyage » de l'agence, pour satisfaire vos attentes, et même au-delà, pour créer si besoin un voyage sur mesure vraiment authentique !

HORIZONS NOMADES

4, rue des Pucelles
STRASBOURG
✆ 03 88 25 00 72
www.horizonsnomades.fr
Agence ouverte du lundi au vendredi de 9h30 à 12h30 et de 14h à 18h, le samedi de 10h à 12h.

Horizons Nomades est une agence de voyage pas comme les autres, presque confidentielle. Le cadre transporte ailleurs avec son mobilier exotique ou d'Orient, ses objets insolites. L'accueil est à la hauteur de vos attentes, on prend le temps de vous écouter, on échange et l'on vous concocte un voyage sur mesure, dans des conditions particulières de découverte de pays et de peuples méconnus parfois, et c'est ce qui fait la différence avec les autres enseignes. L'Inde est bien représentée, dont un intéressant circuit « Découverte du Rajasthan » en 11 jours.

LES MATINS DU MONDE

24, rue Lalande
LYON (6e)
✆ 04 37 24 90 30
www.lesmatinsdumonde.com

Vous trouverez dans cette agence des conseils personnalisés, des voyages originaux et hors des sentiers battus. Vols secs, avec ou sans accompagnateur, hébergements variés, randonnée à pied, voyage culturel… à vous de déterminer le type de voyage qui vous correspond le mieux. Spécialiste des voyages « sur mesure », vous découvrirez le Rajasthan selon vos envies. L'agence vous propose également deux circuits organisés : le classique « Découverte du Rajasthan » (16 jours) ou une méharée dans le désert du Thar et au Rajasthan (15 jours).

BREAKAWAY INDIA

LTH, 213B, Sushant Lok Phase I, Gurugram, Haryana - **GURGAON**
✆ +919810379737
https://break-away.in/
Ouvert de 9h à 20 h, du lundi au samedi.

Fondée par une voyageuse passionnée, Breakaway est bien plus qu'une agence de voyages. Cette entreprise spécialisée dans les arts, l'artisanat et le textile vous propose des itinéraires minutieusement planifiés ou personnalisés avec des activités en plein air, l'immersion dans les communautés locales, la promotion de pratiques durables et la découverte de la diversité culturelle indienne. Avec Breakaway, partez à la découverte de l'Inde authentique. Laissez-vous tenter par leurs expériences exclusives « Beyond The Brochure » et vivez l'évasion autrement.

MANNAT VOYAGES

2056 Sector 7D - **GURGAON**
✆ +91 98 73 50 26 02
www.mannatvoyages.com
Ouvert du lundi au samedi de 10h à 20h, WhatsApp 7j/7, 24h/24.

Deepa, la jeune fondatrice et directrice de l'agence, est passionnée par son métier qu'elle exerce depuis plus de 10 ans. Professionnelle expérimentée et parfaitement francophone, elle a déjà organisé des centaines de séjours en Inde pour des clients français. Circuits également au Népal, au Bouthan et au Sri Lanka. Tres réactive et à l'écoute des clients, elle fera tout pour réaliser le voyage de vos rêves et en faire un souvenir inoubliable. Mannat signifie le « souhait » en hindi, il vous suffit donc de la contacter pour transformer vos rêves en réalité !

ASIA EXPERIENCE

C-175 Vaishali Nagar
JAIPUR
✆ +91 98 29 01 29 92
www.asiaexperience.com

Natif du Rajasthan, Dilip a créé son agence il y a 16 ans. Spécialisé en B2B, il fournit les prestations touristiques aux agences basées hors de l'Inde : création de circuits généralistes ou très spécialisés, guide francophone, réservation d'hôtels. Si vous le contactez en direct, il pourra dessiner avec vous l'itinéraire de vos rêves au Rajasthan, Ladakh, Kerala, Gujarat et vous prévoir des activités hors des sentiers battus. Survol de Jaipur en montgolfière, méharée de plusieurs jours dans le désert du Thar, circuit photo,... de quoi trouver votre bonheur !

INCENT TOURS

29 Panchsheel Community Centre
DELHI
✆ + 91 11 408 500 00
www.incent-tours.com

Réceptif sur le sous-continent indien, Incent Tours organise des voyages en Inde, Sri Lanka, Népal, Bhoutan et Tibet depuis plus de trois décennies. Agence généraliste, familiale et francophone, ils font du sur-mesure et possèdent notamment un bureau à Delhi. Que vous optiez pour un séjour tout luxe, que vous privilégiez un tourisme responsable et collaboratif, que vous ayez envie de parcourir une partie de votre séjour à moto ou vous déplacer en scooter... tout est envisageable avec Incent Tour. N'hésitez pas à consulter leur site qui propose de beaux circuits.

EKAYANA TRAVEL

S-493, 1st Floor, Greater Kailash 1 - **DELHI**
✆ +91 98 71 10 61 09
www.ekayana-travel.com
Agence francophone, ouverte de 10h à 19h du lundi au vendredi.

Agence spécialisée dans le voyage sur mesure dans toute l'Inde. Dirigée par Marie-Chanel Gillier, une Française installée en Inde depuis 2004, Ekayana Travel propose des expériences authentiques et personnalisées selon vos centres d'intérêt et vos envies : histoire, artisanat, cuisine, sport, safari, trek, yoga, entre autres possibilités. L'agence collabore avec un réseau d'hôtels de caractère, de maisons d'hôtes conviviales et de partenaires locaux passionnés et responsables. Marie-Chanel et son équipe assurent un suivi efficace pendant le voyage.

L'INDE VOUS INVITE

S-61 S-61, Agrasen Tower, Sector 2, Central Spine, Vidyadhar Nagar, Jaipur, Rajasthan 302016
JAIPUR
✆ +91 8529366070
www.lindevousinvite.com
Disponible tous les jours, 24h/24.

Explorez l'Inde avec Karan Singh, un guide francophone et agent de voyage né au Rajasthan. Il a eu l'occasion de sillonner l'Inde dans tous les sens et il connaît son pays comme sa poche. Fort de ses années d'expérience et de ses nombreux contacts avec la clientèle francophone, il vous emmènera à travers le Nord et le Sud de l'Inde en vous proposant des itinéraires sur mesure avec des hébergements dans des palais de maharaja ou chez l'habitant. De quoi vous faire de beaux souvenirs avec cette agence sérieuse et professionnelle. N'hésitez pas à la contacter !

INDIAN PANORAMA

223 Square One Complex
DELHI
✆ +91 431 422 6122
www.indianpanorama.in

Ce tour-opérateur est considéré comme l'un des meilleurs de toute l'Inde grâce à son implantation locale dans tous les points stratégiques. Indian Panorama propose des voyages personnalisés et une assistance pour sélectionner les sites les plus intéressants. Les circuits sont organisés selon les intérêts, le temps disponible et le budget de chacun. Une équipe hautement professionnelle guide et assiste les voyageurs, tandis que les services dévoués d'un chauffeur permet de s'arrêter à tout moment pour permettre des interactions avec la population ou une photo.

INDIAN RIDES

E-52 Amrapali Marg
JAIPUR
✆ +91 141 402 2336
www.indianrides.fr

Cette agence francophone crée en 2005 est spécialisée dans la création et l'organisation de voyages sur-mesure. Son originalité réside dans le fait de pouvoir vous proposer le moyen de locomotion qui vous séduit : en voiture avec chauffeur, en 4x4, en moto Royal Enfield, à cheval ou à pied. Reconnue par le ministère du tourisme en Inde, cette agence est partenaire de la Fédération française de cyclotourisme. Dotée d'un esprit « artisanal », cette agence propose des séjours « loin des sentiers battus » formant un cocktail harmonieux de culture, nature, détente.

INSIGHT INDIA VOYAGE

306 Krishna Tower – II
DELHI
✆ +91 11 4709 2122
www.insightindiavoyage.com
Ouvert du lundi au samedi de 10h à 18h.

Combien de fois avez vous pensé : « J'adorerais visiter l'Inde un de ces jours, mais... » Laissez-vous guider par Rahul Baloni, jeune homme sérieux et dynamique, qui sera ravi d'organiser votre voyage et vous faire découvrir les beautés de l'Inde. Cette agence basée à Delhi est agréée par le ministère du Tourisme indien et affiliée à de nombreux organismes de tourisme nationaux et internationaux. Elle vous propose des circuits variés et vous promet des souvenirs impérissables le temps d'un séjour de découverte passionnant, confortable et sans aucun souci.

MAKE MY VACATIONS

402 189A/2 Savitri Nagar
DELHI
✆ +91 96 50 52 54 58
www.voyageaurajasthan.com

Amit, le directeur de l'agence, parle couramment français et compte de nombreux clients francophones. Attentionné et courtois, il concevra un circuit selon vos souhaits et ce, quelle que soit la durée de votre séjour, mais toujours à petit prix. Toute demande de devis sera traitée dans les meilleurs délais. L'équipe assure un suivi journalier exceptionnel, une fois sur place. De plus, un téléphone vous sera prêté quelque soit la durée de votre séjour et un panier gourmand est à votre disposition dans la voiture et renouvelé régulièrement.

MANGALAM TOURS

16 Ahluwalia Chambers
DELHI
✆ +91 11 461 846 18
www.mangalamtours.com

Cette agence créée en 1993 est l'un des leaders du tourisme francophone en Inde, reconnue par le ministère du Tourisme et membre de IATO, l'association internationale des agents de voyage. La compagnie vous propose des séjours sur-mesure dans tous les États de l'Inde, avec des possibilités de circuits thématiques aussi bien destinés aux groupes qu'aux individuels. Elle possède également son propre parc automobile et un réseau de chauffeurs expérimentés. Dernier point, l'équipe d'interlocuteurs est parfaitement francophone. Bon rapport qualité/prix.

NAMASKAR INDIA TOUR

S1- D334, Near SKR Academy, Kardhani Scheme, Kalwar Road - **JAIPUR**
✆ +91 141 514 6760
www.voyageeninde.org
Circuits et tarifs sur le site internet ou sur demande.

Située à Jaipur, cette agence réceptive composée de cinq personnes, a été créée par Balbeer en 2010, après avoir passé 12 années à parcourir le Rajasthan en tant que guide francophone. Du Laddakh au Rajasthan, à travers le Sikkim, l'Orissa, le Kerala, ou le Karnataka, ils vous construiront avec enthousiasme un circuit sur mesure, personnalisé à votre image et vous feront découvrir l'Inde autrement, au travers de ses traditions, villages, son art culinaire, ou encore ses monuments à l'architecture et l'histoire si singulière.

POPULAR INDIA VACATIONS

E1/415 Chitrakoot Scheme, Vaishali Nagar
JAIPUR ✆ +91 98 29 01 15 57
www.indevoyages.fr
Ouvert toute l'année. Bureaux ouverts de 10h à 20h (heure locale) ou en France de 5h30 à 16h30.

Cette agence sérieuse est basée au Rajasthan depuis 2005. L'Inde du Nord est son terrain de prédilection. Elle est spécialisée dans les circuits au Rajasthan, mais aussi au Gujarat et en Inde centrale. Elle peut également vous emmener au Népal. Elle dispose d'une flotte de transport importante, avec des conducteurs expérimentés parlant anglais. L'autre spécificité de l'agence et qu'elle vous propose de découvrir les grands parcs nationaux comme Ranthambhore, Sariska, Jim Corbett, Gir, Bandhavgarh, Kanha, Pench. etc. Les voyages sur mesure sont leur savoir-faire.

SEVEN WONDER TOUR & TRAVELS

31/183/1F Sanjay Nagar, Rajpur Chungi
AGRA
✆ +91 96 75 79 71 12
http://sevenwondertours.com/
Ouvert tous les jours de 10h à 18h.

Seven Wonder Tour & Travels est un tour opérateur situé à Agra, la ville du Taj Mahal, qui propose des tours personnalisés, ainsi que d'une journée à Agra ou Jaipur, au départ de Delhi. Abhinav, le jeune directeur, a repris l'agence de son père, après avoir travaillé longtemps dans le tourisme. Son équipe est très réactive et professionnelle, joignable même le dimanche. N'hésitez pas à les contacter pour organiser votre voyage dans le Nord de l'Inde, au Cachemire, mais aussi au Kerala.

SANSKRITI TOURS

S-203A H.L.Arcade, Plot no. 14
DELHI
✆ +91 11 455 094 77
www.sanskrititours.com

Voilà une agence très expérimentée qui officie sur toute l'Inde. Son directeur, Tarun, parle parfaitement français et espagnol. Grâce à une connaissance approfondie des différents Etats de l'Inde, il vous permettra de faire des circuits programmés : Kerala Ayurveda en 11 jours, Taj Mahal en 8 jours, Agra-Jaipur en 4 jours, découverte de l'Himalaya en 16 jours et bien d'autres circuits comme des safaris ou des trekkings... N'hésitez pas à lui demander conseil pour un projet personnalisé. Toujours à l'écoute, il vous répondra dans les plus brefs délais.

SHIVALIK HOLIDAYS (NEW DELHI)

0-14 MIG DDA Flats Prasad Nagar, near Rajendra PlaceNew Delhi - **DELHI**
✆ + 91 93 50 03 58 79
www.indevoyagerajasthan.com
Ouvert toute l'année. Français et anglais parlés.

Spécialiste du Rajasthan, Arvind Singh est un ancien guide francophone. Avec son équipe expérimentée, il crée des circuits à prix corrects. Ses suggestions mêlent visites culturelles et voyage d'aventure. Vous partirez à la rencontre des habitants du Rajasthan, dans les villes et les campagnes, en compagnie de votre chauffeur. Shivalik propose également les services de guides accompagnateurs francophones qui vous aideront à percer les mystères de la riche culture locale.

SENSILA VOYAGES

5 Laporte Street - **PONDICHERY**
✆ +33 6 29 38 38 31
www.sensila-voyages.com
Ouvert tous les jours de 9h à 13h et de 14h à 19h. Détails et tarifs sur demande.

Voici une agence idéale pour un voyage de rêve. Sa fondatrice, Sylvie, qui réside entre la France, la Suisse et l'Inde, saura vous transmettre son enthousiasme pour découvrir ce pays aux mille facettes. L'atout incontestable est qu'elle accompagne ses hôtes dans des lieux magiques préservés du tourisme de masse, et sélectionne les adresses avec grand soin. L'agence possède en outre ses propres véhicules. Les circuits et séjours sont modulables et personnalisés en fonction de l'itinéraire souhaité, de la durée, du nombre de participants, du budget et de la période.

VOYAGE IN INDIA

558 A Arjun Path, Vidhyut Nagar - A, Queens Road,
JAIPUR
✆ +919351374434
www.voyageinindia.fr
Ouvert du lundi au vendredi de 9h30 à 19h et le samedi de 10h30 à 17h.

Agence familiale indienne et francophone très sérieuse, basée à Jaipur au Rajasthan. À votre écoute, l'agence organise des séjours sur mesure individuels ou en groupe dans tout le pays, des voyages personnalisés en direct et sans intermédiaire. Outre le sur-mesure, les circuits proposés sont variés, avec des circuits classiques mais également des découvertes originales comme le nord-est de l'Inde, l'Odisha et le Chhattisgarh... Il est aussi possible de louer une voiture avec chauffeur. N'hésitez pas à les contacter pour faire le voyage de vos rêves !

ORGANISER SON SÉJOUR

WILD EYE TRAVELS

10-D Near Government Bus Stand
JODHPUR
✆ +919928147470
www.wildeyetravels.com

Cette agence de voyage spécialisée dans le Rajasthan propose des circuits et des voyages sur mesure au plus proche de la population. Son nom est une invitation à garder les yeux bien ouverts durant l'intégralité du séjour afin de ne rien manquer du spectacle de l'Inde. Les séjours sont prévus pour toutes les bourses, d'un confort simple avec des trajets en train ou bus au grand luxe des palaces et forteresses réhabilitées en hôtels. Sanjay Gehlot, le fondateur, est natif de Jodhpur et il apportera sa touche très personnelle si vous visitez la région.

EXPEDIA FRANCE

✆ 01 57 32 49 77
www.expedia.fr
Vous pouvez télécharger l'application mobile pour planifier votre séjour.

Expedia est le site mondial n° 1 du voyage en ligne. Un large choix de 300 compagnies aériennes, 240 000 hôtels, plus de 5 000 stations de prise en charge pour la location de voitures et la possibilité de réserver parmi 5 000 activités sur votre lieu de vacances. Cette approche sur mesure du voyage est enrichie par une offre très complète comprenant des prix réduits, des séjours tout compris, des départs à la dernière minute… Son algorithme et sa base de données permettent en effet de proposer des formules vol et hôtel à peu près n'importe quand.

BILLETSDISCOUNT

✆ 01 40 15 15 12
www.billetsdiscount.com
Promotions toute l'année.

Le site Internet permet de comparer les tarifs de vol de nombreuses compagnies à destination de tous les continents. Outre la page principale avec la recherche générale, des onglets spécifiques (Antilles, océan Indien, Océanie, Afrique, Amérique du Nord et Asie) permettent de cibler davantage les recherches. À noter qu'un bagage supplémentaire en soute de 23 kg est inclus dans le prix du billet. Il est possible de payer son billet d'avion en 4 fois contre une somme modique. Un service pour les enfants non accompagnés (de 4 à 12 ans) est également proposé.

LILIGO

www.liligo.com
Site comparateur de voyages qui propose d'étudier le prix de votre prochain séjour.

Liligo interroge les agences de voyages, compagnies aériennes (régulières et low cost), trains (TGV, Eurostar…), loueurs de voitures, mais aussi 250 000 hôtels à travers le monde pour proposer à ses clients les offres les plus intéressantes en temps réel. Les prix incluent les frais de dossier, d'agence… Une fois la recherche établie et l'offre sélectionnée par l'utilisateur, le comparateur le met directement en relation avec le site marchand. Quelques astuces sont délivrées en ligne pour bénéficier des offres les plus intéressantes.

EASYVOYAGE

✆ 01 84 20 09 84
www.easyvoyage.com

Le concept peut se résumer en trois mots : s'informer, comparer et réserver. Des infos pratiques sur plusieurs destinations en ligne (saisonnalité, visa, agenda…) vous permettent de penser plus efficacement votre voyage. Le site vous offre la possibilité d'interroger plusieurs sites à la fois concernant les vols, les séjours ou les circuits. Grâce à ce moteur performant, vous pouvez réserver directement sur plusieurs bases de réservation (Lastminute, Go Voyages et bien d'autres). Bref, un site qui facilite les préparations de voyage souvent chronophages.

QUOTATRIP

41, rue de Babylone
www.quotatrip.com
Tarifs : devis sur demande en ligne.

QuotaTrip est une nouvelle plateforme de réservation de voyage en ligne qui met en relation des voyageurs à la recherche d'expériences authentiques et uniques, et des agences de voyages locales sélectionnées pour leurs compétences et leur sérieux. Le réseau de QuotaTrip couvre près de 200 destinations dans le monde entier. Le but de ce rapprochement est simple : proposer un séjour entièrement personnalisé aux utilisateurs. QuotaTrip promet ainsi l'assurance d'un voyage serein, sur mesure, sans intermédiaires et sans frais supplémentaires.

SE LOGER

Le Rajasthan est connu pour ses nombreuses possibilités d'hébergement, accessibles à tous les budgets. Vous trouverez des dharamsalas (accueille pour pèlerins) à proximité de certains temples, qui fonctionnent sur le principe du don ; d'anciennes havelis ou des maisons en pisé traditionnelles transformées en chambres d'hôte ; des hôtels traditionnels indépendants ou de chaînes allant de la formule crasseuse au 5* luxe ; d'anciens palais royaux et forteresses transformés en hôtel de charme ou de luxe ; des campements dans le désert sous tente ou à la belle étoile… C'est la raison pour laquelle vous ne trouverez pas ou peu de formules alternatives permettant de se loger gratuitement en échange de services rendus ou du simple plaisir de la rencontre et du partage. La ville de New Delhi, bien plus occidentalisée, fait toutefois figure d'exception. Vous y trouverez notamment un canapé-lit ou une vraie chambre pour trois fois rien.

BEWELCOME €€

www.bewelcome.org

Le système est simple : être hébergé chez l'habitant, partout dans le monde. C'est le site Internet qui se charge de contacter les accueillants et les postulants puis de les mettre en contact, que ce soit en ligne ou dans la vraie vie. Avec leur carte interactive, les profils *des « welcomers »* s'affichent, avec leurs disponibilités. Certains font part de leurs projets de voyage afin de pouvoir trouver des affinités, des opportunités d'action avec les membres du site. Idéal pour un voyage solidaire et plein de belles rencontres !

BOOKING €€

www.booking.com

L'un des meilleurs sites de réservation d'hôtels, mais aussi de chambres d'hôtes ou d'appartements en ligne où les frais d'annulation sont gratuits la plupart du temps suivant certaines conditions. La sélection est fiable et vous pourrez y trouver un large choix d'hébergements avec un bon wifi pour télétravailler. Cependant, regardez bien les photos et lisez attentivement les commentaires pour les logements à petits prix. Cela vous permettra d'éviter les pièges côté tarifs. Les prix peuvent parfois être alléchants, mais le confort moins bon qu'annoncé…

HOSTELWORLD €

www.hostelworld.com

Depuis 2005, cette centrale de réservation en ligne permet de planifier son séjour à prix corrects dans le monde entier. Afrique, Asie, Europe, Amérique… Hostelworld est spécialisé dans les logements peu onéreux (auberges de jeunesse ou hostels…) mais proposant des services et un cadre plutôt soignés. Pour chaque grande ville, le site propose une sélection pointue d'enseignes partenaires et vous n'aurez plus qu'à choisir l'adresse la plus pratique, la mieux située, ou tout simplement la moins chère. Une plateforme bien pratique pour les baroudeurs.

WORKAWAY €€

www.workaway.info

Abonnement annuel à la plateforme : 49 € pour un voyageur seul, 59 € pour deux voyageurs.

Ici, le système est simple : être nourri et logé en échange de services. Sur la page Web, vous entrez en contact avec vos futurs hôtes qui recherchent des volontaires pour les aider dans leur projet. Des fermes, des maisons à retaper, des vendanges, des cueillettes… Ce système de logement alternatif, s'il n'est pas de tout repos, est de plus en plus populaire parmi les voyageurs. Les hôtes proposent la plupart du temps le gîte et la nourriture en échange de cours d'anglais. Un bon deal mais surtout une expérience unique et des rencontres fort enrichissantes.

SE DÉPLACER

Malgré sa taille immense, l'Inde est un pays où il est facile de se déplacer. Le réseau ferré ou routier est extrêmement dense et la grande majorité des localités sont desservies par les transports routiers, même dans les coins reculés que peuvent être le désert de Thar ou le Shekhawati. En revanche, il faut disposer de temps pour relier un endroit à un autre, car la moyenne excède rarement 50 km/h, quel que soit le mode de transport choisi. Les personnes disposant d'un budget confortable opteront pour une voiture avec chauffeur, qui est le meilleur moyen de se déplacer et d'économiser du temps. Vous pourrez aller partout et vous arrêter lorsque cela vous chante pour des photos, aller à la rencontre des locaux ou boire un chaï. Le train, surtout de nuit, permet de faire des économies substantielles de temps et d'hôtel et il est très confortable, avec différentes classes. Le bus est lui plus lent et la conduite plus sportive.

AIR INDIA

✆ +91 292 410 999

www.airindia.com

Le bureau est ouvert du lundi au samedi de 10h à 13h et de 14h à 17h.

L'ancienne compagnie nationale reprise par Tata en 2022 est toujours celle qui propose le plus de liaisons intérieures. Son siège étant à Delhi, vous pouvez rallier à peu près n'importe quel aéroport indien depuis la capitale. Le hub d'Air India est installé dans le T3 de l'aéroport de Delhi, qui est aussi le terminal international. Ainsi, si vous envisagez une correspondance à Delhi à l'arrivée ou avant le départ depuis/vers l'étranger, vous aurez moins de temps de transit en privilégiant Air India. La compagnie est sûre et fiable.

IRCTC

✆ +91 75 56 61 06 61

www.irctc.co.in

L'Indian Railway Catering and Tourism Corporation est la compagnie publique chargée de gérer le transport ferroviaire des passagers. Elle dépend directement du ministère des Chemins de fer, l'un des plus importants de la nation avec son million et demi d'employés. Vous pourrez notamment chercher et consulter les horaires des trains dans la fenêtre d'accueil (« Book Ticket ») du site Internet. Mais attention, pour procéder à une réservation en ligne, il faut se créer un compte en renseignant un numéro de téléphone mobile. La validation peut prendre plusieurs jours.

RSRTC

✆ +91 1 800 2000 103

La Rajasthan State Road Transport Corporation (RSRTC) est la compagnie publique de bus. Elle assure le transport régional de personnes dans tout l'État et son quadrillage est très dense. Elle assure aussi bien des liaisons entre les villes principales qu'entre les villages, et seules les localités à l'écart des axes principaux ou routes secondaires ne sont pas desservies. La RsRTC relie également les grandes villes du Rajasthan à la capitale indienne ou à d'autres villes d'États limitrophes. Il est possible de réserver son billet pour les trajets longue distance.

OLA CABS

Ola Cabs est l'équivalent indien d'Uber. Le service de VTC est par conséquent disponible dans toutes les grandes villes (Delhi, Agra, Jaipur, Jodhpur...), mais aussi dans des villes secondaires comme Bikaner ou Kota au Rajasthan. Le principe est simple : vous téléchargez l'application dans Play Store ou Apple Store et vous vous laisser guider pour réserver votre trajet. Attention, vous devrez être en possession d'une carte SIM indienne pour que cela fonctionne. Vous avez la possibilité de réserver aussi bien un *auto-rickshaw* qu'une moto ou une voiture.

S'INFORMER

Il faut être honnête, la qualité des informations délivrée par les Offices de tourisme indien laisse franchement à désirer. Vous avez affaire à des fonctionnaires peu intéressés par la mise en avant de leur pays ou de leur région auprès des touristes et ce n'est pas là que vous glanerez des informations de nature à vous aider dans votre voyage. En revanche, Incredible India, l'agence nationale du tourisme, est une belle vitrine de la destination et ses magnifiques photos et films sur le Rajasthan vous feront rêver. Pour vous aider dans votre choix d'itinéraire, de choses à voir et surtout à vivre, nous ne saurions trop vous recommander, en complément de ce guide, de faire un tour dans une bonne librairie, de préférence spécialisée, afin de dénicher des ouvrages sur le voyage : beaux-livres, carnets et récits de voyage, romans et même livres jeunesse complèteront la mise en bouche de vos préparatifs.

INCREDIBLE INDIA

www.incredibleindia.org

Incredible India est la vitrine touristique de l'Inde et l'organisme national chargé de promouvoir la destination. Le site officiel dont vous retrouvez les coordonnées ici, est une véritable invitation au voyage. L'agence mise sur une communication dynamique avec des photos et des films de promotion incroyables qui donnent envie de traverser l'écran et de s'immerger dans cette culture pluri-millénaire. En revanche, vous ne trouverez aucune information pratique pour organiser votre voyage. Le site renvoie à celui de l'office de tourisme du Rajasthan, très médiocre.

CARNETS DE VOYAGE

M° Bastille.

vivamedias.com

Publié par la société éditrice Vivamedias, qui compte plusieurs revues à son actif, ce trimestriel est consacré aux voyages avec des focus dédiés à la découverte d'une ville, d'une région, que ce soit en France, en Europe ou dans le monde. *Carnets de Voyage*, un magazine utile pour nous faire découvrir sur papier ou en format numérique la destination et nous faciliter le voyage. Pour de grandes ou petites escapades, des textes vivants, des reportages sur place complétés de conseils pratiques, d'un agenda, de bonnes adresses et de superbes photos.

RAJASTHAN TOURISM DEVELOPMENT CORPORATION (RTDC)

Dans la gare, à côté du hall des départs.

JAIPUR

✆ +91 141 231 5714

https://rtdc.tourism.rajasthan.gov.in

Ouvert tous les jours de 7h30 à 18h.

L'Office de tourisme du Rajasthan est installé dans la gare de Jaipur, afin d'être au plus près des besoins des touristes de passage. Il propose de plus en plus d'activités originales pour découvrir la ville et l'État, dont des circuits organisés à tarifs modiques. Vous pourrez aussi y glaner un plan de la ville très bien fait et de rares informations auprès d'employés quelque peu lymphatiques. Vous pouvez réserver votre hôtel géré par la RTDC directement depuis le site Internet.

FRANCE 24

80, rue Camille Desmoulins

ISSY-LES-MOULINEAUX

✆ 01 84 22 84 84

france24.com

Fondée en 2005, cette chaîne de télévision française d'information internationale en continu est accessible par le câble ou par le satellite dans certains bouquets de chaînes des hôtels du pays (canaux en français, en anglais, en arabe et en espagnol). Mais seuls les faits les plus retentissants de l'actualité locale sont traités. Dans les hôtels, vous pourrez aussi parfois trouver les chaînes *TV5 Monde* et *Euronews*. Cette dernière est diffusée en quatorze langues, dont le français, mais aussi en bosno-serbo-croate depuis 2021.

RESTER

S'installer en Inde est une opération difficile, car le gouvernement n'incite pas les étrangers à venir dans le pays. Il a même limité le financement des ONG, afin de s'assurer que contrôle et actions soient menés par des Indiens. Les possibilités de trouver un emploi pérenne en Inde pour les étrangers sont rares et nécessitent des démarches administratives complexes et parfois très longues. L'obtention du visa de travail est soumise à la bonne volonté des administrations. Il est en revanche plus facile de s'y rendre pour poursuivre des études et par conséquent d'obtenir un visa étudiant. L'éducation est un marché en plein essor dans le pays, et écoles et universités privées se démultiplient, toujours en quête de nouveaux élèves pour se financer. Il existe également la possibilité d'obtenir un visa « business » d'une durée de 1 an (voire plus) pour toute personne créant une entreprise en Inde, mais là aussi les démarches sont complexes.

ORGANISER SON SÉJOUR

ACTION CONTRE LA FAIM

102, rue de Paris - **MONTREUIL**
✆ 01 70 84 70 84
www.actioncontrelafaim.org
Par téléphone de 9h à 13h et de 14h à 18h.

ONG internationale spécialisée dans la lutte contre la faim dans le monde, active dans les domaines de la nutrition, santé, sécurité alimentaire, de l'eau, de l'assainissement. L'association intervient dans des situations de crise. Le but étant de rendre les populations autonomes d'un point de vue de la nutrition, en apportant une aide concrète et en formant les intervenants locaux qui prendront le relais. Ses missions de volontariat durent de trois mois à un an en Afrique, Asie, Amérique, Europe centrale, dans le Caucase, au Moyen-Orient et dans les Caraïbes.

MINISTÈRE DE L'EUROPE ET DES AFFAIRES ÉTRANGÈRES

www.diplomatie.gouv.fr

Site Internet officiel pour connaître les formalités d'entrée et séjour dans le pays. Dans la rubrique « Services aux Français », vous trouverez un guide de l'expatriation, les modalités de demandes de documents officiels. Sur la page d'accueil en sélectionnant le pays, vous obtenez les contacts des ambassades. Dans l'espace Politique, Économie et Socio-culturel, quantité d'informations et de communications utiles pour qui s'intéresse aux réalités du pays.

BUSINESS FRANCE

77, Boulevard Saint-Jacques
PARIS (14e)
✆ 01 40 73 30 00
www.businessfrance.fr
Ouvert en semaine de 8h30 à 18h30.

L'Agence pour le développement international des entreprises françaises travaille en étroite collaboration avec les missions économiques. Le site Internet recense toutes les actions menées, les ouvrages publiés, les événements programmés et renvoie sur la page du Volontariat International en Entreprise (VIE). Fondée en 2015, cette structure est née de la fusion entre Ubifrance et l'Agence française pour les investissements internationaux. Elle est affiliée au ministère de l'Europe et des Affaires étrangères et au ministère de l'Economie et des Finances.

UBIGI

✆ +33174957400
www.cellulardata.ubigi.com

Avec Ubigi, vous pouvez profiter d'un forfait Internet à l'étranger sans changer de carte SIM ni payer de frais d'itinérance. Pour cela, il vous faut télécharger l'application Ubigi, installer votre eSIM (une carte SIM digitale) en suivant les instructions et sélectionner le forfait idéal pour votre destination. Vous pourrez alors bénéficier d'un large choix de forfaits prépayés, sans engagement et à un prix plus qu'abordable. L'application Ubigi vous accompagne partout dans le monde pour voyager connecté, en toute sérénité.

Découverte de la ville de Jaisalmer.

INDEX

I

J

K

L

Q

R

S

T

EDITION

Directeurs de collection et auteurs : Dominique AUZIAS et Jean-Paul LABOURDETTE
Auteurs : Astrid LATAPIE, Baptiste THARREAU, Kévin GIRAUD, Delphine CALMO, Sylvie DEL COTTO, Adelaïde SAUTER, Mathias DESHOURS, Amandine GLEVAREC, Romain RISSO, Saliha HADJ-DJILANI, Mélanie DES MONSTIERS, Béatrice ROMAN-AMAT, Maxime DRAY, Jean-Paul LABOURDETTE, Dominique AUZIAS et alter
Directeur Editorial : Stéphan SZEREMETA
Rédaction Monde : Laure CHATAIGNON, Morgane VESLIN, Pierre-Yves SOUCHET, Henri FRUNEAU
Rédaction France : Briséis TEMPLE-BOYER, Désirée DEBANT, Emilie SAINT-PASTOU, Nicolas WODARCZAK

FABRICATION

Maquette et Montage : Romain AUDREN, Julie BORDES, Delphine PAGANO
Iconographie et Cartographie : Anne DIOT, Julien DOUCET

WEB ET NUMERIQUE

Directeur Web : Louis GENEAU de LAMARLIERE
Technical Project Manager : Hervé MARION
Développeurs : Adeline CAUX, Bastien MOINET
Intégrateur Web : Mickael LATTES, Antoine DION
Webdesigner : Caroline LAFFAITEUR
Responsable Communication Digital WEB : Alice BARBIER
Community Traffic Manager : Shirley NDEMA-KINGUE, Liman DIEW et Maëlys ANDRADE
Content Manager : Aliénor de PERIER assistée de Maureen EVRARD

DIRECTION COMMERCIALE

Directeur commercial : Guillaume VORBURGER
Coordinatrice des Régies locale et nationale : Manon GUERIN
Responsable Régies locales : Michel GRANSEIGNE
Responsables Développement régie inter : Jean-Marc FARAGUET, Guillaume LABOUREUR et Camille ESMIEU
Coordinatrice de la Régie Internationale : Leila ANTRI-BOUZAR
Responsable commercial Régies et Formateur : Kévin FLAVIGNY
Chefs de Publicité Régie nationale : François BRIANCON-MARJOLLET, Perrine DE CARNE MARCEIN, Jonathan TOUTOUX, Elodie DELATOUR
Régie RAJASTHAN : Marilda BATISTA

DIFFUSION ET PROMOTION

Directrice des Ventes : Bénédicte MOULET assistée d'Aissatou DIOP
Responsable des ventes : Jean-Pierre GHEZ assisté de Nelly BRION
Relations Presse-Partenariats : Noémie BOIDANA

ADMINISTRATION

Président : Jean-Paul LABOURDETTE
Directeur général : Louis AUZIAS
Directrice des Ressources Humaines : Dina BOURDEAU assistée de Sandra DOS REIS et Eva BAELEN
Directrice Administrative et Financière : Valérie DECOTTIGNIES
Comptabilité : Guillaume PETIT, Aminata BAGAYOKO, Franck LAHADY et Touria ZENASNI
Recouvrement : Fabien BONNAN assisté de Sandra BRIJLALL

PETIT FUTÉ RAJASTHAN

LES NOUVELLES EDITIONS DE L'UNIVERSITE
18, rue des Volontaires - 75015 Paris.
✆ 01 53 69 70 00 - Fax 01 42 73 15 24
Internet : www.petitfute.com
SAS au capital de 1 293 680 € - RC PARIS B 309 769 966
Couverture : Le Jaswant Thada est un cénotaphe situé à Jodhpur © YURY TARANIK - iStockPhoto.com
Impression : CORLET IMPRIMEUR - 14110 Condé-en-Normandie
Achevé d'imprimer : octobre 2024
Dépôt légal : 08/12/2024
ISBN : 9782305116150

Pour nous contacter par email, indiquez le nom de famille en minuscule suivi de @petitfute.com
Pour le courrier des lecteurs : info@petitfute.com

FABRIQUÉ EN FRANCE